J. B. Weiss

Byzantinische Geschichten

J. B. Weiss

Byzantinische Geschichten

ISBN/EAN: 9783743307971

Hergestellt in Europa, USA, Kanada, Australien, Japan

Cover: Foto ©Thomas Meinert / pixelio.de

Manufactured and distributed by brebook publishing software
(www.brebook.com)

J. B. Weiss

Byzantinische Geschichten

Byzantinische Geschichten

von

Aug. Fr. Gfrörer.

Aus seinem Nachlasse herausgegeben, ergänzt und fortgesetzt

von

Dr. J. B. Weiß,

Professor der Geschichte an der k. k. Universität Graz.

I.

Geschichte Venedigs von seiner Gründung bis zum Jahre 1084.

Graz.

Verlag der Vereins Buchdruckerei.

1872.

Geschichte Venedigs

von

seiner Gründung bis zum Jahre 1084.

———

Von

Aug. Fr. Gfrörer.

Graz.

Verlag der Vereins-Buchdruckerei.

1872.

Vorwort.

Auf der Grundlage von Vorträgen, welche Gfrörer im letzten Jahre seiner akademischen Wirksamkeit an der Universität Freiburg hielt, ist das vorliegende Buch entstanden, welches die Geschichte Venedigs von seinen ersten Anfängen bis zu der Zeit behandelt, da die Lagunenstadt in der Seeschlacht bei Durazzo das Reich rettete und damit auch den letzten Rest der Abhängigkeit von Byzanz abschüttelte.

Das Buch sucht dunkle Fragen der altvenetianischen Geschichte zu lösen. Bei Vielen ist der Name Venedig mit romantischen Vorstellungen verknüpft, wie Platen singt:

Venedig liegt nur noch im Land der Träume,
Und wirft nur Schatten her aus alten Tagen.
Es liegt der Leu der Republik erschlagen
Und öde feiern seines Kerkers Räume. —
Es scheint ein langes, ewiges Ach zu wohnen
In diesen Lüften, die sich leise regen,
Aus jenen Hallen weht es mir entgegen,
Wo Scherz und Jubel sonst gepflegt zu thronen.

Wer romantische Geschichten liebt, Erzählungen von der Seufzerbrücke, geheimen Hinrichtungen und dergleichen,

ter wird sich durch dieses Buch wenig angesprochen finden
und lege es lieber gleich weg.

Der aber nehme das Buch zur Hand, welcher
Freude empfindet, wenn er sieht, wie durch die Arbeitsamkeit,
Klugheit, Standhaftigkeit und Kühnheit ihrer Bürger
eine kleine Stadt unter den schwierigsten Verhältnissen
sich zu einer Weltmacht emporarbeitet; der greife zu dem
Buche, dessen Herz sich gerne erwärmt an der Liebe der
Angehörigen für ihre Heimath, am Stolz auf ihre Groß-
thaten, an der Bereitwilligkeit, Gut und Blut für die
Vaterstadt zu opfern.

Welch' merkwürdige Erscheinung ist dieses Venedig!
Der Boden, auf dem es steht, ist dem Meere mühsam
abgerungen! Und wie gegen das Meer, so behauptet es
sich gegen die Stürme der Völkerwanderung, so wahrt es
seine Selbständigkeit gegen die List und Waffen von
Byzanz, gegen die Eroberungspläne der Kaiser des Westens.
Eingekeilt zwischen zwei Kaiserreiche kommt es unter dem
Schutze des einen empor und benützt beide gegen einander,
biegsam und fest zugleich, stets mit Römersinn das gleiche
Ziel verfolgend. Salzsieder, Rheder und Kaufleute sind
die Ahnen des Adels, der einige Zeit hindurch der stolzeste
der Welt war. Wenige Jahrhunderte und ihre Schiffe
sind in allen Häfen des Mittelmeeres, von ihren Wimpeln
weht Schrecken in das Herz ihrer Feinde; die Venetianer
stürzen ein Kaiserreich und besitzen Königreiche; die Lagunenstadt ist der große Weltmarkt, auf dem die Waaren

des Ostens und Westens ausgetauscht werden. Venedig wird ein Schild des Abendlandes gegen den Islam [1]). Aber nicht blos Handels- und staatsmännischer Geist war hier rege, sondern auch der Sinn für Kunst. Ihre Sammlungen, ihre Paläste bezeugen es heute noch. Wenn alle geschichtlichen Urkunden — und überragen sie nicht andere Völker an der Fülle, am klaren Geiste derselben! — verloren wären, die Steine würden hier reden! Wie alles Menschliche ist auch dieser Staat verfallen, aber lange war er von hohem Sinn und edlen Gefühlen geleitet.

Das vorliegende Werk will eine Lücke in unserer Literatur ausfüllen, denn sie ist mit Werken über Venedig schlecht bestellt. Lebrets Quartanten enthalten eine Fülle von Stoff, aber entsprechen nicht mehr den Anforderungen der Gegenwart. Verdienstvoll und hier oft benutzt ist unter den Urkundensammlungen besonders die von Dr. Tafel und Thomas [2]). Viel wird bei uns die Ueber-

---

[1]) In einer seiner gelungensten Stanzen (Childe Harold IV, 14) spricht Lord Byron seine Bewunderung vor der Größe Venedigs aus:

Allherrlich war sein Blühen. Tyrus erstand!
„Die Löwenpflanzerin!" dies Wort gibt Lehre,
Daß sieggekrönt es schritt aus Blut und Brand,
Durch unterjochte Länder, pflichtige Meere.
Es schlug in Ketten, trug sie nie! Schutzwehre
Europa's stand es gegen Türkenmacht.
Sprich, Candia, du Rival von Troja's Ehre,
Zeugt, Wogen, die gesehen Lepantos Schlacht,
Ihr Namen, die nicht Zeit, nicht Zwang erbleichen macht!

[2]) Urkunden zur älteren Handels- und Staatsgeschichte der Republik Venedig mit besonderer Beziehung auf Byzanz und die

ſetzung des Wertes von Daru gebraucht. Ueber die Ge-
brechen dieses wie anderer französischer Werke hat sich der
geniale Bretone Rio¹) vor Kurzem schneidig und richtig
ausgesprochen. Reicher iſt die italienische Literatur²), das
neueſte Werk von Romanin (Storia di Venezia in 10 Bän-
den) enthält des Guten Vieles. Daß aber noch Manches
zu leiſten bleibt, zeigt die ſchwankende Art, wie Romanin
— nur um ein Beiſpiel anzuführen — das merkwürdige
Verhältniß Venedigs zu Byzanz ſchildert. Wie ſtellt ſich
aber ſeine Behauptung, daß das Verhältniß Venedigs zu
Conſtantinopel era soltanto la relatione di protezione, di
riverenza et non di soggezione, zum Ausdruck der Goldbulle von 1082, worin Kaiſer Alexins von den Venetern
ſpricht rectis dulis (= servis) Imperii mei Veneticis — oder
zu der Erſcheinung, daß die Dogenwahlen vom Kaiſer
Oſtroms beſtätigt wurden, die Söhne der Dogen als
Geißeln der Treue in Conſtantinopel lebten, wie einſt die
Fürſtenſöhne Aſiens am Hofe des Auguſtus erzogen wur-

Levante. Vom neunten bis zum Ausgang des fünfzehnten Jahrhunderts. In den Fontes rerum Austriacarum. Wien 1856.

¹) Epilogue à l'Art chrétien par A. F. Rio. Tome I.
p. 349. Fribourg. Herder. 1870. Qu'eut donc été si j'avais su
dès lors tout ce qu'il-y-avait de charme, d'édification et de
grandeur dans l'histoire de cette république héroiquement chré-
tienne, histoire dépouillée, surtout en France, de son véritable
caractère et par conséquent inaccessible à tous ceux, qui,
comme moi, avaient puisé leurs notions sur les républiques
italiennes à des sources suspectes.

²) Verdienſtvoll zeigt ſich namentlich das Archivio Veneto.

ren, um sie zu Werkzeugen römischer Politik heranzubilden,
und in ihnen zugleich Pfänder für die Treue ihrer Väter
zu haben ¹). Romanin ist mit den Byzantinern zu wenig
vertraut und die Geschichte Venedigs ist mit der des ost
römischen Reiches so innig verbunden, daß eine in der
anderen ihre Erklärung findet.

Der zweite Band dieses Werkes, der sich schon im
Drucke befindet und noch dieses Spätjahr erscheinen wird,
behandelt zunächst die Geschichte der Völker südlich der
Donau, welche Beziehungen zum byzantinischen Reiche
hatten, der Kroaten, Serben, Magyaren u. a., und geht
dann nach Byzanz selber über, um den Geist der Regierung zu schildern. Byzantinismus ist ein Vorwurf, den
die politischen Parteien unserer Tage einander zuzuschleu-
dern lieben. Der vorliegende Band und noch mehr der

---

¹) Romanin sagt von den oströmischen Kaisern vol. I. p. 85:
Rappresentavano questi la maesta del Romano Impero, tene-
vano le vicine terre d'Italia, e ai Veneziani doveva star a cuore
di conservarsene la buona grazia pei loro commerci terrestri,
comme quella degli imperatori orientali pei marittimi. Quindi
anche verso di quelli certe esteriori dimostrazioni, certo tributo
altresi, ma come chiaramente rilevasi dai documenti, soltanto
per la tutela dei traffichi et per la sicurezza delle terre che
assai per tempo acquistarono sul continente. — Alcune espres-
sioni, che pajono accennare ad un dominio o che suonano orgo-
gliose, sono dello stile diplomatico del tempo e derivate dall
idea que quegli imperatori avevano della propria suprema
autorità su tutto il mondo cattolico. Als ob man im Mittelalter
in Urkunden nicht genau in Abgrenzung der Rechtsbestimmungen
gewesen wäre!

jetzt im Druck befindliche zeigen, welche Folgen trotz aller Feinheit und geistigen Arbeit der Byzantinismus für das Leben der Völker hat.

Noch habe ich einige Bemerkungen zu machen. Zu den Seite 292—293 angeführten Stellen über Bleimarken gibt die Sammlung von Bleibullen, welche Dr. Morotmann jun., der gelehrte Sohn eines gelehrten Vaters, in Est. zu Stande brachte, einen interessanten Beleg. Diese Bleimarken würden jeder großen Sammlung von Alterthümern zur Zierde gereichen, und es ist sehr zu fürchten, daß sie bald von einem Engländer aufgekauft und damit der Benutzung für deutsche Gelehrten entzogen werden. Die Bemerkung Seite 227 über das Alter venetischer Münzen, auf Grundlage Lebrets I, 213, muß berichtigt werden. Es existiren in Venedig geprägte Münzen aus viel älterer Zeit [1]). — Hinsichtlich der Tribunen Venetiens fiel mir seitdem eine Stelle im Chronisten Johann auf, der ausdrücklich bemerkt, daß sie jährlich wechselten, was fast unfehlbar ein Kennzeichen von Wahlen ist [2]).

Zum Danke fühle ich mich verpflichtet dem Dr. Antonio Lubin, dem gründlichen Kenner italienischer

---

[1]) Erst als der betreffende Bogen schon gedruckt war, kam mir das Werk des Dottore Menizzi. delle Monete dei Veneziani. Venezia 1828, zu Gesicht. Vergl. darüber Esame ragionato del Conte Leonardo Manin.

[2]) Uno quoque anno ad (tribunorum) officii fastigium sublimabant. Pertz VII. 11.

Literatur und sinnigen Erklärer Dantes, dafür, daß er mich auf einige seltenere Werke über die Geschichte Venedigs aufmerksam machte; dann dem Professor Dethier in Constantinopel, von dem die Reihe byzantinischer Geschichtschreiber um einen werthvollen Beitrag so eben vermehrt wird. Der Verkehr mit ihm in Constantinopel ist für mich eben so angenehm als belehrend gewesen.

Graz, 17. Juli 1872.

Dr. Weiß.

Inhalt.

Erstes Kapitel.

Die Anfänge Venedigs.

Die Brücke aus dem Abendland in's Morgenland bildet der Freistaat Venedig, einzig in seiner Art, so fern die unumschränkte und herzlose Despotie der Byzantiner, getrieben durch die Nothwendigkeit der Dinge, unermeßliche Anstrengungen gemacht hat, um in den Lagunen des Adria ein Gemeinwesen zu gründen, dessen Freiheit verhältniß= mäßig sehr lange dauerte, und das durch Seemacht, Han= del, Reichthum und durchdringenden Verstand alle andern mittelalterlichen Staaten übertraf.

Bei den alten Römern hieß das Land, das einer= seits zwischen den Flüssen Etsch und Timavo (der östlich von Aquileja nach kurzem Laufe in's Meer einströmt), andererseits zwischen der Nordküste des adriatischen Meer= busens und dem heutigen Tiroler und Kärnthner Hoch= gebirge liegt — dieses Land, sage ich, hieß [1]) Venetien. Berühmte und große Städte darin waren Padua, Ge= burtsort des römischen Geschichtschreibers Titus Livius, dann am Wege von Padua nach Aquileja Altinum, ein wichtiger Handelsplatz, auf dessen Trümmern heute ein Dorf Altino steht; endlich Aquileja, in späteren

---

[1]) Forbiger, Handbuch der alten Geographie III., 573 ff.

Zeiten öfter Kaiser- und Königs-Sitz. Von kleineren Orten werden in der Richtung aus Süden gegen Norden erwähnt Ateste, Este, später Stammburg des berühmten gleichnamigen Geschlechts, Mons Silicis, Monselice, in den Schenkungsurkunden an die römische Kirche häufig genannt, Concordia, Trevijo, Vicenza, Oderzo, Belluno, Ceneda, Acilium, jetzt Sacile. Die Inseln Venetiens waren den Alten wohl bekannt. Plinius spricht [1] in der Naturgeschichte von Septem maria, sieben Meeren, womit er die Lagunen meint, auch wird der auf einer Insel — dem heutigen Chioggia — gelegene Hafenort Ebron erwähnt [2].

Venetien ist und war reichlich bewässert durch eine Reihe Flüsse, die von den Alpen im Norden herabströmend, meist nach kurzem Lauf in den Adria sich ergießen. Ich nenne, im Nordosten anfangend, den schon oben aufgeführten Timavus, Timavo, den Tagliamento, die Livenza, den Piave, den Silis, heute zu Tage Sille, der unweit Altinum mündete; die Brenta mit ihren Seitenarmen, im Altertume Medoacus major et minor geheißen; endlich die Etsch. Alle diese Flüsse bilden gegen das Ende ihres Laufes Delta, welche eine lange Reihe Inseln im Norden von Grado an bis nach Chioggia im Südwesten schufen.

Die ehemaligen römischen Benennungen behielten auch im früheren Mittelalter bis zu einem gewissen Grade ihre Bedeutung. Paul, der Longobarde, zählt [3] als Orte Venetiens Vicenza, Padua, Monselice, Verona, das die Römer zu Gallia transpadana rechneten [4]), auf und fügt

---

[1] Forbiger, Handbuch der alten Geographie III., S. 581.
[2] Ibid. S. 582.
[3] Gesta Langobard II., 14. Muratori Script. I. a. S. 431.
[4] Forbiger, a. a. O. III. 563 ff.

bei, Aquileja sei die Hauptstadt des Landes gewesen. Doch
gibt eben derselbe zu verstehen, daß zu seiner Zeit, d. h.
gegen Ende des 8. Jahrhunderts, vorzugsweise jene
durch die Delta der oben genannten Flüsse entstandenen
Inseln Venetien hießen. Daß und warum dieß der Fall
war, wird aus dem Folgenden klar werden. In den Zeiten
des alten römischen Reichs haben diese Eilande keine politische Rolle gespielt, man kannte sie eben als Hafenorte
der größeren Städte Land-Venetiens, wie Padua, Altinum,
Aquileja, aber mit dem 6. Jahrhundert unserer Zeitrechnung, vielleicht schon zwei Menschenalter früher, wurde
dieß anders.

Um 450 erging der Würgengel in Gestalt Attila's
und seiner Hunnen über Land-Venetien. Die sogenannte
Mischchronik (historia miscella, ein Werk aus der Zeit Carls
des Großen) erzählt [1]), wie Attila bei seinem Einfalle in Italien Aquileja nach langer Belagerung erstürmte und verbrannte, wie er weiter andere Städte Venetiens, Concordia,
Altinum, Padua, Vicenza zerstörte und dem Erdboden gleich-
machte. Nun behaupten namhafte Schriftsteller vom 14. Jahrhundert an, und zwar, meines Wissens, als der erste, Dandolo [2]), der glorreiche Chronist seiner Vaterstadt, beim Nahen
des Hunnensturmes seien viele Einwohner der venetischen
Landorte nach den benachbarten Inseln (die Attila, weil er
keine Schiffe besaß, voraussichtlich nicht einnehmen konnte) hin-
übergeflohen und hätten dort den Grund zu dem späteren
See-Venetien gelegt. Ein altes Zeugniß für diese Behauptung ist mir nicht bekannt. Ich will gerne glauben,
daß allerdings viele Bauern aus dem Küstengebiete um

---

[1]) Muratori Script. ital. I., a. 97, b. unten ff.
[2]) Ibid. XII. 69, 76.

1*

jene Zeit ihr Heil auf den Inseln suchten und das dort
schon vorhandene Matrosen- und Fischer-Volk verstärkten;
aber ich zweifle sehr, ob die reichen Leute des Festlandes,
Adelige, Gutsbesitzer, Handelsherren solches in irgend größerem Maße unternahmen, denn hiegegen zeugt erstlich das
Stillschweigen der älteren Quellen, und zweitens, meines
Erachtens, der spätere Thatbestand. Denn mit dem Augenblicke, da See-Venetien zum ersten Male auftaucht, kommt
dort ein derbes, naturwüchsiges, abgehärtetes Geschlecht
von Seeleuten zum Vorschein, und von Ueberbleibseln einer
verrotteten, absterbenden Civilisation zeigt sich keine Spur.

Von 493 bis 526 herrschte über Italien der Ost-
gothenkönig Theoderich, den die deutsche Volkssage Diete-
rich von Bern (Verona) nennt. Sein Kanzler war der
große Römer Cassiodorus, dessen noch vorhandene Briefsammlung uns einen wahren Schatz für die Geschichte der
Anfänge des Mittelalters erhielt. Das 24. Schreiben [1]
des 12. Buchs ist an die Tribunen des venetischen Seelands gerichtet und lautet seinem wesentlichen Inhalte nach
so: „Wir haben Befehl gegeben, Wein und Oel aus Istrien,
wo beides das letzte Jahr sehr gut gerieth, nach Ravenna
zu führen. Da Ihr Schiffe genug besitzet, so ersuchen
wir Euch, diese Vorräthe mit gewohnter Ergebenheit [2] hierher zu liefern, denn die Anschaffung genügt nicht, sondern
schnelle Verschiffung ist nöthig. Es wird Euch wenig Mühe
kosten, solches bei der mäßigen Entfernung zu bewerkstelligen, da Ihr oft unermeßliche Räume durchsegelt, denn Ihr

---

[1] Cassiodori opera ed. Garetius (Rouen 1679 Fol.) I., 198, b.
unten ff.

[2] Pari devotionis gratia.

seit geborne Schiffer, sintemalen Ihr, um von Haus zu
Haus in Eurer Heimath zu gehen, den Weg des Wassers
wählen müsset. Und wenn Euch auch je zuweilen Stürme
hindern, die hohe See zu halten, so öffnet sich Euch noch
eine andere Bahn, die vollkommen sicher ist; ich meine die
Straße der Flüsse, auf welcher Eure Barken, geschützt
gegen Wind und Wetter, das Festland durchschneiden, daß
man, es von ferne sehend, glauben möchte, es sei Wiesen-
grund, auf dem Ihr einherfahret. Eure Nachen brauchen
sich dann vor Winden nicht zu fürchten, sicher erreichen sie
das Land und nie gehen sie unter, weil das Ufer nahe ist.
Bei dieser Art der Fahrt dient Euch das Zugseil, welches
Euer Schiffsvolk handhabt, als Segel, und zu Fuß vor-
wärtsschreitend bewegt der Matrose die schweren im Boote
befindlichen Lasten'.

„Es macht mir wahres Vergnügen", fährt Cassiodor
fort, „hier zu wiederholen, was ich mit eigenen Augen
betreffend Eure Heimath sah. Die berühmte Provinz Venetien, einst angefüllt mit Adel, erstreckt sich gegen
Süden an den Po und an das Gebiet von Ravenna,
gegen Osten hat es die entzückende Aussicht auf den Meeresspiegel des Adria. Dort kommt durch den Wechsel von
Ebbe und Fluth bald Land zum Vorschein, bald scheint es
wieder in die Meere zu versinken, so daß man Inseln
sieht, wo kaum zuvor wüster Boden sich gezeigt hatte. Da
in diesem Gebiete, um welches Meer und Erde sich strei-
ten, habt ihr Euch Häuser aufgerichtet, wie die Nester von
Wasservögeln, durch Faschinen und künstliche Dämme wuß-
tet Ihr Eure Wohnungen mit einander zu verbinden; den
Meeressand häufet Ihr an, um die Wuth der Wellen zu
brechen, und der scheinbar schwache Wall trotzt der Stärke

des Wassers. Fische sind die Nahrung von Euch allen, das Haus des Einen sieht dem des Andern gleich, darum seid Ihr befreit von einem Uebel, das anderswo die Bande der Gesellschaft lockert, vom Neide, von der Eifersucht, die aus Verschiedenheit des Standes erwachsen".

„Eure Gewerbsthätigkeit ist einzig darauf gerichtet, Salz zu gewinnen, die Räume, wo es abgedünstet wird, die= nen Euch als Acker und als Pflug. Salz vertritt bei Euch die Stelle, wie anderswo das gemünzte Geld. Und wohl Euch! Gold kann man entbehren, aber nicht das Salz, das die nothwendige Würze aller Speisen ist. Noch einmal er= suche ich Euch: rüstet in möglicher Schnelle die Schiffe aus, die in Euren Scheunen liegen, wie an andern Orten das Hausvieh im Stalle des Bauern" u. s. w.

Welch' lebendiges Bild der Wiege See=Venetiens rollt das Schreiben des Staatsmanns auf: der glänzende Adel, der einst die großen Städte Land=Venetiens, Padua, Altinum, Aquileja anfüllte, ist dahin, der Hunnensturm hat ihn weg= gemäht, aber im Seeland, da und dort auf weiten Strecken verstreut, lebt ein neues Gemeinwesen von abgehärteten, fleißigen, sparsamen Matrosen auf. Cassiodor richtet seinen Brief an Tribunen; es sind ihrer mehrere, nämlich ohne Zweifel gerade so viele, als es damals größere Eilande in See=Venetien gab. Sie müssen durch irgend ein ge= meinsames Band mit einander verknüpft gewesen sein, denn sonst hätte Cassiodor nicht an alle zusammen geschrieben; etwas wie ein oberster Rath, eine Bundesbehörde wird bestanden haben. Eine weitere Frage aber, die sich auf= drängt, kann aus den Worten Cassiodors nicht gelöst wer= den: waren die See=Veneter Unterthanen des ostgothischen Königs Theoderich, oder waren sie es nicht? Der Kanzler redet von devotio (Ergebenheit) der Tribunen und ihrer Gemeinden, das scheint auf Herrschaft hinzudeuten, sowie auch der Dienst, welchen er von ebendenselben begehrt; aber andererseits führt er eine so verbindliche, einschmeichelnde Sprache, wie sie regierende Minister, gegen solche, welche gehorchen m ü s s e n, nicht zu führen pflegen. Dieser Punkt scheint mir entscheidend: es muß irgend ein besonderes Verhältniß zwischen dem Hof zu Ravenna und dem Seevolk auf den Inseln stattgefunden haben.

Auch andere Schreiben aus der Sammlung des Kanzlers geben keinen genügenden Aufschluß. Beamte werden erwähnt, welche gewisse Abgaben in Naturerzeugnissen, Wein, Weizen, Oel, Schlachtvieh, Fische erhoben, und Canonicarii hießen. Auch Venetien hatte einen eigenen Canonicarius. Cassiodor gebot [1] demselben, sogenannten Strohwein, den man um Weihnachten bereitet, aufzukaufen, und an die königliche Tafel nach Ravenna abzuliefern. Aber dieser Beamte war nicht über das Seeland gesetzt, sondern amtete auf altvenetischem Boden, er erhielt nämlich den Auftrag, jenen Wein aus der Gegend von Verona anzuschaffen. Land-Venetien stand ohne Frage unter gothischer Gewalt; denn in einem dritten Schreiben befiehlt [2] Cassiodor dem dortigen Oberrentmeister, gewisse Lieferungen an Wein und Weizen, die zum Bedarf des gothischen Heeres in den Bezirken Concordia, Aquileja und Friaul ausgeschrieben waren, wegen schlechten Ausfalls der letzten Ernte nachzulassen.

[1] Epist. XII., 4. Opp. I. 190.
[2] XII., 26 ibid. S. 200.

Die Herrschaft der Ostgothen erstreckte sich — wie man deutlich aus der Briefsammlung des Kanzlers ersieht, auf Sicilien, Dalmatien, Istrien, Noricum und Südgallien. Umgeben von lauter unterworfenen Nachbarn konnte das an sich noch unbedeutende Gemeinwesen der See-Veneter dem mächtigen Gothenreiche nicht offen trotzen. Aber andererseits begnügte sich, meines Erachtens, Cassiodor und sein Gebieter mit dem, was die Tribunen der Inseln gutwillig leisteten, und forderten keine genaue Auseinander-setzung der Herrscherrechte und der Unterthanenpflichten heraus, denn da Cassiodor von weitentfernten Räumen spricht, welche das Volk des Seelandes auf seinen Schiffen durchfurchte, darf man zuversichtlich annehmen, daß sie den Weg nach Afrika und Spanien, sowie südöstlich oder östlich nach Alexandria in Aegypten, nach Antiochien in Syrien und vor Allem nach der Kaiserstadt am Bosporus, wo der Herrscher des Morgenlandes thronte, sehr wohl kannten. Hätte nun Theoderich das Volk der Veneter-Eilande nach gleichem Maßstabe behandelt, wie man mit den Italianern des Festlandes verfuhr, so konnte das leicht zu Zerwürfnissen mit Neu-Rom führen, welchen der Ostgothe weislich auswich.

Das Schreiben Cassiodor's an die Tribunen von See-Venetien mag ungefähr um 520 abgefaßt sein. Und nun liegt mir ob, zu zeigen, wie es dort ein halbes bis ganzes Menschenalter später aussah. Der Plan, welchen der Kaiser des Ostens, Justinianus, entworfen, das alte römische Reich wieder zu vereinigen, die auf lateinischem Grunde entstandenen germanischen Staaten umzustürzen, war in voller Ausführung begriffen, Afrika erobert, das Vandalen-Reich vernichtet, der Krieg auf der Südküste

Spaniens gegen die dortigen Westgothen begonnen und wider die Ostgothen Italiens und ihre Könige. Theoderichs Nachfolger, hatte Belisarius, Justinians Feldherr, schwere Schläge geführt, namentlich aber, laut dem Berichte [1]) des Byzantiners Protop, um 539 Ravenna, Treviso und viele andere Festungen Land-Venetiens in seine Gewalt gebracht [2]). Auch mit See-Venetien muß dasselbe der Fall gewesen sein, denn als bald darauf ein fränkisches Heer in Italien einbrach, um die Verlegenheiten der von den Byzantinern hart bedrängten Ostgothen auszubeuten, gelang [3]) es diesen Fremdlingen, einen guten Theil Land-Venetiens zu besetzen, aber die Küste sammt den Inseln blieb [4]) den Griechen, bis der Nachfolger Belisars anrückte.

Zweites Kapitel.
Langobarden und Byzantiner. Die Patriarchate Aquileja und Grado.

Gegen das Jahr 550 brachte Narses, ein Verschnittener und Kammerherr des Kaisers Justinianus und Feldhauptmann der Streitkräfte des Ostens, ein großes Heer in Dalmatien zusammen, um nachzuholen, was sein Vorgänger Belisarius zu thun übrig gelassen hatte. Der Uebergang nach Italien bot merkliche Schwierigkeiten,

---

[1]) Procopii opp. ed. Bonnensis II, 271 ff.
[2]) Ueber die Zeit vergleiche man Muratori, Annali d'Ital. ad, a. 540.
[3]) Procopius a. a. O. II., 417 unten ff.
[4]) Ibid. S. 586.

denn die griechische Regierung besaß nicht Schiffe genug,
um die ganze Streitmacht auf einmal hinüberzuführen,
folglich mußte der Landweg eingeschlagen werden: allein
die Etschlinie hielt der Gothe Teja mit einer starken
Zahl der besten Soldaten seines Volkes besetzt, und stand
theils durch die Werke von Verona, theils durch Verhaue
und aufgeworfene Landgräben wohl gedeckt, östlich von ihm
aber lagerte jenes fränkische Heer, das den Griechen gleich=
falls den Paß verweigerte. Verlegenheit herrschte eine
Zeit lang im Lager des Narses, da gab einer seiner Ver=
trauten, der die Lage der Orte gut kannte, den Rath [1]),
das griechische Heer solle hart an der Meeresküste, d i e
j a   g a n z   i n   d e r   G e w a l t   Justinians sei, hin=
ziehen, und wenn man an die Mündungen der venetischen
Flüsse käme, auf bereitgehaltenen Schiffen über dieselben
setzen.

Der Rath wurde befolgt; glücklich gelangte Narses
nach Ravenna, und machte in Kurzem der gothischen Herr=
schaft ein Ende. Gleich See=Venetien unterwarf sich ganz
Italien dem byzantinischen Hofe. Sicherlich haben
die Bewohner des Seelandes diesen Ausgang der Sache
gerne gesehen. Denn das Gewerbe, von dem sie lebten,
Handel und Schifffahrt, trieb sie zu den Griechen — der
größten Handelsmacht des Mittelmeeres hin.

Würden nun die Dinge in dieser Lage geblieben sein,
so hätte See=Venetien nie eine politische Rolle gespielt,
sondern zu den griechischen Oberstatthaltern Italiens eine
ähnliche Stellung eingenommen, etwa wie später Corfu
oder die Halbinsel Morea zu der Signoria von Venedig.

---

[1]) Procopius a. a. O. II., 601 ff.

Aber ein Ereigniß, welches dem übrigen Italien Thränen und Blut genug kostete, brachte dem Schifffervolke des Seelandes unsäglichen Gewinn. Im Jahre der Gnade 568 brach der Langobardenkönig Alboin mit seiner ganzen Nation aus dem heutigen Ungarn, wo letztere seit einiger Zeit saß, nach Italien auf. Hinreißend ist die Weise, in welcher der Cleriker Paul, der selbst nach einer Seite hin von den Langobarden abstammte, und ein geistvoller, poetischer, dabei aber kerngescheiter Kopf war, die damalige Bewegung schildert [1]): wie die Langobarden mit Weib und Kind und allerlei fremden Genossen, die sie aus andern Stämmen herbeigerufen hatten, und die gleichfalls Weib und Kind bei sich führten, gegen die Nordostgrenze Italiens heranrückten, wie dann König Alboin, angekommen auf italienischem Boden, einen hohen Berg bestieg, von wo aus er gleich Moses einen Theil seines künftigen Erbes sah, wie er weiter Land-Venetien ohne Schwertstreich besetzte, seinen Vetter Gisulf, der ihm bisher als Marschalk oder in langobardischer Mundart als Marpahis gedient, zum ersten Markgrafen von Friaul erhob, wie er ferner Mailand und Pavia eroberte, und wie endlich Ligurien, das trans- und cispadanische Gallien, Aemilia, Umbrien, Tuscien und die Lande bis nach Benevent hinunter erobert wurden, wo bald die beiden Großlehen oder Herzogthümer Spoleto und Benevent erstanden.

Das siegreiche Anstürmen der Langobarden drängte im oberen Italien die griechische Herrschaft auf den engen Winkel um Ravenna, seitdem Exarchat genannt, zusammen. Von nun an machten nicht nur die Langobarden selber,

---

[1]) Muratori Script. ital. I., a. 428 ff.

sondern auch die Nachfolger derselben, die Franken, und
hinwiederum die Nachfolger dieser, Ottonen und Salier,
unausgesetzte Anstrengungen, um erstlich das Exarchat zu
erobern, was den letzten Langobardenkönigen, dann dem
Franken Pipin und seinem Sohne Carl dem Großen ge=
lang, und zweitens, um auch die anfänglichen Unterthanen
der Exarchen, die See-Veneter zu bewältigen, was jedoch
weder die Langobarden, noch die Franken, noch die deutschen
Kaiser zu bewerkstelligen vermochten.

Ich komme zunächst auf den oben ausgesprochenen
Satz zurück: hätten die Langobarden Italien nicht erobert,
und wäre folglich die Halbinsel unter byzantinischer Herr=
schaft verblieben, so würden die östlichen Kaiser, oder deren
Werkzeuge, die Oberstatthalter zu Ravenna, unter dem
Vorwande des Regierens und nöthiger Steuern See=
Venetien ebenso ausgesogen haben, wie sie alle andern
Völker — so weit ihre Faust reichte — ausbeuteten und
erniedrigten, und die Folge hievon müßte unfehlbar die
gewesen sein, daß auf den Inseln der Lagunen kein Ge=
meinwesen aufblühen konnte. Nun aber nöthigte Furcht
vor langobardischer Uebermacht die Byzantiner, Sorge zu
tragen, daß die See=Veneter, die unter damaligen Um=
ständen als tüchtiges Schiffer= und Handelsvolk doppelt
in's Gewicht fielen, gerne und willig den Herrschern des
Ostens gehorchten, und nicht etwa durch Einflüsterungen
der Langobarden sich zum Abfalle verleiten ließen.

Auf solche Weise hat das Schwert der Langobarden
die Byzantiner zu etwas gezwungen, was sie sonst nirgends
übten, nämlich zu einer milden und gerechten Regierung
See=Venetiens, was zur Folge hatte, daß der Inselstaat
allmälig erstarkte und dadurch später, nachdem die Griechen

aus dem Exarchat vertrieben waren, in den Stand gesetzt wurde, seinen ehemaligen Gebietern nützliche Dienste erst als Verbündete, und bald auch als Beschützer zu leisten.

In einer andern sehr wichtigen Beziehung hängen die Anfänge See-Venetiens noch enger mit dem Einbruch der Langobarden zusammen. Kaiser Justinian hatte durchgesetzt, daß sein im Jahre 544 erlassenes Edict [1]), betreffend die drei Capitel, von der 553 in Constantinopel versammelten Reichssynode gebilligt ward, und daß auch die Päpste Vigilius und dessen Nachfolger Pelagius I. — obgleich ersterer muthigen Widerstand leistete — das Edict gutheißen mußten [2]). Allein viele Bischöfe Italiens, insbesondere diejenigen, welche unter langobardischer Herrschaft standen, die ligurischen, transpadanischen, venetischen, istrischen verweigerten die Anerkennung und es kostete den Nachfolgern des ersten Pelagius unsägliche Mühe, den hierdurch entstandenen Riß zu heilen.

Während nun der Streit über die drei Capitel in vollem Gange war, verließ Paulinus, Patriarch von Aquileja, müde des Druckes durch die Langobarden, plötzlich um 580 seinen bisherigen Sitz und siedelte [3]) mit allen Kirchenschätzen nach dem benachbarten Grado, wie ich unten zeigen werde, der nördlichsten unter den Inseln See-Venetiens, über. Von Stunde an besaß das Seeland ein eigenes geistliches Oberhaupt. Paulinus aber hatte förmlich mit den Königen Langobardiens gebrochen und sich unter byzantinischen Schutz begeben. Denn Grado stand,

[1]) Man vergleiche Gfrörer, K. G. II., 882.

[2]) Ibid. 888 ff.

[3]) Muratori Script. ital. I., a. S. 429.

gleich den übrigen Inseln, unter griechischer Hoheit. So sah auch Papst Pelagius II. die Sache an, der als dritter Nachfolger des ersten oben erwähnten Pelagius und als unmittelbarer Vorgänger Gregors des Großen von 578 bis 590 den Stuhl Petri einnahm. Erwägend, daß Paulinus und die andern Patriarchen von Grado nunmehr als griechische Unterthanen es nicht mehr wagen würden, jenes Edict zu verwerfen, das vom Beherrscher des Ostens Justinianus selbst ausgegangen war, forderte er den Patriarchen Elias, der indeß nach dem Tode des Paulinus den Stuhl von Grado bestiegen hatte, auf, die Constantinopolitanische Synode von 553 und ihre Beschlüsse anzuerkennen. Aber der Gradenser und seine Suffragane beharrten unbeugsam auf der seit Jahren von Istriens und Venetiens Bischöfen vertheidigten Meinung.

In mehreren noch vorhandenen Bullen spricht [1]) Papst Pelagius II. seinen Schmerz über die Halsstarrigkeit des Veneters aus, ließ es jedoch nicht bei Worten bewenden, sondern schritt zur That. Pelagius II. forderte nämlich den griechischen Exarchen von Ravenna, Smaragdus auf, die widerspänstigen Veneter mit Waffengewalt zum Gehorsam zu nöthigen. Wirklich erließ Smaragdus drohende Schreiben an den Patriarchen Elias und die anderen Bischöfe (d. h. seine Suffragane), die gleich ihm unter byzantinischer Hoheit standen. Allein dieß fruchtete nichts, denn die Veneter schickten eine Gesandtschaft nach Constantinopel, welche von dem damaligen Kaiser des Ostens Mauritius (582—602) die Zusicherung erlangte, daß keine

---

[1]) Jaffé. Regest. pag. 686—688.

Gewalt wider sie gebraucht werden dürfe [1]). Die fragliche Maßregel des byzantinischen Herrschers läßt an sich eine doppelte Deutung zu: entweder scheute sich Mauritius durch Strenge seine neue Unterthanen, die Patriarchen von Grado, auf's Aeußerste zu treiben, und dadurch möglicher Weise einer Aussöhnung mit den Langobarden geneigt zu machen, oder ging die wahre Absicht dahin, selbst auf Kosten der Gesetze seines Vorgängers Justinianus zu verhindern, daß das geistliche Ansehen des heil. Stuhles, dessen Wachsthum nicht nur der constantinopolitanische Patriarch, sondern auch der dortige Hof mit regem Argwohn belauerte, durch einen Sieg über die Istrier in's Ungemessene steige. Spätere Ereignisse, von denen sogleich die Rede sein wird, bestimmen mich, die letztere Deutung vorzuziehen.

Bald nach jenen Zerwürfnissen mit Papst Pelagius II. starb Patriarch Elias von Grado [2]). Zu seinem Nachfolger wurde Severus gewählt, ein ebenso entschlossener Bekämpfer des Drei-Capitel-Edictes. Aber gegen ihn zog die byzantinische Regierung andere Saiten auf, als gegen Elias. Auf Befehl des Kaisers Mauritius ließ der Exarch Smaragdus den neuen Patriarchen mitten in der Hauptkirche von Grado verhaften und nach Ravenna als Gefangenen abführen. Dort setzte man ihm so lange mit Drohungen, ja zuletzt mit Schlägen zu, bis Severus in Gegenwart des Erzbischofs Johannes von Ravenna das Drei-Capitel-Edict und die Beschlüsse der Reichs-Synode

---

[1]) Die Belege bei Pagi, Breviarium pontif. roman. I. 333.
[2]) Dieß und das Folgende nach Urkunden, die bei Mansi X. 463 ff. abgedruckt sind. Man vergl. auch Gfrörer K. G. II., 1060 ff.

von 553 gut hieß [1]). Man sieht, die griechische Regierung muß sich der Herrschaft über Grado und die andern vene=tischen Inseln vollkommen sicher gefühlt haben, sonst hätte sie es nicht gewagt, in solcher Weise gegen den Patriarchen des Seelandes zu verfahren.

Der Exarch mißtraute der Aufrichtigkeit des Severus und behielt ihn deßhalb auch nach erfolgtem Widerrufe noch längere Zeit zu Ravenna: erst nach Verfluß eines Jahres bekam er Erlaubniß, nach Hause zurückzukehren. Allein siehe, die auf dem langobardisch gewordenen Festlande wohnenden Bischöfe seiner Provinz wollten ihn nicht mehr anerkennen, und Severus mußte vor einer in Friaul gehaltenen Synode beschwören, daß er jetzt wie sonst das Edict verwerfe, ehe man ihm gestattete, sein Amt wieder anzutreten. All' dieß geschah in den letzten Zeiten des Pelagius II., der Mitte Januar 590 starb [1]) und sofort den großen Gregorius zum Nachfolger erhielt. Da der griechische Hof im Punkte des Glaubens gegen Severus entschieden hatte, schöpfte der neue Papst Hoffnung, die widerspenstigen Veneter mit der römischen Kirche auszusöhnen. Bald nach seiner Er=hebung schrieb er ein Concil nach Rom aus, vor welches Severus mit seinen Anhängern geladen ward. Weil er jedoch an dem guten Willen der Veneter — und zwar nicht ohne Grund — zweifelte, brauchte er die Vorsicht, von Kaiser Mauritius einen Befehl auszuwirken, der dem=selben in Rom sich einzufinden gebot. Auch dieß schien dem Papste nicht genügend; er schickte außerdem eine Ab=theilung Soldaten aus, um Severus im Nothfalle mit Gewalt nach Rom abzuführen.

---

[1]) Jaffé. Regest. S. 91.

Sobald der Patriarch den Befehl erhielt, setzte er seine Geistlichkeit davon in Kenntniß. Sogleich versammelten sich die Bischöfe Venetiens und zwar an zwei verschiedenen Orten: die, welche unter langobardischer Herrschaft standen, traten auf dem Festlande zusammen, die andern, welche den Byzantinern gehorchten, tagten auf der Insel Grado. Beide Synoden richteten Schreiben an den griechischen Kaiser, in welchen sie Klage über Papst Gregorius führten, doch ist nur die Beschwerdeschrift der festländischen Versammlung auf uns gekommen. Diese den Lombarden unterworfenen Bischöfe erklärten, daß sie den Befehl an Severus, in Rom zu erscheinen, als einen erschlichenen betrachten; alle Mitglieder ihrer Gemeinden seien entschlossen lieber in den Tod zu geben, als auf die Gemeinschaft der altkatholischen Kirche zu verzichten, oder Tyrannei des Papstes zu dulden. Wenn der Kaiser je darauf bestehe, daß ihr Metropolit Severus zu der verhaßten Vereinigung gezwungen werde, drohten sie, in Zukunft ihre Bischöfe lieber von gallischen Kirchenhäuptern als von Severus weihen zu lassen, d. h. mit Byzanz und dem Stuhl von Grado-Aquileja gänzlich zu brechen.

„Diese kühne Sprache machte in Constantinopel Eindruck: der Kaiser erließ an Papst Gregorius I. ein noch vorhandenes Schreiben, in welchem es unter Anderem heißt: „Da Deiner Heiligkeit die gegenwärtige Verwirrung in Italien wohl bekannt ist, und da Du folglich ermessen kannst, daß Wir uns in die Zeit schicken müssen: so befehlen Wir Deiner Heiligkeit, den istrischen (venetischen) Bischöfen ferner keine Ungelegenheit zu verursachen, sondern sie in Ruhe zu lassen, bis der Friede im Lande wieder hergestellt sein wird"[1]). Nothgedrungen mußte Gregorius der Große für den Augenblick von Fortsetzung des Planes abstehen, die widerspänstigen Istrier zum Gehorsam gegen Petri Stuhl anzuhalten.

Es ist der Mühe werth, das, was wir eben nach der vorsichtigen Darstellungsweise der Urkunden erzählten, Punkt für Punkt ins Auge zu fassen. Als Severus aus Ravenna zurückkehrte, drohten die unter lombardischer Hoheit stehenden Bischöfe des Festlandes, mit ihm zu brechen, und er kannten ihn erst wieder an, nachdem er eine Erklärung ausgestellt hatte, welche ihn in Widerspruch brachte mit den von ihm selber neulich zu Ravenna abgelegten Zusagen, und welche ihn weiter zugleich mit der byzantinischen Regierung und dem Papst verfeindete. Die Synode, wo solches geschah, wurde zu Marano, einem Orte, der westlich von Aquileja hart an der Meeresküste liegt, gehalten, und zwar waren daselbst folgende Bischöfe versammelt: Petrus von Altinum, Clarissimus von Concordia, Ingenninus von Seben, Agnellus von Trient, Herentius von Vicenza, Junior von Verona, Rusticus von Treviso, Fontejus von Feltre, Agnellus von Sacile, Laurentius von Bellune. Ihre Stühle liegen genau über das Gebiet zerstreut, das ehemals Land Venetien hieß, und seit alter Zeit unter kirchlicher Hoheit der Metropole Aquileja stand. Ueber diejenigen andern Suffragane des Patriarchen Severus, welche dem byzantinischen Kaiser gehorchten, geben diese Texte keinen Aufschluß, wir werden sie aber unten kennen lernen.

---

[1] Man vergl. die von Cardinal Norisius berichtigten Angaben Pauls des Langobarden bei Muratori. Script. ital. 1., a. S. 448 ff.

Auch nachdem die Verladung des neuen Papstes an Severus und der in gleichem Sinne abgefaßte Befehl des Kaisers Mauritius erschienen war, halten die den Lombarden unterworfenen Bischöfe des Festlands dasselbe Verfahren ein, wie früher: sie drohen dem Kaiser, der byzantinischen Kirche die Gemeinschaft aufzukünden, wenn Severus nicht thue, was sie begehren; das aber, was sie verlangen, ist nicht weniger, als daß der Patriarch sich durch gewisse Sätze gebunden erachte, welche doch nicht nur der byzantinische Hof, welcher im Osten das Wächteramt der Rechtgläubigkeit verwaltete, sondern auch der heilige Stuhl verworfen hatte. Mauritius aber findet es gerathen, nachzugeben und sogar den Papst zu zwingen, daß er fernere Versuche der Einigung unterlasse.

Diese Thatsachen berechtigen zu folgenden Schlußfolgerungen über die damalige Lage der Dinge in Venetien: seit der erzbischöfliche Sitz von dem festländischen Aquileja nach der Insel Grado verlegt worden war, haben Lombardiens Könige eine Fortdauer des alten Verhältnisses zwischen den diesseits angesiedelten Bischöfen und dem nach der Insel übergesiedelten Patriarchat nur unter der einen Bedingung geduldet, daß nicht nur der Patriarch selbst, sondern auch seine der Hoheit des byzantinischen Reichs unterworfenen Suffragane, deren Bisthümer wir noch nicht kennen, gleichen Schritt mit den Lombarden hielten, d. h. bezüglich des Drei-Capitel-Streits den Geboten der byzantinischen Kirche und des Papstes zu Rom trotzten. So wie Severus Miene machte, anders zu handeln, drohten jene mit Aufkündigung oder sprachen sie gar aus. Unverkennbar ist es, Lombardiens Könige benützten die ursprünglich zu ihrem Nachtheile berechnete Verlegung des Patriar-

2*

chats als Hebel,. um unter den einst mit Land=Venetien
vereinigten, aber seit Einwanderung der Lombarden ge=
trennten Stühlen des Seelandes Partei gegen griechische
Rechtgläubigkeit und die Hoheit des Papstes zu machen.

Warum Alboin und seine Nachfolger so handelten, ist
klar, sie waren Arianer und fanden es ihrem Vortheil
gemäß, daß ihre neuen Unterthanen, die katholischen Bi=
schöfe des Festlandes, mit Rom und Byzanz brachen. Denn
das schien der geeignete Weg, um den lateinischen Clerus
des lombardischen Oberitaliens ohne Lärm und allmählig
für den Arianismus zu gewinnen. Wenn Könige in Kir=
chensachen ihren natürlichen Neigungen folgen, werden sie
stets und unfehlbar auf etwas wie Protestantismus hin=
steuern. Auch kann man nicht läugnen: die Mittel, welche
sie für den bewußten Zweck in Anwendung brachten, sind
wohl ausgedacht gewesen.

Als der Widerstand gegen die von Papst Greger an=
geordnete Vorladung des Severus und gegen den gleich=
lautenden Befehl des Kaisers Mauritius begann, versam=
melten sich die diesseitigen und jenseitigen Suffragane nicht
an einem, sondern an zweien Orten, nämlich Severus mit
denjenigen, welche unter griechischer Staatshoheit standen,
auf der Insel Grado, die festländischen dagegen auf lom=
bardischem Boden. Werden nun letztere nicht etwas wie
ein geistliches Haupt gehabt haben, das ihre Verhandlun=
gen leitete, denen der Patriarch Severus selbst, wie wir
wissen, nicht angewohnt hat? Im Hinblicke auf die her=
kömmliche Ordnung, die bei allen Synoden herrschte, muß
man allerdings die Anwesenheit eines solchen, wenn auch
nur für den Augenblick ernannten Hauptes voraussetzen.
Folglich war die nachmalige Trennung der beiden Patriar=

chenstühle Aquileja und Grado bereits damals wenigstens
im Keime vorhanden. Lombardiens Könige hatten dafür
gesorgt, daß ein Bischof dastand, der, im Falle der Patriarch
von Grado nicht so verschritt, wie Alboins Nachfolger es
wünschten, die Rolle desselben für das Festland übernahm,
und auf diesen Doppelgänger hinweisend, konnten die Gebieter Oberitaliens zu den Gradensern sprechen: Thut auch
fürder, was wir verlangen, oder eure kirchliche Hoheit über
die Stühle u n s e r e s Friauls, u n s e r e s Istriens ist zu Ende.

Ohne Zweifel folgten auch die griechischen Kaiser ähnlichen Berechnungen, wie die lombardischen Könige, nur in
entgegengesetzter Richtung. Weil sie mittelst der Patriarchen von Aquileja Partei unter den von Alboin bezwun-
genen Katholiken Land-Venetiens machen wollten, haben sie
jenen Paulinus zur Ueberfiedlung nach Grado veranlaßt.
Aus dem nämlichen Grunde duldeten sie ferner, daß Elias
und Severus in Sachen des Drei-Capitel-Streits griechischer und römischer Rechtgläubigkeit trotzen durften, da dieß
bei dem Widerstand der lombardischen Könige und ihrer
Werkzeuge, der Bischöfe des Festlandes, das einzige mögliche Mittel war, um den alten Zusammenhang des ver-
legten Erzstuhles mit den Bisthümern Land-Venetiens aufrecht zu halten. Doch will es mich bedünken, als sei der
Plan, nach dem die Herrscher von Byzanz verfuhren, ein
kurzsichtiger gewesen — Arglist und Verstand liegen oft
sehr weit von einander ab. In der That wurden sie bald,
wie sich unten ergeben wird, durch die Macht der Umstände genöthigt, auf jene Hintergedanken zu verzichten.

Noch in Gregors I. Tagen machte die römische Kirche,
trotz jenem von Kaiser Mauritius ausgegangenen Verbote,
weitere Fortschritte in See-Venetien. Cardinal Norisius

weist aus den Briefen des Papstes nach[1]), daß einer von
den Bischöfen, welche der Metropole von Aquileja-Grado
einverleibt waren und zugleich dem griechischen Scepter ge=
horchten, nämlich der von Caprulae, in Kirchengemeinschaft
mit dem heiligen Stuhle trat und das Drei=Capitel=Edikt
anerkannte. Ich werde unten zeigen, wo dieses Caprulae
lag und wie es heutzutage heißt. Auch die Metropole
von Grado selbst versöhnte sich mit Rom. Nach dem Tode
des Severus — so berichten Paul der Langobarde[2]) und
der venetische Chronist Dandolo[3]) — bestieg ein mit dem
Papst geeinter Cleriker Candidianus den Erzstuhl von
Grado. Sofort aber geschah, was nach dem, was oben
erzählt worden, nicht ausbleiben konnte: die Lombarden
brachen die Verbindung mit Grado ab, stellten auf dem
Festlande drüben die Metropole Aquileja her und erhoben
auf den erneuerten Patriarchensitz den Abt Johann. —
Paul der Langobarde und Dandolo sagen[1]), solches sei auf
Befehl des Langobardenkönigs Agilulf durch den Markgra=
fen von Friaul Gisulf bewerkstelligt worden.

Ich muß jedoch bemerken, daß Paul den Patriarchen
Candidianus unmittelbar auf Severus folgen läßt, während
Dandolo, dem auch Johann, Verfasser der ältesten Vene=
tianer Chronik zustimmt[5]), behauptet, daß unmittelbar nach
Severus ein Erzbischof Marcianus, und erst als dieser
nach dreijähriger Verwaltung gestorben war, und zwar im

---

[1]) Norisi Bassani opp. 1769 Fol. II., 95 unten ff.
[2]) Muratori Script. ital. I., a. 463, b. unten ff.
[3]) Idem. XII., 109.
[4]) Muratori I., a. 463 u. XII., 109.
[5]) Perz VII., 8.

Jahre Christi 610, Candidianus das Patriarchat Grado
erlangt habe. Fünfzehn Jahre regierte Candidianus seinen
Erzsprengel, er starb also 625. Und nun machten die
Langobarden des Festlands einen neuen Versuch, zu ihrem
eigenen Vortheil die Vereinigung der Stühle Grado und
Aquileja zu erneuern. „Durch die Kühnheit der Lango=
barden", sagt [1] Dandolo, „ward Fortunatus I., ein Ketzer,
der die fünfte Constantinopolitanische Reichssynode (vom
Jahre 553) verwarf, zum Nachfolger des Candidianus auf=
geworfen. Aber da Fortunatus bald merkte, daß er seine
Stellung nicht behaupten könne, raffte er alle Schätze der
Kirchen von Grado zusammen und floh mit ihnen hinüber
zu den Langobarden, denn der Markgraf von Friaul ge=
währte ihm seinen Schutz und bewirkte, daß Fortunatus
auch das Bisthum Landvenetiens, d. h. das Patriarchat
Aquileja behielt". Die Griechen waren mit gleicher Münze
bezahlt, ebenso wie vor 50 Jahren Paulinus aus Aquileja
sich nach Grado geflüchtet hatte, kehrte jetzt dieser Fortu=
natus aus der griechischen Insel nach dem langobardischen
Festland zurück.

Dandolo, selbst Herzog seiner Vaterstadt (seit 1343),
zeichnet sich durch seltene Genauigkeit aus, denn er hat
aus den Archiven Venedigs geschöpft, die ihm alle bis zu
den geheimsten Papieren zu Gebote standen. In der That
wird seine obige Aussage durch eine Bulle [2] bestätigt,
welche Papst Honorius I. (der Petri Stuhl von 625—638
einnahm) unter dem 18. Februar 628 an die Bischöfe
See=Venetiens erließ. Er spricht darin von Künsten des

[1] Muratori XII., 113 oben.
[2] Jaffe, regest. Nro. 1562.

Betrugs, die Fortunatus längere Zeit trieb, und die end=
lich zum ewigen Heile des venetischen Volks aufgedeckt
worden seien; er bezeichnet ihn als einen Abtrünnigen, wel=
cher das römische Reich — rem publicam [1]) — verrathen und
mit halben Heiden — gentes, die arianischen Langobarden
sind gemeint, — gemeine Sache gemacht habe; er ermahnt
sie endlich zum Gehorsam gegen den Cleriker Primogenius,
der vom römischen Stuhle, dem Mittelpunkt katholischer
Einheit, mit dem Pallium geschmückt, zum Erzbischofe (Pa=
triarchen) See-Venetiens bestimmt sei.

Da Papst Henorius zu verstehen gibt, daß der Stuhl
von Grade, den Fortunatus böslich verließ, — in gleicher
Weise, wie durch das siebente Jahrhundert Rom selber —
unter byzantinischer Staatshoheit stand, so folgt fadenge=
rade, daß auch das Land, wo besagter Stuhl aufgerichtet
war, nämlich See-Venetien, dem byzantinischen Reiche an=
gehörte. Ebenso zeugt, was weiter geschah, für den näm=
lichen Sachverhalt. Der vom Papste eingesetzte Primoge=
nius fand völligen Gehorsam in See-Venetien, worauf er
beim Könige Lombardiens Klage gegen den flüchtigen Jor=
tunatus führte, Genugthuung und Auslieferung des Schul=
digen, oder wenigstens des von ihm fortgeschleppten Raubes
verlangte. Aber vergeblich, der damalige Herr Lombar=
diens wies den Gradenser höhnisch zurück und hielt den
Flüchtling als Gegen-Patriarchen von Aquileja aufrecht.
Nun wandte sich Primogenius an den damaligen Kaiser
des Ostens Heraclius (610—641) und stellte vor, wie durch
die Unthat des Fortunatus sein Stuhl nicht bloß großes

---

[1]) Ueber die Bedeutung dieses Wortes vergl. man Muratori,
Annali d'Italia ad a. 630.

Gut, sondern auch eine beträchtliche Anzahl ehemaliger Suffragane — nämlich alle Bisthümer von Land-Venetien verloren habe. Heraclius begriff, was Ehre und Pflicht ihm vorschrieben: er sandte [1]) dem Patriarchen von Grado zur Entschädigung bedeutende Geldsummen. Man sieht, der byzantinische Herrscher hat den Patriarchen als einen Unterthanen behandelt, der im öffentlichen Dienste des byzantinischen Gemeinwesens Beschädigung erlitt und darum billigen Ersatz verdiente.

Weiteres Licht verbreiteten über die Flucht Fortunats gewisse Dinge, die damals in Lombardien vergingen. König Agilulf, Gemahl der bairischen Fürstentochter Theodelinde, welche von Haus aus Katholikin, zuerst römischen Einflüssen Lombardien öffnete, war 616 gestorben[2]), die Regierung übernahm sofort Agilulfs noch unmündiger Sohn Adelwald mit seiner Mutter Theodelinde. Aber ums Jahr 625 zettelte der eigene Schwager Adelwalds, Ariwald, eine a r i a n i s c h e Verschwörung gegen die der katholischen Kirche günstigen Verwandten an, und stieß den jungen Fürsten unter dem Vorgeben, daß er wegen Wahnsinns zum Herrschen untauglich sei, vom Throne. Der Unglückliche entfloh ins griechische Exarchat. Als nun der eben auf Petri Stuhl erhobene Papst Honorius I. Nachricht von diesen Ereignissen erhielt, richtete er an den Exarchen Isaak ein noch vorhandenes Schreiben[3]), in welchem er den griechischen Statthalter aufforderte, den vertriebenen Adelwald mit Waffengewalt wieder einzusetzen, gewisse lombar-

---

[1]) Muratori Script. ital. XII.. 113 unten ff.
[2]) Ibid. I.. a. S. 469 ff.
[3]) Jaffé, Nr. 1559.

tische Bischöfe aber, welche gemeine Sache mit dem Anmaßer Ariowulf gemacht, zu gebührender Bestrafung nach
Rom abführen zu lassen. Doch kam es nicht zum Kriege,
weil Adelwald bald darauf starb. Gestützt auf eine aria-
nische Partei, behauptete Ariwald die Herrschaft; drohen-
der als je erhob unter ihm der Arianismus das Haupt
in Oberitalien, dies war eine natürliche Frucht dieser Umtriebe, daß jener Fortunat, der sich nicht entblödete, für
Indassold die katholische Sache zu verrathen, zur Flucht
nach Aquileja sich entschloß.

Der Stuhl von Inselgrade blieb seit den Tagen des
Primogenius und des Papstes Honorius I. der römischen
Kirche unerschütterlich treu: aber die Gegenpatriarchen zu
Aquileja drüben, Geschöpfe des langobardischen Hofes, ver-
harrten noch weitere 70 Jahre in ihrem Trotze wider den
Apostelfürsten. Erst gegen Ende des 7. Jahrhunderts, in
den Tagen des Papstes Sergius III., der von 687—701
Petri Stuhl einnahm und nachdem Lombardiens Könige
durch die Umstände genöthigt worden waren, das katholische
Bekenntniß anzuerkennen, ließ der damalige Patriarch von
Aquileja, Paulinus II., den unsinnigen Streit über das
Drei-Capitel-Edict fallen und kehrte zur Einheit der Kirche
zurück *).

Damit war ein mehr als hundertjähriges Schisma
geheilt, dessen Schwerpunkt der Gegensatz zwischen dem
lombardischen Land-Venetien und dem byzantinischen Seeland
bildete. Allein die Feindschaft der Patriarchate Aquileja
und Grade dauerte, verewigt durch strittige Ansprüche auf

---

*) Die Beweise aus Urkunden bei Rubeis. Monum eccles.
aquilejensis cap. 34 u. 36.

Mein und Dein, trotz Beilegung des Schismas, ungeschwächt fort.

Drittes Kapitel.

Land- und See-Venetien. Politische Entwicklung des Seelandes.

Und, nun nachdem durch die Geschichte der Patriarchate
von Aquileja und Grado eine sichere Grundlage für andere wichtige Fragen gewonnen ist, wende ich mich zur
politischen Entwickelung des Seelandes zurück.

Seit dem Augenblicke, da der Stuhl von Aquileja
nach der Insel Grado übergesiedelt worden, nannten sich
die kirchlichen Häupter dieser Insel Erzbischöfe, Metropoliten oder Patriarchen. Ein Erzbischof aber ist, was er ist,
nur dadurch, daß ihm andere niederer gestellte Bischöfe —
sogenannte Suffragane — Gehorsam leisten. Daraus folgt,
daß der Patriarch zu Grado stets über Suffragan-Bisthümer gebot, und zwar nicht etwa blos über solche, welche
im langobardischen Gebiete drüben lagen, sondern auch
über solche, welche dem Seeland angehörten, und den griechischen Kaisern gehorchten. Denn ausdrücklich wird ja
gemeldet, daß, als in den Tagen des Patriarchen Severus
jene Doppelsynode stattfand, der Patriarch mit seinen dem
griechischen Kaiser huldigenden Bischöfen diesseits Beschlüsse
faßten, während die den Lombarden unterworfenen Suffragane jenseits im Land-Venetien tagten.

Wo sind nun die dem Kaiser gehorsamen Suffragane
des Seelands zu suchen? Auf diese Frage ertheilt jener
Johann, Verfasser der ältesten Venetianer-Chronik, der

unter Otto III. und Kaiser Heinrich II. blühte, eine bün=
dige Antwort. „Es gibt", mit diesen Worten beginnt er
sein Werk [1]), „zwei verschiedene Venetien, erstlich das alte
Land=Venetien, das sich von der Gränze Pannoniens bis
zur Etsch erstreckte [2]), und dessen Hauptstadt Aquileja war;
zweitens See=Venetien, bestehend aus den Inseln des adria=
tischen Meerbusens, die in Folge des Einbruchs der Lango=
barden starke Bevölkerung erhielten". Dann weiter unten:
„Folgendes sind die Inseln See=Venetiens in der Richtung
von Nord nach Süden: erstlich Grado mit einer festen
Stadt gleichen Namens, welche durch ihren erzbischöflichen
Stuhl in gleicher Weise Haupt und Metropole des neuen
Venetiens wurde, wie es einst Aquileja für das alte Ve=
netien gewesen ist: zweitens das Eiland Bibiones, drittens
Caprulae, wohin der Bischof von Concordia aus Furcht
vor den Langobarden flüchtete und daselbst zu den Zeiten
des Papstes Deusdedit, 615—618, seinen Stuhl aufrichtete;
die vierte erhielt ihren Namen nach der alten Stadt Hera=
clea, welche die Veneter, da sie vor Alter verfallen war,
wieder aufbauten. Auch Heraclea hatte einen eigenen Bi=
schof, der aus dem von den Langobarden erstürmten Oderzo
dahin zog. Die fünfte heißt Equilus, auf welcher gleich=
falls ein Bisthum bestand; die sechste, Torcellus genannt,
hat wenig städtische Gebäude. Die siebente heißt Moriana.
Die achte ist Rivoaltus, welche, obgleich sie zuletzt angebaut
ward, durch Handel großen Reichthum erwarb, auch die
Ehre des herzoglichen Sitzes und eines eigenen Bisthums

[1]) Perz VII., 4 ff.
[2]) Auch Johann sagt dem Langobarden Paul irrthümlich nach
usque ad Addam, statt usque ad Athesim.

erlangte. Die neunte heißt Metamaucus, und umschließt gleichfalls ein Bisthum; die zehnte ist Pupilia; die eilfte und zwölfte heißen Klein- und Groß-Clugies. Auf der äußersten Gränze des Veneter-Gebiets (gegen Süden den Pomündungen zu) steht ein Schloß, Caput Argilis genannt. Außer den aufgeführten größeren Inseln sind noch viele kleinere vorhanden, die gleichfalls ihre Bewohner haben".

Warum zählt der Chronist die kleineren nicht auf? Offenbar deßhalb nicht, weil sie keine eigene Obrigkeit besaßen, sondern in politischer Beziehung den 12 größeren zugetheilt waren. Die 12, von ihm genannten, dehnen sich auf einer Strecke von 30—40 Wegstunden hin, längs der adriatischen Küste, anfangend auf der Westseite des heutigen Triester Golfs bis zu den Mündungen der Etsch; auch springt in die Augen, daß Johann sie in der Richtung von Norden nach Süden auf einander folgen läßt.

Die erste von ihm genannte trägt heute noch ihren alten Namen, sie heißt Grado. Schwerer fällt es, die jetzige Lage einiger andern zu bestimmen, denn seit anderthalb tausend Jahren hat sich die Gestalt der Küste gewaltig geändert: was zu den Zeiten der alten Römer, ja auch im 11ten Jahrhundert noch, Land war, ist gegenwärtig mit Sümpfen bedeckt, und nur Eichenstämme, Stücke von Straßenpflaster, von Mosaikböden, Münzen, Urnen, Lampen, die man zufällig unter dem Wasserspiegel fand, zeugen, daß daselbst einst Menschen wohnten [1]). Solches gilt gleich von der zweiten Insel Johanns: Bibiones muß eines der nächsten Eilande südwestlich von Grado gewesen sein. Die dritte Caprulae ist bekannt, sie

---

) Lebret, Geschichte von Venedig I., 51 ff.

heißt heute Caerle und den dortigen Stuhl hatte jener Bischof inne, der noch in den Tagen Gregors I., dem Patriarchen Severus von Grado zu Trotz, Gemeinschaft mit Rom schloß.

Stadt und Name der vierten Insel, Heraclea, ist längst verschwunden; doch erhellt, meines Erachtens, aus Johannes Beschreibung, daß sie die Stelle einnahm, welche jetzt Cortellazzo heißt. Die fünfte, Equilus, trägt heut zu Tage den Namen Jesolo. Der Hauptort der sechsten, Torcellus, steht heute noch — Torcello genannt, und muß im 10. Jahrhundert bedeutenden Handel getrieben haben, denn Constantin, der Purpurgeborne, spricht[1]) von einem großen Hafenplatze Torcellus. Moriana heißt heut zu Tage Murano, nördlich von Stadt-Venedig, und war bis in's vorige Jahrhundert durch Spiegelfabriken berühmt. Die achte, Rivoaltus, ist dieselbe, auf welcher im 9. Jahrhundert der Herzogssitz und die Weltstadt Venedig zu erstehen begann. Noch heute zeugt die berühmte Brücke ponte di Rialto von dem alten Namen des Eilands. Die neunte, Metamaucus, heißt jetzt Malamocco, aber nur ein Stück des ehemaligen Eilands ist übrig, denn im Jahre 1110 verschlang[2]) eine wüthende Sturmfluth, von der auch Urkunden zeugen[3]), den größten Theil der Insel sammt der Altstadt Metamaucus. Die zehnte, Pupilia, wird jetzt Poveglia genannt. Die eilfte und zwölfte, Klein- und Groß-Clugies, durch Arme der Lagunen von einander getrennt, heißen jetzt Chiozza.

[1]) Constantini Porphyrogeniti opp. ed. Bonnensis III., 122, ἐμπόριον μέγα Τορτζελῶν.

[2]) Muratori XII., 260.

[3]) Lebret, a. a. O, I., 49

Haupt des ganzen Seelandes war einst, d. h. gegen Ende des 6. und 7. Jahrhunderts, Grado, welcher Ort damals dieselbe Rolle spielte, die später nach Entstehung der Stadt Venedig, jedoch in glänzenderer Weise, letztere übernahm. Ich muß zunächst auf die oben mitgetheilte Schilderung Cassiodors zurückkommen. Sehr stark hebt er die Wirkungen der Ebbe und Fluth auf See-Venetien hervor; der große Staatsmann beweist hiedurch seinen Scharfblick; denn das Seeland verdankt hauptsächlich dieser Naturkraft Bewohnbarkeit oder Gesundheit. Schon der alte Vitruv stellt[1]) eine Vergleichung der pontinischen Sümpfe mit den Niederungen Venetiens an, und bemerkt, letztere seien darum gesund, weil das mit der Fluth einströmende Meer alle Keime der Fäulniß und Luftvergiftung, welche in den stehenden Süßwässern der Küste, den Ablagerungen der ausmündenden Flüsse enthalten seien, zerstöre. So ist es. Die tuscische See hat keinen, oder wenigstens einen kaum merklichen Wechsel von Ebbe und Fluth, darum sind die Maremmen des heutigen Toscana, besonders aber die pontinischen Sümpfe verpestet. Dagegen ebbt und fluthet der Adria um die Inseln des Seelandes mit Macht, und erzeugt dadurch reine Luft, während die jenseits der Lagunen an den Sümpfen der Küste, in welche die Salzfluth nicht aufsteigt, gelegenen Orte durch Fieber gepeinigt werden. Das deutsche Heer von Italien, das ruhmgekrönte, hat dieß erfahren, als es 1849 Venedig von der Landseite her belagerte.

Obgleich die Wohlthat der Ebbe und Fluth allen Inseln Venetiens zu gute kam, litten einige an einem

---

[1]) De architectura I. 4. ed. Schneider I. 19 unten ff.

Uebel, das nicht zu ändern war, nämlich an allzugroßer
Nähe des Festlandes und an Seichtigkeit der Meeresarme,
durch die sie vom Bereiche langobardischer Landmacht ge-
schieden wurden. Namentlich traf dieses Uebel Grado, das
ursprüngliche Haupt des Seelandes. Paul, der Langobarde, erzählt [1]: „Herzog Lupus von Friaul, der dieses
Lehen von 663—665 inne hatte, zog auf den Trümmern
einer Heerstraße, welche einst die alten Römer zwischen
Aquileja und Grado durch das Meer hindurch aufgeführt
hatten, mit einem Haufen Reiter hinüber nach Grado,
plünderte die Stadt sammt ihren Kirchen aus, und brachte
den Raub glücklich nach Hause." Ich denke, diese gefähr-
dete Lage wird nicht am wenigsten dazu beigetragen haben,
daß das Herz des Seelandes später nach Rialte, als die
gesichertste der Inseln, verlegt ward, denn dort ist das
Meer wegen verborgener Untiefen, welche nur eingeborne
Lootsen kennen, am schwersten zu beschiffen.

Chronist Johann zählt neben dem Erzstuhle Grado
fünf Suffraganbisthümer der Inseln auf, nämlich Caorle,
Heraclea, Jesolo, Rialte, Malamocco. Zugleich behauptet
er, der Stuhl von Caorle sei unter Papst Deusdedit errichtet worden, bezüglich der übrigen bestimmt er die Zeit
der Gründung nicht, deutet jedoch an, daß er sie für alt
hält. Allein seine Angaben sind theils irrig, theils un-
vollständig. Aus den oben angeführten Briefen des Papstes
Gregor I. erhellt, daß der Stuhl von Caorle schon in seinen
Tagen errichtet war, also wenigstens um 20 Jahre über
das Pontificat des Papstes Deusdedit hinaufreicht.
Rivalte dagegen, oder vielmehr Olivolo, ist, wie ich unten

[1] Muratori l. a. S. 482. a. oben.

zeigen werde, erst gegen Ende des 8. Jahrhunderts von Malamocco gelöst, und zu einem eigenen Bisthum erhoben werden. Andererseits hat Johann einen alten Inselstuhl, nämlich den von Torcello, übergangen.

Eine Chronik von Grado, die an Alter der von Johann verfaßten venetianischen nicht nachsteht, erwähnt [1] neben dem Patriarchenstuhl die Suffragansitze Torcello, Malamocco, Olivolo, Jesolo, Heracliana, Caorle, und fügt bei, die Gründung aller sechs falle in die Zeiten des Erzbischofs Elias, von dem oben die Rede war. Auch dieses Zeugniß enthält bezüglich Olivolos einen Irrthum, sonst aber scheint es mir wahr: ich bin überzeugt, daß mit Ausnahme Olivolos oder Rialtos die übrigen fünf schon in den Zeiten Gregors I. bestanden. Auf diesen fünf Stühlen saßen ohne Zweifel die griechisch-römischen, gehorsamen Suffragane, welche laut den oben angeführten Urkunden mit dem Patriarchen Severus zu Grado tagten.

Gleich dem Hauptorte des kleinen Staates standen auch die Glieder, d. h. sämmtliche und von Johann namentlich aufgeführte, südlich von Grado gelegene Inseln, unter griechischer Hoheit. Bezeugt nicht Prokop, daß Belisar schon vor der Mitte des 6. Jahrhunderts die ganze Meeresküste, d. h. ganz See-Venetien, in seine Gewalt gebracht hatte; wendet sich Papst Gregor I., sobald er etwas in dortiger Gegend durchsetzen will, nicht an den byzantinischen Hof, als den eigentlichen Herrn des Seelandes; läßt der griechische Oberstatthalter zu Ravenna nicht den Patriarchen Severus in seiner Domkirche verhaften und zieht ihn, als einen Unterthan, der gehorchen muß, zur

---

[1] Pertz VII-, 43.

Verantwortung, ohne daß die Veneter wider solches Ver=
fahren Einsprache zu erheben wagen.

Ganz so, wie Johann, beschreibt Dandolo die älteste
Ausdehnung See-Venetiens. „Es reicht," sagt [1] er, „von der
Insel Grado bis zum Schlosse Capo d'Argine (d. h. die
Dammschanze), das, wie wir wissen, am Südende von
Chiozza lag. Auch Constantin, der Purpurgeborne, der
mehr als ein Menschenalter vor Johann schrieb, kennt [2]
die von letzterem erwähnten Inseln und Inselnamen nur
zum Theil unter verketzerten Formen: insbesondere Grado,
Bibiones — er schreibt Βιβιόλα statt Βιβιόλα — Caprula
— Κάπρι — Aquilus, Torcello, Murano, Malamocco,
Rialto, Clugies oder Chiozza. Freilich nennt er noch
andere; aber auch Johann sagt, daß es außer den zwölf,
mehrere gab, und Dandolo führt wirklich etliche kleinere,
den größeren politisch einverleibte, namentlich auf, wie
Olivolo, Rupe, Castellana, Dorsoduro [3].

Nun derselbe Grieche Constantin legt den See-Vene=
tern aus Gelegenheit der Fehde gegen Pippin, Carls des
Großen Sohn, von welcher unten die Rede sein wird, die
Worte in den Mund: „Wir wollen Unterthanen des grie=
chischen Kaisers sein, aber du (und die Franken) sollen uns
nichts zu befehlen haben". Nicht blos Griechen sagen
dieß aus, sondern auch Urkunden, die von Carolingern sel=
ber ausgestellt sind, gestehen — wie unten gezeigt werden
soll — das seit dem 11. Jahrhundert sorgfältig verhüllte
Geheimniß unverhohlen ein. Byzantinische Oberherrlichkeit

---

[1] Muratori XII., 161 Mitte.
[2] De administrando Imperio cap. 27. ed. Bonnensis III., 122.
[3] Muratori XII., 145 u. 161.

über See-Venetien hat bis zum Ausgang der Carolinger obgleich in milder Weise fortgedauert.

Viertes Kapitel.

Tribuni und Duces. Der erste Doge und seine politischen Befugnisse.

Ihre Herrschaft über das Seeland aber übten die Byzantiner durch Tribunen aus, die jedoch meines Erachtens vom Volke gewählt und hernach vom Hofe bestätigt worden sind [1]. Dasselbe Amt der Tribunen, welches das Schreiben Cassiodors als Obrigkeit der Inseln erwähnt, bestand nämlich bis gegen Ende des siebenten Jahrhunderts fort, und ich möchte die Vermuthung wagen, daß ihrer schon in Theoderichs von Bern Tagen, nach der Zahl der Hauptinseln, zwölfe waren. Aber nunmehr trat eine wichtige Aenderung ein.

Wie man aus den Briefen Gregors des Großen ersieht, besorgten seit Wiederherstellung der griechischen Herrschaft über Italien Tribunen die Verwaltung kleinerer Orte. Der eben genannte Papst erwähnt [2] solche Tribunen zu Hydrentum in Calabrien, zu Sipontum in Apulien, und auf der Insel Corsika. Große Städte dagegen, auch ganze Provinzen, standen unter der Leitung von Herzogen oder duces, so z. B. Rom selbst, Rimini mit der sogenannten Pentapolis, dann Neapel, später auch Gaeta mit seinem

---

[1] A. a. O. III., 124.
[2] Epist. VII. 2., IX., 99. u. XI., 24.

3*

Gebiet [1]). Ferner hatte Justinian, als er nach vollendetem Siege über die Ostgothen die Verfassung Italiens neu ordnete, durch das Gesetz, das er unter dem Titel pragmatica sanctio im Jahre 554 erließ [2]), unter Anderem folgende Bestimmungen getroffen: Die Richter der Provinzen (d. h. Tribunen, Präsides, duces u. s. w.) sollen durch die Bischöfe und die angesehensten Personen der betreffenden Bezirke gewählt werden; zweitens, die zu Wählenden müssen durch Geburt oder Heimathsrecht den Landschaften selbst angehören, zu deren Verwaltung man sie berufen will; drittens, die Wahl hat ohne ein Suffragium, d. h. ohne ein Geldgeschenk an die Wähler zu geschehen, oder um in kirchlicher Weise zu reden, keine Simonie darf geübt werden; viertens, dem höchsten Beamten Italiens, d. h. dem praefectus praetorio [3]) kommt es zu, den Bestallbrief (codicilli) der Gewählten auszufertigen, und folglich dieselben in ihr Amt einzuweihen.

Angenommen, See-Venetien habe zwischen dem 6. und dem Ende des 7. Jahrhunderts sich allmählig zu einem Grade innerer Entwicklung und Macht aufgearbeitet, dem die ursprünglich für kleine Orte bestimmte Verwaltung durch bloße Tribunen nicht mehr entsprach, läßt sich erwarten, daß der griechische Kaiser selbst, oder sein oberster Statthalter der Exarch von Ravenna die Nothwendigkeit erkannte, statt mehrerer kleiner Tribunen einen Herzog im Seeland

---

[1]) Belege nachgewiesen von Hegel, Geschichte der Städteverfassung in Italien. I., 225 ff.

[2]) Corpus juris ed. V. Leeuwen. Amsterd. 1663 P. III., 236 ff. cap. 12.

[3]) Den Beweis, daß dieser gemeint sei, führt auf überzeugende Weise Hegel a. a. O. I., 143 ff.

einzusetzen. Und wenn weiter diese Maßregel wirklich be=
schlossen ward, bestand der gesetzliche Weg, sie zu verwirk=
lichen darin, daß der Exarch die Bischöfe und alle ange=
sehenen Laien der Eilande aufforderte, einen Herzog zu
wählen. Genau so ist es, wie wir unten sehen werden,
geschehen.

Doch wirkten wahrscheinlich noch besondere politische
Ereignisse auf den Wechsel ein, der in der Verwaltung des
griechischen Venetiens vorging. Unruhen herrschten zu
Ende des 7. und zu Anfang des 8. Jahrhunderts im be=
nachbarten Lombardien, Könige wurden gewaltsam ein= und
abgesetzt, und es ist wahrscheinlich, daß durch die Partei=
kämpfe, die hieraus entstanden, auch venetianisches Eigen=
thum da und dort Schaden erlitt.

Zunächst möge Chronist Johann reden [1]): „Bei mehr
und mehr steigender Bevölkerung, verblieben die Veneter
lange Zeit unter der Verwaltung von Tribunen, die jähr=
lich gewählt zu werden pflegten. Allein da die benachbar=
ten Barbaren Angriffe auf das Eigenthum der Veneter
machten, und da dieß Anlaß zu häufigen Fehden und Raub=
zügen gab, hielt das Volk des Seelands sammt dem Pa
triarchen von Grado und den Bischöfen eine Versammlung,
auf welcher sie den Beschluß faßten, statt der bisherigen
Tribunen einen Herzog zum Haupt des Gemeinwesens zu
erheben. Nach sorgfältiger Berathung wurde Pauluzzo, ein
vornehmer und rechtschaffener Mann, zum ersten Herzog er=
koren und ihm die Stadt Eracliana zum Sitze ange=
wiesen. Solches geschah in den Zeiten, da König Liutprand
Lombardien beherrschte und da Anastasius II. auf dem

---

[1]) Pertz VII. 11.

Throne von Constantinopel saß. Der neue Herzog Pauluzzo schloß mit König Luitprand einen Staatsvertrag, der
heute noch in Kraft ist. Auch die Gränzen der Neustadt
regelte er durch denselben Vertrag, also daß eine Linie
vom kleinen zum großen Piave gezogen ward, die heute
noch besteht."

Johann drückt sich in dieser wichtigen Stelle dunkler
und in schlechterem Style aus, als es sonst der Fall, und
zwar meines Erachtens darum, weil er nach alten Urkunden arbeitete, deren Sinn ihm zweifelhaft schien und deren
Wortlaut er doch nicht zu nahe treten wollte. Immerhin
ist unverkennbar, daß seine Meinung dahin geht: erstlich,
Streitigkeiten mit barbarischen Nachbarn über Gränzen
oder Güter gaben den nächsten Anlaß zur Erwählung eines
Herzogs. Unter diesen Nachbarn müssen jedenfalls Langobarden verstanden werden. Dabei braucht jedoch der Chronist solche Ausdrücke, daß auch noch Andere gemeint sein
können. Zweitens, die Wahl geschah durch den Clerus
und das Volk. Drittens, sie fiel auf einen Vornehmen oder
Adeligen. Viertens, die Einsetzung Pauluzzo's hatte die
Bevorzugung einer besondern Stadt zur Folge, die dem
neuen Herzog zum Wohnsitz angewiesen ward; dieser Ort
war Heraclea oder Heracliana.

Fünftens, da Johann früher sagte, Heraclea sei ursprünglich eine alte verfallene Römerstadt gewesen, welche
die Veneter später wiederherstellten, ferner da der zweite
Aufbau kaum anders als aus Anlaß der Wahl Pauluzzo's
erfolgen konnte, endlich da Dandolo ausdrücklich bezeugt [1]),
Heracliana und civitas nova seien verschiedene Namen einer

---

[1]) Muratori XII., 163

und derselben Stadt, und zwar jener der ältere, dieser der neuere, erscheint es unzweifelhaft, daß auch die Neustadt, civitas nova, welche Johann erwähnt, mit dem vorgenannten Heracliana zusammenfalle. Sechstens, was der Chronist von Pauluzzo's Thätigkeit zu erzählen weiß, beschränkt sich darauf, daß der neue Herzog mit dem Langobardenkönig einen Vertrag über Regelung der Gränzen abschloß. Das deutet offenbar darauf hin, daß bei den vorangegangenen Streitigkeiten mit Barbaren, wegen deren, statt der bisherigen Tribunen, ein Herzog gewählt ward, vorzugsweise Langobarden betheiligt gewesen sind.

Die Gränzregelung kam, wie es scheint, insbesondere Heracliana, oder mit dem neuen Namen, der civitas nova zu Gute, die, auch nach dem Verzeichniß der 12 Inseln zu schließen, gegenüber den Mündungen der beiden Hauptarme des Piave gelegen sein muß. Heracliana erhielt durch den Vertrag ein kleines Gebiet auf dem Festlande drüben. Zugleich wird jetzt klar, warum Constantin der Purpurgeborene, der doch sonst fast alle in dem Verzeichniß erwähnten Inselnamen kennt, von Heracliana schweigt. Er führt sie nämlich nicht unter dem alten, sondern unter dem neuen Namen auf, indem er berichtet [1]): „Einst sei civitas nova, was auf griechisch soviel als νεόκαστρον heiße, Sitz des Herzogs von See-Venetien gewesen".

In der Zeitbestimmung endlich hat Chronist Johann die Wahrheit nicht getroffen, sofern er behauptet, die Einsetzung Pauluzzo's sei erfolgt während der Regierung des

---

[1]) Opp. ed. Bonnensis III. 125. ἦν τότε τὸ δουκάτον εἰς τόπον λεγόμενον Κίβιτὰ νόβα ὅπερ ἑρμηνεύεται νεόκαστρον.

Langobardenkönigs Liutprand und des griechischen Kaisers Anastasius. Liutprand beherrschte Lombardien vom Sommer 712 bis zu Anfang des Jahres 744, Anastasius II. aber nahm den byzantinischen Thron von 713 bis 716 ein. Demnach müßte Pauluzzo's Wahl in den Zeitraum von 713 bis 716 versetzt werden. Allein diese Annahme wird durch den Chronisten selber umgestoßen; denn weiter unten [1]) sagt er, Pauluzzo sei im Jahre Christi 727 nach 20jähriger Verwaltung gestorben. Nach letzterer Rechnung würde also die Erhebung Pauluzzo's ins Jahr 707 fallen. Allein auch dieß ist aus andern Gründen unmöglich.

Hören wir nunmehr Dandolo: „Im Jahre Christi 697 ward Pauluzzo zum Herzoge über See-Venetien bestätigt. Denn da, während in den einzelnen Orten des Seelandes die Bevölkerung mehr und mehr wuchs, die Tribunen über den Vorrang stritten und einander keine Hilfe leisteten, geschah es, daß die Langobarden diese Unordnung benützend, in Venetien einbrachen und da und dort Güter gewaltsam sich aneigneten. Um solchem Unfuge zu steuern, traten die Tribunen, alle Vornehme und auch die Volksgemeinde, desgleichen der Patriarch von Grado, die Bischöfe und der gesammte Clerus in Heracliana zusammen, und wählten Pauluzzo, einen vornehmen Mann, welcher in Heracliana ansäßig war, zum Herzoge des Seelandes. Folgende Befugnisse wurden dem neuen Herzoge eingeräumt: er solle ermächtigt sein um öffentlicher Angelegenheiten willen allgemeine Versammlungen zu berufen, Tribunen und Richter zu ernennen, welche dem Volke und dem Clerus — jedoch mit Ausnahme rein geistlicher Streit-

---

[1]) Pertz VII., 11.

fragen — (die der Gerichtsbarkeit des Patriarchen und der Bischöfe vorbehalten blieben) — Recht zu sprechen hätten. Weiter wurde bestimmt, daß die Parteien, wenn sie sich durch Urtheilsprüche der niederen Richter beschwert glaub= ten, Berufung auf den Herzog einlegen dürften, auch daß Synoden nur mit Einwilligung des Herzogs abgehalten, deßgleichen daß nur mit seiner Erlaubniß Wahlen zur Be= setzung erledigter Stühle vom Volke und dem Clerus vor= genommen, und daß die Erwählten nur von ihm belehnt und in den Besitz eingesetzt werden können".

Deutlich verräth die genaue Schilderung der dem Herzoge eingeräumten Rechte, daß es ein Staatsmann war, der hier die Feder führte. Also Laien=Richter er= kannten in allen Streitigkeiten zwischen Geistlichen und Nichtgeistlichen, und nur über rein clerikale Fragen übte der Patriarch Gerichtsbarkeit; ferner derselbe Patriarch durfte ohne Einwilligung des Herzogs keine Synode be= rufen, keine Wahl auf einen erledigten Stuhl ausschreiben, und die Gewählten empfingen ihre Bisthümer nur aus den Händen des Dogen und Kraft seines Befehls. Sollte man nicht meinen, Dandolo habe hier die Begriffe seiner Zeit, Begriffe, die erst nach mehr als hundertjährigen Kämpfen zwischen Petri Stuhl und der deutschen Kaiserkrone zu klarem Bewußtsein der Menschen gekommen, auf die Ver= gangenheit übergetragen? O nein! In der Schule von By= zanz haben die See=Veneter das Staatskirchenrecht gelernt, das der erste Doge Pauluzzo geltend machte. Eben die= ses Recht aber ist von jeher, d. h. seit der Zeit, da die Kaiserstadt am Bosporus erstand, durch Constantin den Großen und seine Nachfolger ausgeübt worden. Noch mehr, nicht der Doge Pauluzzo, sondern der Basileus von Con=

stantinopel selber war es, der die oben erwähnten Bedin=
gungen bei Einsetzung des ersten Dogen vorschrieb.

Dandolo deutet in obiger Stelle ein Geheimniß an,
das er aus Scheu vor gewissen Vorurtheilen seines Volkes
nicht offen aussprechen wollte. Sowohl aus Gelegenheit
der Erhebung Paulnzzo's, als auch später, wenn er be=
schreibt, wie seine Nachfolger zur Gewalt gelangten, braucht
er stets Ausdrücke, welche auf Bestätigung oder Anerken=
nung durch einen Höheren hinweisen. Wer anders aber
kann derjenige gewesen sein, welcher die Bestätigung er=
theilte, als der Basileus zu Constantinopel, eigentlicher
Gebieter des Exarchats, wie See=Venetiens. Unten werde
ich zeigen, daß Dandolo, sobald er auf die magistri mili=
tum zu sprechen kommt, die an die Stelle der drei ersten
Dogen, jedoch nur auf kurze Zeit, traten, die Wahrheit fast
ganz durchblicken läßt.

Aber warum dieses Versteckspiel. Der Volkszeist hat
es erzwungen. Seit Entstehung der germanischen Reiche
auf lateinischem Boden, hauptsächlich seit durch die glor=
reiche Wirksamkeit des Papstes Gregorius VII. die lateinische
Kirche ihren höchsten Aufschwung nahm, noch mehr, seit
vollends im Jahre 1204 der neunzigjährige Doge Heinrich
Dandolo, des Geschichtschreibers Ahn, entschlossen, dem
elenden politischen Gewächs, das man byzantinisches Reich
nannte, ein wohlverdientes Ende zu machen, am goldenen
Horn von Constantinopel den Löwen von S. Marcus auf=
pflanzte: sahen die Abendländer in den Griechen ein ver=
worfenes Geschlecht, ja — um die Wahrheit zu sagen —
ein Lumpenvolk. Darum geschah es, daß das Selbstgefühl
der Venetianer, welches in dem Bewußtsein großer Thaten
wurzelte und folglich wohlberechtigt war, sich sträubte, ein=

zugestehen, daß ihre Ahnen lange Zeit Unterthanen dieser Griechen gewesen seien, und daß ihre Heimath eben denselben sehr viel verdanke.

Der einzelne Mensch bedarf, um bestehen zu können, in Kinderjahren einer Wiege, im Greisenalter etwas wie eine Krücke. Für den Menschen im großen Maßstabe gedacht, d. h. für den Staat, gilt das gleiche Gesetz. Wiege venetischer Größe und Freiheit war durch merkwürdige Fügungen griechische Despotie — die sinn- und ehrloseste des Mittelalters. Immerhin gereicht es keinem Gemeinwesen zur Schande, die günstige Stellung zu andern Reichen — und wäre es auch eines wie das byzantinische — in kluger Weise benützt zu haben. Als geborener Venetianer schonte Dandolo die Vorurtheile seines Volks, aber in dem Augenblicke, da er Clio's Griffel führte, fand er es unter seiner Würde — er ein Dandolo, Sproße des edelsten Geschlechtes seiner Vaterstadt — ich sage, er fand es unter seiner Würde, zu lügen. Durch jene hingeworfenen Worte deutet er Wissenden die Wahrheit an, ohne daß der große Haufen es merkte. Die ächten Historiker verstehen einander mittelst gewisser Zeichen. Dandolo ist gleich den Deutschen Hermann von Reichenau, Lambert von Hersfeld, gleich dem Isländer Snorro Sturlesson und gleich dem Saracenen Ibu-Chaldun einer von den Geweihten gewesen, welche innerliche Befähigung zum Geschichtschreiben trieb*).

Zu den Befugnissen, welche dem ersten Dogen Pauluzzo ertheilt wurden, zählt Dandolo auch die Ermächtigung,

---

*) Bei Erhebung Pauluzzo's (Muratori XII., 127) Paulutius dux laudatus est; dann wird die Wahl mit den Worten geschildert: hunc civem Heracleensem ducem constituerunt. Bei Einsetzung

Tribune und Einzelrichter einzusetzen. Folglich dauerte das
Tribunat fort, aber als eine dem Herzoge untergeordnete Be=
hörde. Sie blieben Beamte der zwölf Inseln, wiewohl
unter Aufsicht des Herzogs. Sehr gut stimmt hiezu, daß
auch Chronist Johann nach Einsetzung der Dogen häufig
Tribunen erwähnt [1]. In Beschreibung der Wahl Pau=
luzzo's ist Dandolo genauer als Johann. Während dieser
alle Venetianer, insbesondere aber den Patriarchen und die
Bischöfe, als Theilnehmer an dem Akte aufführt, sagt jener,
Pauluzzo sei durch die Tribunen, alle Vornehme, das ge=
meine Volk, den Patriarchen und den gesammten Clerus
erkoren worden. Sichtlich unterscheidet er vier Stände, die
Beamten, den Adel, die Volksgemeinde und die Geistlichkeit.
In der pragmatischen Sanction Justinians steht kein Wort
davon, daß die Menge ein Wahlrecht haben sollte, sondern
das fragliche Gesetz beschränkt die Befugniß auf Geistlich=
keit und Adel; natürlich! Justinian, der Zunge nach ein
Lateiner, doch an Gesinnung Byzantiner, sah in dem, was
man Volk nennt, nichts weiter als eine Steuer einbrin=
gende Maschine und keine politische Macht.

Allein die byzantinische Gesetzgebung mußte sich auf
dem Boden See=Venetiens der Natur des Landes anbe=
quemen: das tapfere und rührige Matrosenvolk ließ sich
nicht gutwillig von den Wahlen ausschließen. Im Uebrigen
blieben die Aemter trotz der scheinbaren Theilnahme des

---

des Marcellus, der auf Pauluzzo folgte, heißt es: Marcellus dux
approbatus est, und dann wieder: hunc ducem constituerunt
(ibid. 130. 134). Bei Einsetzung des dritten Dogen: Ursus dux
confirmatus est. Dann auf den Antheil der Venetianer übergehend:
hic nobilis Heraclianus incola dux concorditer factus est.

[1] Pertz VII., 13 unten.

großen Haufens in den Händen der eigenthümlichen Aristokratie des Seelands. Der dortige Adel, auf den Dandolo
und Johann schon in der Geschichte des siebenten und achten
Jahrhunderts hinweisen, bestand nicht, wie im Franken-
lande oder in Lombardien drüben, aus großen Gutsbesitzern,
sondern, wie später gezeigt werden soll, aus Schiffsrhedern
und Kaufherren, deren Acker und Pflug der Handel war.
Das Volk aber, d. h. die Matrosen und Gewerbsleute,
stimmten bei den Wahlen, wie die Arbeitgeber es haben
wollten, bei denen jene Brod und Speck verdienten.

Wohl beachtet muß werden, daß Johann, wo von
der Wahl des Dogen die Rede ist, die Geistlichkeit und
den Erzbischof nach dem Volke, und daß Dandolo ebendieselbe erst nach den drei andern Ständen nennt [1]). Hier
verräth sich der eigenthümliche Geist des venetischen Staats-
wesens. Meist hat die herrschende Aristokratie den Clerus
ferne von den Geschäften zu halten gesucht. Das aber
lernten Venedigs Staatsmänner in der Schule von Byzanz; nur der Satz des alten Dichters bewährte sich:

quo semel est imbuta recens, retinebit odorem
testa diu.

Auch die weitere Bemerkung Dandolo's: nur mit
Einwilligung des Herzogs dürfen in Fällen der Erledigung
von Clerus und Volk Bischöfe erkoren werden, birgt einen
Hintergedanken. Der venetische Adel bestand absichtlich

---

[1]) Perg VII., 11. omnes Venetici una cum patriarcha et
episcopis convenientes; und Muratori XII., 127. a. tribuni et
omnes proceres, et plebeji cum patriarcha et episcopis et cuncto
clero

darauf, daß die Menge bei Erhebung neuer Bischöfe mit-
wirke, denn dadurch gelangten die geistlichen Wahlen in
die Hände der Reichen, der großen Geschlechter.

In einer Hinsicht verdient, meines Erachtens, der
Bericht Johanns den Vorzug vor dem Dandolo's. Letzterer
spricht so, als seien mit den Barbaren, deren Eingriffe in
venetisches Eigenthum den ersten Anlaß zu Einsetzung eines
Dogen gaben, nur die Langobarden gemeint, Johann dagegen
braucht, wie früher gezeigt worden, Ausdrücke, welche nicht
blos erlauben, sondern geradezu berechtigen, noch an andere
zu denken. Die Ueberlieferung hat sich in Venedig erhalten [1]), daß der erste Doge hauptsächlich wegen Andrangs
der Südslaven, der sogenannten Chrobaten oder Croaten,
welche als Seeräuber den Handel nach dem Adria beein-
trächtigten, erhoben worden sei. Dieser Voraussetzung sind
die Worte Johanns günstig. Aber auch Dandolo selbst
und noch mehr Paul, der Langobarde, stimmen zu. Jener
erwähnt [2]) die Südslaven das erstemal um's Jahr 726
als ein am Adria mächtiges Volk, indem er erzählt, der
lengobardische Herzog von Friaul, Pemmo, habe den Slaven
eine Niederlage bei Lauria [3]) beigebracht.

[1]) Lebret, Geschichte von Venedig I., 81.

[2]) Muratori XII., 134.

[3]) Die Bestimmung der Lage dieses Ortes ist nicht ohne
Schwierigkeit. Constantin, der Purpurgeborene, nennt unter den
Besitzungen, welche die Venetianer im 10. Jahrhundert inne hatten,
ein Schloß Laurita (opp. ed. Bonnens. III., 122). Dasselbe Schloß
kommt auch in einer venetianischen Urkunde vom Jahre 1017 vor
(Muratori antiq. Ital. I., 241), welche zugleich beweist, daß es bei
Adria, unweit der Etschmündung, lag: noch heute steht es dort, und
heißt jetzt Loreo. Dieses Loreo aber kann unter dem Lauria der

Paul, der Langobarde, dagegen spricht von Waffenthaten, welche die Südslaven um mehr als ein Menschenalter früher in denselben Gegenden verrichteten. Laut
seiner Aussage [1]) trieb der Herzog Wektaris von Friaul
die Sklaven — so schreiben die Italiener statt der Form
Slavi, welche deutsche Chronisten gewöhnlich brauchen —
nachdem dieselben einen Einfall in sein Herzogthum gemacht hatten, in ihre Grenzen zurück, indem er sie in
einem Treffen am Flusse Natisone oder Natisa besiegte,
der südlich von Aquileja in die Lagunen von Grado
mündet [2]) Wektaris aber verwaltete [3]) Friaul zwischen
666 und 678. Zu einem zweiten Zusammenstoß zwischen
Langobarden und Sklaven kam es, laut Pauls Bericht [4]),
in den Tagen des Herzogs Ferdulf, der von 695 bis gegen
706 Friaul beherrschte [5]). Ferdulf selbst ward von ihnen
erschlagen. Letztere Kämpfe fallen genau in die Zeit, da
in Venedig der erste Doge eingesetzt ward. Harmonisch
ergänzen sich die Berichte. Denn wenn die Südslaven es
wagten, das Reich des mächtigen Langobardenkönigs anzu-
fallen, werden sie sicherlich die Venetianer nicht geschont haben.

Bezüglich der Zeitrechnung widerspricht sich, wie
schon oben gezeigt worden, Chronist Johann selber, die

Stelle bei Dandolo nicht gemeint sein, sondern Lauria muß auf der
Ostseite des Adriatischen Meeres gesucht werden. Ich halte es für
den am flumanischen Busen auf der Ostküste der Halbinsel Istrien
gelegenen noch heute bestehenden Ort Laurana.

[1]) Muratori I., a. S. 483, a.
[2]) Forbiger, alte Geographie III., 513.
[3]) Art. de vérifier les dates I., 419.
[4]) Muratori a. a. O. I., a. 498, B. ff.
[5]) Art. de vérifier les dates I., 420.

Angaben Dandolo's dagegen greifen trefflich in einander, und werden überdieß durch Urkunden bestätigt. Unzweifelhaft fällt Pauluzzo's Erhebung in's Jahr 697.

Zwanzig Jahre lang hat derselbe, laut der einstimmigen Aussage [1]) Johann's und Dandolo's, Venetien verwaltet. Aber den Befehl über die bewaffnete Macht besaß Pauluzzo nicht. Denn Dandolo sagt: jener Grenzvertrag zwischen Venetien und dem Lombardenkönig Liutprand, dessen auch Chronist Johann gedenkt, sei von dem Herzoge Pauluzzo in Gemeinschaft mit Marcellus, welcher damals magister militum gewesen, abgeschlossen worden. Magister militum ist bekanntlich ein byzantinischer Titel, der den Anführer des Heeres bezeichnet und überall in Italien vorkommt, wo die griechischen Kaiser herrschten. Also während Pauluzzo als Doge der bürgerlichen Verwaltung vorstand, hatte ein Anderer den Heerbefehl, und man sieht nun, wie wohl bedächtlich Dandolo oben bei Aufzählung der Befugnisse des Dogen, von der bewaffneten Macht schweigt. Diese Trennung der bürgerlichen und der militärischen Gewalt, ist für sich allein ein genügender Beweis, daß Pauluzzo kein unabhängiger Herzog, sondern der Statthalter eines Höheren, nämlich des griechischen Kaisers war.

[1]) Pertz VII., 11. und Muratori XII., 130. b.

Fünftes Kapitel.

Die Dogen Marcellus und Ursus. Der Langobardenkönig Liutprand. Abschaffung des Ducats. Magistri Militum.

Pauluzzo starb nach 20jähriger Amtsführung. Da er 697 erhoben worden ist, fällt sein Tod in's Jahr 717. Genau dieses Jahr nennt Dandolo. In die Würde des Verstorbenen trat nunmehr Marcellus, der bisherige Magister militum, als zweiter Doge See-Venetiens ein. Seinen Wohnsitz nahm Marcellus gleich Pauluzzo in Heracliana. Während der herzoglichen Verwaltung Marcello's, welche 9 Jahre dauerte, entwarf der Langobardenkönig Liutprand den Plan, die Griechen gänzlich aus Italien zu vertreiben. Als Vorspiel gingen dem Waffenkampfe geistliche Streitigkeiten voran. Dandolo erzählt[1]): „Liutprand bestätigte der römischen Kirche die (einst von König Aribert gemachte) Schenkung der cottischen Alpen, welche unter Anderem — fügt der Venetianer bei — die Städte Genua, Tortona, Savona und das Kloster Bobbio begriff." Aber nicht ohne Hintergedanken übte der Langobarde solche Großmuth. Dandolo fährt fort[2]): „auf Bitten desselben Königs verlieh Papst Gregor II. dem damaligen Patriarchen von Aquileja Serenus das Pallium, das bis dahin allen seinen Vorgängern seit erfolgter Trennung der Stühle Aquileja und Grado beharrlich verweigert worden war." Also erst auf Betreiben Liutprands hat Papst Gregor II. Aquileja als Patriarchat an-

[1]) Muratori XII., 132.
[2]) Ibid. B. u. C.

erkannt. Der König aber begehrte diesen Dienst in eigen-
nütziger Absicht; die von Rom gebilligte geistliche Gewalt
des Serenus sollte als Werkzeug dienen, um den griechischer Staatshoheit gehorchenden Stuhl von Grado zu
brechen und See-Venetien der lombardischen Krone zu
unterwerfen. Dandolo berichtet weiter: „auf den Schutz
des Königs Liutprand pochend, hub Serenus an, gewisse
Güter, die dem Patriarchat Grado angehörten, an sich zu
reißen." Aber die Veneter schwiegen hiezu nicht, sondern
wandten sich um Hilfe an den Papst, der sich ihrer warm
annahm. Zwei Bullen Gregors II., der von 715—731
auf Petri Stuhle saß, liegen vor. Die eine, ausgestellt [1]
unter dem 1. December 723, ist gerichtet an den Bischof
von Friaul, Serenus, und warnt denselben, der Bedingungen eingedenk zu sein, unter denen ihm neulich das
Pallium verwilligt worden, abzustehen von Eingriffen in
die Rechte des Stuhls von Grado, und sich mit der kirchlichen Hoheit über lombardische Bisthümer zu begnügen.
Der Papst hatte demnach, als er das Pallium an Serenus
vergabte, die Absichten Liutprands durchschaut, und um Unrecht zu verhindern, dem Aquilejenser zu Gemüthe geführt,
daß er sich nicht unterstehen solle, die Rechte von Grado
anzutasten. Die zweite Bulle [2], erlassen im nämlichen
Jahre, ist überschrieben an den Patriarchen von Grado
Donatus, an den Herzog Marcellus, sowie an die übrigen
Bischöfe und die Volksgemeinde von See-Venetien, und
zeigt denselben an, daß von Rom aus Schritte geschehen
seien, um Serenus zu zwingen, daß er Gerechtigkeit übe.

---

[1] Jaffé. Regest. Nro. 1659.
[2] Ibid. Nro. 1660.

Beide Bullen beglaubigen nicht nur im Allgemeinen die
Erzählung Dandolo's, sondern sie bestätigen insbesondere
seine Zeitrechnung.

Herzog Marcello starb nach neunjähriger Verwaltung.
Da er 717 erhoben worden, fällt folglich sein Tod in's
Jahr 726, welches Dandolo nennt [1]. „Sofort", erzählt derselbe weiter, „ward Orso als Herzog bestätigt, und nahm
seinen Wohnsitz zu Heracliana oder Civitànova." Während Orso's Ducat brach der Bildersturm aus, der in
Kurzem ganz Italien erschütterte. Kaiser Leo, der Isaurier, hatte Befehl gegeben, daß alle Bilder aus den
Kirchen Roms hinausgeworfen werden sollten, Papst Gregor II. jedoch leistete muthigen Widerstand; nun versuchte
es der Kaiser, den heil. Vater ermorden zu lassen, allein
als dieß kund ward, siehe, da empörte sich — so berichtet [2] Paul, der Langobarde — „nicht nur das griechische
Heer von Ravenna, sondern auch das von See-Venetien
wider Leo, und unfehlbar wäre ein Anderer zum Kaiser
ausgerufen worden, hätte nicht der Papst solches verhindert." Dandolo wiederholt [3] einfach diese gewichtigen
Worte Pauls, welche für sich allein beweisen, daß Venetien damals noch, aber nicht mehr für lange, eine byzantinische Colonie war.

Ein Anderer, der Langobarde Luitprand, beutete staatsklug den Haß aus, welchen Leo der Isaurier durch jenes
unsinnige Verfahren in ganz Italien wider die griechische
Herrschaft heraufbeschworen hatte; er rückte mit Heeres-

[1] Muratori XII., 134.
[2] Ibid. I., a. S. 506 b.
[3] Ibid. XII., 135.

4*

macht vor Ravenna, nahm die Stadt und eroberte das
gesammte Exarchat. Der Exarch Eutychius, ein griechischer
Hämmling, floh nach Venetien hinüber, um dort Hülfe zu
suchen. Ein Glück für ihn war es, daß Papst Gregorius II.,
der weit größeres Ansehen genoß, als der griechische Kaiser,
ihm in die Hände arbeitete. Eine um 729 ausgestellte
Bulle [1]) ist vorhanden, kraft welcher Greger II. den Her=
zog Orso von Venetien auffordert, die Langobarden aus
Ravenna zu vertreiben, und die gesetzmäßige Herrschaft des
Exarchen, der dem Vernehmen nach in Venetien weile, so
wie des griechischen Kaisers Leo wiederherzustellen.

Orso entsprach dem Wunsche des Papstes, rüstete eine
Flotte aus, fuhr hinüber nach Ravenna, verjagte die Lom=
barden und setzte Eutychius wieder ein [2]). Zum erstenmale
geschah es hier, daß die Veneter als italische Seemacht
auftraten. Nach diesen Ereignissen sollte man erwarten,
daß sofort ein Krieg einer Seits zwischen dem Exarchen
und seinem Beschützer dem Herzoge Orso, anderer Seits
zwischen dem Lombardenkönig ausbrach. Allein die Sachen
nahmen eine ganz andere Wendung. Leider sagt kein ein=
ziger vorhandener Zeuge bezüglich dessen, was vorging, die
volle Wahrheit, sondern alle färben; dennoch kann man
den wahren Zusammenhang aus den Bruchstücken von Be=
richten ermitteln.

Das Papstbuch meldet [3]), der Longobarde Liutprand
sei in Gemeinschaft mit dem (wiederhergestellten) Exarchen
Eutychius, den überdieß Papst Gregor II. kaum zuvor ge=

---

[1]) Jaffé, Nro. 1670.

[2]) Muratori XII., 135.

[3]) Ibid. Script. ital. III., a. 157.

bannt hatte, weil ihn Eutychius gemäß einem erneuerten
Befehle des Kaisers Leo aus der Welt schaffen wollte, —
ich sage Liutprand sei mit diesem Erarchen und der vereinigten Heeresmacht beider vor Rom gezogen, angeblich um
die Metropole Italiens dem griechischen Kaiser zu unterwerfen. Auf den Wiesen Nero's, d. h. auf den Gefilden
nördlich von der nachmaligen Leostadt, lagerten die Feinde;
da kam der Papst heraus, hielt mit dem Lombardenkönig
eine geheime Unterredung, in Folge welcher Liutprand völlig umgestimmt ward, allen „bösen" Plänen entsagte, dem
heiligen Vater die größte Ehrfurcht bewies. Seiner Seits
nahm Gregor II. auf Bitten des Königs den Bann wider
Eutychius zurück. Bald darauf kehrten erst Liutprand und
dann auch Eutychius in Frieden nach Hause.

Man kann die eben aufgeführten Thatsachen nicht in
Zweifel ziehen: Liutprand ist also wirklich mit Eutychius
vor Rom gerückt, wirklich unverrichteter Dinge in die Heimath zurückgegangen, und Gregor II. hat wirklich den
gegen Eutychius verhängten Bann widerrufen. Allein die
Beweggründe, welche der Verfasser des Papstbuchs den
handelnden Personen unterlegt, sind offenbar Spiegelfech-
terei und ersonnen, um, nachdem der Schlag mißglückt war,
den wahren Zweck zu verhüllen, denn wer wird glauben,
daß der Langobarde Liutprand das Schwert gezogen habe,
um Rom und am Ende Italien dem griechischen Kaiser in
die Hände zu spielen. Meine Meinung von der Sache ist
diese: unverkennbar strebte der Longobarde dahin, der griechischen Herrschaft über Italien ein Ende zu machen, Zeuge
dafür, die Schenkung, die er an den heiligen Stuhl unter
der Bedingung machte, daß der Papst das Patriarchat
Aquileja anerkenne, sodann der kirchliche Kampf, welchen

Serenus alsbald gegen Grado begann, endlich das Unternehmen Liutprands gegen das Exarchat.

Allein aus der schnellen und wirksamen Hilfe, welche die Seemacht Venetiens dem vertriebenen Exarchen Eutychius leistete, zog der Lombarde, offenbar ein fähiges Haupt, den Schluß, daß er für sich allein nicht stark genug sei, um die Griechen zu erdrücken. Also änderte er seinen Plan ab: er bot dem Exarchen Wiedereinsetzung in Ravenna, jedoch gegen die Zusicherung an, daß Eutychius mit Byzanz breche und gemeine Sache mit den Lombarden gegen die Griechen mache. Auch mit dem Veneter-Herzog Orso knüpfte Liutprand zu gleichem Zwecke Unterhandlungen an; er stellte demselben vor, daß, wenn Orso ein Bündniß mit Lombardien schließe, keine Macht ihn hindern könne die unabhängige Herrschaft über See-Venetien, frei von jeder griechischen Hoheit, zu erlangen. Beide Eutychius und Orso, müssen gewonnen worden sein und die Befreiung Ravenna's, von welcher Dandolo spricht, war meines Erachtens, viel weniger ein Werk der Waffengewalt, als geheimer Einverständnisse.

Liutprand hat in seiner Weise richtig gerechnet: mit dem Augenblicke, da die Beiden in den vorgehaltenen Köder bissen, wurden sie tödtlich dem griechischen Hofe verfeindet, und von Stund an blieb ihnen dann nichts anders übrig, als sich der lombardischen Krone in die Arme zu werfen, was jedenfalls zu einer Vasallenschaft, vielleicht gar zu völliger Vereinigung des Exarchats und Venetiens mit Lombardien zu führen verhieß. Was wenigstens Eutychius betrifft, so habe ich oben berichtet, daß er ein Hämmling war; sein Erbe konnte daher dem Lombardenkönig kaum entgehen.

Allein Liutprand erwog weiter, daß sein Vorhaben
nur dann gelingen werde, wenn ein Dritter, wenn der
damalige Papst Greger II. beitrete. Meines Erachtens
wünschte der Lombarde, daß Greger II., der von Leo dem
Isaurier tödtlich beleidigt worden war, durch irgend einen
unwiderruflichen Akt mit den Griechen breche, etwa eine
Aufforderung, in Masse wider die Byzantiner sich zu erheben, an das Volk Italiens erlasse. Immerhin sah Liutprand voraus, daß der Papst nicht leicht hiezu vermocht
werden dürfte. Darum bewog er den Exarchen, vereint
mit ihm vor Rom zu rücken und zu versuchen, was
Schrecken vermöge. Allein furchtlos kam der Papst in's
lombardische Lager heraus, und entwickelte unter 4 Augen
eine solche Ueberlegenheit des Geistes, daß Liutprand sich
bewogen fand, auf seinen Plan zu verzichten.

Ohne Frage ist der zweite Gregerius einer der aus-
gezeichnetsten kirchlichen Staatsmänner gewesen, welche je
Petri Stuhl einnahmen, und hat damals mit hoher Weisheit gehandelt; denn wäre er auf Liutprands Anträge eingegangen, so würde die römische Kirche eine Sklavin des
Lombardischen Hofes geworden sein. Wie aber, und durch
welche Gründe der Papst den König umstimmte, kann bei
dem Schweigen der Quellen nicht ermittelt werden. Indessen glaube ich bemerken zu müssen, daß laut dem Zeugnisse [1]) des Papstbuches schon Greger II. mit dem Fran-
kenherzoge Carl Martel angeknüpft hatte. Der Papst befand sich demnach in der Lage, dem Lombarden im Nothfalle vorzustellen, daß Petri Stuhl, wenn etwa diesseits

---

1) Muratori, Script. ital. III., a. S. 167 A.

Gewalt gegen ihn gebraucht werden würde, jenseits der
Alpen auf mächtige Helfer zählen dürfe.

Das Exarchat war auch, nachdem Liutprand den Rückzug von Rom angetreten und auf die Einheit Italiens verzichtet hatte, unwiederbringlich für die Byzantiner verloren.
Eutychius lebte seitdem von lombardischem Gnadensolde, und
wenn die Zeitquellen ihn noch Exarchen nennen, so ist dieß
ein mißbräuchlicher Ehrentitel, in der That hing er wie
ein Vasall von der Krone Lombardiens ab. Das Papstbuch erzählt [1]) Folgendes: „Kurz vor seinem Tode — 743 —
faßte König Liutprand den Entschluß, auch die Stadt Ravenna vollends dem Exarchen Eutychius wegzunehmen. In
der Verzweiflung rief Letzterer die Hilfe des damaligen
Papstes Zacharias an. Der Papst scheute die Reise nach
Ravenna und von da weiter nach Pavia ans Hoflager
Liutprands nicht, brachte aber nur mit unsäglicher Anstrengung zu Wege, daß der König einen Theil der eingezogenen
Städte an Eutychius zurückgab." Nichts mehr vermochte
das byzantinische Reich gegen die überlegene Landmacht der
Lombarden, welche über das Exarchat nach Belieben schal-
teten, ja der Basileus zu Constantinopel war nicht einmal
im Stande, an dem Hämmling Eutychius, der ihn verrathen hatte, Rache zu nehmen.

Dagegen boten die Byzantiner Alles auf, um Orso
zu züchtigen und See-Venetien in der Treue zu erhalten,
und hier drangen sie durch, theils weil sie selbst eine Seemacht besaßen, theils und noch mehr, weil die Veneter,
als ein Volk, das vom Handel lebte, nicht gerathen fanden,

---

[1]) Muratori, Script. ital. III., S. 162, B. ff. Vergl. Jaffé,
Regest. S. 185.

sich mit dem morgenländischen Reiche, aus dem sie große Vortheile zogen, zu verfeinden.

Und nun ist es Zeit, wieder Dandolo sprechen [1]) zu lassen: „Nachdem Orso das Herzogthum 11 Jahre verwaltet hatte, ward er 737 in Folge eines Bürgerkriegs, der unter den Venetern ausbrach, ruchloser Weise erschlagen. Da die Veneter sich über die Wahl eines neuen Herzogs nicht einigen konnten, beschlossen sie ein jährlich wechselndes Oberhaupt einzusetzen. Dasselbe erhielt den Namen Magister militum. Diese Würde ist nämlich nach griechischem Herkommen höher als das Tribunat, und der neue Magister militum beherrschte das ganze Volk". Also nach griechischer Weise übernahm ein Magister militum die Regierung Venetiens. Auch wenn wir nicht aus andern Quellen wüßten, daß das fragliche Amt ein byzantinisches Gewächs war, würden die Worte Dandolo's zum Beweise genügen. Abermal hat er, der Wahrheit zu Ehren, die übliche Verhüllung — nämlich für Wissende — durchbrochen. Fest steht: Herzog Orso ist als Opfer byzantinischer Rache gefallen. Um unter den schwierigen Zeitläuften seine Hoheit über Venetien sicher zu stellen, schaffte der Basileus am Bosporus, nachdem Orso durch angezettelte Parteiung beseitigt worden, die bürgerliche Verwaltung der Herzoge ab, und führte eine rein militärische Regierung ein. Zugleich wird durch die Vorgänge in Venetien die oben entwickelte Darstellung des Zusammenhangs lombardischer, ravennatischer und römischer Begebenheiten bestätigt und außer Zweifel gesetzt. Dieselbe beruht nicht mehr auf Vermuthungen, sie ist handgreifliche Wahrheit.

---

[1]) Muratori XII., 136.

Auch noch von anderer Seite her empfängt sie Be-
glaubigung. Mit dem Tode Orso's waren keineswegs die
Bestrebungen, für die er gewirkt hatte, niedergeschlagen.
Von nun tritt in Venetien eine Partei hervor, welche un-
abläſſig dahin arbeitete, nach dem vom letzten Dogen gegebenen Beiſpiel das Joch griechiſcher Oberherrschaft ab-
zuſchütteln. Man könnte sie eine nationale nennen, wären
ihre Abſichten nicht mehr auf Erhebung einer einheimiſchen
Dynaſtie, als auf die Unabhängigkeit des Landes gerichtet
geweſen. Im Uebrigen begnügten ſich die ſiegreichen Byzantiner nicht mit dem Morde Orſo's, auch ſeine Familie
traf Verfolgung. Deusdedit, Orſo's Sohn, mußte in die
Verbannung wandern.

Fünf Jahre — von 737 bis 742 — dauerte die Gewalt
der Magistri militum, oder der vom kaiſerlichen Hofe zu
Constantinopel eingeſetzten Kriegsoberſten. Der erſte hieß
Dominicus Leo und regierte bis 738. Auf ihn folgte Felix
Cornicula. „Der war“, ſagt Dandolo, „ein friedlich ge-
ſinnter Mann und ſuchte die zwieträchtigen Veneter auszu-
ſöhnen, auch rief er den Sohn Orſo's, Deusdedit, welchen
die Mörder ſeines Vaters verbannt hatten, in die Heimat
zurück“. Man ſieht, die Partei Orſo's erhob ſchon wieder
ihr Haupt und ſchnell kam ſie empor. Dandolo fährt fort:
„Nach Felix Cornicula im Jahre 739 wurde Deusdedit
Magister militum; denn die Veneter beeiferten ſich, das
an dem Vater verübte Unrecht durch Begünſtigung des
Sohnes gut zu machen. In einigen Handschriften finde
ich, daß Deusdedit nicht ein Jahr, ſondern zwei die Würde
des Kriegsoberſten bekleidete, ſeine Gewalt ſcheint ihm ver-
längert worden zu ſein [1]). Deutlich tritt hier hervor, daß Dan-

---

[1]) Muratori XII., 137—138.

vclo aus alten Verzeichnissen der Obrigkeiten Benetiens
schöpfte.

Nun erfolgte [1] ein Gegenstoß der byzantinischen Partei:
„Nach Deusdedit ward im Jahre 740 Jovianus zum Magister militum ausgerufen. Da derselbe in großer Gunst
beim Kaiser stand, erhielt er den Titel „kaiserlicher Hypatus". Wer war der Kaiser, der den neuen Kriegsobersten mit dem prächtigen Flitter ausstattete. Niemand anders, als der Basileus zu Constantinopel, denn es gab
damals in der ganzen Welt keinen andern Kaiser. Auch
weiß jeder des Hellenischen Kundige, daß Hypatus die griechische Uebersetzung des lateinischen Wortes Consul ist.
Ueberall wo Byzantiner in Italien herrschten, kommen
Magistri militum, Hypati, Sebasti, Protosebasti und dergleichen Zeugs zum Vorschein.

Weiter berichtet Dandolo: „Jovianus saß ein Jahr
lang auf dem Herzogstuhle, dann folgte 741 Johann, mit
dem Beinamen Febriciacus — der am Fieber Leidende.
Aber noch war Johanns Jahr nicht abgelaufen, als die
Veneter ihn absetzten und ihm die Augen ausrissen. Jetzt
wurde im Jahre 742 Deusdedit erhoben, aber nicht mehr
zum Magister militum, sondern zum Herzog; denn die Veneter hatten sich überzeugt, daß jährlich wechselnde Obrigkeiten dem Wohle des Landes nicht förderlich seien. Auch
schlug Deusdedit seinen Wohnsitz nicht mehr in Heracliana,
sondern zu Malamocco auf".

Fünf Magistri militum, Dominicus Leo, Felix Cornicula, Deusdedit, Jovianus und Johann haben einander in
den Jahren 737 bis 742 abgelöst. Da der letzte dersel-

---

[1] Muratori XII., S. 138.

ben kein ganzes Jahr, sondern wahrscheinlich bloß einige
Monate regierte, muß wohl Deusdedit mehr als ein, aber
doch nicht zwei volle Jahre Magister militum gewesen sein.
Allem Anscheine nach übernahm er an des geblendeten Jo=
hanns Stelle die Verwaltung, bis das Jahr ablief; dann
brachte er zu Wege, daß man zu seinen Gunsten das Her=
zogthum herstellte. Die oben mitgetheilte Bemerkung Dan=
dolo's hat also einen guten Sinn.

„Dreizehn Jahre", fährt [1]) Dandolo fort, „d. h. von
742—755, bekleidete Deusdedit, Orso's Sohn, die herzog=
liche Würde. Allein da er ein starkes Schloß an der
Brentamündung erbaute, — Chronist Johann nennt [2]) das=
selbe Brondolo — stieß ihm ein Feind, Namens Galla, die
Augen aus, und riß selbst 755 das Herzogthum an sich,
doch vermochte er das angemaßte Amt nur ein Jahr und
zwei Monate zu behaupten, denn nach Verfluß dieser Zeit
erhoben sich die Veneter wider ihn und bereiteten ihm das=
selbe Schicksal, das er seinem Vorgänger zugefügt hatte:
Galla ward geblendet und abgesetzt. Nun bestieg den Her=
zogstuhl im Jahre 756 Dominicus Monegarius, gebürtig
aus Malamocco, der auch gleich seinem zweinächsten Vor=
gängern auf der genannten Insel seinen Wohnsitz nahm."
Jedoch nicht allein durfte er die Regierung führen, sondern
man setzte ihm zwei Tribunen an die Seite. Acht Jahre
lang bis 764 war Dominicus Monegarius Herzog, dann
brach eine Verschwörung aus, in Folge welcher er geblen=
det und abgesetzt ward.

---

[1]) Muratori XII., 141.
[2]) Pertz VII., 13, oben. Brundulus.

Sechstes Kapitel.

Wiederherstellung des Ducates. Teusdedit. Verlegung des Regierungssitzes von Heracliana nach Malamocco.

Werden die Byzantiner es gerne gesehen haben, daß Deusdedit, der Sohn desselben Orso, den sie gestürzt hatten, zur höchsten Gewalt Venetiens gelangte? Zweitens ist nicht im hohem Grade wahrscheinlich, daß dieser Deusdedit byzantinischer Abneigung gegenüber sich auf denselben Lombardenkönig Liutprand stützte, der mit seinem Vater im Bunde gestanden? Die Zeitgeschichte gibt bezüglich dieser Fragen überraschenden Aufschluß. Des Dogen Deusdedit Erhebung fällt in dasselbe Jahr 742, da Liutprand sich rüstete, das Exarchat, das bis dahin theilweise in den Händen seines Schützlings Eutychius geblieben war, vollends an sich zu ziehen, ein Plan, an dessen Ausführung ihn, wie oben gezeigt worden, nur die Vorstellungen des Papstes Zacharias hinderten. Folglich muß damals der Einfluß der Byzantiner in Italien tief gesunken gewesen sein, während die lombardische Macht die höchste Stufe erreicht hatte. Man begreift daher, daß Deusdedit im Bunde mit Liutprand die Herstellung des Herzogthums, den Byzantinern zu Trotz, durchzusetzen vermochte. Um nicht ganz seinen Einfluß in Venetien zu verlieren, machte der griechische Basileus gute Miene zu bösem Spiel und suchte Deusdedit zu gewinnen. Denn Dandolo berichtet[1]), daß der auf den Stuhl seines Vaters Orso erhobene Herzog den Titel kaiserlicher Hypatus führte.

---

[1]) Muratori XII., 138, unten.

Auch die Verlegung des Herrschersitzes von Heracliana oder Civita nova nach Malamocco hat einen verborgenen Sinn. Die Byzantiner müssen Alles aufgeboten haben, um die Einwohner dieser Insel — wahrscheinlich durch Bewilligung von Handelsvortheilen — an sich zu fesseln, also daß Heracliana Mittelpunkt der griechischen Partei wurde. Denn laut dem Zeugnisse[1]) des Chronisten Johann endete 40 Jahre später der Kampf zwischen den beiden Faktionen, in welche sich das Seeland gespalten hatte, nämlich zwischen der griechischen und der nationalen damit, daß die Veneter selber, d. h. die nationalgesinnten, Heracliana zerstörten. Deusdedit handelte daher wohlweislich, als er seinen Wohnsitz aus der dem Basileus ergebenen Insel auf einen seinen Absichten günstigeren Boden verpflanzte.

Zweitens, der Sturz des mit den Lombarden verbünde ten Dogen erfolgte in demselben Jahre 755, da Pipin, der Frankenherzog, Carls des Großen Vater, zum zweitenmale über die Alpen zog, und durch eine fürchterliche Niederlage, die er den Lombarden beibrachte[2]), Aistulf, den König derselben nöthigte, das Exarchat an den Stuhl Petri abzutreten. Tief gedemüthigt war damals der Lombarden Macht, und die Zeitgenossen zweifelten, ob sie je wieder aufkommen werde. Natürlich konnten sie jetzt den Dogen auf der Insel drüben nicht mehr schützen. Darum geschah es, daß Deusdedit gestürzt ward, und daß der Empörer Galla, versteht sich mit griechischer Hilfe, sich des herzog

---

[1]) Pertz VII., 14.
[2]) Muratori, Annali d'Italia ad a. 755.

lichen Stuhles bemächtigte. Der Zusammenhang ist handgreiflich.

Dennoch vermochte Galla die angemaßte Gewalt
nur 14 Monate zu behaupten. Auch diese Thatsache erhält durch die Geschichte Lombardiens ihre Erklärung. Im
Jahre 756, da Galla weichen mußte, starb König Aistulf
kinderlos, und nach kurzem Bürgerkrieg ward Desiderius,
der letzte König seines Volkes, auf den Thron zu Pavia
erhoben [1]. Dieser Desiderius war aber, laut der Aussage Dandolo's [2], vorher Herzog in Lombardisch Istrien
gewesen. Wenn je ein lombardischer Großer, wird, ja
muß er Verbindungen mit dem benachbarten Venetien
unterhalten haben, und allem Anscheine nach, geschah es
nicht ohne sein Zuthun, daß Dominicus Monegarius, welcher
sichtlich derselben Partei, der Orso wie der geblendete
Deusdedit angehörte, den Mörder Galla vom herzoglichen
Stuhl hinabstieß und sich der Herrschaft bemächtigte.

Abermal hatte die griechische Partei im Seelande
eine Niederlage erlitten, aber sie war nicht so vollständig,
wie vor 14 Jahren, da Deusdedit das Herzogthum wieder
herstellte. Denn Menegaro mußte es sich gefallen lassen,
daß man ihm zwei Tribunen an die Seite setzte. Wer
hat dieß erzwungen? offenbar der Basileus von Constantinopel und sein Werkzeug, die griechischgesinnte Partei.
Die Tribunen sollten den Dogen hindern, ganz mit den
Griechen zu brechen, und gemeine Sache mit den Lombarden zu machen. Sie haben ihn auch gehindert, aber
im Herzen war Menegaro Todfeind des Basileus. Im

[1] Muratori. Annali d'Italia. ad a. 756.
[2] Ibid. Script. XII., 142.

Jahre 761, also dem 5. der herzoglichen Gewalt Mone=
garo's, schreibt [1]) Papst Paul I. an den Frankenkönig
Pipin: „wir theilen Euch beiliegend einen geheimen Be=
richt mit, den gewisse getreue Venetianer an unsern Mit=
bruder, den Erzbischof Sergius von Ravenna, erstattet
haben." Aus dem weiteren Inhalt des päpstlichen Schrei=
bens erhellt, daß der Bericht den Zweck hatte, vor großen
Anschlägen der Griechen auf das römisch gewordene
Exarchat und auf Ravenna zu warnen. Wer wird glauben,
daß der Doge diesen Warnungen fremd gewesen sei!

Allen Anzeigen nach blieb diese abgeneigte Gesin=
nung den Griechen nicht verborgen. Man weiß [2]), daß
Kaiser Constantin, der Bilderstürmer, Unterhandlungen mit
dem Frankenkönige Pipin anknüpfte, eine Gesandtschaft
nach Gallien schickte, und sogar für seinen Sohn Leo IV.
um die Hand der Tochter Pipins, Gisela, warb. Wohlan,
laut der gründlichen Berechnung Pagi's, fallen [3]) diese
Unterhandlungen in dasselbe Jahr 764, da der Doge
Dominico Monegaro durch innerliche Parteiung, d. h.
in Folge byzantinischer Umtriebe, gestürzt ward. Der
Basileus glaubte sich schon eines fränkischen Bündnisses
versichert, ließ deßhalb die bisher in Venetien beobachteten
Rücksichten fahren, handelte als Despot und stieß den
Dogen Monegaro vom Throne.

Auch auf andere Verhältnisse des Seelandes wirft
die päpstliche Kanzlei Licht, diese Quelle ersten Rangs, die
fast nie ihren Dienst versagt, wenn alle anderen Hilfsmittel

---

[1]) Cenni monum. dominat. pontif. I., 178.
[2]) Gfrörer, K. G. III., 574.
[3]) Muratori, Annali d'Italia. ad a. 764.

mangeln. Wie früher gezeigt worden, hatte Papst Gregor II. dem Patriarchen Serenus von Aquileja einen
strengen Verweis, wegen gehässiger Eingriffe in das Gut
des Erzstifts Grado, ertheilt. Die Vorstellungen des
Papstes fruchteten jedoch nichts, weßhalb die Veneter gleichfalls zugriffen und sich auf ihre Weise entschädigten. Unter
dem 1. März 725 zeigt Gregor II. den Venetern an [1]),
daß er ihrer Bitte gemäß den Bischof Peter von Pola in
Istrien, der wegen Abfalls zum Stuhl von Grado mit
Bann und Absetzung bestraft worden, wieder hergestellt
habe. Seit alter Zeit gehörte Pola dem Metropolitan-
verband von Aquileja an [2]). Plötzlich fiel aber der dortige
Bischof Petrus von dem lombardischen Patriarchat zu dem
venetischen ab. Wer sieht nicht, daß ein Bischof nicht nach
Gutdünken seine Vorgesetzten ändern kann, das ist nur
dann möglich, wenn die politischen Gebieter den Wechsel
erlauben, oder ihn gar herausfordern.

Was Peter that, muß folglich als ein Vergeltungs-
recht betrachtet werden, das der griechische Kaiser an den
Lombarden ausübte. Um sich für Antastung des Eigenthums der ihm unterwürfigen Kirche zu erholen, hatte
der Byzantiner, eigentlich Herr Istriens [3]), das Bisthum
Pola dem Metropolitan-Verband des lombardischen Aquileja entzogen und dem Erzstift Grado zugeordnet. Der
Papst aber billigte nachher das Geschehene; denn sonst
würde Gregor sicherlich den abgesetzten Peter nicht wieder
hergestellt haben. Doch hierüber geben etliche Bullen

---

[1]) Jaffé, Regest. Nro. 1665.
[2]) Rubeis, monument. eccl. Aquil. Anhang S. 66.
[3]) Den Beweis werde ich unten führen.

genauen Aufschluß, welche Gregers II. gleichnamiger Nach=
folger, Papst Greger III., erließ.

Durch eine im Herbst 731 ausgestellte [1]) verlieh er
dem neugewählten Patriarchen von Grado Antoninus das
Pallium; durch eine zweite [2]) lud er eben denselben ein,
mit seinen Suffraganen einer Synode anzuwohnen, welche
auf den 1. November desselben Jahres in Rom zusam=
mentreten werde. Die Veneter erschienen und unterschrieben
die wider den bilderstürmenden Basileus von Byzanz ge=
faßten Beschlüsse. Der Papst bewies sich dankbar. Kraft
apostolischer Machtvollkommenheit verordnete [3]) er, daß hin=
fort Antoninus und dessen Nachfolger Metropoliten von
ganz Venetien und Istrien sein sollten, und daß dagegen
der Erzstuhl von Aquileja sich mit Friaul zu begnügen
habe.

Die eben erwähnte römische Synode und ihre Be=
schlüsse fallen in die Zeit, da Orso als Doge in Vene=
tien waltete. Eben dieselben liefern einen handgreiflichen
Beweis, daß dieser Doge auf dem Punkte stand, völlig
mit Constantinopel zu brechen. Denn wäre dieß nicht der
Fall gewesen, so würden die Bischöfe des Seelands nie
gewagt haben, bei Maßregeln mitzuwirken, welche in
Constantinopel wie eine Kriegserklärung aufgenommen
werden mußten. Im Uebrigen begreift man, daß die kirch=
liche Hoheit Grado's über Istrien den Keim einer künftigen
venetischen Oberherrschaft enthielt. Um ihr Ansehen in
der Halbinsel gegen möglichen Trotz Widerspenstiger auf=

---

[1]) Jaffé, Regest. Nro. 1719.

[2]) Ibid. Nro. 1720.

[3]) Ibid. Nro. 1722.

recht zu halten, waren die Patriarchen von Grado genöthigt, den auf Vergrößerung gerichteten Planen ihrer
politischen Gebieter, der Dogen von Venetien, in die
Hände zu arbeiten.

Sehr belehrend ist ferner eine vierte Bulle [1]), welche
der nämliche Papst gegen das Ende seines Lebens — um
740 — an denselben Erzbischof oder Patriarchen Antoninus richtete. Sie beweist nämlich, daß damals ein ganz
anderer Wind im Seelande wehte, als 9 Jahre früher.
Leider trägt sie keine Zeitbestimmung, aber aus dem Inhalt erhellt mit genügender Sicherheit, daß sie jedenfalls
nach dem Sturze des Dogen Orso ausgestellt ist. Gregor II.
spricht nämlich sein tiefes Bedauern aus, daß der Patriarch
Antoninus und dessen Suffragane, obgleich wiederholt zu
römischen Synoden eingeladen (welche damals unfehlbar
den Bildersturm betrafen und wider den griechischen Basileus zielten), stets durch allerlei Schwierigkeiten gehindert
worden seien, sich einzufinden. Das ist alles sehr begreiflich.
In Venetien geboten damals die vom byzantinischen Hofe
eingesetzten Kriegsobersten, und diese erlaubten ihren Untergebenen, den Bischöfen des Seelandes, nicht, mit dem Papste
gegen den durchlauchtigsten Herrn und Kaiser der römischen
Welt zu tagen.

Zum Ersatze dafür, daß er die Patriarchen von
Grado abhielt, ihre Pflichten als Katholiken zu erfüllen,
vergrößerte der Basileus die Macht derselben in Istrien.
Während der 14 Monate, da der Mörder Galla über
Venetien herrschte, ward auf der Halbinsel ein neuer Stuhl
zu Justinopolis (heut zu Tage Capo d'Istria genannt) er-

[1]) Jaffe. Regest. Nro. 1738.

5*

richtet. Dandolo vergißt[1] nicht, zu bemerken, daß der
erste Bischof der Stadt, Johann, dem damaligen Patriarchen
Vitalianus von Grado kanonischen Gehorsam angeloben
mußte. Die Sache sieht so aus, als sei die Gründung
des Bisthums ein Köder gewesen, der den Patriarchen
bestimmen sollte, gemeine Sache mit dem beim Volke verhaßten Dogen zu machen.

Vollkommen werden, wie man sieht, die Schlüsse,
welche ich oben aus den von Dandolo bezeugten Thatsachen zog, durch kirchliche Urkunden bestätigt.

Siebentes Kapitel.

Der Langobardenkönig Desiderius. Der Doge Mauritius sucht seine Würde erblich zu machen. Die Eilande Olivolo und Rivoalto, der Keim von Stadt-Venedig, werden zu einem Bisthum vereinigt.

Nach dem Sturze des Dogen Domenico Monegaro
trat im Seeland das ein, was man heute Wechsel des
politischen Systems nennt. Ich beschreibe zunächst die äu-
ßern Umrisse der wichtigern Begebenheiten, meist mit den
Worten[2] Dandolo's: „Im Jahre des Herrn 764 ward
in Venetien Mauritius zum Herzoge ausgerufen, ein vornehmer Herr und durch große Thaten berühmt, die er
verrichtet hatte. Obgleich aus Heraclea gebürtig, schlug
er seinen Sitz in Malamocco auf. Derselbe regierte gerecht, suchte die zwieträchtigen Bürger auszusöhnen und be-

---

[1] Muratori XII., 141.
[2] Ibid. S. 143.

wahrte das Land vor Verwicklung in die politischen Wirren,
welche damaliger Zeit Italien erschütterten". Ich habe
oben gezeigt, daß die Insel Heraclia Mittelpunkt der by=
zantinisch=gesinnten Veneter war. Weil Mauritius von
Haus aus eben dieser Partei angehörte, ist er auf den
herzoglichen Stuhl erhoben worden. Aber auch auf die
Andersgesinnten nahm er billige Rücksicht; um denen Ge=
nüge zu thun, welche bisher für Anschluß an Lombardien
gewirkt hatten, wählte er Malamocco, den politischen Herd
der eben geschilderten Meinung, zum Wohnsitz; denn die
neue Regierung suchte, weil sie schwach war, Gegensätze
auszugleichen und das zu verwirklichen, was man vor 20
Jahren unter uns mit dem Worte „richtige Mitte" aus=
drückte. Darum kennzeichnet Dandolo die Verwaltung des
Mauritius als eine solche, welche Gerechtigkeit gegen Alle
zu üben, die Parteien auszusöhnen gestrebt habe.

Allein Andere, welche die Dinge nicht durch die Brille
pflichtschuldiger Ergebenheit oder der Schmeichelei, sondern
mit dem Falkenauge des Eigennutzes betrachteten, sahen
in Mauritius ein Werkzeug byzantinischer Herrschaft, und
zwar vor allen der Langobardenkönig Desiderius. Ich
habe oben dargethan, wie der auf den Thron gelangte.
Gewisse Ereignisse, die im benachbarten Frankenreiche vor=
gingen [1]), ermuthigten Desiderius, die kühnsten Plane Lint=
prands wieder aufzunehmen. König Pipin war den 24.
Sept. 768 zu Saint=Denis gestorben, zwei Söhne Carl
und Carlomann hinterlassend, unter welche das Reich ge=
theilt ward. Bei dem energischen und ehrsüchtigen Charak=
ter der Brüder zweifelte Niemand, daß es zum Bürger=

---

[1]) Gfrörer, K. G. III., 577 ff.

kriege zwischen Beiden wegen der Alleinherrschaft kommen
werde. Das benützte nun der Langobarde Desiderius mit
merkwürdiger Gewandtheit.

Man konnte voraussehen, daß derjenige von den Brüdern, welcher ein enges Familienband mit dem mächtigen
lombardischen Hause schloß, das Uebergewicht erlangen
werde. Obgleich sowohl Carl als Carlomann bereits ver-
ehelicht waren, bot Desiderius dem Einen wie dem Andern
seine Tochter Desiderata zum Weibe an. Carl, der ältere,
griff zu, und traf Anstalt, seine bisherige Gemahlin, die
Frankin Himiltrud zu verstoßen und die Langobardin zu
nehmen. Die Nachricht von diesem Entschlusse wirkte zu Rom
wie ein Donnerstreich. Noch ist der Brief [1]) vorhanden, welchen der damalige Papst Stephan IV. (768—772) an beide
Brüder erließ, und in dem er sie mit allen Gründen, welche
Verzweiflung und Noth eingeben mochte, beschwor, ihre
Ohren den Lockungen des „schmutzigen" Longobardenkönigs
zu verschließen. Alles war vergeblich: Carl schickte die
Himiltrud nach Hause und vermählte sich mit der Langobardin.

Kaum glaubte Desiderius durch diese Verbindung mit
dem Franken Carl, welcher voraussichtlich zum Kampfe
gegen den Bruder langobardischer Hülfe bedurfte, den eigenen Rücken gedeckt zu haben, als er, auf die Gedanken
Liutprands zurückkommend, den Entschluß faßte, die politische Einheit Italiens unter seinem Scepter herzustellen, den
Papst zu demüthigen, der griechischen Herrschaft in Venetien ein Ende zu machen. Mit kirchlichen Umtrieben begann er das Werk, und zwar nach zwei Seiten hin. Zu
Ravenna, das sammt dem Exarchate durch Pipins Waffen

---

[1]) Jaffé, Regest. Nro. 1826.

und Schenkung römisch geworden war, warf[1]) nach dem
Tode des Erzbischofs Sergius der langobardische Herzog
von Rimini, im Auftrage des Desiderius, gegen den Frühling 769 den Laien Michael zum Nachfolger auf, der, wie
leicht zu erachten, nur durch blinde Hingebung an die Lombarden seine angemaßte Gewalt gegen den rechtmäßigen
Besitzer — Petri Stuhl — zu behaupten vermochte.

Aehnliches geschah in dem fernen Istrien. Desiderius
hatte unter den Bischöfen dieser Provinz eine Verschwörung
angezettelt, in Folge welcher letztere dem Patriarchen von
Grado, ihrem Vorgesetzten, den Gehorsam aufkündigten und
zur langobardischen Metropole Aquileja abfielen. Papst
Stephan IV. täuschte sich keinen Augenblick darüber, daß
die Vorgänge in Ravenna und Istrien enge zusammenhän-
gen, er richtete ein drohendes Schreiben[2]) an die Istrier,
worin er ihnen Vorwürfe darüber macht, daß sie sich in
politische Umtriebe eingelassen hätten[3]), und ihnen sammt
und sonders Absetzung ankündigt. Zu gleicher Zeit tröstete
er in einem zweiten Schreiben[4]) den Patriarchen Johann
von Grado wegen des erlittenen Unrechts. „Wenn auch
die Istrier dich verrathen haben", sagt er, „so sei guten
Muths; der zwischen den Römern, den Franken und den
Langobarden abgeschlossene Staatsvertrag, welcher deinem
Patriarchate außer Venetien auch Istrien zugetheilt hat,
wird und muß mit Hilfe des Stuhles Petri aufrecht erhalten werden."

---

[1]) Muratori Script. ital. III., a. S. 177, B. unten.
[2]) Jaffé, a. a. O. Nro. 1831.
[3]) Quod secularibus convolantes auxiliis a Gradensis
archiepiscopatus sede recedere inter seque consecrare ausi sint.
[4]) Ibid. Nro. 1832.

Also ein Vertrag war zwischen Römern, Franken und Langobarden zu Stande gekommen, welcher Istrien der kirchlichen Hoheit Grado's unterordnete und die im Jahre 731 ergangene Verfügung [1]) des Papstes Gregorius III. förmlich billigte. Und zwar muß derselbe während der Zeiten Stephans III. (753—757) abgeschlossen worden sein, denn Stephan IV. weist in dem zweiten Schreiben selbst auf diesen seinen Vorgänger hin. Wer ist aber unter den „Römern" des Vertrags zu verstehen? Jedenfalls außer dem Papste der byzantinische Herrscher, der in der Geschäftssprache gewöhnlich Kaiser der Römer, und dessen Reich ein römisches genannt wurde; denn ohne Zuthun des Basileus konnten weder die Franken, noch die Langobarden, noch auch der heilige Vater über die Provinz Istrien verfügen, welche thatsächliches und rechtliches Eigenthum der Griechen war. Und allerdings hatte der Basileus guten Grund, Istrien der Metropole Grado einzuverleiben, da diese Maßregel dazu führen mußte, See-Venetien durch ein neues Band an Constantinopel zu fesseln. Allein eine andere Frage ist, warum die Franken hiezu die Hand boten? Die Sache erscheint meines Erachtens nur dann begreiflich, wenn man voraussetzt, daß schon Pippin die Plane hegte, welche nachher sein Sohn Carl der Große auszuführen suchte. Istrien, durch fränkische Vermittlung mit Grado vereinigt, bildete gewisser Art eine Zange, mit welcher man vom festen Lande aus See-Venetien je nach Umständen zwicken oder fest halten konnte. Das Uebrige wird unten klar werden.

---

[1]) Siehe oben S. 66.

Noch auf andern Wegen als durch Anwendung kirchlicher Mittel, schritt König Desiderius gegen Mauritius,
den Schützling der Griechen, ein. Der Verfasser des Papstbuches meldet [1]), daß es dem Lombardenkönige gelang, den
Sohn des Dogen in seine Gewalt zu bringen: dieser
Gefangene diente ihm als Geißel der Nachgiebigkeit des
Vaters. Dandolo und auch Chronist Johann schweigen
von letzterer Gewaltthat. Wohl aber berichtet [2]) Dandolo,
daß die istrischen Bischöfe vom Erzstuhle zu Grado abfielen,
und fügt weiter bei, Mauritius, Doge und zugleich kaiserlich byzantinischer Consul von Venetien, habe Gesandte
nach Rom an den Papst Stephan IV. geschickt, um dort
Hilfe zu begehren; allein Stephan IV. sei durch schnellen
Tod gehindert worden, mehr in der Sache zu thun.

Mauritius bedurfte in Kurzem keiner päpstlichen
Hilfe gegen Desiderius mehr, weil Veränderungen, die im
Frankenreiche eintraten, den Sturz des langobardischen
Thrones herbeiführten. Im Laufe des Jahres 771 verstieß [3]) der Franke Carl die Langobardin Desiderata und
freite in dritter Ehe die Schwäbin Hildegard, die ihm
Kinder genug gebar, wozu die Langobardin unfähig gewesen sein soll. Im December desselben Jahres starb der
Theilkönig Carlomann, worauf der ältere Bruder Carl,
obgleich der Verstorbene zwei unmündige Kinder hinterließ,
das Reich desselben an sich zog und nun alleiniger König
der Franken wurde.

---

[1]) Muratori, Script. ital. III., a. 182, a. Mitte.
[2]) Ibid. XII., 144 und 145.
[3]) Dom. Bouquet V., 96, vergl. mit ibid. 131 und 363.

Desiderius war als Vater schwer beleidigt, und an
einem günstigen Anlaß, Rache zu nehmen, fehlte es nicht:
die Witwe Carlomanns, Gerberga, floh mit ihren beiden
Kindern zu ihm. Voraussehend, daß ein Kampf auf Leben
und Tod zwischen ihm und dem jungen Frankenkönig un-
vermeidlich sei, schlug der Langobarde den Weg kühnen
Handelns ein, warf sich zum Verfechter des Rechts der
beiden Waisen auf und stellte an Papst Hadrian I., der
indeß Nachfolger des im Februar 772 verstorbenen
Stephans IV. geworden war, die Forderung, daß er den
älteren unter den Söhnen Carlomanns zum König von
Austrasien oder Ostfranken — dem ehemaligen Theilreiche
des Verstorbenen — kröne. Desiderius rechnete, daß
wenn dieß geschehe, ein Bürgerkrieg in Francien aus-
brechen müsse. Allein Hadrian I. wies das Ansinnen zurück.
Vergeblich versuchte der Langobarde der Reihe nach Versprechungen, Drohungen, Gewaltthaten, verheerte die Güter
der Kirche, entriß dem heil. Stuhl eine Stadt um die
andere, rückte zuletzt mit Heeresmacht vor Rom: der Papst
blieb — diesen Ausdruck braucht [1] sein Lebensbeschreiber
— fest wie ein Demantstein.

Hadrian hat reiche Früchte seiner Standhaftigkeit
geerntet [2]. Im Herbste 773 überschritt der Franke Carl
an der Spitze überlegener Streitkräfte die Alpen, schlug
die Langobarden, eroberte Pavia, wohin sich Desiderius
geworfen, ließ ihn als Staatsgefangenen nach Gallien
abführen, machte dem Reich der Langobarden ein Ende
und nahm seitdem den Titel König der Franken und Lan-

---

[1] Muratori. Script. ital. III., a. S. 181, a.
[2] Gfrörer, K. G. III., 578 ff.

gebarten an. Der römischen Kirche [1]) gab der Sieger die Schenkung Pipins in der Weise, die an einem andern Orte beschrieben worden ist, zurück.

Wie man sieht, brauchte der Veneter-Doge Mauritius seitdem von Desiderius nichts mehr zu fürchten; aber desto größere Gefahr drohte von einer andern Seite, denn mit wachsender Gewalt drückte das eben entstehende Weltreich der Franken auf den kleinen, aber reichen Staat der Lagunen. Spuren sind vorhanden, daß der Doge auch mit einheimischen Schwierigkeiten zu kämpfen hatte. Dandolo berichtet [2]): „bis zum Jahre 775 waren die kleinen um Malamocco gelegenen Eilande dem Bisthum der letztgenannten größeren Inseln einverleibt gewesen. Aber nunmehr wurden die Eilande Olivolo, Rupe (Luprio), Dorsoduro und Rialto von Malamocco getrennt, und zu einem besonderen Bisthum vereinigt, das seinen Sitz im Schlosse von Olivolo erhielt." Dieß ist der erste Anfang von Stadt Venedig, wo seit dem 9. Jahrhundert die Dogen für immer ihre Wohnung nahmen. Schon zweimal haben wir gefunden, daß die Entstehung einer neuen und zwar einer herrschenden Inselgemeinde den Keim politischer Bewegungen in sich barg. Eben dasselbe war auch hier der Fall, wie noch vor dem Sturze der von Mauritius gegründeten herzoglichen Dynastie an den Tag kam.

Dandolo fährt [3]) fort: „auf einer Synode versammelt, wählte Volk und Clerus unter Mitwirkung des Dogen Mauritius, des Patriarchen von Grado, zum ersten

[1]) Gfrörer, Greger VII. B. V., 38—51.
[2]) Muratori a. a. O. XII., 145.
[3]) Ibid. u. 140, man vergl. auch Pertz VII., 13.

Bischof von Olivolo den Cleriker Obelerius, einen Sohn
des Tribuns von Malamocco. Der Gewählte erhielt
hierauf vom Dogen die Belehnung, vom Patriarchen aber
die Weihe, und stand dem Bisthum 23 Jahre — also
bis 798 — vor. Nach seinem Tode aber erhoben die
Herzoge — unten wird klar werden, warum es Herzoge
in Mehrzahl gab — den Griechen Christophorus, obgleich
derselbe erst 16 Jahre zählte, zum Bischofe von Olivolo."
Diese Maßregel hat dem herrschenden Hause bittern Haß
zugezogen und trug nicht wenig zum Sturze desselben bei.
Warum wagte sie der Doge dennoch? offenbar deßhalb,
weil er, von Constantinopel aus gedrängt, durch Einsetzung
eines Griechen dem byzantinischen Hofe Bürgschaft geben
mußte, daß nichts Feindseliges in der neu entstehenden
Stadtgemeinde Rialto-Olivolo oder Venedig vorgehe. Die
That zeugt also dafür, daß man zu Constantinopel Verdacht gegen die in Rialto herrschende Stimmung geschöpft
hatte, ein Verdacht, der durch die späteren Ereignisse gerechtfertigt worden ist.

Zunächst bewirkte das Anschwellen fränkischer Macht,
daß sich der Doge Mauritius noch enger, als es wohl
sonst der Fall gewesen wäre, an die Griechen anschloß.
Denn nur ihre Hilfe konnte ihn und Venetien vor fränkischer Eroberung bewahren. Seinerseits erzeigte der Basileus dem Veneter Gnaden, die bis dahin in der Geschichte
des Seelandes nicht vorkamen. Dandolo schreibt [1]: „da
die Veneter dem Herzoge Mauritius ihre Dankbarkeit für
dessen rühmliche Amtsführung bezeugen wollten, gesellten
sie ihm seinen Sohn Johann als Mitregenten bei, und

---

[1] Muratori XII., 147.

erhoben eben denselben zugleich zum Nachfolger. Seitdem gab es zwei Herzoge in Venetien, was ein schlimmes Beispiel für die Zukunft war." Auch Chronist Johann erwähnt [1]) die Mitregierung des Sohnes, verwirrt aber, wie gewöhnlich, die Zeiten. Laut der Aussage [2]) Dandolo's, die durch das am Ende der Chronik Johann's beigefügte alte Verzeichniß bestätigt wird [3]), regierte Doge Johann im Ganzen 25 Jahre, und zwar neun gemeinschaftlich mit seinem Vater Mauritius, dann abermal neun allein, und endlich die weiteren sieben neben seinem Sohne Mauritius II., von dem unten die Rede sein wird. Da nun Doge Mauritius I. 787 starb [4]), so folgt, daß die Anfänge der Mitregentschaft Johann's in's Jahr 778 fallen.

Ich will gerne glauben, daß die Veneter durch eine Scheinwahl mitgewirkt haben, den Sohn Johann dem Vater Mauritius I. beizugesellen; gewiß aber ging der Nerv dieser Maßregel von Constantinopel und dem dortigen Hofe aus. War nicht der Basileus damals Herr Venetiens, ohne seine Einwilligung aber durfte Mauritius nicht daran denken, den ersten Schritt zur Gründung einer erblichen Dynastie zu thun. Ich sage erbliche Dynastie: denn unverkennbar ist dieß der Sinn dessen, was Dandolo beschreibt. Wie aus vielen Beispielen der Geschichte des Abendlandes erhellt, begann die Erblichkeit herrschender Geschlechter stets damit, daß jeweilige Häupter ihre Söhne zu Mitregenten annahmen. Der Basileus mußte gewähren,

---

[1]) Pertz VII., 13.
[2]) A. a. O. S. 153.
[3]) Pertz VII., 37.
[4]) Muratori XII., 148.

was Mauritius begehrte, denn wäre ein abschläglicher
Bescheid aus Constantinopel eingelaufen, so stand zu befürchten, daß Mauritius die gewünschte Gnade bei dem
Franken Carl nachsuche, der sie schwerlich verweigert
haben würde.

Im Jahre 787 starb Doge Mauritius nach 23jäh-
rigem Ducat, alt und lebenssatt. Nun übernahm der bisherige Mitregent Johann die Herrschaft allein; gleich seinem
Vater wohnte er in Malamocco. „Aber sonst war er" —
so äußert sich Dandolo — „dem Vater an Wort und
Werk nicht ähnlich, sondern besorgte die großen Geschäfte
des Landes schlecht, weßhalb er auch ein böses Ende fand."
Dann nachdem er ziemlich unbedeutende Dinge gemeldet,
fährt Dandolo also [1]) fort: „nach weiteren 9 Jahren —
also 796 — ward, mit Einwilligung des Dogen Johann,
dessen Sohn Mauritius II. als Mitregent und Nachfolger
des Vaters bestätigt." Von wem bestätigt? gewiß von
derselben Macht, die auch Johann, dem alten Mauritius,
zur Seite gesetzt hatte, nämlich vom Hofe zu Constantinopel. Gleich im nächsten Satze kommt Dandolo auf die
bereits eben erwähnte Erhebung des Griechen Christoph
zum Bischofe von Olivolo zu sprechen. Das sieht ganz so
aus, als sei die Einsetzung dieses Menschen eine der Bedingungen gewesen, unter denen der Basileus die Mitregentschaft gebilligt hat.

Alsbald muß böse Parteiung in See-Venetien ausgebrochen sein. Doch wird die Wahrheit sorgfältig in den
Quellen verhüllt, und nur die augenfälligen Ereignisse,
welche man gar nicht vor der Welt verbergen konnte,

[1]) Muratori XII. S. 149.

lernen wir aus den Berichten der Chronisten kennen. Seit
dem Jahre 766 saß [1]) auf dem Stuhle zu Grado Patriarch
Johann. Mit diesem gerieth der Doge in tödtliche Feindschaft, ohne daß wir irgend etwas über die Ursachen solchen
Hasses erführen. Dandolo schreibt [2]): „die Gelegenheit
wahrnehmend, schickte Doge Johann seinen Sohn, den
Mitregenten Mauritius, mit einer Abtheilung der Flotte
nach Grado, um den Patriarchen zu ermorden. Der junge
Doge erstürmte die erzbischöfliche Stadt, nahm den
Patriarchen gefangen, und ließ denselben von dem höchsten
Thurme des erzbischöflichen Schlosses hinabstürzen, so daß
das Blut des Gemordeten, das man heute noch sieht, an
den Steinen des Pflasters klebte. Die Zeit bestimmt
Dandolo nicht, wohl aber Chronist Johann, welcher meldet), solches sei im 23. Jahre des alten Dogen Johann
— also gegen Ausgang 801 oder im Frühling 802 —
geschehen.

Nach einer solchen That mußte begreiflicher Weise
den beiden Dogen Alles daran gelegen sein, zu verhindern,
daß kein Gleichgesinnter, am wenigsten aber ein Verwandter
des Ermordeten, den erledigten Stuhl besteige. Dennoch
geschah eben das, was jene auf's Aeußerste zu fürchten
Ursache hatten. Dandolo fährt [1]) fort: Fortunatus, aus
Triest gebürtig, ein Verwandter des erschlagenen Patriarchen Johann, ward zu seinem Nachfolger eingesetzt. Da
er tiefen Abscheu gegen das an Johann verübte Verbrechen

---

[1]) Muratori XII., 143, u. Pertz VII., 47.
[2]) Ibid. 151, unten.
[3]) Pertz VII., 13.
[4]) A. a. O. XII., 152 ff., u. Pertz VII., 13 ff.

fühlte, richtete er eine Verschwörung wider die beiden
Dogen zu. Plötzlich verließ Fortunatius Venetien, doch
ging er nicht allein, sondern mehrere Vornehme des Seelandes, die gleicher Ansicht mit ihm waren, folgten ihm,
namentlich Obelerius, Tribun von Malamocco, Felix, ebenfalls Tribun, ein Demetrius, ein Marinianus, ein Foscaro, mehrere Giorgio und viele Andere. Der Patriarch
reiste nach Francien, die übrigen aber blieben zu Treviso.
Von dort aus setzten sie sich in Verbindung mit ihren
Parteigenossen drüben im Seelande."

„Auf den Rath der letzteren" erzählt der erlauchte
Geschichtschreiber weiter, „wählten die Verbannten zu
Treviso den Tribun Obelerius zum Herzoge von Venetien.
Als die beiden Dogen Johann und Mauritius hiervon Nachricht erhielten, geriethen sie in solchen Schrecken, daß sie
Amt und Heimath im Stiche ließen. Der ältere Doge,
Johann, floh nach Mantua, der jüngere, Mauritius, begab
sich nach Francien. Da ihnen die Rückkehr in die Heimath
später nicht mehr gestattet ward, beschlossen sie ihre Tage
auf fremdem Boden. Obelerius aber, der in Treviso von
den Verbannten gewählte Doge, eilte auf die Kunde von
der Flucht seiner Gegner nach Venetien hinüber, ward von
dem Volk mit Jubel empfangen und zu Malamocco auf
den Herzogsstuhl erhoben. Solches geschah im Jahre
Christi 804."

Achtes Kapitel.

Welthandel der Venetianer im 8. Jahrhundert.

Sonnenklar ist, daß Dandolo eine Umwälzung beschreibt, welche vom fränkischen Hofe ihren Anstoß empfing.
Glücklicher Weise sind wir im Stande, das, was die venetischen
Quellen als ein Staatsgeheimniß verhüllen, aus fränkischen
und italienischen Berichten aufzuklären. In dem berührten
Schreiben des ostgothischen Kanzlers Cassioderus, von welchem ich oben ausging, erscheinen die Bewohner des Seelands als ein zwar thätiges und abgehärtetes, aber zugleich
als ein armes Volk, das mit Frachtfahrten sein Brod verdiente. Natürlich damals standen die großen Handelsplätze
an der Küste, Padua, Altinum, und weiter oben Aquileja
noch, deren überaus wichtiger Verkehr nach Norden, wie
nach Süden, bis in die Zeit der römischen Republik hinauf
verfolgt werden kann. Insbesondere weiß man, daß der
Bernstein, eine überall gesuchte Waare, durch ihre Vermittlung nach Süden, Osten und Westen gelangte [1]. Die
Kaufherren der genannten Orte brauchten das Volk der
venetischen Inseln als ihre Handlanger, als Matrosen und
Schiffer.

Dieß war jedoch gegen Ende des 8. Jahrhunderts
anders geworden. Der gothische Krieg in Italien und
dann der Langobardensturm hatte jene Städte entweder
ganz zerstört oder doch tief herabgebracht. Damit hörte
jedoch der Handel selbst nicht auf, sondern er zog sich nach
den Inseln hinüber. Um die angegebene Zeit standen die

---

[1] Forbiger, Alte Geographie III., 579.

Enkel der ehemaligen Frachtfahrer, welche Cassiodor schildert, als die größten Kaufleute des latinisch-germanischen Abendlandes fertig da. Der sonst nicht weiter bekannte St. Galler Mönch, welcher gegen Ende des neunten Jahrhunderts allerlei oft mythische Züge aus der Geschichte Carls des Großen zusammentrug, erzählt [1] unter anderem: „Einst, da Carl in Oberitalien weilte, ging er auf die Jagd. Es war ein kalter, regnerischer Wintertag. Der Kaiser selbst trug einen Schafpelz; von nicht größerem Werthe, als der berühmte Rock, in den sich der heilige Martin von Tours hüllte; die Hofleute dagegen, unter denen die meisten erst neulich zu Pavia, wohin die Veneter alle Kostbarkeiten des Morgenlandes auf den Markt bringen, Einkäufe gemacht hatten, prunkten mit Goldfasanen-, Straußen- und Pfauenhüllen, mit Sammt und Seide, mit tyrischen Purpurstoffen, mit Zobel- und Hermelin-Pelzen und dergleichen". Der Mönch fügt bei: „Alle diese Herrlichkeiten seien durch den Regen oder durch die Dornen des Buschwaldes elend zugerichtet worden, und zum Schaden hin habe sie der Kaiser tüchtig abgefilzt, weil sie ihr Geld auf so einfältige Weise verschwendeten".

Diese Erzählung, die offenbar aus dem Leben gegriffen ist, beweist, daß die kostbaren Stoffe des Orients und auch manche des Nordens zu Schiffe nach Venetien gelangten, und von dort aus weiter in die latinischen Länder vertrieben wurden. Ohne Zweifel kamen sie aus den Häfen Aegyptens, Syriens, insbesondere aber aus Constantinopel nach den Lagunen. Ich habe an einem andern

[1] Pertz II., 760.

Orte [1]) gezeigt, wie Normannen und Russen die feinen
Pelze des hohen Nordens auf den Strömen Moskowiens
nach dem schwarzen Meere und weiter nach der griechischen
Metropole schafften, die oben mitgetheilte Stelle beschreibt
nur Waaren, welche die Veneter aus fremden Ländern
einführten; aber was führten sie aus? Ich finde in Schrift-
stellern des neunten Jahrhunderts nur einen Artikel letzterer Art erwähnt, der allem Anscheine nach gleichfalls
vorzugsweise über Venedig ging. Derselbe Mönch berichtet [2]) nämlich, Carl der Große habe als Gegengabe
für prächtige Geschenke, die ihm der Kalise von Bagdad
durch eine eigene Gesandtschaft überreichen ließ, friesische
Wollenzeuge (Mäntel) und zwar weiße, graue, dunkelrothe
und blaue geschickt, weil dem Kaiser zu Ohren gekommen
sei, daß diese Zeuge im Morgenlande sehr gesucht würden.
Sie werden wohl in der Regel über Venedig nach dem
Osten gewandert sein.

Dieß ist meines Erachtens das älteste Zeugniß, daß
die Deutschen schon in Carls des Großen Tagen Wollen-
tuch in Masse für die Ausfuhr bereiteten. Von dem Vor-
handensein zahlreicher Tuchmachereien für den innern Bedarf
zeugen die Capitularien. An einer andern Stelle meldet [3]) derselbe Mönch, Ludwig der Fromme, Carls Sohn, sei gewohnt
gewesen, an gewissen Festtagen friesische Mäntel aller Farben
unter sein Hofgesinde auszutheilen. Ob auch deutsche Leinwand
bereits im 9. Jahrhundert über Venedig ausgeführt wurde,

---

[1]) Papst Greger VII. B. II., 436—449.
[2]) Pertz II., 752, gegen unten.
[3]) Ibid. S. 762, unten.

6*

wage ich wegen Mangels an Zeugnissen nicht zu entscheiden; doch halte ich es für wahrscheinlich.

Bisher war von Erzeugnissen des Kunstfleißes die Rede, ich komme an einen andern Artikel der Ausfuhr, und zwar einen greulichen, mit welchem Venetiens Kaufherren die kostbarsten Waaren des Südens und Ostens zu decken vermochten, ich meine den Handel mit Menschenfleisch, der von den Inseln der Lagunen aus im größten Maßstabe betrieben worden sein muß. Das Papstbuch erzählt Folgendes*): „Zu den Zeiten des Papstes Zacharias (741—752) kamen mehrere venetische Großhändler nach der Stadt Rom, schrieben dort einen Markt aus, und kauften eine Masse Sklaven, sowohl weiblichen als männlichen Geschlechts, um sie an die Saracenen in Afrika abzusetzen. Als Zacharias hievon Kunde erhielt, erwog er, daß es ein unerträglicher Greuel sei, Gläubige, die auf Christi Namen getauft und erlöst worden, Heiden in die Sklaverei hinzugeben, wandte eine große Summe auf, löste jene Menschen ein und beschenkte sie mit der Freiheit". Die Sklaverei selbst konnten die Päpste nicht verbieten, denn dieselbe bestand gesetzlich im ganzen Abendlande; wohl aber verhinderten sie, so oft es in ihrer Macht stand, den Verkauf christlicher Sklaven an Ungläubige. Ueberhaupt ruhten sie im Bunde mit dem Bisthum der verschiedenen Reiche nicht eher, bis die Sklaverei ganz abgeschafft war.

Ein Menschenalter später — im Jahre 778 — schrieb [1]) Papst Hadrian I. an Carl den Frankenkönig: „Ihr klagt in eurer letzten Botschaft an mich, daß Römer Skla-

---

*) Muratori, Script. ital. III., a. S. 164, a. unten. ff.
[1]) Cenni. Monument. dominat. pontific. I., 369 ff.

ven an das verruchte Volk der Saracenen verkauft hätten:
Gott ist mein Zeuge, daß Solches nie mit meinem Wissen,
oder auch überhaupt in dem meinem Stuhl unterworfenen
Gebiete geschah. Wohl aber treiben die Langobarden sol
chen Handel auf ihrer (der tuscischen) Küste; auch habe
ich an den Herzog Allo (von Tuscien) Befehl gegeben, meh
rere Schiffe auszurüsten, damit die Sklavenhändler am
Kopfe genommen und ihre Fahrzeuge verbrannt werden
können; allein Allo hat meinen Weisungen keine Folge ge
leistet", u. s. w.

Wäre Carl der Große zwischen 773 und 795 ebenso
Herr über Venetien gewesen, wie er es zwischen 803 und
807 war, so würde er jene Beschwerden nicht an den
Papst, sondern an den Dogen, seinen Untergebenen, gerich
tet haben; denn die Vorgänge an der ligurischen Küste
erscheinen nur wie kleinliche Nachahmung eines adriatischen
Vorbildes. Der Kopf des Uebels saß in den Veneter In
seln. Drei Gesetze liegen[1] vor, welche im Laufe eines
Jahrhunderts, nämlich 876, 943 und 960 zu Venedig
wider Fortsetzung des Sklavenhandels erlassen worden sind,
und alle drei haben nichts gefruchtet. Wissen[2] wir ja,
daß den Palast zu Cordova eine zahlreiche ungarische Leib
wache hütete, die aus lauter erkauften Sklaven bestand.
Wie anders sollten diese Ungarn nach dem fernen Spanien
gebracht worden sein, als durch venetische und griechische
Menschenhändler.

Man begreift nun, daß, um einen Handel von sol
cher Ausdehnung zu betreiben, zahlreiche Faktoreien auf

---

[1] Fontes rerum austriac. XII., a. S. 5. 16. 17.
[2] Greger VII. B. IV., 277.

vielen Punkten der Küsten des Mittelmeeres, wie im Innern der an demselben gelegenen Länder nöthig waren.
Und in der That besaßen die Veneter Hunderte von Niederlassungen der beschriebenen Art auf fremdem Boden,
Niederlassungen, welche mit seltenen Ausnahmen stattliche
Vorrechte genossen. Zweimal spricht Dandolo hievon mit
Bezug auf die späteren Jahre Carl's des Großen. Das
eine mal sagt [1]) er: „Durch den Vertrag, den der griechische Basileus Nicephorus mit dem Franken Carl im
Namen Venetiens schloß, wurde bestimmt, daß die Veneter
im Bereiche des abendländischen fränkischen Kaiserreichs un-
gekränkt alle Besitzungen inne haben, aller Freiheiten sich er-
freuen sollten, die sie früher da und dort erworben hätten“.
Und dann wieder an einem andern[2]) Orte: „Durch den
fraglichen Vertrag gewährleistete unserm Volk Kaiser Carl
den Besitz derselben Rechte und Freiheiten für das Abendland, welche unsere Leute im Bereiche des morgenländischen
Reichs genossen“. Unten werde ich aus karolingischen Urkunden nachweisen, daß Dandolo allerdings die reine Wahrheit meldet.

Die zweite Grundlage venetischen Weltverkehrs war
ausgedehnte Rhederei, eine große Zahl eigener Handels-
und Kriegsschiffe. Ich begnüge mich, einen einzigen Beleg,
der schlagend ist, beizubringen. Unter dem 13. November
813 schreibt[3]) Papst Leo III. an den fränkischen Kaiser
Carl: „Meine Geschäftsträger melden mir, daß Feindschaft
zwischen den Saracenen Spaniens und Afrika's herrscht.

---

[1]) Muratori XII., 151 oben.
[2]) Ibid. S. 163, oben.
[3]) Jaffé. Regest. Nro. 1928.

letztere (die Saracenen Afrika's) haben neulich mit dem
griechischen Statthalter (Patricius) Siciliens, Gregor, einen
10jährigen Waffenstillstand geschlossen, zu welchem Zwecke
sie eine Gesandtschaft nach Sicilien schickten, die auf vene=
tischen Schiffen dahin abfuhr". Warum bestiegen diese
Gesandten, deren viele gewesen sein müssen, nicht Fahrzeuge
ihrer eigenen Nation? Ohne Zweifel darum nicht, weil sie,
wenn sie Solches gethan hätten, fürchten mußten, von ihren
Gegnern, den spanischen Saracenen, angefallen zu werden.
Warum wählten sie gerade venetische Schiffe? Meines Er=
achtens deßhalb, weil die venetische Flagge im Mittelmeere
so geachtet und gefürchtet war, daß sie Schiff und Ladung
deckte, und daß sich selbst die Seemacht des Kalifen von
Cordova wohl hütete, mit den Venetern anzubinden.

Also überall im Osten und im Westen venetische
Handelsniederlassungen, oder sogenannte Factoreien, beson=
ders im griechischen Morgenland. Dieses nämliche Land
aber war bekanntlich ein despotisch regiertes. Der Basi=
leus konnte thun und anordnen, was ihm beliebte, sofern
er nämlich die nöthige Macht dazu besaß. Wie nun? wenn
er den Venetern drohte: eure Kaufhöfe sollen geschlossen,
euer Handel untersagt, alle eure im Bereiche meines Reichs
gelegenen Besitzungen sollen eingezogen werden, falls ihr
nicht augenblicklich das und das zugesteht, was ich von
euch verlange? War dieß nicht eine furchtbare Schraube,
welche die Kaufherren, d. h. den Adel des Seelandes, be=
stimmen mußte, einen Bruch mit dem Basileus, als der
Uebel schlimmstes, zu meiden?

Man zweifle auch nicht, daß die Beherrscher von
Byzanz diesen natürlichen Vortheil ihrer Lage benutzten;
wir sind hiemit auf den wahren Grund der Hingebung

gestoßen, welche die Veneter, laut den früher erzählten That=
sachen, Jahrhunderte lang für Byzanz an den Tag legten.
Hätte das Volk der Lagunen nicht einen so tüchtigen Kern
der Selbstständigkeit und der Thatkraft in sich geborgen, so
würde Despotie oder nichtswürdige Colonialherrschaft die
Frucht des fraglichen Verhältnisses gewesen sein; so aber
hat letzteres mitgewirkt, daß venetische Freiheit langsam
und naturgemäß reifte. Sie haben byzantinische Zumu=
thungen so lange mit Geduld ertragen und zugleich byzan=
tinische Hülfe so lange zur Abwehr anderer Feinde ausge=
beutet, bis sie sich stark genug fühlten, ganz auf eigenen
Füßen zu stehen, dann führten sie eine hohe Sprache gegen
diese und jene.

Neuntes Kapitel.

Carl der Große und Venedig.

Aber auch der andere Kaiser, der des Abendlandes,
Carl der Franke, setzte dieselben Hebel gegen See=Venetien
in Bewegung, und dieses sein Vorschreiten war Haupt=
sache der obengeschilderten Umwälzung von 804. Im Jahre
785 schreibt[1]) Papst Hadrian I. an Carl: „Dem von Euch
an uns gelangten Befehle, daß unverzüglich die im Exar=
chat und der Pentapolis ansässigen Veneter Kaufleute aus
dem Lande entfernt werden sollten, haben Wir entsprochen,
und dem Erzbischof von Ravenna die Weisung ertheilt, die
Veneter aus allen Besitzungen und Burgen, die sie im

---

[1]) Cenni. Mon. dom. pontif. I., 459 ff.

Bereiche unseres Gebiets inne hätten, zu vertreiben". Das
geschah zwei Jahre vor dem Tode des alten Dogen Mau
ritius, und sieben Jahre nachdem er seinen Sohn Johann
zum Mitregenten angenommen hatte. Es gab hinfort nur
ein Heilmittel für diejenigen Kaufleute Venetiens, welche
durch die eben geschilderte Maßregel Carls betroffen wor
den waren: dasselbe bestand darin, daß sie ihre Mitbürger
bestimmten, durch Gefügigkeit, durch Eingeben auf seine
Pläne, die Gnade des mächtigen Franken wieder zu erlan
gen. Man darf zuversichtlich annehmen, daß von Stund' an
droben im Seeland eine Partei, die zu solchen Dingen hin
trieb, zu keimen begann.

In gleicher Richtung wirkte noch eine zweite Schlinge.
Eginhard schreibt [1]) im Leben des ersten Kaisers der Fran
ken: „Carl hat Istrien und Liburnien erobert, ebenso auch
Dalmatien, jedoch mit Ausnahme der Seestädte, welche er
dem griechischen Herrscher aus Freundschaft für denselben
und wegen des mit ihm geschlossenen Bündnisses überließ".
Die Angabe Eginhards ist im Allgemeinen richtig, allein
der Grund, warum Carl auf die Seestädte verzichtet haben
soll, kann nicht vor der Wahrheit bestehen: Carl verschonte die
Seestädte nicht aus Rücksicht auf den Basileus des Ostens,
sondern einfach darum, weil er wegen Mangels einer
Flotte, welche der Grieche besaß, dieselben weder zu erobern
noch zu behaupten vermochte. Istrien ist bekanntlich eine
weit in's adriatische Meer verspringende Halbinsel, welche
nach altrömischer Eintheilung [2]), die auch im Mittelalter
fortdauerte [3]), der Timavus von Land-Venetien schied, doch

---

[1]) Pertz II., 451.
[2]) Forbiger, Handbuch der alten Geographie III., 587.
[3]) Muratori X., Vorstück. S. 143.

umfaßte der Name nicht die ganze Halbinsel, sondern nur
den Theil, welchen der Lauf des Flußes Arsia (jetzt Arsa),
der gegen seine Mündung hin einen tiefeingerissenen Meerbusen bildet, von den übrigen drei Viertheilen abschnitt.
Die Landschaft jenseits der Arsia am Meere hin hieß Li-
burnia, in welcher z. B. die Stadt Tarsatica (jetzt Tersat
bei Fiume) lag, von welcher unten die Rede sein wird.
Weiter gegen Süden bis hinunter zum alten Griechenland
hieß die Meeresküste Dalmatien.

Durch den Sieg über König Desiderius hatte Carl
ganz Italien bis nach dem griechischen Calabrien hinunter,
Tuscien, Umbrien, die Ostküste am adriatischen Meere hin,
Lombardien sammt dem alten Land-Venetien in seine Gewalt gebracht. Die Eroberungen, deren Eginhard in obiger
Stelle gedenkt, machten ihn auch noch zum Herrn der
gegenüberliegenden, bis dahin griechischen Küste des Adria.
Die Inseln des Seelandes waren seitdem auf drei Seiten
gegen Westen, Norden, Osten und Südosten von fränkischen
Besitzungen umklammert, und nur das dem Franken unzu-
gängliche Meer hielt den Venetern noch eine Verbindung
mit der übrigen Welt, namentlich mit ihrer Schutzmacht,
dem griechischen Reiche offen.

Die Frage drängt sich auf: wann oder in welchen
Jahren Carl sich Istriens und Dalmatiens (mit Ausnahme
jener Seestädte) bemächtigt habe. Die fränkischen Chroniken erzählen [1], daß Carl im Jahre 776 zum zweitenmale
nach Italien zog, den von ihm eingesetzten Herzog Rot-
gand von Friaul, der sich zum Herrn des Landes auf-
werfen wollte, besiegte und tödtete und nun Italien dauernd

---

[1] Pertz I., 16. 118. 154. ff. 220. 349.

beruhigte. Ein Chronist braucht [1]) den Ausdruck: „Carl
holte nach, was von dem ersten Römerzuge (des Jahres
773 her) noch zu thun übrig war". Auch Istrien muß
damals unter fränkische Botmäßigkeit gerathen sein, doch
keineswegs gründlich, noch dauernd, denn im Jahre 778
schreibt [2]) Papst Hadrian I. an den fränkischen König:
„Wir zeigen Euch hiemit an, daß in Istrien ansäßige
Griechen mit Eingebornen im Bunde den dortigen Bischof
Mauritius, der von uns beauftragt war, die dem heiligen
Stuhl von Euch in jenem Lande zugewiesenen Gefälle ein=
zuziehen, die Augen ausgestochen haben unter dem Vor=
wande, besagter Mauritius gehe damit um, Istrien an die
Franken zu verrathen."

Aber nun traf Carl seine Maßregeln, daß so etwas
nicht mehr geschehen konnte. Eginhard berichtet [3]): „Die
Hunnen (Ungarn oder Avaren), welche einen Bund mit
dem meuterischen Herzoge Tassilo von Baiern geschlossen
hatten, rüsteten im Jahre 788 zwei verschiedene Heere aus;
mit dem einen brachen sie in die Mark Friaul ein, mit
dem andern boten sie dem Baier Tassilo die Hände; aber
beide Abtheilungen richteten nichts aus, sondern wurden
geschlagen". Also Friaul war 788 in eine Marke ver=
wandelt und folglich die Organisation dort eingeführt, durch
deren Anwendung der Franke Carl unruhige Grenzgebiete
fast unfehlbar zum Gehorsam brachte. Ferner hatte diese
Einrichtung schon so starke Wurzeln getrieben, daß die
Ungarn, welche nur durch Istrien nach Oberitalien vor=

---

[1]) Pertz I., S. 30 unten.
[2]) Cenni, Monum. I., 372 ff.
[3]) Pertz I., 173 unten.

brechen konnten, eine schwere Niederlage erlitten. Schon
hieraus folgt, daß Istrien in der neuen Mark begriffen
war, aber auch noch aus andern Gründen.

Der großen abendländischen Kirchenversammlung, die
im Jahre 794 zu Frankfurt am Main zusammentrat,
wohnte Patriarch Paulinus von Aquileja mit den istrischen Bischöfen bei, als deren Haupt er erscheint [1].
Istrien stand demnach, um die angegebene Zeit, unter
fränkischer Herrschaft. Zwei Jahre später — seit 796 —
kommt [2] ein Friauler Herzog, Namens Erich, zum Vorschein, von dem die Chroniken rühmen, daß er große Thaten verrichtete, aber 800 — die fränkische Herrschaft nach
Dalmatien ausbreitend — von den Einwohnern der zu
Liburnien gehörigen Stadt Tersat verrätherischer Weise
erschlagen ward [3]. Erich muß etwas wie ein Markherzog
gewesen sein, d. h. außer dem Herzogthum Friaul auch
noch die benachbarte Mark Istrien, vielleicht noch andere
verwaltet haben. Im Uebrigen dauerte die Markeinrich-
tung bis in die Zeiten Ludwigs des Frommen fort. Denn
derselbe Eginhard berichtet [4]: im Jahre 828 sei der Herzog
Balderich — einer der Nachfolger des obengenannten
Erich — wegen Nachlässigkeit abgesetzt, und zugleich die
Mark, der er bis dahin allein als oberster Beamter vorstand, in vier Grafschaften zerschlagen worden.

Istrien war, wie man sieht, mindestens seit 788 in
festem fränkischen Besitz; aber weitere Eroberungen gegen

---

[1] Mansi XIII., 874. verglichen mit de Rubeis. Monum.
eccles. Aquilej. S. 364 ff.

[2] Pertz I., 183.

[3] Ibid. 187 u. II., 450 oben.

[4] Ibid. I., 217.

Zuden — auf der dalmatischen Seite — scheinen Carl
oder seine Hauptleute erst nach der venetischen Umwälzung
von 804 gemacht zu haben. So viel ich sehe, spricht [1]
Eginhard, zum Jahre 806 — und zwar er als der erste —
von Einsetzung fränkischer Beamten auf dalmatinischem
Boden. Wann ist es nun geschehen, daß Friaul und das
benachbarte Istrien in eine Mark verwandelt ward? ich
denke, um dieselbe Zeit, da Papst Hadrian I. auf Carls
Befehl sämmtliche venetische Handelsleute aus dem Exarchat und der Pentapolis vertreiben mußte. Meines Erachtens hängen beide Ereignisse enge zusammen. Nachdem
Carl Istrien und mit dieser Provinz einen guten Theil
des dem Patriarchenstuhle Venetiens, Grado, gehörigen
Kirchenguts in seine Gewalt gebracht hatte, führte er einen
zweiten Streich gegen die Bewohner des Seelandes, indem
er die venetischen Kaufleute aus dem italienischen Festlande
auszuweisen gebot.

Erinnern [2] wir uns, daß Papst Stephan IV. in
jener Bulle von 770 einen zwischen Franken, Griechen und
Langobarden abgeschlossenen Staatsvertrag erwähnt, der
die Bisthümer Istriens dem Erzstuhle Grado unterordnete.
Diese Bestimmung ward durch die fränkische Eroberung
Istriens nicht etwa blos in Frage gestellt, sondern geradezu
— obwohl nur für gemessene Zeit — umgestoßen. Denn
wie ich oben zeigte, standen im Jahre 794 die istrischen
Bischöfe nicht, wie es gemäß dem eben genannten Vertrag
hätte der Fall sein sollen, unter Aufsicht jenes Patriarchen
Johann von Grado, den nachher der Sohn und Mitregent

[1] Pertz I., 193.
[2] Oben S. 72.

des Dogen von Venedig erschlug, sondern der Aquilejer Paulinus war es, der Metropolitanrechte über die Kirchen Istriens übte. Folglich hatte Carl, der Franke, letztere dem Stuhle von Grado entzogen und dem alten Nebenbuhler desselben, dem von Aquileja zugeordnet. Aber nicht aus Rache oder aus Raubsucht that Carl Solches, sondern um gewisse andere Zwecke zu erreichen.

Dem Patriarchen Johann muß unter der Hand bedeutet worden sein: sobald er, der so großes Ansehen im Gemeinwesen des Seelandes besitze, sich gefällig gegen Carl erweise, und die Zwecke des fränkischen Staats unterstütze, dürfe er versichert sein, daß man ihm nicht nur die Stühle Istriens zurückgeben, sondern auch sonst alles Liebe und Gute erzeigen werde. Eine ähnliche Sprache führte Carl, allem Anscheine nach, auch gegen den Handelsstand Venetiens: thut, was ich wünsche, so wird eine Hand die andere waschen, so soll euer Handel in den meinem Scepter unterworfenen Ländern blühen und gedeihen, wie noch nie. Ferner kann kein Zweifel sein, daß der alte Patriarch Johann auf die fränkischen Anträge einging; denn zwar sagt dieß ausdrücklich keine Quelle, aber eine That wird uns berichtet, welche klares Zeugniß ablegt. „Der junge Doge fuhr mit einer Flottenabtheilung nach Grado, erbrach den Palast des Oberhirten und ließ ihn selbst vom höchsten Thurme hinabstürzen." Das war offenbar eine Strafe, welche der griechische Hof über den Patriarchen wegen einer Handlung verhängt hat, in welcher die Byzantiner Hochverrath sahen, mit andern Worten, der alte Patriarch Johann mußte sterben, weil er Unterhandlungen mit den Franken, betreffend die Abänderung der Staatsform des Seelands, angeknüpft hatte.

So schlimm das Schicksal war, das Johann erfuhr, liegen gleichwohl Beweise vor, daß er keineswegs allein stand, sondern daß eine große und mächtige Partei ebenso dachte, wie er, d. h. gleichfalls auf Anschluß an das Frankenreich hinarbeitete. Denn obwohl die persönliche Sicherheit der beiden Dogen, wie schon früher bemerkt worden, davon abhing, daß sie die Wahl eines gleichgesinnten Nachfolgers verhinderten, vermochten sie dieß doch nicht, sondern Fortunatus, ein Verwandter des Gemordeten, wurde zum Patriarchen eingesetzt. Hieraus erhellt, daß durch fränkische Umtriebe bereits der ganze Boden, auf dem die Dogen standen, unterwühlt war; auch ihr Verfahren gegen den alten Patriarchen zeugt hiefür: nicht in der Stille schritten sie gegen ihn ein, sondern sie boten, um ihn zu stürzen, die bewaffnete Macht des Staates, eine Abtheilung der Kriegsflotte auf, das heißt, sie legten durch die That das Bekenntniß ab, nichts gegen ihn zu vermögen, wenn sie die gewöhnlichen Mittel anwenden würden.

Was weiter Fortunatus betrifft, so steht vollkommen fest, daß er genau die Linie des Verfahrens einhielt, welche wir, gedrängt durch die stärksten Gründe innerer Wahrscheinlichkeit, schon seinem Vorgänger Johann zuschrieben. Eine Bulle [1] vom 21. März 803 ist vorhanden, kraft welcher Papst Leo III. dem Patriarchen Fortunatus von Grado das Pallium mit dem Beifügen verleiht: „alle Rechte, welche je unsere Vorgänger den deinigen gewährt haben, sollen in voller Kraft bestehen." Das zielt unverkennbar zunächst auf Wiederherstellung der kirchlichen Hoheit Grado's über die Bisthümer Istriens. Konnte nun der

---

[1] Jaffé, Regest. Nro. 1916.

Papst solche Dinge ohne Einverständniß mit dem abend=
ländischen Kaiser Carl bewilligen? Gewiß konnte er es
nicht, und weil die Sache sich so verhält, hat Carl selbst
nicht ermangelt, im nämlichen Jahre 803 unter dem
13. August eine Urkunde [1] auszustellen, welche dasselbe,
nur ununwrunden besagt, was in Leo's III. Bulle steht.
Der wesentliche Inhalt lautet: „sintemalen der ehrwürdige
Patriarch von Grado, Fortunatus, bittweise bei uns ein=
gekommen ist, daß Wir alle Güter seines Stuhls, welche
gelegen sind in den Provinzen Istrien, Romanien und
Langobardien bestätigen möchten, haben wir seinem An=
suchen entsprechen und verordnen wie folgt: das ge=
sammte Eigenthum des genannten Stuhles, insbesondere
Bisthümer oder bischöfliche Wohnungen [2], Spitäler, Tauf=
kirchen sollen gefreiter Gerichtsbarkeit genießen, und kein
öffentlicher Beamter unterstehe sich, daselbst Gericht zu
halten oder Abgaben einzufordern" u. s. w.

Die Bisthümer, in deren Bereiche Carl dem Stuhle
von Grado befreite Gerichtsbarkeit verleiht, können nur
in Istrien gesucht werden. Denn während der Patriarch
von Grado sonst nirgends auf dem festen Lande Italiens
Metropolitanhoheit übte, waren ihm bis 771 allerdings
die Bisthümer Istriens untergeordnet gewesen, aber durch
den Langobarden Desiderius entzogen worden. Eben diese
entzogenen Stühle gab ihm Carl durch obige Urkunde zu=
rück; die Romanien und Lombardien betreffenden Worte
dagegen beziehen sich allem Anschein nach auf Landgüter
und Renten, welche der Gradenser Stuhl früher daselbst

---

[1] Muratori XII. 154.
[2] Episcopia.

erworben hatte, und welche demselben, wie es scheint, gleichfalls eine Zeit lang streitig gemacht worden waren, aber
jetzt durch Carl zurückerstattet wurden.

Dandolo macht über obige Urkunde, die er in seine
Chronik aufgenommen hat, folgende scharfsinnige Bemer-
kung [1]: „meines Erachtens erhellt aus ihrem Texte, daß
Kaiser Carl das Seeland nicht als einen Theil seines
Reiches betrachtete, denn während er dem Stuhle von
Grado Immunität im Bereiche der Provinzen Romanien,
Istrien, Langobardien, welche dem Frankenreiche einverleibt
waren, zuspricht, schweigt er gänzlich von See-Venetien."
Getroffen, so ist es. Wäre Carl ebenso Herr im Seeland,
wie in Istrien, Langobardien, Romanien gewesen, so hätte
er sicherlich auch die auf den Inseln gelegenen Besitzungen
des Erzstifts bestätigt.

Jetzt, nachdem Patriarch Fortunatus wegen solcher
Dinge sich an den fränkischen Hof gewendet hatte, durfte
er begreiflicher Weise nicht länger im Seeland drüben
weilen, da er sonst Gefahr lief, ebenso behandelt zu werden, wie sein Vorgänger und Stammessippe Johann. Nun
wohl, Dandolo meldet ja, daß Fortunatus Venetien verließ; aber er ging nicht allein, sondern zugleich mit ihm
wanderten viele Laien aus, vornehme Herren, Tribune u. s. w.,
die zur nämlichen Partei hielten. Doch verblieben letztere
in Treviso, während der Patriarch sich nach Francien begab. Und zwar ist Dandolo nicht der einzige Gewährs-
mann, der solches meldet, sondern ein fränkischer Zeuge
von sehr hohem Gewicht stimmt dem Geschichtschreiber
Venedigs bei. Einer der Handschriften der Chronik Egin-

---

[1] Muratori XII., S. 155 eben.

harts ist der Satz beigefügt [1]: „im Jahre 803 erschien
am fränkischen Hofe der Patriarch Fortunatus, kommend
aus dem Lande der Griechen.“ Wie schön ergänzen
sich diese Nachrichten! Venetien, woher Fortunat kam, gehörte allerdings damals noch zu dem byzantinischen Reich,
aber seine Reise an Carls des Großen Hoflager hatte den
Zweck, ein Stück Franciens aus dem adriatischen Seeland
zu machen. Dandolo berichtet [2] weiter: „Fortunat beklagte sich bei Carl über die Ermordung seines Vorgängers,
des Patriarchen Johann, und auch darüber, daß die Veneter den Entschluß gefaßt hatten, ganz und gar dem Reiche
von Constantinopel anzuhängen.“

Günstige Aufnahme muß Fortunat beim abendländischen Kaiser gefunden haben, denn seine in Italien zurück-
gebliebenen Parteigenossen thaten einen letzten entscheidenden Schritt, indem sie den bisherigen Tribunen von Malamocco, Obelerius, zum Dogen erkoren. Die Wahl erfolgte zu Treviso. Bezüglich dieser Stadt melden [3] die
fränkischen Chroniken, daß sie Carl im Jahre 776 bei
jenem Empörungsversuche des Friauler Herzogs Rotgaud
einnahm und unter einen fränkischen Grafen stellte. Die
ausgewanderten Veneter haben also unter dem Schutz
fränkischer Waffen ein neues Haupt ihres Volkes eingesetzt.
Ferner, der Gewählte gehörte von Haus aus der Insel
Malamocco an; auch dieß ist bedeutsam. Wie ich früher
zeigte, erscheint Malamocco längst als Mittelpunkt der
lombardischen Partei, die durch die Macht der Umstände

---

[1] Pertz I., 191, oben.
[2] Muratori XII., 155 unten ff.
[3] Pertz I., 154 u. 155.

sich allmälig seit dem Sturze des Königs Desiderius in eine fränkische verwandelte.

Zehntes Kapitel.

Carl der Große und Venedig. Obelerius.

So gut war die ganze Bewegung vorbereitet, daß die älteren Dogen, Johann und sein Sohn Mauritius II., gar keinen Widerstand zu leisten wagten, und dem glücklichen Nebenbuhler Obelerius ohne Kampf wichen. Beim ersten Anblick scheint es schwer begreiflich, daß jene nicht nach dem Morgenlande, dessen Basileus ihnen bisher Schutz verliehen, sondern nach dem Festlande Italiens hinüber, also auf fränkisches Gebiet flüchteten. Allein die Geschichte des byzantinischen Reichs klärt das anscheinende Räthsel auf. Seit dem Jahre 802 unterhandelte Carl der Große, durch den im Jahre 800 erfolgten Tod seiner letzten Gemahlin, Liutgarde, Witwer geworden, mit der griechischen Kaiserin Irene, einem greulichen Weibe, das den eigenen Sohn Constantin geblendet und sonst unzählige Verbrechen begangen hatte, über eine Heirath, welche beide Kaiserreiche, das alte orientalische und das neue abendländische, zu einem Ganzen vereinigen sollte. Irene, damals in schwerem Gedränge, zeigte Lust, auf den Antrag einzugehen, und wenn die Sache zu Stande kam, wäre See-Venetien gleichsam Erstling der Aussteuer gewesen, welche die griechische Braut dem fränkischen Bräutigam zubringen mußte.

Doch die Großbeamten von Byzanz dachten in diesem Puncte anders, als ihre Gebieterin: eben waren die

7*

Gesandten Carls, welche das Geschäft der Werbung besorgten, Bischof Jesse von Amiens und Graf Helmgaud in
Constantinopel angekommen, als dort eine Palastumwälzung
zur Reife gedieh, durch welche Irene gestürzt und der bisherige Reichsschatzmeister Nicephorus auf den Thron erhoben ward [1]). Keine geringe Gefahr drohte, daß diese
Vorgänge einen Bruch zwischen Byzanz und Francien herbeiführten. Allein das morgenländische Reich war durch
die elende Regierung der Irene, so wie durch fortwährende
Angriffe der Saracenen und Bulgaren so geschwächt, daß
der neue Kaiser des Ostens für gut fand, gleich nach seiner
Thronbesteigung den Franken Carl um Frieden zu bitten.
Eginhard erzählt [2]): „Gesandte des griechischen Kaisers Nicephorus fanden sich 803 bei Carl in seiner Pfalz Königs-
hofen an der Saale ein, und empfingen aus seinen Händen den Entwurf eines Friedensvertrags". Neuere Schriftsteller machten aus diesem Entwurf eine wirkliche Uebereinkunft, doch mit Unrecht, wie der Erfolg lehren wird. Carl
mißbrauchte das Stück Pergament, das er den byzantinischen
Botschaftern mitgab, als Maske, um Nicephorus einzuschlä-
fern und den Schlag gegen See-Venetien, der eben im besten
Zuge war, zu verhüllen.

Man begreift nun, daß unter solchen Umständen die
beiden aufgeopferten Dogen Venetiens, Johann und sein
Sohn Mauritius II., keine Lust verspüren konnten, im Osten
Hülfe zu suchen. Nur der Franke Carl besaß wahre Macht,
nur er war im Stande, sobald etwa ein anderer Wind
ging, die Gestürzten wiederherzustellen. Also flohen sie

---

[1]) Die Belege bei Gfrörer, K. G. III., 680 ff.
[2]) Pertz I., 191.

unter seinen Schutz; auch halte ich es für wahrscheinlich, daß er selbst ihnen auf fränkischem Gebiet sicheren Aufenthalt angeboten hat; denn er liebte es auch sonst, gefallene Herrlichkeiten, die man vielleicht später gegen augenblicklich aufgekommene Nebenbuhler brauchen konnte, um sich zu sammeln.

Ohne Frage als Werkzeug und Vasalle der Franken zog Doge Obelerius 804 in Malamocco ein, das seit mehr als einem Menschenalter Sitz der venetischen Herzoge war, aber es nicht mehr lange bleiben sollte. Das Erste, was er vornahm, bestand darin, daß er die Stadt Heraclea, den Feuerheerd und Mittelpunkt der byzantinischen Partei und zugleich Heimath der gestürzten Dogen Johannes und Mauritius, verheerte [1]). Doch wurde nur gegen einen Theil der Mauern, nicht aber gegen die Einwohner gewüthet. Dandolo theilt ein langes Verzeichniß [2]) der patricischen Geschlechter mit, welche damals aus dem erniedrigten Heraclea nach Rivoalto, Malamocco, Torcello und andern venetischen Inseln übersiedelten. Ich begnüge mich, einige der berühmtesten zu nennen: Die Participazzi, später Badoarii genannt, die Beligni, Orseoli, Cantiani, Barbolani, Mastalici, Falesri, Flaviani, Mauroceni, Caleprini und viele andere. Die zwei letzterwähnten Häuser haben zur Zeit der sächsischen Ottonen eine laute Rolle gespielt. Es gibt im Abendland kaum einen älteren Adel als den städtischen, durch Gewerbe und Handel, aber auch durch politische Weisheit und Waffenthaten groß gewordenen von See-Venetien. Mehrere jener Geschlechtsnamen deuten

---

[1]) Muratori XII., 155, Pertz VII., 14.
[2]) Ibid. S. 156.

auf byzantinische Abstammung hin; was sehr begreiflich ist,
da die Beherrscher des Ostens guten Grund hatten, fähige
und ihnen ergebene Männer griechischer Abkunft zur An=
siedlung in Heracliana zu bestimmen.

Fürs zweite schiffte[1] der neue Doge und zwar, wie
es scheint, mit der ganzen Seemacht Venetiens nach Dal=
matien hinüber und griff die dem byzantinischen Basileus
ergebenen Städte drüben an.   Unten wird sich ergeben,
daß Obelerius diesen Schlag zum Vortheil und im Auf=
trage des Frankenkaisers geführt hat.   Das Unternehmen
gegen Dalmatien muß eine der Bedingungen gewesen sein,
unter denen er von Carl auf den herzoglichen Stuhl be=
fördert worden war.   Dennoch würde man irren, wenn
man glaubte, daß Obelerius, obgleich er unter dem mäch=
tigen Schutze des fränkischen Kaisers stund, nach Gutdünken
in Venetien schalten und walten konnte; im Gegentheile
bürgen mehrere Thatsachen dafür, daß ihm von vornherein
eine entschlossene und starke Partei, vielleicht Anfangs unter
der Hand, entgegenarbeitete.   Chronist Johann berichtet[2]:
„Ehe der neue Doge Obelerius in Venetien einzog, ent=
floh der Bischof Christoph von Olivolo nach dem Festlande
hinüber".   Das ist in der Ordnung, denn der Bischof, wie
wir wissen, ein Grieche von Geburt und seit einigen Jahren
Haupt der Byzantinisch-Gesinnten, mußte in dem Dogen,
dem Schützlinge der Franken, einen Feind sehen.

Aber derselbe Chronist und auch Dandolo erzählen[3]
einstimmig weiter: „Als Patriarch Fortunatus (der doch

        [1] Pertz VII., 14 gegen oben.
        [2] Ibid. VII., 14.
        [3] Ibid. und Muratori XII., 157.

die ganze Umwälzung zugerüstet hatte) vom fränkischen
Hofe zurückkam, brachte er den geflohenen Bischof Christoph
mit sich nach Italien; doch wagten beide nicht nach Venetien hinüberzugehen, sondern blieben in dem Dorfe Cy-
priane (bei Mestre), denn der Eintritt in die Inseln war
ihnen verwehrt. Als nun um jene Zeit Fortunatus vernahm, daß ein Mönch Namens Johann widerrechtlich in
den Besitz des Bisthums Olivolo eingesetzt worden sei,
sann er auf Mittel, diesen Eindringling zu entfernen und
Christoph wiederherzustellen. Wirklich brachte er auch Johann durch List in seine Gewalt, und obgleich der Gefangene entfloh, nach Venetien hinübereilte und beim Dogen
Obelerius über die erlittene Behandlung Beschwerde führte,
wußte doch Fortunatus Mittel zu finden, daß der Eindringling Johann weichen mußte, und Christoph (der Grieche)
das Bisthum Olivolo wieder erhielt. Nun erst kehrte auch
Fortunatus in sein Patriarchat Grado zurück, vermochte
aber dasselbe nicht lange zu behaupten". Unten wird sich
ergeben, daß all' dieß zwischen 804 und 806 geschah.

Wie? Fortunatus durfte, obgleich die politische Partei,
an deren Spitze er seit mehreren Jahren stand, hauptsächlich durch seine Bemühungen gesiegt hatte, nicht wagen, in
die Heimath zurückzukehren, sondern er fand sogar einen
Befehl vor, der ihm die Uebernahme seines Patriarchats
untersagte. Undenkbar ist es, daß diese Maßregel vom
Dogen Obelerius ausging, denn wenn er so etwas freiwillig that, hätte er sich unfehlbar die Ungnade des fränkischen Kaisers, der ja der Gönner des Fortunatus war,
zugezogen. Folglich muß ihm die Maßregel von Andern,
deren Rath er nicht verschmähen durfte, nämlich von den
Griechisch-Gesinnten, oder wenigstens von offenen oder ge-

heimen Gegnern fränkischer Herrschaft abgerungen worden
sein. Sie werden dem Dogen vorgestellt haben: sehet
wohl zu, wenn Ihr den Patriarchen Fortunatus zurückruft,
den halb Venetien als einen Verräther verabscheut, ist zu
fürchten, daß euer eigenes Walten hier im Seeland nur
kurz daure. Obelerius mußte vor der Nothwendigkeit sich
beugen und den Patriarchen, selbst auf die Gefahr eines
Bruches hin, ferne halten.

Sodann erscheint Fortunatus, früher politischer Gegner des Griechen Christoph, mit eben diesem seit der Rückkehr vom fränkischen Hofe in engem Bunde; das läßt meines Erachtens keine andere Erklärung zu, als die: zwischen
Christoph und Fortunat war eine geheime Uebereinkunft
folgenden Inhalts abgeschlossen: wenn Christoph bei den
griechisch-gesinnten Venetern die Sache des Patriarchen ver-
trete und Bürgschaft für ihn übernehme, werde ihm Fortunat
bei der fränkischen Partei denselben Dienst leisten. Und
siehe, das Mittel fruchtete: nachdem durch Fortunats Verwendung die Wiederherstellung Christophs durchgesetzt war,
steht auch der Rückkehr des ersteren kein wesentliches Hinderniß mehr im Wege. Fortunat wird wieder Patriarch
von Grado.

Aus all' dem folgt nun, daß Obelerius, obgleich anscheinend Besieger seiner Heimath und durch fremde Gewalt
derselben aufgedrungen, doch keineswegs freie Hand hatte,
sondern mehr als man glauben sollte, von andern längst
in Venetien bestehenden Parteien abhing. Eben dasselbe
ergibt sich noch deutlicher aus einer zweiten Thatsache,
bezüglich welcher abermal Chronist Johann und Dandolo,
ja außer ihnen, wie ich unten zeigen werde, auch fränkische
Quellen übereinstimmen. Als alleiniger Doge ist Obelerius

im Jahre 804 zu Malamocco eingezogen, aber bald darauf mußte er die Gewalt mit einem andern theilen: sein Bruder Beatus wurde ihm nämlich als Mitdoge zur Seite gesetzt [1]). Dandolo fügt bei, solches sei auf Verlangen des Volkes geschehen. Wohl kommen häufige Beispiele vor, daß Väter, um die Erblichkeit des Königthums oder großer Lehen ihrer Nachkommenschaft zu sichern, freiwillig Söhne zu Mitregenten annehmen; aber Brüder beweisen gegenüber von Brüdern nie oder höchst selten solche Selbstverleugnung. Obige Aussage Dandolo's hat daher hohe Wahrscheinlichkeit. Man kann noch die weitere Frage lösen, wer es gewesen sei, der das Volk trieb, jene Forderung an Obelerius zu stellen. Die Erhebung des Mitdogen Beatus schlug, wie sich unten zeigen wird, zum Vortheil der Byzantiner aus; das war in der That leicht vorauszusehen. Die Maßregel wird daher durch die Griechisch-Gesinnten, jedenfalls durch Feinde fränkischer Oberherrschaft über Venetien, erzwungen worden sein.

Dandolo fällt bezüglich der Verwaltung des Obelerius ein allgemeines Urtheil, das volle Beachtung verdient. „Einige Schriftsteller", sagt er [2]), „haben überliefert, Obelerius sei, weil man ihn mit einer vornehmen Frau fränkischen Bluts vermählt hatte, durch diese verleitet worden, gegenüber von Kaiser Carl sich verbindlich zu machen, daß er ihm die Herrschaft über Venetien in die Hände spielen wolle". Hier wie an der andern Stelle, wo Fortunatus am Hofe Carls über den festen Entschluß der Veneter, dem morgenländischen Reiche anzuhangen, klagend eingeführt

---

[1]) Perz VII., 14, und Muratori XII. 153.
[2]) Ibid. 159 unten ff.

wirr, durchbricht der Geschichtschreiber Venetiens die Rücksichten, welche ihm sonst das Vorurtheil seines Volkes auferlegte, und gibt der reinen Wahrheit die Ehre.

Wir wollen jetzt seine Aussage mit dem Maßstabe
fränkischer Berichte prüfen. Vorläufig aber muß bemerkt
werden, daß die venetischen Chronisten selber den Namen
des 804 eingesetzten Dogen verschieden schreiben. Johann
braucht bald die Form Obelierius, bald Obilierius [1], Dandolo nennt ihn regelmäßig Obelerius, die Franken dagegen,
gewöhnt fremde Namen in ihrer Weise auszusprechen,
scheinen geglaubt zu haben, daß Obelerius gleichbedeutend
mit Oliver und dem deutschen Worte Wilhelm sei, und
nennen deßhalb den Dogen Wilharenus oder auch Willeri.

Nun zur Sache. Eginhard meldet [2] zum Jahre 806:
„Kurz nach Weihnachten 805 erschienen zu Diedenhofen,
wo damals Kaiser Karl Hof hielt, Willeri und Beatus,
Herzoge der Veneter, deßgleichen auch Paul, Herzog von
Zara (in Dalmatien), sammt dem Bischofe der genannten
Stadt, Donatus, letztere als Gesandte der Dalmatiner,
und überbrachten große (Huldigungs-) Geschenke; der Kaiser aber traf Verfügungen [3] bezüglich der Herzoge und
der Völker, sowohl Dalmatiens als Venetiens". Man
sieht, der Chronist will sagen, die Herzoge Willeri-Obele-
rius und Beatus hätten ihr bisher freies Vaterland aus
den Händen Carls als fränkisches Lehen empfangen. Aber
wie kam der Dalmatiner Paul dazu, am fränkischen Hofe
aufzuwarten? Nun das ist sonnenklar, er fand sich ein, weil

[1] Z. B. Pertz VII., 37.
[2] Ibid.
    Et facta est ibi ordinatio ab imperatore de ducibus
et populis tam Venetiae quam Dalmatiae.

im Jahre 805 der Veneter-Doge Willeri zum schuldigen
Danke für seine Einsetzung mit Venetiens Seemacht Dalmatien für fränkische Rechnung erobert und in Zara eine
neue Regierung eingesetzt hatte, deren Vorstand Paul jetzt
die kaiserliche Belehnung erhielt.

Die Vorgänge zu Diedenhofen zogen Folgen nach sich,
die jedoch Eginhard nur zum Theile kennt oder wenigstens
der Nachwelt mitzutheilen für gut findet. Derselbe fährt
fort: „Der byzantinische Basileus Nicephorus sandte unter
dem Befehl des Patriciers Nicetas eine Flotte aus, um
Dalmatien wieder zu erobern". Daraus folgt handgreiflich, daß diese Landschaft kurz zuvor den Griechen entrissen
worden war. Aber durch wen? Durch den Veneter Obelerius. Wie schön abermal ein Chronist den andern
ergänzt!

Der Patricius Nicetas verrichtete damals noch andere
Dinge, über welche Chronist Johann und Dandolo einstimmig Bericht erstatten. Sie melden [1]): „Als Nicetas
mit seiner Flotte heranfuhr, um Dalmatien zu bezwingen,
forderte er von den Venetern Kriegshilfe und erhielt sie
auch. Drauf, nachdem er Dalmatien eingenommen (und
den fränkischen Herzog Paul gestürzt) hatte, segelte er gen
Venetien. Allein der Patriarch von Grado, Fortunat, wartete seine Ankunft nicht ab, sondern entfloh nach Francien;
an seiner Statt aber ward derselbe Johann, der neulich
das Bisthum Olivolo sich angemaßt hatte (aber wieder
vertrieben worden war), zum Patriarchen von Grado eingesetzt. Wie nun Nicetas in Venetien anlangte, verlieh
er dem Herzoge Obelerius im Auftrage seines Gebieters

[1]) Pertz VII., 14, und Muratori XII., 157.

Nicephorus den Titel „kaiserlicher Schwertträger", der andere Herzog dagegen, nämlich Beatus, begleitete den byzantinischen Patricius auf dessen Rückkehr nach Constantinopel. Und zwar machte Beatus diese Reise nicht allein, sondern er nahm den abgesetzten Bischof Christoph von Olivolo und den Tribun Felix mit sich, welche die Veneter des Landes verwiesen hatten, weil beide dem Volke der Franken anzuhängen schienen [1]). Beatus ward mit großen Ehren zu Constantinopel von dem Basileus Nicephorus empfangen und durfte mit dem Titel Hypatus (Consul) geschmückt nach Venetien heimkehren."

Chronist Johann fügt bei: erstlich, daß der Basileus Nicephorus die beiden venetischen Gefangenen Christoph und Felix zur Verbannung verurtheilte, d. h. irgendwo auf dem Festland oder auf einer Insel einthürmen ließ: zweitens, daß Doge Beatus außer Christoph und Felix noch andere Veneter und zwar als Geißeln nach Constantinopel brachte.

Man sieht, in demselben Tone, in welchem heutige Hofzeitungsschreiber Dinge melden, welche man vor der übrigen Welt gar nicht verbergen kann, reden die beiden Chronisten Johann und Dandolo. Ihr leises Auftreten beweist zur Genüge, daß schon im 10. und dann wieder im 14. Jahrhundert eine staatliche Censur zu Venedig bestand. Zum Glücke ist es leicht, das, was sie sagen, in die Sprache des gesunden Menschenverstandes und der Geschichte zu übersetzen.

Erstlich springt in die Augen, daß, was ich oben behauptete — nämlich Doge Obelerius habe nicht frei in

---

[1]) Quia genti Francorum adhaerere videbantur.

Venetien schalten und walten können —, seine vollkommene
Richtigkeit hat. Wäre er Herr im Seeland gewesen, so
hätte er nun und nimmermehr die von dem Patricius ge=
forderte Kriegshülfe — deren Leistung Carl der Große von
seinem Standpunkte aus sicherlich als Felonie oder Treu=
bruch betrachtete — den Griechen gewährt. Die Absen=
dung der Schiffe muß durch jene griechisch=gesinnte Partei
erzwungen worden sein, durch jene Partei sage ich, welche
jeden Schritt des Obelerius argwöhnisch überwachte. Aber
auch Basileus Nicephorus oder sein Werkzeug Nicetas
konnte nicht nach ächter Byzantiner=Art in Venetien verfah=
ren, denn hätte er solches vermocht, so würde er den Do=
gen Obelerius am Kopfe genommen oder sonst aus der
Welt geschafft haben. Hinter Obelerius stand gleichfalls
eine Partei, welche man nicht wegblasen konnte; und weil
dem so war, durfte Nicephorus nicht wie ein Sultan han=
deln, sondern mußte auf die Stimme der Vernunft und
der Mäßigung hören.

Also unterhandelte man mit ihm, und siehe, Obelerius,
der ein gar weites Gewissen hatte, ging bereitwillig auf
Alles ein, er empfing unter dem Titel eines kaiserlichen
Schwertträgers oder Spadarius byzantinische Bestallung
und schwer demnach — denn das eine folgte nothwendig
aus dem Andern — dem Basileus einen Diensteid, der
schnurstracks dem am Neujahr in die Hände des Franken
Carl abgelegten widersprach. Dem andern Dogen, Beatus,
der, wie ich oben zeigte, allem Anscheine nach durch die
byzantinische Partei in Venetien erhoben worden war, und
deßhalb bestimmte Verpflichtungen eingegangen hatte, mu=
thete Nicetas mehr zu: er erhielt Befehl, den Patricius
nach Constantinopel zu begleiten. Dort angekommen, wurde

er, denke ich, in die Hof- und Beamtenschule genommen: dann, nachdem der Teig gehörig durchknetet worden, schickte man ihn, ausgerüstet mit dem prächtigen Titel „kaiserlicher Hypatus", der Knechtschaft barg, in die Heimath zurück.

Die beiden Gefangenen Bischof Christoph und Tribun Felix erfuhren ein härteres, aber nicht unverdientes Loos: denn jener, ein geborner Grieche, hatte, indem er die früher geschilderte Uebereinkunft mit dem Patriarchen Fortunatus schloß, einen eigentlichen Verrath am griechischen Reich und Kaiser begangen. Auch Felix scheint in gleicher Lage gewesen zu sein. Da man ihn in eine Linie mit dem Verräther Christoph stellte, ist anzunehmen, daß auch er, gleich dem Griechen, durch ältere Verbindlichkeiten dem Basileus verpflichtet gewesen war. Endlich für den Fall, daß Beatus, statt seinen Bruder zu überwachen, gemeine Sache mit demselben mache, sorgte die Stellung von Geißeln, welche meines Erachtens die lombardische Partei, deren Mittelpunkt Malamocco war, aus ihren Reihen liefern mußte.

Der Argwohn, welchen letztere Maßregel verrieth, wurde durch die That gerechtfertigt. Die Brüder Beatus und Obelerius spielten zusammen und brachen beide ihren dem griechischen Basileus geschworenen Eid. Doch erstatten hierüber nur die fränkischen Quellen, nicht aber die venetischen Bericht. Eginhard erzählt [1] weiter: „bis zum Jahre 807 blieb der Patricier Nicetas mit der griechischen Flotte in Venetien und erst, nachdem er mit König Pipin (dem Sohne Carls des Großen und Oberstatthalter Italiens) einen Waffenstillstand bis zum künftigen August abgeschlossen hatte, kehrte er in die Heimath zurück." Man sieht, daß

---

[1] Pertz I., 194.

der Patricier beiden Dogen mißtraute und sie nicht aus den Augen ließ. Dennoch geschah es erst im Frühling 807, daß Nicetas den Bruder und Mitregenten des Obelerius sammt den anderen Gefangenen nach Constantinopel abführte.

Dann zum Jahre 809 fährt [1]) Eginhard also fort: „eine zweite griechische Flotte war unter dem Befehle des Paulus — der weiter unten griechischer Statthalter der Insel Cephalene genannt wird — in den venetischen Gewässern erschienen. Während sie daselbst überwinterte (von 808 auf 809) griff Paul mit einem Theile seiner Schiffe die „Insel" Comacchio an, ward aber von der Besatzung, die dort lag, zurückgetrieben und mußte unverrichteter Dinge nach Venetien zurückkehren. Darauf knüpfte er mit König Pipin Unterhandlungen wegen des Friedens an, jedoch ohne etwas auszurichten: denn die beiden Herzoge, Wilharenus und Beatus, durchkreuzten alle seine Bemühungen und trachteten ihm sogar nach dem Leben. Als Paul hierüber Gewißheit erhielt, segelte er fort." Zunächst fragt es sich: wen griff der griechische Armiral in Comacchio an, oder unter wessen Befehl stand die dortige Besatzung? Ich denke: die Dogen hatten dieselbe hinein gelegt. Die Stadt selbst aber muß ihnen als Preis des Widerstandes gegen den Griechen von König Pipin eingeräumt worden sein. Denn Comacchio gehörte [2]) früher und auch später nicht den Venetern, sondern als Theil des Exarchats Ravenna dem römischen Stuhle [3]).

[1]) Pertz I., 196.
[2]) Cenni. Monum. domin. pontific. I., 221.
[3]) Pertz VII., 14.

Hätte nämlich der Angriff auf die Stadt unmittelbar dem Könige Pipin gegolten, so konnte Paul nicht sofort wegen des Friedens mit den Franken anknüpfen. So wenig als heut zu Tage leitete man im Mittelalter Unterhandlungen mit Faustschlägen ein. Freilich war Pipin wesentlich bei dem Angriffe betheiligt, aber nur verdeckter Weise: der Grieche rettete den Schein, indem er die Miene annahm, als habe er es nur mit den Dogen zu thun. Zugleich sieht man, daß die Steine, welche die Brüder den Unterhandlungen des Admirals in den Weg warfen, leicht in's Gewicht fielen. Auch wenn die beiden Dogen den Frieden gewünscht hätten, würde derselbe doch nicht zu Stande gekommen sein: denn Pipin suchte Händel und bedurfte daher keineswegs äußeren Reizes. Allein nachdem seine Anschläge auf Venetien das böse Ende genommen hatten, das ich unten schildern werde, fand der fränkische Hof für gut, alle Schuld auf die beiden Dogen zu wälzen, welche man zum Sündenbock stempelte. Aus diesen Klatschereien aber schöpfte Eginhard seine Venetien betreffende Nachrichten. Noch bemerke man, daß er Comacchio eine Insel nennt, was die Stadt im 9. Jahrhundert allerdings gewesen sein muß. Heute liegt Comacchio zwar mitten in Sümpfen, ist aber durch Dämme mit dem festen Land verbunden.

Nach Entfernung des Admirals kam es in Venetien zu greulichen Auftritten, die Parteien wütheten gegen einander. „Zum zweitemale", sagt Chronist Johann, „ward die Stadt Heracliana zerstört und nun ganz niedergebrannt". Allein obgleich dieser Schlag unverkennbar dem griechischen Anhange galt, haben die Gegner der fränkischen Herrschaft dennoch den Dogen ein großes Zugeständniß abgepreßt.

Einstimmig berichten [1]) Chronist Johann und Dandolo, daß Obelerius und Beatus einen weitern Bruder, der Valentinus hieß, zum dritten Mitregenten annahmen, d. h. annehmen mußten. Man erwäge folgende Punkte: erstlich, als noch im nämlichen Jahre 809 die Dogen Beatus und Obelerius gestürzt und verbannt wurden, durfte der dritte Bruder Valentinus — obwohl nicht als Regent, aber doch als Privatmann — in Venetien bleiben. Zweitens, wird uns eben diesem Anlasse gemeldet [2]), daß Valentinus noch in jugendlichem Alter, oder klar gesprochen, daß er ein Unmündiger war. Das will meines Erachtens besagen: die Feinde der fränkischen Herrschaft und ihrer Werkzeuge, der beiden älteren Dogen, sind es gewesen, welche Valentin vorschoben, um unter dem Schirme seines Namens die Anschläge des Obelerius und Beatus zu vereiteln.

So konnten die Dinge nicht in die Länge bleiben; zwei Regenten sind schon zu viel, eine Dreiheit aber muß jeden Staat umstürzen. Selbst die bisherigen Freunde der zwei Dogen, sahen nachgerade Solches ein, und gaben dieselben preis, doch kam die Entscheidung [3]) aus Constantinopel: „In Venetien erschien der kaiserlich-griechische Botschafter Eberjapius und bestimmte das versammelte Volk, daß die Brüder Obelerius und Beatus abgesetzt und des Landes verwiesen wurden". Dieß geschah noch im Jahre 809, nachdem die Brüder fünf Jahre lang — von 804 bis 809 — ihr Vaterland beherrscht oder vielmehr verrathen hatten. Der fränkische Chronist Eginhard schreibt

---

[1]) Pertz VII., 14, und Muratori XII., 158.
[2]) Muratori XII., 159.
[3]) Ibid. und Pertz VII., 15.

den Namen des griechischen Botschafters anders, und wie
ich glaube richtiger, er nennt [1]) ihn Arsafius und fügt bei,
daß ebenderselbe nachher auch den Friedensvertrag von 810,
der Venetien nach fürchterlichen Stürmen Ruhe verschaffte,
abgeschlossen habe. Anstatt der Verwiesenen wurde Agnellus,
aus dem Hause der Participazzo, von Heracliana gebürtig
und also von Hause aus der byzantinischen Partei ange=
hörig, zum Dogen erhoben [2]).

Eilftes Kapitel.

König Pipin's Zug gegen Venedig. Carl der Große über= läßt Venedig den Byzantinern.

Aber nun führten die Franken einen letzten verzwei=
elten Schlag gegen die in Venetien keimende neue Ord=
nung der Dinge, und zwar indem sie nicht mehr, wie bis=
her geschehen, unter der Maske einheimischer Parteien den
byzantinischen Einfluß bekämpften, sondern als offene Geg=
ner der Griechen auftraten. Schon öfter war von Pipin,
Carls Sohne, die Rede; sein Vater, der Kaiser, hatte ihn
mit dem Titel eines Königs zum Oberstatthalter Italiens
eingesetzt. Eben dieser zog jetzt das Schwert gegen den
neuen Dogen und seine byzantinischen Beschützer. Zwei
verschiedene Berichte über das, was nunmehr geschah, lie=
gen vor.

---

[1]) Pertz I., 198.
[2]) Muratori XII., 161.

Der Franke Eginhard schreibt [1]) zum Jahre 810: „Verführt durch die Treulosigkeit der (verwiesenen) Herzoge griff König Pipin zu gleicher Zeit mit einer Flotte und einem Landheere Benetien an, unterjochte dasselbe, zwang die Herzoge, sich zu ergeben, und schickte hierauf seine Flotte aus, die Küsten Dalmatiens zu verheeren. Aber da kurz darauf der griechische Statthalter von Cephalene, Paulus, mit der Seemacht des Ostens erschien, um den bedrohten Dalmatinern Hülfe zu leisten, kehrte die königliche Flotte Pipins nach Hause zurück". Dann weiter unten: „Kaiser Carl erhielt Nachricht, daß sein Sohn Pipin, der König Italiens, den 8. Juli 809 schnell weggestorben sei". Und abermal: „Im October des nemlichen Jahres hielt Kaiser Carl Hof zu Aachen, wo er mit dem Beherrscher des Morgenlandes Nicephorus einen Friedensvertrag schloß, kraft dessen er Benetien an das griechische Reich zurückgab".

Wir lernen hieraus die amtliche Darstellung kennen, in welche der fränkische Hof die Ereignisse von 810 einzuhüllen beliebte. Daß sie gefärbt sei und an wesentlichen Mängeln leide, kann man aus ihr selber nachweisen. Erstlich bemerke man, wie künstlich der Chronist eine Niederlage der fränkischen Flotte zu verbergen sucht: die griechische Seemacht erschien, die fränkische segelte nach Hause zurück, so malt man die Sachen auf dem Papier, aber in der wirklichen Welt greifen überlegene Flotten minder starke an und sprengen sie auseinander, was auch den Schiffen Pipins widerfahren sein wird. Zweitens, indem Eginhard die Behauptung aufstellt, von den treulosen Herzogen verleitet, habe Pipin Benetien zu unterjochen gesucht, gibt er

[1]) Pertz I, 197.

8*

zu verstehen, daß die Sache in Wahrheit schief ablief, und
daß folglich Pipin nicht ganz Venetien erobert haben kann.
Denn nur weil der Schlag nicht gelang, wurde nachher
die Schuld auf die Dogen Beatus und Wilhari gewälzt.
Drittens, Eginhard macht sich ein falsches Bild vom Stande
der Angelegenheiten drüben: die Herzoge verleiten den
König von Italien zum Angriff, und nachher müssen sich
die Herzoge — das heißt handgreiflich nach seiner Meinung dieselben, die ihn verleitet hatten — an Pipin ergeben. Das ist Unsinn. Eginhard wußte gar nicht, daß
die Herzoge — nämlich Wilhari und Beatus — vertrieben
waren und daß seit 809 nur ein einziger Doge — Agnellus
— drüben waltete.

Viertens, seit Jahren hatten die Franken — Carl
der Große, wie sein Sohn Pipin — alles Mögliche gethan, um Venetien in ihre Gewalt zu bringen, und dennoch
will Eginhard uns glauben machen, daß Carl, nachdem er
völliger Herr drüben geworden, die Eroberung säuberlich
an den Byzantiner zurückgegeben habe. Mit Nichten! Das
Umgekehrte war der Fall: weil Pipin eine Niederlage vor
Rialto erlitt, weil ferner der alte Kaiser wohl fühlte, daß
er, beim Mangel einer genügenden Seemacht, Venetien
nicht in die Länge behaupten könne, endlich, weil die öffentliche Meinung im ganzen Reiche den Raubkrieg gegen
Byzanz höchlich verdammte, hat Carl, damals fast 70jährig,
Frieden geschlossen.

Die volle ungeschmückte Wahrheit findet sich in den
venetischen Berichten [1]), denen noch die Aussage des Byzantiners Constantin, des Purpurgebornen, beigefügt wer-

---

[1]) Pertz VII. 14, unten ff. Muratori XII.. 158 ff.

ten mag [1]). Pipin brachte nur so viel Schiffe zusammen, als gerade nöthig waren, um Truppenkörper über die Mündungen der Ströme und nach den nächst gelegenen Inseln überzusetzen; deßhalb betrieb er, nothgedrungen, den Kampf in der Weise eines Landkriegs; außer den Franken, die bei ihm waren, bot er alle Streitkräfte Lombardiens, Fußvolk und geharnischte Reiter, auf. Den Angriff begann er von Süden, von den Po-Mündungen her, zuerst wurde das an einem Arme der Etsch gelegene Brondolo erstürmt; dann drangen die Franken nach der Insel Chiozza über und nahmen sie. Gleiches Schicksal hatten der Reihe nach die nördlich von Chiozza in der Richtung des heutigen Venedig gelegenen Eilande Palestrina und zuletzt auch Malamocco. Vergebüch leisteten die Veneter unter ihrem Dogen Agnellus, so oft die Franken von einer Insel zur andern schifften, den tapfersten Widerstand: sie mußten selbst Malamocco sammt dem Dogensitze räumen.

Nun zog sich Agnellus mit seinen Seeleuten nach dem eben aufblühenden Rialto, der letzten Burg der Freiheit Venetiens, und man darf wohl sagen, Italiens und der römischen Kirche, zurück. Die Entfernung von Malamocco nach Rialto war ziemlich groß und darum für die Franken gefährlich, überdieß ließ Agnellus das Fahrwasser durch eingerammte Schiffsmasten unzugänglich machen. Letzeren Grundes wegen gerieth Pipin auf den Gedanken, von der nächsten Stelle Malamocco's aus, einen Damm mit Weidengeflecht und Steinsäcken nach Rialto hinüber aufzuführen. Angestrengte Arbeit förderte das Werk bis in die Nähe Rialto's. Jetzt gab Pipin seinen Geharnischten

---

[1] Constantini opp. ed. Bonnensis. III., 124.

Befehl, aufzusitzen und auf den Damm hineinzureiten, der auch befolgt ward. Die Entscheidung nahte, der Doge wartete eine starke Fluth ab, und nun stürmten die Veneter auf ihren Schiffen wie verzweifelt gegen den Damm los; es gelang: die enge Straße ward eingestoßen, die fränkische und langobardische Ritterschaft versank, gleich Pharao's Reitern, in die Salzfluth. „Der Allmächtige," sagt Chronist Johann, „hat damals den Unsrigen einen herrlichen Triumph verliehen." König Pipin mußte mit den Ueberbleibseln seines Heeres den Rückzug antreten.

Der kurz darauf zu Mailand erfolgte Tod des jungen Königs ist geheimnißvoll und hängt sicherlich in irgend welcher Weise mit dem unglücklichen Ausgang des Kampfes vor Rialto zusammen. Aus Gründen, die ich unten entwickeln werde, sah sich Carl genöthigt, den Forderungen des griechischen Kaisers zu genügen. Der Vertrag selbst ist nicht auf uns gekommen, doch kennen wir seinen Inhalt theils aus etlichen Berichten von Chronisten, theils aus noch vorhandenen Urkunden [1]), kraft deren Kaiser Lothar, Ludwigs des Frommen Sohn, unter dem 23. Februar 840, und dann wieder Kaiser Ludwig II., Lothars Sohn, unter dem 23. März 855 die Uebereinkunft ihres Ahns erneuerten. Pertz hat letztere Urkunden aufgefunden [2]), aber bis heute noch nicht veröffentlicht, indeß gibt [3]) Dandolo in seiner Chronik einen Auszug.

Erstlich wurde bestimmt, daß Venetien für immer unter griechischem Schutze verbleibe, desgleichen, daß die

[1]) Böhmer. Regest. Carolor. S. 55 u. 62.
[2]) Archiv der Ges. für ältere deutsche Geschichtkunde III., 578.
[3]) Muratori XII., 176.

Seepläße Dalmatiens, welche die Griechen in Händen haben, ihnen gehören sollen. Dagegen erkannte der griechische Kaiser den fränkischen Besitz Daciens, Istriens, Liburniens und sogar der abwärts vom Meere — im inneren Land — gelegenen Strecken Dalmatiens an. Was Eginhard in der Lebensgeschichte Carls des Großen, betreffend die eben genannten Länder, meldet [1], bezieht sich ohne Frage auf die Satzungen des Aachener Friedens vom Jahre 810. Daß Nicephorus das innere Dalmatien den Franken dem Wortlaute nach überließ, war ein Scheinopfer, das er fränkischer Eitelkeit brachte: in der That hat Dalmatien ohne die Seepläße, welche die Pulsadern des Küstenlandes sind, keinen Werth, auch vermochten Carls Nachfolger die ferne Provinz nicht zu behaupten.

Zweitens trat das fränkische Reich vermöge des Aachener Vertrags an See-Venetien ein Stück des italienischen Festlandes, doch nur ein kleines, ab. Eine der vielen Urkunden, welche Kaiser Friedrich, der Rothbart, im Hochsommer 1177 zu Venedig ausstellte, bemerkt [2], in Carls des Großen Tagen sei von einem Arme des Sileflusses zum andern ein Graben gezogen worden, welcher hinfort die Marke zwischen Venetien und Langobardien gebildet habe. Auch aus einer Stelle der Chronik Johanns erhellt, daß Strecken am Sileflusse im 10. Jahrhundert unter venetischem Scepter standen; derselbe berichtet [3] nämlich, Doge Orso habe um 860 einen der Mörder, durch welche der Bischof Deusdedit von Torcelle erschlagen

[1] Siehe oben S. 114.
[2] Muratori, Antiq. Ital. I., 59 ff.
[3] Pertz VII, 19 gegen oben.

werden war, am Sileflluß — wie es scheint an der venetischen Landesgrenze — aufhängen lassen. Der Blutbann
war damals, wie heute noch, ein Hoheitsrecht, das die
gesetzlichen Gewalten stets nur auf eigenem Gebiet aus-
übten. Im Uebrigen muß der erwähnte Graben durch den
Aachener Vertrag entweder festgesetzt, oder wenigstens bestätigt worden sein.

Drittens bewilligte Carl der Große kraft desselben
Vertrags den Venetern im ganzen Umfange des abendländischen Reichs Freiheit des Handels, die Befugniß,
überall Niederlassungen zu gründen, Grundeigenthum zu
erwerben und Schutz für den bereits errungenen Besitz,
in Summa die nämlichen Rechte, welche die Veneter längst
im griechischen Morgenlande genossen [1]). Das Volk des
Seelands hat auf diesen dritten Artikel bei Weitem das
meiste Gewicht gelegt; Beweis dafür die Thatsache, daß
die Dogen keine Mühe sparten, damit in späteren Zeiten,
die goldenen von Carl ertheilten Vorrechte durch seine
Nachfolger, Lothar II., Ludwig II. und endlich auch durch
den deutschen Carolinger Carl den Dicken mittelst Urkunde [2])
vom 13. Mai 883, erneuert und bestätigt wurden. Zugleich sieht man, daß der Aachener Vertrag ein unüber-
treffliches Bindemittel ward, das See-Venetien noch lange
Zeit an den griechischen Thron fesselte. Nie hätten die
Veneter mit eigener Macht solche Zugeständnisse vom abendländischen Kaiser auszuwirken vermocht, sondern sie ver-

---

[1]) Außer den oben erwähnten Urkunden vergl. man die Worte
Dandolo's, Muratori XII., 151 oben u. 163 oben.

[2]) Böhmer. Regest. Carol. Nro. 957. sowie Muratori XII.,
189 ff.

dankten Alles byzantinischem Schutze. Um aber den Erwerb zu behaupten, mußten sie den Beherrscher Constantinopels bei guter Laune erhalten, also ihm gehorchen. In
Fragen, welche den Handel betrafen, waren die Griechen
des Mittelalters den Franken weit überlegen.

Zwölftes Kapitel.

Bedeutung des Friedens von Aachen für das fränkische Reich und für Venedig. Stellung Venedigs zum byzantinischen Reiche.

Ich gehe zu den Vortheilen über, welche Carl der
Große im Aachner Vertrage für sich und sein Reich aus-
bedingte. Erstlich setzte er durch, daß der morgenländische
Basileus die fränkische Kaiserkrone und das abendländische
Reich, zwei Neuerungen, wegen deren seit Weihnachten
800 bitterer Streit zwischen Osten und Westen herrschte,
förmlich anerkannte. Doch geschah Solches noch nicht in
vollem Umfange zu Aachen, wo nur das, was man heut
zu Tage Präliminarien nennt, zum Abschlusse gedieh, sondern es dauerte noch zwei weitere Jahre, bis letzterer
Punkt, welcher dem Hochmuthe der Byzantiner nicht geringe Ueberwindung kostete, ganz in's Reine kam. Eginhard berichtet [)] zum Jahre 812: „nachdem Kaiser Nicephorus in einer Schlacht gegen die Bulgaren geblieben
war, empfing sein Schwiegersohn und Nachfolger, Michael
(mit dem Beinamen Rhangabe), die Gesandten, welche
Carl noch an Nicephorus abgeordnet hatte, und legte die

[)] Pertz I., 199.

letzte Hand an das Friedenswerk. Darauf schickte er mit
den rückkehrenden fränkischen Bevollmächtigten eigene Bot=
schafter, nämlich den Bischof Michael und die Oberschwert=
träger Arsafius und Theognostus nach Aachen. Dort an=
gekommen, empfingen diese aus Carls Händen den ausge=
wechselten Friedensvertrag, priesen dann in griechischer
Weise den fränkischen Gebieter, indem sie ihm den Titel
„Kaiser und Basileus" ertheilten. Weiter reisten die
Griechen nach Rom, und erhielten daselbst in der Peters=
kirche aus den Händen des Papstes, Leo III., eine dritte
Vertrags=Urkunde."

Die Sache war, wie man sieht, so eingeleitet, daß
neben den beiden Kaisern des Ostens und des Westens
als dritte Weltmacht der Papst tagte, und daß die
byzantinischen Botschafter nicht nur in Aachen, sondern
ebensogut zu Rom, als dem geistlichen Mittelpunkt des
Erdkreises, die Anerkennung des abendländischen Kaiser=
thums verkünden mußten. Auch in dem Leben Carls
spricht [1] Eginhard von den langwierigen Häckeleien, welche
zu überwinden waren, ehe der Basileus des Ostens dem
Franken Carl den Kaisertitel zugestand! „Damals," sagt
er, „sei das griechische Sprüchwort aufgekommen: zum
Freunde wollen wir den Franken haben, aber nie und
nimmermehr zum Nachbar [2]."

Weiter erzwang Carl, daß die Griechen — und zwar
unter Bedingungen, die für sie selbst, wie für die Veneter
kränkend genug waren — die Wiedereinsetzung des Patriar=
chen Fortunatus in Grado gut hießen. Ich habe oben

---

[1] Pertz II., 451 unten ff.
[2] Vita Karoli. cap. XVI. Schluß.

gezeigt, daß dieser Prälat 806 bei Annäherung des Patricius Nicetas entfloh. Abermal stimmen hier Urkunden der
römischen Kanzlei auf's schönste mit den fränkischen und
venetischen Berichten überein. Im Laufe des Jahres 806
— wahrscheinlich im Spätherbste — schrieb [1]) Papst Leo III.
an Carl den Großen: „die vom fränkischen Hofe beantragte
Versetzung des von den Venetianern und den Griechen
vertriebenen Patriarchen Fortunatus auf das istrische Bisthum Pola wolle er hiemit genehmigen, aber nur unter
folgenden Beschränkungen: erstlich, daß Fortunat, sobald
er etwa durch Carls Siege in seinem Patriarchat Grado
wieder eingesetzt werde, das Bisthum Pola herausgebe,
zweitens, daß Nichts Unheilbares gegen die Rechte des
Erzstuhles Aquileja, welcher vermöge der von Carl selbst
bewilligten Zugeständnisse aufrecht bleiben müsse, vorgenommen werde.“ Offenbar fürchtete Leo, Carl sinne, um
den Clerus des Seelands in sein Netz zu ziehen und mit
der griechischen Herrschaft zu entzweien, auf völlige Ver-
nichtung des Erzstifts Aquileja, so nämlich, daß dieser
Stuhl selbst und die ihm untergeordneten Suffragan-Bisthümer Frianls zu Grado geschlagen werden sollten.

Das wäre allerdings ein kräftiges Mittel gewesen,
den Clerus Venetiens in die Mitschuld fränkischer Eroberungspläne zu verwickeln. Denn damit ein voraussichtlich
Allen erwünschtes Ziel erreicht, d. h. damit die vor der
langobardischen Eroberung bestandene Einheit des Patriarchats hergestellt werde, mußten dann die Bischöfe Venetiens Alles aufbieten, daß Carl die Herrschaft auf den
Inseln erlange, weil nur auf diesem Wege die Vereinigung

---

[1]) Cenni. Monum. domin. pontif. II., 47 ff.

der festländischen Stüble, die sich unwiderruflich in frän
kischer Gewalt befanden, mit denen der Inseln zu einem
geschlossenen Metropolitankörper sich durchführen ließ.

Aus dem Tone des pästlichen Schreibens erhellt,
daß Leo III. nur mit äußerstem Widerstreben dem Ansin
nen Carls auch unter obigen Klauseln Raum gab. Er
fühlte seine Würde durch Zumuthungen verletzt, welche ihn
nöthigten, die Hand zu reichen, daß im Dienste von Planen
ruchloser Ehrsucht, einmal gesteckte kirchliche Gränzen immer
wieder verrückt würden. Eine Beilage ist überdieß dem
Briefe eingefügt, in welcher der Papst dem Kaiser zu be
denken gibt, daß laut einstimmigen Berichten aus Francien
und Italien, Fortunat ein ärgerliches Leben führe, und
daß folglich die Leben in Francien, mit welchen Carl den
selben begnadigt habe, an einen Unwürdigen verschwen
det seien.

Gewalt siegte über Recht. Fortunat erhielt wirklich
das istrische Bisthum Pola und, kaum dort warm gewor
den, begann er als Volksfreund zu wirken, und Partei im
Lande zu machen. Dandolo berichtet [1]: „Die Vornehmen
und das Volk von Istrien erhoben bei Carl Beschwerde
über Johann, den ihnen der Kaiser zum Herzoge bestellt
hatte, daß er das Land bedrücke. Auf des Kaisers Befehl erschie
nen der Presbyter Hizo, sowie die Grafen Cadalo und Aio, um
die Sache zu untersuchen. Die Bevollmächtigten beriefen nun
den Patriarchen Fortunatus, die Bischöfe Theodor, Leo, Ste
phan, Staurocius und Laurentius, sammt 162 Abgeordneten
der Städte Istriens zu einem Landtage. Und als sich hier
herausstellte, daß die Klagen allerdings Grund hatten,

---

[1] Muratori XII.. 155.

machten die kaiserlichen Bevollmächtigten der Tyrannei des
Herzogs ein Ende und verordneten, daß die Abgaben auf
den Stand zurückgeführt werden sollten, wie sie zur Zeit
der griechischen Herrschaft gewesen waren. Seitdem ent-
richtete Istrien jährlich an die kaiserlich fränkische Kammer
354 Marken (Silbers), die nach dem Vermögen der Städte
und Burgen umgelegt wurden".

Weiter unten erzählt [1] Ebenderselbe: „Auf Bitten
des Patriarchen Fortunat verlieh Kaiser Ludwig der Fromme,
Carls Sohn, dem istrischen Volke das Recht, Statthalter,
Bischöfe, Aebte, Tribunen, desgleichen andere Obrigkeiten
zu wählen und erneuerte die von Carl dem Großen zugestandenen Freiheiten". Sichtlich hat der venetische Geschichtschreiber obige Nachrichten aus Urkunden entnommen. Auch
fränkische Zeugnisse stehen in gutem Einklang. Eginhart
erwähnt [2] zu den Jahren 818 und 819 einen Cadale, den
er als Grafen und als Vorgesetzten, oder wohl auch als
Herzog der Mark Friaul bezeichnet und der offenbar eine
Person mit dem obengenannten ist. Sodann meldet [3] der
fränkische Chronist: „Nachdem im Jahre 821 Borna, Herzog in Liburnien und im fränkischen Dalmatien, gestorben,
sei dessen Enkel Ladislaw auf Bitten des Volks und
mit Genehmigung des Kaisers Ludwigs des Frommen zum
Nachfolger eingesetzt worden. Die den Istriern bewilligten
Freiheiten waren, wie man sieht, bereits zu den südlichen
Nachbarn derselben, den Liburniern, gewandert. Auch hier
sprach das Volk ein Wort bei der Wahl des Herzogs mit.
Wie konnte es anders sein, da die Carolinger nur einen

[1] Muratori XII., 165 oben.
[2] Pertz I., 205 u. 206.
[3] Ibid. 208.

Schein von Herrschaft über die auf der Ostseite des Adria
gelegenen Länder besaßen, mußten sie, was dem Einen gewährt werden, auch dem Andern zugestehen. Im Uebrigen
ist von selbst klar, daß Carl und Ludwig neben dem Wahlrecht, das sie den Istriern und den Liburniern einräumten,
sich selber die Bestätigung vorbehielten, denn sonst wäre
ihre Gewalt über beide Provinzen ein lauteres Nichts
gewesen.

Die erwähnten Thatsachen berechtigen zu der Voraussetzung, daß Carl der Große hauptsächlich durch den
Patriarchen Fortunat, der seine volle Gunst genoß, vermocht worden ist, den Istriern soviel Gutes und Liebes zu
erzeigen. Allerdings bestimmt Dandolo die Zeit nicht, doch
kann, was er erzählt, kaum anders geschehen sein, als nachdem Fortunat 806 zum Ersatz für die Vertreibung aus
Grado auf den Stuhl von Pola erhoben worden war.
Daß er bei jenen Vorgängen den Titel Patriarch empfängt,
widerspricht keineswegs; denn sicherlich hat er selber, so
gut als dieß Papst Leo III. that, die Rückkehr nach Grado
sich vorbehalten und deßhalb nicht aufgehört, den Patriarchen-
namen zu führen. Warum aber Fortunat so eifrig darauf
hinarbeitete, der Gründer istrischer Freiheit zu werden,
springt in die Augen: durch seine Bemühungen gewann er
unfehlbar großen Anhang im Lande. Wollten daher die
Veneter, daß je wieder die schöne Halbinsel der kirchlichen
Hoheit ihres Erzstiftes Grado unterworfen werde — und
dieß wollten sie gewiß — so bestand der einzige mögliche
Weg solches zu erreichen darin, daß sie Fortunat auf den
Stuhl Grado beriefen: verstanden sie sich hiezu, so brachte
der rückkehrende Patriarch die istrischen Suffragan-Bisthümer
gleichsam in der Reisetasche mit.

Seine Berechnung traf zu: in Folge des Aachener Vertrags von 810 wurde er wieder zum Patriarchen von Grado eingesetzt. Oben erzählte ich, daß die Beneter im Jahre 806, nach der Flucht Fortunats, den Priester Johann, einen persönlichen Feind des Flüchtlings, zum Patriarchen ernannt hatten. Nun berichtet [1]) die älteste Beneter-Chronik: „vier Jahre (also bis 810) nahm Johann den Stuhl von Grado ein; dann wurde eine Synode berufen, welche das Urtheil der Absetzung über ihn verhängte und zwar auf den Grund hin, weil er das Bisthum eines Andern bei Lebzeiten des rechtmäßigen Besitzers sich angemaßt habe. In Folge dieses Synodalbeschlusses kehrte dann Fortunat auf den Erzstuhl von Grado zurück". Man sieht, die einfache Wiederherstellung Fortunats genügte dem abendländischen Kaiser nicht, sondern die Beneter mußten, ihr Werk von 806 umstoßend, sich selbst als Anmaßer verdammen; der Triumph ward durch Hohn gewürzt.

Mit dem Augenblicke der Wiedereinsetzung Fortunats kehrten auch die istrischen Bisthümer unter die Hoheit von Grado zurück. Im Jahre nach Abschluß des Aachener Friedens — 811 — setzte Carl der Große sein Testament auf, kraft dessen er einen Theil der im Reichsschatz vorhandenen Summen den 21 Metropolen des fränkischen Weltreichs vermachte. In der betreffenden Urkunde [2]) werden folgende fünf italienische Erzstifte aufgezählt: Rom, Ravenna, Mailand, Friaul, Grado. Unter der 4. Metropole muß Aquileja verstanden werden, das jedoch statt des gewöhnlichen und durch die Geschichte geheiligten Namens sich mit dem

[1]) Pertz VII., 15.
[2]) Ibid. II., 461.

geringeren Friuli begnügen muß, weil es gezwungen worden war, mit Grado zu theilen. Der Ausdruck Aquileja
hätte an die alten Rechte des Erzstiftes, und an die Zeiten
ehemaliger Einheit erinnert, das Wort Friaul dagegen
drückte die nackte Wirklichkeit aus, denn der einstige Patriarch von Aquileja saß damals zu Friuli.

Noch auffallender erscheint es, daß Grado, das doch
auf der venetischen Insel, also auf griechischem Reichsboden
lag, eine Stelle unter den fränkischen Erzbisthümern erhält.
Allein das kam, wie auch schon Dandolo bemerkt [1]), daher,
weil die Stühle Istriens, die unter fränkischem Scepter
standen, dem venetischen Erzstuhl zugeordnet waren, was
zur Folge hatte, daß Grado allerdings, obwohl nur bezüglich der istrischen, nicht aber der übrigen auf den Inseln
gelegenen Suffraganbisthümer, den Rang einer fränkischen
Metropole einnahm. In diesem Stande blieben die Dinge
bis zur Synode von Mantua, welche, wie ich später zeigen
werde, 827 Istrien von Grado trennte und wieder zum
Metropolitan-Verband von Aquileja schlug.

Brachte nun Carl der Große nicht ein Opfer, indem
er Istrien dem Gradenser überließ, der dem Dogen Benetiens und folglich dem griechischen Basileus unterworfen
war? O nein! Die fragliche Maßregel hatte einen entgegengesetzten Zweck. Um Istrien behaupten zu können,
mußte Fortunat fortwährend die Gnade des fränkischen
Hofes zu bewahren suchen. Also gewann der fränkische
Herrscher durch die Danaergabe einen mächtigen Verbündeten auf der Insel drüben, mit dessen Hülfe Carl selbst
oder seine Nachfolger nach Belieben die alten gegen Vene-

----

[1]) Muratori XII., 163 unten.

tiens Unabhängigkeit gerichteten Ränke erneuern konnten und wirklich, wie der Erfolg zeigen wird, erneuert haben. Sicherlich legte Carl auf den Grade's Vereinigung mit Istrien betreffenden Artikel eben so großes Gewicht als ihrer Seits die Veneter auf die ihnen durch den Aachener Vertrag eingeräumte Freiheit des Handels und der Niederlassung im Bereiche des abendländischen Reichs.

Obgleich, wie nachgewiesen worden, der Franke Carl zu Aachen seinen Vortheil nicht vergaß, bin ich doch überzeugt, daß er nur mit Widerstreben den Frieden schloß. Er hat zu Aachen im Angesichte der Welt vor den Griechen weichen, auf lange gehegte, mit merkwürdiger Beharrlichkeit verfolgte Pläne verzichten müssen, was sicherlich seinem Stolze keine geringe Ueberwindung kostete. Was hat ihn gleichwohl zur Nachgiebigkeit vermocht? Meines Erachtens die mehr und mehr im fränkischen Abendland hervortretende Unzufriedenheit über die ewigen Feldzüge in die Ferne. Diese Stimmung gab sich zuerst mit ganzer Stärke im Jahre 801 kund, da Carl den Papst Leo III. gezwungen [1]) hatte, ihm die Kaiserkrone aufzusetzen, denn der Instinkt des Volks ahnte, daß die neue Würde ihren Besitzer verleiten werde, nach der Herrschaft über die ihm noch nicht unterworfenen Provinzen des alten Römerreichs zu streben, und deßhalb einen Krieg um den andern zu beginnen. Nachdem Karl von der Kaiserkrönung her in die Heimath zurückgekehrt war, hielt er im März 802 zu Aachen einen Reichstag, auf welchem der Beschluß gefaßt ward, daß alsbald jeder Franke den Huldigungseid, den er

---

[1]) Gfrörer, Greger VII. B. V. S. 99.

bisher dem Könige geleistet, dem Kaiser von Neuem schwören solle.

Das betreffende Capitular lautet [1]): „Jeder Einwohner im ganzen Reiche, sei er Laie oder Cleriker, der vordem dem Könige schwur, hat dem Kaiser den Eid zu erneuern. Die aber, welche noch gar nicht gehuldigt haben, sollen vom 12jährigen Knaben aufwärts schwören. Auch sollen alle öffentlich belehrt werden, damit sie verstehen lernen, wie Großes und Vieles in solchem Eide befaßt sei." Die Vorschrift birgt ein doppeltes, obgleich verdecktes, Eingeständniß: erstlich, die Masse des fränkischen Volks fühlte, daß die Kaiserkrone nichts als Kämpfe nach sich ziehen, Blut und Thränen kosten werde, zweitens, die öffentliche Meinung verdammte deßhalb die Ehrsucht Carls und, weil dem so war, glaubte er nur durch einen geschärften Huldigungs-Eid sein Volk in der Treue erhalten zu müssen.

Seitdem entstanden da und dort geheime Gesellschaften, welche auf den Untergang des Herrschers hinarbeiteten. Das im Jahre 805 zu Diedenhofen erlassene Capitular verordnet [2]): „Sind Verschwörungen entdeckt worden und haben dieselben zu Thätlichkeiten geführt, so sollen die Hauptschuldigen mit dem Tode bestraft, die bloßen Theilnehmer aber genöthigt werden, sich gegenseitig zu geißeln und einer dem andern die Nasen abzuschneiden". Fürchterliche Strafen hielten den Grimm des Volkes nieder. Allein in Gestalt der berühmten Fragen [3]), welche Carl auf dem Reichstag von 811, also ein Jahr nach Abschluß des

---

[1]) Pertz leg. I., 91, Nr. 2.
[2]) Ibid. S 133, Nr. 10.
[3]) Ibid. S. 163 ff.

griechischen Friedens den höchsten Beamten des Reichs, geistlichen wie weltlichen, vorlegte, hat er selbst eingestanden,
daß in Folge der unausgesetzten Kriege der ehemals freie
fränkische Bauernstand so gut als vernichtet sei; denn um
den verhaßten Aushebungen zu entgehen, hatten die kleineren und mittleren Freien sich und ihr Hab und Gut den
Bischöfen, Aebten und Grafen zu eigen gegeben.

Selbst die fränkischen Chroniken enthalten, so vorsichtig sie abgefaßt sind, deutliche Spuren, daß Carl hauptsächlich aus dem eben angegebenen Grunde mit Nicephorus im Guten sich verständigte. Mehrfach weicht Eginhard, wie oben gezeigt worden, und manchmal auf ziemlich
plumpe Weise, von der historischen Wahrheit ab; dieß geschieht stets dann, wo er, wenn er als Geschichtsschreiber
sprechen wollte, hätte zugeben müssen, daß der venetische
Krieg nicht etwa durch griechische Bosheit, auch nicht durch
treulose Rathschläge des Dogen Obelerius-Willhari, sondern
durch die Ehrsucht Carls entzündet worden sei. Der frän-
tische Hof fürchtete also die Veröffentlichung der nackten
Wahrheit und gestand folglich verdeckt ein, daß die Nation
Unwillen über die gegen Venetien angezettelten Ränke fühlte.
Noch mehr, Chronist Johann und Dandolo sagen[1] aus:
die Dogen Obelerius und Beatus hätten nach ihrer gewaltsamen Vertreibung aus Venetien, der eine in Constantinopel, der Andere in Zara Zufluchtstätten gesucht. Aber
dem war nicht so, freilich gelangte Obelerius zuletzt nach
Constantinopel, jedoch nur als Gefangener und auf langem
Umwege.

---

[1] Pertz VII., 15, und Muratori XII., 159.

Eginhard, der Zeitgenosse, vielleicht Augenzeuge, be=
richtet [1]): „im Jahre 811 (da eben die letzte Hand an das
Aachener Friedenswerk gelegt ward) schickte Carl den
Bischof Haido von Basel, den Grafen Hugo von Tours
und den Langobarden Aio von Friaul (denselben, der oben
nach fränkischen Urkunden von Dandolo erwähnt wurde),
als seine Bevollmächtigten nach Constantinopel; mit diesen
Gesandten mußte der ehemalige griechische Schwertträger
Leo, von Geburt ein Sicilier, der zehn Jahre früher
zu Kaiser Carl übergetreten war, und Obelerius=Wilhari,
Doge von Venedig, der neulich durch seine Treulosigkeit
sich die Absetzung zugezogen hatte, als Staatsgefangene
nach dem Osten wandern". Also Leo, ein offenbarer Hoch=
verräther, und der nach Francien entflohene Doge Obelerius
sind in Folge der Friedensverhandlungen vom fränkischen
an den griechischen Hof ausgeliefert worden. Warum that
Carl Solches? Offenbar um die Unzufriedenheit des frän=
kischen Volks über den venetischen Krieg zu beschwichtigen.
Obelerius wurde zum Sündenbock für die Schuld anderer
Leute ausersehen. Der griechische Basileus Nicephorus,
der sich begnügte, den Franken Carl zu einem Akte der
Demüthigung genöthigt zu haben, nahm keine sonderliche
Rache an dem gestürzten Dogen, dessen Hauptverbrechen
am Ende darin bestand, daß er zu sicher auf das Wort
und die Macht des Franken gebaut hatte. Die Rolle des
Obelerius war, wie wir unten sehen werden, noch nicht
ausgespielt.

Der Friedensvertrag von Aachen bezeichnet einen
Wendepunkt der Weltgeschichte. Die Inseln Venetiens

---

[1]) Pertz I., 198.

haben damals den Andrang fränkischer Welteroberung gebrochen. Bis hierher und nicht weiter! — keiner der Nachfolger Carls vermochte diese Linie zu überschreiten.

Man kann das Schicksal vorausbestimmen, das Venetien betroffen hätte, wenn es durch Mitwirkung der
Dogen Obelerius und Beatus dauernd in die Gewalt
der Franken gerathen wäre. Eine Chronik von Grado,
wie es scheint, gleich alt mit der oft angeführten venetianischen von Johann verfaßten, erzählt [1]) Folgendes: „ein
gewisser Tribun aus Venetien, Namens Aurius, besetzte
mit vielen Stammsippen und mit seinem Gesind etliche
kleine Inseln, errichtete Dörfer, erbaute dann eine schöne
Basilika, und als die fertig war, gründete er ein eigenes
Bisthum an derselben. Nachdem die Sache so weit gekommen, erlangte Aurius sowohl von Seiten der Einwohner Malamocco's und Rialto's die Einwilligung, als auch
von den Dogen Obelerius und Beatus, welche damals das
Herzogthum Venetien verwalteten, besondere Urkunden des
Inhalts, daß hinfort besagtes Bisthum sammt den besetzten
kleinen Inseln und den daselbst errichteten Ortschaften
förmliches Eigenthum des Tribuns sein sollte. Hierauf
erkannten Aurius und die andern auf seinem Grunde Angesiedelten die Oberherrschaft der beiden Dogen Obelerius
und Beatus an und gelobten ihnen Unterwürfigkeit."

Die Chronik von Grado bringt unverkennbar sehr
viel verkehrtes Zeug zu Markte, aber was sie hier berichtet, ist aus dem Leben gegriffen, und aus Urkunden entnommen. Sie beschreibt die in fränkischer Weise vorgenommene Belehnung eines kleineren Vasallen, wie solche in

---

[1]) Perz VII., 30.

den Zeiten der beiden von Carl abhängigen Dogen Obelerius und Beatus sicherlich mehrfach vorkommen, und
wenn die fränkische Herrschaft zwei, drei Menschenalter
fortgedauert hätte, allgemein geworden sein würden. So
ging es damals auf tausend Punkten im weiten Frankenreiche zu, ja man kann sagen, Carl der Große mußte, um
die beiden Dogen im Gehorsam zu erhalten, ihnen möglich
viele Barone zur Seite setzen, welche nur zum Schein die
herzogliche Gewalt anerkannten, in der That dieselbe allmälig beschnitten, zerrieben und zuletzt einen Kriegsstand
Aller gegen Alle hervorriefen.

Und wenn die Dinge fortschreitend in dieser Richtung sich entwickelten, was wäre die Folge gewesen? Die,
daß statt des großen Handelsstaats, der unter byzantinischem Schutz aufblühte, die Inseln sich in so viele Baronien auflösten, als es Ortschaften oder Bezirke gab; weiter die, daß die kleinen Herren besagter Baronien ihre
armseligen Hintersassen zwangen, auf demselben Boden,
wo seitdem Werften an Werften, Waarenschöpfe an Waaren-
schöpfen entstanden, Gras, Welschkorn, oder Weizen auszusäen; ferner die, daß besagte Barone mit solchen Erzeugnissen des Schweißes ihrer hörigen Bauern Ochsen ge-
mästet und nach Lombardien — etwa an die Metzger von
Mailand — verkauft hätten. Fränkische Vasallenwirthschaft
und Welthandel gehen nun und nimmermehr zusammen,
und nur mit kleinem Ackerbau und Viehzüchterei verträgt
sich erstere. In der That erzählt [1]) auch die Gradenser
Chronik weiter: „Tribun Aurius und seine Stammessippen
siedelten viele Bauern auf den Uferstrecken an, aber stets

[1]) Pertz VII., S. 41.

mit dem Bering, daß besagte Bauern nichts ohne Einwilligung des von Anrius eingesetzten Bischofs — der, wie
man sieht, zugleich sein Rentmeister war — anpflanzen
dürften, und daß ebenderselbe Bischof das Vorkaufsrecht
haben müsse." Getroffen, so ist es, leibhaftig steht er da,
der kleine Inselbaron.

Kurz! statt venetischen Weltverkehrs wäre nichts auf
den Inseln gekeimt, als ein jämmerlicher Handel mit selbst-
erzeugten Schinken, Ochsen, Sämereien und überdieß mit
Menschenfleisch, denn in letzterem Artikel machten kleine
und große Vasallen diesseits und jenseits des Canales von
England mit Vorliebe Geschäfte.

Gewiß ist es ein Glück für die Veneter gewesen,
daß der Franke Carl den Aachener Frieden schließen mußte.
Beim ersten Anblicke sollte man meinen, daß eigentlich der
Basileus des Ostens den größten Vortheil aus dem Vertrage gezogen habe, aber dem war nicht so, sondern im
Grunde fielen alle Früchte desselben in den Schooß der
Veneter. Wie ich oben zeigte, streut Eginhard in die
Lebensgeschichte Carls aus Gelegenheit des Aachener Friedens die Bemerkung ein: damals sei bei den Byzantinern
das Sprüchwort [1] aufgekommen: „wir wollen den Franken zum Freunde, aber nicht zum Nachbar haben." Große
politische Weisheit ist in diesem Satze niedergelegt.

Hätten die Byzantiner den Triumph, den sie mittelst
ihrer Seemacht über den Franken erstritten, in gewohnter
Weise ausgebeutet, das heißt, hätten sie Venetien in förmliches Unterthanenland verwandelt, so wäre die Folge

---

[1] Pertz II., 452 oben, τὸν Φράγκον φίλον ἔχης, γείτονα
μὴ ἔχης.

daven gewesen: erstens, daß sie Nachbarn der Franken wur
den, zweitens, daß die Veneter selbst in Kurzem die griechische
Herrschaft als eine Last empfinden mußten, drittens daß
hiedurch die Franken Gelegenheit erhielten, Parteiung auf
den Inseln anzuzetteln, und Venetien den Griechen abspenstig
zu machen. Diese Klippen vermieden Basileus Nicephorus
und dessen Nachfolger dadurch, daß sie sich statt unmittelbarer Herrschaft mit einem Schutzverhältniß begnügten,
daß sie Venetien als ein verbündetes Land behandelten,
und demselben wahre Wohlthaten erwiesen, was ihnen die
dankbare Anhänglichkeit der Inselbewohner verschaffte. Zum
ersten Male vielleicht hat griechische Politik sich aus wohl
verstandenem Eigennutz uneigennützig gegen das Volk des
Seelandes erwiesen.

Thatsachen mögen zeugen. Dandolo berichtet [1]): „der
neue Doge Angelo Participazzo schlug seinen Wohnsitz auf
der Insel Rivoalto auf, und begann daselbst den herzoglichen Palast zu bauen, der heute noch besteht. Der Clerus
nennt die neue Stadt dem Bisthum zu Ehren Olivolo
oder Castellana, das Volk aber gewöhnte sich, dieselbe mit
dem Worte Venedig zu bezeichnen, also, daß der Name
des Landes Venetien auf die neue Hauptstadt überging.“
Wie ich früher nachwies, reichen die ersten Anfänge von
Rialto um ein Menschenalter weiter zurück, aber erst seit
der Doge dort zu thronen begann, stieg Stadt-Venedig
aus den blauen Lagunen zu Macht und Herrlichkeit empor.

Das war die dritte Verlegung des herzoglichen
Sitzes, und zwar eine dauernde: der Inselstaat hatte seinen
Schwerpunkt nach langem Herumtasten aufgefunden. Nun

---

[1]) Muratori XII., 161.

wissen wir, daß die älteren Verlegungen stets ein politisches System einhüllten. Heracliana vertrat den Grundsatz
griechischer Oberherrlichkeit, Malamocco wirkte für Anschluß
an Francien. Was war aber der Wahlspruch Rialto's?
der: wir wollen nicht Byzantiner, nicht Franken, sondern
wir wollen etwas Besseres, wir wollen Venetianer und
unsere eigenen Herren sein, aber wir wollen es sein unter
byzantinischem Schutze, wenigstens so lange, bis unsere
eigenen Flügel genug gewachsen sind. Dieser Wahlspruch
ist in der Folgezeit buchstäblich verwirklicht worden.

Der Basileus verlangte — und nicht mit Unrecht —
als Ersatz für das, was er bereits zum Wohle Venetiens
geleistet hatte und noch ferner zu leisten gedachte, gewisse
Bürgschaften der Treue. Die in dieser Hinsicht getroffenen
Verabredungen sind vielleicht nie schriftlich abgefaßt worden,
jedenfalls nicht auf uns gekommen. Aber aus dem, was
seitdem geschah, kann man mit vollkommener Sicherheit
den Schluß ziehen, daß die Gewalthaber in Venetien dem
Basileus folgende Punkte eingeräumt haben: Erstlich, der
jeweilige Doge schickt nahe Anverwandte als Geißeln seiner
Treue nach Constantinopel, doch soll hiebei die Form geschont, d. h. ein Vorwand, der mit Venetiens Ehre sich
verträgt, gewählt werden. Zweitens, nur mit Einwilligung
des Basileus kann ein neuer Doge den herzoglichen Thron
besteigen. Drittens, der Basileus verspricht der Erblichkeit
des Dukats kein Hinderniß in den Weg zu legen, sofern
der Vater Anhänglichkeit an die Griechen bewährt hat und
Grund vorhanden ist, von dem Sohne gleiche Gesinnung
zu erwarten. Viertens, die öffentlichen Urkunden Venetiens
werden im Namen des Basileus und mit Anführung seiner
Jahre ausgestellt. Fünftens, allgemeine, für das ganze

oströmische Reich erlassene Verordnungen, besonders solche,
welche sich auf den Handel beziehen, sind auch für Venetien gültig; doch steht dem jeweiligen Dogen die Befugniß
zu, bei der Veröffentlichung beizufügen, daß er das verkün-
digte Gesetz aus eigenem Antriebe billige. Sechstens,
führt der Basileus zum allgemeinen Besten des Reichs
einen Seekrieg in den italianischen Gewässern, so sind die
Veneter verbunden, eine Hilfsflotte zu stellen. Thatsachen,
die ich im nächsten Capitel beizubringen mir vorbehalte,
werden den Beweis liefern, daß allerdings ein Vertrag
des angegebenen Inhalts zwischen Venetien und Byzanz
bestand.

Aber nicht nur das griechische Kaiserthum, sondern
auch der venetische Adel, oder die Gemeinde der Vollfreien,
begehrte gewisse Bürgschaften von Seite der Dogen. In
der Verderbniß menschlicher Natur liegt es, daß Männer,
die zur höchsten Gewalt aufgestiegen sind, einen Genuß
darin finden, diejenigen, die ihnen einst gleich gestellt waren,
mit Härte zu beherrschen oder zu erniedrigen. Die Gefahr,
Venetiens Herzoge möchten auf solche Abwege gerathen,
drohte um so dringender, da die Carolinger Italiens und
deren Nachfolger wiederholt, wie der Erfolg zeigen wird,
schrankenlose Tyrannei gegen das Volk des Seelandes den
Dogen der Inseln um den Preis der Anerkennung fränkischer Oberlehensherrlichkeit anboten, oder in Aussicht stellten.

Hiegegen forderte Venetiens Kaufherrenstand Sicherheit mittelst schützender Formen und erhielt auch das Verlangte. Dandolo berichtet [1] weiter: „Angelo Participazzo,
der selbst aus Heracliana gebürtig war, begann diese (mehr-

---

[1] Muratori XII., 163.

fach) zerstörte Stadt wieder aufzubauen. Doch blieb dieselbe
klein und hieß nunmehr civitá nuova". Das sieht so aus,
als hätte er, wäre es nach seinem Kopfe gegangen, gerne
den Regierungssitz nach Heracliana verlegt. Aber das
wollte offenbar die seit dem Sturze des Obelerius im
Seelande herrschende Partei nicht. Der Doge sollte in
neue, dem aufkeimenden Systeme günstige Umgebungen versetzt werden. Das war eine der Bürgschaften — und
zwar eine gewichtige, welche der Adel erzwang. Noch andere
wurden beigefügt, die zwar nicht stärker, aber doch augen-
fälliger wirkten.

Dandolo fährt [1]) fort: „Nachdem die Veneter Angelo
Participazzo zum Dogen gewählt hatten, stellten sie ihm
zwei jährlich wechselnde Tribune, den einen für bürgerliche
Rechtssachen, den andern für peinliche Klagen an die Seite".
Wie merkwürdig! Schon im 9. Jahrhundert wußten die
venetischen Kaufherren, was der große französische Schriftsteller Montesquieu im Geiste der Gesetze predigt und was
freilich auch den Staatsmännern des römischen und griechischen Alterthums wohl bekannt war, nämlich daß Trennung der richterlichen und vollziehenden Gewalt einen der
stärksten Dämme gegen Sultansgelüste bildet.

Obgleich die byzantinischen Kaiser die Verwirklichung
solcher Gedanken in ihren unmittelbaren Landen nie und
nimmermehr geduldet haben würden, lag es ihnen ferne,
obigen Forderungen der Veneter entgegenzutreten, denn aus
den früher entwickelten Gründen ging ihr Vortheil mit
dem der Einwohner des Seelandes Hand in Hand; was
irgend dazu diente, zu verhindern, daß die Macht der Dogen

[1]) Muratori XII., S. 161.

Venetiens allzu hoch steige, mußte ihnen erwünscht sein. Deßhalb hat griechische Politik nicht wenig dazu mitgewirkt, daß in Venetien eine höchst eigenthümliche und bewunderungs= würdige Verfassung, die kunstvollste des Mittelalters, zur Reife gedieh.

Wahrlich Venetien ist durch die Vorsehung mehr be= günstigt worden, als vielleicht irgend ein anderer Staat: die anscheinend Verderben drohende Ehrsucht Carls des Großen, der Verfall des fränkischen Reichs unter seinen Nachfolgern, die Gewaltherrschaft der Ottonen über Italien, das Anstürmen des Islam, die Kreuzzüge, die Vermoderung des griechischen Ostens, insbesondere aber der hohe Auf= schwung des Stuhles Petri: alles brachte den Venetern Gewinn. Erst als die Verfolgung des 16. Jahrhunderts über Roms Kirche, die Mutter Aller, erging, sank Venetiens Stern nieder. Und doch hat der venetische Staat eine der Kirche feindliche Rechtslehre — die byzantinische — in das Abendland eingebürgert. Aber Venetiens Verdienste um den apostolischen Stuhl überwogen die Schwere dieser Schuld. Nicht umsonst spricht Greger VII., dessen Scharf= blick das Wesen der Dinge durchdrang, im feierlichen Tone eines Propheten, wie am gehörigen Orte gezeigt werden soll, von Venetiens hohem Berufe.

Dreizehntes Kapitel.

Angelo Participazzo und seine Söhne. Errichtung des Klosters zum heiligen Zacharias. Patriarch Fortunatus von Grado.

Tiefe Spuren hatte der Angriff Pipins vom Jahre 810 zurückgelassen. Die Einwohner der von den Franken eroberten Inseln Chiozza, Palestrina, Malamocco waren großen Theils entflohen; nach einiger Zeit kehrten sie zurück und bauten die zerstörten Orte wieder auf [1]. Dieß geschah ungefähr zu gleicher Zeit, da Doge Angelo Participazzo die von den Venetianern selbst vernichtete Stadt Heracliana herzustellen versuchte. Weiter berichtet [2] Dandolo: „Der Doge hatte zwei Söhne, von denen der eine Justinian, der andere Johannes hieß. Angelo Participazzo sendete jenen nach Constantinopel, wo Justinian sehr gut gehalten, auch vom griechischen Kaiser zum Hypatus, d. i. zum kaiserlichen Consul, befördert ward. Den andern Sohn, Johannes, nahm der Vater (später) zum Mitregenten an. Als aber Justinian hievon Kunde erhielt, gerieth er in Zorn, kehrte nach Venetien zurück, betrat jedoch den Palast seines Vaters nicht, sondern nahm mit seiner Gemahlin Felicitas im Kloster zum heiligen Severus Herberge. Dieses Zerwürfniß im Schooße seiner eigenen Familie beugte den alten Dogen Angelo Participazzo dergestalt, daß er den (jüngeren) Sohn Johann der herzoglichen Würde entsetzte und nach Zara in Dalmatien verbannte

---

[1] Muratori XII., 163.
[2] Ibid. 164 und Pertz VII., 15.

dagegen nicht nur Justinian selbst, sondern auch dessen Sohn
Angelo II. zu Mitdogen annahm. Nur kurze Zeit blieb
der verbannte Johann zu Zara, denn er fand Gelegenheit
in das Land der benachbarten Slaven zu entfliehen. Von
da ging er weiter nach Italien hinüber zu dem fränkischen
Kaiser Ludwig (dem Frommen), der damals in Bergamo
weilte, und den Flüchtling mit offenen Armen empfing.
Allein als der alte Doge Solches erfuhr, forderte er die
Auslieferung des Sohnes, die ihm auch von Ludwig be=
willigt ward. Hierauf schickte Angelo den wieder gefan=
genen Flüchtling nach Constantinopel".

Ich muß eine früher gemachte Bemerkung wieder=
holen. Wer sieht nicht, daß sowohl Chronist Johann als
Dandolo in Erzählung der eben mitgetheilten allerdings
kitzlichen Dinge den Ton von Hofzeitungsschreibern anschla=
gen, das heißt nur das äußere Gerüste der Begebenheiten,
das gar nicht verborgen werden konnte, schildern, den in=
nern Zusammenhang dagegen verhüllen. Glücklicher Weise
ist es leicht, letzteren aufzudecken. Wir werden später finden,
daß seit 810 fast stets ein Mitglied des herzoglichen Hau=
ses am Hofe zu Constantinopel sich aufhält. Das muß
einen Grund haben: ich sage nun, nicht freiwillig, sondern
durch einen Vertrag gezwungen — und zwar durch den=
selben Vertrag, auf den ich oben hingedeutet habe, verweil=
ten diese vornehmen Gäste in der Hauptstadt des Ostens,
nämlich als Geißeln der Treue des regierenden Dogen.

In solcher Eigenschaft ist auch Justinian, wie es
scheint, der ältere Sohn Angelo's, nach Constantinopel ge=
schickt worden. Wann er die Reise antrat, melden die
Quellen nicht, aber mit gutem Grund darf man voraus=
setzen, daß es kurz nach der Erhebung des Vaters geschah,

da der griechische Hof nicht die Absicht haben konnte, den
Herzog von Venedig zu beschimpfen, sondern nur ihn in
der Treue zu erhalten, wurde die Gefangenschaft der über-
lieferten Geißeln durch den Schein von Ehren überdeckt,
deßhalb schmückte man dort Justinian mit dem Titel eines
kaiserlichen Consuls. Nebenbei hat allem Anscheine nach
der Basileus von Constantinopel die erzwungene Anwesenheit der hohen Fremdlinge aus Venetien dazu benützt, um
sie an griechische Hofluft zu gewöhnen oder ihnen byzantinischen Beamtengeist einzuträufeln.

Allein trotz des Unterpfandes der Folgsamkeit, das
der alte Doge Angelo Participazzo in Gestalt seines
Sohnes gegeben, wandelte ihn Lust an, sein eigener Herr
in Venetien zu werden, er erhob nicht den für die einstige
Nachfolge bestimmten älteren Sohn, sondern den jüngeren,
Johanni, und zwar ohne erst den Basileus zu befragen,
zu sich auf den herzoglichen Stuhl. Das muß dem geheimen Staatsvertrag von 809 entgegen gewesen sein. Auch
abgesehen hievon, duldete das Verhältniß der Abhängigkeit,
in welchem Angelo Participazzo handgreiflich zum byzantinischen Hofe stand, nimmermehr, daß ein Mitglied des herzoglichen Hauses ohne Erlaubniß des Basileus Theil an
der Regierung nehme. Die Strafe folgte daher der That
auf dem Fuße. Justinian ward aus Constantinopel nach
Venetien hinübergeschickt, und nicht als Sohn gebahrte er
sich, sondern wie ein Rächer, der bestimmt ist, die Ungnade des obersten Gebieters zu verkünden, weßhalb er
auch das Haus seines Vaters nicht betrat: Angelo zitterte
vor dem Sohne und bewilligte Alles, was Justinian verlangte. Warum so? offenbar, weil Justinian die ganze
Macht des morgenländischen Reichs zum Rückhalte hatte.

Der jüngere Bruder Johann mußte für den Ungehorsam des Vaters büßen, und wie ein Verbrecher nach
der seit 810 griechischer Hoheit unterworfenen Hafenstadt
Zara wandern, andererseits ward Angelo genöthigt, den
älteren Sohn sammt dem Enkel als Mitregenten anzuerkennen. Venetien hatte also wieder, wie kurz vor dem
Jahre 809, statt eines, drei Dogen. Das deutet meines
Erachtens darauf hin, daß die Griechen auch Justinian
mißtrauten, und falls er, auf den Dogenstuhl erhoben, nach
Unabhängigkeit streben sollte, den Enkel Angelo II., der
fast nothwendig ein Unmündiger gewesen sein muß, bereit
hielten, um unter dem Schild seines Namens ihren Vortheil wahrzunehmen.

Bezüglich der Gefangenschaft des abgesetzten Mitdogen weichen Chronist Johann und Dandolo in zwei nicht
unwesentlichen Punkten von einander ab. Jener sagt, der
Verwiesene sei von Zara zunächst nach dem Lande der
Südslaven, und erst von da weiter nach Bergamo in Lombardien entflohen, während Dandolo ihn unmittelbar aus
Zara nach Italien entweichen läßt. Meines Erachtens ist
in hohem Grade wahrscheinlich, daß der Verbannte vorher
mit dem fränkischen Hofe unterhandelt hat, ehe er sich
demselben in die Arme warf. Das konnte er aber als
Gefangener in Zara nicht wohl bewerkstelligen, ungehindert
dagegen von Croatien aus, das dem Namen nach fränkische Herrschaft anerkannte [1]). Ich gebe deßhalb der Aussage des älteren Chronisten den Vorzug.

Ferner behauptet Dandolo, daß der Flüchtling in
Bergamo den fränkischen Kaiser Ludwig den Frommen

---

[1]) Siehe oben S. 119.

traf. Ist dieß wahr, dann folgt, daß die Flucht des verbannten Dogen nach Italien in das Jahr 817 fällt, denn während des Zeitraums von 813—820, in welchen aus andern Gründen die Flucht verlegt werden muß, hat Ludwig, laut dem Zeugnisse fränkischer Chronisten, nur 817 Italien besucht [1]. Indessen sagt Chronist Johann blos, daß der Flüchtling in Bergamo Unterkunft fand, nicht aber, daß er dort mit dem Kaiser Ludwig zusammen kam, und weiter, daß die Dogen Angelo und Justinianus eine Gesandtschaft nach Francien schickten, um die Auslieferung Johanns zu begehren, ohne daß der Ort, wohin sich die Gesandten wandten, bestimmt würde. Abermal schenke ich ihm mehr Glauben, als dem um 300 Jahre jüngeren Dandolo, zumal da dieser sich auf keine Urkunde beruft, sondern offenbar das, was er erzählt, aus einer eigenthümlichen Deutung des von dem Andern erstatteten Berichts folgerte.

Meines Erachtens hatte Kaiser Ludwig Anfangs die Absicht, das im Schooße des venetischen Dogenhauses ausgebrochene Zerwürfniß im Sinne seines Vaters Carl auszubeuten, denn sonst würde er dem Flüchtling keinen Aufenthalt in Bergamo gewährt haben. Wirklich erreichen ließ sich aber nur dann etwas, wenn der alte Doge Angelo, bauend auf fränkische Hilfe für den verbannten Sohn Johann, gegen den aufgedrungenen Justinian Partei ergriff. Da Solches aber nicht geschah, sondern da im Gegentheil Angelo im Verein mit Justinian Auslieferung des Flüchtlings begehrte, zog Kaiser Ludwig die Hand von der Sache zurück und überließ den gestürzten Dogen seinem Schicksal.

---

[1] Pertz I., 204.

Johann wurde dem Vater übergeben, und von diesem nach Constantinopel gesendet, wo er hinfort die Rolle seines Bruders übernehmen, d. h. als Geißel bleiben mußte.

Gegen die eben entwickelte Ansicht vom Zusammenhang venetischer Vorgänge kann man einwenden, daß sie auf bloßer, wenn auch an sich wahrscheinlicher Vermuthung beruhe. Allein wenn sich darthun ließe, daß seit der Rückkehr Justinians aus Constantinopel der alte Doge nur zum Scheine noch den herzoglichen Titel führte, und daß seitdem wahrer Doge Justinian war, sowie daß ebenderselbe sich förmlich und vor aller Welt als Vasall der ost-römischen Kaiserkrone bekannte, so müssen jene Zweifel verstummen, und was als bloße Vermuthung verdächtigt werden mochte, steigt zum Rang einer Thatsache auf. Wohlan! der fragliche Beweis kann geführt werden.

Zwischen 813 und 820 hat Justinian, Angelo's Sohn, eine Urkunde [1] — die älteste vorhandene venetische — ausgestellt, die ihrem wesentlichen Inhalte nach so lautet: „kund und zu wissen allen Getreuen Jesu Christi und des heiligen römischen (d. h. ost-römischen) Reichs, sowohl denen, die jetzt leben, als auch den kommenden Geschlechtern, den künftigen Herzogen, Patriarchen, Bischöfen und anderen Vornehmen, was Gestalt, ich, Justinianus, kaiserlicher Hypatus und Herzog von Venetien, in Folge einer Offenbarung des Allmächtigen Gottes und auf Befehl des durchlauchtigsten Herrn Kaisers Leo, der da die ganze Welt zusammenhält [2]), nach vielen andern Wohlthaten, die ich von ihm empfing, gewürdigt ward, ein Frauenkloster, ge-

---

[1] Fontes rerum austriac. XII., a. S. 2 ff.

[2] Conservator totius mundi.

nannt zum heil. Propheten Zacharias, allhier in Venetien
zu erbauen, gemäß dem mir von der kaiserlichen Kammer
zugesendeten Plane, und mit den Mitteln an Silber und
Gold, die der durchlauchtigste Kaiser zu solchem Zwecke
hergab. Auch hat Er besagtes Kloster mit den Reliquien
des heil. Propheten Zacharias, mit Gewändern Christi und
der heil. Jungfrau Maria und andere Kleinodien ausgestattet. Desgleichen schickte er Baumeister, damit das Werk
so schnell als möglich gefördert werde. Die ganze Schenkung ist verzeichnet in einer mit goldenen Buchstaben ge-
schriebenen Bulle, welche zu ewigem Angedenken allhier verwahrt werden soll. Das Gleiche verordnen Wir bezüglich
gegenwärtiger Urkunde, damit jetzt und in Zukunft Niemand
zu sagen vermöge, das Zachariaskloster sei von Jemand
anders, als von dem heiligsten Kaiser Leo, unserm Herrn,
gestiftet worden."

Kaiser Leo, der Armenier, nahm den byzantinischen
Thron ein vom 11. Juli 813 bis zum 24. December 820, an
welchem Tage er ermordet wurde. In diese Zeit fällt
daher die Urkunde Justinians, sowie dessen Rückkehr, Erhebung und die Vertreibung des jungen Dogen Johann.
Ohne Zweifel geschah es zur Strafe für den vom Vater
verschuldeten Ungehorsam, daß Angelo's Name in der Urkunde neben dem des Sohnes gar nicht erwähnt wird.
Weil Angelo, verführt durch sündliche Gelüste der Unabhängigkeit, es gewagt hatte, den jüngeren Sohn Johannes
ohne Erlaubniß des Basileus zum Mitdogen einzusetzen,
fand der byzantinische Hof für gut, das herzogliche Haus
durch einen unzweidentigen Akt daran zu erinnern, daß es
nur durch kaiserliche Gnade athme und bestehe. Als Anlaß und Verwand mußte eine Klosterstiftung dienen. Der

angedeutete Hintergedanke tritt namentlich im letzten Satze des Textes schreiend hervor. Sodann lernt man aus der Urkunde Justinians den vollen Umfang des Mißbrauches kennen, der in Byzanz mit der christlichen Religion getrieben wurde. Der Titel „allerheiligster Kaiser", den, wie wir wissen, auch der Sachse Otto seit 962 annahm, genügte byzantinischer Herrschsucht und Knechterei noch nicht, nein, wenn der durchlauchtigste Basileus irgend eine Maßregel — wäre es auch die zweideutigste — ergriff, um seine „göttliche" Herrschaft zu befestigen, so forderte der Hofstyl, daß man sagte „der Allmächtige selber habe solches dem Basileus eingegeben."

Dandolo kennt [1]) die Urkunde Justinians, aber er hütet sich, ihren ganzen Inhalt mitzutheilen, vermuthlich weil es sein Ehrgefühl verletzte, einzugestehen, wie abhängig damals der Doge Venetiens vom byzantinischen Hofe war. Dagegen verdankt man ihm einen kurzen Auszug aus einer andern Urkunde, die nicht mehr vorhanden ist. „Da die Saracenen," schreibt [2]) er, „um jene Zeit (d. h. zwischen 813 und 820) die heiligen Orte in Palästina beraubt und entweiht hatten, ließ Kaiser Leo (der Armenier) ein Verbot ausgehen, daß kein Christ sich unterstehen solle, Handel nach Syrien und Aegypten zu treiben. Auch die katholischen Herzoge von Venetien — Angelo und sein Sohn Justinian — erkannten diese Verordnungen an, und verkündigten sie ihren Unterthanen." Hier ein Beleg für die oben ausgesprochene Behauptung, daß Gesetze, welche die Kaiser des Ostens für das ganze Reich, besonders in Handels-

---

[1]) Muratori XII.. 165.
[2]) Ibid. S. 167.

sachen, gaben, auch für Venetien Giltigkeit hatten. Das kann nur durch jenen geheimen Staatsvertrag von 809, kraft dessen Angelo Participazzo den herzoglichen Stuhl bestieg, festgesetzt worden sein."

„Nachdem der griechische Kaiser Leo," fährt Dandolo fort, „durch Mörderhände gefallen war und Michael (der Stammler) 821 die Krone erlangt hatte, sandten die beiden Dogen (Angelo und Justinian) ihren jüngern Mitregenten nach Constantinopel. Glücklich gelangte Angelo II. nach der Hauptstadt des Ostens, starb aber daselbst bald nach seiner Ankunft." Warum haben die beiden Dogen ihren nächsten Anverwandten nach Constantinopel gesandt? offenbar um dem neuen Herrn der griechischen Welt zu huldigen. Abermal sieht man: solche Thatsachen, welche in einer Weise, die das Ehrgefühl nicht grob verletzt, Venetiens Abhängigkeit von Byzanz bekunden, theilt Dandolo mit, und nur plumpe verschweigt er.

Während aber der Basileus, den lange nachwirkenden Eindruck des Sieges von 810 benützend, die Bande, welche Venetien an das ost-römische Reich knüpften, straffer anzuziehen strebte, kam der fränkische Kaiser Ludwig auf die Plane seines Vaters, Carl, zurück und versuchte Verschiedenes, um das Seeland dem byzantinischen Machtgebiet zu entziehen und zum Anschluß an Francien zu verleiten: der Aufenthalt, welchen er dem flüchtigen Dogen Johann, Angelo's Sohn, zu Bergamo gewährte, war nicht das einzige, offen hervortretende Zeichen solcher Gesinnung. Wie schon sein Vater gethan, brauchte auch er den im Jahre 810 wiederhergestellten Patriarchen Fortunat von Grado als Werkzeug. Chronist Johann berichtet [1]: „da Fortunat nicht ――

---

[1] Pertz VII., 16.

wie die Kirchengesetze vorschrieben — ruhig in seinem Bisthum blieb, sondern wider den Willen der Veneter häufige
Reisen nach Francien machte, zog ihm dieß die Ungnade
der beiden Dogen zu." Der Chronist läßt nur unmittelbar den Sturz des Patriarchen folgen, allein zwischen der
letzten Austreibung Fortunats und dem keimenden Zorn
der Veneter liegen etliche andere Begebenheiten, die wir
aus fränkischen Quellen kennen lernen.

Eginhard erzählt [1]) zum Jahre 821: „Patriarch
Fortunat von Grado ward durch Tiberius, einen seiner
Presbyter, bei Kaiser Ludwig dem Frommen angeklagt,
daß er den fränkischen Herzog von Pannonia, Liudewit, der
sich eben damals gegen das Reich empörte, zum Aufruhr
angereizt, auch demselben Baumeister und Maurer zur Befestigung von Schlössern und Schanzen geliefert habe.
Deßhalb erhielt der Patriarch plötzlich Befehl, am fränkischen Hofe zu erscheinen, und sich zu verantworten. Anfangs nahm Fortunat die Miene an, als sei er bereit, der
Ladung Folge zu leisten, und ging nach Istrien hinüber
(als wollte er von dort nach Francien reisen), allein unvermuthet kehrte er nach Grado zurück, ohne daß außer
wenigen seiner Vertrautesten irgend Jemand hiervon etwas
ahnete, und schiffte von da nach Zara in Dalmatien, wo
er dem griechischen Statthalter Johann Bericht über den
Stand seiner Angelegenheiten erstattete und nun von demselben nach Constantinopel abgeschickt ward." Weiter meldet [2]) Eginhard zum Jahre 824: „im November langten
griechische Gesandte zu Rouen am Hoflager Ludwigs des

---

[1]) Pertz I., 208.
[2]) Ibid. I., 212.

Frommen an, um Geschenke ihres Gebieters, des Basileus Michael (des Stammlers), zu überbringen und wegen Erneuerung der alten Friedensverträge zu unterhandeln. Mit diesen Gesandten erschien auch Patriarch Fortunat, allein da die Griechen nichts zu seinen Gunsten vorbrachten, schickte ihn Ludwig nach Rom an den Papst, damit er dort wegen seiner Flucht Rechenschaft ablege."

Man ersieht hieraus, wie unnatürlich die Stellung Fortunats durch doppelten Herrendienst geworden war. Weil er Metropolitanhoheit über die Stühle des fränkischen Istriens übte, sprach Kaiser Ludwig das Recht an, ihn nach Gutdünken vor sein Hofgericht zu laden, und bezahlte besondere Spione, welche die Amtsführung Fortunats überwachten. Andererseits zog er sich wegen der Gefälligkeiten für die fränkischen Machthaber und wegen der häufigen Reisen nach Francien — Zugeständnisse, die der Patriarch doch nothgedrungen machen mußte — den Argwohn der venetischen Dogen zu. Letztere begehrten, daß Fortunat, um das, was sie Untreue hießen, auszugleichen, zu Gunsten byzantinischer Plane, den Statthalter Pannoniens zur Empörung reize, also die Franken verrathe. Der Patriarch im äußersten Gedränge willigte ein, aber wie es scheint, nur unter der Bedingung, daß der griechische Hof, im Falle die Sache herauskäme, bei Kaiser Ludwig sich für ihn verwende.

Als nun das Geheimniß wirklich durch den ungetreuen Presbyter Tiberius, der im fränkischen Sold den Patriarchen beobachtete, verrathen worden war, zog Fortunat da und dort Erkundigungen ein, und hielt es zuletzt fürs Beste, den Schutz des Basileus anzurufen. Wirklich schickte ihn Michael der Stammler mit der auch sonst be-

kannten [1]) Gesandtschaft nach Francien. Aber die Botschafter erhielten geheimen Auftrag nichts für Fortunat zu thun,
denn da Basileus Michael, welcher den Bildersturm erneuert
hatte, eigenthümlicher Verhältnisse wegen, wider die Abneigung seiner Unterthanen fränkische Hülfe bedurfte, erachtete
er es für staatsklug, das dem Patriarchen gegebene Wort
nicht zu halten, sondern ihn fränkischer Ungnade aufzu-
opfern; und nun erklärten auch die Dogen von Venetien,
daß sie Fortunat nicht mehr als Patriarchen anerkennen;
er war verloren.

Dandolo ist im Ganzen über die Schicksale Fortu-
nats besser unterrichtet, als Chronist Johann. Er schreibt [2]):
„Von neuem gegen den Patriarchen von Grado erbittert,
verwiesen ihn die beiden Dogen (Angelo und Justinian)
aus dem Lande". Daß Fortunat sofort nach Griechenland
entfloh, sagt Dandolo nicht ausdrücklich, aber es folgt aus
seinem weiteren Berichte: „Durch den Patriarchen Fortunat und durch andere Gesandte überschickte Basileus Michael der Stammler die Bücher des seligen Dionysius
(des Areopagiten), ins Lateinische übersetzt, an den fränkischen Hof. Besagte Gesandtschaft hatte zwei verschiedene
Aufträge: erstlich einen, welcher die Verehrung der Bilder,
und dann einen zweiten, der die Erneuerung der alten
Verträge betraf. Letzterer Zweck wurde ohne Schwierigkeit erreicht, aber wegen des zweiten verwies man sie an
den Papst (Eugenius II.)." Fortunat starb bald darauf in
Francien, und vermachte kraft letzten Willens seinem Stuhle
viel kirchlichen Schmuck, den er erworben hatte, daß die

---

[1]) Gfrörer, K. G. III., 189 ff. 741 ff.
[2]) Muratori XII., 168 ff.

griechische Gesandtschaft von 824 dem fränkischen Kaiser
außer andern prächtigen Geschenken die Werke des Areopagiten Dionysius überbrachte, melden auch fränkische Berichte. Fortunat hat, laut Dandolo's Aussage, nach 824
seine Heimath nicht mehr gesehen. Der Tod desselben fällt
allem Anschein nach in's Jahr 825.

Als Nachfolger bestieg den erledigten Patriarchenstuhl Venerius, „welcher“ so fügt [1]) Dandolo wohlbedächt
lich bei, „der erste Patriarch gewesen ist, der aus Neu-
Venetien (d. h. aus Stadt Venedig) stammte“. Weil die
Dogen die Ruhe des Seelandes durch erneuerte Umtriebe
bedroht glaubten, welche der fränkische Hof in Grado an-
zetteln werde, erkoren sie zum Patriarchen einen aus Stadt
Venedig gebornen, vielleicht einen Verwandten des herzoglichen Hauses, dem sie wegen solcher Abstammung sicherer
vertrauen zu dürfen wähnten. Zunächst fragte es sich, ob
der fränkische Hof gesonnen war, dem neuen Patriarchen
ebenso wie dem abgesetzten die istrischen Stühle unterzuordnen. Ludwig der Fromme machte keine Schwierigkeit.
Dandolo fährt [2]) fort: „Die Dogen sendeten den Presbyter
Justus in Gemeinschaft mit Peter, dem Diakon des Patriarchen Venerius, an Kaiser Ludwig und dessen Mitregenten
Lothar, um für den Stuhl von Grado Bestätigung der von
Carl dem Großen bewilligten Vorrechte, bezüglich der im
fränkischen Reich gelegenen Güter (der istrischen Bisthümer),
zu erlangen. Die Gesandtschaft erreichte ihren Zweck, eine
Bestätigungs-Urkunde wurde ausgefertigt“.

Allein nicht ohne böse Hintergedanken hatten Ludwig
und Lothar die erbetene Gnade gewährt. Gleich in den

---

[1]) Muratori XII., S. 169.
[2]) Ibid. 169.

nächsten Sätzen erzählt Dandolo: „Inzwischen brach im
Seeland eine Verschwörung wider die Dogen aus (aber
sie mißlang). Zwei der Rädelsführer, Talonicus und
Brabanisso, wurden verhaftet und an der Kirche zum hei=
ligen Georg aufgehenkt. Ein dritter, Johann der Münzer,
entkam zwar durch schnelle Flucht zu Kaiser Lothar (dem
Mitregenten Ludwigs), dafür erholten sich die Veneter an
seinem Hab und Gut, alles ward eingezogen oder zerstört".
Die Zufluchtstätte, welche der entronnene Münzer suchte
und fand, beweist handgreiflich, daß die Verschworenen
mit dem fränkischen Hofe in Verbindung standen. Die
Münzer — monetarii — bildeten überall im Mittelalter
eine bevorzugte Körperschaft; auch bei einer um etliche
Jahre späteren Verschwörung [1], von welcher unten die Rede
sein wird, erscheint ein Münzer als Theilhaber, der übri=
gens mit dem Kopfe büßen mußte. Man ersieht daher,
daß in Stadt Venedig bereits vor der Mitte des 9. Jahr=
hunderts eine eigene Münzstätte vorhanden war.

Meines Erachtens hatte der carolingische Hof
den Besitz der istrischen Bisthümer dem Erzstuhle von
Grado nur in der Erwartung bestätigt, daß Venerius
gleich seinem Vorgänger Fortunat zur fränkischen Partei
halte. Außerdem wurde für den nämlichen Zweck jene
Verschwörung in Stadt Venedig selber angestiftet. Die
Schuld davon, daß sie mißlang, muß Ludwig der Fromme
und sein Sohn großen Theils auf die verweigerte Theil=
nahme des Patriarchen geschoben haben, denn beide übten,
wie sogleich gezeigt werden soll, an Venerius Rache.

Während dieser Vorgänge starb der alte Doge An=
gelo, nach achtzehnjähriger Verwaltung, 827, worauf der

---

[1] Muratori XII., 174 oben.

bisherige Mitregent Justinian die Regierung allein übernahm. Dieß geschah jedoch nicht ohne vorläufige Einwilligung des Basileus, denn unmittelbar, nachdem Dandolo
die Nachfolge Justinians erzählt hat, fährt [1]) er also fort:
„Ein Botschafter erschien aus Constantinopel, welcher von
dem neuen Dogen und kaiserlichen Hypatus Justinian Kriegshülfe gegen die Saracenen begehrte. Wirklich sandte Justinian eine Flotte gen Sicilien, welche jedoch, obgleich vereint mit der griechischen, nicht zum Schlagen kam, weil
der Feind sich nicht zum Kampfe stellte". Die Absendung
der Schiffe wird eine der Bedingungen gewesen sein, unter
welchen der griechische Basileus seine Einwilligung gegeben
hatte, daß Justinian ohne Mitregenten den Staat allein
beherrsche. Im Uebrigen liefert die griechische Forderung
einen der vielen Belege, daß die Veneter vertragsmäßig
verpflichtet waren, zu Seekriegen, die in den italienischen
Gewässern ausgefochten wurden, dem byzantinischen Reiche
Schiffe zu liefern.

Vierzehntes Kapitel.

Neue fränkische Anschläge wider die Unabhängigkeit von See-Venetien. Die Reliquien des heil. Marcus.

Im nämlichen Jahre, da Angelo starb, haben die
fränkischen Carolinger den eben angedeuteten Schlag gegen
den Patriarchen Venerius von Grado und zugleich, wie
sich unten zeigen wird, gegen die Unabhängigkeit des Seelands ins Werk gesetzt. Dandolo hatte Kunde von der

---

[1]) Muratori XII.. S. 170.

Sache, denn an einer Stelle sagt [1]) er: „Kaiser Ludwig
der Fromme entzog die Metropolitanhoheit über die Bisthümer Istriens dem Patriarchat Grado und sprach sie
dem Erzstuhle von Aquileja zu", und wiederum an einem
andern Orte [2]): „Maxentius, Patriarch von Aquileja, begann, gestützt auf die Gunst des Kaisers Lothar, Streit
mit dem Erzstuhle Grado, und zwang die Bischöfe Istriens,
daß sie sich ihm unterwerfen mußten". Aber die Zeit bestimmt der venetische Geschichtschreiber nicht: diese erhellt
jedoch aus Urkunden, welche Bernardo Rossi in seinem
Werke über den Stuhl von Aquileja veröffentlicht hat [3]).

Zwischen dem Frühling 824 und dem Herbste 827
saß auf Petri Stuhl Papst Eugenius II., der, durch die
fränkische Partei in Rom erhoben, thun mußte, was der
carolingische Hof begehrte. Mit seiner Einwilligung trat
im Juli 827 unter dem Vorsitze päpstlicher und kaiserlicher
Bevollmächtigter eine Synode zu Mantua zusammen, welche
folgende Beschlüsse faßte: „Die zur Zeit des Einbruchs
der Langobarden aus Noth angeordnete Trennung der Erz-
stühle Aquileja und Grado soll nicht länger fortdauern, die
Einheit wird wieder hergestellt; Aquileja erhält seine alten
Hoheitsrechte über die ganze Kirchenprovinz zurück, das
Bisthum Grado tritt zum Erzstuhle Aquileja in das Verhältniß eines Suffraganstifts, die Bischöfe Istriens haben
dem Patriarchen von Aquileja den kanonischen Gehorsam
zu leisten." Die erste von diesen Satzungen, schloß auch die
übrigen in sich, so daß also die Synode nicht nöthig gehabt

---

[1]) Muratori XII., S. 163 unten.
[2]) Ibid. S. 173.
[3]) Bernardus de Rubeis, Monum. eccles. Aquilej. S. 413 ff.

hätte, die übrigen zu formuliren. Gleichwohl war letzteres kein unnöthiges Geschäft. Wohlweislich unterschied die Versammlung zwischen solchen Punkten, die ohne Weiteres in's Werk gesetzt werden konnten, und anderen, deren Ausführung allerlei Schwierigkeiten unterlag. Ob es gelingen werde, die Metropole Grado thatsächlich zu vernichten und die Stühle des Seelandes dem lombardischen Patriarchat Aquileja zu unterwerfen, darüber mußte erst der Erfolg entscheiden, hingegen konnten die Carolinger ungehindert Istriens Stühle, die unter ihrem Scepter standen, mit Aquileja vereinigen, was auch sofort geschah.

Die Synode von Mantua hatte die Art nicht nur an die Wurzeln der Metropole Grado, sondern auch an die politische Unabhängigkeit des Seelandes gelegt; wenn die Beschlüsse vollstreckt wurden, konnte Venetien nicht mehr als selbstständiger Staat bestehen. Warum ist nun der fränkische Hof zu einer solchen Maßregel geschritten? Offenbar, um zu versuchen, ob nicht mit kirchlichen Mitteln erreicht werden möge, was neulich durch die Verschwörung in Stadt Venedig vergeblich erstrebt worden war, und zugleich, um an dem Patriarchen Venerius Rache dafür zu nehmen, daß er so wenig gethan hatte, um den schuldigen Dank für die vor einigen Jahren bewilligte Bestätigung der Vorrechte des Erzstuhles von Grado abzustatten. Begreiflicher Weise versäumte der Patriarch nichts, was dazu dienen konnte, die Zukunft seiner Metropole zu wahren. Er wandte sich an den Nachfolger Eugens II., an Papst Gregorius IV., und rief[1]) seine Hülfe an. Allein obgleich Greger IV., der noch im Jahre 827 Petri Stuhl bestieg[2]),

---

1) Bernardus de Rubeis. Monum. eccles. Aquilej. S. 409.
2) Jaffé, Regest. S. 226.

kühn und muthig für die Freiheit der Kirche wirkte, vermochte
er doch nicht eine zugleich von seinem Vorgänger Eugen
und dem fränkischen Hofe abgemachte Sache umzustoßen;
das Einzige, was er für Grado thun konnte, bestand darin,
daß er dem Patriarchen Venerius das Pallium verlieh [1]),
und ihn folglich als Metropoliten anerkannte.

Doch nicht nur Venerius, sondern auch Doge Justinian ergriff Maßregeln, um in seiner Weise die durch das
Concil von Mantua bedrohte Unabhängigkeit des Seelandes
sicher zu stellen. Er muß gefürchtet haben, der Gradenser
werde zuletzt, nachdem alle anderen Mittel der Rettung
fehlgeschlagen, in das Netz der Franken fallen, und um
den Preis der Rückgabe Istriens mit den Carolingern
gemeine Sache wider die Selbstständigkeit See = Venetiens
machen. Aus dieser Befürchtung entsprangen eigenthümliche und wohlüberlegte Zurüstungen, die jedoch in tiefes
Dunkel gehüllt worden sind. Ich lasse zunächst den erlauchten Geschichtschreiber [2]) von Venedig reden:

„Im zweiten Jahre des Dogen Justinian -- folglich
im Jahre Christi 828 — wurde die Leiche des heiligen
Evangelisten Marcus aus Alexandria (in Aegypten) nach
Stadt-Venedig gebracht. Das ging so zu: vom Kalifen
der Saracenen war die Erbauung eines prächtigen Palastes
in Alexandrien angeordnet worden. Da es an brauchbarem
Baustoffe fehlte, erging Befehl, marmorne Säulen der
christlichen Kirchen Aegyptens wegzunehmen und abzuliefern.
Dieses Gebot erregte unter dem ägyptischen Clerus Schrecken

---

[1]) Laut dem Zeugniß Dandolo's (XII., 170), der sich offenbar
auf eine Bulle Gregors IV. bezieht. Jaffé übergeht diese Bulle.

[2]) Muratori XII., 170 ff.

und Verzweiflung. Eben befanden sich in Alexandrien zwei
vornehme venetianische Kaufherren, die Tribune Bonus von
Malamocco und Rustikus von Torcelli, welche trotz des
vor einiger Zeit veröffentlichten Verbots mit zehn wohl-
beladenen Schiffen in Alexandrien eingelaufen waren, weil
sie ein heftiger Wind in den dortigen Hafen trieb."

Ich unterbreche den Faden der Erzählung, um einige
Bemerkungen einzuflechten. Zwar hatten Venetiens Dogen,
wie oben gezeigt worden, gemäß den Verträgen von 809,
die vom Basileus in Bezug auf den Handel erlassenen
allgemeinen Verordnungen verkündigt, also daß dieselben
scheinbar gesetzliche Kraft auch für das Seeland erhielten;
allein die Kaufherren Venetiens bekümmerten sich nichts
oder wenig um die Verbote des Basileus, sondern horchten
blos auf ihren Vortheil, und auch die Dogen müssen bei
solchem Ungehorsam durch die Finger gesehen haben. Denn
was Dandolo von einem Windstoße sagt, der die zehn venetischen Kauffahrer in den Hafen Alexandriens trieb, ist
eine handgreifliche Ausflucht, welche vor venetischen Gerichten gelten mochte, aber bei ernstlichem Willen der Behörden zurückgewiesen worden sein würde. Für's zweite
erhellt aus den Worten Dandolo's, daß die angesehensten
Einwohner der Insel, das, was man in andern Ländern
Adel nannte, Handelsgeschäfte betrieben. Die zwei namentlich angeführten Schiffsrheder waren ja Tribune, Bonus
in Malamocco, Rustikus in Torcelli.

Dandolo fährt fort: „Die in Aegypten anwesenden
venetianischen Seeleute verrichteten ihre Andacht gewöhnlich in der Kirche zum heil. Marcus, wo die Leiche desselben aufbewahrt wurde. Als nun auch Bonus und Rustikus dorthin kamen, und die anwesenden beiden Geistlichen,

den Mönch Stauracius und den Presbyter Theodor,
zwei Griechen, in tiefer Bekümmerniß fanden, fragten sie
um die Ursache und vernahmen den Befehl des Kalifen.
Jetzt huben die Venetianer an: der kostbare Schatz, den
Ihr in Eurer Kirche besitzet, ist in dringender Gefahr,
von den Saracenen entweiht und beschimpft zu werden;
gebt ihn uns, wir werden ihn so, wie es sich gebührt, zu
ehren wissen; auch soll es Euch an wesentlichen Früchten
der Erkenntlichkeit unseres Dogen nicht mangeln. Ueber=
zeugt durch die Gründe der Veneter, willigten zuletzt die
beiden Cleriker ein; doch mußten erst die Wachsamkeit der
Christen Alexandriens, sowie der saracenischen Zöllner ge=
täuscht werden. Jene führte die List der Venetianer und
ihrer beiden griechischen Verbündeten dadurch hinters Licht,
daß man in den Schrein des Evangelisten einen anderen
heiligen Leib schob, diese dadurch, daß Bonus und Rustikus,
den obern Theil der Kiste, in welche sie die Reliquien ge=
legt hatten, mit Schinken und geräuchertem Schweinefleisch
zudeckten, was bekanntlich für Saracenen wie für Juden
ein Gegenstand des Abscheues ist. Die Zöllner schrieen
deßhalb, als die Kiste auf der Mauth geöffnet ward,
Ganzir, Ganzir — was wohl Greuel bedeutet — und
fertigten die Ladung schnell ab. Glücklich brachten Bonus
und Rustikus den Schatz nach Venedig."

Weiter erzählt [1]) Dandolo: „Doge Justinian, wel=
cher bald darauf starb, hinterließ einen letzten Willen,
kraft dessen er verfügte, daß aus seinen Mitteln (in Stadt=
Venedig) eine Kirche erbaut werden solle, dazu bestimmt,
die Gebeine des heil. Evangelisten Marcus aufzunehmen,

---

[1]) Muratori XII.. 172.

zu deren Besitz ihm die göttliche Gnade verholfen habe." „Mehrmals," fügte der erlauchte Geschichtschreiber bei, „habe ich die Urschrift dieses Testaments in meinen Händen gehabt und mit eigenen Augen durchlesen."

Frage: hat sich, was Dandolo und auch der ältere Chronist Johann [1]) einstimmig melden, von selbst so gemacht, oder lag Berechnung zu Grunde? Letzteres war der Fall. Geraume Zeit, vor dem achten Jahrhundert, verehrten die Kirche von Aquileja und deren Rechtsnachfolgerin, die Cathedrale von Grado, den Evangelisten Marcus, sowie dessen Schüler Hermagoras, welche beide, laut alter Ueberlieferung, zuerst das Evangelium in Venetien gepredigt haben sollen, als ihre Stifter und Patrone [2]). Wollte man daher den erworbenen Reliquien eine passende — ich möchte sagen — rechtmäßige Stelle, d. h. eine solche, die der bestehenden Kirchenverfassung des Seelandes entsprach, anweisen, so mußte nothwendig der aus Alexandrien übergesiedelte Körper nach dem Dome von Grado, als dem geistlichen Mittelpunkt See-Venetiens, abgeliefert werden. Allein hieran dachten weder Justinian, noch die späteren Dogen, seine Nachfolger, sondern hartnäckig bestanden sie darauf, daß der Körper des Evangelisten, als höchstes Heiligthum des Gesammtstaates, in Stadt-Venedig, der politischen Metropole des Landes, verbleibe. Folglich ging — nur solche, welche die Geschichte der mittleren Zeiten nicht kennen, werden diesen Schluß gewagt finden, Kundige aber mit Nichten — die wahre Absicht derer, die jene Reliquien erwarben und in Venedig festhielten, dahin,

---

[1]) Pertz VII., 15.

[2]) Die Beweise gesammelt von Rubeis. Monum. S. 8 u. ff.

zu bewirken, entweder daß der Doge — ohne Frage eigentlicher Gebieter der Stadt — als Wächter und Bewahrer
des Stadtheiligen — zugleich geistliches Haupt des Staates
werde, oder wenigstens, daß der Patriarch von Grado
dem Körper des Evangelisten, auf den er das Erbe seiner
erzbischöflichen Gewalt zurückführte, folgen und demnach
seinen Sitz nach Venedig verlegen müsse: eine Maßregel,
welche wirklich gegen Ende des Mittelalters in's Werk gesetzt worden ist.

Nehmen wir letztere Voraussetzung als die mildere
und wahrscheinlichere an — obgleich meines Erachtens auch
erstere sehr Vieles für sich hat —, so war die unausbleibliche Folge der fraglichen Aenderung, daß der nach
Venedig übergesiedelte Patriarch zu dem dortigen Dogen
in dasselbe Verhältniß trat, wie in Constantinopel der
Patriarch zum Basileus. Im Umkreise einer einzigen
Stadt — übertraf dieselbe auch hundertfach das damalige
Venedig an Größe — ist nicht Raum genug für einen
gebietenden Herzog und für einen selbstständigen Patriarchen. Das heißt nun so viel: wenn Venerius und seine
Nachfolger nothgedrungen ihren Wohnsitz in Venedig statt
zu Grado aufschlugen, konnten sie nur noch so weit athmen
und wirken, als der Doge es gestattete, folglich waren sie
auch nicht mehr im Stande, das zu thun, was Justinian
damals fürchtete, nämlich um den Preis der Wiederherstellung Istriens mit den Franken zusammenzuspielen.

Unverkennbar hängt die Erwerbung der Leiche des
Evangelisten Marcus mit den Beschlüssen der Synode von
Mantua zusammen, genauer gesprochen, sie war eine Ver-
theidigungswaffe, darauf berechnet, vorausgesehene schlimme
Nachwirkungen des eben genannten Concils zu vereiteln.

Indessen sagt Dandolo nicht die volle Wahrheit, sofern er seine Worte so stellt, als seien die beiden venetischen Schiffreeder zufällig in Alexandrien erschienen, zur Zeit, da der Befehl des Kalifen Schrecken unter dem ägyptischen Clerus verbreitete. Vielmehr muß der Doge schon vorher von dem, was am Nil verging, Kunde gehabt, muß auf diese Nachrichten die Hoffnung, den Körper des Evangelisten zu erwerben, gebaut, muß endlich den Tribunen Aufträge ertheilt haben, in Alexandrien das Nöthige zu thun. Daß dem so war, erhellt aus dem eigenen Eingeständnisse des venetianischen Geschichtschreibers. Wie konnten denn Benus und Rustikus den Mönch Stauracius und den Presbyter Theodor mit handgreiflichen Beweisen der Erkenntlichkeit des Dogen vertrösten, wenn sie nicht zum Boraus wußten, daß Justinian geneigt war, für einen solchen Gegenstand eine bedeutende Summe, sei es aus dem eigenen Vermögen oder aus dem Staatsschatze, zu verwenden.

Fünfzehntes Kapitel.

Byzantinismus und Papstthum. Obelerius wider Dogen Johann. Die Slaven der Narenta.

Doge Justinian hat bei jenem Anlasse gezeigt, daß er nicht ohne Erfolg in die byzantinische Schule ging. Mit dem Namen „byzantinische" bezeichne ich ein politisches Verfahren der weltlichen Obrigkeit, das die Religion und kirchliche Einrichtungen für Zwecke, die ihrem Wesen fremd sind, mißbraucht. Indeß muß bemerkt werden, daß schon früher nicht nur Justinian selber, sondern auch sein

11*

Vater Angelo, ähnliche Proben ablegten. Dandolo theilt[1] eine Urkunde mit, kraft welcher die beiden Dogen Angelo und Justinian im Jahre 819 eine kirchliche Stiftung machten. In derselben heißt es: Johann, der ehrwürdige Abt des Klosters zum heil. Servulus, sei mit einer Schaar seiner Mönche zu den Dogen gekommen, und habe auseinander= gesetzt, daß weder die Gebäude des Klosters für Unterbrin= gung, noch die Einkünfte zur Ernährung der Brüder genügen. „Derohalben," fährt der Text fort, „haben wir, Angelus und Justinianus, durch göttliche Gnade Herzoge der Pro= vinz Venetien, im Einklange mit dem ehrwürdigsten Herrn Fortunat, Patriarchen von Grado und Aquileja, auch mit dem ehrwürdigen Bischof Christoph von Olivolo, sowie mit dem gesammten Volke des Seelandes beschlossen, besagten Brüdern die Capelle zum heil. Hilarius sammt allen dazu gehörigen Gütern zu übergeben." Folgt zunächst eine Be= schreibung der Güter, die auf dem benachbarten Festlande lagen. Sodann wird den Mönchen eigene Gerichtsbarkeit und Befreiung von jeder Auflage gewährt: kein Gastalde, kein herzoglicher Beamter dürfe von dem Kloster, oder von dessen Müllern, Fischern, Bauern Schooß fordern, oder die Gemeinde in irgend welcher andern Weise belästigen.

Und nun kommt die Hauptsache: „auch untersagen Wir den Patriarchen unseres Stuhles Grado, sowie unsern Bischöfen von Rivoalto=Olivolo, daß sie sich je unterstehen, einen der Mönche des genannten Klosters, wider den Willen des Abts, vor ein Concil zu laden, oder überhaupt an dieselben sonstige Zumuthungen zu machen. Desgleichen verbieten wir besagten Patriarchen und Bischöfen, solchen

---

[1] Muratori XII., 165 ff.

Mönchen, oder Clerikern, oder Dienstleuten des Klosters, die der Abt etwa fortschickt, Schutz oder Aufenthalt zu gewähren. Gegenwärtige unsere Schenkung haben Wir durch Demetrius, den Tribun-Notar, auch Primicerius unserer Capelle, ausfertigen und mit unserem Siegel ver= sehen lassen."

Also das im Palaste zu Venedig giltige Staatsrecht betrachtete den Stuhl, auf welchem der Gradenser Patriarch saß, als einen herzoglichen, und den Bischof von Rialte als einen Bischof oder Diener des Dogen. Ferner sprachen Angelo und Justinian in einer öffentlichen Urkunde den Grundsatz aus, daß weder der Patriarch des·Seelandes, noch der Bischof der Hauptstadt Gerichtsbarkeit oder über= haupt ein Recht der Aufsicht über die Klöster des herzog= lichen Hauses üben dürfen. Etwas ist dabei mit Still= schweigen übergangen, freilich etwas, was sich von selber verstand, nämlich daß die Mönche von S. Hilarius, sowie vermuthlich noch manche andere Klöster Venetiens, einzig und allein von dem durchlauchtigsten Dogen abhingen.

Man sieht: der Byzantinismus hatte schon im Jahre 819 unter den beiden ersten Dogen aus dem Hause Partici= pazzo erstaunliche Fortschritte gemacht. Wäre nun vollends jener Gedanke, der dem Ankaufe der Gebeine des Evange= listen Marcus zu Grunde lag, ausgeführt worden, so würde man erlebt haben, daß der Schüler den Meister übertraf. Aber die Idee gedieh nicht zur Vollstreckung, und zwar darum nicht, weil ein Wille oder vielleicht weil zwei Willen, welche stärker waren, als der des Dogen Justinian, Einhalt thaten. Ich beweise zunächst das Mißlingen des Planes. Chronist Johann berichtet[1]): Doge Justinian ließ

---

[1]) Pertz VII., 16.

in einem Winkel seines Pallastes eine Capelle errichten, in welcher er die Reliquien des heiligen Marcus für so lange unterbrachte, bis eine besondere Kirche erbaut sein würde. Jedoch diese Kirche zu vollenden ward er durch schnellen Tod verhindert; erst Justinians Bruder und Nachfolger legte die letzte Hand an das Werk." Weiter unten erzählt [1]) dann der Chronist, daß Doge Johann die neuerbaute Kirche um 836 einweihen ließ. Allein diese Beschreibung ist un= klar, und ihre Mängel werden durch die eigenen Worte des Berichterstatters aufgedeckt. Denn bei Schilderung des Aufruhrs von 976 meldet [2]) er, daß, nachdem die Empörer alle in der Nähe des herzoglichen Palastes gelegenen Häu= ser angezündet hatten, Doge Peter Candiano IV. durch den wachsenden Brand auf's Aeußerste getrieben, einen Ausgang durch das Thor der Halle des heiligen Marcus suchte. Die Marcuskirche war folglich kein Gebäude für sich, sondern ein Theil des Palastes, also eine Kapelle.

Ganz so stellt Dandolo die Sache dar: „Gemäß dem von Justinian hinterlassenen Testament", sagt [3]) er, „ward 829 un= ter Dogen Johann II. im Winkel [4]) des herzoglichen Palastes eine Kirche aufgeführt, in welche man den glorreichen Leichnam niederlegte. Auch bestellte Doge Johann Capellane, welche den täglichen und nächtlichen Dienst bei dem heiligen Leibe ver= sahen, sowie einen eigenen Primicerius, welcher besagte Kirche, welche bestimmt war, für immer die Capelle der

---

[1]) Pertz VII., S. 17.
[2]) Ibid. S. 25.
[3]) Muratori XII., 172.
[4]) In angulo ducalis palatii. Dieselben Ausdrücke, welche Chronist Johann von der für einstweilige Aufnahme des heil. Leibes bestimmten Capelle braucht.

Herzoge Venetiens zu sein[1]), beaufsichtigen sollte. Also die alte ursprüngliche Kirche des heiligen Marcus war ein und derselbe Raum mit dem, welchen Chronist Johann als Capelle bezeichnet, aber mit Unrecht von einer angeblich später erbauten Kirche unterscheiden will, und sie stand in einem Winkel des herzoglichen Palastes.

Wie? für den Leib des heiligen Marcus, des Patrons der Veneter, soll nur eine Capelle, und noch dazu in einem für andere Zwecke aufgeführten Gebäude errichtet worden sein, während doch die Zurüstungen, welche Doge Justinian traf, zu der Voraussetzung nöthigen, daß seine Absicht ursprünglich dahin ging, wenigstens eine Cathedrale zu Ehre des Schutzheiligen anzuthürmen! Ja wohl! allein noch seltsamere Erscheinungen, die jedoch sehr gut zusammenstimmen, treten später hervor.

Dandolo berichtet[2]) weiter: „Zu den Zeiten des Dogen Peter Candiano IV. war die Leiche des glorreichen Evangelisten Marcus in eine marmorne Säule also eingeschlossen, daß nur der Doge und wenige Andere den Ort kannten. Nachdem nun besagter Doge in dem Aufruhr von 976 erschlagen worden war und auch die andern Mitwisser das Zeitliche gesegnet hatten, verlor sich jede Spur von Bekanntschaft mit dem Orte, wo der Körper lag. Deßhalb herrschte lange Zeit Betrübniß im Seelande, bis unter Doge Vitalis Faledrus (1084—96) die Leiche auf wunderbare Weise wieder zum Vorschein kam. Allein am 8. Tage, nachdem Solches geschehen, ward die Reliquie abermal

---

[1]) Qui dictam ecclesiam, quae Ducum capella(m) esse perpetuo instituta est, regat.

[2]) Muratori XII., 251, vergl. mit ibid. 212.

verborgen, also daß nur der Primicerius der herzoglichen
Capelle, der Procurator von St. Marcus und der Doge
Kenntniß von ihrem Orte haben. Und so ist es geblieben
bis an den heutigen Tag; nur Wenige wissen, wo sie liegt.
Damit aber der Glaube derer, welche sie nicht gesehen
haben, aufrecht bleibe und nicht erschüttert werde, spreche
ich Andreas Dandolo, der ich längere Zeit erst das Amt
der Procuratur verwaltete, und nunmehr durch Christi
Gnade Doge allhier in Venetien bin, mit dem Evangelisten
Johannes also (XIX., 35.): der, welcher es gesehen hat,
bezeugt es, und sein Zeugniß ist wahr und er weiß, daß
er die Wahrheit redet, damit auch ihr glaubet".

Scheinbar gesteht Dandolo nur, daß die Leiche seit
den Zeiten Peters Cantiano IV., d. h. seit der zweiten
Hälfte des 10. Jahrhunderts, verborgen war; aber in der
That folgt aus seinen Worten, daß vom Jahre 828 an,
da die herzogliche Capelle errichtet worden ist, Wenige den
Ort der Reliquie kannten. Denn wäre je aller Welt frei-
gestanden, sie zu sehen, so hätte man sie ohne Lärm nie
mehr den Blicken der Menge entziehen können. Die Jahre
827 und 828 bergen noch andere Geheimnisse, von denen
unten die Rede sein wird. Klar scheint mir: kurz nachdem
Doge Justinian den Körper des heiligen Marcus aus
Alexandria nach Stadt Venedig bringen ließ, muß ihm von
einer höheren Macht bedeutet worden sein: von zweien
Dingen eines — entweder liefert den heiligen Körper dahin
ab, wohin er gehört, d. h. in den Dom von Grado; oder
sollt Ihr Bürgschaft leisten, daß Ihr keinen politischen Gebrauch von der Reliquie machet, d. h. Ihr müsset dieselbe
verborgen halten. Justinian und seine Nachfolger wählten
das Letztere.

In den späteren Zeiten, da Justinianus allerdings
mehr als zweideutige Absichten vergessen waren, hegten
meines Erachtens die, welche über das Wohl der Republik
wachten, den Plan, die Reliquie als letzten Nothanker für
große Gefahren des Gemeinwesens aufzusparen. Wenn
wieder ein Pipin käme, oder ein neuer Hunnensturm, wie
im Jahre 906, nahe, dann solle der Doge die sterblichen
Reste des Stadtpatrons aus ihrer Verborgenheit hervor-
ziehen, sie öffentlich ausstellen, das Volk zu den äußersten
Anstrengungen entflammen und dann es zum Sturm auf
die Feinde führen, oder wenn Solches nicht gelänge, mit
den Vertheidigern Venedigs ein ehrenvolles Grab unter
den Trümmern der glorreichen Vaterstadt suchen.

Wer war es nun, der jenes Gesetz dem Dogen Justinian und seinen Nachfolgern auferlegte. Ich denke, Papst
Greger IV. hat jedenfalls bei der Sache mitgewirkt, denn
indem er die oben erwähnte Bulle erließ, kraft welcher er,
den Beschlüssen des Mantuaner Concils zum Trotz, dem
G r a d e n s e r Venerius das Pallium verlieh, gab er mittelbar zu verstehen, daß er eine Verlegung des Stuhles von
Grado nach Stadt-Venedig nicht dulden werde. Aber vor
dem Papst allein würde sich Doge Justinian schwerlich ge-
beugt haben: derjenige, welchen er als Herrn zu fürchten
Ursache hatte, der griechische Basileus, muß gegen die
Neuerung eingeschritten sein. Und eben dieß deutet der
venetische Geschichtschreiber meines Erachtens ziemlich unverhohlen an.

Unmittelbar, nachdem er die Uebersiedlung des heiligen Körpers nach Venedig gemeldet hat, fährt Dandolo
also fort: Doge Justinian rief seinen Bruder Johann, der
seit vielen Jahren als Verbannter (Geißel) zu Constanti-

nopel weilte, in die Heimath zurück und ernannte ebenden=
selben, weil er selbst bettlägerig war und keine Kinder hatte,
zum Mitregenten und Nachfolger. Um dieselbe Zeit schick=
ten die Venetianer auf Verlangen des Basileus Michael
(des Stammlers) viele Kriegsschiffe nach Sicilien, die aber
nichts (gegen die Saracenen) auszurichten vermochten. Nach=
dem Doge Justinian einen letzten Willen aufgesetzt hatte,
in welchem er seine Gemahlin Felicitas, und Romana, die
Witwe seines verstorbenen Sohnes Angelo II., zu Voll=
streckern bestellte, den Klöstern zu den Heiligen Hilarius
und Zacharias viel Gut vergabte, auch die Erbauung einer
Kirche zur Aufnahme der Reliquien des Evangelisten Mar=
cus anordnete, starb er im Jahre 829.

Die Vorurtheile seiner Landsleute schonend spricht
zwar Dandolo so, als habe Justinian aus eigenem Antriebe
Johann heimberufen und zum Mitregenten bestellt, aber
mittelst des Nachsatzes, wo von der Flotte die Rede ist,
welche die Venetianer auf Verlangen des Basileus ausrüste=
ten, d. h. ausrüsten mußten, deutet er an, daß auch die
Rückberufung Johanns eine erzwungene war. Wer wird
auch glauben, daß Justinian den jüngeren Bruder, den er
Jahre lang verfolgt hatte und im Testamente gar nicht
nannte, gutwillig zum Mitregenten und Nachfolger einsetzte.
Justinian war also beim griechischen Hofe in Ungnade ge=
fallen: warum? ohne Zweifel wegen Einfuhr jenes heiligen
Gegenstandes. Der Basileus sah in Justinians Gebahren
— wie mir scheint nicht mit Unrecht — versteckte Gelüste
nach politischer Selbständigkeit, er ging weiter von der An=
sicht aus, daß Byzantinismus in solchem Maßstabe, wie
Justinian vorhatte, zu treiben, — nicht einem winzigen
Vasallenherzoge von Venetien, sondern als ausschließliches

Vorrecht allein dem durchlauchtigsten Herrscher und Welterhalter *) des Ostens zukomme.

Auch die Bemerkung, welche Dandolo über das Testament Justinians einflicht: „Ich habe oftmals die Urschrift
in meinen Händen gehabt, ich habe sie mit meinen eigenen
Augen gelesen," ist nicht ohne Bedeutung, er will damit
sagen, es habe allerdings eine besondere Bewandtniß mit
solchem Testament, das die Erbauung eines Domes verhieß
und nur eine Kapelle im Winkel des herzoglichen Palastes
gebar, eine Kapelle überdieß, welche dazu dienen mußte, die
Reliquie, welche sie aufbewahren sollte, vor den Augen der
Welt zu verbergen.

Man sieht, Dandolo hat die Aufgabe des Geschichtschreibers selbst in einer Sache, die im 14. Jahrhundert
wirkliches Staatsgeheimniß war, deren Enthüllung daher
persönliche Gefahr bringen konnte, auf würdige Weise gelöst. Die volle Wahrheit durfte er nicht sagen, aber er
deutet sie an. Wer wirklichen Beruf hat, Clio's Griffel
zu führen, schreibt nicht für Thoren, sondern für Gescheidte,
für Solche, welche nöthigen Falls zwischen den Zeilen zu
lesen verstehen.

Die Zeit, um welche Johann Participazzo als
alleiniger Doge die Regierung übernahm, war eine verhäng-
nißvolle, in Francien Bürgerkrieg, welcher zu einer Reihe
von Theilungen der Monarchie Carls des Großen führte
und dadurch eine Schwächung fränkischer Macht erzeugte,
welche den wider Venetiens Unabhängigkeit gerichteten

---

*) Conservator totius mundi ist einer der Titel, welche Kaiser
Leo, der Armenier, in den eben angeführten Urkunden Justinians
empfängt.

Planen — sie dauerten allerdings noch lange fort — jeden
Stachel der Gefährlichkeit benahm, im Orient letztes Auf-
flackern des Bildersturms, dann Weiberherrschaft, zuletzt
eine über die Maßen elende Verwaltung durch Günstlinge.
Der Bildersturm, ursprünglich auf Abwehr sehr gefährlicher
Angriffe des Islam berechnet, zeigte im letzten Stadium
seine wahre Natur und glich auf's Haar dem, was man
im vorigen Jahrhundert bei uns Illuminatenwesen nannte.
Menschen, deren Weisheit darauf hinlief, daß Fünf um eine
Ziffer die Zahl von Vier übertreffe, daß für gewiß und
sicher nur das gelten könne, was das Auge sehe, das Ohr
höre, die Zunge schmecke, die Nase rieche und die Hand
betaste, daß es angenehmer sei, fünf oder zehn Weiber zu
haben, als eine oder gar keine, daß Kluge die Religion,
als ein bloß für den dummen Haufen bestimmtes Gebiß,
im Herzen verachten, daß nur Verrückte ihr Fleisch kreu-
zigen — solche Menschen, sage ich, steckten das Banner der
Vernunft, des Lichtes auf, und verfolgten die, welche an
Unsterblichkeit der Seele, an einen persönlichen Gott und
eine Offenbarung glaubten.   Wahrlich unter allen Arten
von Querköpfen sind die — Lichterziehenden am Meisten
widerlich.

Die Unmacht, in welche Orient und Occident auf
ein volles Jahrhundert hinein versank, hatte erschütternde
Folgen. Während von Norden her Skandinaven erst Häfen
und Gestade, dann auch die innern Provinzen Franciens
überschwemmten, bedeckten im Süden die Saracenen, und
ihnen nachahmend, die Slaven der Ostseite des Adria das
Meer mit Raubschiffen, fielen da und dort Italien, die Inseln, das südliche Gallien an: Carls des Großen gefürch-
teter Name schreckte sie nicht mehr.   In Venetien selber

begannen, seit der Doppeldruck aus Osten und Westen, der zur Einigkeit zwang, aufhörte, Parteien zu keimen. Ein thatkräftiges abendländisches Element glühte im See= land, ein Element, dem die Größe des Staates entfloß, ein Element ferner, das offenbar wenig Behagen an den Ver= suchen fand, welche erst die griechischen Kaiser, dann für eigene Rechnung die Dogen aus dem Hause Participazzo machten, den Byzantinismus auf lateinischem Boden anzu= pflanzen. Die Feinde Johanns Participazzo haben ihn, wie wir unten sehen werden, zum Mönche geschoren. Das beweist, daß er in Verachtung gefallen war; denn Gegner, denen man Schneide zutraut, macht man in solchen Fällen stumm — für immer.

Ich gehe zum Einzelnen über. Dandolo erzählt [1]): „Die Slaven der Narenta schickten einen Gesandten an Dogen Johann, baten um Frieden, und erhielten auch den= selben, doch bewahrten sie ihn nicht lang. Der Bote aber, den sie gesendet hatten, war ein Heide, ließ sich jedoch auf Wunsch des Dogen taufen. Jene Slaven nämlich, die von den Gothen abstammten, hingen heidnischen Göttern an und trieben Seeraub". Ich werde anderswo an passendem Orte von den Südslaven des Adria im Zusammenhange handeln. Hier nur soviel: was Dandolo von der Gesandt= schaft sagt, beweist, daß die Veneter seit längerer Zeit mit dem Räubervolk in Unfrieden lebten. Im Uebrigen stammte dasselbe nicht von den Gothen ab, wohl aber saß es auf dem Boden, den einst vor Theoderichs Zug nach Italien die Ostgothen eingenommen hatten.

---

[1]) Muratori XII., 172.

Dandolo fährt [1] fort: „nachdem der Basileus Michael (der Stammler) 829 das Zeitliche gesegnet hatte, nahm der ehemalige Doge Obelerius, der längst aus Venetien vertrieben war, die Gelegenheit wahr, erschien in den Gewässern des Seelandes und setzte sich in der Stadt Veglia fest (die auf der Insel gleichen Namens südlich von Fiume liegt). Als dieß Doge Johann vernahm, bot er seine Streitkräfte auf, zog nach Veglia und belagerte die Stadt; allein unvermuthet fielen die aus Malamocco gebürtigen Soldaten des herzoglichen Heeres zu Obelerius ab, der gleichfalls aus Malamocco stammte. Nun eilte der Doge mit den ihm treugebliebenen Streitern zurück nach Venetien, überfiel den Ort Malamocco, verwüstete den größten Theil, verstärkte dann sein Heer, segelte wieder nach Dalmatien hinüber, nahm Veglia im Sturm, ließ den gefangenen Obelerius enthaupten und nachher den Kopf des Getödteten in Malamocco aufstecken."

Früher habe ich gezeigt, daß die verschiedenen Hauptstädte, welche eine nach der andern im Seeland emporkamen, besondere politische Meinungen vertraten. Das war jetzt noch der Fall. Malamocco machte, ohne Zweifel aus Neid darüber, daß Rivoalto den Vorrang errungen, Partei gegen die glückliche Nebenbuhlerin und den daselbst angesessenen Dogen, mußte aber gleich Heracliana mit halber Zerstörung büßen. Obelerius wartete, laut Dandolo's Darstellung, ehe er losschlug, den Tod des Basileus Michael ab; daraus scheint zu erhellen, daß er, ob er gleich aus dem Oriente kam, keineswegs auf griechische Hilfe gerechnet hat, sondern im Gegentheil die Schwierigkeiten,

---

[1] Muratori XII., 173. vergl. mit Pertz VII., 16.

welche jede neue Regierung überwinden muß, benützend,
sich den Byzantinern zu Trotz Venetiens bemächtigen wollte.
Kaum aber kann man bezweifeln, daß er, wenn der Schlag
gelungen wäre, die alten Verbindungen mit den Franken
erneuert haben würde.

Vermuthlich weil er von dieser Seite her Gefahr
fürchtete, fand Doge Johann für gut, sich den Franken zu
nähern, rief aber dadurch den Haß der byzantinischen
Partei hervor. Dandolo berichtet [1] weiter: „unter der
Leitung des Tribuns Carosus empörten sich mehrere venetianische Große wider den Dogen und vertrieben ihn aus
dem Lande. Johann flüchtete nach Frankreich hinüber und
fand gute Aufnahme bei Kaiser Ludwig dem Frommen.“
Der Vertriebene hat, wie man sieht, Hilfe und Schutz von
Seite der Franken erwartet, folglich stand er in gutem
Einvernehmen mit ihnen, folglich waren die, welche ihn
stürzten, byzantinisch gesinnt. Eben dieß erhellt auch aus
den nächsten Ereignissen. Dinge gingen vor, wie vor dreißig Jahren, da Obelerius zur Gewalt gelangte: „Carosus
hatte sich den herzoglichen Stuhl angemaßt, allein 33 der
angesehensten Veneter, denen das an Johann verübte Verbrechen mißfiel, wanderten nach der Gegend von Mestre
(also auf fränkisches Gebiet) aus; allmälig folgten ihnen
Viele andere, und als die Verbannten sich stark genug
fühlten, brachen sie in Venetien ein, nahmen Carosus in
seinem Palaste gefangen, blendeten ihn und verwiesen ihn
des Landes; seine Mitschuldigen, namentlich ein Münzer
Domenico, wurden getödtet. Vor der Hand setzte die siegreiche Partei eine einstweilige Regierung ein, welche aus

[1] Muratori XII., S. 173.

drei Personen, dem Bischof Orso von Olivolo und zwei Laien bestand. Als aber Johann aus Francien zurückkehrte, machten sie ihn wieder zum Dogen [1]."

Mehrere Punkte bleiben hiebei dunkel, die bei dem Schweigen der Quellen nicht mehr aufgeklärt werden können. Nur so viel sieht man, daß die Slaven der Narenta, unbekümmert um den neulich abgeschlossenen Vertrag, Vortheil aus der Verwirrung Venetiens zogen: „die Narentaner brachen den Frieden, überfielen venetische Kaufleute, welche aus dem Herzogthum Benevent nach Hause fuhren und brachten beinahe alle um." Die Parteiung dauerte fort und führte den wirklichen Sturz Johanns Participazzo herbei [2]: „im dritten Jahre des Dogen zettelte das Geschlecht der Mastalici eine Verschwörung wider ihn an. Die Verschworenen nahmen Johann, als er am Feste des heil. Apostels Petrus aus der Kirche heraustrat, gefangen, schoren ihm Bart und Haupthaare, und steckten ihn in ein Kloster zu Grado, wo Johann nachher gestorben ist. Das geschah im Jahre Christi 836."

Sechzehntes Kapitel.

Der Doge Peter Traudonico. Kämpfe gegen Saracenen und Kroaten. Anfänge einer Seemacht. Leibwache des Dogen.

Nun wurde Peter Traudonico zum Dogen gewählt. Derselbe stammte von Eltern ab, welche ursprünglich zu Pola in Istrien ansässig gewesen, aber dann nach Jesolo

---

[1] Muratori XII., S. 174.
[2] Ibid. 174.

übergesiedelt waren. Peter Tradonico selber wohnte seit
längerer Zeit in Rivoalto und verdankte seine Erhebung
dem eigenen Verdienst." So schreibt Dandolo. Sichtlich
haben verschiedene Triebfedern bei der letzten Umwälzung
zusammengewirkt: einmal die Eifersucht der andern vor=
nehmen Geschlechter gegen die wachsende Macht des Hauses
Participazzo, das gehindert werden sollte, den herzoglichen
Stuhl in förmliches Erbeigenthum zu verwandeln, und
dann das ehrgeizige Streben eben derselben, für eines oder
das andere ihrer Sippen die höchste Würde zu erwerben.
Nun waren es die Mastalici gewesen, welche neulich Jo=
hann Participazzo absetzten und zum Mönche schoren; den=
noch kam die Frucht dieser That nicht ihnen zu gut, son=
dern ein aus Istrien stammender Neuling, der folglich dem
alten venetischen Adel nicht angehörte, stieg empor.

Wie hing das zusammen? Hatte etwa Tradonico
im Handel großes Vermögen gewonnen und von seinen
Schätzen Gebrauch bei der Wahl gemacht? Das mag sein,
allein sicherlich wirkte dieselbe auswärtige Macht, die regel=
mäßig in die innern Angelegenheiten Venetiens eingriff —
der griechische Hof — bei Tradonico's Erhebung ein.
Zwar findet sich keine Nachricht, daß der neue Doge —
ebenso wie seine Vorgänger gethan — ein Mitglied seiner
Familie als Geißel nach Constantinopel schickte, wohl aber
wird Folgendes [1] gemeldet: „gegen das dritte Jahr der
Regierung Tradonico's — also um 838 — erschien im
Namen des griechischen Basileus (Theophilus) ein Ge=
andter in Venedig, überbrachte dem Dogen die Bestallung
zum kaiserlichen Schwertträger, und forderte die Veneter

---

[1] Muratori XII., 175.

auf, zum Kampfe gegen die Saracenen eine Flotte zu
stellen. Wirklich rüsteten die Veneter 60 Kriegsschiffe
aus, die nach Tarent geschickt wurden, aber, ob sie gleich
tapfer stritten, in einer Seeschlacht gegen die überlegene
Macht der Saracenen unterlagen." Hätte Tradonico
nicht früher die Anerkennung seiner Nachfolge durch den
Basileus erbeten und erhalten, so würde ihm Theophilus
weder jenen hohen Titel ertheilt, noch die Stellung der
Schiffe, welche auf dem mit den Participazzo abgeschlossenen
Vertrage beruhte, durchgesetzt haben. Ferner meldet Dandolo, daß Tradonico gleich Anfangs seinen Sohn Johann
zum Mitregenten annahm. Auch dieß wird nicht ohne Zuthun der Byzantiner gelungen sein.

Kriegerisch war die Regierung Tradonico's, aber
nur Anfangs lächelte ihm das Glück. Dandolo erzählt:
„im dritten Jahre seiner Verwaltung — 838 — lief der
Doge mit einer Flotte gegen die Slaven Dalmatiens aus,
um sie zu nöthigen, daß sie dem Seeraub entsagen. Otto,
einer der Häuptlinge auf dem Festlande, mußte sich unterwerfen; dann setzte der Doge nach den narentanischen Inseln über und nöthigte einen andern, der Drosaik hieß und
den Befehl über den Stamm der Marianer führte, zur
Abschließung eines Vertrags. Ruhmvoll kehrte Tradonico
in die Heimath zurück, aber später focht er unglücklich
gegen den dalmatinischen Slaven Diuditit, mit welchem
Kampfe er über 100 Mann verlor." Die Slaven am
Adria waren in viele von einander unabhängige Stämme
getheilt. Einer derselben wurde von den Lateinern Marianer genannt. Noch in den späteren Zeiten venetianischer
Macht genoß das zahlreiche kroatische Geschlecht der Ma-
rianovich, das meines Erachtens mit den von Dandolo

unb auch von dem Chroniſten Johann [1]) erwähnten Maria-
nern zuſammenhängt, wegen ſeiner Treue gegen die Republik
großes Anſehen.

Nach dem Kriegszug wider Dalmatien folgte der
eben erwähnte Kampf gegen die Saracenen in den Ge-
wäſſern des untern Italiens. Chroniſt Johann ſchreibt [2]):
„als die Saracenen faſt die ganze Flotte der Veneter vernichtet hatten, fuhren ſie das adriatiſche Meer hinauf, lan-
deten auf der im flanatiſchen Meerbuſen gelegenen Inſel
Cherſo, verbrannten den Hauptort Oſſero, ſetzten dann nach
der Küſte Italiens über, berannten die Stadt Ancona,
verheerten ſie mit Feuer und Schwert, ſchleppten viele
Gefangene fort, und liefen hierauf in den Hafen von Adria
ein, der unweit des venetiſchen Gebiets (an der Po-Mündung) lag. Weil ſie dort wenig Beute fanden, kehrten ſie
um, und nahmen unterwegs viele venetiſche Schiffe weg,
die mit Waaren beladen aus Sicilien und andern Ländern
nach der Heimath ſegelten.“

Etliche Jahre ſpäter kam [3]) es zwiſchen Saracenen
und Venetern bei dem kleinen dalmatiniſchen Eiland San-
ſego, weſtlich von der Inſel Luſſin, zu einem zweiten Seetreffen, in welchem die Veneter abermal beſiegt wurden.
Und nun ſchlugen auch die Südſlaven, ermuthigt durch die
wiederholten Niederlagen der Nachbarn von Neuem los.
Sie fuhren mit ihren Raubſchiffen mitten in's Seeland
hinein, griffen Caorle an und verheerten die Stadt; weiteren Schaden aber vermochten ſie wegen des Wieder-

---

[1]) Farlati Illyricum sacrum III., 14 a.
[2]) Pertz VII., 17.
[3]) Ibid. 18.

standes der Veneter nicht anzurichten [1]). Eine wohlthätige
Folge dieser Schläge war, daß der Doge auf eine bessere
Einrichtung des Seewesens hinzuarbeiten begann. „Peter
Trandonico und sein Sohn Johann," sagt [2]) Dandolo,
„erbaute zum Schutze des Gebiets nach griechischem Vor=
bild zwei Kriegsschiffe, welche man Chelandria nannte und
welche bis dahin noch nie im Gebrauche bei den Venetern
gewesen waren." Eine Stelle aus der Chronik des Merse=
burger Thietmar gibt Aufschluß über die von den Dogen
vorgenommene Aenderung. Derselbe bemerkt [3]) aus Ge=
legenheit der Schlacht von Capo Stibe: „Salandria sind
griechische Schnellsegler von ungewöhnlicher Länge, mit
zwei Reihen Ruderbänken auf jeder Seite und mit einer
Bemannung von 150 Seeleuten."

Das Wort lautete [4]) im Griechischen Χελάνδιον oder
Κελάνδιον und bezeichnete die größte Art der damals bei
den Byzantinern üblichen Kriegsschiffe. Meines Erachtens
hatten die Veneter bis dahin keine besondere Kriegsflotte,
sondern je nach Bedarf wurden gewöhnliche Handelsschiffe
für den Kampf ausgerüstet. Noth zwang jetzt von dem
alten Herkommen abzugehen und für Errichtung einer eigent=
lichen Marine Sorge zu tragen, deren Erstlinge jene bei=
den Chelandien waren. Bischof Liutprand berichtet [5]), die
byzantinischen Chelandien seien in der Regel mit griechi=
schem Feuer bewaffnet gewesen. Allem Anscheine nach gilt
dieß auch von den Chelandien Peters Trandonico und

[1]) Pertz VII., 18. und Muratori XII., 177.
[2]) Muratori XII., 179.
[3]) Pertz III., 766.
[4]) Ducange sub voce Chelandium.
[5]) Pertz III., 329 unten.

liefert dann einen neuen Beleg für seine enge Verbindung mit dem griechischen Osten. Die Vermuthung drängt sich auf, daß seit Erbauung der Chelandien ein Theil des Heeres für den Seedienst abgerichtet worden sein dürfte. Unten werde ich zeigen, daß Doge Tradonico über eine besondere, nur von ihm abhängige, jedoch wahrscheinlich kleine Streitmacht verfügte.

Auch bezüglich der inneren Entwicklung des Seelandes unter dem Ducat Peters Tradonico ertheilt Dandolo einige Nachrichten: „nach dem Tode des Patriarchen Victor (der auf den früher erwähnten Venerius folgte) ward 854 Vitalis, aus dem Hause Participazzo, auf den Stuhl von Grado erhoben." Ob der Doge wohl einen Participazzo gerne als Patriarchen sah? Schwerlich! sondern er wird, weil die Participazzo durch ihren Familieneinfluß den Wahlakt beherrschten, außer Stande gewesen sein, die Erhebung des Vitalis zu verhindern. Man begreift jetzt, daß und warum die Participazzo bald wieder des Ducats sich bemächtigen konnten. Seinerseits traf Peter Tradonico Anstalt, andere Stühle des Seelandes mit Anhängern zu besetzen. Dandolo sagt [1]): „auf Betreiben des Dogen, erhielt Dominicus, gebürtig aus Stadt-Venedig, das Biethum Olivolo; denn derselbe war ein Verwandter des Dogen."

In die ersten Jahre Tradonico's — 840 — fiel der Tod des abendländischen Kaisers Ludwigs des Frommen. Italien und die Kaiserkrone erbte bekanntlich der Erstgeborne des Verstorbenen, Lothar, der, weil er mit seinen Brüdern, Ludwig dem Deutschen, und Carl dem

---

[1]) Muratori XII., 181.

Kablen, in heftigstem Streite lag, sich den Rücken dadurch
zu sichern suchte, daß er kurz vor dem Tode seines Vaters
ein freundliches Uebereinkommen mit den Venetern schloß.
„Auf den Antrag des Dogen Peter Trandonico," schreibt [1])
Dandolo, „bestätigte Kaiser Lothar für die Dauer von
fünf Jahren die Verträge, welche seit längerer Zeit
zwischen den Venetern und ihren der Hoheit des abendländischen Reichs unterworfenen Nachbarn bezüglich der
Rechtspflege und der Entrichtung von Zöllen bestanden,
auch die Grenzen Venetiens gegen das italienische Reich
regelte er neu und bekräftigte zugleich die in den Tagen
des ersten Dogen Pauluzzo für das Gebiet von Citta nuova
(Heracliana) festgesetzten Marken." Dandolo theilt sofort
die an einem andern Orte schon erwähnte Urkunde vom
23. Februar 840 mit, welche Kaiser Lothar zu Gunsten
Venetiens ausstellte.

Dieselbe verfügt, daß der Doge, der Patriarch von
Grado, die Bischöfe, auch das Volk Venetiens ungestört
alles auf dem Boden des italienischen Festlands (oder des
fränkischen Reichs) erworbene Eigenthum in gleichem Umfange besitzen sollten, wie sie ihnen zur Zeit Carls des
Großen durch den mit den Griechen geschlossenen Staatsvertrag (von 810) zugesichert worden seien. Nothwendig
folgt aus diesen Worten, daß Lothar die Hoheit über die
istrischen Bisthümer, welche durch die Synode von Mantua
827 dem Erzstuhle Grado entzogen worden war, an das
venetische Patriarchat zurückgegeben haben muß. Allein
eine Urkunde [2]) des Kaisers Ludwig II., der 855 seinem

---

[1]) Muratori XII.. S. 176.
[2]) Bernardus de Rubeis, Monum. ecclesiae Aquilej. S. 439.

Vater, Lothar, folgte, ist vorhanden, welche meldet, daß
Lothar für immer Istrien dem Erzstift Aquileja zuge=
ordnet habe.

Scheint es nicht, daß beide Pergamente einander ge=
radezu widersprechen? Nein, dem ist nicht so: man muß
zwischen den Zeiten unterscheiden. Ausdrücklich sagt Dan=
dolo, daß von Kaiser Lothar jene älteren Verträge nur
für die Dauer von fünf Jahren bestätigt worden seien. Das
Gleiche gilt auch von den Bestimmungen der unter dem
23. Februar ausgestellten Urkunde. Nach Beendigung des
fränkischen Bürgerkriegs, und als die fünf Jahre abgelaufen
waren, erneuerte Lothar die Bestätigung nicht mehr, son=
dern vergab Istrien an das Patriarchat Aquileja. Als=
bald brachen zwischen beiden Erzstühlen die alten Streitig=
keiten wieder aus, deren auch Dandolo gedenkt. Er sagt
nämlich, da die Patriarchen Andreas von Aquileja und
Venerius von Grado in Zwist mit einander gerathen
waren, lud Papst Sergius II. (844—847) beide nach Rom
ein, um sie auszusöhnen, aber Sergius konnte das Werk
nicht vollbringen, weil er durch den Tod daran verhin=
dert ward.

Die Bulle [1]) ist auf uns gekommen, welche Sergius
in dieser Sache an Andreas von Grado erließ! Man er=
sieht aus ihr, daß der Papst beide auf den 11. November
846 nach Rom beschieden hatte. Der Streit, den der
Papst schlichten wollte, muß nicht lange vorher — 15 bis
16 Monate — entbrannt sein, was genau mit der obigen
Berechnung übereinstimmt und ein neuer Beweis für die
Glaubwürdigkeit Dandolo's ist. Alles, was er in seiner

---

[1]) Jaffé. Nro. 1968.

Chronik über Dinge, welche Venedig betreffen, vorbringt, hat er aus Urkunden geschöpft, dagegen sind allerdings seine Nachrichten bezüglich der Geschichte anderer benachbarter Völker da und dort fabelhaft.

Nachdem Lothar im September 855 zu Prüm gestorben war, folgte ihm in Italien der Erstgeborne Ludwig II., während Lothringen und Burgund an die beiden jüngeren Söhne Lothar II. und Carl fielen. Obgleich Ludwig den Kaisertitel fortführte, erhellt aus seinem Benehmen gegen Venetien, wie sehr die Macht der Carolinger sank: der Namenkaiser buhlte um die Gunst des Dogen. Dandolo fährt [1]) fort: „Nachdem ein Gesandter Peter Tradonico's im Hoflager Ludwigs zu Mantua erschienen war, erneuerte der Kaiser die alten Verträge Carls des Großen, betreffend die Güter, welche Volk und Clerus Venetiens auf dem Boden des italischen Reiches besaß. später erstattete Ludwig mit seiner Gemahlin, der Kaiserin, den Dogen einen Besuch zu Brondolo ab, wo die hohen Gäste ein glänzender Empfang erwartete. Um die Freundschaft noch stärker zu befestigen, hob der Kaiser den neugebornen Sohn des jüngeren Dogen Johann aus der Taufe". In ähnlicher Weise hat gegen Ende des 10. Jahrhunderts der Sachse Otto III. die Dogen Venedigs durch Gevatterschaften zu gewinnen gesucht. Wer eine große Rolle in der Welt spielen will, ohne wahre Macht entfalten zu können, muß schmeicheln. Ludwig II. war nicht im Stande, die Küsten Italiens gegen Raubflotten der Saracenen und Südslaven zu schützen, nur der Doge Venetiens vermochte solches, mittelst der aufblühenden See-

---

[1]) Muratori XII., 180.

macht seines Landes. Es ist daher in der Ordnung, daß
der Kaiser dem Herzoge gute Worte gab.

Die Byzantiner brauchten nicht mehr zu fürchten, daß
ihnen Venetien durch die Franken abspänstig gemacht werde.
Andererseits traten im Seelande Gesinnungen hervor,
welche sicherlich zu Constantinopel wenig gefielen. Im
Jahre 863 hielt Papst Nicolaus I. zu Rom eine Synode,
auf welcher er den Bannfluch wider den byzantinischen
Patriarchen Photius verhängte [1]. Eben dieser Kirchenversammlung wohnte [2], laut dem Zeugnisse Dandolo's, auch
der 854 eingesetzte Patriarch von Grado, Vitalis I. Participazzo an, und unterschrieb die Beschlüsse. In der That
liegt eine Bulle [3] des ersten Nikolaus vom Jahre 863
vor, kraft welcher er den Patriarchen Vitalis nach Rom
zum Concile berief. Mußte nun nicht Peter Tradenico
fürchten, daß man am griechischen Hof die Mitschuld der
That des Patriarchen auf ihn wälze. Allerdings mag der
Doge die Sache so angesehen haben, aber seine Macht
reichte nicht aus, um das geistliche Haupt Venetiens auf
andere Wege zu bringen.

Selbst den Herzogstuhl hat Peter Tradenico von
nun an nur noch kurze Zeit behauptet. Im Jahre 863
starb sein Sohn Johann, der jüngere Doge, eines natürlichen Todes. Ein Jahr später — 864 — ward Peter
durch venetianische Verschworene ermordet. Mitglieder der
angesehensten Geschlechter Venetiens waren unter denselben:
ein Gradenico, ein Candiano, ein Calabrisino, ein Faledro
u. s. w.

---

[1] Jaffé. S. 242.

[2] Muratori XII., 181. vergl. mit Pertz VII., 18.

[3] Jaffé. Nro. 2074.

Keiner der Mörder zog Nutzen aus der That, sondern alle büßten mit Hinrichtung oder Verbannung; den
erledigten Herzogsstuhl aber bestieg Orso II. aus dem
Hause Participazzo. „Nachdem das Verbrechen an
Trandonico verübt worden war", schreibt Dandolo, „kehrten die Sklaven [1]) (oder Diener), die ihn umgeben hatten,
in den herzoglichen Palast zurück, und erließen an das Volk
eine Botschaft des Inhalts, wenn man nicht die Mörder
des Dogen gebührend bestrafe, seien sie entschlossen, den
Palast nicht zu räumen. Wirklich wurden drei Richter
ernannt, nämlich Peter, Bischof von Jesolo, Johann, Archi-
diakon von Grado, dann (der Laie) Dominicus Majono,
und erst auf einen Urtheilspruch hin, den diese Richter fäll-
ten, verließen jene Diener den Palast und erhielten anderswo eine Versorgung, man siedelte nämlich zwei Drittheile
derselben auf der Insel Poweglia an, ein weiteres Drittheil,
verlegte man an die Gränzen des venetischen Gebiets.
Seitdem ist der Gebrauch aufgekommen, daß als Zeichen
der Verzeihung, welche den Dienern Trandonico's für die
damals bewiesene Widersetzlichkeit bewilligt worden, alljährlich der Doge von Venedig dem Amtmann [2]) von Poweglia
und den sieben Aeltesten der dortigen Gemeinde am Oster-
dienstag den Friedenskuß gibt".

Was waren das für Diener oder Sklaven, die den
Herzog umgaben, die nach seiner Ermordung dem ganzen
Volke erklärten, daß sie nur auf Bedingungen hin den
Palast übergeben werden, die man endlich theils auf einer
Insel anzusiedeln, theils nach den Gränzen zu verlegen für

---

[1]) Die Worte des Textes lauten: servi qui cum eo erant.
[2]) Castaldio Pupiliae.

gut fand? Das kann nur eine bewaffnete Leibwache, eine
Schaar herzoglicher Haustruppen gewesen sein, welche allem
Anschein nach aus gekauften Sclaven bestand. Helleres
Licht fällt auf die Sache durch eine zweite Stelle, aus
welcher hervorgeht, daß auch Doge Orso Participazzo eine
solche Leibwache hielt. Dandolo sagt[1] nämlich: „unter
dem Dukate Orso's wurde die Insel Dorsoduro gewissen
Heiden[2] zum Wohnsitze angewiesen, welche zum Dienste
des Herzogs bestimmt waren und welche man Gefreite des
herzoglichen Hauses nannte. Noch heute sind Alle, welche
in jenem Viertel wohnen, Fischer und Vogelfänger, verbunden, alljährlich von ihrem Erwerb Tribut an den Herzog zu entrichten.“

Venedig war eine christliche Stadt, Heiden stand
daher kein Wohnrecht zu. Gleichwohl machte man eine
Ausnahme mit solchen, die dem Herzoge als Leibwache
dienten. Eben diese Heiden aber können nur als Sklaven
und durch Kauf nach Venedig gelangt sein. Weil sie ein
Recht genossen, das keinem andern Nichtchristen bewilligt
ward, nannte man sie Gefreite des herzoglichen Hauses[3].
Ich habe oben[4] die Gründe entwickelt, weßhalb seit der
Mitte des 9. Jahrhunderts der Parteigeist in Venetien
freieren Spielraum erhielt als in früheren Zeiten. Insbesondere treten die Parteien unter Tradonico hervor.
Alte Zusätze zur Chronik Dandolo's, die unverkennbar aus
Urkunden geschöpft sind, melden[5]: „Zu den Tagen des

[1] Muratori XII., S. 188.
[2] Gentibus aliquibus.
[3] Excusati ducatus.
[4] S. 181 ff.
[5] Muratori XII., 175. Note d.

Dogen Tradonico entstand wüthendes Zerwürfniß unter sechs der edelsten Geschlechter, einer Seits den Pollani, den Justiniani und den Brapalii, anderer Seits den Barbulani, Silvii und Isteili. Der Doge aber, arglistig, wie er war, schürte das Feuer. Eines Tags fielen die Justiniani verbunden mit ihren Genossen über die Gegner her, erschlugen mehrere und vertrieben die Uebrigen aus dem Lande. Die Verbannten entflohen zu Kaiser Ludwig (dem Frommen), der durch seinen Einfluß zu Wege brachte, daß sie mit Einwilligung der Justiniani, Pollani und Brapalii wieder in die Heimath zurückkehren durften. Sie haben sich seitdem auf dem Eiland Dorsoduro (einem Quartier von Stadt Venedig) niedergelassen."

Unter solchen Umständen konnte der Doge seine Stellung nur dadurch behaupten, daß er für sich selbst eine Leibwache errichtete, dagegen die Parteien, durch kluge Verhetzung der einen wider die andere, gegenseitig zerrieb und im Gehorsam erhielt.

Im Uebrigen erhellt sowohl aus den oben mitgetheilten Stellen als auch aus andern, daß von Anfang an eine tiefe Kluft zwischen verschiedenen Klassen venetischer Bevölkerung, zwischen Altbürgern oder Adeligen und zwischen Unterthanen bestand. Die Nachkommen der auf Poveglia angesiedelten Leibwächter gehorchten Gastalden oder Amtleuten — einem aus dem lombardischen Festlande nach den Inseln verpflanzten Institute. Die Altbürger dagegen erkannten nur selbstgewählte Tribune, die so häufig erwähnt werden, als ihre Obrigkeit an. Ferner bezahlten Jene Tribut an die herzogliche Kammer und zwar von den niedrigen Gewerben, die sie betrieben, d. h. von der Fischerei und dem Vogelsang; denn Grundeigenthum besaßen sie

keines. Noch an einem andern Orte spricht Dandolo von
Venetern gleicher Art. „Doge Peter, genannt der Tribun,"
sagt [1] er, „verlieh (um 900) den Einwohnern der beiden
Inseln Chiozza einen Gnadenbrief, kraft dessen er ihre Mar-
kung neu regelte, und zugleich die Abgaben oder Dienste
bestimmte, welche sie der herzoglichen Kammer leisten mußten". Dagegen findet sich vor 970 keine Spur von eigentlichen Steuern, welche die Altbürger oder die großen Kaufherren bezahlt hätten. In älteren Zeiten rüsteten sie wohl
bei Ausbruch von Kriegen ihre Handelsschiffe zum Dienst
des Gemeinwesens aus. Später nach Aufkommen der Marine werden sie, denke ich, Zölle entrichtet haben. Denn
eine Kasse muß seitdem errichtet worden sein, aus welcher
man die Kosten der Seemacht bestritt. Mit Nichts baut
und erhält man keine Chelandien. Erst gegen Ende des
10. Jahrhunderts und nach Einführung einer eigentlichen
Landesvertretung taucht, wie ich später darthun werde, eine
Vermögenssteuer auf, welche die Vollfreien zahlen mußten
und welche in dem Zehntel des jährlichen Einkommens
bestand.

Der Doge selbst lebte nicht in der Weise neuerer
Fürsten von den Einkünften des Thrones, auf dem er saß,
sondern er trieb, wie ich unten zeigen werde, gleich andern
vornehmen Venetern Handel. Die Einkünfte der Kammer
gingen für die Bedürfnisse des Staates auf und nicht selten muß es geschehen sein, daß der Doge aus seinem eigenen
Vermögen zusetzen mußte; Fälle kamen vor, daß man Bewerber [2] bloß wegen ihres Reichthums auf den Herzog-

---

[1] Muratori XII., S. 195.

[2] Wie den Tribun Memmo im Jahre 979. Siehe unten.

stuhl erhob. Zuversichtlich aber darf man annehmen, daß
das kleine, zu dem Dienste des Gemeinwesens in Gestalt
einer herzoglichen Leibwache errichtete Heer, das meines
Erachtens hauptsächlich aus erkauften heidnischen Kroaten
bestand, vorzugsweise auf den Seekrieg eingeübt worden ist.
Die großen Erfolge, welche Doge Orso, zum Theil schon
sein Vorgänger errang, setzen eine gute Organisation voraus.
Das wilde Feuer des Kroaten — wer kann läugnen, daß
dieser Stamm vortrefflichen Zeug zum Soldaten besitzt —
hat, geleitet von venetianischer Klugheit, das Meiste für
die Größe des Lagunenstaats gethan.

Der mit den Dienern des ermordeten Dogen Peter
Tradenico abgeschlossene Vertrag ist buchstäblich gehalten
worden. „Die aufgestellten besonderen Richter" sagt [1])
Dandolo, „verurtheilen den einen Theil der Mörder zur
Verbannung nach Byzanz, den andern zur Verweisung
nach Francien. Nur ein Einziger durfte (— wahrscheinlich
durch Familien-Einfluß geschützt) im Lande verbleiben; den
aber packte der Teufel". Das heißt wohl: er verfiel in
Wahnsinn. Meines Erachtens sind diese Worte nicht so zu
deuten, als hätten die Richter ausdrücklich bestimmt, der
und der müsse nach Francien, jener und dieser aber nach
dem griechischen Osten wandern; denn die Richter besaßen
über die Verurtheilten nur so lange Gewalt, als letztere
auf dem Boden Venetiens weilten; über Francien dagegen
und Griechenland übten sie keine Gerichtsbarkeit, und konn=
ten daher die Verwiesenen auch nicht zwingen, im Auslande
einen bestimmten Ort zu wählen: — sondern die Richter
sprachen einfach das Urtheil der Verbannung; und jeder

---

[1]) Muratori XII., 182.

der Verurtheilten ging dann, wohin es ihm beliebte, die
einen nach Francien, die andern nach Griechenland. Fast
das ganze Parteiwesen Venetiens drehte sich um die entgegengesetzten Pole dieser beiden Großmächte, die unaufhörlich das Seeland in ihren Kreis zu ziehen strebten. Diejenigen von den Verbannten, welche in Francien leichter
Glück und Befriedigung der Rache zu finden hofften, wandten sich über die Alpen, die Andern fuhren nach Osten.

Siebzehntes Kapitel.

Der Doge Orso und sein Streit mit dem Patriarchen Peter von Grado. Verbot des Sclavenhandels.

Die Regierung des neuen Dogen Orso Participazzo
war eine kriegerische. Dandolo erzählt [1]): „Orso lief mit
der Seemacht gegen den Fürsten der Südslaven, Domagoi,
aus, der in vorigen Zeiten den Venetern Schaden zugefügt
hatte. Der Slave wagte jedoch keinen Kampf, sondern
unterwarf sich den Bedingungen, welche der Doge vorschrieb,
stellte Geißeln, leistete Schadenersatz und triumphirend
kehrte der Doge zurück". Dandolo bestimmt die Zeit nicht,
und man kann dieselbe nur aus der Reihenfolge errathen,
in welcher er die Ereignisse aufführt. Der erste Zug
gegen die Slaven scheint noch in das Jahr 864 oder 865
zu fallen. Weiter berichtet [2]) derselbe Zeuge: (um 870)
„segelte Orso mit seiner Flotte gen Tarent, in dessen Nähe

------

[1]) Muratori XII., 182.
[2]) Ibid. S. 184.

die Seemacht der Saracenen lag, griff den Feind an und errang einen herrlichen Sieg".

Gleichwohl wagten die Saracenen etwa sechs Jahre später einen Schlag gegen Grado, doch nicht ungestraft. Dandolo fährt [1]) fort: „Die Saracenen überfielen die Stadt Grado, richteten jedoch trotz zweitägiger Berennung nichts aus, weil die Einwohner tapferen Widerstand leisteten. Als nun Doge Orso Nachricht hievon erhielt, schickte er seinen Sohn Johann mit einer Flotte den Gradensern zu Hilfe. Allein die Feinde warteten Johanns Ankunft nicht ab, sondern wandten um und verheerten auf der Heimfahrt die Stadt Comacchio". Dandolo fügt bei, kurz darauf sei Orso's Sohn Johann von den Venetern aus Dankbarkeit für die geleisteten Dienste zum Mitdogen erwählt worden.

Geschreckt durch die steigende Macht Venedigs hatten die Südslaven in der letzten Zeit Frieden gehalten, d. h. wider Bürger des Seelandes keinen Raub mehr verübt. Dagegen fuhren sie fort, andere Nachbarn zu plündern. Aber auch dieß duldete [2]) der Doge Orso Participazzo nicht mehr: „die Slaven waren in Istrien gelandet und verheerten die Städte Umago, Cittanuova, Cervere, Rovigno [3]). Als dieß der Doge erfuhr, segelte er mit 30 Schiffen hinüber, griff die Räuber an und schlug sie so, daß nur wenige entkamen. Alles den dortigen Kirchen geraubte Eigenthum gab er denselben zurück, die gefangenen Dalmatiner

---

[1]) Muratori XII., 186.

[2]) Ibid. und Pertz VII., 20.

[3]) Alle vier liegen der Reihe nach in der Richtung von Norden nach Süden auf der Westküste Istriens.

aber ließ er frei, weil zwischen Venetern und Jenen eine Uebereinkunft des Inhalts bestand, gegenseitig Niemand der Freiheit
zu berauben. Gleichwohl glaubten sich die Dalmatiner durch
das Einschreiten des Dogen verletzt, und brachen den früher abgeschlossenen Frieden; doch ward derselbe, nach dem
kurz darauf erfolgten Tode des Slavenherzogs Domagoi
erneuert, wobei aber der Doge ausdrücklich die Croaten
der Narenta, als die hartnäckigsten Feinde der Veneter,
ausnahm. Gegen diese entsendete Orso ein Heer, das sie
züchtigte".

Istrien war damals, wie ich unten zeigen werde,
noch immer zwischen den Franken und Venetern, oder wenn
man so will, zwischen den Patriarchenstühlen Aquileja und
Grado strittig. Gleichwohl ist nicht anzunehmen, daß im
Augenblicke des Einfalls der Slaven die obgenannten
Städte, welche von den Räubern geplündert wurden, dem
Dogen gehorchten, denn wäre dieß der Fall gewesen, so
würde Orso sicherlich die Gefangenen nicht freigelassen,
sondern wegen Vertragsbruchs zur Rechenschaft gezogen
haben. Wenn gleichwohl Orso die Istrier wie Schutzbefohlene behandelte, so geschah dieß offenbar, um die gute
Meinung des Landes zu gewinnen, und dadurch die künftige Herrschaft Venetiens über die Halbinsel vorzubereiten,
was wirklich den nächstfolgenden Dogen gelungen ist.

Im Februar 882 hielt der deutsche Carolinger Carl
der Dicke, welcher, im Frühling 881 von Papst Johann VIII. zum Kaiser gekrönt, als der letzte seines Stammes — obwohl nur auf kurze Zeit — die Einheit des
fränkischen Weltreichs herstellte, Hof zu Ravenna [1]). Laut

---

[1]) Böhmer, Regest. Carol. Nro. 936 ff.

dem Zeugnisse Dandolo's erneuerte eben derselbe am genannten Ort die alten zwischen den Venetern und den benachbarten Insassen des italischen Reichs bestehenden Verträge auf weitere drei Jahre und bestimmte weiter, daß
hinfort beide, Veneter und die Italiener der Seeküste, gemeinschaftlich Anfälle slavischer Räuber abwehren sollten.
Das heißt, meines Erachtens, der Carolinger, der so
wenig als seine lombardischen Unterthanen über eine Seemacht verfügte, erkannte durch die That an, daß nur Benedig die Mittel besitze, die Slaven im Zaume zu halten,
und übertrug die Vertheidigung der italischen Ostküste dem
Dogen des Seelands.

Unverkennbar ist, daß Dandolo obige Nachricht einer
Urkunde entnahm, aber wenn Orso's Name wirklich in
derselben stand, folgt, daß der Doge, dessen Tod Dandolo
in's Jahr 881 versetzt, erst ein Jahr später gestorben
sein kann.

Bis gegen das Ende der Verwaltung Orso's hin
findet sich weder bei dem Chronisten Johann, noch in
Dandolo's Werke eine Andeutung, daß der byzantinische
Hof Verkehr mit dem Dogen pflog. Jetzt erst, nachdem
Orso durch seine Waffenthaten Feinden und Freunden
Schrecken oder Achtung abgenöthigt hatte, kam ihm der
Basileus mit Gunstbezeugungen entgegen. Dandolo be-
richtet [1]): „der griechische Kaiser Basilius überschickte dem
Dogen die Bestallung zum Protospatarius und reiche Ge-
schenke. Dankbar für diese Ehre erwiderte sie Orso
durch die Gabe von zwölf großen Glocken. In Griechen-
land waren nämlich bis dahin Glocken unbekannt, und jetzt

---

[1]) Muratori XII., 187. vergl. mit Pertz VII., 21.

erst kamen sie in Gebrauch." Das scheint im letzten Jahre
Orso's geschehen zu sein. Unter seinen Söhnen, die dem
Vater auf dem herzoglichen Stuhle folgten, werden gar
keine Beziehungen zwischen dem griechischen Hofe und Venetien erwähnt, während nach ihnen die alten freundschaft-
lichen Verhältnisse wiederhergestellt erscheinen. Was folgt
nun aus diesen Thatsachen? meines Erachtens dieß, daß
Orso im Anfange seines Ducats mit den Griechen gebrochen hatte, weil er sein Geschlecht durch sie verletzt
glaubte. Unsere oben entwickelte Darstellung, laut welcher
Doge Johann Participazzo, Orso's Stammsippe, von dem
Basileus aufgeopfert worden war, wird demnach durch
den Erfolg bestätigt.

Auch Werke des Friedens unternahm Orso. Dandolo
sagt [1]): „der Doge errichtete einen Palast in der Stadt
Heracliana, aus welcher seine Vorfahren stammten, desgleichen traf er Anstalt, daß auf Rialto Sümpfe trocken-
gelegt und neue Häuser auf der Ostseite erbaut wurden,
auch vereinigte er die Insel Dorsoduro mit Stadt-Venedig.
Seit alter Zeit herrschten Zwistigkeiten zwischen den Venetern und denen von Friaul. Orso legte dieselben durch
Abschluß eines Vertrags bei, welcher folgende Bestimmungen enthielt: Patriarch Walpert von Aquileja verspricht,
den Erzstuhl von Grado nicht mehr zu belästigen, noch
die Rechte desselben anzutasten. Andererseits macht sich
Doge Orso für die Dauer seines Lebens verbindlich, den
Friaulern freien Gebrauch des Hafens Pilus zu gestatten,
wogegen er ausbedingt, daß jene ihn als Dogen anerkennen,
den Handel der Veneter bezüglich des Einkaufs, wie des

---

[1]) Muratori XII., 188.

Verkaufs von Waaren nicht gegen das Herkommen beschatzen, daß sie ferner die vier Kaufhallen, welche der Doge auf dem Marktplatze von Aquileja besitzt, als sein Eigenthum schützen, auch von den Handelsgeschäften, welche Orso auf eigene Rechnung macht, keine Zölle erheben."

Abermal sieht man, daß Dandolo, was er bezüglich des Vertrags sagt, aus einem Aktenstücke schöpfte. Laut einer andern Urkunde [1] ist die fragliche Uebereinkunft im Jahre 880 abgeschlossen worden. Orso Participazzo hat demnach Handel getrieben, nachdem er schon 16 Jahre lang Doge von Venedig war, und wußte die Sache so einzurichten, daß er da und dort keinen Zoll bezahlte, während die übrigen Veneter ihre Waaren versteuern mußten. Obgleich der Vertrag von 880 den Stuhl von Grado gegen Angriffe von Aquileja sicher stellte, ist ersterem keineswegs Istrien zurückgegeben worden. Vielmehr sind Beweise [2] vorhanden, daß Walpert von Aquileja nicht nur über Istrien, sondern sogar über das ferne Dalmatien Metropolitanhoheit übte. Aus Ehrsucht hatte er nämlich mit dem Constantinopolitaner Photius gemeine Sache gegen Papst Johann VIII. gemacht, und als Lohn für diesen Verrath waren ihm von dem Basileus die Kirchen Dalmatiens untergeordnet worden.

Noch ist übrig, daß ich über eine merkwürdige kirchliche Verwicklung berichte, welche unter dem Ducate Orso's eintrat. Derselbe gerieth mit dem Patriarchen Peter von Grado in einen Streit, welcher wie ein Vorspiel des Kampfes zwischen Gregor VII. und Heinrich IV. von

---

[1] Bernardus de Rubeis, Monum. eccles. Aquilej. S. 449.
[2] Ibid. S. 451.

Deutschland sich gestaltete. Mehrfach habe ich Gelegenheit gehabt, zu zeigen, daß von den Anfängen des venetischen Gemeinwesens an daselbst der Grundsatz herrschte, den Clerus zur Stellung von Staatsdienern herabzudrücken; die Bischöfe des Seelands, meist Söhne oder Vettern der herrschenden kaufmännischen Geschlechter, boten hiezu willig die Hand. Aber unter Orso gelangte ein großer Mann, einer von den Geweihten, auf den Stuhl von Grado, der sich nicht mißbrauchen ließ. Leider schlüpft Andreas Dandolo mit wenigen Worten über die Sache weg, welche seinem persönlichen Geschmacke widerstrebte. Denn derselbe war so ganz Benetianer, daß er die Unterdrückung der Clerisei in der Ordnung fand, und in diesem einen Punkte — sonst ist er grundgescheidt — wie ein Byzantiner oder wie ein Berliner von Heute urtheilte.

Ich will zwei Beispiele geben. Ehe er die oben angeführte Urkunde mittheilte, kraft welcher die Dogen Angelo und Justinian Participazzo, 819 dem Patriarchen von Grado die Aufsicht über das Kloster S. Hilarius entzogen, schickt er mit wahrem Behagen folgende Worte [1] voran: „aus nachfolgendem Pergamente kann man auf's Deutlichste ersehen, daß dem Dogen von Benetien (und nicht dem Patriarchen oder dem Papste) die Gerichtsbarkeit über den Clerus des Landes zusteht." Ja wohl! die Patriarchen und Bischöfe Benetiens mußten tanzen, wie ihnen Anfangs der Doge und später die Signoria aufspielte; aber die Welt kennt auch die Folgen davon, nämlich daß die Republik Benedig, die einst so groß war, wie

---

[1] Muratori XII., 165: privilegium. per quod ducalis jurisdictio super clericos evidentissime probatur.

ein ausgebrannter Krater endete. Ein solcher Untergang
blüht allen Denen, welche den Gegensatz zwischen geistlicher
und weltlicher Gewalt, der zum Heile der Welt bestehen
muß, freventlicher oder liederlicher Weise vernichten. Ferner vergißt sich Dandolo so weit, daß er die Fabel von
der Päpstin Johanna, die während eines kirchlichen Um-
zugs auf der Straße geboren haben soll, eines der bos-
haftesten, aber auch der dümmsten Mährlein, welche je
Feinde der christlichen Kirche aussheckten, in seine Chronik
aufnahm [1]).

Ausführlichere Nachrichten, als Dandolo, gibt Chronist Johann. Sonst besitzen wir noch mehrere Akten aus
der römischen Kanzlei, die sich auf jenen Streit beziehen.
Patriarch Vitalis war 873 gestorben [2]), nun wurde ein
Mann ohne Ahnen, Namens Petrus, der aber die Achtung
Aller genoß, zum Nachfolger gewählt. „Diakon Peter,"
sagt [3]) der Chronist, „führte ein heiliges Leben, auch verstand er die Grammatik sehr gut." Man glaube nicht,
daß letzterer Satz ein müßiger sei. In der zweiten Hälfte
des neunten und in der ersten des zehnten Jahrhunderts
geschah es, daß beim Clerus die schmähliche Unwissenheit
des Lateinischen einriß, welche namentlich in den italienischen Chroniken und Urkunden jener Zeit so widerlich hervortritt. Allerdings fällt der fragliche Flecken großen Theils
dem Mangel an Mitteln der Bildung zur Last, allein wer
wahren Beruf zum Cleriker hat, wird stets im Stande
sein, durch eigene Anstrengung die fehlenden Hilfsmittel

---

[1]) Muratori XII., S. 179.
[2]) Pertz VII., 47.
[3]) Ibid. 19.

zu ersetzen und wäre es auch nur durch stetes Lesen des
Breviers. Geistliche, welche keine gehörige Kenntniß des
Latein besitzen, erregen ein schlimmes Vorurtheil wider ihre
Tugend.

Der Chronist fährt fort: „als Peter merkte, daß
man ihn zum Patriarchen machen wollte, entfloh er nach
dem Festlande Italiens hinüber, und ward nur durch die
dringendsten Bitten vermocht, daß er zurückkehrte und die
Würde annahm." Bald gerieth er mit dem Dogen Orso
in Streit, und warum? „Im Kloster von Altino lebte ein
Abt, Dominicus, der früher als bloßer Mönch, weil ihn
eine kirchliche Strafe wegen Unkeuschheit traf, sich selbst
entmannt hatte, und nach Spoleto entflohen war." In der
griechischen Kirche, der unreinen und knechtischen, kam gegen
das neunte und zehnte Jahrhundert der Gebrauch in
Schwung, daß man Knaben, welche für den geistlichen
Beruf bestimmt waren, vorher verschnitt. Die Bulle des
Fluchs, welche Cardinal Humbert und Genossen, als Le=
gaten des Papstes Leo IX., Samstag, den 16. Juli 1054,
auf den Hauptaltar der Sophienkirche niederlegten, ent=
hält [1]) unter Anderem den Vorwurf, daß die Griechen
Hämmlinge zum Bisthum befördern. Der Greuel muß
also häufig und verbreitet gewesen sein. Bekanntlich duldet
ihn die lateinische Kirche nicht, denn nach ihrer Lehre und
Praxis soll die Keuschheit des Clerikers nicht ein todtes
Werk des Messers, sondern eine That freier Tugend sein.

Der venetianische Adel dagegen betrachtete die Sache
mit byzantinischen Augen. Obgleich landflüchtig und ein
Verschnittener, wurde Dominicus — offenbar durch Fami=

---

[1]) Gfrörer, K. G. III., 321.

lieneinfluß — zum Abt von Altino erhoben, und als durch
den Tod des Bischofs Senator, von Torcello der dortige
Stuhl erledigt worden war, wollte ihn Doge Orso gar
zum Nachfolger einsetzen. Aber Patriarch Peter widersprach
und verweigerte die Weihe. Hier mit diesem Punkte werden die Nachrichten, welche Chronist Johann mittheilt,
lückenhaft. Er sagt [1] blos: „als der edle Patriarch den
Abt wegen Ungehorsams bannte, verlor er die Gunst der
Dogen und entwich nach Istrien." Weiter unten berichtet
er dann: „aus Grado kehrte der Herr Patriarch nach
Rialto (Stadt-Venedig) zurück, und weilte dort ein ganzes
Jahr. Da er aber keinen Frieden vom Dogen in Betreff
des Erwählten von Torcello erlangen konnte, entfloh er,
außer Standes versetzt, längeren Widerstand zu leisten,
heimlich aus Venetien nach Rom zu Papst Johann VIII.,
der ihm Schutz gewährte und den Flüchtling ein Jahr
lang bei sich behielt."

Das sieht so aus, als habe der Patriarch fortwährend mit dem Dogen unterhandelt. Allein aus den römischen Urkunden, von denen sogleich die Rede sein wird,
erhellt erstlich, daß es zum förmlichen Bruche zwischen dem
Dogen und dem Patriarchen kam, zweitens, daß mehrere
Bischöfe der Inseln ihre Pflichten gegen die Kirche so weit
vergaßen, um mit dem Dogen gemeine Sache wider ihr
geistliches Haupt zu machen, drittens, daß Orso den Erwählten ohne Rücksicht auf den Widerspruch Peters einsetzte, und zuletzt Gewalt wider den Patriarchen brauchte,
und viertens, daß sich Peter durch Flucht nach Rom weiteren Mißhandlungen entzog. Papst Johann VIII. hat zu

---

[1] Pertz VII., 19.

Ende des Jahres 876 und im Laufe des folgenden — ohne Frage zu der Zeit, da Peter als Flüchtling zu Rom verweilte — in seiner Sache eine Reihe Bullen erlassen: erstlich eine an den Dogen Orso unter dem 24. November 876 gerichtete [1]), worin er denselben aufforderte, die Bischöfe des Seelands zu einer auf dem 13. Februar künftigen Jahres nach Rom anberaumten Synode abzuschicken, damit unter ihrer Mitwirkung die Sache des Patriarchen Peter bereinigt werden möge. Zugleich gestattete er, daß Bischof Felix von Malamocco, welcher krank sei, einen Stellvertreter abordne, Peter von Jesolo dagegen, der den Auftrag einer Gesandtschaft nach Constantinopel empfangen habe, solle persönlich sich einfinden, wenn er nicht anders bereits nach dem Osten abgereist sei.

In einem zweiten Schreiben [2]) kündigt Johann VIII. den Bischöfen Felix von Malamocco und Peter von Jesolo, welche sich wider ihren Patriarchen aufgelehnt und, obgleich wiederholt nach Rom vorgeladen, keine Folge geleistet hatten, für so lange die Kirchengemeinschaft auf, bis sie gehorchen würden. Der Papst fügt bei, unverweigerlich müssen sie auf dem nach Rom ausgeschriebenen Concil im Februar 877 entweder persönlich erscheinen oder Bevollmächtigte schicken. In einem dritten Schreiben [3]), das, wie das vorhergehende, unter dem 1. December 876 ausgefertigt ist, fordert er unter Androhung des großen Kirchenbanns nun zum dritten Mal Dominicus, der sich da einen Erwählten von Torcello nenne, vor die künftige Synode

---

[1]) Jaffé, Regest. Nro. 2296.
[2]) Ibid. Nro. 2297.
[3]) Ibid. Nro. 2298.

nach Rom. In einem vierten Schreiben [1]), von demselben
Tage, erhebt er Vorwürfe gegen den Dogen Orso, weil
er, seinem gegebenen Versprechen zuwider, Dominicus von
Torcello, der sich einen Erwählten nenne, nicht nach Rom
geschickt habe; zugleich kündigt er an, daß Dominicus, so
wie die Bischöfe Peter von Jesolo und Felix von Malamocco unter Androhung des Banns vor die nächste Synode geladen seien. In einem fünften Briefe [2]) zeigt er
ebendasselbe den Bischöfen Dominicus von Olivolo und
Leo von Caorle an, und ersucht sie, während der Abwesenheit der Vorgeladenen ihr Amt zu versehen.

Aus unbekannten Gründen kam, wie es scheint, die
ausgeschriebene römische Synode gar nicht zu Stande, denn
unter dem 27. Mai des folgenden Jahres (877) richtete
der Papst an den Dogen Orso ein Schreiben [3]), worin er
ihm Vorwürfe wegen Ungehorsams und schlechter Behandlung der römischen Legaten macht und zugleich die Aufforderung ergehen läßt, der Doge selbst und sämmtliche Bischöfe Venetiens sollen auf den 24. Juni des laufenden
Jahres in der Stadt Ravenna zu einer italienischen Synode unverweigerlich erscheinen. Johann VIII. fügte weiter
den Satz bei: „keineswegs ist es unsere Absicht, Venetiens
Bischöfe zu Grunde zu richten, sondern vielmehr der Unordnung, welche in eurer Provinz herrscht, zu steuern und die
zwischen den dortigen Bischöfen und ihrem Haupte, dem
Patriarchen, obschwebenden Streitigkeiten gemäß dem kanonischen Rechte beizulegen". Wie es in solchen Fällen zu

---

[1]) Jaffé. Regest. Nro. 2299.

[2]) Ibid. Nro. 2300.

[3]) Ibid. Nro. 2330.

geschehen pflegt, hatten die Feinde der Kirche ausgesprengt,
daß der Papst die bestehende Ordnung der Dinge umstürzen wolle. Durch ein weiteres Schreiben[1]) vom gleichen
Tage ermahnt Johann VIII. die Bischöfe von Jesolo und
Malamocco, sich in Ravenna auf den 24. Juni einzufinden.

Wegen dringender Geschäfte, die den Papst nach dem
Süden zu reisen nöthigten, mußte die anberaumte Synode
auf den 22. Juli verschoben werden. Ein sechstes Schreiben[2]) Johanns VIII. vom 19. Juli 877 liegt vor, worin
er Solches dem Herzoge Venetiens anzeigt, und ihn ersucht,
sammt den Bischöfen des Seelandes zu kommen. Diese
Synode wurde wirklich gehalten. Ueber das, was dort
vorging, berichtet[3]) Chronist Johann, wie folgt: „mit dem
Gradenser Patriarchen Peter reiste Papst Johann VIII. von
Rom nach Ravenna, wo sich 70 italianische Kirchenhäupter
zu einem Concile versammelten. Auch die Bischöfe Peter
von Jesolo, Leo von Caorle und mehrere Erwählte Venetiens waren vorgeladen, damit der zwischen dem Dogen Orso
und dem Patriarchen ausgebrochene Streit geschlichtet werde.
Da jedoch die beiden Bischöfe sammt den Erwählten zu
spät und erst nachdem die Geschäfte beendigt waren, in Ravenna eintrafen, verhängte der Papst den Bann über sie,
nahm denselben aber in Kurzem auf Bitten des Dogen
wieder zurück".

Man sieht: seit Ausbruch des Kirchenstreits, d. h.
seit 3—4 Jahren, hatte der Patriarch keine Weihen mehr
ertheilt, darum gab es in Venetien mehrere Erwählte, denen

----

[1]) Jaffé. Regest. Nro. 2331.

[2]) Ibid. Nro. 2337.

[3]) Pertz VII., 20.

die kirchliche Einsegnung fehlte. Ferner muß der Doge
gedroht haben, daß er, wenn der Papst nicht nachgebe, die
Bisthümer seines Landes unter den Hofstuhl zu Constantinopel stellen werde, denn nur wenn man dieß voraussetzt,
wird das Verfahren Johanns VIII. begreiflich: er durfte
nicht mit unbeugsamer Entschlossenheit auf dem guten Rechte
der Kirche bestehen, weil sonst Venetien für Rom verloren
war. Erinnern wir uns, daß Photius um dieselbe Zeit
den Patriarchen Walpert von Aquileja verführt hatte. An
gutem Willen, das gleiche Spiel in Venetien zu treiben,
hat es ihm sicherlich nicht gemangelt.

Von Ravenna kehrte der Papst nach Rom zurück, der
Patriarch Peter dagegen blieb einige Zeit in Pavia, dann ging
er nach Treviso, wo ihn der dortige Bischof Lando — so
berichtet[1]) Chronist Johann — mit größter Ehrfurcht empfing. Von Treviso aus wurden die Verhandlungen mit
dem Dogen fortgesetzt; endlich kam folgender Vertrag zu
Stande: „so lange Peter lebt, empfängt Dominicus von
Torcello keine Weihen, darf aber im bischöflichen Palaste
wohnen und die Renten des Stuhles beziehen; zweitens,
Patriarch Peter ertheilt drei Erwählten die Weihen." Der
Patriarch kehrte nun nach Venetien zurück, war etliche
Tage zu Gaste bei dem Dogen Orso, weihte dann in Grado
die Erwählten von Olivolo, Malamocco und Cittanuova,
kam noch einmal nach Stadt Venedig und starb dort schnell
weg. Leise deutet der Chronist an, daß Peter vergiftet
worden ist. „Seine reine Seele", sagt er, „stieg empor
zu des Himmels Höhen, die Kirche von Grado hat er
4 Jahre und 6 Monate regiert; er war hochgewachsen,

---

[1]) Pertz VII., 20 unten ff.

schön von Antlitz, erreichte aber nur ein Alter von 40 Jah=
ren." Johann will sagen, alle Rechtschaffenen hätten ihn
als einen Heiligen und als einen Märtyrer verehrt.

Und Beides mit Recht: Patriarch Peter von Grado
hinterließ ein Denkmal, das ihm eine Stelle unter den
Wohlthätern des menschlichen Geschlechtes sichert. Dandolo
schreibt[1]): „Da die Kaufleute Venetiens zu jener Zeit,
schmutzigen Gewinnes wegen, von Seeräubern und andern
Spitzbuben Sklaven aufkauften und über die See verführten,
beschlossen die beiden Herzoge Venetiens zur Ehre Gottes[2]),
in Gemeinschaft mit dem Clerus und dem Volke des See=
landes, den Greuel abzuschaffen: Handel und Ausfuhr von
Sklaven wurde unter Androhung schwerer Strafen ver=
boten". Die Veröffentlichung des Gesetzes fällt laut dem
eigenen Eingeständnisse Dandolo's in die Zeit, da Patriarch
Peter den Erzstuhl von Grado einnahm. Ferner kann der
venetianische Geschichtschreiber nicht bergen, daß die Beweg=
gründe, welche das Verbot erzwangen, religiöser Natur
waren, d. h. aus dem Christenthum stammten, noch auch, daß
der Clerus mitwirkte. Dennoch stellt er die Sache so dar,
als sei die Verordnung von den beiden Dogen ausgegangen.

Allein solche Gedanken wachsen nicht im Gehirne von
Dogen wie Orso, sondern sie sind die Frucht heiliger Män=
ner, wie Patriarch Peter. Zehn Jahre und mehr hatte
Orso dem verruchten Handel ruhig zugesehen, der vor sei=
nen Augen betrieben ward; seine Vorgänger und viele sei=
ner Nachfolger duldeten ebendenselben, nahmen vielleicht selbst

[1]) Muratori XII., 186.
[2]) Pie decreverunt.

daran Theil und jetzt soll dieser Orso, der in der Person
Peters von Grado die Kirche schändlich unterdrückte, auf
einmal Gesetze erlassen, welche darauf berechnet sind, die
Würde menschlicher Natur, das Ebenbild Gottes auch in
den Unglücklichsten und Aermsten zu achten: credat Judaeus
Apella, non ego! Hiezu kommt noch, daß, als im Jahre
960 das Gesetz gegen Verschiffung von Sklaven erneuert
ward, die Mitwirkung des damaligen Patriarchen Bonus
sehr stark hervortritt. Nachdem der Doge Widerspänstigen
eine Strafe von fünf Pfund Gold angedroht hatte, verfügte *) der ebengenannte Bonus: „Sklavenhändler sollen
von der Gemeinschaft der Gläubigen ausgeschlossen und verflucht sein immerdar, auch nie ein gottesdienstliches Gebäude betreten dürfen". Ebenso wird das Gesetz Orso's
gelautet haben.

Ich weiß wohl, was Dandolo verleitet hat, die
Wahrheit in einer so wichtigen Sache zu verhüllen. Sonst
ein hochgesinnter und wohldenkender Mann, war er vom
Wirbel bis zur Zehe angefüllt mit dem venetianischen
Staatsgeiste, der alle Ehre, alle Gewalt für den Herzog
und den Rath in Anspruch nahm, der die Kirche zur Magd
der herrschenden Geschlechter erniedrigt wissen wollte, der
endlich einem tugendhaften Prälaten, wie Peter von Grado,
welcher die Gebote des Erlösers höher achtete, als die
Satzungen Orso's, sogar den Ruhm einer christlichen That
mißgönnte. Anderer Seits erwäge man, wie groß die Ehrfurcht gewesen sein muß, welche Patriarch Peter genoß,
daß er mitten im Kirchenstreite und in einem Handelsstaate,
wo Alles Geld zu machen erpicht war, einen Zweig des

---

*) Fontes rerum austriac. XII.. 22.

Handels zu ächten vermochte, der von jeher unermeßlichen Gewinn abwarf.

Nach Peters Tode setzte Orso durch, daß sein eigener Sohn Victor zum Patriarchen erwählt ward. Am Tage der Wahl mußte derselbe einen Eid ablegen, daß er denjenigen, welchen der Doge vorschlage, ohne Weiteres zum Bischofe von Torcello weihen werde. Der Doge nannte den Hämmling Dominicus. Der neue Patriarch ertheilte die Weihe, sprach aber, laut dem Zeugnisse [1] des Chronisten Johann, zu dem Geweihten: „Wehe dir, daß du die Ehre erzwangest, die dir kraft des Gesetzes der Kirche nicht gebührt; wenn du nicht Buße thust, wirst du am jüngsten Tage Rechenschaft geben müssen". Selbst der eigene Sohn schämte sich über die Forderung des herzoglichen Vaters. Im Uebrigen ersieht man aus Dandolo's Darstellung [2], daß es Leute gab, welche nicht gerne eingestanden, Patriarch Victor sei ein eheleiblicher Sohn des Dogen Orso gewesen. Natürlich! in Ländern, wo man das Bisthum als Versorgungsanstalt für nachgeborne Söhne des Patriciats, und zwar allem Anscheine nach vorzugsweise für solche Söhne, deren Verstandeskräfte zu gedeihlichem Betrieb von Handelsgeschäften nicht auszureichen erachtet werden —, ich sage, in Ländern, wo man das Bisthum so behandelt, gedeiht die Kirche nicht. Aber wenn man auch gleich die Sache übt, will man doch nicht, daß die Welt es erfahre und davon rede.

---

[1] Pertz VII., 21.
[2] Muratori XII., 187 u. 188.

208

Achtzehntes Kapitel.

Der Doge Johann II. Participazzo und der Staatsvertrag von 883 mit Kaiser Carl dem Dicken.

Doge Orso starb im Jahre 881 (oder 882), außer dem Patriarchen Victor vier Söhne, Johann, Baduarius, Orso und Peter hinterlassend, von denen drei der Reihe nach Dogen geworden sind. Mit Ausnahme eines einzigen Falls wird keine Waffenthat derselben gemeldet, obgleich es, wie sich unten ergeben wird, an Anlässen zum Krieg nicht fehlte; auch sonst sind Anzeigen vorhanden, daß Orso's Söhne nervenschwache, zum Siechthum geneigte Herren waren. Fast scheint es, als habe sich in dem Geschlechte der Participazzo sehr frühe etwas wie Merowingerthum, wie rachitische Anlage ausgebildet. Zunächst übernahm Johann, schon seit etlichen Jahren Mitdoge des Vaters, die Verwaltung Venetiens allein. Eine seiner ersten Handlungen war, daß er die Macht des Staates dazu anwandte, seinem Bruder Baduarius eine stattliche Versorgung auf Kosten des Stuhles Petri zu verschaffen. Dandolo erzählt [1]: „Doge Johann schickte seinen Bruder Baduarius nach Rom, damit er dort vom Papste Johann VIII. das Comitat Comacchio erbitte. Da aber der Graf von Comacchio, Marinus, Solches erfuhr, stellte er Bewaffnete auf, welche den Veneter, da er aus Rom zurückkam, überfielen, gefangen nahmen und ihm eines der Beine entzwei schlugen. Marinus gab den Gefangenen nicht eher frei, bis dieser einen Eid schwur, daß er für das erlittene Unrecht keine

---

[1] Muratori XII.. 188 unten ff.

Rache nehmen werde. Hierauf kehrte Badnarius nach Venedig zurück, und starb bald darauf an seinen Wunden.
Der Doge Johann aber führte eine Flotte nach Comacchio,
nahm die Stadt, setzte daselbst Richter im eigenen Namen
ein, und verheerte die Güter der Ravennaten, welche gemeine Sache mit Marinus gemacht hatten".

Ich habe an einem andern Orte [1]) gezeigt, daß um
jene Zeit der römische Adel, die Gewaltstreiche der Herzoge
von Spoleto benützend, sich in den Kirchenstaat zu theilen
begann. Auf gleiche Weise wird wohl auch jener Marinus
zum Besitze von Comacchio gelangt sein. Da es dem
Papste Johann VIII. an der nöthigen Macht gebrach, um
den Räubern das Handwerk zu legen, scheint er es für das
Klügste erachtet zu haben, Comacchio dem Bruder des
venetischen Dogen, dessen Freundschaft immerhin etwas werth
war, gegen Bedingungen zu überlassen. Daher die Wuth
des Marinus und die Mißhandlung, welche er über Baduarius verhängte. Indessen blieben, wie wir unten sehen
werden, die Veneter nicht lange im ruhigen Besitze von
Comacchio.

Ferner schloß Doge Johann mit dem deutschen Carolinger Kaiser Carl dem Dicken unter dem 13. Mai 883
zu Mantua eine wichtige Uebereinkunft. Dieselbe ist in
Form einer von dem Carolinger ausgestellten Schutz-
urkunde [2]) abgefaßt. Sie lautet ihrem wesentlichen Inhalte nach so: „im Namen der heiligen und untheilbaren
Dreieinigkeit, Wir, Carl, von Gottes Gnaden Kaiser.

---

[1]) Gfrörer, Greger VII. B. V. S. 141 ff.
[2]) Böhmer, Regest. Carol. Nro. 957, oder Muratori XII.,
189 ff.

Jedermänniglich sei hiemit kund gethan, daß Johann, Doge
von Venetien, uns durch Gesandte die Bitte vorgetragen
hat, Wir möchten ihm für die Güter, welche er sowohl
d r ü b e n i n V e n e t i e n, als auch diesseits im Gebiete
unseres Reichs erworben hat, einen Schutzbrief der Art
ausstellen, daß er selbst, sowie der Patriarch von Grado,
auch die Bischöfe und das Volk der Inseln all ihr Eigen=
thum gemäß dem von unserm Ahne Carl (dem Großen)
mit den Griechen (810) eingegangenen Vertrag ruhig und
ungestört besitzen dürfen."

„Wir haben dieser Bitte entsprochen und verordnen
wie folgt: kein Insasse unseres Reichs unterstehe sich, die
besagten Herzogen jenseits oder diesseits gehörigen Güter
anzutasten. Der Handel der Veneter soll in unserem
ganzen Reiche frei und nur den allgemeinen Zöllen und
Weggeldern unterworfen sein. Ueberdieß bewilligen wir
aus besonderer Gewogenheit, daß der Herzog selbst, sowie
auch dessen Erben gar keine Zölle entrichten, sondern überall
abgabenfrei ihre Geschäfte verrichten mögen. Demgemäß
wage es Niemand die Güter, Gebiete, Orte, Häuser,
Kirchen, welche Eigenthum des besagten Herzogs so wohl
drüben in Venetien, als auch diesseits im Bereiche unseres
Reiches sind, zu belästigen, zu mindern, zu beunruhigen,
sondern mit völliger Sicherheit sollen der Herzog, der
Patriarch, die Bischöfe, das Volk der Inseln alles Erwor=
bene besitzen und verwalten. Desgleichen wollen Wir dem
Patriarchen von Grado, den übrigen Bischöfen, auch den
Klöstern des Seelands, in Klagsachen auf Verjährung das
Recht der Kirche von Ravenna ertheilt wissen. Endlich
verfügen wir, daß jeder Veneter, der diesseits in unserem
Reiche, sei es wo es wolle, angesiedelt ist, unter der

Gerichtsbarkeit des Dogen stehe, und daß Niemand sich
erkühne, einen Solchen gegen die Ladungen und Urtheile
des Dogen zu schützen."

Statt letzteren Satzes findet sich in einer anderen
Fassung [1] der nämlichen Urkunde folgender eingefügt: „da
es ein Greuel ist, wenn man irgend Jemand hilft, den
Lehensherrn aus der Welt zu schaffen, oder ihm Vorschub
leistet, einen Herzog seines Stuhles zu berauben, so verordnen Wir aus Liebe zu Gott: jeder Insasse unseres
Reichs, der sich mit einem diesseits wohnenden Beneter zu
solchen Anschlägen verbindet, soll des Landes verwiesen;
solche aber, welche der Mitschuld überführt sind, sollen um
100 Pfund Goldes, zahlbar zur Hälfte an unsere kaiserliche Kammer, zur Hälfte an besagten Dogen, gebüßt
werden."

Aus den klaren Worten des Aktenstückes erhellt:
Doge Johann Participazzo, Orso's Sohn, hat nicht blos
etwa die Güter, welche er oder seine Unterthanen diesseits
auf fränkischem Boden im italienischen Reiche besaßen, sondern auch sein in Venetien gelegenes Eigenthum, kurz, seine
ganze Habe unter den Schutz des abendländischen Kaisers,
Carls des Dicken, gestellt. Das heißt ohne Frage, der
Doge Venetiens erkannte den Franken als seinen Gebieter
an, und nahm das Seeland von der Kaiserkrone zu Lehen.
Hiefür bedang er jedoch theils für sich selber, theils für
die Beneter im Allgemeinen wesentliche Vortheile aus,
nämlich erstens, Erneuerung des Staatsvertrags von 810),
welcher alles in Francien gelegene Vermögen der Beneter
sicherstellte, zweitens, vollkommene Zollfreiheit für die

---

[1] Muratori XII., 189, Note a.

Handelsgeschäfte, welche der Doge betrieb, und Ermäßigung
der Zölle für andere venetische Kaufherren, drittens, das
Zugeständniß, daß die kurzen Verjährungsfristen der Lan-
gobardika auf die diesseits gelegenen Besitzungen der geistlichen Anstalten Venetiens nicht angewendet werden dürften, sondern daß vielmehr die Bestimmungen der in Ravenna eingeführten Romana zu ihren Gunsten galten;
endlich viertens, kaiserliche Anerkennung uneingeschränkter
Gerichtsbarkeit des Dogen über alle diesseits ansässigen
Veneter.

Sicherlich hat Johann Participazzo das meiste Ge-
wicht auf letzteren Punkt gelegt. Jene zweite Fassung gesteht nackt und unverblümt die wahre Absicht des vierten
Artikels, ja, nach meinem Dafürhalten, der Uebereinkunft
von 883 ein. Weil die im fränkischen Reich angesiedelten
Veneter unaufhörlich unter dem Schutze und unter thätiger
Mitwirkung der Carolinger Verschwörungen gegen die
Herrschaft oder gar gegen das Leben der Dogen anzettel-
ten, glaubte sich Johann Participazzo gegen die von dieser
Seite her drohende Gefahr nur dann gesichert, wenn ihm
ein fränkischer Kaiser freiwillig und vertragsmäßig die Gerichtsbarkeit über die Ausgewanderten zuspreche. Carl der
Dicke aber, der durch eine Reihe von Verbrechen die Einheit der Monarchie Carls des Großen hergestellt hatte,
gewährte die Forderung um den Preis, daß der Doge ihm,
als Oberlehensherrn Venetiens, Huldigung leiste. Der dicke
Carl konnte seitdem mit einigem Rechte sich rühmen, über
das Seeland größere Macht errungen zu haben, als dieß
je seinem Ahn, dem großen Carl, gelungen. Darf man
aber jene zweite Fassung als echt betrachten? Gewiß! auch
die erste Fassung enthält Sätze, welche unverkennbar aus

dem Hintergedanken geflossen sind, den nur die zweite auf-
deckt. Letztere ist daher eine nothwendige Ergänzung der
Uebereinkunft mit Carl dem Dicken.

Auch heute sagt man bei Veröffentlichung von Staats-
verträgen nicht alles, was im Geheimen vorgeht, vor der
Welt aus, sondern man faßt sogenannte geheime Artikel
ab, welche nur zur Kenntniß weniger Vertrauten gelangen,
während die für den großen Haufen bestimmten in den
Zeitungen zum Gemeingut gemacht werden. Im Mittelalter hielt man es ebenso, nur mit einigen Aenderungen
der Form. Die Fassung, welche Muratori in die Note
seiner Ausgabe der Chronik Dandolo's verwiesen hat, ist,
sage ich, der geheimen nur für den Dogen bestimmten,
Abschrift entnommen.

Schon in Orso's Tagen haben wir gefunden, daß
das Haus der Participazzo wenig mit dem byzantinischen
Hofe, desto mehr mit dem fränkischen verkehrte. Orso's
Sohn, Johann, brach ganz; das Verhältniß mit ersterem
ab, und ging auf Seiten des dicken Carlo über; vermuthlich, weil ihn der Schuh stärker auf dieser, als auf jener
Seite drückte, oder vielleicht auch, weil die Handelsgeschäfte,
welche er persönlich betrieb, das abendländische Reich und
nicht den griechischen Osten zum Ausgangspunkt hatten.
Die Huldigung, welche er dem dicken Carl leistete, war an
sich allerdings ein bedenklicher Schritt, brachte doch für
die nächste Zukunft der Unabhängigkeit Venetiens keinen
Nachtheil, weil die Macht des Carolingers, wie der Erfolg bewies, auf lauter Schein beruhte. Allein eine andere
Klippe drohte in der Nähe. Dieselben Mittel, über welche
der fränkische Hof verfügte, um in seinem Gebiete ansässige
Veneter gegen den Dogen aufzuhetzen, besaß auch der

Basileus: Tausende von Venetern wohnten im Osten, hatten
dort Kaufhöfe oder sonstiges Eigenthum. Sobald nun ein
Doge sich mit der griechischen Regierung überwarf, konnte
der Basileus den in seinem Reiche ansässigen Kaufleuten
des Seelandes rundheraus erklären: sorget, daß euer Doge
andere Saiten aufzieht, oder euer Eigenthum, eure Han-
delsfreiheit ist dahin. Dieser Hebel ist wirklich gegen Johann Participazzo in Bewegung gesetzt worden.

Dandolo und Chronist Johann berichten [1]) weiter:
„da der Doge Johann in eine Krankheit verfiel, ernannte
er mit Einwilligung des Volks seinen jüngsten Bruder
Peter zum Nachfolger. Darauf, nachdem er wieder gesund
geworden, behielt er denselben als Mitdogen bei. Allein
Peter starb in Kurzem und ward neben dem zweiten
Bruder, Baduarius, begraben, der nur ein Alter von
25 Jahren erreicht hatte. Später jedoch, da das Siechthum Johanns anhielt, und da Orso es verschmähte, Mitdoge zu sein, willigte Johann, selbst gewahrend, daß er sein
Amt nicht länger behaupten könne, in die Erhebung eines
Andern ein. Also ward den 17. April 887 Peter Candiano und zwar in dessen eigener Wohnung vom Volke
zum Dogen erkoren. Nach der Wahl verfügte sich Peter
Candiano in den Dogenpalast; willig übergab Johann
dem neuen Herzog den Stab (das Scepter), das Schwert
und den Stuhl, verließ den Palast und bezog sein eigenes
Haus.".

„Sofort schickte Peter Candiano eine Flotte gegen
die Slaven der Narenta aus. Als jedoch dieselbe nichts

---

[1]) Muratori XII., 191. und Pertz VII., 21 unten ff.

ausrichtete, fuhr er selbst mit 12 Kriegsschiffen [1]) hinüber, errang einige Vortheile, ward aber den 18. September in einem Gefechte mit den Räubern sammt sieben andern Venetern erschlagen. Wie die Nachricht hievon nach Venetien gelangte, ersuchte das Volk Johann Participazzo, obgleich er noch immer siech war, das Dogat wieder zu übernehmen, damit bei der im Staate herrschenden Parteiung eine zwiespaltige Wahl vermieden werde. Johann willigte ein und kehrte in den Dogenpalast zurück. Indessen, da man in Venetien erfuhr, daß Kaiser Carl der Dicke von den deutschen Reichsständen abgesetzt worden sei, forderte Doge Johann, nachdem er das Amt zum zweiten Male 6 Monate und 13 Tage bekleidet hatte, während welcher Zeit auch die Stimmung in Venetien ruhiger geworden war, das Volk auf, einen Andern zu wählen und trat ab." So die Chronisten.

Wiederholt hat sich uns die Erfahrung bewährt, daß die griechische Partei in Venetien, so oft Dogen mit Byzanz brachen, die Einsetzung von Mitdogen erzwang, wozu in der Regel minderjährige Mitglieder des herrschenden Hauses gewählt wurden. Eben dasselbe ist auch hier geschehen. Die Berichterstatter sagen ausdrücklich, daß der zuerst dem Dogen aufgenöthigte Bruder, Peter, der jüngste unter den Söhnen des alten Orso gewesen sei. Da nun der zweitälteste Bruder, Baduarius, im Jahre 882, da er starb, nur 25 Jahre zählte, so folgt, daß Peter, als der Jüngste, um 885 ein Unmündiger gewesen sein muß. Andere. d. h. Byzantinisch-Gesinnte, konnten also füglich in seinem Namen

---

[1]) Cum duodecim bellicis navibus. sagt Dandolo. Das werden wohl Chelandien gewesen sein.

Einfluß auf die Regierung üben. Aber das Mittel half nur kurze Zeit, weil Peter, sei es auf natürliche oder auf künstliche Weise, schnell wegstarb. Nun mußte Johann den andern noch übrigen Bruder Orso zum Mitregenten annehmen. Aber da derselbe sich, wie es scheint, weigerte den Parteien Venetiens wider das eigene Haus als Werkzeug zu dienen, ward Johann genöthigt, eine neue Wahl anzuordnen und abzutreten.

Also bestieg den herzoglichen Stuhl Peter, Sprosse des Geschlechts Candiano, welches Dandolo unter denjenigen aufführt [1]), die gegen Ende des achten Jahrhunderts aus dem byzantinischen Feuerheerde Heracliana nach Olivolo-Rialto übersiedelten. Nach dem gewaltsamen Tode Peters gelangte Johann noch einmal zur Gewalt, aber nur mit Mühe und unter sichtlichem Widerstreben Vieler. Was Dandolo von der Nothwendigkeit sagt, bei der herrschenden Parteiung eine zwiespaltige Wahl zu meiden, war meines Erachtens der Vorwand, mit welchem Johanns Anhänger seine Wiedereinsetzung beschönigten; ihre wahre Absicht ging dahin, daß der Participazzo Doge bleiben solle. Als aber die Nachricht in Venedig einlief, daß Kaiser Carl der Dicke, dem Johann die Huldigung geleistet hatte, und der sein Schutzherr war, gestürzt worden sei, mußte der Doge für immer weichen.

Dadurch, daß Dandolo die Absetzung Carls des Dicken herbeizieht, dadurch ferner, daß er unumwunden eingesteht, die Wahl Peter Candiano's sei nicht im Dogenpalast, sondern in der Wohnung des letzteren erfolgt, deutet er klugen Lesern seine eigentliche Meinung vom

---

[1]) Muratori XII., 156.

Zusammenhang der Sache an. Die übrigen Redensarten dagegen, betreffend den freien hochherzigen Entschluß Johanns, bloß seines Siechthums wegen, die Gewalt mit Brüdern zu theilen, oder dieselbe sogar einem politischen Gegner zu überlassen, sind eitel Wind, welchen er aus Rücksicht auf den Ruf der guten alten Zeit machen zu müssen glaubte.

Die neue Dogenwahl ward im Frühling 888 vorgenommen und erlangte [1]) die Zustimmung aller Parteien: sie fiel auf den bisherigen Tribunen Peter. Derselbe war [2]) ein Sohn des Tribuns Dominicus und der Agnella, einer Nichte des im Jahre 864 erschlagenen Dogen Peter Tradonice, und gehörte folglich wenigstens mütterlicher Seits einem Geschlechte an, das in früheren Zeiten die Dogenwürde bekleidet hatte. Es gab damals nach meinem Dafürhalten in Venetien zwei verschiedene Arten von Tribunen, erstlich die jährlich wechselnden, welche die Verfassung von 809 dem Dogen an die Seite gestellt hat, um der peinlichen und bürgerlichen Gerechtigkeitspflege vorzustehen; zweitens, örtliche, die eine bestimmte Stadt oder Insel verwalteten und, wie es scheint, nicht wechselten. Zu letzterer Classe gehörten die, in früheren Jahren mehrfach erwähnten [3]), Tribunen von Malamocco oder Torcello, desgleichen Peter Aurius, der um 960 als Tribun von Buriniano vorkommt [4]). Da, wenn Tribune der zweiten Art gemeint sind, gewöhnlich der Ort beigefügt wird, und da

---

[1]) Dandolo sagt Muratori XII., 192 unten: dux concorditer factus est.

[2]) Pertz VII., 22 Mitte.

[3]) Siehe oben S. 35 ff.

[4]) Muratori XII., 206.

dieß weder bei dem neuen Dogen Peter, noch bei seinem
Vater Dominicus geschieht, halte ich es für wahrscheinlich,
daß Vater und Sohn Staatstribunen, nicht örtliche waren.
Auch lag es in der Natur der Verhältnisse, daß das allge=
meine Tribunat zur höchsten Würde des Staates den Weg
bahnte.

Die Erhebung des Tribunen schlug, obgleich ihm
auch die Fränkisch=Gesinnten ihre Stimme gegeben hatten,
zum Vortheil der byzantinischen Partei aus. Unmittelbar,
nachdem er die Wahl gemeldet, fährt Dandolo fort:
„Basilens Leo (der Philosoph) ernannte den neuen Dogen
zum Oberschwertträger des Ostreichs." Natürlich! die
Byzantinisch=Gesinnten wollten nicht für Nichts die Parti=
cipazzo gestürzt haben. Peter mußte zu ihnen halten,
obwohl er sich hütete, die italienische Partei zu verfolgen,
denn Dandolo bezeichnet [1]) seine Regierung als eine wohl=
wollende, friedliche, versöhnende. Mehr als dreiundzwanzig
Jahre, von 888 bis 911, hat er den herzoglichen Stuhl
behauptet, während auf dem italienischen Festlande drüben
trostlose Verwirrung herrschte, indem dort erst der deutsche
Carolinger Arnulf, dann die italienischen Schatten=Kaiser
oder Könige Wido, Berengar I., Lambert einander ablösten
und bedrängten. Dandolo unterläßt es nicht, dieß gehörig
hervorzuheben. „Erbärmlich," sagt [2]) er, „war die Regie=
rung Italiens, bis auf Otto's I. (des Sachsen) Zeiten
herab, bestellt."

---

[1]) Muratori XII.. 198.
[2]) Ab hoc tempore usque ad Ottonem confuse regnatum
est. Muratori XII.. 193.

Neunzehntes Kapitel.

Rückstoß der byzantinischen Partei. Angriff der Ungarn. Kirchliche Zustände.

Zur Zeit da Wido, der den 21. Februar 891 zu
Rom die Kaiserkrone empfangen hatte, in Pavia Hof hielt,
erschienen daselbst Gesandte des Dogen Peter, welche um
Erneuerung des karolingischen Vertrags von 810 baten:
ihr Gesuch wurde ohne Anstand durch Urkunde [1] vom 20.
Juni 891 gewährt. Das wilde Volk der Magyaren war
kurz vor dem ersten Sturze Johanns Participazzo in Panno-
nien eingebrochen. Mit staatsmännischem Scharfblick kom-
mende Folgen dieses Ereignisses voraussehend, begann Doge
Peter Stadt-Venedig zu befestigen. Dandolo sagt [2]: „Der
Doge errichtete 897 eine Mauer von der Einmündung des
Canals, der an der Burg vorbeifloß, bis zur Kirche der
heiligen Maria von Jubenico, auch zog er quer über den
Canal von dem Anfang der Mauer bis zur Kirche zum heiligen
Greger eine schwere eiserne Kette, welche es jedem Schiffe
unmöglich machte, wider den Willen des Herzogs in die
Stadt einzulaufen."

Die Maßregel ward durch den Erfolg gerechtfertigt.
Nachdem die Ungarn schon in früheren Jahren wiederholt
Italien bedrängt hatten, überschwemmten sie das Land 906
auf's Neue, verheerten oder verbrannten die Städte Treviso,
Padua, Brescia, Pavia, Mailand, überhaupt die lombar-
dische Ebene bis zum Bernhardsberg, wandten dann nach

[1] Muratori XII., 193, u. Böhmer. Regest. Carol. Nro. 1273.
[2] Ibid. S. 194.

dem adriatischen Meere um, setzten auf selbstgemachten, mit
Thierhäuten überzogenen Kähnen nach den venetischen Inseln über, zerstörten die Orte Citta nueva, Jesolo, Fine,
Chiozza, Caporargine. Allein als sie am Peter und Paul-
feste (29. Juni 906) auch Malamocco und Rialto angriffen,
erging es ihnen, wie 96 Jahre früher dem Sohne Carls
des Großen, Pipin. Doge Peter brachte den Barbaren
eine Niederlage bei [1]).

Vielleicht hängen mit dem damaligen Raubzuge der
Ungarn die schon früher erwähnten Maßregeln zusammen,
welche der Doge bezüglich der Inseln Chiozza traf. Dandolo sagt[2]): Doge Peter regelte die Markungen von Klein-
und Groß-Chiozza neu, und ebenso die Dienste (und Abgaben), welche sie dem Dogen zu leisten hatten. Ging die
Ertheilung des Freibriefs an die Bewohner der beiden Inseln dem Einfall der Ungarn, wie Dandolo anzudeuten
scheint, voran, so wird er bewilligt worden sein, um zu
bewirken, daß das Inselvolk in dem vorausgesehenen Kampf
sich tapfer für das Gemeinwesen und den Dogen schlage.
Ist sie erst später erfolgt, so liegt auf der Hand, daß durch
die von den Barbaren angerichteten Verwüstungen das
Bedürfniß, die Gränzen neu zu ordnen, fühlbar werden
mußte. Indessen berechtigen spätere Ereignisse, von welchen
unten die Rede sein wird, zu der Voraussetzung, daß Doge
Peter durch die Verfassung, welche er den Inseln Groß-
und Klein-Chiozza verlieh, zu den Einwohnern derselben in
ein eigenthümliches Verhältniß trat, das die Eifersucht
seines Nachfolgers erregte.

---

[1]) Muratori XII., 197. und Pertz VII., 22.
[2]) Ibid. S. 195.

Noch ist nöthig, daß wir die kirchlichen Zustände des Seelandes während der Verwaltung des Dogen Peter in's Auge fassen. Nach dem räthselhaften Tode des Patriarchen Petrus, war, wie ich früher gesagt habe, im Jahre 878 Victor, Sohn des Dogen Orso I. Participazzo, zum Metropoliten in Grado eingesetzt worden. Victor regierte[1] seine Kirche um etliche Tage weniger als 18 Jahre: er starb also 896. Auf ihn folgte Patriarch Greger, welcher, laut der einstimmigen Aussage[2] Dandolo's und des Chronisten Johann, ein Stiefbruder seines Vorgängers Victor war. Daraus muß man den Schluß ziehen, daß Greger's Mutter, als Witwe des alten Dogen Orso Participazzo, eine zweite Ehe mit Greger Andreadi — denn so hieß der Vater des neuen Patriarchen — eingegangen hat. Da aber weiter Orso Participazzo erst 881 starb, so kann der nachmalige Patriarch frühestens im Jahre 882 geboren worden sein, folglich ist sonnenklar, daß ebenderselbe als ein 14jähriger Knabe den Stuhl von Grado bestiegen hat. Das Nämliche gilt aber auch von Greger's Stiefbruder und Vorgänger Victor. Denn da seine Mutter im Jahre 881 beim Tode ihres ersten Gemahls Orso noch jung genug war, um eine neue Ehe zu schließen und Kinder zu zeugen, folgt, daß Victor, der wie ich sagte 878 Patriarch wurde, damals höchstens 10 bis 12 Jahre zählte.

Patriarch Greger nahm den Stuhl von Grado nur 1 Jahr 6 Monate 22 Tage ein. Der Tod oder die Absetzung des Knaben fällt also in's Jahr 897, höchstens 898. Auf ihn folgte Vitalis II., ein Sohn[3] des

---

[1] Pertz VII., 47 und Muratori XII., 187.
[2] Muratori XII., 194 und Pertz VII., 21.
[3] Ibid. 194 unten ff., vergl. mit 198.

Participazzo Johannetto mit dem Beinamen Paurecta, zu=
gleich ohne Zweifel ein naher Anverwandter des Partici=
pazzo Orso II., der gleichfalls den Beinamen Paurecta
führte, und 912 nach dem Tode des Dogen Peter des
Tribunen Herzog von Venetien wurde. Man sieht daher,
daß die Participazzi trotz den neulichen Unfällen, welche ihr
Haus betroffen hatten, die höchsten geistlichen Würden des
Seelandes den Ihrigen zuzuwenden wußten. Vitalis II.
behauptete das Patriarchat nur 3 Jahre und etliche Mo=
nate, also bis gegen 900. Dann folgte auf ihn Patriarch
Dominicus, eheleiblicher Sohn[1]) des damaligen Dogen
Peters des Tribuns, der nahezu 8 Jahre, also bis 908
Patriarch blieb. Jetzt bestieg den Stuhl von Grado Lau=
rentius aus dem Geschlechte der Mastalici[2]), deren ehr=
süchtige Bestrebungen wir früher kennen lernten. Laurentius
verwaltete das Patriarchat etwas weniger als 13 Jahre
und erst nach ihm kommen Patriarchen von längerer Amts=
dauer zum Vorschein.

Klar ist: nicht nur saßen wiederholt unmündige Kna=
ben auf dem Stuhle zu Grado, sondern man muß auch
noch den schnellen Wechsel der meisten Patriarchen erklären.
Zwei Annahmen bieten sich dar: Mord, oder gewaltsame
Absetzung. Für letztere spricht die Thatsache, daß Dandolo
und Chronist Johann, während sie sonst in der Regel an=
geben, wo die Patriarchen begraben worden seien, diese
Bemerkung bei einigen unterlassen. Die Parteiung der
größeren venetischen Geschlechter, welche das bürgerliche
Leben erschütterte, spiegelte sich auch in den kirchlichen Zu=

— — —

[1]) Muratori XII., 195.
[2]) Ibid. S. 197.

ständen ab. Ein Haus suchte dem andern dadurch den Vorrang abzugewinnen, daß es, im Guten oder mit Gewalt, nachgeborne Söhne auf erledigte Bisthümer, namentlich auf den Stuhl von Grado erhob. Greuliche Dinge müssen aus diesem Anlaß vorgegangen sein, Dinge, auf welche die Chronisten den Schleier deckten, und welche Dandolo kaum da und dort durch einzelne Andeutungen aufzuhellen wagt.

Sollte nun nichts von dem Feuer, das der Märtyrer Petrus entzündete, unter der Asche fortgeglüht haben? Gewiß hinterließ er geistigen Samen. Dandolo erzählt [1]): „(um 910) bestieg den Stuhl von Olivolo Dominicus, gebürtig aus Malamocco, ein Sohn des Barbarus Maurus, und behauptete das Bisthum 5 Jahre und 6 Monate. Die Sage geht, daß er dem Dogen Peter, dem Patriarchen Laurentius und den andern Bischöfen des Seelandes zu Trotz eingesetzt worden ist". Das wird eine verborgene katholische Partei erzwungen haben, welche aus der Ueberzeugung heraus handelte, daß die christliche Religion nicht dazu auf Erden gestiftet worden sei, um die nachgebornen Söhne einer habsüchtigen, ruchlosen Geldaristokratie mit Bisthümern auszustatten und schändlichen Parteikämpfen als Werkzeug zu dienen. Nicht am Wenigsten bestärkt mich in der eben ausgesprochenen Vermuthung der seltsame Nachfolger, den Dominicus, Mauro's Sohn erhielt.

Dandolo fährt [2]) fort: „(um's Jahr 915 unter dem Dogen Orso II., Participazzo, der auf Peter den Tribun

---

[1]) Muratori XII., 197 unten.
[2]) Ibid. 198.

folgte) wurde Bischof von Olivolo (Stadt-Venedig) ein
zweiter Dominicus, gebürtig aus Venedig, ein Sohn des
Peter Ortiano. Gemeinsam hatte der Clerus und das
Volk seine Erhebung gefordert, obwohl Dominicus selbst,
nur widerstrebend das Bisthum annahm. Derselbe war
in den h. Schriften wohl bewandert, aber verheirathet, besaß
ein Weib und Kinder, die mit ihm, jedoch die Keuschheit
bewahrend, im bischöflichen Palaste lebten. 18 Jahre und
7 Monate behauptete er seinen Stuhl, dann dankte er ab
und pilgerte nach Jerusalem". Weil der erste Dominicus
für römische Kirchenzucht und für die Grundsätze der katholischen Lehre geeifert hatte, ist es meines Erachtens geschehen, daß die venetische Aristokratie denselben vertrieb und
an seiner Statt einen verheiratheten Laien einsetzte. Sie
wollte dadurch zeigen, daß, wenn es nach ihrem Kopfe gehe,
in Venetien die katholische Kirche nicht aufkommen, sondern
byzantinisches Wesen blühen und gedeihen solle.

Dandolo fällt zum Schlusse ein Gesammturtheil über
die Verwaltung des Dogen Peter, das so lautet: „mehrere
(ältere venetische Chronisten) schreiben, Peter sei ein harter
und ungerechter Regent gewesen, und darum vom Volke
umgebracht worden. Allein dieß ist ein doppelter Irrthum,
wie unzweifelhaft aus gleichzeitigen Denkmalen erhellt.
Peter war ein weiser, gütiger, friedfertiger Fürst und starb
eines natürlichen Todes, nachdem er das Dukat 23 Jahre
und ebensoviele Tage verwaltet hatte". Man ersieht hieraus, daß vor Andreas Dandolo, außer dem Chronisten
Johann, den jener zuweilen anführt, noch andere, deren
Arbeiten nicht mehr vorhanden sind, die Geschichte Venedigs
beschrieben, sowie daß Dandolo selbst sein Werk meist aus
Urkunden schöpfte.

Besonders glaubwürdig sind die Angaben über die Dauer der Ducate, für welche ihm offenbar alte Verzeichnisse als Quelle dienten. Nun führt die Bestimmung der Jahre und Tage des Dogen Peter auf ein merkwürdiges Ergebniß. Wie ich früher gezeigt habe, wurde Doge Peter Candiano I. nach nur fünfmonatlicher Verwaltung, den 18. September 887, von den Slaven der Narenta erschlagen. Seitdem übernahm Johann Participazzo das Ducat zum zweitenmale und führte es 6 Monate 13 Tage. Daraus ergibt sich, daß Johanns Nachfolger, Peter der Tribun, Anfangs April 888 erhoben wurde. Da nun ebenderselbe das Ducat bis zu seinem Tode im Ganzen 23 Jahre und 23 Tage behauptete, so muß er nothwendig im April, spätestens Anfangs Mai 911 gestorben sein. Gleichwohl fand die Einsetzung eines neuen Dogen laut der Aussage Dandolo's erst im Jahre 912 statt, also folgt, daß Venetien gegen 8 Monate ohne Haupt war, mit andern Worten, daß ein kleines Zwischenreich eingetreten ist.

Dandolo sagt [1]): „nach dem Tode Peters ward im Jahre 912 Orso II. Participazzo als Doge bestätigt". Zum erstenmale braucht er hier wieder nach langer Unterbrechung Ausdrücke, wie die, welche er mit sehr gutem Grunde auf die venetischen Gewalthaber des 8. Jahrhunderts anwandte. Wer soll Orso bestätigt haben? sonnenklar kann es nur der byzantinische Hof gewesen sein. War dem aber so, dann begreift man sehr gut, daß über den Umtrieben, welche die größeren venetischen Geschlechter zu Constantinopel machten, um einem der Ihrigen das Ducat zu verschaffen, und über der endlichen Beschlußnahme des Basileus zum mindesten

---

[1]) Muratori XII., 198. Ursus laudatur dux anno Domini. 912.

8—9 Monate verlaufen mußten. Was Dandolo weiter
berichtet, läßt gar keinen Zweifel darüber zu, daß die eben
entwickelte Vermuthung historische Wahrheit ist.

Die älteren Dogen aus dem Hause Participazzo
hatten zuletzt, wie früher gezeigt worden, mit dem griechischen Hofe gebrochen, aber der neue machte es nicht ebenso,
sondern schlug einen entgegengesetzten Weg ein. Dandolo
fährt fort: „Kaum war Orso Participazzo, der den Beinamen Paurecta führte, zum Dogen gemacht, als er seinen
Sohn Peter nach Constantinopel schickte. Der Basileus
empfing denselben sehr gut, ernannte ihn zum Protospatarius, beschenkte ihn reichlich und erlaubte ihm dann nach
Hause zurückzukehren". Solche Reisen venetianischer Dogensöhne nach Byzanz werden, wie wir wissen, häufig erwähnt,
aber mit Ausnahme eines einzigen Falls schweigen die
Quellen davon, wie lange der Aufenthalt in der Hauptstadt des Ostens dauerte. Dandolo erzählt [1]), der Nachfolger Orso's Participazzo, Peter Candiano II., der den
herzoglichen Stuhl von 932 bis 939 — also sieben Jahre
— einnahm, habe gleich nach seinem Antritt einen seiner
Söhne an den griechischen Hof abgeordnet. Auch Chronist
Johann berichtet [2]) dieß, fügt aber zugleich bei, daß der
Vater nach der Rückkunft des Sohnes nur noch fünf Jahre
lebte. Demnach hat der Aufenthalt des letztern in Byzanz
zwei volle Jahre gedauert. Man sieht also: die jungen
Herren reisten nicht etwa bloßer Förmlichkeiten wegen und
um Glückwünsche darzubringen an den Hof, sondern um

---

[1]) Muratori XII., 201.
[2]) Pertz VII, 23.

als Geißeln der Treue ihrer Väter zu dienen, und in die Schule genommen zu werden.

Auf der Rückkehr von Constantinopel fiel Peter, der Sohn des Dogen Orso II. Participazzo, in die Hände slavischer Seeräuber, die ihn ausplünderten und zuletzt an den König der Bulgaren, Simeon, der ein Feind des Vaters gewesen zu sein scheint, ablieferten. Nur mit Mühe gelang es dem alten Dogen, seinen Sohn freizukaufen. Die Quellen über die Geschichte Orso's II. sind dürftig; Chronist Johann geht mit wenigen Linien über ihn weg, und auch Dandolo kennt nur drei politische Handlungen, die Orso II. vornahm, obgleich er 20 Jahre lang Doge war. Der Burgunder Rudolf hatte im Jahre 922 die Krone Italiens erlangt. Als er nach dem Neujahr 924 Hof zu Pavia hielt, erschienen vor ihm als Botschafter des Dogen Orso II. Participazzo der Bischof Dominicus von Malamocco und der Laie Stephan Caloprini, Sproße eines der ältesten venetianischen Geschlechter, um die gewöhnliche Erneuerung des carolingischen Vertrags von 810 bittend.

Was sie begehrten, ward durch Urkunde [1]) vom 28. Februar 924 bewilligt. Dandolo fügt [2]) bei: „da die Gesandten nachwiesen, daß Venetiens Herzoge seit alter Zeit Münzen schlugen, erkannte König Rudolf auch dieses Recht an". In der That reichen venetische Münzen erweislich bis in's 9. Jahrhundert hinauf. Zwei Denare sind bekannt [3]), der erste mit dem Bilde des Kaisers Lothar I. auf der einen, und der Inschrift Venecia auf der andern

---

[1]) Böhmer, Regest. Carol. Nro. 1493.
[2]) Muratori XII., 200.
[3]) Lebret, Geschichte Venedigs I., 213.

Seite, der zweite trägt das Bild des Kaisers Ludwig II.
(der ein Sohn Lothars I. und Enkel Ludwigs des From=
men war) und auf der Kehrseite die nämliche Inschrift.
Ueberdieß habe ich oben [1]) gezeigt, daß seit dem Anfange
des neuen Säculums eigene Münzmeister (monetarii) in
Venetien erwähnt werden.

Nachdem König Rudolf durch den Provenzalen Hugo
verdrängt worden war, bewarb sich der Doge auch bei dem
neuen Herrn Italiens um Bestätigung der alten Verträge
und erhielt sie durch Urkunde [2]) vom 26. Februar 927.
Weiter berichtet Dandolo, daß Orso Participazzo längere
Zeit die Einwohner der Inseln Chiozza plagte, aber zuletzt
sich ihnen gnädig erwies. Seine Worte [3]) lauten: „über
das gewöhnliche Maß hinaus bedrückte Doge Orso die von
Chiozza, allein als er inne ward, daß denselben von seinem
Vorgänger (Peter dem Tribun) ein Freibrief verliehen wor=
den sei, stand er nicht nur von der Verfolgung ab, sondern
erneuerte auch mit Einwilligung des Volks den Freibrief.“
Der Grund, den Dandolo für die Sinnesänderung Orso's
anführt, hat kein Mark, denn undenkbar ist es, daß dem
Dogen das, was sein Vorgänger für Chiozza that, unbe=
kannt blieb, oder zum Mindesten, daß die von Chiozza nicht
selbst dem Herzoge, wenn er anders nichts davon wußte,
das Pergament Peters gleich Anfangs vorgehalten haben
sollten. Ich sage kurz meine Meinung: um Anhang auf
Chiozza zu gewinnen, oder deutsch gesprochen, um je nach
Umständen über die Fäuste und Messer der Insulaner ver=

---

[1]) S. 154.
[2]) Böhmer, a. a. O. Nr. 1378 und Muratori XII., 200
unten ff.
[3]) Muratori XII., 199.

fügen zu können, hatte Doge Peter der Tribun denselben besondere Rechte verliehen — ihre Steuern oder Frohndienste gemildert — denn Chiezza war allem Anscheine nach gleich Poveglia, wo die Leibwächter des Dogen Peters Tradenico angesiedelt wurden [1]), ein Unterthanenland. Dieses Verhältniß nun erregte die Eifersucht des Participazzo, und darum bedrängte er die Insulaner so lange, bis sie die dem Tribun Peter zugesagten Dienste ihm zu leisten verhießen, d. h. bis sie von dem Hause Peters, der mit den Tradenico verwandt war, zu dem seinigen abfielen.

In das Ducat Orso's II. Participazzo fällt endlich noch die Einsetzung des verheirateten Laien Dominicus zum Bischofe von Olivolo-Venedig. Der Doge kann, als er zu diesem Gewaltstreiche die Hand reichte, das, was man fromm nennt, nicht gewesen sein. Allein er wurde es später. Dandolo sagt [2]): „nach vollendetem 20. Jahre herzoglicher Verwaltung und nachdem er selbst das Greisenalter erreicht hatte, ging Orso II. Participazzo der Welt entsagend in's Kloster und starb als Mönch." Das war das erste Beispiel, daß ein Doge von Venedig die Kutte wählte. Trübe Erfahrungen, fruchtlose Kämpfe mit politischen Gegnern werden zu diesem Entschlusse das Ihrige beigetragen haben. Ich vermuthe überdieß, daß mit dem Rücktritt des Dogen auch die Abdankung des verheirateten Bischofs zusammenhängt, der laut dem früher angeführten Zeugnisse Dandolo's plötzlich den bischöflichen Palast verließ, das Amt aufgab und — offenbar zur Buße für begangene Missethat — nach Jerusalem pilgerte.

---

[1]) Siehe oben S. 186.
[2]) Muratori XII., 201.

Vorgänger des verheirateten war jener andere
Dominicus gewesen, der dem damaligen Dogen Peter zu
Trotz den Stuhl von Venedig bestieg, aber nur fünf Jahre
sechs Monate behauptete und laut deutlichen Anzeigen für
römisches Recht und römische Zucht geeifert hat. Angenommen — was sich sehr gut mit Dandolo's Aussagen
verträgt — der ältere Dominicus sei zu Anfang des
Jahres 909 erhoben worden, so fällt sein Tod oder seine
Absetzung in's Jahr 914; da ferner der verheiratete Dominicus, welcher unmittelbar auf den Andern folgte, achtzehn Jahre sieben Monate im Amte war, so ergibt sich,
daß der letztere um dieselbe Zeit, da Doge Orso II. Participazzo in's Kloster ging, die Wallfahrt nach Jerusalem
angetreten haben muß. Wer wird zweifeln, daß die katholische Partei, welche erweislich in Venetien bestand, jenen
von wirklicher Reue zeugenden Entschluß des alten Dogen
rasch benützte, um die Schmach des einem verheirateten
Laien übertragenen Episkopats auszutilgen.

Nachdem der alte Orso Participazzo sich zum Mönche
hatte scheeren lassen, wurde Peter Candiano II., Sohn des
gleichnamigen Vaters, den die Slaven der Narenta am
18. December 887 erschlugen, im Jahre 932 zum Dogen
erhoben. Da der Vater schon 45 Jahre vor der Einsetzung des Sohnes umgekommen war, folgt, daß dieser
damals zum Mindesten gegen 50 Jahre zählte, denn der
Vater selber hatte ein Alter von 45 Jahren erreicht[1]),
und kann folglich bei seinem Tode nicht wohl ganz unmündige Kinder hinterlassen haben. Gleich nach geschehener

---

[1]) Muratori XII., 192.

Wahl schickte[1]) der neue Doge seinen gleichnamigen Sohn nach Constantinopel, der dort zum Protospatarius ernannt und sonst vom Basileus geehrt ward. Die Gesandtschaft beweist, daß der byzantinische Hof die Erwählung Peters II. Candiano gebilligt hatte; die Reise des Sohnes aber ist dieselbe, von welcher ich oben zeigte, daß die Abwesenheit volle zwei Jahre dauerte.

Zwanzigstes Kapitel.

Der Doge Peter II. Candiano. Istrien.

Kriegerisch waren die Anfänge der Verwaltung Peters II. Candiano. „Der neue Doge," sagt[2]) Dandolo, „hat viel für sein Land gethan; denn nicht zufrieden mit dem Gebiete, das er antraf, dehnte er die Herrschaft der Veneter über die benachbarten Völker aus, indem er die einen mit Gewalt unterjochte, andern Consuln seiner Wahl gab, andere nöthigte, Bündnisse mit Venetien zu schließen." Auch Urkunden, von denen sogleich die Rede sein wird, bekräftigen die Aussage des Geschichtschreibers. Peter Candiano wandte seine Waffen zuerst gegen die Einwohner von Comacchio. Dandolo fährt[3]) fort: „da die von Comacchio etliche Veneter gefangen genommen hatten, lief der Doge mit einem Heere wider sie aus, nahm und verbrannte die Stadt, erschlug die meisten Einwohner, die

---

[1]) Muratori, XII., 261.
[2]) Ibid. a. a. O.
[3]) Ibid. S. 262.

übrigen führte er als Gefangene nach Venetien ab und gab sie erst wieder frei, als sie einen Eid leisteten, daß sie für alle Zukunft ihm gehorchen und seinen Befehlen unterthan sein wollten." Die Worte Dandolo's lauten unverkennbar so, als habe Peter II. Candiano die einst päpstliche Stadt nicht für Venedig, sondern für sein eigenes Haus erobert. Im Uebrigen ersieht man, daß die Comac= chienser, die, wie ich früher [1]) zeigte, schon um 882 dem Dogen Johann Participazzo II. Unterwerfung angeloben mußten, in der Zwischenzeit wieder abgefallen waren.

Die zweite Eroberung machte der Doge in Istrien, sofern er — und zwar in Form eines Bündnisses — die Stadt Justinopolis (Capo d'Istria) gewann. Dandolo schreibt: „Albebert, der Statthalter, Johann, der Schösse, auch Faragarius, Vogt der gesammten Gemeinde von Justinopolis, setzten einen Akt auf, kraft dessen sie ihre Stadt zinspflichtig erklärten, angelobend, daß sie jedes Jahr hundert Eimer Weins (an die venetische Kammer) entrichten, so wie auch die Veneter in ihrem ganzen Ge= biete schützen und vertheidigen würden." Die betreffende Urkunde [2]) ist selbst auf uns gekommen, und lautet ihrem wesentlichen Inhalte nach so: „Im Namen Jesu Christi, im sechsten Jahre der Regierung unseres Herrn, des durch= lauchtigsten Königs Hugo (des Provenzalen) von Italien, Römer = Zinszahl 5, den 14. Januar, verhandelt in der Stadt Justinopolis." Die Kennzeichen der Zeit, das sechste Jahr, Hugo, Römer = Zinszahl 5 und der 14. Januar,

---

[1]) Oben S. 208—209.

[2]) Fontes rerum Austriac., zweite Abtheilung XII., a. S. 6 ff.

stimmen einträchtig zusammen, sie weisen auf den 14. Ja=
nuar 932 hin.

„Da Ihr! Herr Peter, kaiserlicher Protospatar und
glorreicher Herzog der Veneter, auch Sohn weiland des
Herzogs Peter Candiano I., Euch stets gnädig gegen uns
erwiesen habt, also daß Wir alle ohne Gefahr und mit
vollem Schutz durch Euer Gebiet wandeln konnten, hätten
Wir schon früher unsern Dank an den Tag legen sollen,
doch es unterblieb bisher durch unsere eigene Fahrlässig=
keit. Jetzt aber haben Wir uns entschlossen, das Ver=
säumte nachzuholen, und zwar nicht aus Zwang von irgend
einer Seite, sondern freiwillig und mit freudigem Herzen.
Demnach verpflichten Wir, Aldebert, Statthalter, Johann,
Schöffe, Faragar, Fürsprecher (advocatus) der Gemeinde,
Andreas, Schöffe, Peter, Schöffe, Dominicus, Schöffe" —
folgen nun noch 14 andere Genannte, aber ohne Bezeich=
nung eines bestimmten Amtes — „wir Alle verpflichten
uns mit Einwilligung unseres ganzen Volkes an Euch, so
lange Ihr lebet, der Ehre wegen, alljährlich zur Zeit
der Weinlese hundert Eimer (amphoras) guten Weines zu
entrichten. Sollten Wir je, so lange Ihr lebet, dieser
Verpflichtung nicht nachkommen, so erkennen Wir uns
schuldig, das Doppelte abzuliefern. Desgleichen geloben
Wir, Euer Volk (im Umfange unseres Gebiets) stets gegen
jede Ungebühr zu schützen und zu vertheidigen, auch jede
andere Verbindlichkeit, die Wir oder unser Volk gegen Euch
oder die Eurigen eingegangen haben sollten — im Falle die
Eurigen Euch die Betreibung übertragen — pünktlich zu
erfüllen. Für jede Vernachlässigung der letzten Punkte,
übernehmen Wir eine Buße von 5 Pfunden Goldes."
Folgen hinter der Urkunde noch die Unterschriften von 58

angesehenen Einwohnern von Justinopolis, doch ohne daß
ihnen irgend ein Amtstitel gegeben wäre. Sie werden,
denke ich — mit den im Texte selbst genannten 20 —
zusammen den großen Rath von Capo d'Istria gebildet
haben.

Die Urkunde ist im Namen des italienischen Königs
Hugo ausgestellt. Capo d'Istria, sowie die ganze Halbinsel, von der die Stadt ihren späteren Namen empfing[1]),
hat demnach den Provenzalen als Herrn anerkannt, aber
freilich nur dem Namen nach; denn sonst hätten die Unter-
zeichner bei Abfassung eines solchen Vertrags vor Allem
die Erlaubniß oder Zustimmung des Königs beibringen
müssen, wovon sich keine Spur findet. Zwar, dem Scheine
nach, besagt die Urkunde nichts weiter, als daß die Gemeinde Capo d'Istria sich der Verpflichtung unterziehe,
jährlich hundert Eimer Wein nach Venetien abzuliefern —
was heute noch jedes Handlungshaus gegen die Gemeinde-
behörden eines benachbarten Landes ohne Treubruch an
dem eigenen politischen Gebieter übernehmen könnte —; in
Wahrheit aber enthält das Pergament einen Akt der Anerkennung venetischer Hoheit; denn einmal unterwerfen sich
die Einwohner der Stadt für gewisse Fälle fest bestimmten
Bußen, über welche zu erkennen offenbar den venetischen
Gerichten zustand, für's Zweite geloben sie, die Personen
und das Eigenthum von Venetien in dem Bereiche ihres
ganzen Gebiets — und zwar ohne Vorbehalt gerichtlicher
Verfolgung, die im Namen des italienischen Königs ver-

---

[1]) Man vergleiche die Urkunde vom Jahre 745. Fontes
rerum Austriae. II. Abth. XII. a. S. 105. Justinopolis quod
dicitur caput Istriae.

hängt werden mochte — zu schützen. Wer sieht nicht, daß
Doge Peter Candiano II. den Schein mied, als habe er
dem Namenkönige Italiens eine Stadt entzogen, in der
That aber Capo d'Istria seiner Herrschaft unterwarf.

Zweimal wird im Text mit klaren Worten hervor-
gehoben [1]), daß die Verpflichtung der Capo d'Istrianer, den
Wein zu liefern, nur auf die Lebenszeit des Dogen dauern
solle. Sonnenklar ist: Peter Candiano hat die Stadt
nicht für das Gemeinwesen der Veneter, sondern für sich
oder sein Haus erworben, wodurch zugleich die oben ausgesprochene Vermuthung bezüglich Comacchio's bestätigt
wird. Wenn anders der Doge den Vertrag nicht in der
Art erneuerte, daß er auch für kommende Zeiten galt —
eine Verlängerung, welche durchzusetzen dem Dogen kaum
schwer fallen konnte — so waren die Capo d'Istrianer
nach Peters II. Tode nicht mehr verbunden, den Wein
zu liefern, noch die andern Artikel zu erfüllen. Wollte
daher das Volk Venetiens eine längere Dauer des Vertrags — und daß es dieß wollte, lag in der Natur der
Verhältnisse — dann mußte es Anstalt treffen, dem Sohne
des Dogen die Nachfolge zu sichern; denn in diesem Falle
ließ sich nicht zweifeln, daß der Vater Alles aufbieten
werde, um die Capo d'Istrianer zur Verlängerung zu bewegen. Ich will sagen: sichtlich hat Peter Candiano sowohl
die Eroberung Comacchio's, als den mit Capo d'Istria
abgeschlossenen Vertrag, als Schraube benützt, welche die
Erblichkeit des Ducats in seiner Familie erzwingen sollte.

----

[1]) Promittimus nos vobis, usque dum in hoc seculo vixe-
ritis, donare vini boni, und weiter unten: si diebus vitae vestrae
vinum vobis non dederimus, duplum vobis dare promittimus

Endlich erfahren wir aus der Urkunde, daß Peter Candiano schon im Januar 932 nicht nur Doge war, sondern auch den Titel eines kaiserlich-byzantinischen Protospatarius führte. Letzterer ist ihm, allem Anscheine nach, zu gleicher Zeit verliehen worden, da ihm der Basileus das Dogat bestätigte. Wahrlich, der griechische Hof muß auf die Abdankung Orso Participazzo's und seinen Eintritt in's Kloster, sowie auf die Erhebung Peters Candiano II. stärker eingewirkt haben, als die schweigsamen Chronisten eingestehen.

Nahm aber Hugo, König von Italien, den Vertrag des Dogen mit der Gemeinde Capo d'Istria ruhig hin, oder gab es sonst Niemand in Istrien, der des Königs Recht vertrat? Allerdings erfolgte ein Gegenstoß, aber ein wirkungsloser. Dandolo fährt [1] fort: „da Winther, Markgraf von Istrien, ungewohnte Steuern von Venetern eintrieb, da er weiter die Hintersassen, welche die venetischen Gutsherren gehörigen istrischen Ländereien bebauten, zu harten Frohndiensten anhielt, und den Venetern überhaupt bei gerichtlichen Klagen Gerechtigkeit verweigerte: ergriff Doge Peter Candiano gegen ihn und seine Untergebenen ein geeignetes Mittel: er verbot nämlich jeden ferneren Handel zwischen Istrien und Venetien, also daß kein Istrier mit Venetien, und umgekehrt kein Veneter mit Istrien verkehren durfte. Die Folge davon war, daß Markgraf Winther sammt allen Istriern die Vermittlung des Patriarchen von Grado, Marinus, anrief. Auf die Vorstellungen des Patriarchen nahm der Doge das Verbot zurück, wogegen die Istrier Bürgschaft leisten mußten, erstens, daß sie Personen und Eigenthum der Veneter

---

[1] Muratori XII., 202.

schützen, zweitens, keine ungerechte Steuer mehr erheben, und drittens, im Falle der König von Italien irgend welche Maßregeln gegen Venetien anordne, den Dogen davon in Kenntniß setzen, und ihm die Möglichkeit verschaffen würden, jedem Schaden vorzubeugen."

Der Handel Venetiens war zu solcher Bedeutung emporgestiegen, daß Istrien ohne freien Verkehr mit dem Seeland gar nicht mehr bestehen konnte. Das Volk jenseits lebte großen Theils von dem Verdienst, den ihm die reichen Kaufherren und Gutsbesitzer Venetiens zufließen ließen. Die kluge Maßregel des Dogen bewirkte daher, daß der Markgraf drüben, um selbst sein bedrohtes Einkommen zu retten, zu Kreuze kroch. Die Urkunde, auf die sich Dandolo bezieht [1]), ist gleichfalls auf uns gekommen und noch belehrender, als die vorerwähnte. Ich theile abermals den wesentlichen Inhalt mit.

„Im Namen unsers Erlösers, Jesu Christi, im siebenten Jahre der Regierung des durchlauchtigsten Königs Hugo, dem zweiten der Mitherrschaft seines Sohnes Lothar, Römer-Zinszahl 6, den 12. März, verhandelt zu Rialto." Auch diese Kennzeichen der Zeit stimmen genau zusammen, und weisen auf den 12. März 933 hin.

„Wir, Winther, Markgraf, und die uns Untergebenen bekennen, daß wir die in den Gieten von Pola und ganz Istrien gelegenen Besitzthümer des Patriarchats Grado, des Dogenpalastes, sowie der übrigen venetischen Stühle, vielfach beeinträchtigt, Schuldposten, welche Istrier Venetern bezahlen sollten, zurückgehalten, Handhabung der Gerechtigkeit verweigert, Venetern ungebührliche Auflagen abge=

---

1) Fontes rerum Austriac. a. a. O. S. 11 ff.

fordert, Schiffe derselben beraubt, Matrosen ermordet
haben, woraus denn bedenklicher Streit und Blutvergießen
entsprang. Wegen solchen Unrechts, das Wir verübten,
ließ dann der glorreiche Herzog Herr Peter (Candiano) ein
Verbot ausgehen, das allen Verkehr zwischen Venetern und
Istriern und umgekehrt untersagte."

„Da uns diese Anordnung schwer betraf, haben Wir
uns bittweise an den Herrn Patriarchen von Grado, Marinus, gewandt, daß es ihm gefallen möge, bei dem durchlauchtigsten Dogen Vermittlung zu unsern Gunsten einzu-
legen, was derselbe denn auch glücklicher Weise zu Wege
brachte."

„Demgemäß geloben ich, Markgraf Winther, und ich,
Johann, Bischof von Pola, für uns selbst und im Namen
der andern Bischöfe Istriens und des gesammten Volkes,
wie folgt: 1. werden wir von heute an die Güter, welche
das Patriarchat Grado, oder der Dogenpalast, oder die
übrigen Bisthümer des Seelands, oder überhaupt andere
Veneter im ganzen Bereiche Pola's und Istriens inne haben,
nie betreten oder antasten, sondern besagtes Eigenthum soll
stets von Uns und den Unsrigen geachtet und geschützt
werden; auch erkennen Wir Euch das Recht zu, jene
Güter und deren Hintersassen durch Eure eigenen Beamten
zu verwalten; 2. versprechen wir zu Beitreibung aller
Schuldposten, welche Veneter an Istrier zu fordern haben,
gerichtliche Hilfe zu leisten; 3. alle ungebührlichen Abgaben,
die in letzter Zeit erhoben wurden, sind abgethan, und nur
die Zölle und Weggelder, welche kraft alten Herkommens
bestehen, dürfen von jeglicher Person gefordert werden;
4. machen wir uns verbindlich, daß nie ein istrisches Schiff
zum Dienste wider venetische verwendet werde, oder eurer

Seemacht Schaden zufüge, sondern wir werden mit Euch stets in Frieden leben, und uns gegen Veneter so benehmen, wie das Gesetz und die Gerechtigkeit vorschreibt; 5. im Falle der König irgend etwas befiehlt, was den Venetern Nachtheil bringen mag, geloben wir, sobald als möglich, Euch davon Nachricht zu geben, damit die, denen Schaden droht, ungefährdet in die Heimath zurückkehren können."

„Alle diese Verpflichtungen übernehmen Wir nicht nur für uns selbst, sondern auch für unsere Nachfolger und künftige Erben. Sollten aber je durch unsere Schuld und Gewalt Güter des Patriarchats von Grado, oder des Dogenpalastes, oder der übrigen venetischen Bisthümer, oder irgend eines Anderen Eurer Getreuen beschädigt werden, so möge uns die Rache des allmächtigen Gottes und seiner Heiligen treffen, und überdieß erklären wir uns dann verbunden, für uns und unsere Erben eine Buße von 100 Pfund lauteren [1]) Goldes an Euren Dogenpalast zu bezahlen, von welcher die eine Hälfte den Beschädigten, die andere der italischen Königskrone gehören soll."

Die Urkunde ist unterschrieben von dem istrischen Markgrafen Winther, von zwei Bischöfen und überdieß von 16 angesehenen Einwohnern der istrischen Orte Pola, Citta-Nuova, Pirano, Capo d'Istria, Mugla und Triest. Noch wird bestimmt, daß sieben genannte Bürger von Pola, worunter ein Tribun, zwei von Citta-Nuova, beide Verwandte des dortigen Bischofs Firminus, vier von Pirano, worunter ein Schöffe, vier von Capo d'Istria, unter welchen der Statthalter Aldebert, zwei von Mugla, drei von Triest, unter

---

[1]) Wörtlich: auri rulvi (gelben Goldes).

welchen abermal ein Statthalter, den in der Urkunde ent-
haltenen Vertrag beschwören müssen.

Während in den Unterschriften des Textes von der
Stadt Justinopolis die Rede ist, wird ebendieselbe im beigefügten Verzeichniß derer, welche schwören mußten, Caprä
genannt. Sie trug allerdings beide Namen [1]); da es aber
in Italien mehrere Caprä gab, unterschied man das istrische
durch das Beiwort caprae d'Istria; und aus diesem Ausdrucke entstand dann durch die gewöhnliche Abschleifung
harter Worte die heutige Form Capo d'Istria. Die istrischen
Städte Pola, Pirano. Citta-Nuova sind in vorliegender
Uebersicht der Geschichte Venedigs mehrfach erwähnt und
bestimmt worden [2]). Hier kommt noch hinzu Tergeste, das
heutige Triest, und der Hafenort Mugla, der jetzt Muggia
heißt, und in der Mitte zwischen Triest und Capo d'Istria liegt.

Ueber die Urkunde vom 14. Januar 932 war zu
Capo d'Istria verhandelt worden, die Ausfertigung der zweiten,
vom 12. März 933, dagegen fand in Rialto statt. Markgraf Winther sammt den Andern, die mit ihm unterzeichneten, hatten die Reise nach Venedig antreten müssen. Denn
natürlich! dem Dogen lag nicht wenig daran, diesen Istriern
seine Macht einzuräufen. Und wahrlich, das hat er
in reichlichem Maße bewerkstelligt. Zwar übernahmen die
Istrier nicht, wie Capo d'Istria's Bürgerschaft im vorigen
Jahre gethan, eine jährliche Abgabe; aber dafür haben
sie erstlich auf das Recht verzichtet, ferner irgend welche
neue Steuern von Venetern zu erheben, die in Istrien Eigen-

---

[1]) Man vergl. Rubeis, Monum. Aquilej. S. 397 u. 461 ff.,
der das Richtige gesehen hat.

[2]) Oben Kap. 9 u. 12.

thum besaßen oder dorthin handelten; sie stellten, zweitens, durch das Zugeständniß, alle venetischen Schuldposten unverweigerlich beizutreiben, die istrischen Gerichte unter die Aufsicht des Dogen. Wenn ein Veneter eine Forderung an einen Istrier machte, so wandte er sich zunächst an das betreffende istrische Gericht, fand er dort Schwierigkeiten, so suchte er Hülfe beim Dogen und dann liefen unfehlbar Schreiben aus dem Dogenpalast nach Istrien, welche den dortigen Richtern Füße machten. Sie räumten, drittens, den Venetern die Befugniß ein, auf istrischem Boden nach Gutdünken Beamte als Verwalter der diesseitigen Eigenthümern gehörigen Landgüter anzustellen; sie bewilligten, viertens, ebendenselben vollkommen freie Gerichtsbarkeit im Umkreise der genannten Besitzungen; kein istrischer Magistrat durfte dieselben mehr betreten.

Doch das ist soviel als nichts im Vergleiche mit drei weiteren Vortheilen, welche der Doge durch den Vertrag vom März 933 errang. Die Istrier verzichteten fünftens auf das Recht des Kriegs gegenüber den Venetern; dem Vertrage gemäß durfte kein istrisches Schiff mehr gegen das Seeland auslaufen. Indem sie, sechstens, sich für gewisse Fälle verbindlich machten, die ungeheure Buße von 100 Pfund Goldes zu bezahlen, erkannten sie die oberste Hoheit des Dogen und seiner Gerichte über Istrien an; denn von nun an stand einzig den Gerichten Venetiens die Entscheidung darüber zu, wann und warum die im Vertrag bezeichnete Strafe eintreten müsse. Endlich, siebentens — und das war das stärkste — haben sie durch die Zusicherung, daß unverweilt dem Dogen Anzeige geschehen solle, wenn irgend etwas Feindseliges von Seiten des italienischen Hofes gegen Venetien im Werke sei, die förmliche Verpflichtung

eingegangen, ihren politischen Gebieter, den König Italiens,
zu verrathen. Denn wer einem Nachbar, der zugleich, wie
hier, Feind ist, die Geheimnisse des eigenen Landesherrn
offenbart, der gilt und galt von jeher als Hochverräther.

Der Doge wußte sehr wohl, was er that, indem er
den fraglichen Artikel in den Vertrag einfügte; die Bestimmung, daß die Hälfte der Strafsumme der italienischen
Krone zufallen solle, hat offenbar den Zweck, die Pille zu
versüßen. Aber im Grunde enthält sie eine neue Be-
schimpfung des italienischen Hofes von damals. Der Hintergedanke liegt nämlich zu Grunde, daß wer mit einem
Sacke voll Geld nach Pavia komme, Alles daselbst ungestraft durchsetzen, selbst die Krone des Königs zersetzen könne.
Summa Summarum der Vertrag vom März 933 ist beim
Lichte besehen eine Akte, kraft deren sich Istrien, gebunden
an Händen und Füßen, dem Dogen unterwarf, und nichts
wurde darin geschont als der Schein, oder wenn man
will, der Name des durchlauchtigsten Königs Hugo von
Italien.

Die beiden Urkunden vom Januar 932 und vom
März 933 geben zugleich Aufschluß über die Mittel, durch
welche es dem Dogen gelang, ohne Schwertstreich solche
Fortschritte in Istrien zu machen. Man ersieht aus ihnen,
daß nicht bloß das Patriarchat von Grado, sondern daß
auch die übrigen Bisthümer des Seelands bedeutendes
Grundeigenthum in den verschiedenen Theilen der Halbinsel besaßen. Der Anfang dieser Erwerbungen wird in
den Zeiten gemacht worden sein, da Grado die kirchliche
Hoheit über Istrien übte. Aber seitdem hatten die Veneter
nicht ermangelt, weiter auf dem gelegten Grunde fortzu-
bauen. Als große Besitzer in Istrien erscheinen außer den

Stühlen Venetiens der Dogenpalast und ferner einzelne venetische Laien, welche mit dem Worte Getreue des Herzogs bezeichnet werden. Mit gutem Fuge ist der Ausdruck palatium ducis gewählt; die fraglichen Ländereien gehörten nicht dem oder jenem Dogen persönlich, sondern dem herzoglichen Stuhle, sie waren Kammergüter des Dogats, gerade wie es in andern germanischen Reichen Kroneigenthum gab, das beim Erlöschen einer Dynastie auf die nächstfolgende überging.

Zwar hatte Peter Candiano II., wie oben gezeigt werden, sowohl bei Eroberung Comacchio's, als bei Abschluß des Vertrags mit Capo d'Istria den Versuch gemacht, die erlangten Vortheile an seine eigene Person zu knüpfen. Aber die istrische Uebereinkunft beweist, daß er von diesem Gedanken abging: denn die Istrier werden ja nicht bloß für sich selbst, sondern auch für ihre Nachfolger und fernen Erben, also für immer verpflichtet, den zweiten Vertrag zu halten. Beim Schweigen der Quellen kann man nicht entscheiden, ob Peter Candiano II. freiwillig oder gezwungen die Verlängerung ausbedang. Ich glaube Letzteres und bin überzeugt, daß es in Venetien an Stimmen nicht gefehlt haben wird, welche die betreffende Bestimmung des ersten Vertrags laut tadelten, und den Dogen nöthigten, bei Abschluß des zweiten nicht einzig für sich, sondern zugleich für den Staat zu sorgen.

Sei dem, wie ihm wolle, gewiß ist, daß mit dem Augenblicke, da das Patriarchat von Grado, die Stühle des Seelands, der Dogenpalast und einzelne reiche Veneter alle jene Güter in Istrien erworben hatten, oder um in neuerer Weise zu reden, nachdem eine Masse venetianischen Geldes auf istrischem Grund und Boden angelegt war, die

Halbinsel sich thatsächlich so gut als in der Gewalt des Dogen befand.

Denn jene Besitzer regierten nicht etwa bloß durch ihre Verwalter eine gute Anzahl gutshöriger Bauern, sondern sie erhielten zugleich Gelegenheit, mit angesehenen Eingebornen verschiedenartigen Geschäftsverkehr anzuknüpfen, durch Handels= und Gewerbsunternehmungen den mittleren und niedern Classen Verdienst zu verschaffen, endlich die istrischen Beamten zu bestechen oder sonst zu gewinnen: kurz durch die Schwerkraft des Besitzes, des Reichthums war das Land von ihnen abhängig geworden. Daß die Sache sich in Wahrheit so verhielt, erhellt aus der Wirkung der von dem Dogen angeordneten Handelssperre. Kaum dauerte sie ein Jahr, so rannten Markgraf Winther und Genossen nach Grado, die Vermittlung des Patriarchen anzurufen, und baten um schön Wetter. Ein Uebel hatte sie betroffen, das im Mittelalter eben so tief empfunden ward, als heute noch: der Geldumlauf stockte durch's ganze Land!

Endlich werfen die beiden Urkunden noch Licht auf die innern Zustände Istriens. Wie ich an einem andern Orte [1]) dargethan habe, berichtet Dandolo, daß Kaiser Ludwig der Fromme um 820 auf Bitten des Gradenser Patriarchen Fortunatus, der damals aus triftigen Gründen Partei auf der Halbinsel machte, den Istriern das Recht verlieh, geistliche und weltliche Vorsteher, Bischöfe, Aebte, Landeshauptmänner [2]), Statthalter, Tribunen, Amtleute frei zu wählen. Der von den zwei obigen Verträgen bezeugte

---

[1]) Oben S. 124—125.
[2]) Wörtlich: rectores.

Erfolg bürgt dafür, daß die Aussage Dandolo's wahr ist, und zugleich, daß die Anordnung des Carolingers überreiche Früchte trug. Eine Masse von Beamten und Volksobrigkeiten kommt in Istrien zum Vorschein: erstlich taucht ein Markgraf als Vorstand der gesammten Provinz auf, welcher nicht ohne Zuthun des Volks erhoben worden sein kann. Denn er handelt wie ein Mann, der thun muß, was die Menge will, und steckt freiwillig oder gezwungen seinen Hals in die Schlinge, welche die Istrier, seine Untergebenen, auf den Wink des Dogen zubereitet haben.

Für's Zweite fanden wir in Capo d'Istria einen Beamten Aldebert, welcher loco positus, Statthalter genannt wird und allem Anscheine nach im Auftrage des Markgrafen die Stadt regierte, außer ihm 4 namentlich aufgeführte Schöffen oder Stadtrichter, dann einen, welcher den Titel Fürsprecher des ganzen Volks führt, und meines Erachtens das Wohl der niederen Classen im Stadtrathe vertrat, endlich einen zahlreichen Rath. Zu Pola wird ein Tribun, zu Pirano ein Schöffe, zu Triest ein Statthalter (loco positus) wie in Capo d'Istria erwähnt. Auch in den fünf andern Städten muß es einen Rath gegeben haben; denn die namentlich aufgeführten Einwohner, die neben den obigen Beamten den Vertrag vom März 933 beschworen, können kaum etwas anderes als Mitglieder der betreffenden Stadträthe gewesen sein.

Der Uebergang von rohem Vasallendruck zur Selbstregierung ist stets gefährlich, fast unfehlbares Verderben aber bringt er dann, wenn Fremde sich einmischen, und, wie es in Istrien durch Fortunatus geschah, für die Freiheit des Nachbars zu sorgen vorgeben, während sie in der That unter prächtigen Worten Garben für die eigenen

Scheunen sammeln. Die reichen in der Halbinsel ansäßi=
gen Beneter hatten offenbar Mittel gefunden, Parteiung
unter den Eingebornen zu stiften, Zwietracht auszusäen,
denn aus dem Vertrage vom Januar 932 erhellt ja, daß
obgleich das Band markgräflicher Herrschaft ganz Istrien
umschlang, die Stadt Justinopolis sich von den übrigen
trennte, und vereinzelt mit dem Dogen unterhandelte. Das
erregte zwar Anfangs den Zorn der andern, und sie räch=
ten sich laut der Urkunde durch Angriffe auf venetische
Schiffer, wahrscheinlich wohl auch durch Verfolgung der
Capo d'Istrianer, aber in Kurzem ahmten sie das Beispiel der
letztern nach, und zwangen ihren Markgrafen, gleichfalls mit
dem Dogen abzuschließen, wobei sicherlich abermal die vene=
tianischen Gutsherren ihre Hände im Spiel hatten.

Noch ein weiterer Punkt muß beachtet werden. Den
Eifer, mit welchem Peter Candiano II. die Herrschaft Ve=
netiens nach Außen erweiterte, rühmend sagt Dandolo,
dieser Doge habe bei einigen Nachbarn Consuln eingesetzt.
Sollte sich dieß nicht auch auf Istrien beziehen. Ich denke
ja. Consul ist ein Ausdruck, der, wie ich an einem andern
Orte [1]) gezeigt habe, seit dem 10. und 11. Jahrhundert
für das sonst übliche Wort comes oder Graf gebraucht
wird. Vierzig Jahre nach Abschluß der Uebereinkunft vom
Januar 932 erscheint [2]) in der Stadt Capo d'Istria, neben
einem loco positus oder Statthalter ein Graf, Sighard,
der den ersten Vertrag erneuerte und folglich zum Vortheile
des Seelands wirkte. Kaum kann man zweifeln, daß der=
selbe nicht ohne Zuthun des Dogen eingesetzt worden war.

---

[1]) Gfrörer, Greger VII. B. V. S. 169, 175.
[2]) Fontes rerum Austriac. XII., a. S. 31 ff.

Natürlich die vertragsmäßige Zusicherung, daß die Istrier hinfort den Dogen von etwaigen Anschlägen des italischen Königs unterrichten, und kein Schiff wider das Seeland ausrüsten würden, genügte den Venetianern noch nicht — es waren ja bloße Worte —; um sicher zu gehen, mußten sie dafür sorgen, daß die ansehnlichsten Aemter drüben in die Hände von Männern geriethen, die von ihnen abhingen, durch ihre Gunst erhoben wurden, durch ihren Zorn in das Nichts zurücksanken. Die Veneter liebten halbe Maßregeln nicht.

Nicht zu leugnen ist, durch die Dinge, welche Doge Peter Candiano in den Jahren 932 und 933, den zwei ersten seiner Amtsführung, verrichtete, verdiente er das Lob, das ihm Dandolo spendet. Allein mit dem Jahre 933 ist Peter Candiano's Wirksamkeit wie abgeschnitten, obgleich er bis 939 lebte und Doge blieb: gar nichts mehr weiß Dandolo von weiteren Thaten desselben zu erzählen. Nun erinnere man sich, daß, laut der Aussage des Chronisten Johann, der gleichnamige Sohn des Dogen, welcher unmittelbar nach dem Regierungsantritt des Vaters in die Hauptstadt des Ostens geschickt worden war, zwei Jahre daselbst blieb, dann heimkehrte, und daß seit der Rückkunft des Sohnes Peter Candiano noch weitere 5 Jahre regierte. Daraus folgt sonnenklar, daß der Sohn gegen Anfang des Jahres 934 wieder nach Venedig kam, zweitens, daß mit der Abwesenheit des Sohnes die Thätigkeit, und hinwiederum, daß mit der Zurückkunft ebendesselben die Unthätigkeit des Vaters zusammenfällt. Sieht dieß nicht so aus, als seien zugleich mit dem rückkehrenden Sohne Weisungen aus Constantinopel angelangt, welche die Eroberungslust des Vaters dämpften, ihn zum Stillsitzen nöthigten. In der That, ein Doge, der so kühn um sich griff, wie Peter Candiano II., konnte dem byzantinischen Hofe nicht gefallen. Zur weiteren Stütze der eben ausgesprochenen Vermuthung dient die Thatsache, daß nach dem Tode Peter Candiano's nicht sein Sohn, sondern der Sproße eines andern Geschlechts den herzoglichen Thron Venetiens bestieg.

Dandolo sagt[1]): „nachdem Peter Candiano volle 7 Jahre regiert hatte, gesegnete er das Zeitliche. Drauf im Jahre Christi 939 wurde der Beschluß gefaßt[2]), Peter Badoarius zum Dogen zu erheben." Gewiß geschah es absichtlich, daß Dandolo den Ausdruck „Erwählen" vermeidend, von einem Beschlusse spricht, der den neuen Dogen zeugte. Der Geschichtschreiber deutet damit verdeckt auf die Einwirkung des Basileus hin.

Einundzwanzigstes Kapitel.

Verhältniß zu den Schattenkönigen Italiens. Anfänge ständischer Verfassung. Ursprung des großen Rathes.

Von 809 bis 836 sind lauter Participazzo (Angelo, Justinian, Johann I.) Dogen gewesen. Im Jahre 837 gelangte das Dogat zuerst an einen, der kein Participazzo war, an Peter Tradonico. Allein beim nächsten Wechsel fiel die Würde bis 887 an die Participazzo zurück, jedoch so, daß zwischenhinein ein Sproße andern Geschlechts — Peter Candiano — obwohl nur auf etliche Monate Doge ward. Nun kam Peter der Tribun empor, der, wie ich früher zeigte, von mütterlicher Seite dem Hause Tradonico

[1]) Muratori XII., 203.
[2]) Petrus Badoario dux decernitur.

angehörte. Nachdem derselbe 23 Jahre gewaltet hatte, war es wieder ein Participazzo (Orso II.), der den Her- zogstuhl bestieg. Indeß hatten die Candiani, trotz der kur- zen Herrschaft ihres Stammsippen Peter I., solches Ansehen gewonnen, daß nach dem Tode Orso's II. Participazzo abermals ein Mitglied ihres Hauses, Peter Candiano II., in den Dogenpalast einzog.

Das Dogat wechselte im 9. und im ersten Drittel des 10. Jahrhunderts zwischen wenigen Familien. Meist blieben die Participazzi oben, zweimal gewann das Haus Trandenico den Vorrang, sank jedoch dann wieder zurück; allein mehr und mehr zeigte es sich, daß das Geschlecht der Candiani im Zuge war, die Participazzi niederzuringen. Gleichwohl glänzte nach dem Tode des zweiten Candiano noch einmal, aber auch das letztemal, das Gestirn der Participazzi auf: der neue im Jahre 939 erhobene Doge gehörte diesem Hause an. Dandolo sagt[1]): „Peter Bado- ario war ein Sohn des Dogen Orso II. (Participazzo) und derselbe, der auf der Rückreise aus Constantinopel (um 915) den Südslaven in die Hände fiel, von ihnen an den Bulgarenkönig ausgeliefert, aber später von seinem Vater freigekauft wurde." Dandolo fügt bei: man ersehe hieraus, daß die Badoarii, nur dem Namen nach von den Partici- pazzi verschieden, eines Geschlechtes mit den letzteren seien. Früher habe ich gezeigt, daß Doge Orso Participazzo II. außer andern Kindern einen Sohn Badoarius hinterließ, der im 25. Lebensjahre an den zu Comacchio empfangenen Wunden starb. Von diesem stammt vielleicht der badoa- rische Seitenzweig des Hauses Participazzo ab. *[handwritten annotation]*

[handwritten annotation]

[1]) Muratori XII., 203. *[handwritten annotation]*

[handwritten annotation]

[handwritten annotation]

Von Thaten Peters Badoario berichtet Dandolo so
wenig etwas als Chronist Johann. Ersterer sagt bloß:
„nachdem Peter Badoario 3 Jahre lang Doge gewesen,
schloß er seine Tage in Frieden." Dann fährt er fort:
„hierauf im Jahre des Herrn 942 wurde Peter Candiano III. zum Herzoge bestellt [1]). Derselbe war der Sohn
des zweiten, der Enkel des ersten gleichnamigen Dogen,
und hat seine hohe Würde theils durch die Verdienste seiner
Vorfahren, theils durch eigene Tüchtigkeit erlangt."

Der eine wie der andere Chronist bemerkt weder von
Peter Badoario, noch von Peter Candiano III., daß diese
nach ihrem Regierungsantritt Söhne oder sonst Angehörige
an den griechischen Hof geschickt hätten. Vielleicht ist Solches gar nicht vom Basileus gefordert worden, denn beide
Dogen waren, wie wir wissen, in früheren Jahren als
Gesandte oder Geißeln ihrer Väter zu Constantinopel gewesen und hatten dort den Titel kaiserlicher Schwertträger
erlangt. Jedenfalls darf man aus Unterlassung der Gesandtschaft nicht den Schluß ziehen, daß das alte Verhältniß Venetiens zum Basileus unterbrochen worden sei.
Unten wird sich ergeben, daß das Gegentheil der Fall war.

Eine der ersten Maßregeln des neuen Dogen betraf
kirchliche Angelegenheiten. Dandolo sagt [2]): „noch immer
herrschte Streit zwischen den Erzstühlen von Grado und
Aquileja, ward aber jetzt unter Vermittlung des Graden-
sers Marinus beigelegt. Lupus, der damalige Patriarch
von Aquileja, gelobte, die Grenzen Venetiens und des Hoch-

---

[1]) Muratori XII., 203: Petrus Candiano tertius dux sta-
tuitur. Von diesem Ausdruck gilt dasselbe, was ich oben zu decernitur bemerkte.

[2]) Ibid. S. 204.

stiftes Grado nicht mehr zu belästigen und überhaupt alle
Veneter so zu behandeln und ihnen die Rechte zu gewähren,
wie Solches die (älteren) Verträge vorschrieben". Die
Vertragsurkunde [1]), auf welche Dandolo hinweist, ist noch
vorhanden und unter dem 13. März 944 ausgefertigt.
Patriarch Lupo verspricht darin dem Dogen Peter (Candiano) von Benedig: „weder in eigener Person, noch durch
mir untergebene Diener werde ich je Gewalt gegen eure
Stadt Grado üben."

Vier Jahre später — 948 — kam es zum Kriege
zwischen Venetien und den Slaven der Narenta. Dandolo schreibt [2]): „unter dem Befehle Orso's Badoario und
Peters Rusolo sandte der Doge 34 Schiffe von der Gestalt, welche man in Venetien Gombaria nennt, wider die
Slaven der Narenta. Da dieselben unverrichteter Dinge
zurückkehrten, rüstete der Doge eine andere Flotte aus,
welche zu Wege brachte, daß die Slaven einwilligen mußten, die alten (wider Seeraub gerichteten) Verträge zu
erneuern". Das Wort Gombaria stammt [3]) aus dem
Griechischen (κουμβαρια) und bezeichnet eine größere Art
von Kriegsschiffen, wie ich vermuthe, mit breitem Bauche
oder unterem Raume. Sonst stellten sich die Dogen Venetiens selbst an die Spitze von Seezügen, während hier
Peter Candiano zweimal den Befehl Andern überläßt.
Das deutet meines Erachtens darauf hin, daß ihm die
Hände gebunden waren. Wir werden im Folgenden weiteren Spuren desselben Verhältnisses begegnen.

---

[1]) Im Auszuge bei Rubeis, Monum. eccles. Aquilej. S. 466.
[2]) Muratori XII., 204.
[3]) Ducange sub voce cumba.

Im Jahre 946 hatte König Hugo der Provenzale aus Italien weichen müssen [1]), dem Namen nach ging die Krone an seinen Sohn Lothar über, in Wahrheit aber besaß die Gewalt Berengar von Ivrea, der übermächtig gewordene Vasalle. Bekannt ist, daß der arme Lothar in einer Urkunde vom 11. Juni 948 den Ivreer seinen Mitregenten, oder wörtlich „den höchsten Theilhaber unseres Reiches" nannte. Nun um dieselbe Zeit, da Solches vorging, schloß der Doge Peter Candiano III. mit Berengar eine Uebereinkunft, in welcher der letztere sich als König Italiens gebahrte. Durch Urkunde [2]) vom 7. Mai 948 erneuerte Berengar den alten karolingischen Vertrag von 810, zog, laut dem Berichte Dandolo's [3]), ferner eine neue Grenzlinie zwischen den Gebieten Venetiens und der nächsten zum italischen Reiche gehörigen Städte des Festlandes, und bewilligte endlich, daß die Veneter hinfort nur den 40. Pfenning (des Werths der Waaren, die sie nach Italien einführten) entrichten sollten.

Das Eine war meines Erachtens ein Zuwachs des venetischen Gebiets auf dem Festlande, das Andere eine Zollerleichterung, die Berengar dem Inselstaate gewährte. Wissen wir ja, daß der Ivreer damals nach allen Seiten Partei machte, oder Anhang gegen den rechtmäßigen König Italiens, Lothar, zu gewinnen suchte; die Freundschaft der Venetianer wog daher für ihn wohl ein Opfer auf. Immerhin steht fest, daß Peter III. Candiano bei der Unterhandlung mit Berengar nach andern Grundsätzen verfuhr,

---

[1]) Gfrörer, Greger VII. B. V. S. 217—219.

[2]) Pertz, Archiv III., 579.

[3]) Muratori XII.. 204.

als sein Vorgänger Johann II. Participazzo in dem Vertrage gethan, den er 883 mit Kaiser Carl dem Dicken schloß. Durch letzteren war bestimmt worden, daß der Doge von den Waaren, mit denen er auf eigene Rechnung handelte, gar nichts zu bezahlen habe. Die Urkunde vom 7. Mai 948 dagegen schweigt von einer solchen Bevorzugung des Staatsoberhaupts, und hat nur den allgemeinen Nutzen der Veneter im Auge. Meines Erachtens folgt hieraus, daß um jene Zeit eine Macht im Seelande aufgekommen war, welche den Dogen hinderte, gleich eigennützig zu rechnen, wie Johann Participazzo.

Hat nun der Ivreer bei jenem Anlasse nicht besondere Bedingungen gemacht, durch welche er für den eigenen Vortheil sorgte. Der Erfolg wird zeigen, daß er sich selber keineswegs vergaß. Dandolo erzählt [1] weiter: „von drei Söhnen, welche Doge Peter Candiano III. besaß, war der eine mit dem Bisthum Torcello bedacht, den andern, welcher den gleichen Namen führte, wie der Vater, nahm er auf Verlangen des Volks zum Mitregenten an." Sonderbarer Weise bemerkt [2] auch Chronist Johann, daß der Doge drei Söhne hatte, beobachtet aber über den zweiten und dritten gänzliches Stillschweigen, indem er nur den Mitregenten Peter IV. aufführt, während Dandolo doch wenigstens so viel sagt, daß der zweite Bischof von Torcello gewesen sei. Aber wo blieb der dritte? fast sollte man vermuthen, daß er gar nicht in Venedig, sondern etwa als Gesandter oder Geißel seines Vaters zu Constantinopel weilte.

---

[1] Muratori XII., 205.
[2] Pertz VII., 24.

Dandolo fährt fort: „der zum Mitregenten beför=
derte Sohn bereitete dem Vater großes Herzleid. Die
Warnungen desselben verschmähend, erhob er sich wider
ihn und trieb den Ungehorsam so weit, daß eines Tags
auf dem Marktplatze von Rialto die Anhänger beider
Parteien zum Kampfe bereit einander gegenüberstanden.
Doch erklärte sich die überwiegende Mehrzahl des Volks
für den alten und halbkranken Vater und beschloß, den
ruchlosen Sohn zu tödten; dieß wäre auch geschehen, hätte
nicht der alte Doge für das Leben des jungen gebeten,
um aber die Menge zu beruhigen, verbannte ihn der Doge
aus dem Lande. Hierauf traten alle Bischöfe, der niedere
Clerus und die Gemeinde einträchtig zusammen, und
schwuren einen Eid, daß sie nie mehr weder bei Lebzeiten
des Vaters, noch nach seinem Tode den verbannten Sohn
als Dogen anerkennen würden.“ Also zwei Stände, Clerus
und Volk, sprechen plötzlich als politische Gewalten bei
einer sehr wichtigen Staatsfrage mit, so etwas war seit
langer, langer Zeit in Venetien nicht mehr vorgekommen.
Deutlich stellt sich heraus, daß im Seeland ähnliche Dinge
vorgingen, wie zur nämlichen Zeit zu Rom, oder achtzig
Jahre später in Lombardiens Hauptstadt, da dort die
Pataria zu keimen begann. Das Uebrige wird unten klar
werden.

Sehen wir uns zunächst nach dem Verbannten um.
Einstimmig berichten [1]) Dandolo und Chronist Johann:
„mit zwei Geistlichen und zwölfen seiner eigenen Diener
floh der junge Doge zum Markgrafen Wido, einem Sohne
des Königs Berengar von Italien. Dieser empfing ihn

---

[1]) Muratori XII., 205 und Pertz VII., 24 unten ff.

sehr gut, und stellte ihn seinem Vater, dem Könige, vor,
der den Flüchtling gleichfalls ehrenvoll behandelte. Später
begleitete der junge Doge den Markgrafen auf dem Feld=
zuge gegen Spoleto und Camerino. Nachdem dieser Krieg
beendigt war, erhielt Peter Candiano IV. von dem Könige
Italiens Erlaubniß (und die nöthigen Mittel), Rache an
den Venetern zu nehmen. Zu solchem Zwecke rüstete er
zu Ravenna sechs Kriegsschiffe aus, mit welchen er sieben
venetische Kauffahrer, die nach Fano bestimmt und mit
vielen Waaren befrachtet, eben im Hafen von Primaro
(an der südlichen Po-Mündung) lagen, überfiel und nahm."

Warum ist der junge Doge an den Hof Berengars
entflohen, warum hat er von ebendemselben bereitwillige
Hilfe zu einem Krieg wider das eigene Vaterland erlangt?
Offenbar deßhalb, weil Peter Candiano IV. längst in Ver=
bindung mit dem Hause von Ivrea stand. Wiederholt
haben wir gefunden, daß die Einsetzung von Mitdogen fast
unfehlbar Parteizwecken diente. Das war auch neulich der
Fall gewesen, als Peter Candiano IV. neben dem Vater
Antheil an der höchsten Gewalt erhielt: er ist dem alten
Dogen — wider dessen Willen und zwar durch den Einfluß
des italienischen Hofes — aufgenöthigt worden. Weil die
Sache sich so verhielt, geschah es, daß der Sohn alsbald
gegen den Vater Ränke anzettelte, und sich so weit ver=
gaß, selbst einen Bürgerkrieg zu entzünden. Zugleich wird
jetzt klar, warum König Berengar die Hand bot, mittelst
des Vertrags vom Mai 948 den Venetianern anscheinend
überaus wichtige Vortheile einzuräumen. Er hat dieß um
einen Preis gethan, der jetzt an's Tageslicht kam und
darin bestand, daß er dem ruchlosen, ehrsüchtigen Sohne
des Dogen den Weg zur Mitherrschaft bahnte. König

Berengar rechnete nämlich, durch die Entzweiung, die er
im Schooße des herzoglichen Hauses anstiftete, das reiche
und seemächtige Nachbarland zu zerrütten, und dadurch
Schritt vor Schritt seiner Hoheit zu unterwerfen.

Allein bei der Bewegung, die damals Venetien erschütterte, wirkte, außer dem alten Dogen, der das Bestehende vertheidigte, und außer dem italienischen Hofe, der
sich des Sohnes als Werkzeuges bediente, um den Vater zu
unterjochen, noch ein dritter Hebel, und zwar ein einheimischer, mit, der damals zuerst eine bedeutende Macht
entfaltete. Thatsachen, welche ich theils schon angeführt
habe, theils unten beibringen werde, lassen keinen Zweifel
darüber zu, daß ein großer und sicherlich der geachtetste
Theil des Volkes politische Rechte begehrte. Eben diese
Veneter müssen, als es zum Bruche zwischen Vater und
Sohn kam, Partei für ersteren ergriffen haben. Denn
wir erfahren ja, daß Clerus und Gemeinde sich gegen den
jungen Dogen erhob, und eidlich gelobte, nie mehr denselben anzuerkennen. Demnach hat die Partei, von der
die Rede ist, unverkennbar in der Voraussetzung gehandelt,
daß es ihr weit eher gelingen werde, von dem Vater, als
von dem Sohne Bewilligung der erstrebten Befugnisse zu
erlangen. Gleichwohl kann sie auch mit dem Vater nicht
völlig zufrieden gewesen sein. Denn als nachher der Sohn
andere Saiten aufzog, d. h. als er, wie sich unten ergeben
wird, Alles, was die dritte Partei forderte, bereitwillig
zugestand, geschah, was Dandolo im nächsten Abschnitte
erzählt: Clerus und Gemeinde fiel, des geleisteten Schwures
vergessend, vom alten Dogen ab, rief den Verbannten
unter allgemeinem Jubel zurück, und erhob ihn auf den
herzoglichen Stuhl.

Peter Candiano III. ist nicht als Doge, noch im Jahre 959 gestorben, sondern er hat die eigene Absetzung überlebt, nur verschied erst nach Anfang Juni 960, zu einer Zeit, da sein undankbarer Sohn im Seeland eine neue Verfassung eingeführt hatte. Zwar suchen die Chroniken all' dieß zu verhüllen. Jener Johann schreibt [1]): „nach siebzehnjähriger Verwaltung Venetiens starb der alte Doge Peter Candiano." Da derselbe, laut Dandolo's Zeugniß, 942 die Regierung antrat, müßte sein Tod in's Jahr 959 fallen. Weiter fügt Chronist Johann den Satz bei: „es wird gemeldet [2]), daß Peter Candiano III. nach Austreibung seines Sohnes nur noch zwei Monate und vierzehn Tage lebte." Mit dem Worte Austreibung meint er ohne Zweifel die Flucht des jungen Dogen an den Hof Berengars.

Uebereinstimmend mit Johann meldet auch Dandolo, daß Peter Candiano III. nach siebzehnjähriger Verwaltung — also 959 — mit Tod abging; weiter macht er dieselbe Bemerkung, wie der ältere Chronist, aber er gibt dem ganzen Satz durch Aenderung eines Wortes einen andern Sinn. Dandolo schreibt [3]) nämlich: „gemeldet wird, daß Peter Candiano, nach der Erwählung seines Sohnes, nur noch zwei Monate vierzehn Tage lebte." Alle andern Ausdrücke sind gleich, nur statt ejectio braucht Dandolo das Wort creatio. Die Vermuthung liegt nahe, Dandolo habe in der Chronik Johanns, die er weislich

---

[1]) Pertz VII., 25.

[2]) Fertur post filii ejectionem non plus quam duobus mensibus et XIV. diebus vixisse.

[3]) Muratori XII., 206 oben: Fertur post filii creationem non plus etc.

benützte [1]), statt ejectio, electio gelesen, und durch das deutlichere creatio verbessern wollen. Allein dem ist nicht so, sondern Dandolo hat Recht. Aus einer Urkunde, welche ich unten anführen werde, erhellt sonnenklar, daß der alte Peter Candiano — obgleich nicht mehr als wirklicher Herzog — mindestens zwei Monate vierzehn Tage nach der Er-wählung des Sohnes, oder was hiemit gleichbedeutend, nach Ablauf des in venetischer Weise berechneten Jahres 959 noch lebte.

Die Sache stellt sich so heraus: beide, Dandolo und Chronist Johann, fanden in einer gemeinsamen Quelle, nämlich in einem alten Dogen-Verzeichnisse, die oben mit-getheilte Bemerkung. Dandolo behielt sie aus Achtung vor dem Buchstaben der Urkunden unverändert bei, obgleich sie zu seiner übrigen Darstellung nicht paßte. Johann dagegen änderte, von der Ansicht ausgehend, daß das Wort creatio durch Verwechslung von ejectio und electio in den Text gekommen sein müsse, den Ausdruck ab, indem er, statt creatio, ejectio schreibt. Johann konnte nämlich die Möglichkeit nicht begreifen, daß Peter Candiano IV. seit dem Ausgange des Jahres 959 als alleiniger Doge ge-amtet haben sollte, während doch sein Vater noch lebte.

Mit dem Dogat des vierten Peter Candiano be-ginnt eine neue Entwicklung der venetischen Verhältnisse, und zwar nicht blos darum, weil ständische Formen auf-kamen, welche bis dahin nicht bekannt waren, sondern auch deßhalb, weil von nun an eine fremde Großmacht, die der sächsischen und der salischen Kaiser, stark und immer

---

[1]) Man vergl. Muratori XII., 218, Mitte, mit Pertz VII., 27 gegen oben.

stärker in die Geschicke des Seelands eingriff. Eben rüstete
sich in Deutschland drüben der rothe Löwe Otto, die Kaiser=
krone in Rom zu holen. An einem natürlichen Ruhepunkte
angekommen, breche ich hier ab, um in mehreren besonderen
Abschnitten die Geschichte Venetiens vollends bis gegen
Ende des 11. Jahrhunderts herabzuführen.

Zweiundzwanzigstes Kapitel.

Venedig zur Zeit Kaiser Otto's I. Das Dogat.

„Auf 300 Schiffen," so erzählen [1]) Dandolo und
Chronist Johann einstimmig, „fuhren die Veneter, Clerus
und Volk, nach Ravenna hinüber, wo Peter Candiano
weilte, holten, des vor einiger Zeit geschworenen Eids ver=
gessend, den Verbannten ab, brachten ihn im Triumph
nach Stadt=Venedig zurück, und setzten ihn wieder zum
Dogen ein, indem sie ihm feierlich huldigten." Also nicht
etwa der Pöbel, der öfter heute sich für Dinge oder Per=
sonen erhitzt, die er gestern verfluchte, sondern alle Stände,
namentlich der Clerus und die Großhändler des Seelands,
welche zu rechnen verstanden und wußten, was sie thaten,
haben zur Wiedereinsetzung des Verbannten mitgewirkt.
Sonnenklar folgt hieraus, daß ungewöhnliche Triebfedern
im Spiele waren. Diese Voraussetzung ist, sage ich, un=
abweislich, obgleich nicht eine einzige der älteren Chroniken
klaren Wein einschenkt, und obgleich sämmtliche neuere
Bearbeiter der Geschichte Venedigs gedankenlos über die

---

[1]) Muratori XII., 206 und Pertz VII., 25.

Lücke weggleiteten, welche Unkenntniß oder absichtliches Schweigen der ältern Berichterstatter unausgefüllt gelassen hatte.

Ohne Frage übte die venetische Bürgerschaft bis in die ältesten Zeiten zurück gewisse politische Rechte, denn bis gegen Ende des siebenten Jahrhunderts sind die Tribunen, welche das Seeland verwalteten, und von 697 an sind die Dogen oder Herzoge wesentlich durch Volkswahl gezeugt worden. Eine Ausnahme machte vielleicht nur die kurze Herrschaft der Kriegsobersten, welche, allem Anscheine nach, der Basileus ohne Umschweif einsetzte. Mochte der byzantinische Hof mittelst der Abhängigkeit, in welcher der venetische Handelsstand, der Adel des Seelandes, durch Hoffnung auf Gewinn und durch Furcht vor hohen Zöllen oder andere Verkehrsbeschränkungen gehalten wurde, noch so stark auf die Dogenwahlen einwirken, immerhin konnte er die Erhebung dieses und jenes mißliebigen Bewerbers verhindern, aber nicht durchsetzen, daß Einer, den Niemand zum Haupt des Gemeinwesens haben wollte, den Herzogsstuhl besteigen mochte. Denn sonst müßte man sagen, daß Alles Lug und Trug sei, was Dandolo und Chronist Johann berichten, eine kindische Annahme, die theils durch die anerkannte Tüchtigkeit beider, theils durch die schlagende Uebereinstimmung vieler fränkischen, römischen, byzantinischen Zeugnisse ausgeschlossen wird.

Dieses Wahlrecht der Bürgerschaft bildete einen nicht zu verachtenden Damm gegen willkürliche Gelüste der Dogen. Da jeder Herzog voraus wußte, daß sein Nachfolger, so gut als er, gewählt werden würde, da ferner jeder vermöge der Gesetze menschlicher Natur wünschte, eine so ansehnliche Würde, wie das Dogat, einem der

eigenen Söhne hinterlassen zu können, so mußten Venetiens
politische Oberhäupter, damit letzteres möglich werde, ihr
Amt so zu verwalten sich bestreben, daß sie die Liebe
oder Achtung der Einwohner bewahrten oder erlangten.
Abgesehen hievon bot die Geschichte Venetiens mehrere
Beispiele von Dogen dar, welche einen gewaltsamen Tod
fanden, oder den Thron mit der Klosterzelle vertauschten:
Anlaß genug sich vor allzustraffer Anziehung der Zügel
des Regiments zu hüten. Im Allgemeinen kann man
sagen, daß monarchisches Uebermaß da, wo Wahlrechte,
wie in Venetien, bestehen, nicht gedeiht.

Zweitens hatte die Verfassung von 809 durch Einsetzung der beiden Staatstribunen die richterliche Gewalt
von der vollziehenden getrennt und dadurch eine zweite
Schranke gegen ungeordnete Herrschsucht der Dogen aufgeführt: auch kann, wie früher nachgewiesen worden, kein
Zweifel sein, daß die Staatstribunen bis zu den Zeiten
Peters Candiano IV. herab fortbestanden. Es fehlte also
den Venetern keineswegs an etlichen guten Bürgschaften
gemäßigter Freiheit.

Gleichwohl ist vollkommen gewiß, daß Venetiens
Dogen, einmal auf den herzoglichen Stuhl erhoben, in
ihrer Amtsführung — wenn auch die oben entwickelten
Rücksichten auf ihr eigenes und ihrer Kinder Wohl ihnen
ein gemessenes Betragen verschrieben — doch keineswegs
an die Zustimmung anderer selbstständiger politischer Gewalten gebunden waren. Sie regierten vielmehr das Land
nach ihrem eigenen Gutdünken. Daß die Sache sich so
verhielt, kann man überzeugend darthun. Erstlich ist das
venetische Dogat ursprünglich keine dem teutschen Herzogthum gleichartige Anstalt, sondern ein byzantinisches Amt

gewesen. Die vom griechischen Basileus eingesetzten Duces, oder kaiserlichen Nachfolger, verwalteten die anvertrauten Provinzen nach den Weisungen und Befehlen des durchlauchtigsten Hofes und kümmerten sich nichts um die Wünsche und Rathschläge der Untergebenen. Für's zweite findet sich in allen venetischen Quellen, die mir zu Gesicht kamen, nicht die leiseste Spur davon, daß dem Dogen bis zu den Zeiten Peters Candiano IV. herab je ein Rath oder so etwas zur Seite stand.

Drittens haben einzelne Dogen Maßregeln ergriffen, welche gar nicht möglich gewesen wären, wenn Andere das Recht besessen hätten, in wichtigen Staatsfragen mitzureden. Ich erinnere daran, daß Doge Orso I. Participazzo in dem früher erwähnten Vertrag, welchen er mit dem Patriarchen Walpert von Aquileja schloß, für seine eigenen Handelsgeschäfte völlige Zollfreiheit, für die andern Veneter nur gemäßigte Abgaben ausbedang, ferner, daß Orso's Sohn und Nachfolger, Doge Johann II. Participazzo, in der Urkunde, die er 883 von Kaiser Carl dem Dicken auswirkte, sich selber abermal völlige Befreiung von Zöllen, den andern Venetern dagegen nur Herabsetzung derselben zusichern ließ, das war — zumal in einem Handelsstaat — ein wahrer Standal, und nie würden die übrigen Kaufherren Venetiens, hätte sie der Doge um ihre Einwilligung befragen müssen, zu so etwas ihre Zustimmung gegeben haben.

Endlich bürgen für den oben ausgesprochenen Satz gewisse ziemlich häufige Beispiele der Einsetzung von Mitdogen. So oft in Venetien selbst oder auch am byzantinischen Hofe Unzufriedenheit über das politische Benehmen des Dogen eine gewisse Höhe erreichte, half man sich in der Regel damit, daß dem Staatsoberhaupte ein Bruder, ein Verwandter, ein unmündiger Sohn zum Mitdogen aufgenöthigt wurde. Wären nun Venetiens Dogen an die Zustimmung einer vom Volke gewählten oder auch erblichen Rathkörperschaft gebunden gewesen, so hätte man nicht nöthig gehabt, zu diesem so bedenklichen Mittel zu schreiten. Denn dann lag es in der Macht des Rathes, dem Herrn durch ein kräftiges Nein durch den Sinn zu fahren, und ihn zum Widerrufe jeder mißliebigen Anordnung zu nöthigen. Nur weil es an einer solchen Körperschaft fehlte, ist die Erhebung von Mitdogen als letztes Heilmittel angewandt worden.

Während der Verwaltung Peters Candiano III. muß die Ueberzeugung, daß das Wohl des Landes eine wesentliche Abänderung der bisherigen Staatsform erheische, allgemein durchgedrungen sein, denn die, welche auf den 300 Schiffen nach Ravenna fuhren, um den Verbannten abzuholen und von Neuem zum Dogen zu wählen, haben ihm einen großen Rath, ohne dessen Einwilligung der vierte Candiano nichts Wichtiges mehr vornehmen durfte, zur Seite gesetzt. Ehe ich den urkundlichen Beweis führe, ist nöthig, daß ich die Reihenfolge der Patriarchen von Grado darstelle.

Dreiundzwanzigstes Kapitel.

Verbot des Sclavenhandels 960. Der große Rath.

Auf Dominicus, von dem früher [1]) die Rede war,
und der um etliche Tage weniger als acht Jahre amtete,
demnach 908 starb, folgte [2]) Laurentius mit 12 Amts-
jahren 9 Monaten 24 Tagen — er saß also bis 921 —,
auf Laurentius hinwiederum Marinus, welcher den Erzstuhl 34 Jahre 3 Monate 7 Tage einnahm und also 955
starb [3]). Nach dem Tode des Marinus wurde der bisherige Bischof von Jesolo, Bonus, aus dem edlen Geschlechte der Blancanito [4]), das zu denen gehörte, welche
gegen Ende des achten Jahrhunderts nach Rialto übersiedelten [5]), zum Patriarchen erhoben. Eben dieser Patriarch
Bonus, ein Prälat, der seinem Taufnamen Ehre machte,
hat allem Anscheine nach bei dem, was um 960 in Venetien vorging, eine Hauptrolle gespielt.

Zur Sache. Dandolo schreibt: „der neue Doge ließ
sowohl wider den Sclavenhandel als wider Beförderung
gewisser Briefe nach Constantinopel ein Verbot ausgehen."
Ich will seine Worte nicht genauer anführen, denn die
Urkunde [6]) selber, auf die er sich bezieht, ist auf uns gekommen. Sie möge reden: „Im Namen des allmächtigen

---

[1]) Oben S. 199—206.
[2]) Muratori XII., 197. Pertz VII., 47.
[3]) Ibid. S. 200 und Pertz VII., 47.
[4]) Ibid. 206.
[5]) Ibid. 156.
[6]) Fontes rerum Austriac. XII., 19 ff.

Gottes und unseres Seligmachers, Jesu Christi, unter der
Herrschaft des glorreichsten Basileus Romanus II., im
14. Jahre seiner Regierung, Römer = Zinszahl 3, Juni=
monat, verhandelt im herzoglichen Palaste auf Rialto."
Die Kennzeichen der Zeit stimmen zusammen und weisen
auf den Juni 960 hin. Man bemerke zunächst, daß das
Gesetz im Namen des griechischen Basileus und unter
Beifügung seiner Regierungsjahre ausgefertigt ist. So
förmlich, als es überhaupt geschehen kann, haben demnach
Venetiens Dogen damals, wie früher, eine gewisse Ober=
hoheit des ost=römischen Reichs anerkannt.

Der Text der Urkunde fährt fort: „weil seit alter
Zeit Sclavenhandel in dieser unserer Provinz getrieben
ward, kam wegen solcher Sünde viel Unheil über uns.
Zwar hat der gute Herzog Orso I. sammt seinem Sohne
Johann besagten Greuel verboten, aber durch des Teufels
Verführung ist es geschehen, daß das Verbot nicht beachtet
ward. Da Wir nun eines Tags, ich, Peter Candianus,
mit Gottes Hilfe Herzog, mit dem Herzoge Peter
Candianus und mit dem fürtrefflichen Patriarchen
Bonus und mit den ehrwürdigen Bischöfen und mit den
(Laien)häuptern des Landes im herzoglichen Palaste zu=
sammensaßen und Rath hielten, haben wir beschlossen, daß
die Verordnung besagter unserer Vorgänger nicht mehr
übertreten, sondern strenge eingehalten werden soll."

„Auch ich, der obgenannte, Bonus, durch Gottes
Gnade Patriarch von Grado, und wir, die übrigen Bi=
schöfe des Seelandes, haben in gemeinsamer Berathung
erwogen, daß das Gebot Gottes vorschreibt: wer andere
in Gefangenschaft abführe, der lade die Sclaverei auf sich
selber."

„Demgemäß haben wir allzumal (Geistliche und Laien) beschlossen und verordnen, wie folgt: kein Größerer oder Geringerer (kein adeliger oder gemeiner Kaufmann) unterstehe sich, sei es in eigener Person, sei es durch Unterhändler [1]), Sclaven zu kaufen oder zu verkaufen, weil solches ein Greuel ist, und weil wir uns der Hoffnung vertrösten, daß der Allmächtige, wenn wir den Greuel abthun, uns Vergebung unserer Sünden schenkt."

„Insbesondere aber gebieten Wir: kein venetischer Schiffshauptmann darf mit Sclaven von einem der Häfen Venetiens, Istriens, Dalmatiens oder anderer Orte auslaufen, noch überhaupt einen andern Menschen, der mit Sclaven handelt, sei er Jude oder nicht, an Bord nehmen. Desgleichen befehlen Wir: kein Veneter unterstehe sich, Geld einem Griechen in der Absicht zu geben, daß dieser Sclaven für ihn einkaufe. Auch von Pola aus darf kein Veneter Sclaven weder nach Griechenland, noch nach andern Orten ausführen; nur drei Fälle sind ausgenommen, wenn bisherige Sclaven ausgeführt werden, um ihnen die Freiheit zu verschaffen, zweitens, wenn die Unterlassung der Ausfuhr von Sclaven dem Lande Schaden bringen würde, drittens, wenn die Aus- und Einfuhr von Sclaven im Dienste des Dogen geschieht. Endlich darf kein Veneter von einem Griechen, der im Herzogthum Benevent oder sonstwo ansässig ist, Geld annehmen, um Sclaven nach besagten Orten zu verladen."

„Ein zweites und früher nicht gekanntes Uebel hat bei uns eingerissen: häufig geschieht es nämlich, daß vene-

---

[1]) Wörtlich: emptorii.

tische Unterthanen Briefe, die aus dem Königreich Italien, aus Baiern oder aus Sachsen, zuweilen auch aus andern Ländern kommen, übernehmen, um sie nach Constantinopel an den griechischen Basileus abzuliefern. Großer Makel fällt dadurch auf uns, auf unser Land und auf die Schreiben, die wir zum Wohle Venetiens an den Basileus abzuschicken pflegen." (Folgt nun ein unverständlicher, weil verdorbener Satz, dann heißt es weiter): „damit diesem Mißbrauche gesteuert werde, haben wir beschlossen, und gebieten ernstlich: kein Veneter erkühne sich, fürder Briefe, die aus Lombardien, aus Baiern, aus Sachsen, oder aus andern Orten kommen, nach Constantinopel zu befördern, sei es an den Basileus, oder an irgend einen andern Griechen. Eine Ausnahme findet nur in Betreff der amtlichen Schreiben statt, welche, dem Herkommen gemäß, vom Dogenpalaste ausgehen."

„Wer dieses unser Gebot mißachtet, und überführt wird, irgend eines der oben verpönten Dinge gethan zu haben, der unterliegt einer Buße von fünf Pfund lauteren Goldes; kann er dieselbe nicht bezahlen, so verliert er (je nach Umständen) Leben oder Glieder, und all' sein Eigenthum verfällt dem Schatze."

„Wir aber, Patriarch Bonus und die andern Bischöfe des Seelands, verordnen, wie folgt: Jeder, der eine der oben bezeichneten Handlungen begeht, oder dazu hilft — es sei denn, daß Solches im Dienste des Palastes geschieht — der ist verflucht, ausgeschlossen von der Gemeinschaft am Leibe und Blute des Herrn, sowie vom Eintritt in irgend ein Gotteshaus; mit Judas, dem Verräther unseres Herrn Jesu Christi, wird er ewige Feuerpein in der Hölle erleiden."

Der Urkunde ist eine lange Reihe Unterschriften bei=
gefügt; die ersten acht lauten: ich, Peter, Herzog, ich,
Bonus, Patriarch von Grado, ich, Petrus, Bischof von
Olivolo, ich, Johann, Bischof von Torcello, ich, Peter,
Bischof von Heracliana, ich, Laurentius Calpinus, ich,
Stephan Scalboni, ich, Peter Candiano, Herzog.
Folgen nun weitere 61 Unterschriften; unter letzteren
finden sich viele der alten städtischen Geschlechter, die laut
dem Zeugnisse Dandolo's gegen Ende des achten Jahr=
hunderts nach Rialto übersiedelten, namentlich: drei Bra=
gadino, zwei Calpino, ein Candiano, ein Gradonico, vier
Mauroceno (später Morosini genannt), ein Aurius, zwei
Albano, ein Caloprino, ein Flaviano, ein Memmo, ein
Baduario, ein Contareno, zwei Bancaldo, ein Barbadico.

Neben Peter, der einfach den Titel Herzog empfängt,
wird zweimal im Text und in den Unterschriften ein Her=
zog Peter Candiano aufgeführt. Im Texte folgt der Name
des Letzteren unmittelbar hinter dem des regierenden Her=
zogs, in den Unterschriften nimmt er den achten Platz,
nach dem Herzoge, den 4 Bischöfen (von Grado, Olivolo,
Torcello und Heracliana) und zwei Laien ein. Unzweifel=
haft scheint mir, daß die Reihenfolge der Unterschrift als
ein Beweis des Ranges betrachtet werden muß, der Jedem
zukam, demgemäß halte ich, die zwei Laien, die auf den
regierenden Herzog, den Patriarchen, die drei Bischöfe fol=
gen und dem Herzoge Peter Candiano vorangehen, für die
damaligen Staatstribunen, deren es laut der Schilderung
Dandolo's zwei waren.

Doge Peter Candiano aber kann nur Peter III., und
Vater des regierenden Herzogs Peter IV. sein. Folglich
lebte der dritte Peter im Juni 960 noch; aber eigentlicher

Herzog war er nicht mehr, wie sich sowohl aus der Reihe
der Unterschriften, als aus dem Beinamen Candiano ergibt,
der nicht dem regierenden Herzog — ob er gleich so gut
wie sein Vater dem Geschlechte der Candiano angehörte,
sondern nur dem Vater ertheilt wird. Der Letztere war
wieder, wozu ihn die Geburt gemacht hatte, ein Privatmann aus dem Hause Candiano, und erhielt den herzoglichen Titel nur aus Rücksicht auf die früher bekleidete
Würde, während der Sohn an der Spitze des Gemeinwesens stand und deßhalb einfach, — ohne Beifügung des
Geschlechts — Peter, Herzog, genannt wird. Zunächst
muß ich eine Schwierigkeit, betreffend die Zeit, lösen. Dandolo sagt bestimmt, Peter IV. Candiano sei im Jahre 959
zum Dogen erwählt worden. Es frägt sich daher, wie der
venetische Geschichtschreiber das Jahr berechnete. Es gab
im mittelalterlichen Italien zwei Hauptarten solcher Berechnung, die beide an die Person unseres Erlösers sich
knüpften. An's Licht der Welt ist der Gottmensch getreten im Augenblick, da ihn die seligste Jungfrau gebar,
also den 25. December, welchen schon das alte heidnische
Rom als Geburtstag des siegreichen Sonnengotts feierte.
Mit diesem nämlichen Tage, auf welchen auch Carl der
Große von Papst Leo III. zum ersten abendländischen Kaiser
gekrönt ward, beginnen die fränkischen und deutschen Chroniken, sowie die Urkunden der alten Häupter unserer Nation
das neue Jahr. Auch in Italien war diese Rechnung üblich, doch noch häufiger brauchte man dort eine andere,
durchdachtere. Fleisch ist der Logos geworden nicht den
25. December, sondern im Augenblicke, da ihn seine gebene-
deite Mutter empfing. Da nun der Gottmensch nach der
einen Hälfte seines Wesens uns in Allem — mit Ausnahme

der Sünde — kraft katholischer Lehre gleich war, folgt, daß er gleich uns Andern vor der Geburt 9 Monate im Mutterschooße geruht hat, also ist das Geheimniß der Menschwerdung 9 Monate vor dem 25. December d. h. den 25. März vor sich gegangen.

Letztere Art der Rechnung, welche Mariä Verkündigung zum Anhaltspunkte wählt, galt in vielen Orten Italiens, namentlich aber in den freien Städten und Republiken. Gewöhnlich nennt man sie die pisanische, doch nicht darum, weil sie vorzugsweise oder gar ausschließlich in Pisa üblich war, sondern darum, weil die Pisaner sie am allerlängsten, nämlich bis zum Jahre 1745, aufrecht erhielten [1]. Vergleicht man die pisanische mit der heutigen, so verlief nach ersterer das Jahr Christi 959, zwischen dem 25. März des ebengenannten, und dem 24. März des folgenden Jahres 960. Angenommen nun, daß Peter Candiano IV. zu Ende des Pisaner Jahres 959, also etwa den 24. März 960, Doge geworden ist, angenommen weiter, daß die in obiger Urkunde beschriebene Rathsversammlung den ersten oder zweiten Juni 960 (die Urkunde nennt nur den Monat, nicht den Tag) stattfand, so ergibt sich, daß Peter Candiano wenigstens noch 2 Monate und 14 Tage gelebt hat, nachdem er des Ducats entsetzt, und dagegen sein Sohn Peter Candiano IV. zum alleinigen Herzog erhoben worden war. Damit sind die 2 Monate und 14 Tage haarklein erklärt, die der alte Doge nach der Erwählung seines Sohnes laut der Quelle, aus welcher Dandolo schöpfte, überlebte, zugleich haben wir einen handgreiflichen Beweis für zwei Punkte: erstlich, daß jene beim ersten

[1] Die Belege: Art de vérifier les dates l. Vorstück B. IV. b. ff.

Anblick, so seltsam klingende Nachricht, welche Dandolo in
seine Chronik aufnahm, sehr guten Grund hat, zweitens
daß diese nämliche Quelle das Jahr in Pisaner Weise
berechnete.

Zwei Dinge werden durch obige Urkunden als Hauptverbrechen geächtet: erstens Sclavenhandel und zweitens Versendung auswärtiger Briefe nach Constantinopel. Fassen wir
zunächst letztere in's Auge. Als Länder, aus welchen solche
Schreiben kamen, sind genannt: Lombardien, Baiern, Sachsen. Trotz der verschiedenen Orte bezieht sich das Verbot
auf eine bestimmte Person, nämlich auf den damaligen
König von Deutschland Otto I. Dieser hatte[1] auf seinem
ersten Marsche nach Italien starken Anhang unter den Lombarden gewonnen, welche das Joch ihres Königs Berengar
abschütteln wollten. Die lombardischen Anhänger Otto's I.
wechselten nicht nur mit ihm selbst Briefe, sondern schrieben
auch, ohne Zweifel in seinem Auftrage, fleißig nach Constantinopel. Wissen[2] wir ja sonst, daß der deutsche König
geraume Zeit vor dem Römerzug von 961 mit dem griechischen Verbindungen unterhielt, die auf das Verderben
Berengars abzielten. Weiter kamen solche Briefe aus
Baiern; sehr begreiflich: dortiger Herzog war zwischen 945
und 955 Otto's I. jüngerer Bruder Heinrich, auf den
dessen gleichnamiger Sohn folgte. Heinrich der ältere aber
unterstützte, seit er mit Baiern bedacht worden, eifrigst
alle ehrgeizigen Plane des Königs, und diente ihm auch
als Vermittler der Verbindung mit Constantinopel. Drittens kamen jene Briefe aus Sachsen, und zwar werden

---

[1] Gfrörer, Gregor VII. B. V. S.
[2] Ibid. S. 238 ff.

die meisten von dort hergekommen sein, denn war nicht
Sachsen das Stammland, und war nicht die sächsische Stadt
Magdeburg der Lieblingsaufenthalt Otto's. Endlich sieht
man, daß zu Venedig, wohin alle diese Schreiben zusam=
menliefen, etwas wie ein förmlicher Postdienst nach dem
Osten bestand, welcher den Venetern sicherlich schwer Geld
eintrug.

Durch das fragliche Verbot trat demnach Doge
Peter Candiano IV. dem deutschen Könige feindlich in den
Weg, hinderte desselben Intriguen: andererseits wirkte eben=
derselbe zu Gunsten des von Otto bedrohten Lombarden=
königs Berengar. Letzteres ist abermal in der Ordnung;
denn oben wurde ja gezeigt, daß der junge Doge schon zu
seines Vaters Zeiten mit dem lombardischen Hofe in einer
Weise zusammenspielte, die dem alten Dogen das Haar
grau machte. Es war also ein dynastischer Zweck, um
dessenwillen der Doge die Versendung von Briefschaften
nach Constantinopel verbot. Aber werden die Veneter
von der Maßregel ihres Dogen erbaut gewesen sein? Ge=
wiß nicht! denn erstlich entging ihnen der Gewinn aus der
kostbaren Fracht, für's zweite mußten sie fürchten, daß der
deutsche König in irgend welcher Weise Rache am veneti=
schen Gemeinwesen nehme.

Wenn in freien Ländern solcher Schwierigkeiten un=
erachtet Gesetze durchgehen, die, wie hier geschah, dem
Nutzen eines mächtigen Standes, der Handelsgilde, zuwider=
laufen, so darf man zum Voraus annehmen, daß der,
welcher das Gesetz erzwang, dem Gegenpart irgend ein
Opfer als billigen Ersatz bringen mußte. Das Sprichwort
sagt: eine Hand wäscht die andere. Das Opfer aber, um
welches Peter Candiano IV. die Einwilligung derjenigen er=

lauft hat, welche in der Rathsversammlung, die Anfangs
Juni 960 im Prachtsaale des Palastes auf Rialto tagte,
nächst dem Dogen das erste Wort führten, nämlich der
venetischen Kirchenhäupter, bestand in dem erneuerten Ver=
bote des Sclavenhandels. Gepriesen sei Patriarch Bonus
von Grado, derselbe hat das Werk seines glorreichen Vor=
gängers Peter muthig wieder aufgenommen.

Noch bemerke man, daß von dem Verbot ausdrücklich
die Briefe ausgenommen sind, welche vom Palaste aus=
gehen. Ein regelmäßiger amtlicher Verkehr fand also zwi=
schen dem Dogen und dem Basileus statt, das ist keiner der
letzten Beweise dafür, daß Venetien förmlich die Oberherr=
lichkeit des oströmischen Reichs anerkannte.

Das Gesetz, die Sclaven betreffend, hat zwei wohl
unterschiedene Haupttheile. Der erste spricht den Grund=
satz aus: jeder Handel mit Menschenfleisch, sei es auf
eigene, sei es auf fremde Rechnung, steht dem Hochverrath
gleich und wird mit dem Tode oder solchen Geldstrafen
gebüßt, die den einzelnen Bürger zu Grunde richten. Der
zweite enthält das, was man jetzt Vollzugsverordnung nennt.
Kein venetischer Schiffshauptmann darf mit Sclaven, sei
es für eigene Rechnung, sei es im Auftrage eines Andern,
der das Fahrzeug gepachtet hat, von irgend einem Hafen
Venetiens, Dalmatiens, Istriens auslaufen. Unter den
Handelsstädten Istriens nahm Pola eine der ersten Stellen
ein. Obgleich nun dieser Ort im ersten Satze befaßt ist,
der den Sclavenhandel in allen Plätzen Istriens verbietet,
wird er besonders aufgeführt. Das beweist, daß es mit
Pola eine eigene Bewandtniß hatte. Dort befand sich,
sage ich, die Hauptniederlage des venetischen Sclavenhan=
dels. Warum? deßhalb weil Pola der natürliche Stapel=

platz gewisser Länder war, die hart an Istrien grenzten
und bei Weitem die meiste feile Waare auf die großen
Märkte des Sclavenhandels lieferten: ich meine Ungarn
und die Krainer Marke. Wissen wir ja, daß der Chalife
von Cordova eine Leibwache von mehreren Tausend Mann
besaß [1]), die aus ungarischen Sclaven bestand. Diese Unglücklichen haben meines Erachtens den Weg über Pola
gemacht und die dortigen Sclavenzwinger kennen gelernt.

Sodann gestattet der betreffende Abschnitt Ausnahmen
von der allgemeinen im ersten Satz ausgesprochenen Regel.
Die Verschiffung von Sclaven aus dem Hafen von Pola
ist gestattet, wenn sie den Zweck hat, Sclaven der Freiheit
theilhaftig zu machen. Ich verstehe dieß so: auf allen
christlichen Küstenländern des Mittelmeeres wurde damals
von Saracenen Menschenraub getrieben; hatten nun die
Räuber einen Gefangenen gemacht, der reiche Verwandte
besaß, so schleppten sie ihn nach der Niederlage zu Pola
und ließen zugleich den Angehörigen durch Mäkler die
Nachricht ertheilen: euer Vater, Sohn, Bruder u. s. w.
ist in unserer Gewalt zu Pola, zahlet die und die Summe,
oder das traurigste Schicksal steht dem Gefangenen bevor.
Wenn nun die Verwandten wirklich rechtschaffen waren, so
suchten sie das Geld anzubringen und eilten dann nach
Venedig und versprachen den Mäklern die verlangte Summe,
falls der Gefangene unverletzt ihnen ausgeliefert würde.
Das Geld selbst gaben sie denselben nicht mit, um etwa
den Gefangenen in Pola auszulösen, denn da die Mäkler
selbst schlechte Menschen und Helfershelfer der Seeräuber
waren, durfte man ihnen nicht trauen. Die Mäkler aber

----

[1]) Gfrörer, Gregor VII. B. V. S.

reiſten ſofort nach Pola, erhielten auf ihre Bürgſchaft den
Gefangenen und kehrten mit ihm nach Venedig zurück. Als
Sclaven kamen die Gefangenen zu Venedig und blieben
Sclaven bis zu dem Augenblick, da das ausbedungene Geld
bezahlt wurde. Eine ſolche Verſchiffung von Sclaven nun
erlaubte das Geſetz.

Zweitens galt die nämliche Verſchiffung dann für
geſtattet, wenn aus Unterlaſſung des Sclavenhandels Gefahr für das venetiſche Gemeinweſen zu entſtehen drohte.
Abſichtlich drückt ſich der Text ſehr dunkel aus, weil offenes
Eingeſtändniß der Wahrheit einen ſchändlichen Grenel aufgedeckt hätte. Meines Erachtens laſſen die betreffenden
Worte keine andere Deutung zu, als die, daß es ſich um
Verträge handelte, kraft welcher ſich gewiſſe Veneter verbindlich gemacht hatten, eine beſtimmte Anzahl von Sclaven
nicht an Privatleute, ſondern an fremde Mächte abzuliefern.
Privatmänner konnten das venetiſche Gemeinweſen nicht
beſchädigen, aber die Chaliſen von Cordova und die Sultane von Magreb oder Afrika konnten es. Falls die Veneter den beſtehenden Lieferungsverträgen nicht nachkamen,
koſtete es jene unbeſchränkten Herren ein Wort, den venetiſchen Handel in ihren Gebieten zu vernichten, oder zu
bewirken, daß einheimiſche Kaper Jagd auf venetiſche Kauffahrer machten. Kurz, unbedingte Abſchaffung dieſer Art
von Sclavenhandel hätte allerdings gefährlich für Venedig
werden können, weßhalb es auch ohne Zweifel geſchehen iſt,
daß der Patriarch von Grado ein Auge zudrückte.

Endlich drittens erklärte das Geſetz die Verſchiffung
von Sclaven für geſtattet, wenn ſie im Dienſte des Pala-
ſtes oder des Dogen geſchah. Wozu bedurfte aber der
Doge Sclaven? ohne Zweifel zu Ergänzung des Heeres

18*

und der Flotte. Schon früher sind wir auf Beweise ge=
stoßen, daß die bewaffnete Macht des Seelandes vorzugs=
weise aus erkauften Sclaven bestand. Nur die Anführer
werden geborne Bürger aus Venetien gewesen sein. Die
Masse der gemeinen Streiter dagegen hat schon im 9. und
10. Jahrhundert Ungarn und Slavonien geliefert. Das
Gesetz vom Juni 960 gibt einen neuen Beleg hiefür.

Endlich bestimmt ein weiterer Artikel, daß venetische
Rheder auch nicht für Frachtgeld Sclaven · aus ungenannten
Häfen nach dem Herzogthum Benevent verführen dürfen.
Nach meinem Dafürhalten hat der betreffende Satz folgen=
den Sinn: nahm man das Wort Beneventaner Herzog=
thum [1]) in weitester Bedeutung, so begriff es auch Stadt
und Gebiet von Bari, wo stets griechische Landvögte,
namentlich seit der Mitte des 10. Jahrhunderts die Kata=
pane Italiens, oder die byzantinischen Oberstatthalter saßen.
Nach zwei Seiten hin, von Saracenen und Südlangobar=
den, bedrängt, konnten diese Beamten ihre Gewalt ohne
ein stehendes Heer nicht behaupten. Ergänzt aber wurde
dasselbe von der griechischen Regierung auf gleiche Weise,
wie es die saracenischen Sultane mit ihren Leibwachen
machten, d. h. durch angekaufte handfeste Sclaven. Zu
diesem Behufe schloß der Basileus mit christlichen oder
jüdischen Händlern, die im griechischen Reiche drüben ange=
sessen, folglich von ihm abhängig waren, Verträge über
Lieferung von so und soviel Sclaven, die nach dem griechi=
schen Theile Benevents, oder nach der Statthalterschaft
Bari geschafft und dort bezahlt werden sollten, also daß
besagten Händlern die Verpflichtung oblag, die Sclaven

---

[1]) Den Beweis: Gfrörer, Gregor VII. B. V. S. 13, 46—77.

nicht blos anzuschaffen, sondern auch dieselben aus dem Osten nach Italien hinüber zu befördern. Da nun venetische Schiffe größerer Sicherheit auf dem Mittelmeer genossen, als byzantinische — weil diese Flagge keine Achtung, noch Furcht einflößte, wohl aber jene — so mietheten die Händler häufig venetische Kauffahrer, um den Nachwuchs von Menschenfleisch aus den Häfen des Ostreichs nach den Kasernen von Bari abzuliefern. Auch diese Art von Rhederei wurde jetzt, weil sie enge mit dem Sclavenhandel zusammenhing, durch das Gesetz vom Juni 960 verboten.

Ich komme an die Eingangsworte der Urkunde und an die Unterschriften. Jene beschreiben deutlich eine Rathsversammlung, auf welcher der Doge mit Vertretern des Seelandes über Erlassung eines wichtigen Gesetzes unterhandelte. Die beigefügten Unterschriften beweisen, daß die einberufenen Stimmführer des Volks, Venetiens älteste Stände, ihre Einwilligung gegeben hatten. Der Doge war also um Mit-Sommer 960 nicht mehr das, was seine Vorgänger erweislich gewesen sind, nämlich weder unumschränkter Herr, noch auch kaiserlich griechischer Statthalter, sondern er mußte in allen wichtigen Fällen die Zustimmung der angesehensten Männer des Seelandes einholen. Wann ist nun die neue Verfassung eingeführt worden? ohne Zweifel in dem Augenblick, da der alte Peter Candiano abtreten mußte, und der junge den herzoglichen Stuhl bestieg: sie war der Preis, um welchen das venetische Volk, des Schwures vom vorigen Jahre vergessend, den Verbannten zurückrief und an des Vaters Statt zum Dogen erhob. Daraus folgt aber, daß der alte Peter Candiano so gut als der junge früher, d. h. vor der Verbannung des letzteren, die ihm angesonnene Neuerung zurückgewiesen haben muß, denn

sonst hätten ihn die Veneter sicherlich nicht aufgeopfert.
Ob wohl der griechische Basileus das, was in Venetien
vorging, billigte! Möglich wäre es immerhin. Vielleicht
sah der Byzantiner in den Schranken, welche der Willkür
des Dogen gesteckt wurden, nichts weiter als eine Verrin-
gerung der Macht desselben, die ihm — freilich aus Gründen, die mit dem Wohle Venetiens nichts zu schaffen hatten — erwünscht scheinen mochte. Meines Erachtens hatte
der „göttliche" Herrscher und Welterhalter, der im Schlosse
zu Constantinopel thronte, von den wohlthätigen Folgen der
Freiheit, oder von dem Keim politischer Größe, welchen
eine vernünftige Verfassung in den Schooß der Staaten
legt, so wenig einen Begriff, als heut zu Tage der Schah
von Persien oder der „himmlische" Sohn des Reiches der
Mitte, das am Ostrande Asiens liegt, den Geist der englischen Staatsform zu fassen vermag.

Aus der Urkunde ergibt sich ferner, daß der Patriarch
von Grado und seine Suffragane in der neuen Volksvertretung Venetiens die erste Stelle einnahmen. Denn gleich
hinter dem Dogen unterschreibt der Patriarch, dann die
Bischöfe, hierauf die beiden Staatstribunen, weiter der Alt-
doge, und nun erst folgen die Namen der Häupter des
kaufmännischen Adels. Männer, welche die Welt kennen,
werden aus dieser Thatsache den Schluß ziehen, daß der
hohe Clerus vorzugsweise mitgewirkt hat, die neue Einrichtung zu begründen. — Solchen, welche die Rechtmäßigkeit
dieses Schlusses leugnen, begehre ich den Staar nicht zu
stechen. Meines Erachtens erwarb sich Patriarch Bonus
durch die fragliche That ein nicht geringes Verdienst. Er
hat dadurch dem bösen Gewächse des Byzantinismus, das
seit mehreren Jahrhunderten theils die griechischen Basileis,

theils einzelne Dogen in Venetien anzupflanzen sich abmühten, die Pfahlwurzel abgeschnitten. Noch bemerke man:
kaum sind Venetiens Bischöfe zum Besitze eines wichtigen
Rechtes gelangt, so benützen sie dasselbe nicht für den eigenen Vortheil, sondern zum Dienste Gottes und der Mensch-
heit; sie ächten den ärgsten Greuel des Alterthums: den
Sclavenhandel.

Vierundzwanzigstes Kapitel.

Verbot der Versendung von Waffen und Schiffsbauholz in die Länder der Saracenen.

Hartnäckige Zweifler könnten einwenden, Venetiens
Bischöfe seien zu den Verhandlungen vom Juni 960 nicht
darum beigezogen worden, weil sie kraft der neuen Staats-
einrichtung Vertreter des Volkes waren, sondern deßhalb,
weil die Frage, welche in jener Rathsversammlung zur
Sprache kam, gewisser Maßen in das Kirchenrecht einschlug,
allerdings ist die Kirche nach katholischer Lehre die natürliche Beschützerin der schuldlos Unterdrückten. Gleichwohl
hat der fragliche Einwurf keinen Grund. Ein zweites Gesetz ist aus den Tagen Peters Candiano IV. auf uns gekommen, ein Gesetz, das unter ähnlichen Umständen wie
das obige erlassen ward, ein Gesetz ferner, welches den
doppelten Beweis liefert, daß der Doge überhaupt nichts
Wichtiges ohne Beiziehung des großen Rathes beschließen
konnte, und zweitens, daß in allen solchen Fällen die Geistlichkeit das erste Wort führte.

Allein ehe ich zu diesem Gegenstande übergehe, muß
Rechenschaft von einem Wechsel gegeben werden, der bezüglich einer wichtigen Person eingetreten war. Patriarch
Bonus, der, wie ich oben zeigte, 955 den Stuhl von Grado
bestieg, nahm [1]) denselben 9 Jahre 6 Monate 2 Tage ein;
er ist folglich 964 oder spätestens 965 gestorben. Ihm
folgte Vitalis aus dem Hause Barbolano, der aber nur
1 Jahr und 5 Monate Patriarch blieb [2]). Der Tod —
oder die Absetzung desselben — fällt also spätestens in das
Jahr 966. Nun gelangte das Patriarchat an einen andern
Vitalis, nämlich an den leiblichen Sohn des damaligen
Dogen Peter Candiano IV., den der Vater, — nach den
Ausdrücken Dandolo's zu schließen [3]), durch einen Gewaltstreich erhoben hat. Ferner muß dieser Vitalis damals
ein blutjunger Mensch gewesen sein. Denn der Vater
schloß um die nämliche Zeit, nachdem er die Mutter des
Vitalis verstoßen hatte, eine zweite Ehe, in welcher er
abermals Kinder zeugte. Folglich zählte der Doge nicht
wohl über 50 Jahre, der Sohn aber konnte, als er den
Stuhl von Grado bestieg, kaum das 25. Lebensjahr über-
schritten haben, wahrscheinlich aber war er gleich andern
Vorgängern aus hoher Sippe nur 14—20 Jahre alt. Ich
werde unten weiter von der Erhebung des zweiten Vitalis
und ihren Ursachen berichten. Hier nur soviel: eben dieser
Vitalis war Patriarch, als der Doge wegen jenes zweiten
Gesetzes mit Venetiens Ständen unterhandelte.

---

[1]) Muratori XII., 206 und Pertz VII., 47.

[2]) Muratori XII., 209.

[3]) Ibid. 210: Hic a patre factus clericus, sua promotione
nunc patriarcha effectus est.

Die betreffende Urkunde[1]) lautet ihrem wesentlichen Inhalte nach so: „Im Namen Gottes des Allmächtigen und unseres Seligmachers Jesu Christi, unter der Herrschaft des großen Basileus Johannes, im zweiten Jahre seiner Regierung, dem Julimonat, Römer-Zinszahl 14, verhandelt zu Rialto." Die Kennzeichen der Zeit stimmen zusammen und weisen auf den Juli 971 hin. Nachdem nämlich der byzantinische Feldherr Johann, mit dem Beinamen Zimisces, den Kaiser Nicephorus Phocas, seinen Gebieter, im December 969 ermordet hatte, schwang er sich selbst auf den Thron des Ostreichs, nahm aber sofort die Söhne des 963 verstorbenen Basileus Romanus — sie hießen Basil und Constantin — zu Mitregenten an. Das zweite Jahr der Herrschaft Johanns fällt demnach ebenso wie Römer-Zinszahl 14, mit dem Jahre Christi 971 zusammen. Die Mitregenten Johanns werden unten im Texte erwähnt, der also fortfährt:

„Neulich sind kaiserliche Botschafter, ausgesendet von Johann, von Basil und von Constantin, den allerheiligsten Basileis, hieher bei uns eingetroffen, um Klage zu führen über den Handel mit Waffen und Schiffbauholz, der von venetischen Schiffen zu Gunsten der Saracenen betrieben wird, und um zu drohen, daß, wenn dieser Verkehr, der den Heiden Hilfe gegen Christen leistet, länger fortgeht, die betreffenden Schiffe sammt der Mannschaft ohne Gnade verbrannt werden sollen. Deßhalb hielt nun eines Tages Herr Peter, der durchlauchtigste Herzog und unser Gebieter, Rathsversammlung mit Vitalis, dem allerheiligsten Patriarchen, seinem Sohne, und mit Marinus,

---

[1]) Fontes rerum Austriac. XII., 26 ff.

dem ehrwürdigsten Bischofe von Olivolo, und mit den an=
dern Suffraganen des Seelands. Auch waren zugegen
viele aus dem Volke, sowohl Vornehme als Mittlere, deß=
gleichen Geringe. Solcher Gestalt begannen sie zu erwä=
gen, wie und in welcher Weise der Zorn des Basileus ge=
sühnt und der Mißbrauch abgethan werden möge."

„Und dieweil es gewißlich eine große Sünde ist, Hei=
den Gegenstände zu liefern, mit welchen sie Christen besie=
gen oder beschädigen können, haben wir auf Eingebung der
göttlichen Barmherzigkeit beschlossen, wie folgt: wir Alle
machen uns kraft unserer Unterschrift im eigenen Namen
wie in dem unserer Erben verbindlich gegen Euch, Herrn
Peter, den durchlauchtigsten Herzog und unsern Gebieter,
so wie auch gegen Eure Nachfolger: von heute an werden
wir nicht mehr in Länder der Saracenen zum Verkaufe
ausführen jegliche Art von Waffen, noch auch Schiff=
bauholz."

„Nicht mehr ausgeführt sollen werden Waffen, na=
mentlich Panzer, Schilde, Schwerter, Lanzen, noch irgend
eine andere Wehr, mit welcher Saracenen einen Christen
beschädigen könnten. Die Schiffsmannschaften dürfen nur
solche Waffen mitnehmen, die sie zu ihrer eigenen Verthei=
digung gegen Feinde brauchen, und auch diese sollen sie nie
und unter keinerlei Umständen an Heiden verkaufen."

„Was das Holz betrifft, so ist verboten die Ausfuhr
von Ulmenstämmen, von Balken, von Planken, von Rudern,
von Stangen, von jedem andern Holz, das zum Krieg ge=
braucht werden mag; gestattet dagegen, wie bisher, die
Verschiffung von Brettern aus Eschen, die aber das Maß
von fünf Schuhen auf die Länge, einen halben Fuß auf
die Breite, nicht überschreiten dürfen, desgleichen von klei=

nerem Kübelgeschirr, sowie von Brettern aus Pappelbaum, jedoch unter Beobachtung des eben bezeichneten Maßes."

„Nicht minder sollen Schiffe, die aus Venetien ausgelaufen sind, verbunden sein, auch in andern (als venetischen) Häfen kein Holz zu laden, das zum Schiffbau dient, noch es an Saracenen zu verkaufen."

„Wer irgend überführt wird, vorliegendem Gesetze zuwider, Waffen oder Schiffbauholz an Saracenen geliefert zu haben, der ist schuldig, an Euch, den Herrn Herzog Peter, unseren Gebieter, oder an Eure Nachfolger, eine Buße von hundert Pfund lauteren Goldes zu entrichten; hat er aber nicht so viel Geld, so trifft ihn Todesstrafe. Auch bleibt gegenwärtige Verordnung für alle Zukunft in Kraft."

„Und dieweil, kurz ehe vorgenannte griechische Gesandte allhier eintrafen, drei Schiffe in Ladung begriffen waren, wovon zwei nach Elmehdia, das dritte nach Tripolis [in Afrika[1]] bestimmt, so haben Wir in gnädiger Rücksicht auf die Armuth der Befrachter dieser Schiffe gestattet, daß sie Bretter, Stangen und kleines Kübelgeschirr nach jenen Orten ausführen mögen; bezüglich jedes andern Holzes aber soll auch für sie — mit Ausnahme dieses einzigen Falles — das obige Gesetz gelten" u. s. w.

Gleich der Urkunde von 960 trägt auch die von 971 eine Reihe Unterschriften. Die ersten acht lauten: ich, Vitalis, Patriarch, ich, Marinus, Bischof von Olivolo, ich, Dominicus Maurocene, ich, Stephan Colaprino, ich, Dominicus Orseole, ich, Peter Orseole, ich, Peter Bragadino, ich, Johann Andreadi. Folgen dann noch weitere 73 Unter-

---

[1] Gfrörer, Greger VII. B. IV. S. 506—517.

schriften. Von bekannten Geschlechtern des venetischen Adels
sind genannt: ein Maurocene, ein Caloprine, zwei Orseolo,
ein Bragadino, ein Andreadi, ein Albine, ein Faledro, zwei
Barbarico u. s. w. Was die Form betrifft, finden zwischen
beiden Gesetzen wesentliche Unterschiede statt. Während
im Texte der ersten gesagt wird, daß der Doge mit dem
Patriarchen, den Bischöfen, den Laienhäuptern der Gemeinde Berathung pflog, stellt der Text der zweiten Urkunde die Sache — offenbar absichtlich — so dar, als
habe Peter Candiano IV. nur den Patriarchen Vitalis,
seinen Sohn, sowie den Bischof Marinus von Olivolo
sammt etlichen Suffraganen des Seelandes berufen, um mit
ihnen zu verhandeln, und als seien die übrigen in den
Unterschriften Genannten gleichsam nur aus Gnade beigezogen worden, um ihre Ansicht vorzutragen. Gemäß den
Hintergedanken dessen, der diese Fassung anordnete, erscheinen nur der Patriarch und der Bischof der Hauptstadt
neben dem Dogen als eigentliche Vertreter Venetiens, und
dieselbe Ehre wird nicht einmal den andern Suffraganen
des Seelandes eingeräumt, denn obwohl im Allgemeinen
von ihnen die Rede ist, sind ihre Namen im Texte nicht
aufgeführt, noch durften sie die Urkunde unterschreiben.

　　Vortrefflich stimmen hiemit andere Feinheiten überein.
Während der Doge die Urkunde von 960 gleich allen
übrigen Anwesenden selber unterzeichnete, sucht man hinter
dem Gesetz von 971 seine Unterschrift vergeblich. Warum
sie fehlt, scheint mir unzweifelhaft. Nach seiner eigenen
Meinung stand er viel zu hoch, um mit Unterthanen gemeinsame Beschlüsse zu fassen, oder gar Verträge einzugehen, sondern er gebot als Herr von Venedig. Weiter
muß man die seltsame Einkleidung des Gesetzes beachten.

Die Form ist so gewählt, daß sich die Anwesenden gegen-
über dem Herzoge stets mit Beifügung des Satzes „unser
Gebieter" verpflichten, weder Handel mit Holz noch mit
Waffen zu treiben, oder im Fall der Uebertretung eine
Buße von 100 Pfund Goldes an den Palast zu entrichten.
Nach dem Buchstaben konnte der Doge selber strafloos ganze
Wälder von Eichstämmen und Mastbäumen, ganze Schiffs-
ladungen von Waffen an die Saracenen abliefern, er war
zu nichts verbunden, sondern nur die, welche unterschrieben,
sind es. Sicherlich ging nun seine Absicht nicht dahin,
auf eigene Rechnung sich durch den verbotenen Handel zu
bereichern, aber etwas Anderes wollte er, nämlich jeden
Anschein meiden, als stelle er sich mit den übrigen Bene-
tern auf eine Linie.

Endlich tritt noch eine weitere Eigenthümlichkeit des
Gesetzes von 971, verglichen mit dem vom Jahre 960,
hervor. Man sollte meinen, daß Großhandel, wie der,
dessen Sitz Benetien im zehnten Jahrhundert war, ohne
Buchführung nicht betrieben werden könne. Dennoch muß
es in den angesehensten Häusern Benetiens Biele gegeben
haben, die nicht zu lesen und nicht zu schreiben verstanden.
Denn von den 69 Bertretern, welche die Urkunde von
960 unterschrieben, zeichneten nur 35 mit der Formel:
„ich, genannt so und so," während es von den übrigen
heißt: „Zeichen der Hand des und des." Offenbar konnten Letztere nicht schreiben. Noch ungünstiger aber ist das
Verhältniß in dem Gesetze von 971: von den 81 Personen, welche unterschrieben, zeichnen nur 18 mit ich und
dem Namen, alle andern setzen nur das Handzeichen hin.
Meines Erachtens kommt dieß daher, weil der durchlauchtigste Doge Anstalt getroffen hatte, daß nicht etwa blos

die Vornehmen, sondern auch viele von den Mittleren und
wahrscheinlich noch mehrere von den Geringen zur Unter=
schrift zugelassen wurden. Denn natürlich unter Letzteren
wird die Fertigkeit des Schreibens etwas seltenes gewesen
sein. Verhält sich die Sache wirklich so, dann kann kaum
ein Zweifel sein, daß der Doge das fragliche Kunststück
in der Absicht aufgeführt hat, um die ständischen Be=
rathungen gemein und verächtlich zu machen.

Das Gesetz von 971 beweist unwiderleglich, daß die
dem Dogen Peter Candiano IV. durch die Vorgänge von
959 aufgenöthigte Landesvertretung nach eilfjähriger Dauer
ihm höchst lästig, höchst widerlich geworden war. Sie
offen umzustoßen, wagte er nicht. Dagegen half er sich
mit demselben Mittelchen, zu dem so viele andere Gewalt=
haber ohne Muth und Geist greifen, er wollte sie um=
gehen, den Schein fortbestehen lassen, das Wesen aber ver=
nichten. Zu solchem Behufe setzte er allerlei Hebel in
Bewegung, um das Recht der Mitberathung politischer
Angelegenheiten auf den Patriarchen von Grado und
den Bischof der Hauptstadt zu beschränken: denn natür=
lich, diese fürchtete er nicht, war doch der damalige
Patriarch sein leiblicher Sohn, und von ihm, wie es
scheint, um des angedeuteten Zweckes willen, durch einen
Gewaltstreich erhoben, der andere aber muß ein willen=
loses Geschöpf des Dogen gewesen sein. Die Lobsprüche,
welche Dandolo dem Bischofe Marinus ertheilt [1]), scheinen
mir unbegründet: die Unterschrift des Gesetzes von 971
zeugt wider ihn. Indeß mißlang der Plan Peters Can=
diano IV. völlig: die Veneter durchschauten seine Absichten

---

[1]) Muratori XII., 210.

und hatten keine Lust, Sclaven des Hauses Candiano zu
werden. Fünf Jahre später brannte sein Palast lichterloh
und er selbst fiel von hundert Schwertern durchbohrt.

Was den sachlichen Inhalt des Gesetzes von 971
betrifft, so lernen wir aus ihm zwei neue Gegenstände
venetischer Ausfuhr für das Morgenland kennen: Waffen
und Bauholz. Beide gingen in großen Massen nach
den Ländern der Saracenen. Als Waffen werden namentlich aufgeführt: Harnische, Schilde (nämlich eiserne oder
mit Eisenplatten überzogene), Schwerter, Lanzen [1]. Ich
werde an einem andern Orte den Beweis führen, daß die
Saracenen es in der Stahlbereitung — doch nur in dieser
— den Franken oder Germanen weit zuvorthaten, allein
die in Damascus und in andern Städten Syriens aus
Draht zusammengeschweißten Klingen hatten einen hohen
Preis und taugten daher nicht zur Bewaffnung ganzer
Heere. Wie heute noch der Pascha von Aegypten und der
Türkensultan, haben schon im zehnten Jahrhundert saracenische Chalifen oder Sultane von Magreb und Afrika den
großen Haufen ihrer Fußgänger und Reiter mit Säbeln,
Lanzen, Harnischen und Schilden ausgerüstet), die aus
Mittel-Europa kamen. Wo die Gewerke waren, welche
diese Waaren in großer Menge lieferten, kann ich gleich-
falls erst später, an geeignetem Orte, darthun.

Nicht minder bedeutend muß die Ausfuhr von Bauholz aus Venetien gewesen sein. Vor dem Ende des
siebenten christlichen Jahrhunderts, im ersten der Hegira,

---

[1] Man bemerke, daß keine Helme aufgeführt sind. Der Helm
taugt nicht zur Kopfbedeckung im heißen Morgenlande, weil das
Klima ihn verbietet, und den Turban verlangt.

begannen [1]) die Chalifen, Flotten zu gründen. Aber die heißen Länder, über welche sie herrschten, lieferten bei Weitem nicht genug Bauholz. Das merkten sich die Venetier und halfen für gute Dinare dem Mangel der Saracenen ab. Von dem Umfang der Ausfuhr zeugen gewisse Nachwehen, die heute noch fühlbar sind. Als ich in Italien war, habe ich wiederholt gehört, daß in Bezug auf das Forstwesen die alte venetianische Regierung mehr als sorglos gewesen sei. Die Wälder Friauls, Istriens, Dalmatiens wurden seit Jahrhunderten ohne alle Schonung abgeholzt, also, daß die durch Feuchtigkeit bedingte Fruchtbarkeit dieser baumlos gewordenen Provinzen schweren Eintrag erlitt.

Fünfundzwanzigstes Kapitel.

Der große Rath. Venetianischer Verkehr 959—976.

Nach dem Sturze des vierten Candiano ist die Volksvertretung nicht nur hergestellt, sondern auch erweitert worden. Doge Memmo, der dritte Nachfolger des vorgenannten, verordnete, daß in der Kirche des heiligen Georg, die nicht Privateigenthum Memmo's war, sondern zum Stiftungsvermögen oder zur Kapelle des heil. Evangelisten Marcus, also des Dogenpalastes, gehörte, ein Benedictinerkloster errichtet werden sollte. Da der genannte Doge für sich allein rechtlich nicht über das Eigenthum

---

[1]) Schon im Jahre 717 erschien eine saracenische Flotte von 1800 Segeln auf der Rhede von Constantinopel. Gfrörer, K. G. III., 103.

des Dogats verfügen zu können glaubte, zog er die Vertreter des Gemeinwesens bei, welche denn auch, 130 an der Zahl, die das neue Kloster betreffende Gründungsurkunde unterzeichneten. Der Mönch, welcher die Ambrosianische Handschrift der Chronik Dandolo's abgefaßt hat, macht [1] aus diesem Anlasse folgende Bemerkung an den Rand: „meines Erachtens sind die 130, welche mit dem Dogen unterschrieben, der damalige große Rath Venetiens gewesen." Getroffen, so war es: der Mönch hat richtiger gesehen, als alle die neuern Gelehrten, welche sich an die Aufgabe machten, Venetiens Geschichte zu schreiben. Noch muß bemerkt werden, daß auch die letztgenannte Urkunde Herrschaft und Regierungsjahre „der großmächtigsten und friedfertigen Basileis" Constantinus und Basilius aufzählt.

Es gibt noch einen weitern und zwar einen schlagenden Beweis dafür, daß mit dem Jahre 960 Volksvertretung, oder genauer gesprochen politische Macht eines großen Raths in Venetien ihren Anfang nahm. Bis auf Peter Candiano herab herrschte im Seeland das System der Einsetzung von Mitdogen, aber seit dem Jahre 960 ist dasselbe — mit Ausnahme eines, oder je nachdem man rechnet, zweier Fälle, die aber erweislich den Sturz der Orseoli herbeiführten und folglich die Regel bestätigen — es ist, sage ich, wie abgeschnitten. Woher diese Erscheinung? im Angesicht dessen, was früher dargethan worden, fällt es nicht schwer, den Grund aufzudecken. So lange die Dogen unumschränkt herrschten, hatten Venetiens politische Parteihäupter von Zeit zu Zeit die Erhebung von Doppelgängern als letztes Mittel gebraucht, um den und jenen

---

[1] Muratori XII., 217 u. 218 unten, Note 2.

Herzog zu nöthigen, daß er von Maßregeln abstand, welche die öffentliche Meinung mißbilligte. Mit dem Augenblicke aber, da ein großer Rath eingesetzt worden, ohne dessen Zustimmung der Doge nichts Wichtiges beschließen konnte, fiel jeder Anlaß weg, nach jener an sich bedenklichen Krücke zu greifen: die Mitdogen verschwanden daher für immer.

Eine Frage drängt sich auf. Selten oder nie geschieht es, daß politische Schöpfungen, wie die des venetischen großen Raths, auf einmal und gleichsam über Nacht aus der Erde herauswachsen, vielmehr spielt Nachahmung oder fremdes Vorbild eine unglaublich wichtige Rolle in der Geschichte der Völker. Ich will ein Beispiel aus der neueren Zeit wählen. Vor 1789 bestanden nur noch zwei mittelalterliche Verfassungen monarchischer Art, die englische und die des kleinen Herzogthums Würtemberg, welche letztere, weil sie eine seltene innere Kraft und Zähigkeit bewährte, wohl verdient, neben der englischen genannt zu werden. Allein seit dem genannten Jahre machte, durch Nachahmung der französischen Revolution, das von den Franzosen selbst nachgeahmte, jedoch mit allerlei fremden, aus Büchern oder Theorien entnommenen Zuthaten verquickte, englische Vorbild die Rundreise durch Europa von Warschau, Berlin — theilweise auch Wien über Hechingen und Sigmaringen bis Lissabon, Turin, Florenz, Neapel. Im Mittelalter ging es ähnlich zu, wie heute: von Rom wanderte die Commune nach Pisa, Mailand, Florenz, von da nach vielen Städten Germaniens und Galliens.

Sollten nicht auch die Veneter, als sie 960 die Einsetzung eines großen Raths erzwangen, fremde Muster benützt haben? Ich glaube, dieß war allerdings der Fall, und weiter geht meine Ansicht dahin, daß die Veneter

römische Bausteine verwandten. In Rom wuchs als reife
Frucht eigenlicher, nur dort möglicher Verhältnisse — seit
dem Ende des neunten Jahrhunderts — ein aus Stadt=
junkern zusammengesetzter Senat, der erst den Päpsten und
später auch dem Geschlechte Alberichs Gesetze vorschrieb.
Ferner hat Alberich II. zu Rom als Gegengewicht wider
die Junker etwas wie eine Demokratie geschaffen, die in
Kurzem so viel Kraft entwickelte, daß sie selbst dem Löwen
Otto I. zu trotzen wagte. Eben diese römische Demokratie
hatte ihren Höhepunkt zu der Zeit erreicht, als die oben
beschriebenen Dinge in Venetien vorgingen. Da nun für
Rom vorzugsweise das evangelische Gleichniß von der
Stadt paßt, die auf hohem Berge steht und darum
überall gesehen wird, nöthigt meines Erachtens gesunder
Menschenverstand zu dem Schlusse — mag er nun Man=
chem angenehm oder widerlich sein — daß allerdings
römische Vorbilder auf die neue politische Schöpfung in
Venetien eingewirkt haben.

Die beiden Urkunden des Dogen Peter Candiano III. IV.
verbreiten merkwürdiges Licht über den venetischen Welt=
handel von damals. In dieselbe Zeit — nämlich in's
Jahr 968 — fällt die gesandtschaftliche Reise, welche
Bischof Liutprand über Venedig nach Constantinopel an=
trat. Sein Bericht gibt weiteren Aufschluß und ergänzt
gewissermaßen die Aussagen der Urkunden. Fast der ganze
Verkehr zwischen dem Abendlande und Constantinopel muß
durch venetische Schiffe vermittelt worden sein. Schon
um 950 hatte Liutprand, damals am Hofe Berengars
angestellt, im Auftrage desselben eine Botschaft nach Con=
stantinopel übernommen. Er selbst erzählt [1]) aus diesem

_____

[1]) Pertz III., 337 unten ff.

Anlasse: „von Pavia fuhr ich den Po hinunter nach
Venedig, dort traf ich den griechischen Kämmerer Salomo,
einen Verschnittenen, der von einer Gesandtschaft nach
Spanien und Sachsen zurückkehrte. Ebendaselbst war ferner der überreiche Kaufherr aus Mainz, Liutfred, angekommen, der im Namen des damaligen deutschen Königs
Otto I. Geschenke an den griechischen Basileus überbringen
sollte. In Gesellschaft segelten wir den 25. August von
Venedig ab, und langten den 17. September zu Constantinopel an." Liutprands Schiff brauchte also volle 24 Tage,
was mir eine lange Fahrt zu sein scheint.

Als man ihn während seiner zweiten Anwesenheit in
der Hauptstadt des Ostens — 968 — schlecht behandelte,
drohte er mit schneller Abreise, indem er an den Logotheten
Leo ein Schreiben richtete, das den Satz enthält [1]): „ein
venetisches Handelsschiff liegt zur Abfahrt bereit, ich begehre meine Pässe, um auf demselben heimkehren zu können." Die Drohung wirkte, man betrug sich minder höhnisch gegen ihn. Zu gutem Ende kaufte er eine Anzahl
kostbarer Stoffe, namentlich Seidengewänder, die er zum
Andenken mitnehmen wollte. Aber wie erstaunte Liutprand,
als ihm einer der byzantinischen Höflinge erklärte [2]): „bei
uns gibt es zweierlei Waaren: erlaubte und verbotene.
Du mußt Alles, was du gekauft hast, vorlegen, sind erlaubte darunter, so wird man sie mit der Bleimarke versehen, und ungehindert magst du sie ausführen. Die verbotenen dagegen bleiben hier und du erhältst den ausge-
legten Preis zurück. Jene seidenen Gewänder, die du dir

---

[1]) Pertz III., 350 Mitte.
[2]) Ibid. S. 359.

aussuchtest, sind wirklich verbotene Waaren; denn wisse,
da wir Griechen alle anderen Nationen weit, weit an
Reichthum und Weisheit übertreffen, so ist es billig, daß
wir auch den Vorzug prächtiger Gewänder ausschließlich
genießen. Wahrlich, solche seidene Stoffe taugen nicht für
arme Leute, wie die mit Schaffellen bedeckten Sachsen und
deren König Otto, dein Herr."

Liutprand warf sich in die Brust und entgegnete:
„was Ihr da von Geweben saget, auf deren Gebrauch Ihr
allein ein Recht zu haben vorgebt, ist eitel Aufschneiderei,
bei uns ist Seide so häufig, daß selbst alte Höckerweiber
und Capuzenträger sich in solches Zeug kleiden." Der Grieche
fragte: aber wie kommt Ihr denn dazu? Die Antwort
des Bischofs lautete: durch venetische und amalfitanische
Krämer, welche unsern Ueberfluß an Lebensmitteln auf-
kaufen, und dagegen Seide genug für uns zum Tausch
geben." Offenbar sind hier griechische Windbeutel und ein
lombardischer Maulheld aneinander gerathen. Gleichwohl
halte ich die allgemeinen Verhältnisse, welche Liutprand
schildert, für wahr. So weit wurde die Vergötterung des
Basileus im griechischen Osten getrieben, daß der Gedanke,
den Gebrauch gewisser Prachtgewänder ausschließlich für
den byzantinischen Welterhalter und seine Höflinge zu gestatten und demgemäß jede Ausfuhr zu verbieten, nur eine
folgerichtige Anwendung des anerkannten Grundsatzes war;
natürlich führte das Verbot, welches unsinniger Uebermuth
eingab, zu nichts; es wurde, wie alle Maßregeln der Art,
durch die Schlauheit und Bestechungskünste der venetianischen und amalfitanischen Zwischenhändler umgangen.

Auch der Behauptung schenke ich Glauben, daß
Otto's I. deutsche und italienische Unterthanen die kost-

baren Waaren des Morgenlandes hauptsächlich mit ihrem
Ueberschuß an Lebensmitteln, also mit Getreide, Pöckelfleisch,
Talg, rohen Häuten u. dergl. zahlten. Laut mehreren
Anzeigen ist Venedig ein wichtiger Markt für Korn,
Schlachtvieh und andere Erzeugnisse des Thierreichs gewesen. Wie wir unten ersehen werden, versuchte es Kaiser
Otto II. — und zwar nicht ohne Erfolg — das Seeland
auszuhungern, woraus erhellt, daß auf den Inseln, wo
alles vom Handel lebte, weder Ackerbau noch Viehzucht
in irgend größerem Maßstabe getrieben worden sein kann.
Venetien war daher genöthigt, den großen Bedarf der
einheimischen Bevölkerung und unzähliger Handelsschiffe
durch Zufuhren aus den benachbarten Provinzen Italiens
und des deutschen Reichs zu decken. Dasselbe gilt aber
auch von Constantinopel. Man weiß [1]), daß Neu-Rom von
dem Augenblick der Gründung an bis nach Anfang des
siebenten Jahrhunderts hauptsächlich durch die ägyptische
Kornflotte genährt wurde. Allein seit Aegypten in die
Hände der Moslemim fiel, mußten die Basileis in anderer
Weise für den Unterhalt ihrer Heerde sorgen. Es konnte
daher kaum fehlen, daß abendländisches Getreide und andere
Lebensmittel von dort nach der Weltstadt am Bosporus
strömten.

Weiter bemerke man die Formen byzantinischer Zoll-
gesetzgebung, deren Liutprand gedenkt. Waaren, deren Ausfuhr für erlaubt galt, wurden mit Bleimarken versehen [2]).
Welch' künstliche und großartige Mautheinrichtungen setzt

---

[1]) Gfrörer, K. G. II., 27.

[2]) Wörtlich: plumbea notantur bulla, oder plumbo signan-
tur. Pertz III., 359.

dieß in der unermeßlichen Handelsstadt voraus. Ich bin überzeugt, daß manche Gebräuche, die sich im heutigen Zollwesen Europa's erhalten haben, aus Constantinopel nach dem Abendlande gekommen sind.

Endlich theilt Liutprand noch eine wichtige Nachricht über die byzantinische Land= und Seemacht mit. „Das griechische Heer", sagt [1]) er, „taugt nichts, die besten (Land= und See=) Officiere des Basileus sind geborene Veneter und Amalfitaner." Zum zweitenmal stellt hier der Bischof von Cremona Veneter mit Amalfitanern zusammen. In der That standen Letztere, wie an passendem Orte gezeigt werden soll, in ähnlichem Verhältnisse zu dem griechischen Reiche, wie die Veneter.

Sechsundzwanzigstes Kapitel.

Doge Peter Candiano und Kaiser Otto I.

Die Gesetze von 960 und 971 beweisen, daß Doge Peter Candiano IV. gleich seinen Vorgängern und nächsten Nachfolgern die Oberhoheit des Basileus anerkannte. Doch ist 971, verglichen mit den Zuständen von 960, eine Er= kältung des Verbands mit Constantinopel fühlbar. Der Basileus droht ja mit Feuer und Schwert, wenn die Ve= neter ferner den Saracenen Waffen und Schiffbauholz zu= führen würden. Dieser Wechsel hing enge mit einem an= dern zusammen, der die Stellung Venetiens zu zwei Mäch= ten des Westens betraf. Aus Rücksicht auf König Beren=

---

[1]) Pertz III., 357 Mitte.

gar von Italien hatte Doge Peter Candiano IV. 960 dem
Sachsen Otto I. zu Trotz, der damals die Freundschaft des
Basileus suchte, Versendung sächsischer und bairischer Schreiben nach Constantinopel verpönt. Im Jahre 971 dagegen
stand derselbe Doge im besten Einvernehmen mit dem nämlichen Otto, obgleich dieser gänzlich mit dem byzantinischen
Hofe zerfallen war. Auch geschah es hauptsächlich in Folge
dieses Einverständnisses mit Otto, dem neuen Kaiser des
Abendlandes, daß Doge Peter Candiano den Haß der Veneter auf sich lud, und daß sein Sturz herbeigeführt ward.

Die uns wohlbekannte Schlauheit, mit welcher der
Sachse den Papst und die Fürsten Italiens umstrickte, hat
ebenderselbe in Bewegung gesetzt, um den Dogen in sein
Netz zu ziehen, was ihm auch gelang. Dandolo schreibt [1]):
„im 6. Jahre seiner Herrschaft ordnete der Doge den Laien
Johann Contareno und den Diakon Deneus als seine Botschafter an Kaiser Otto ab, und erwirkte von demselben
eine Urkunde, welche den alten zwischen Carl dem Großen
und den Griechen abgeschlossenen Vertrag erneuerte, laut
dessen Clerus und Volk Venetiens ungestört die Güter,
welche sie auf dem italischen Festlande erworben hatten,
besitzen durften.“ Weiter unten berichtet [2]) sodann Dandolo: „im 9. Jahre seines Dogats sandte Peter Candiano IV. gemeinschaftlich mit dem Patriarchen, den Bischöfen, dem niedern Clerus und dem Volke Venetiens zwei
Gesandte, nämlich den Laien Johann Contarenus und den
Diakon Venereus an den Papst Johann XIII. und an
den Kaiser Otto I., die damals beide zu Rom weilten und

---

[1]) Muratori XII., 208.
[2]) Ibid. S. 209.

eben eine Kirchenversammlung einberufen hatten. Vor dieser
Synode wurden die Urkunden des Stuhles Grado verlesen
und geprüft, dann entschied die Versammlung, daß Grado
für immer ein Patriarchat und Metropole von ganz Vene=
tien sein solle. Weiter verlieh der Kaiser besagtem Patriar=
chat und den ihm untergebenen Suffraganbisthümern, be=
züglich der Verjährung und ungehinderter Gerichtsbarkeit
über alle Kirchengüter und Hintersaßen, dieselben Vorrechte,
wie sie der Stuhl Petri besitzt; auch mit noch andern Freiheiten
und Zugeständnissen bedachte er dieselben.‟

Nach dieser Stelle beginnt Dandolo einen neuen
Abschnitt und fährt nun fort: „auf den Antrag venetischer
Gesandten verfügte Kaiser Otto I., daß der alte Vertrag
zwischen Venetien und den Insaßen des italischen Reichs,
welcher bis dahin von fünf zu fünf Jahren erneuert zu
werden pflegte, unwiderruflich für alle Zukunft gelten solle.‟

In die Augen springt, daß der venetische Geschicht=
schreiber das eben Mitgetheilte aus Urkunden entnahm.
Diese sind theilweise noch vorhanden. Auf der Rückreise
in die Heimat begriffen, besuchte Kaiser Otto I. im Win=
ter von 964 auf 965 die Stadt Ravenna und stellte da=
selbst unter dem 2. December 964 einen Schutzbrief [1]) aus,
durch welchen er dem Clerus Venetiens den Besitz aller
im italischen Reiche gelegenen Güter bestätigte. Ohne
Zweifel ist dieß dieselbe Urkunde, auf welche Dandolo in
dem ersten der oben angeführten Sätze hinweist; allein er
begeht einen Fehler in der Zeitrechnung. Denn da Peter
Candiano gegen Ende des Pisaner Jahres 959 alleiniger

---

[1]) Pertz, Archiv III., 579. Jahrbücher des d. Reichs l. c.,
S. 104.

Doge wurde, verlief im December 964 das 5. Jahr seines
Dogats und nicht das 6., das doch der venetische Geschichtschreiber nennt.

Nun ist zu bemerken, daß sich derselbe Verstoß später
wenigstens einmal, ja allem Anscheine nach zweimal wiederholt. Dandolo behauptet [1] nämlich: Doge Peter Candiano IV. sei im 18. Jahre seiner Herrschaft ermordet
worden, woraus nothwendig folgen würde, daß Peters IV.
Tod in's Jahr Christi 977 fiele, während Dandolo doch
selber nachher meldet [2], Peter Orseolo, der Nachfolger Candiano's, der erst nach dessen Ermordung erhoben ward, habe
am 12. August 976 den herzoglichen Stuhl Venetiens bestiegen. Kein Zweifel kann also sein, daß ein Theil der
Berechnungen, welche Dandolo gibt, der wahren Zeit um
ein Jahr vorauseilt. Ich erkläre mir dieß so: unter den
Dogen-Verzeichnissen, welche er benützte, waren solche, die
zu den Jahren, während deren Peter IV. als alleiniger
Doge amtete, noch die Monate und Tage — im Ganzen
ein Jahr — hinzuzählten, da ebenderselbe Mitdoge seines
Vaters Peter Candiano III. gewesen ist. Vermöge letzterer Rechnung mußte allerdings die Urkunde vom 2. December 964 in das 6., und die Umwälzung von 976 in das
18. Jahr seines Dogats versetzt werden.

Nachdem Peter IV. im 6. Jahre die Bestätigung
der italienischen Güter seines Clerus erlangt hatte, schickte
er im 9. Jahre jene Gesandtschaft nach Rom, welche Dandolo im zweiten Absatze schildert. Auch hier ist meines
Erachtens die zweite Berechnung angewendet, so daß also

---

[1] Muratori XII., 211.
[2] Ibid. S. 212.

die Gesandtschaft in's Jahr 967 fällt. Denn aus völlig
zuverlässigen Quellen geht hervor: erstlich Kaiser Otto I.
zog im Spätherbst 966 zum zweitenmale nach Italien[1]),
traf im Januar 967 zu Rom ein und hielt daselbst mit
dem Papste Johann XIII. eine Synode, auf welcher viele
Bischöfe des Kirchenstaats, des ehemaligen Exarchats und
Lombardiens erschienen[2]). Zweitens, Anfangs Januar desselben Jahres stellte Kaiser Otto I. zu Rom eine Urkunde[3])
aus, welche dem Patriarchat Grado bedeutende Vorrechte
verlieh. Fast undenkbar ist es, daß Dandolo etwas anderes, als diese Synode und diese Urkunde meint.

Weiter während der venetische Geschichtschreiber einfach erzählt, Doge Peter Candiano habe die Bestätigung
vom 2. December 964 durch zwei Abgeordnete erlangt,
bemerkt er ausdrücklich, daß die andere Gesandtschaft vom
Januar 967 nicht vom Dogen allein, sondern von ihm in
Gemeinschaft mit dem Patriarchen, den Bischöfen, dem
niederen Clerus und dem Volke, also unter Mitwirkung
der Vertreter des Seelandes, oder des großen Rathes, abgeordnet worden sei. Sonnenklar folgt hieraus, daß die
Botschafter wichtige Dinge abzumachen hatten. Natürlich!
die Bestätigung eines alten Vertrags, der fast regelmäßig
seit anderthalb Jahrhunderten von fünf zu fünf Jahren
erneuert zu werden pflegte, war eine bloße Verwaltungs-
maßregel, die der Doge für sich allein in's Reine bringen
konnte, ohne besonderer Vollmachten zu bedürfen. Aber
bezüglich der zweiten Gesandtschaft handelte es sich um Er-

---

[1]) Gfrörer, Greger VII. B. V. Kap. 19.
[2]) Jaffé. Regest. S. 327 oben,
[3]) Böhmer, Regest. reg. a Conrado I. Nro. 326.

langung eines neuen Vertrags, neuer Verhältnisse, folglich
mußte der große Rath beigezogen werden.

Nicht vergeblich haben des Dogen Gesandte zu Rom
gearbeitet, sie errangen anscheinend Rechte von großer
Bedeutung. Erstlich erkannte die römische Synode, welcher
außer dem Papste auch der Kaiser anwohnte, Grado als
Patriarchat und als Metropole Venetiens an. Das war
kein geringer Gewinn, denn seit langer, langer Zeit bestritten mächtige Nebenbuhler, die Kirchenhäupter von Aquileja, nicht nur den Patriarchentitel sondern auch die Metropolitanrechte des Stuhles Grado. Diesen Gegnern hatte
die römische Synode den Mund gestopft, und zwar mit
ausdrücklicher Zustimmung des Kaisers; denn Otto I.
ertheilt ja dem Gradenser Stuhle kraft der obenerwähnten
Urkunde vom 2. Januar 967 den Titel Patriarchat. Zweitens bewilligte — und zwar nicht der Papst, sondern der
Kaiser für sich, — dem Patriarchat Grado und den von
ihm abhängigen Suffraganbisthümern der Inseln dieselben
Vorrechte, welche die römische Kirche genoß, namentlich
Schutz gegen lombardische Verjährungsfristen und uneingeschränkte Gerichtsbarkeit über geistliche Ländereien und
Hintersaßen, so wie noch etliche andere Freiheiten, welche
Dandolo nicht genauer bezeichnet.

Und nun entsteht die Frage: auf welche Kirchengüter
bezogen sich letztere vom Kaiser zugestandenen Rechte? auf
die diesseits in Italien gelegenen, oder auf alle, welche
Venetiens Stühle überhaupt besaßen. Ich sage: nothwendig auf letztere. Denn erstlich steht im Texte kein Wort,
welches auf die vorausgesetzte Beschränkung hinwiese, während doch Dandolo, ein Mann von seltenem Scharfsinne,
wenn die Urkunde, die er vor sich hatte, so gemeint ge-

wesen wäre, solches anzumerken sicherlich nicht unterlassen
haben würde. Für's zweite erhellt aus den klaren Worten
des venetischen Geschichtschreibers, daß der Doge wegen
der auf dem Festlande Italiens gelegenen Güter venetischer
Stühle besondere Unterhandlungen pflog, und zwar geschah
solches sowohl nach der Gesandtschaft von 967 als vorher.
Erst nachdem er über den Erfolg der Botschaft Bericht
erstattet hat, meldet Dandolo weiter, der auf die festlän=
dischen Kirchengüter bezügliche Vertrag sei einmal für alle=
mal bestätigt worden, also daß eine Erneuerung gar nicht
mehr nöthig war. Daraus folgt nun, daß die zu Rom
geschlossene Uebereinkunft andere Fragen betraf, die mit
den festländischen Gütern nichts zu schaffen hatten. End=
lich drittens empfängt der gewaltsame Sturz Peters Can=
diano IV. nur dann das gehörige Licht, wenn man vor=
aussetzt, daß die oben entwickelte Deutung der Worte des
Geschichtschreibers die richtige sei.

Hat aber Otto I. dort zu Rom den Bischöfen Vene=
tiens uneingeschränkte Gerichtsbarkeit über alle ihre Güter
und Schutz gegen Chikanen der Verjährung bewilligt, so
muß man sagen, daß er eine Sprache führte, wie sie nur
einem anerkannten Oberherrn Venetiens zustand. Und in
der That war Letzteres der Fall. Das Vorbild, welches
80 Jahre früher Doge Johann II. Participazzo in Gestalt
des mit Kaiser Carl dem Dicken abgeschlossenen Vertrags [1])
gab, ist von Peter Candiano IV. nachgeahmt worden, nur
mit dem Unterschiede, daß er die kaiserlichen Zugeständnisse,
die jener theilweise für sich selber ausbedang, nur zu Gun=

---

[1]) Siehe oben S. 209 ff.

sten des venetischen Clerus in Anspruch nahm. Seine eigene
Sache in Rom zu vertreten, unterließ Peter Candiano IV.
wohlweislich, auch lag kein Grund dazu vor. Denn schon
vorher war eine besondere Uebereinkunft zwischen ihm und
dem Sachsen Otto abgemacht worden, und die Botschaft
nach Rom hatte blos den Zweck, den venetischen Clerus
in dieselbe Lage hineinzuziehen, in welcher sich der Doge
seit längerer Zeit befand.

Auf viele Belege sind wir gestoßen, daß in Venetien
seit alter Zeit hauptsächlich durch Einfluß des Byzantinis=
mus eine Geistesrichtung herrschte, welche dem Clerus ab=
geneigt war, seine Macht, seine politischen Befugnisse in
jeder Weise zu verkümmern suchte. Das sollte jetzt anders
werden: die Urkunde Otto's I. vom Januar 967 eröffnete
dem Patriarchen von Grado und den Bischöfen der Inseln
Aussicht auf eine ebenso ehrenvolle und unabhängige Stel=
lung, wie diejenige, deren die Kirchenhäupter des deutschen
Reichs und seit Wiederherstellung des Kaiserthums auch
die Oberitaliens sich erfreuten, aber wohlgemerkt, sie eröff=
nete ihnen diese Aussicht nur unter der einen Bedingung,
daß sie gemeine Sache mit dem Dogen machten, das heißt:
gleich ihm den Sachsen Otto als Oberherrn anerkannten,
und die Verpflichtung übernahmen, drüben im Seeland
allgemeine Anerkennung dieser Hoheit erzwingen zu helfen.

Laut dem Zeugnisse Dandolo's hatten nicht nur der
Doge und die Bischöfe, sondern auch das Volk, das heißt
die Mitglieder des großen Raths, welche dem Laienstande
angehörten, dazu mitgewirkt, daß die Gesandtschaft nach
Rom an den Papst und den Kaiser abging. Sollte es nun
auch in der Absicht der Letzteren gelegen sein, daß Kaiser
Otto I. um einen solchen Preis der venetischen Kirche solche

Gnaden bewillige? Nein, sondern die weltlichen Raths-
mitglieder sind theils durch den Dogen, theils durch die nach
Rom abgeschickten Botschafter, welche mit Peter Candiano IV.
zusammenspielten, überrumpelt und betrogen worden! Beweis dafür die Thatsache, daß die mächtigen Laien Venetiens seitdem wie Männer handelten, die sich durch den
Dogen schwer verletzt glaubten, und daß sie nicht eher ruhten, bis sie blutige Rache an ihm genommen hatten.

Erst nach Abschluß der Verhandlung mit den beiden
Gesandten, in Folge welcher Otto I. dem venetischen Clerus
alle obererwähnten Rechte zusprach, stellte der Kaiser, laut
dem Zeugnisse Dandolo's, die Urkunde aus, welche den karolingischen Vertrag von 810 für immer bestätigte und künftige Erneuerungen unnöthig machte. Ob es die nämlichen
Gesandten waren, welche letzteres Zugeständniß erhielten,
und ob dasselbe zur nämlichen Zeit und am gleichen Ort,
d. h. zu Rom und im Januar, gemacht worden ist, darüber
gestatten die Worte, welche Dandolo gebraucht, keinen bündigen Schluß. Möglicher Weise könnte die zweite Urkunde
von andern Bevollmächtigten des Dogen erbeten, und an
einem andern Orte und etliche Jahre später ausgestellt
worden sein. Gewiß dagegen ist, daß das, was die zweite
Urkunde festsetzte, als nothwendige Folgerung aus dem Inhalte der Uebereinkunft vom Januar 967 sich von selbst
ergab. Die Veneter waren durch den Buchstaben der letzteren gleich den Italienern des Festlands Unterthanen der
Kaiserkrone geworden. Also lag dem Kaiser die Pflicht ob,
ihr diesseits der Lagunen gelegenes Eigenthum so gut zu
schützen, als das der übrigen Italiener. Folglich würde eine
weitere Erneuerung des karolingischen Vertrags widersinnig
gewesen sein.

Offenbar war bei den Verhandlungen, welche Otto I.
mit dem Dogen pflog, der Vortheil auf kaiserlicher Seite.
Aber auch Peter Candiano hat sich selbst nicht vergessen.
Sehen wir jetzt, was er herausschlug. Dandolo möge
reden [1]): „unter nichtigen Vorwänden verstieß Doge Peter
Candiano IV. seine Gemahlin Johanna und zwang sie, im
Kloster zum heiligen Zacharias den Schleier zu nehmen.
Einen Sohn, welchen er mit ihr erzeugt hatte, machte er
zum Cleriker und erhob ihn später auf den Patriarchenstuhl
von Grado. Drauf freite der Doge in zweiter Ehe Wald-
rada, die Schwester des Markgrafen Hugo, die ihm eine
erstaunliche Menge leibeigener Knechte und Mägde, sowie
Landgüter von großer Ausdehnung als Mitgift zubrachte.
Nunmehr begann Peter Candiano eine Masse auswärtiger
Soldaten anzuwerben, welche die neuen auf dem Festlande
erworbenen Besitzungen schützen sollten".

Dandolo bestimmt die Zeit der zweiten Heirat des
Dogen mit der Lombardin Waldrada nicht. Doch sind
einige Anhaltspunkte vorhanden, welche uns gestatten, sie
annähernd zu berechnen. Aus der Reihenfolge seiner Erzählung scheint nämlich zu erhellen, daß Peters Candiano IV. zweite Vermählung ungefähr in dieselbe Zeit
fiel, da er seinen Sohn erster Ehe auf den Stuhl von
Grado erhob. Letzteres geschah aber, wie oben gezeigt worden, im Jahre 966. Und hiemit stimmt nun eine andere
Ansicht überein. Als Doge Peter im Januar 967 jene
prächtigen Zugeständnisse vom Kaiser Otto I. erlangte, oder,
deutsch gesprochen, als er die Oberhoheit des Sachsen über
Venetien dort zu Rom feierlich anerkannte, hatte er offen-

---

[1]) Muratori XII., 209.

bar den Preis solcher Fügsamkeit bereits in der Tasche.
Dieser Preis bestand aber, wie sich sogleich ergeben wird,
in der Hand Waldradens und in dem, was daran hing,
nämlich in ihrer prächtigen Mitgift.

Dandolo nennt Waldrada eine Schwester des Markgrafen Hugo. Wir kennen die ganze Sippschaft. Der
Vater beider hieß Hubert, war ein natürlicher Sohn weiland des italienischen Königs Hugo, und Markgraf von Tuscien
bis 961 gewesen, da ihn der Sachse Otto aus Italien verbannte [1]). Ausdrücklich bezeugt Peter Damiani, daß der
alte Hubert nach seiner Verbannung, also allem Anscheine
nach während der Zeit, da Doge Peter Waldraden freite,
mehrere Jahre in Ungarn bei den gefährlichsten Feinden
des sächsischen Hauses zubrachte. Aber auch Hugo, der
Bruder Waldradens, muß mit seinem Vater verbannt worden sein, denn erst um 981 taucht er wieder in Italien
auf. Noch ein anderer Umstand kommt hinzu: nur aus
der Verbannung des Vaters und des Bruders, oder mit
andern Worten, aus der gänzlichen Abwesenheit anderer
Erben erklärt es sich, daß Waldrade dem neuen Gemahl
ein so ungeheueres Vermögen zubringen konnte.

Dandolo sagt: „Waldrade besaß unzählige Mägde
und Knechte, auch Landgüter von großem Umfange“. Diese
Güter aber lagen im italischen Reiche, das heißt auf einem
Boden, wo Otto I. als unumschränkter Herr gebot. Wollte
daher Doge Peter Candiano IV. die Mitgift Waldradens
bewahren — und wer wird so herrliche Besitzungen nicht
um jeden Preis zu behaupten suchen — je nun, dann mußte

---

[1]) Gfrörer, Gregor VII. B. V. S.

er um die Gunst des mächtigen Kaisers buhlen, mußte
tanzen, wie man ihm am sächsischen Hofe aufspielte.

Hiemit enthüllt sich uns der wahre Grund, weßhalb
ungenannte, aber sicherlich dem Kaiser wohlbekannte Zwi-
schenträger den Dogen Venetiens verleitet haben, seine rechtmäßige Gemahlin Johanna zu verstoßen und die überreiche
Lombardin zu freien. Wie früher gezeigt worden, wirft
Dandolo die Bemerkung hin, die Ursache, warum in Carls
des Großen Tagen Doge Obelerius es unternahm, Venetien den Franken zu verrathen, sei darin zu suchen, weil
der Doge eine vornehme Frankin geehelicht hatte. Genau
am nämlichen Goldfaden gängelte Otto I. den Nachfolger
des Obelerius, überhaupt unterließ es der Sachse nie,
Vorbilder fränkischer Arglist, wo irgend Gelegenheit sich
bot, treulich nachzuahmen. Man begreift jetzt, daß Doge
Peter Candiano IV., als er dort zu Rom sich und sein
Herzogthum dem Sachsen Otto I. zu eigen gab, etwas gethan hat, was er nach der Heirath mit Waldrada gar
nicht umgehen konnte.

Ueberdieß ist noch eine zweite Schraube angesetzt
worden, um den Veneter auf zweckdienlicher Bahn festzu-
bannen. Weiter unten meldet [1]) Dandolo, Waldrada habe
ihre Ehe mit Peter Candiano auf die Grundlage des salischen Gesetzes abgeschlossen. Sicherlich muß es einen guten
Grund haben, daß Dandolo, selbst ein Doge, selbst rechts-
kundig, diese Saite berührt. Zur Zeit, da er schrieb, kannte
man noch die Wirkungen der Salica aus eigener Anschau-
ung, jetzt muß man sie aus den Alterthümern aufhellen.
Dandolo will an jener Stelle zunächst erklären, daß und

---

[1]) Muratori XII., 212 unten.

warum Waldrada nach dem gewaltsamen Tode des Mannes ihre volle und unverkürzte Mitgift zurückforderte. Allerdings gehört nach der Salica Mitgift und Morgengabe der
Witwe. Aber dasselbe Gesetz stellt noch eine andere Norm
auf, welche die späteren Rechtslehrer in die Formel befaßten: in terram salicam ne succedant mulieres, den aber
bündiger und schöner der Salica Tochter, die Ripuaria,
mit den Worten ausdrückt: die Lanze allein erbt Grund
und Boden, nicht die Kunkel. Da nun Waldrada
als Tochter Huberts unter den Begriff der Kunkel fiel, so
kann es nur mit besonderer Erlaubniß des Kaisers Otto
als obersten Lehensherren von Italien geschehen sein, daß
ebendieselbe den Nachlaß ihres Vaters an Land und Leuten
dem Dogen zubringen durfte.

Von selbst aber versteht es sich, nur unter der Bedingung des politischen Wohlverhaltens, oder der Dinge,
welche er als thatsächliche Früchte einer solchen Treue betrachtete, hat Kaiser Otto I. jene Vergünstigung gewährt.
Wenn daher der Doge auch nur einen Fingerbreit von der
Linie abwich, die ihm insgeheim vorgezeichnet worden, so
stand es dem Kaiser frei, sich an der lombardischen Mitgift zu erholen, den Dogen aber vor salische Richter zu
laden, deren Spruch nimmermehr zu seinen Gunsten lauten
konnte — und das Alles von Rechtswegen. Kurz Doge
Peter Candiano IV. war seit der Heirat mit der Lombardin an Händen und Füßen gebunden.

Viel hat Otto I. von dem Veneter gefordert, aber
er gewährte ihm und dessen Sohne, dem Patriarchen Vitalis von Grado, auf der andern Seite sehr viel, nämlich
außer den oben geschilderten Gnaden, noch gewisse andere.
Bereits ist die Stelle Dandolo's angeführt worden, wo es

heißt, daß Peter Candiano, nachdem die Mitgift Waldradens
in seine Hände gekommen, alsbald anhub, lombardische Soldaten zu werben, damit sie die Güter drüben beschützten.
Allein dieß war nicht die einzige, noch die wichtigste Aufgabe der Geworbenen. Denn aus der weiteren Erzählung [1])
Dandolo's erhellt, daß die kühnsten und tapfersten dieser
Dienstmannen dazu verwendet wurden, den Dogenpalast auf
Rialto zu bewachen und Gewalt gegen die zu brauchen,
welche etwa wider den Willen des Dogen Einlaß begehrten.
Abgesehen hievon ließ Peter Candiano seinen Lieblingsnei-
gungen, die wir kennen, Zaum und Zügel schießen. Dandolo fährt [2]) fort: „die Sage geht, der Doge sei so über-
müthig gewesen, daß er nicht nur die eigenen Unterthanen
(die Veneter) mit ungewohnter Härte behandelte, sondern
auch an Auswärtigen blutige Rache nahm: die Einwohner
von Ferrara hat er unterjocht, das Schloß Oderzo mit
Feuer verbrannt und noch verschiedene andere Grausam-
keiten an Solchen verübt, die ihm zu widerstreben wagten."

Insbesondere war die böse Laune des Dogen gegen
die Verfassung von 959 und ihre älteste Frucht, den großen
Rath, gerichtet. Die Quellen gestatten uns, stufenweise
die Schläge zu verfolgen, welche er gegen diese Anstalt
führte. Laut der Urkunde vom Juni 960 war die neue
Verfassung in voller Kraft. Sieben Jahre später, als es
sich darum handelte, die Gesandten nach Rom abzuordnen,
welche dort im Januar 967 mit dem Papst und Kaiser
tagten, wirkten zusammen der Herzog, der Patriarch, die
Bischöfe, der Clerus, endlich das Volk. Nach den alten

---

[1]) Muratori XII., 211.
[2]) Ibid. 209 unten.

venetischen Staatsformen erscheint die Gemeinde, d. h. die
begüterten und vollberechtigten Bürger aus dem Laienstand,
wenn von politischen Akten, namentlich von Dogenwahlen
die Rede ist, stets in erster Linie. Die Verfassung von
959 hatte allerdings dem Patriarchen und den Bischöfen —
den nächsten Rang nach dem Dogen zugewiesen, und das
war wohlgethan — aber bei obigem Anlaß muß das Volk
nicht nur den Bischöfen, sondern auch dem Clerus, d. h.
den Pfarrern, nachstehen, was unverkennbar auf die Absicht
hinweist, die ständischen Rechte der Laien allmälig zu beseitigen. Endlich das Gesetz von 971 führt den Patriarchen
von Grado, des Dogen eheleiblichen Sohn, neben diesem
als einzigen vollwichtigen Vertreter des Volks auf, die
Andern dürfen nur noch aus Gnade mitrathen.

All' das ging in Venetien drüben vor, während Kaiser Otto I. in Italien weilte, also gewisser Maßen unter
seinen Augen. Natürlich, seine eigene Geschichte beweist,
daß er ständisches Wesen nicht liebte, noch Dinge wie
Reichsversammlungen, die den Kaiser zu warnen, oder ihn gar
andere Wege weisen zu wollen sich herausnahmen. Als
Napoleon I. den Schlag zurüstete, der das deutsche Reich
vollends auseinander sprengte, forderte er den dicken Friederich von Würtemberg auf, mit ihm gemeine Sache zu
machen. Friederich, der, was er allerdings im Grunde seiner
Seele selber wünschte, lieber auf das Geheiß eines Mäch-
tigern und halb gezwungen thun wollte, schützte Bedenklichkeiten vor, meinend, daß er erst seine Landstände hören
müsse. Napoleon erwiederte: jaget die Elenden zum Teufel [1]), was sich der dicke Friederich, damals noch Kurfürst

---

[1]) Chassez ces bougres, lauteten seine Worte.

genannt, nicht zweimal sagen ließ. Aehnliche Herzenser-
gießungen wird, denke ich, Kaiser Otto I. mit dem Dogen
Peter Candiano IV. ausgewechselt haben. Denn wurde
nicht der Veneter in dem Maße, wie drüben im Seeland
der Haß gegen ihn stieg, stärker und immer stärker an den
kaiserlichen Thron, als seinen einzigen Rückhalt, gekettet!

Eines der stärksten Zeugnisse des Schreckens, der
durch ganz Italien vor der Macht des Löwen Otto herrschte,
ist die Thatsache, daß die Veneter, so lange er lebte, ge-
duldig das Joch des Dogen, seines Schützlings trugen.
Auch noch in den ersten Jahren Otto's II. schwiegen sie.
Dandolo meldet [1]), daß der Patriarch Vitalis, des Dogen
Sohn, mittelst einer Gesandtschaft, die er nach Deutschland
schickte, vom jungen Kaiser eine Urkunde erlangte, welche
alle durch Otto I. dem Patriarchat im Januar 967 zu
Rom bewilligten Vorrechte bestätigte. Das betreffende
Pergament [2]) ist noch vorhanden und unter dem 2. April
974 in Sachsen ausgestellt. Allein als im Sommer 976
Herzog Heinrich von Baiern, Seitensproße des kaiserlichen
Hauses, und Vater des nachmaligen Kaisers Heinrich II.,
das Banner der Empörung wider Otto II., seinen Vetter
aufpflanzte [3]), da wurde auch in Venetien die Glocke über
Peter Candiano IV. gegossen.

Dandolo und Chronist Johann berichten [4]): „längst
verabscheute das Volk Venetiens die Gewaltthätigkeit des
Dogen und Verschwörungen entstanden gegen sein Leben.
Allein weil die Verschworenen wußten, daß der Palast zwar

---

[1]) Muratori XII., 210 unten ff.

[2]) Böhmer, Regesta a Conrado rege Nro. 462.

[3]) Gfrörer, Gregor VII. B. I., 374.

[4]) Muratori XII., 211 u. 215. Pertz VII., 25.

von wenigen, doch sehr guten Soldaten bewacht sei, wagten sie einen offenen Angriff nicht. Zuletzt ersannen sie folgendes Mittel: nahe am Dogenpalast stand das Haus Peters Orseolo, eines der Mitverschwornen. Gegen die Zusicherung, daß er an Candiano's Stelle zum Dogen erhoben werden solle, willigte derselbe ein, die eigene Wohnung in Brand zu stecken und von dort aus den Palast anzuzünden. Dem geschah so: Pechkränze wurden von Orseolo's Hause auf das Dach des Palastes geschleudert, das Haus selbst in Flammen gesetzt.

Bald loderte eine große Feuersbrunst auf, welche den Palast, 2 Kirchen sammt der Markuskapelle und noch 300 andere Wohnungen in Asche legte. Durch die Gluthhitze genöthigt, seinen Schlupfwinkel zu verlassen, wollte Doge Peter Candiano durch die Halle der Markuscapelle aus dem brennenden Palaste entrinnen. Allein wie er an dem Ausgang erschien, fand er einen Haufen Veneter, welche die Ausgänge bewachten und auf ihn lauerten. Mehrere seiner Stammsippen waren unter denselben. Wie fast alle Tyrannen zeigte sich Candiano im entscheidenden Augenblicke feige: er bettelte um Gnade, um Fristung des Lebens, aber vergeblich: hundert Schwerter blitzten und stießen ihn als einen Verräther nieder. Auch der unmündige Sohn Peters, welchen Candiano in der Ehe mit Waldrade erzeugt hatte, wurde nicht verschont; deßgleichen fielen sämmtliche Soldaten des Herzogs als Opfer der Rache. Nur Waldrade, die Herzogin, entkam."

Siebenundzwanzigstes Kapitel.

Der Doge Peter Orseolo I. Kaiser Otto II.

Nach vollbrachter That traten die Veneter den 12. August 976 in der Peterskirche zusammen und wählten Peter Orseolo, der damals 48 Jahre zählte [1]), zum Dogen. Das Geschlecht der Orseoli wird, wie ich da und dort ge= zeigt habe, ziemlich häufig in älteren venetianischen Denk= mälern erwähnt. Die Geschichte Peters aber, des ersten Dogen aus seinem Stamme, ist lückenhaft, und zwar mei= nes Erachtens darum, weil die Chronisten aus Staatsrück= sichten Vieles verschwiegen haben. Wer wird zweifeln, daß es eines seiner ersten Geschäfte war, die durch den Vor= gänger umgestoßene Verfassung von 959 wiederherzustellen. Dandolo und Chronist Johann deuten versteckt hierauf hin, indem sie schreiben: „von Anfang seines Amtes an ver= waltete der neue Doge die Angelegenheiten Venetiens dem allgemeinen Wohle gemäß und hielt in Allem die Norm des Gesetzes ein." Auch gegen außen behauptete Peter Orseolo muthig wohlerworbene Rechte des Staats. Der neuliche Brand hatte sammt dem Dogenpalaste auch das dort befindliche Archiv vernichtet und die Urkunde des im Jahre 933 mit der Gemeinde Capo d'Istria abgeschlossenen Vertrags verzehrt. Außerdem müssen in der letzten Zeit, wahrscheinlich nicht ohne Zuthun Otto's II., der Rache für den Sturz Candiano's nehmen wollte, Streitigkeiten zwi= schen den Venetern und den Bewohnern Capo d'Istria's ausgebrochen sein. Peter Orseolo stellte den Frieden her.

---

[1]) Folgt aus der Angabe Muratori XII., 214 gegen unten.

„Im zweiten Jahre seines Dogats", sagt[1] Dandolo,
„schloß Orseolo einen neuen Vertrag mit Capo d'Istria,
der die obschwebenden Zwistigkeiten beilegte."

Der Text[2] des neuen Vertrages ist auf uns ge=
kommen und lautet im Wesentlichen so: „im Namen un=
seres Herrn Jesu Christi, unter der Herrschaft unseres Ge=
bieters Otto II., des durchlauchtigsten Kaisers, im vierten
Jahre seiner Regierung, den 12. des Monats October,
Römer=Zinszahl 5, verhandelt zu Capo d'Istria." Die Kenn=
zeichen der Zeit stimmen zusammen und weisen auf den
12. October 977 hin.

„Nachdem Wir alle, ich Graf Sighard und die Ein=
wohner der Stadt, sowohl vornehme als mittlere und ge=
ringe, Berathung gehalten haben mit Euch, dem Herzoge
der Veneter, Peter Orseolo, wurde beschlossen, wie folgt:
1. der im neulichen Brand verzehrte Vertrag von 933
wird erneuert und der ausgebrochene Zwist für alle Zu=
kunft beigelegt; 2. von heute an ist es Euch und allen
Euren Getreuen gestattet, hieherzukommen und wieder zu
gehen, auch Handel zu treiben, wie es Euch beliebt, und
Zölle werdet Ihr an uns nicht bezahlen, wie Ihr densel=
ben auch den Unsrigen in Eurer Stadt erlasset; 3. die alte
Abgabe von jährlichen hundert Eimern Wein verpflichten
wir uns unverweigerlich für alle Zukunft zu entrichten,
auch seid Ihr berechtigt, zu diesem Zwecke allhier einen
Verwalter aufzustellen. Will ein Veneter sich hier an=
siedeln, so hat er sich nach den Gesetzen zu richten, die in
unserem Lande wie bei Euch gelten; 4. sollten auch alle

---

[1] Muratori XII., 213.
[2] Fontes rerum Austriac. XII., I. S. 31—35.

übrigen Städte Istriens mit Euch in Fehde gerathen, so
werden wir nichtsdestoweniger die hundert Eimer Wein
unserer Schuldigkeit gemäß liefern; 5. deßgleichen werden
wir im nämlichen Falle, d. h. wenn alle andern Städte
Istriens mit Euch Krieg führen, unerschütterlich treu zu
Euch halten; 6. auch wenn solche Capo d'Istrianer, die
auswärts (nicht in hiesiger Stadt) angesiedelt sind, von
Euch abfallen, werden wir nicht mit Euch brechen; 7. wir
geloben, niemals (unter dem Schirme der uns bewilligten
Zollfreiheit) Auswärtige (als wären sie unsere Mitbürger)
in eure Stadt hinüberzufahren, damit sie dort Einkäufe
machen können; 8. wir werden gegenseitig Recht geben
und nehmen, wie es das Herkommen vorschreibt; 9. alle
obgenannten Artikel werden wir getreulich halten, ohne
alle Rücksicht auf etwaige Befehle des Kaisers.
Falls wir jedoch in irgend einem Punkte unserer Verpflichtung nicht nachkommen sollten, so erklären wir uns
schuldig, eine Buße von 5 Pfund lauteren Goldes an Euch,
Herr Doge Peter, und an Eure Nachfolger zu zahlen."

Folgen Unterschriften. Außer dem Grafen Sighard
und seinem Statthalter Peter haben 2 Schöffen und 29 der
angesehensten Stadtbürger von Capo d'Istria, allem Anscheine nach Mitglieder des Raths, unterzeichnet.

Als der Vertrag von 933 durch vorliegende Urkunde erneuert wurde, that man dem Kaiser Otto II. die
Ehre an, ihn Herrn und Gebieter von Istrien zu nennen.
Aber wie war er es! nur dem Scheine nach. Die Worte
im neunten Artikel sind zwar dunkel, oder die Wahrheit
zu sagen, absichtlich auf Schrauben gestellt [1]), aber sie

---

[1]) Sie lauten im Texte: haec cuncta-observare et adimplere
promittimus absque jussione imperatoris.

können kaum einen andern Sinn haben, als den: wir wer=
den unser Versprechen halten, mag der Kaiser befehlen oder
verbieten, was er will. Indessen setzt der erneuerte Vertrag
sichtlich voraus, daß die andern Städte Istriens nicht die=
selbe Hingebung für Venetien hegten, wie Capo d'Istria.
Vielmehr muß um jene Zeit, wo nicht offene Fehde, so
doch Feindschaft zwischen dem Seeland und den meisten
Orten Istriens geherrscht haben, wie denn auch kaum vor=
her Capo d'Istria selber mit den Venetern zerfallen gewesen war.
Beides geschah sicherlich nicht ohne Einwirkung des deut=
schen Hofes, der, um an den Venetern für den Sturz Can=
diano's Rache zu nehmen, die Istrier wider das Seeland
aufgereizt haben wird.

Im Uebrigen berechtigen sowohl die eben angedeuteten
Spuren, als die weitere Thatsache, daß der Doge die Capo
d'Istrianer ausschließlich durch dargebotene Handelsvortheile
fest zu halten sucht, zu einem für die Geschichte Venetiens
wichtigen Schluß: so große Gnaden Kaiser Otto I.
auch dem Dogen Peter Candiano IV. auf dem römischen
Concil von 967 und anderer Orten erwies, kann doch die
ehemalige Oberhoheit des Patriarchats Grado über die
Stühle Istriens von ihm nicht hergestellt worden sein;
denn wäre dieß der Fall gewesen, so würde der Doge weit
größeren Einfluß in der benachbarten Halbinsel geübt
haben, als er laut obiger Urkunde wirklich übte. In der
That stimmen andere Belege hiemit überein. Auf dem Pa=
triarchenstuhle von Aquileja saß [1]) zwischen 963 und dem
Ausgang des 10. Jahrhunderts Rhodoaldus. Nun beweisen
mehrere von Rubeis vorgebrachte Urkunden, daß dieser

---

[1]) Rubeis, Monum. eccles. Aquilej. S. 467 ff. u. 47».

Rhodoaldus um 967 die istrischen Bischöfe von Parenzo, Triest, Cittanuova, Pola als seine Suffragane behandelte, und weiter, daß ihm Otto II. um 976 einen in Istrien gelegenen, bisher nach Capo d'Istria zinspflichtigen Ort schenkte. Kurz der Aquilejenser Rhodoald war ohne Frage Metropolit von Istrien und diese Halbinsel ist folglich nicht durch Otto I., noch durch seinen Nachfolger dem Patriarchat Aquileja untergeordnet worden.

Kehren wir zu dem neuen Dogen Peter Orseolo I. zurück. Sowohl Dandolo als Chronist Johann geben sich sichtliche Mühe, ihn als ein Muster von Frömmigkeit hinzu=stellen. „Von Kindesbeinen an", schreiben [1]) sie, „war das Bestreben Orseolo's einzig darauf gerichtet, Gott zu ge=fallen, auch das Dogat wies er zurück, weil er fürchtete, daß die mit dieser hohen Ehre verbundenen Geschäfte ihn am Fortschritt auf der Bahn der Heiligung hemmen könnten. Zuletzt nahm er das Amt nur auf dringende Bitten des Volkes und widerstrebend an"; dann weiter: „Orseolo hatte eine Gemahlin, Felicia genannt, welche diesen Namen in Wahrheit verdient, (denn sie machte ihn zu einem glück=lichen Mann). Nur einen einzigen Sohn zeugten sie in solcher Ehe, der den Namen des Vaters erhielt und ihm an Güte gleich war. Nach der Geburt des Sohnes lebten Vater und Mutter nicht mehr als Mann und Frau, son=dern bewahrten jungfräuliche Keuschheit." Und abermal: „Orseolo begann mit Beiträgen aus seinem eigenen Ver=mögen den verbrannten Dogenpalast sammt der Marcus=Capelle wieder herzustellen, auch legte er in letztere die geretteten Gebeine des Evangelisten — jedoch heimlich, und

---

[1]) Muratori XII., 212 ff. passim Pertz VII., 26.

also, daß nur Wenige den Ort kannten, nieder." Eben derselbe war ein Vater der Armen, er baute nicht weit vom
Palaste ein Spital, dasselbe, welches gegenwärtig, (um
1340) den Namen „zum heil. Marcus" führt, er besserte
andere Kirchen aus, beschützte Cleriker und Mönche, spen-
dete aus seinem Vermögen 1000 Pfund Silber für die
Bedürfnisse des Staats und die gleiche Summe zum Un-
terhalte der Nothleidenden.

Diese Angaben werden theilweise durch andere Zeugen, oder sogar durch eigene Bekenntnisse der beiden Berichterstatter widerlegt. Laut der Aussage Peters Damiani
in der Lebensbeschreibung des hl. Romuald, auf welche sich
Dandolo bezieht [1]), hat Orseolo, ehe er sein Haus zum
Feuerherd gegen den Palast Candiano's hergab, zur Bedingung gemacht, daß man ihn auf den herzoglichen Stuhl
erhebe; das Dogat ist ihm folglich nicht aufgenöthigt, sondern von ihm gesucht worden. Ferner gestehen Dandolo
und Johann, daß Orseolo einen Schwiegersohn, folglich
auch eine Tochter hatte; die Behauptung, daß er nach der
Geburt des einzigen Sohnes mit der Gemahlin Felicia so
lebte, wie jene vorgeben, erscheint daher als irrig. Hingegen ist allerdings wahr, daß Orseolo in enger Verbindung mit dem Clerus, und zwar mit dem besten und
achtbarsten Theile desselben stand. Diese Freundschaft hat
ihn gegen Gift und Dolch geschützt, hat ihm in verzwei-
felter Lage eine sichere Zufluchtsstätte bereitet; zu Stande
aber kam sie ohne Zweifel, theils weil Orseolo von Haus
aus ein rechtschaffener Mann war, theils weil seine geistlichen

---

[1]) Muratori XII., 215.

Verbündeten eben so eifrig, wie er, die venetische Verfassung von 959 aufrecht erhalten wissen wollten.

Furchtbare Gegner traten ihm in den Weg. Dandolo sagt[1]): „nachdem Orseolo zum Dogen erhoben worden, verließ Patriarch Vitalis Venetien und eilte über die
Alpen an den Hof Otto's II., um Rache zu fordern für
den Tod seines Vaters. Der Kaiser empfing ihn sehr gut,
behielt ihn jedoch längere Zeit bei sich." Da nämlich Otto
durch die damaligen Unruhen in Deutschland vollauf beschäftigt war, konnte er augenblicklich nichts für den Patriarchen thun. Zu gleicher Zeit verklagte Waldrada, die
Witwe Candiano's, den neuen Dogen bei der Kaiserin Adelheid, Otto's II. Mutter, die damals, wie es scheint, im
Namen des Sohnes Italien verwaltete. Sich auf ihren
Ehevertrag berufend, der, wie ich früher sagte, das salische
Gesetz zur Grundlage hatte, muß die Witwe Beschwerde
geführt haben, daß Orseolo ihr in Venedig zurückgelassenes
Vermögen ungerechter Weise vorenthalte. „Wegen dieser
Sache kam jedoch" fährt Dandolo fort, „Orseolo mit der
Kaiserin ins Reine; er erhielt eine Empfangsbescheinigung
zugestellt, welche von der Kaiserin selbst zu Piacenza unter-
schrieben und bestätigt worden war."

Die Empfangsbescheinigung, auf welche Dandolo hinweist, ist noch vorhanden, aber leider weder von einem
älteren venetischen Historiker, noch von den neuesten Her-
ausgebern des venetischen Urkundenbuches, in welchem auch
sonst viele der wichtigsten Actenstücke fehlen, vollständig
veröffentlicht worden. Zum Glück gibt C. Ant. Marin in
seiner Geschichte des venetianischen Handels einen Auszug[2]),

---

[1]) Muratori XII., 212.
[2]) Vol. II., 175 ff.

welcher zur Noth genügt. Folgendes erhellt aus demselben: Doge Peter Orseolo hatte einen Bevollmächtigten, Namens Domenico Carimano nach Piacenza an das Hoflager der verwitweten Kaiserin hinübergeschickt, um dort wegen Abfindung Walradens zu unterhandeln. Der Bevollmächtigte kam glücklich zum Ziele. Walrade stellte einen Schein aus, kraft dessen sie sich im eigenen Namen, wie in dem ihres verstorbenen Sohnes, vollkommen befriedigt erklärte, und auf alle weiteren Ansprüche, die sie vermöge ihres Beibringens, sei es auf Ländereien, Häuser, gemünztes und ungemünztes Silber, verarbeitetes und unverarbeitetes Gold, Kupfer, Blei, Zinn, Eisen, Leinwand, Waffen, Hausgeräthe, kurz alle möglichen beweglichen und unbeweglichen Güter erheben könne, förmlich verzichtete.

Ein großer Theil der aufgeführten Habe scheint durch den Brand des Dogenpalastes vernichtet worden zu sein, für allen diesen Verlust aber hatte Doge Orseolo vollständigen Ersatz geleistet. In welcher Weise brachte er nun die nöthigen Summen auf? Auch hierüber gibt der Auszug bei Marin erwünschten Aufschluß. „Der Doge, die Häupter des Landes oder der versammelte große Rath", heißt es weiter, „faßten einmüthig den Beschluß, daß Venetiens Bürger zur Rettung des Vaterlandes aus gegenwärtiger Noth die Steuer vom 10. Theil des Einkommens aufbringen und daß demgemäß jeder, der den besagten Zehnten nicht schon früher bezahlt habe, ihn jetzt nach dem Beispiele der Vorgänger entrichten solle [1]."

---

[1] Vol. II., 176: decreverunt unanimi consensu pro salvatione. patriae ut decimas de illorum rebus per unumquemque. qui datam non habebat. sicut ita fecerunt anteriores sui, darent.

Aus diesen Worten ergibt sich: erstlich, der Zehnte ist schon früher eingeführt gewesen; zweitens, nicht alle, die jetzt steuerpflichtig waren, hatten ihn bezahlt; drittens, letztere mußten ihn nunmehr entrichten. Zunächst fragt es sich: in welche Zeit fällt die erste Einführung des zehnten Pfennings? nothwendig, behaupte ich, in eine solche, die nicht um ein volles Menschenalter der Verhandlung mit Waldrade voranging; denn die meisten derer, die damals lebten und das Bürgerrecht genossen, hatten denselben schon entrichtet, und nur die, welche nicht schon früher bezahlt hatten, d. h. die seit 10 bis 20 Jahren angesiedelten Bürger werden jetzt beigezogen. So kann man nur von einer ziemlich neuen Steuereinrichtung reden, der gesunde Menschenverstand erlaubt daher nicht, die erste Einführung des zehnten Pfennigs weiter zurück, als in das Dogat Peter's Candiano IV., zu versetzen. Und hiemit stimmt ein bündiges Zeugniß überein. Den Auszügen bei Marin sind nemlich aus derselben Handschrift Eidschwüre einzelner Steuerpflichtigen beigefügt, von denen einer so lautet: [1] „Foscaro erklärt, daß er schon in den Zeiten des Dogen Peter Candiano bezahlt hat und beschwört seine Angabe.‟

Damit fällt volles Licht auf die Sache. Wie früher gezeigt worden, findet sich vor dem Dogat Peter's IV. Candiano keine Spur allgemeiner Steuern in Venetien. Aber unter ihm trat eine Aenderung ein. Peter Candiano hatte sich dazu verstanden, daß eine Verfassung eingeführt, daß die politische Macht des großen Rathes gegründet

---

[1] Vol. II., 177: Fuscari datum habuit tempore Petri ducis Candiani et postea juravit.

ward. Ueberall sind die Völker dankbar für solche Zugeständnisse, um den Preis der Freiheit bewilligen sie
Steuern. Indessen da die Sache noch neu war, verfuhr
man, um Unzufriedenheit abzuwenden, bei erster Erhebung des zehnten Pfennigs glimpflich: nur die Reichsten und
Willigsten zahlten unter Peter Candiano. Jetzt aber ging
der Beschluß durch, daß alle, die bei der ersten Schatzung
durchgeschlupft, oder erst in den letzten Jahren Bürger geworden waren, ihre Beiträge leisten sollten.

Immerhin wurde auch jetzt eine möglich milde Form
beliebt; die Pflichtigen durften nach Gutdünken entweder in
baar Geld oder mit anderen Werthen zahlen. Jene Bei-
sätze besagen weiter: „Rumicani hat bezahlt und geschworen, Martin hat bezahlt und geschworen." Die Zah-
lung erfolgte in beiden Fällen mit baarem Geld. Andere
deckten ihre Verbindlichkeit anders: „Peter Formoso hat
zwanzig Star Lebensmittel und 50 Wannen Kalk gegeben
und geschworen, Dominica, die Wittwe des Bonus Calli-
gare, hat vier Star Lebensmittel und zwei Kessel gegeben
und geschworen"; der Eid galt nämlich als voller Beweis,
daß der Pflichtige nicht mehr zu zahlen schuldig sei. Man
sieht nun: Volk und großer Rath von Venedig machte die
Sache des Dogen Peter Orseolo zur eigenen, denn wahrlich eine Anhänglichkeit, welche die Probe einer Steuer aus-
hält, ist nicht zu bezweifeln.

Allein, obgleich die öffentliche Meinung den neuen
Dogen kräftig unterstützte, und obgleich die Kaiserin Adelheid, welche offenbar sich hütete, die Saiten allzusehr zu
spannen, den Abschluß mit Waldrada befördert hatte,
nützte doch die Uebereinkunft nichts. Otto II., der Kaiserin
Sohn, wollte keinen Frieden, und er fand in Venetien

drüben bereitwillige Werkzeuge, welche die Hand dazu boten, Orseolo zu verderben. Dandolo berichtet weiter: „obgleich der neue Doge eifrig seinen Pflichten oblag und Venetien auf's beste verwaltete, hörten doch gewisse geheime Gegner, dieselben, welche auch dem Patriarchen den Rath zur Reise nach Deutschland gegeben hatten, nicht auf, böse Anschläge wider ihn zu machen und sannen darauf, ihn zu ermorden. In wunderbarer Weise erfuhr der Bedrohte Alles und schwieg." Aber bald reichte bloßes Schweigen nicht mehr aus: Orseolo entschloß sich zu heimlicher Flucht, weil er sonst unfehlbar durch Gift oder Dolch gefallen wäre. Nachdem Dandolo die Ankunft des Abts Marin von Eusan in Venedig und seine Verhandlungen mit dem Dogen kurz gemeldet hat, wirft er die Bemerkung hin: [1] „solches scheint aus geheimen venetischen Quellen bezüglich der Lebensgeschichte des Dogen Peter Orseolo I. zu erhellen;" unmittelbar nachher theilt er einen langen Auszug aus der von Peter Damiani verfaßten Biographie des heiligen Romuald mit.

Was soll das bedeuten? Meines Erachtens so viel: Andreas Dandolo wußte viel mehr über die Geschichte Orseolo's, als er öffentlich zu sagen für gut fand, denn wäre er mit der Sprache herausgerückt, so hätte er Dinge, betreffend die damaligen Zustände Venetiens, Italiens, ja des Abendlandes enthüllen müssen, welche ein Doge im 14. Jahrhundert nicht ohne Gefahr für das eigene Land veröffentlichen konnte. Da er aber gleichwohl die Pflichten des Ge-

---

[1] Muratori XII., 214: haec Venetorum segregatae scripturae de hujus ducis vita innuere videntur.

schichtschreibers im Auge hatte, half er sich dadurch, daß er statt selbst das Wort zu führen, den Biographen Romuald's reden läßt. Denn dieser Bericht enthält zwar allerdings die Wahrheit, aber nicht lauter, sondern verdünnt oder vielmehr in Redensarten eingehüllt, welche so zugerichtet sind, daß der Wissende sie versteht, während weder Böswillige Stoff zu Anklagen, noch Einfältige Aergerniß daraus schöpfen mögen.

Nach der mönchischen Darstellung, welcher Damiani und Chronist Johann folgten und die auch Dandolo beibehielt, ist Marin, Abt des Klosters Cuffan, das 250 Stunden westwärts von Venetien in den Pyrenäen lag, wie vom Himmel herabgefallen, oder durch eine unbegreifliche Fügung in der Lagunenstadt erschienen, um bei der — Aller Augen verborgenen Leiche des Evangelisten Marcus seine Andacht zu verrichten, hat dann den Dogen Orseolo gesprochen und ihm vorgestellt, daß es für sein zeitliches und ewiges Heil förderlich wäre, wenn er Mönch würde; und erst als der Doge Geneigtheit verrieth, dem Rathe zu folgen, soll der Abt den Einsiedler Marin und dessen damaligen Genossen Romuald, welcher nachher als Stifter des Camaldolenser-Ordens so große Bedeutung erlangte, beigezogen haben. Ich meines Theils denke, die Sache werde umgekehrt verlaufen sein.

Drüben, hart an Venetiens Landgränze, im Gebiet von Ravenna lebte der Einsiedler Marinus und sein Gefährte Romuald. Sie mußten wegen der Nähe ihres Aufenthaltes wissen, was im Seeland vorging, und nahmen sicherlich warmen Antheil am Schicksal des Dogen Orseolo, den alle rechtschaffenen Cleriker liebten, denn auch sie waren nicht nur rechtschaffen, sondern überdieß entschlossene

Streiter für das Reich Gottes auf Erden und für Be=
freiung der geknechteten Kirche. Welche Schmach, wenn Or=
seolo, der sein Vaterland von einem Tyrannen befreit
hatte, rettungslos erbitterten Feinden preisgegeben blieb.
Und nicht nur Schmach würde es gebracht haben, son=
dern auch unberechenbaren Schaden; denn die Erfah=
rung, daß solche, die etwas für das allgemeine Wohl
wagen, auf Mitgefühl da und dort rechnen dürfen, er=
muthigt Andere, während das Gegentheil lähmend wirkt.
Die Tugend wird unmöglich, wenn ihr kein Preis winkt.
Ward aber Orseolo gerettet, so ließ sich nicht ohne Grund
erwarten, daß er je nach Umständen später seinem Vater=
lande und der Kirche noch wichtige Dienste leisten könne.

Gewisse Aeußerungen Damiani's in der Biographie
Romualds, von denen unten die Rede sein wird, berech=
tigen meines Erachtens zu der Annahme, daß noch eine
höhere Berechnung im Spiele gewesen sein dürfte. Zwei=
hundert Jahre vor Peter I. Orseolo war an den Inseln
des Seelands die Herrschsucht Carls des Großen und sein
Plan gescheitert, ein Weltreich, d. h. thatsächlich eine baby=
lonische Verwirrung zu gründen. Nach der erfreulichen
Entwickelung, welche das Gemeinwesen drüben in den letz=
ten Zeiten genommen, konnten scharfsichtige Augen voraus=
sehen, daß dieser nämliche Staat den Keim in sich trage,
dereinst ein Bollwerk der Kirche zu werden. Das See=
land schwebte aber augenblicklich in brennender Gefahr.
Wenn das Haus der Ottonen, das den heiligen Stuhl zu
Rom bereits erdrückt hatte, und das unablässig auf Er=
richtung einer Weltmonarchie nach byzantinischem Zuschnitt
hinstrebte, vollends Venetien zu unterjochen vermochte, dann
war viel verloren. Andererseits aber hatten die Umstände

Venetiens Zukunft enge mit der Persönlichkeit Orseolo's verknüpft. Folglich mußten Solche, die es gut mit der Zukunft des heiligen Stuhles und Italiens meinten, darauf bedacht sein, den Dogen zu retten und den Schlag, welchen eben unverkennbar seine Feinde gegen ihn im Schilde führten, zu vereiteln.

Wer wird zweifeln, daß Marin und Romuald gewisse, wenn auch von den dürftigen Quellen nicht namentlich aufgeführte, so doch mächtige und ihnen wohlgeneigte Vorgesetzte hatten, deren Blick über Italien hinausreichte, und welche daher wußten, daß Abt Warin vom Berg Cussian vorzugsweise geeignet sei, dem Veneter-Dogen eine Zufluchtstätte zu gewähren, welche zu erreichen Arm und Rache der deutschen Ottonen nicht stark genug war. Ich bemerke Eines: laut dem einstimmigen Berichte Dandole's und des Chronisten Johann, ist Abt Warin von Rom gekommen, als er Venedig zuerst besuchte und die Verhandlungen mit Orseolo begann — Warin hat nämlich nicht eine, sondern zwei Reisen in des Dogen Sache nach dem Seeland gemacht, die erste, um vorzubereiten, die zweite, um Hand ans Werk zu legen. — Auch ist klar, daß es jenen Obern nicht schwer fallen konnte, den Retter (Warin), seine Gehilfen (Romuald und Marinus), sowie den Schützling (Orseolo) in Verbindung mit einander zu bringen. Noch einmal wiederhole ich: nicht Zufall, sondern Ueberlegung und clericaler Eifer hat das zugerüstet, was Anfangs September 978 auf Rialto vorging.

Die nöthigen Verabredungen wurden getroffen, aber in tiefster Verborgenheit. Von dem Plane wußten nur der Doge Orseolo und zwei, die sich in gleicher Lage mit ihm befanden, d. h. die gleich ihm gerettet werden sollten,

Johann Gradonico, einer der Hauptverschworenen[1] gegen den gestürzten Candiano, dann Johann Mauroceno, Eidam des Dogen, endlich die Gehilfen der Rettung, Abt Warin sammt den Einsiedlern Marin und Romuald. Weder die Gemahlin Orseolo's, noch sein Sohn Peter Orseolo II., damals 17jährig, noch irgend ein anderer Veneter waren in das Geheimniß eingeweiht. Der Doge besorgte seine Geschäfte wie sonst, die Anwesenheit des katalonischen Abtes hatte man durch den Vorwand bemäntelt, daß er demnächst in das gelobte Land schiffen wolle.

Dann, nachdem Orseolo 2 Jahre und 20 Tage das Seeland ruhmvoll verwaltet hatte, in der Nacht vom 1. auf den 2. September 978, machten sich er und seine Gefährten auf den Weg; Gondeln waren bereit, welche sie auf das Festland in die Nähe des Hilarinsklosters hinüberführten, dort standen Rosse, gesattelt und gezäumt. Die Flüchtigen schwangen sich hinauf und jagten davon, so schnell die Thiere laufen konnten[2]. Am dritten Tage waren sie, Mailand meidend, das sie offenbar absichtlich zur Seite liegen ließen, in der Nähe von Vercelli angekommen. Ohne weitere Fährlichkeit gelangten sie in das Kloster Cuffan.

Doge Peter Orseolo und die beiden andern Veneter sind dort als Mönche eingetreten. Hart und rauh war

---

[1] Muratori XII., 215 unten.

[2] Pertz VII., 26 unten: occulte de Venetia exierunt, et non procul a Sancti Hilarii monasterio equos ascendentes, jam detonsis barbis velocissimo cursu viam carpere coeperunt, in tantum ut tertia die mediolanensem rurem transeuntes Vergelensem urbem conspicerent. Chronist Johann hat das, was er beschreibt, selbst erlebt, darum ist sein Bericht so lebendig.

die Kost daselbst und groß die Entbehrung. Denn Abt Warin hatte schon seit Jahren weitverbreiteten Ruf als Wiederhersteller mönchischer Zucht gewonnen [1]), welcher gute Ruf wohl einer der Gründe gewesen sein wird, warum man vorzugsweise ihn zum Retter des Dogen wählte; Bruder Romuald aber, der den Dogen unter seine Leitung genommen, zeigte sich in diesem Punkte unerbittlich.

Damiani erzählt [2]): „eines Tages beklagte sich Peter Orseolo bei Romuald, daß er, von Jugend an, an gutes Leben gewöhnt und von stattlichem Körperbau, mit dem Stücke Schwarzbrod, das man ihm täglich reiche, nicht bestehen könne. Gerührt hiedurch, fügt der Biograph bei, legte ihm Romuald ein Viertel über das gewöhnliche Maß zu.“

Noch ein anderer Zug aus jenen Tagen, der wichtiger ist, wird berichtet: „der alte Doge hatte die Freude, einen Besuch des einzigen Sohnes, der aus Venedig herbeieilte, zu empfangen. Der Vater sprach, sei es daß er die Prophetengabe besaß, sei es daß augenblickliche Erleuchtung von Oben sein inneres Auge schärfte, also zu dem Sohne: mein Theurer, ich sehe klar im Geiste, du wirst einst Doge werden und mit Ruhm dein Vaterland regieren. Zwei Dinge lege ich dir an das Herz: sei gerecht gegen Jedermann, verstoße nie gegen Venetiens Verfassung, vor Allem aber ehre die Kirche Christi und wahre ihre Rechte.“ Hier bricht die ganze Wahrheit durch. Nach etlichen Jahren starb [3]) Doge Peter I. Orseolo im Kloster Cuxan.

---

[1]) Dom Vaissete histoire de Languedoc. (Neue Ausgabe Toulouse 1841.) Vol. III., 56.
[2]) Muratori XII., 216.
[3]) Ueber die Zeit vergleiche man: Vaissete a. a. O. III., 347 ff.

Die Geschichte seiner Flucht ist absichtlich in Dunkel eingehüllt, das wir jetzt, da der äußere Thatbestand vorliegt, zum Theile aufzuhellen vermögen. Erstlich das Geheimniß, mit dem sich die Mitwissenden umgaben, und noch mehr die athemlose Eile des Entweichens beweist, daß Orseolo's Gegner eben einen vernichtenden Schlag wider ihn im Schilde führten und Anstalt getroffen hatten, ihm die Wege der Rettung abzuschneiden. Das Festland muß von Spähern der deutschen Regierung bewacht gewesen sein, und auf der Seeseite wird es nicht an ähnlichen Maßregeln gefehlt haben. Zweitens, das Kloster Cussan ist darum zur Zufluchtstätte des Dogen ausersehen worden, weil es so fern und so verborgen lag, daß Otto II. trotz dem besten Willen des Gegentheils nicht beizukommen vermochte. Schutzherr von Cussan war Graf Oliba von Cerdagne und Besalu [1]), ein wilder und tapferer, aber im Herzens Grund rechtschaffener Degen, auf welchen Abt Warin und Bruder Romuald so großen Einfluß übten, daß er um 988 als Mönch in's Mutterkloster Montecassino eintrat [2]). Von dem ließ sich voraussehen, daß er einen Schützling nicht Preis geben werde, wäre es auch der abendländische Kaiser, der Solches forderte. Man sieht daher, Orseolo befand sich in guter Hut.

Drittens, Kirchenleute sind es gewesen, welche den Degen retteten, und zwar solche, die in der Weise Clugnys auf Befreiung des heil. Stuhles vom Joche weltlicher Gewalt hinarbeiteten. Ich weiß nicht, und finde nicht, ob Bruder Romuald und Abt Warin dem Körper nach

---

[1]) Gfrörer, Gregor VII. B. IV., S. 316—318.
[2]) Vaissete a. a. O. III., 77 ff.

mit dem damaligen Oberabt von Clugny, Majolus, in Verbindung standen, aber daß beide, was die geistige Richtung
anbetrifft, den Clugniacensern beigezählt werden müssen,
darüber kann meines Erachtens kein Zweifel sein. Es ist
daher keine Romantik, noch Uebertreibung, sondern baare
Wahrheit, wenn der Satz ausgesprochen wird, seit Peters V.
Orseolo Tagen habe Clugnys Geist auf das Gemeinwesen
der Veneter einzuwirken begonnen, denn ob Romuald eine
weiße oder schwarze Kutte trug, ob er die besondern Vor-
schriften des burgundischen Klosters einhielt, oder nicht einhielt, daran liegt wenig; ein Jünger des heil. Benedictus
von Nursia war er jedenfalls, gleich den Clugniacensern,
und dazu ein ächter Jünger, der auf dasselbe Ziel, wie
letztere, hinarbeitete. Ueberdieß wird, was ich weiter unten
zu berichten habe, dem eben ausgesprochenen Satze zu nicht
geringer Bestätigung dienen.

Im Uebrigen würde gewaltig irren, wer wähnte,
Romuald sei zu der Zeit, da er mit Orseolo nach Cuffan
zog, noch in dem begriffen gewesen, was wir innere
Entwicklung nennen; er war vielmehr ein fertiger Mann,
ja, nach gemeiner Weise zu reden, fast noch mehr. Denn
da er den 19. Juni 1027, an seinem Todestage, über
100 Jahre zählte [1]), so folgt, daß er zur Zeit der Reise
nach Cuffan, zum mindesten 50 Winter hinter sich hatte.
Oft ist es schon geschehen, daß wichtige technische Erfin-
dungen von mehreren, die nichts von einander wußten,
und an verschiedenen Orten gemacht wurden. In der
geistigen Welt herrscht, wie es scheint, ein ähnliches Ge-

---

[1]) Man vergleiche: Mabillon annal. ord. S. Benedicti IV.,
338 ff.

jetzt: wenn die Bedürfnisse der Kirche es erfordern, tauchen
da und dort Charaktere auf, die wie Romuald in Italien,
wie die nachmaligen Aebte Odo und Majolus in Burgund,
aus innerem Triebe Gleiches erstreben. Durch solche
Männer werden die großen Krisen des kirchlichen Fort-
schritts herbeigeführt und geleitet; denn hiezu bedarf es
jener Eisenköpfe, die, nur auf die Stimme der Pflicht
horchend, vor keiner Schwierigkeit zurückweichen, unverrückt
auf ihr Ziel losgehen, und durch ihr Handeln die Gesinnung erproben, welche ein englischer Admiral folgender
Maßen aussprach: „Furcht, Furcht? Biegsamkeit, Biegsamkeit? schmähliche Worte, sie haben in meinem Sprachschatze
keine Stelle."

Achtundzwanzigstes Kapitel.

Die Dogen Vitalis Candiano und Memmo.   Innere Reibungen. Neue Parteibildung.

Nun zurück nach Rialto! Chronist Johann schreibt [1]:
„am 2. September 978, da Niemand den Herzog Peter Orseolo fand, noch sah, herrschte große Betrübniß in Venedig,
denn das gemeine Volk liebte ihn sehr, weil er ein Vater
der Armen war." Auch Orseolo's Feinde müssen nicht
wenig verdutzt gewesen sein. Bei der neuen Wahl, die
nun stattfand, errangen sie allerdings den Sieg, aber keinen vollständigen, wie sich sogleich ergeben wird, und jedenfalls keinen solchen, den sie erlangt haben würden, wenn

---

[1] Pertz VII., 26 unten.

es ihnen gelungen wäre, einen Aufstand anzuzetteln, Orseolo zu ermorden, und in der ersten Wuth das Unterste
zu Oberst zu kehren. Wer auf Gewalt gerechnet hat und
in Gutem zum Ziel kommt, der verliert hinterdrein, denn
für böse Anschläge ist ein roher Ausbruch wunderbar
förderlich.

Dandolo sagt [1]): „im Jahre (genauer im September)
978 wurde zum Dogen ausgerufen Vitalis Candiane,
ein gütiger und vernünftiger Herr; derselbe war ein Sohn
des (959) abgesetzten Peter Candiano III. und ein Bruder
des gleichnamigen vierten Dogen, den die Veneter vor
zwei Jahren umgebracht hatten.“ Also wieder ein Candiano, Sprosse des kürzlich gestürzten Hauses, auf dem
herzoglichen Stuhl Venetiens! Was das politisch besagen
wollte, erhellt aus den nächsten Worten des Geschichtschreibers: „als der Patriarch Vitalis, der damals in der
Veronefer Mark weilte, die Erhebung seines Oheims vernahm, kehrte er nach Venetien zurück. Kurz darauf trat
er im Auftrage des Dogen, und begleitet von Botschaftern
desselben, eine Reise an den deutschen Hof zu Kaiser Otto II.
an, der tiefen Groll gegen die Veneter wegen Ermordung
des Dogen Peter Candiano IV. hegte. Der Patriarch
erreichte seine Absicht: Otto II. gewährte den Venetern
Frieden.“

Das Seeland war wieder kaiserlich geworden, aber
weder gründlich noch für längere Zeit. Dandolo fährt
fort: „seit er den herzoglichen Stuhl bestiegen hatte, krän-
kelte Doge Vitalis, und nachdem ein Jahr und zwei Monate seines Dogats verflossen waren, ließ er sich in die

---

[1]) Muratori XII. 217 unten ff.

Abtei S. Hilarius bringen, legte das Mönchsgelübde ab, und starb vier Tage nach seinem Eintritt in das Kloster." Wir haben früher gefunden, daß die Sprossen des Hauses Participazzo, welches gegen ein Jahrhundert das Dogat behauptete, in Kurzem fast auf ähnliche Weise und wohl auch aus ähnlichen Gründen, wie die alten Merowingischen Könige, an überfrühem Nachlaß der Natur zu leiden begannen. Nicht besser scheint es den Candiani ergangen zu sein. Denn der Besitz unumschränkter Gewalt verleitet leicht zu einem Uebermaß von Genüssen, und dieses hinwiederum hat Entkräftung der Geschlechter zur Folge.

Immerhin glaube ich, daß das Siechthum des Vitalis, verbunden mit seiner versöhnlichen Gesinnung, welche beide Chronisten hervorheben, ein Hauptgrund gewesen sein dürfte, warum Vitalis bei der letzten Wahl durchdrang. Allerdings war seit der Flucht des Dogen Peter die Partei der Orseoli, welche man auch die der Verfassung von 959 nennen darf, gedemüthigt, aber doch ist kaum anzunehmen, daß sie auf die Wahl vom September 978 gar keinen Einfluß übte. Nun ersieht man aus den früher angeführten Staatsurkunden, daß das Geschlecht der Candiano ziemlich viele Mitglieder zählte, folglich, daß es, außer dem zweiten Sohne Peters III. Candiano, noch andere Sprossen desselben Geschlechtes gab. Wenn gleichwohl unter diesen vielen gerade der sieche und billigdenkende Vitalis den Vorzug errang, so wird solches nicht ohne heimliches oder offenes Zuthun der Orseoli und ihrer Anhänger geschehen sein. Von dem hatten sie weniger zu fürchten, als von einem feurigen, gesunden und — Rache schnaubenden. Ein weiser Mann wählt, wenn einmal in saure Aepfel gebissen werden muß, unter zweien Uebeln das kleinere.

Nicht wenig wird die eben ausgesprochene Ver=
muthung durch das, was nach dem Tode des Vitalis ge=
schah, unterstützt. Dandolo berichtet [1]): „nach dem Rück=
tritt des Vitalis ward der Tribune Memmo zum Dogen
erhoben. Dieser Mann besaß, laut dem Zeugnisse eines
alten venetischen Chronisten, Ueberfluß an Glücksgütern,
aber an Geschicklichkeit in weltlichen Geschäften fehlte es
ihm. Darum erfuhr zu seiner Zeit der alte Ruhm des
goldenen Venedig [2]) merkliche Verdunklung, sintenmalen
etliche Große des Seelandes nicht nur gegen den Dogen
böse Dinge anzuzetteln wagten, sondern auch wider ein=
ander Partei machten." Der alte Chronist, auf den sich
Dandolo beruft, ist derselbe Johann, dessen Chronik im
siebenten Bande der Pertzischen Sammlung steht [3]). Und
wahrlich, Dandolo hatte Recht, jene Worte auszuschreiben,
denn sie sind merkwürdig.

Was folgt aus dem Satze: Tribun Memmo, der im
November 979 den herzoglichen Stuhl zu Rialto bestieg,
war kein besonders begabter Herr? Dieß folgt, wenn auch
verdeckt, doch mit völliger Sicherheit daraus, daß Memmo's
Erhebung eine Ausnahme von der Regel bildete, also daß
alle andern oder fast alle Dogen Venetiens sich durch
Geisteskraft ausgezeichnet haben. Und dafür, daß dem
wirklich so war, bürgt der Augenschein. Woher kam nun
diese unzweifelhafte Erscheinung? Erstlich daher, weil die

---

[1]) Muratori XII., 218.

[2]) Aurea Venetia, gerade wie man im Mittelalter aurea
Roma sagte. Welche Glut von gerechtem Nationalstolze und von
Liebe zum Vaterlande liegt in dem Worte!

[3]) Die Stelle selbst: Pertz VII., 27 gegen oben.

eigenthümliche Stellung Venetiens zu dem Ausland, insbesondere zu den Höfen von Byzanz und von Aachen,
welche beide in die Wette und unaufhörlich Einfluß im
Seeland zu erringen strebten, Ursache wurde, daß es kein
Kinderspiel, sondern im Gegentheil sehr schwer war, Venetien zu regieren. Wenn je ein Unfähiger mittelst Geburt oder mächtigen Patronats zum Degat gelangte, so
erhielt er beim ersten Mißgriff durch die Wucht der bestehenden politischen Einrichtungen solche Stöße, daß er
früher oder später zurücktreten mußte: kurz, ein Dummkopf
konnte den Herzogstuhl auf Rialto nicht behaupten.

Ju gleichem Sinne wirkte der von Anfang an dem
venetischen Gemeinwesen eingepflanzte Keim bürgerlicher
Freiheit. Dieser Keim ging auf und verschaffte Tausenden
Spielraum ungehinderter Entwicklung, wodurch hinwiederum
gewaltige Kräfte, die in despotisch regierten Staaten schlafen,
entbunden wurden, dieselben Kräfte aber entzündeten im
Fache der Gewerbe und des Handels einen Wetteifer
kühner und durchdachter Unternehmungen, im Staatsleben
dagegen wohlthätigen Ehrgeiz der Einzelnen sich durch
Dienste auszuzeichnen, die sie dem Vaterlande leisteten,
und daher in der venetischen Gesellschaft eine geistige Rei-
bung, welche Massen von praktischen Ideen gleich elektri-
schen Funken ausstrahlte. Ist es nicht eine weltbekannte
Thatsache, daß kein Staat auf der weiten Erde von seinen
politischen Werkzeugen, namentlich von den Gesandten, so
gut bedient war, als der venetianische, und daß die in's
Ausland geschickten Geschäftsträger fast ohne Ausnahme
an die Signoria Berichte erstatteten, welche man geschrie-
bene Vernunft nennen möchte, und welche zu lesen Verständigen hohen Genuß bereitet. So fein war die geistige

Atmosphäre in der Lagunenstadt, daß selbst Solche, welche unfehlbar unter andern Verhältnissen ihr Leben lang mittelmäßige Menschen geblieben wären, bei längerem Aufenthalte zu Venedig Einsicht lernten.

Wohlan! können in einem Staate, wie der venetische, und über ein Volk, das eine solche Schule durchläuft, Menschen herrschen, die selbst keinen Witz im Kopfe tragen? Nimmermehr! das läuft wider die Natur. Zugleich empfängt hiemit eine vielfach durch die Geschichte beglaubigte Erfahrung das nöthige Licht, nämlich, daß einfältige und schlechte Regierungen, von einer fast unbesieglichen Kraft, dem Triebe der Selbsterhaltung, fortgerissen, unfehlbar dahin streben, auch ihre Heerden einfältig und schlecht zu machen. Doch versteht es sich, daß man, wenn dieß auch geschieht, den Schein meidet, und einen wohlklingenden Aushängeschild braucht. Licht wird genannt, was an sich finster, Recht oder gar Freiheit, was Tyrannei ist, und als Fortschritt und Bildung gepriesen, was Polizeitniffen so ähnlich sieht, als ein Ei dem andern.

Man hält es in gewissen Ländern für den Gipfel der Staatskunst, das Regieren so bequem als möglich einzurichten, und glaubt dieses Ziel dadurch am sichersten zu erreichen, daß man die Verwaltung in eine Maschine verwandelt, welche in Bewegung zu setzen, nur einen Druck der Hand, keinen Kopf erfordert. Das Vorbild aber, welches solchen Künstlern vorschwebt, ist offenbar der Begriff eines großen Pumpwerks, welches das Geld Aller aus den Beuteln der Bürger in die glückseligste Kasse des Staats hineintreibt. Allein diese Art von Weisheit führt in's Verderben, weil in der Regel um so besser regiert wird, je schwerer es ist, zu regieren, und um so verkehrter, je leichter man das Geschäft macht. Ich unterlasse es, die Gründe hievon zu entwickeln: sie liegen auf der Hand.

Kehren wir zu Doge Memmo zurück. Geistesschwach war er keineswegs — sowohl die Länge, als die Art und Weise seiner Amtsführung beweist das Gegentheil — sondern nur weniger fähig, als seine Vorgänger, die andern Dogen. Warum hat man ihn gleichwohl erhoben und somit Tanglicheren vorgezogen? ohne Frage deßhalb, weil damals die beiden Hauptparteien Venetiens eine solche Stellung einnahmen, daß sie sich gegenseitig die Waage hielten. Die Orseoli und ihr Anhang, vor einem Jahre noch gedemüthigt und schwach, hatten sich während der kurzen Herrschaft des Candiano Vitalis allerdings wieder gehoben, aber doch nicht die Vorhand erlangt, sondern ein gewisses Gleichgewicht bestand zwischen ihnen und den Gegnern. Fast regelmäßig geschieht es in solchen Fällen, daß bei Verfassungen, die auf Wahlen gebaut sind, die politische Gewalt unbedeutenden Menschen übertragen wird, deren Charakter keinen von beiden Theilen Besorgnisse ein= flößt. Jede Partei hofft unter Häuptern der Art, das Errungene zu behaupten. Kurz, man muß meines Erach= tens — wofür auch der Erfolg bürgt — die Erhebung Memmo's als einen durch die Macht der Umstände er= zwungenen Waffenstillstand zweier gleich starken Gegner betrachten.

Immerhin neigte der neue Doge im Herzen, wenig= stens Anfangs, auf die Seite der fränkischen, oder mit dem deutschen Hofe verbundenen Partei hinüber. Dandolo fährt [1]) fort: „zwischen den Mauroceni und den Caloprini,

---

[1]) Muratori XII.. 218.

zweien der mächtigsten Geschlechter des Seelandes, brach
wüthender Streit aus, also, daß Stephan Caloprino (das
Haupt des Hauses) mit seiner ganzen Sippschaft und unter
geheimer Mitwirkung des Dogen den Plan faßte, die
Mauroceni auszurotten; allein letztere entgingen durch
Gottes Gnade der Gefahr, die über ihren Häuptern
schwebte, und nur einer von ihnen, Dominicus Mauroceno,
wurde auf dem Marktplatz von Olivolo, neben der Kirche
zum heil. Petrus, erschlagen." Die politischen Wahlsprüche
der Mauroceni und Caloprini werden wir unten kennen
lernen. Ein großer Schlag, den diese gegen jene führen
wollten, war also mißlungen. Ein solcher Ausgang bringt
fast unfehlbar denen Nachtheil, welche etwas Gefährliches
unternommen und das Beschlossene nicht in's Werk zu
setzen vermocht haben. Dasselbe geschah auch hier.

Das Jahr 980 kam heran, gegen dessen Ende Kaiser
Otto II. mit seiner Gemahlin, der Griechin Theophano, an
der Spitze eines Heeres in Italien erschien, entschlossen,
nicht nur die ehemalige Gewalt seines Vaters herzustellen,
sondern noch größere Dinge zu vollführen. Er grollte noch
immer den Venetern wegen Ermordung des Dogen Peter
Candiano, und hatte — so berichtet [1]) Dandolo — die
Absicht, die alten Verträge umzustoßen, und folglich Gewalt zu brauchen. Von selbst versteht es sich, daß des
Herrschers Zorn nicht gegen alle Veneter, sondern gegen
diejenigen zielte, durch welche Candiano gestürzt worden war.
Allem Anscheine nach ging seine Absicht dahin, daß letztere
mit dem Tode bestraft oder wenigstens verbannt werden

---

[1]) Muratori XII., 219.

sollten. Allein Doge Memmo suchte vorzubeugen. Laut
dem Zeugnisse Dandolo's, schickte er den Mönch Peter
Maurocene, den Tribun Peter Andreadi und einen aus
dem Geschlechte der Badoario als seine Bevollmächtigte
hinüber nach Verona, wo damals der Kaiser Hof hielt;
wirklich brachten die Gesandten zu Wege, daß Otto II.
die alten zwischen Venetien und den benachbarten Gebieten
des italischen Reichs bestehenden Verträge (welche Person
und Eigenthum der Veneter in den betreffenden Gegenden
gewährleisteten) erneuerte.

Was hier Dandolo im Einklang mit Chronist Johann erzählt, ist an sich vollkommen wahrscheinlich, zudem
lassen die Namen der Gesandten, die er aufführt, kaum
einen Zweifel zu, daß obige Nachricht aus einer Urkunde
entnommen ward. Allein die weiteren Aussagen Dandolo's
und des Chronisten Johann, dem der erstere folgt, unterliegen merklichen Schwierigkeiten. Beide geben erstlich zu
verstehen, daß kurz darauf der eben abgeschlossene Frieden
entweder wieder gebrochen, oder vielleicht von Seiten des
Dogen und des großen Raths gar nicht bestätigt worden
sei; darüber aber, wie solches zuging, melden sie nichts,
folglich ist eine wesentliche Lücke in ihrem Bericht. Für's
Zweite behaupten sie, seitdem habe zwei Jahre lang —
von 981 bis 983 — Krieg zwischen Venetien und Kaiser
Otto II. geherrscht und erst nach Otto's II. Tode sei der
Friede wieder hergestellt worden. Letzteres ist aber ein
handgreiflicher Irrthum; denn eine Urkunde, von welcher
unten die Rede sein wird, beweist, daß Otto II. selber
im Juni 983, genau sechs Monate vor seinem Tode, auf
dem Veroneser Reichstage sich mit den Venetern ausgesöhnt hat.

Ich glaube, man muß die angedeutete Lücke in folgender Weise ausfüllen: fast undenkbar ist, daß der deutsche Kaiser an die Erneuerung der alten karolingischen Verträge, welche er jenen drei Gesandten zusagte, nicht gewisse, von demselben Groll, auf welchen die Chronisten wiederholt hinweisen, eingegebene Bedingungen geknüpft haben sollte. Diese Bedingungen aber können von dem Dogen, oder vielmehr von dem großen Rathe, nicht bestätigt worden sein, und weil dem so war, kam es nunmehr zu offenem Kampfe zwischen dem Kaiser und dem Seelande. Im großen Rathe hatten nämlich, als dort über die Frage der Genehmigung des obschwebenden Vertrags verhandelt wurde, die Orseoli oder überhaupt die, welche die Verfassung von 959 aufrecht erhalten wissen wollten, die Stimmenmehrheit erlangt. Daß in der letzten Zeit Einfluß und Macht der Orseoli stieg, erhellt aus dem eigenen Geständnisse Dandolo's. Unter den drei Gesandten, welche neulich an das Hoflager Otto's II. abgingen, waren ein Badoario und ein Andreato, die Sprossen zweier Geschlechter, welche, wie später erhellen wird, erweislich im Bunde mit Stephan, dem Haupte der Caloprini, standen; aber der dritte, Mönch Peter, gehörte dem, mit den Orseoli eng verbundenen Hause Mauroceni an. Letzteren ist es also gelungen, durchzusetzen, daß in die Gesandtschaft einer aus ihrer Mitte aufgenommen werden mußte, was allerdings von steigendem Einflusse zeugt.

Erst nachdem durch die vereinten Bemühungen der Orseoli und ihrer politischen Freunde die Vorschläge, welche die Gesandten aus Verona überbrachten, verworfen worden waren, kann geschehen sein, was Dandolo und Chronist Johann weiter erzählen: nämlich, daß Stephan Caloprino

der ältere, mit seinen Söhnen Peter und Stephan, dem
jüngeren, sodann Orso aus dem Hause Badoario, Dominicus aus dem Geschlechte der Silvier, Peter, der Tribun
(ein Andreado), Johann aus der Sippschaft Benato, und
viele andere Mitverschworene Venedig verließen und an
den Hof Otto's II. flohen. Die eben aufgeführten Geschlechter gehören ohne Ausnahme zu denen, welche gegen
Ende des achten Jahrhunderts nach Rialto übersiedelten [1]).
Zwar sagen Dandolo und Chronist Johann einstimmig aus,
Stephan Caloprino nur die Andern seien entwichen, weil
sie Wind erhalten hätten, daß die Mauroceni mit Zustimmung des Dogen Memmo darauf sännen, Rache für die
neuliche Ermordung ihres Stammsippen Domenico zu
nehmen. Aber fast von selbst ist klar, daß ehe die Gegner
daran denken konnten und die nöthige Macht besaßen, so
etwas zu thun, ein Sieg im großen Rath vorangegangen
sein mußte.

Drüben im kaiserlichen Lager angekommen, warfen
die Verschwornen die Maske wohlmeinender Absichten,
welche sie bisher noch vorhielten, ab. Chronist Johann
schreibt [2]): „Stephan Caloprino sprach zum Kaiser: wenn
Ihr meinen Rathschlägen folgt, will ich bewirken, daß zur
Wahrheit wird, was Ihr längst begehret: Venedig soll
Euer Eigenthum werden. Ja! Stephan Caloprino," fährt
der Chronist weiter fort, „ging noch weiter; er bot dem
Kaiser einen jährlichen Tribut von hundert Pfund Goldes,
falls er ihn mit Waffengewalt zum Dogen Venetiens
einsetzen würde." Der deutsche Kaiser genehmigte die An-

---

[1]) Muratori XII., 156.
[2]) Pertz VII., 28.

träge des Caloprino, Handelssperre wurde angeordnet, Einfuhr von Lebensmitteln aus dem italienischen Festland
nach den Inseln schwer verpönt. Zugleich erging Befehl,
daß kein Veneter, der sich diesseits betreten lasse, geschont
werden solle, d. h. das Gesetz erklärte sie vogelfrei.

Damit Venetien desto sicherer und schneller ausge-
hungert werde, vertheilte der deutsche Herrscher die rach-
süchtigen Ausgewanderten auf verschiedenen Punkten der
Küste, um allen Verkehr mit Lebensmitteln zu verhindern.
Stephan Caloprino wurde mit seinem Sohne Dominicus
nach Padua beordert, der jüngere Stephan nach Ravenna,
Orso Badoario an die Mündung der Etsch, Domenico
Silvio mit dem Tribun Peter nach Mestre, Marino Caloprino gleichfalls in diese Gegend, Johann Benato endlich
sollte die Verbindung mit den Wachtposten unterhalten.
Nicht ohne furchtbare Wirkung für Venetien blieben die
angeordneten Maßregeln, die Einwohner von Capo d'Argine,
dem südlichsten Punkte der Insel Chiozza, fielen vom Dogen
ab, unterwarfen sich dem Kaiser und wurden dafür mit
Belehnung über Loreo und zwei andere kleine Orte der
dortigen Küste begnadigt; der Bischof Johann von Belluno
aber brach in die auf dem Festlande gelegenen Gebiets-
theile der venetischen Stadt Heracliana oder Cittanuova
ein und nahm viele Besitzungen der Veneter weg. Während der zwei Jahre von 981—983, da diese Feindselig-
keiten fortdauerten, litt das Seeland schwer durch Hunger[1]).

Klar ist, daß Otto II. die Veneter durch Mangel
an Zufuhr zur Uebergabe zwingen wollte. Aber nimmermehr konnte er sie aushungern, so lange ihnen unbenom-

---

[1]) Pertz VII., 28 und Muratori XII., 220.

men war, sich aus dem benachbarten Istrien von Osten
her mit Lebensmitteln zu versorgen. Man muß daher,
wenn man anders dem deutschen Herrscher Einsicht zu-
trauen will, voraussetzen, daß er Schritte gethan habe,
um den Venetern auch von der Ostseite her die Zufuhren
abzuschneiden. Und in der That ist solches geschehen. Ich
berühre hiemit eine neue Seite des zwischen Otto II. und
den Venetern obschwebenden Krieges.

Im Jahre 976 war Doge Peter Candiano IV.,
der Schützling und Vasall des sächsischen Hauses, umgebracht worden; damit begann Otto's II. Groll wider das
Seeland. Genau in das nämliche Jahr fällt die Zer-
theilung des übergroßen Herzogthums Baiern oder die
Errichtung eines besonderen Herzogthums Kärnthen [1]). Ohne
Zweifel haben verschiedene Triebfedern auf diese Maßregel
eingewirkt, namentlich die Absicht, die mit Baiern belehnte
Seitenlinie des herrschenden Hauses, die Heinriche, zu
stutzen, welche den Kaisern über den Kopf zu wachsen
drohten; allein einer der bestimmenden Gründe war außerdem
meines Erachtens das Gefühl der Nothwendigkeit, venetischem
Ehrgeiz und Unabhängigkeitstriebe einen nahen Wächter auf den
Nacken zu setzen. Die Herzoge Baierns fanden zu Hause
genug zu thun, weil die Lage ihres Großlehens sie stets
in alle deutsche Bewegungen verwickelte. Wollte der sächsische Hof Venedig insbesondere auf's Korn nehmen, so
rieth alltägliche Klugheit, in der Nähe einen hohen Reichs-
beamten aufzustellen, dessen Verhältnisse so abgewogen werden mußten, daß sein Wachsthum und Ansehen von der
Demüthigung Venetiens abhing.

---

[1]) Gfrörer, Gregor VII. B. I., 372, 467—469.

Ganz diesen Weg hat der kaiserliche Hof bei Errichtung des Herzogthums Kärnthen eingeschlagen. Schon zur
Zeit, da Kärnthen noch mit Baiern vereinigt war, umfaßte
letzteres Herzogthum zugleich die Mark Friaul. Diese
Marke trug jedoch seit Otto's I. italienischen Unterhandlungen nicht mehr den alten Namen, sondern man hieß sie
jetzt die Mark Verona. Der Fortsetzer Reginos schreibt [1])
zum Jahre 952: „König Otto I. übergab seinem Bruder
Heinrich I. (der seit 948 zugleich Herzog in Baiern war)
die Mark Verona und Aquileja", dann wieder zum Jahre [2])
955: „nach dem Tode Heinrich's I. ist dessen gleichnamiger Sohn mit dem Herzogthume Baiern und mit der
Mark (Verona) belehnt worden." Etwas später beginnen
auch die venetischen Chronisten, die sonst nur den Ausdruck Friaul gebrauchten, von einer Mark Verona zu
sprechen. Dandolo sagt [3]): „bis zum Jahre 978 weilte der
widerspänstige Patriarch Vitalis in der Veroneser Marke."
Eben dasselbe Wort wendet [4]) auch Chronist Johann aus
gleichem Anlasse an. Was will nun der Namenswechsel
besagen? dieß, daß der Hauptort und Mittelpunkt der Marke,
gleichsam ihr Kopf, von Aquileja oder Cividad di Friuli
nach Verona verpflanzt worden ist. Warum geschah aber
solches? offenbar im bewußten Gegensatz zu Venetien.
So lange Grado, Sitz des Erzstuhls, der wichtigste Platz
des Seelands war, paßte Aquileja oder Friuli recht gut
zum Wächter; aber seit Rialto oder Stadt-Venedig alle
anderen Inseln überstrahlte, hatten unsere Kaiser guten

---

[1]) Pertz I., 621.
[2]) Ibid. 623.
[3]) Muratori XII., 217.
[4]) Pertz VII., 27 oben.

Grund, daß sie demjenigen ihrer Großbeamten, der dazu bestimmt war, die Veneter im Zaume zu halten, Verona zum Hauptquartier anwiesen. Ich denke: wer heute Venedig behaupten will, wird vor Allem dafür sorgen, daß er Verona in guter Hut bewahre.

Fassen wir einen zweiten Punkt ins Auge. Istrien hatte im Laufe des 10. Jahrhunderts zuweilen eigene Markgrafen gehabt, wie z. B. jenen Winther, der in dem Veneter Vertrage vom 12. März 933 erwähnt [1] wird. Dagegen seit dem Augenblicke, da Otto II. Kärnthen zu einem besonderen Herzogthum gestaltete, ist Istrien gleich der Veroneser Mark mit ersterem verbunden worden. Herman der Lahme führt [2] zum Jahre 1035 den Baier Adalbero, der seit 1012 Kärnthen verwaltete [3], mit dem Titel eines Herzogs von Kärnten und von Istrien auf. Das beweist freilich streng genommen nur für das Jahr 1035. Allein die Vorgänger Adalberos haben — namentlich unter Otto II. und III. — in gleicher Weise neben Kärnthen und der Veroneser Mark Istrien besessen.

Chronist Johann erzählt [4] Folgendes: „nach dem Tode des Dogen Memmo gab der Bischof Johann von Belluno, obgleich längst Friede zwischen dem Kaiserreiche und Venetien abgeschlossen war, dennoch die 982 den Heraklianern geraubten Ländereien nicht heraus. Auf solche Weise trotzte er aber darum, weil Herzog Heinrich, genannt der Zänker und des nachmaligen Kaisers Heinrich II.

---

[1] Siehe oben S. 237.
[2] Pertz V., 122.
[3] Ibid. 119.
[4] Ibid. VII., 29 unten.

Vater, der seit 989 zum Herzogthum Baiern hin auch das
Großlehen Kärnthen erhalten hatte [1]), die Widerspänstigkeit
des Bischofs insgeheim unterstützte. Doge Peter II. Orseolo
(der Nachfolger Memmo's) wartete ruhig ab, bis der
Herzog die Mark Verona besuchte, und klagte nun bei ihm
wider den Bischof. Als aber auch dieß nichts fruchtete,
verbot der Doge bei schwerer Strafe jeden Verkehr der
Veneter mit der Mark Verona und mit der Mark
Istrien. Das Mittel fruchtete, denn die Einwohner der
beiden Marken, die ohne den Geldverdienst, der ihnen aus
Venetien erfloß, nicht bestehen konnten, bestürmten den Her=
zog Heinrich so lange mit Beschwerden, bis er nachgab
und den Bischof nöthigte, die vorenthaltenen Güter aus=
zuliefern."

Klar ist also: um 989 befand sich Kärnthen, die
Mark Verona und Istrien in einer und derselben Hand.
Wer wird aber zweifeln, daß eben dasselbe schon 8 Jahre
früher zur Zeit der Plackereien, welche Otto II. über Ve=
netien verhängte, der Fall gewesen ist, denn Herzog Hein=
rich setzte ja gewissermaßen nur die seit 981 eingeleiteten
Maßregeln fort. Ueberdieß kommt noch ein anderer Grund
hinzu: als Doge Peter I. Orseolo den 12. October 977
den Vertrag mit den Capo d'Istrianern erneuerte, geschah
Solches offenbar in kluger Voraussicht, daß von dortiger
Seite her dem Seeland irgend ein Unheil drohe; denn
die Capo d'Istrianer mußten sich ja verbindlich machen,
selbst den kaiserlichen Befehlen zu Trotz nichts wider die
Veneter zu thun. Nun bin ich am Ziele. Stand Istrien
980 unter kaiserlicher Botmäßigkeit und unter Obhut des

---

[1]) Gfrörer, Gregor VII. B. 1., 377 ff.

Kärnthner Herzogs, so leuchtet von selbst ein, daß die angeordnete Handelssperre nicht auf die Mark Verona beschränkt blieb, sondern auch auf die Landschaft Istrien ausgedehnt worden sein muß. Nun erklärt es sich, daß und warum die Veneter allerdings zwischen 981 und 983 Hunger litten; denn sie konnten sich jetzt nur noch aus Griechenland mit Korn und Schlachtvieh versorgen, was sicherlich theures Brod und theueres Fleisch gab.

Nachdem wir den Umfang der Sperre aller Zufuhren ermittelt haben, ist es Zeit, die handelnden Personen zu prüfen. Sprossen der Geschlechter Caloprino, Badoario, Silvio, Andreado, Benato, sammt mehreren anderen Ungenannten waren in das Lager Otto's II. übergegangen. Diese Menschen traten dort offen als das auf, was sie längst in der Stille gewesen, als Anhänger des fränkisch-deutschen Hofes. Mit dem gestürzten Candiano zusammen bildeten sie die eine der beiden Hauptparteien des Seelandes, die fränkische, deren Wirksamkeit man Schritt vor Schritt bis in die Zeiten Karl's des Großen zurück verfolgen kann.

Dieselben hatten Gegner, mit denen sie eben damals auf Leben und Tod kämpften. Kraft des alten, wohlbekannten Gegensatzes muß man diese Gegner als byzantinisch Gesinnte betrachten. Indessen war es in letzterer Zeit durch besondere Verwicklungen geschehen, daß die zweite Partei noch andere Elemente in sich aufnahm. Peter I. Orseolo und die mit ihm verschwägerten Mauroceni, Todfeinde der Caloprini, welche unter deutschem Schutze ein despotisches Regiment einführen wollten, wirkten für die Gesetze von 959 oder für die politischen Rechte der Landesvertretung und des großen Raths, sie waren also Ver-

kämpfer der Freiheit oder der Verfassung. Wunderlich
klingt es freilich, daß die Worte Byzanz und Freiheit hier
zusammenlaufen; gleichwohl ist die Sache begreiflich: jeder
rechtschaffene Veneter, der sein Vaterland liebte, mußte
wünschen, daß die alte Verbindung mit Byzanz in gutem
Gange erhalten werde; denn abgesehen von dem Nutzen,
den Tausende von Mitbürgern aus dem byzantinischen
Handel zogen, trieben zwei mächtige Gründe nach der
angedeuteten Seite hin: erstlich brauchte Venetien von dem
Basileus nichts zu fürchten, weil er seit geraumer Zeit
nicht mehr mächtig genug war, um Schrecken in den Lagunen zu verbreiten, zweitens diente ebenderselbe dem Seelande zu einem trefflichen Schilde wider das abendländische
Kaiserthum, damals den gefährlichsten Gegner Venetiens.
Das gute Einvernehmen mit Byzanz aufrecht halten, hieß
daher so viel, als die Unabhängigkeit des Vaterlandes
wahren.

Außer der Liebe zur Freiheit vertrat die byzantinische
Partei noch eine dritte Richtung: sie hatte neben dem
Wahlspruche „Gesetz" auch noch die Worte „Achtung für die
Kirche und deren Rechte" auf ihr Banner geschrieben.
Schön und bündig kann man dieß nachweisen.

Durch den Verrath, welchen die Caloprini und ihre
Spießgesellen drüben im Lager Otto's II. verübten, wurde
Doge Memmo, der Anfangs, wie wir sahen, die Fränkisch-
gesinnten begünstigte, mehr und mehr auf die Gegenseite
hinübergedrängt. Dandolo schreibt [1]: „der Doge gebot,
die Häuser, welche die Ausgewanderten in Venetien besaßen, vom Grunde aus zu zerstören, und ließ auch ihre

---

[1] Muratori XII., 220.

zurückgelassenen Weiber und Angehörigen verhaften, damit
sie ihren Männern nicht folgen, noch ihnen Nachrichten
geben könnten." Dasselbe sagt Chronist [1]) Johann, deutet
jedoch zugleich an, daß dieser Befehl dem Dogen durch die
öffentliche Meinung abgepreßt worden sei.

Um dieselbe Zeit that der Doge — und zwar, wie
mir scheint, ebenfalls mehr gezwungen, als freiwillig —
noch etwas Anderes. Johann Maurocene, der Eidam des
Dogen Peter I. Orseolo, war aus dem Kloster Cussan,
wohin er vor drei Jahren mit dem Schwiegervater floh
— während der letztere dort blieb — nach Venetien zurückgekehrt. Schon hieraus erhellt, daß um 980 ein ganz
anderer Wind, als vor etlichen Jahren, im Seeland ging;
wie hätte sonst der Schwiegersohn Orseolo's es wagen
können, sich öffentlich in Venetien zu zeigen. Und er zeigte
sich nicht blos ungescheut, sondern er errang sogar eine
sehr wichtige Stellung. Johann Maurocene dachte nicht
daran, sein Weib wieder zu nehmen, noch überhaupt als
Laie zu leben, vielmehr hielt er sein in Cussan abgeleg-
tes Gelübde, brachte aber zu Wege, daß mitten in Stadt-
Venedig ein stattliches Kloster für ihn — und zwar auf
Kosten des Staates — gegründet ward. Den 20. December 982 stellte Doge Memmo eine Urkunde [2]) aus, kraft
welcher er die bisher zum Palastgute gehörige und der
Dogenkapelle zum heil. Marcus einverleibte Kirche Sanct
Georg sammt ansehnlichen Gütern hergab, damit sie in
ein Benedictinerkloster, unter Leitung des Abtes Johann
Maurocene, umgewandelt werde.

---

[1]) Pertz VII., 28.
[2]) Muratori XII., 218 unten ff. sammt Note 2.

Hundert und dreißig Veneter, nach dem scharfsinnigen und wohlgegründeten Urtheil des Abschreibers, auf das ich schon früher hinwies, Mitglieder des damaligen großen Raths, haben die betreffende Handveste zugleich mit dem Dogen unterzeichnet, da über das Palast= und Staats= gut der Doge kraft der Verfassung von 959 nicht einseitig verfügen durfte. Eben diese Urkunde nun enthält folgenden Satz: „sintemalen besagte Georgskirche bisher Eigenthum der Dogenkapelle, und als solches von jeder fremden geist= lichen Gerichtsbarkeit befreit war, so verordnen wir, daß sie auch für die Zukunft der gleichen Freiheit sich erfreue, jedoch nur insofern, als keinem Bischof das Recht zusteht, Mittagessen oder sonstige Leistungen von ihr zu fordern, gleichwohl soll der Bischof von Olivolo (oder Stadt=Vene= dig) allerdings Macht haben, geistliche Aufsicht über be= sagtes Kloster zu führen, die Zucht und die Beobachtung aller Religionsgebote, welche die ewige Seligkeit bezwecken, zu überwachen."

Nicht ohne guten Grund hat Dandolo die angezoge= nen Worte in den Text seiner Chronik aufgenommen, sie zeugen abermal von seiner tiefen Einsicht. Man vergleiche die Urkunde vom 20. December 982 mit der andern vom März 819, kraft welcher die Dogen Angelo und Justinian Participazzo das Kloster S. Hilarius gestiftet hatten. In der letzteren wird dem Patriarchen von Grado, sowie dem Bischofe von Olivolo oder Stadt=Venedig förmlich unter= sagt, irgend welche Gerichtsbarkeit, ja irgend einen Ein= fluß, wessen Art er auch sein möge, über das fragliche Stift zu üben. Vermöge dieser Bestimmung hing die An= stalt einzig und allein vom Dogen ab. Die zweite Urkunde vom December 982 dagegen nimmt zwar deutlich auf die

vom März 819 Bezug, hält jedoch nur an der Beschrän=
kung fest, daß der Bischof keine lästigen Leistungen fordern
dürfe, gestattet aber andererseits ebendemselben ausdrück=
lich die geistliche Oberaufsicht über die Mönche. Kraft
letzteren Zugeständnisses war der Bischof das, was ihm
nach katholischen Begriffen zukam, oberster kirchlicher Vor=
gesetzter des Klosters S. Georg, wie des ganzen Spren=
gels von Olivolo. Kein Zweifel kann daher sein, daß mit
dem zurückkehrenden Abte Johann Maurocene ein anderes,
als das bisher dort übliche Kirchenrecht in Venetien ein=
zog und in dem neuerrichteten Kloster S. Georg eine
dauernde Wohnstätte erhielt, ein Kirchenrecht, sage ich, das
der in Cussan und auch in Clugny herrschenden Geistes=
richtung entsprach. Desgleichen steht fest, daß dieses Recht
unter dem Schutze der 130, welche neben dem Dogen
Memmo ihre Namen beigefügt haben, oder des großen
Raths, eingeführt worden ist.

Man sieht nun: die beiden großen in Venetien ent=
standenen Parteien verhielten sich schon um die Mitte des
10. Jahrhunderts ebenso, wie später in Italien die Guelfen
und Ghibellinen: die byzantinisch=Gesinnten verfochten, neben
der Unabhängigkeit des Landes, freie politische Einrichtun=
gen, die Macht eines Senats, dann die Rechte der Kirche,
die fränkische Partei dagegen vertrat die Ansprüche der
kaiserlichen Centralgewalt. Uebrigens war abgesehen von
der Verrätherei, welche Stephan Caloprino und sein An=
hang beging, Ursprung und Wachsthum der ghibellinischen
Partei in Venetien ebenso naturgemäß oder durch die Um=
stände begründet, als das Aufkeimen der guelfischen. Größe
und Zukunft des Inselstaats hing davon ab, daß Stadt=
Venedig Knotenpunkt des Verkehrs zwischen Osten und

Westen, also zwischen dem saracenischen oder griechischen
Morgenland und dem latinisch=germanischen Occidente wurde
oder blieb. Folglich trug es zum Wohle des Gemein=
wesens bei, wenn von der Masse großer Kaufherren die
drüben angesiedelt waren, die einen vorzugsweise nach den
Ländern der Franken, die andern nach dem griechischen
Reiche handelten. In dem Maße aber, wie die Dinge
dorten diese natürliche Entwicklung nahmen, konnte die
Folge nicht ausbleiben, daß die, welche mit dem Westen
in Verbindung standen, beharrlich von der eigenen Regie=
rung scheuende Rücksichten auf die Wünsche und Forderun=
gen der abendländischen Kaiser begehrten, während umge=
kehrt die Träger des byzantinischen Handels für den Ba=
sileus das Wort redeten. Denn die Sorge für das Ge=
deihen der eigenen Geschäfte nöthigte beide Theile in die=
sem Sinne zu wirken, da sowohl die abendländischen Kaiser
als die Beherrscher des griechischen Ostens mit Handels=
sperren, Einziehung venetischen Eigenthums, oder mit andern
Plackereien drohten, sobald sie glaubten, daß die venetische
Regierung ihnen nicht in dem Maße, wie sie verlangten,
zu Willen lebte.

Sodann ist gewiß, daß das Nebeneinanderbestehen
der beiden Parteien, so unauflöslich auch der Gegensatz
ihrer Bestrebungen schien, wesentlich das schnelle Fortschrei=
ten venetischer Größe befördert hat, und zwar einmal, weil
es das Regieren im Seeland schwer machte und dadurch
die Herrschaft unfähiger Menschen — die Pest der Staa=
ten — verhinderte; zweitens, weil es die Dogen zwang,
so rasch als möglich und mit Anstrengung aller Kräfte
auf das Ziel loszusteuern, welches allein die Gefährlichkeit
des Gegensatzes gründlich zu beseitigen im Stande war.

Unter diesem Ziele verstehe ich eine solche Steigerung der Macht des Seelandes, daß Benetien nicht mehr nöthig hatte, um die Gnade weder der abendländischen noch der byzantinischen Herrscher zu buhlen, sondern beiden Furcht einzujagen und nöthigen Falls mit Waffengewalt ungerechte Bedrückungen abzutreiben vermochte. In der That hat Benetien noch im Laufe des 11. Jahrhunderts die eben angedeutete Stufe erstiegen. Mit den Staaten verhält es sich, wie mit einzelnen Menschen. Wer in seiner Jugend nicht ringen und kämpfen mußte, sondern behaglich in den Tag hinein lebte, aus dem wird in reifen Jahren kein Mann von Bedeutung.

Kaiser Otto II. konnte die Handelssperre gegen das Seeland nur bis zum Sommer 983 aufrecht erhalten. Im Juni 982 erlitt er die schwere Niederlage bei Cap Stilo, wo, wie der Preußen-Apostel Bruno sagt [1]), die rothwangige Blüthe des blonden Germaniens, durch die erdrückende Ueberzahl saracenischer und griechischer Streiter zusammengemäht, in's Grab sank. Seitdem machte der junge Kaiser jene fieberhaften Anstrengungen, die ich an einem andern Orte geschildert habe, um die Scharte auszuwetzen, und den Kampf wider die Saracenen nach Sicilien hinüber zu spielen. Da die deutschen Stände, welche seinen Ehrgeiz mißbilligten, jede ausgiebige Hülfe versagten, wandte er sich an die Italiener, um Soldaten und Geld zu erlangen. Das kam auch dem Dogen Memmo zu gut. Wie hätte Otto II. zu gleicher Zeit gegen die Saracenen und Griechen in Calabrien und gegen die Veneter im Norden Italiens Krieg führen können; mußte er nicht in letzterem

---

[1]) Gfrörer, Gregor VII. B. V. S. 497 499.

Falle fürchten, daß der Doge gemeine Sache mit Byzan=
tinern und Saracenen wider ihn mache.

Auf demselben Reichstage zu Verona, wo er andern
Italienern sehr große Zugeständnisse gewährte [1], schloß
Otto II. im Sommer 983 Frieden mit Memmo. Der Ver=
trag [2] ist ausgefertigt unter dem 7. Juni des genannten Jah=
res und bestimmt, daß die Veneter von nun an, wie früher,
gemäß den von älteren Kaisern bewilligten Freibriefen, un=
gestört im ganzen Umfange des Reichs wohnen, Eigenthum
besitzen und Handel treiben dürfen. Von gestatteter Rück=
kehr der ausgewanderten Caloprini und Genossen, sowie
davon, daß die abgefallenen Orte, z. B. Capo d'Argine,
an das Seeland erstattet werden sollen, enthält der vor=
handene Text nichts, doch dünkt es mir wegen späterer
Ereignisse wahrscheinlich, daß beide Fragen in Verona zur
Sprache kamen, jedoch nicht zu wirklichem Abschlusse ge=
diehen. Genau sechs Monate später — den 7. December
983 — starb [3] Otto II. zu Rom.

Seitdem, — so berichten [4] Dandolo und Chronist
Johann einstimmig — bestürmten die Caloprini und die
übrigen Ausgewanderten unaufhörlich die alte Kaiserin
Adelheid — welche auch laut deutschen Zeugnissen [5] Reichs=
verweserin über Oberitalien war — mit Bitten, daß ihnen
die Rückkehr nach Venedig ausgewirkt werden möge, denn
auch auf dem Festlande drüben, fügt Chronist Johann bei,
waren die Caloprini nicht mehr sicher, weil Jedermann sie

[1] Gfrörer, Greger VII. B. V. S. 509.
[2] Pertz leg. II., a 35 ff.
[3] Gfrörer, Greger VII. B. V. S. 513.
[4] Muratori XII., 221 und Pertz VII., 28.
[5] Gfrörer, Greger VII. B. V. S. 513.

als Verräther verabscheute. Adelheid konnte dem Andringen dieser Menschen, welche ihr Sohn Kaiser Otto II. durch den neulichen Vertrag aufgeopfert hatte, nicht wohl widerstehen: sie that ihr Mögliches. Doch erlebte der alte Stephan Caloprino den Ausgang der Sache nicht mehr: er starb als Verbannter in Lombardien.

Endlich gestand Doge Memmo — obwohl widerstrebend — die Rückkehr der Andern zu und beschwor ihnen mit 4 Eideshelfern Sicherheit des Lebens und des Eigenthums. Die Ausgewanderten kamen nach Venetien zurück, allein dieß war ihr Verderben. Eines Tages — so melden die Quellen — da die drei Söhne Stephans Caloprino aus dem Palast in gewohnter Weise — offenbar von einer Rathsversammlung kommend — auf einer kleinen Gondel nach Hause fuhren, lauerten ihnen vier Mauroceni auf, und erschlugen alle drei, also daß das strömende Blut das Wasser des Kanales röthete. Chronist Johann sagt, Viele seien der Meinung gewesen, daß Solches nicht ohne Mitwissen des Dogen geschah, obgleich Memmo öffentlich die Hände rein wusch. Das Rachegefühl des Südländers will für Blutschuld als Sühne Blut sehen. Die Ermordung der drei Caloprini fällt meines Erachtens in das Jahr 984 oder 985.

Von nun an erwähnen beide Quellen nur noch einen Regierungsakt des Dogen Memmo: „im 13. Jahre des Dogats", schreiben sie, „schickte Memmo seinen Sohn Mauritius nach Constantinopel an die Basileis Basilius und Constantinus, damit er daselbst eine hohe Stellung erlangen möge. Kurz darauf wurde der Doge im Kloster des heiligen Zacharias zum Mönche geschoren und zwar nicht aus freiem Willen, sondern weil das venetische Volk solches

erzwang. Am 6. Tage nach seinem Eintritt starb Memmo".
Auch dem Sohne Mauritius, der in die Hauptstadt des
Ostens geschickt worden war, erging es nicht viel besser
als dem Vater. Denn aus einer Urkunde [1]) erhellt, daß
er gleichfalls — d. h. nach seiner Rückkehr aus Constantinopel — Mönch geworden ist, welcher Standeswechsel
allem Anscheine nach nicht minder unfreiwillig war, als der
seines Vaters.

Da Chronist Johann und Dandolo einstimmig aussagen, Doge Memmo habe im 13. Jahre des Dogats
seinen Sohn nach dem Osten geschickt und sei bald darauf
in's Kloster getreten und gestorben, so ergibt sich, daß der
Tod Memmo's in dasselbe 13. Jahr des Dogats fällt.
Folglich ist es ein Irrthum, wenn Chronist Johann behauptet, Memmo sei 13 Jahre und 5 Monate lang Doge
gewesen; statt 13 muß 12 gesetzt werden. Rechnen wir:
Doge Peter I. Orseolo floh den 1. September 978 aus
Venedig, sein Nachfolger Vitalis behauptete den herzoglichen
Stuhl 1 Jahr 2 Monate, er trat also Anfangs November
979 zurück. Nun gelangte Memmo an's Dogat, sein Anfang fällt demnach in den November des genannten Jahres,
mit dem 3. oder 4. November 991 schloß also das 12.
Jahr Memmo's; zählt man hinzu noch weitere 5 Monate
so kommt zu Tage, daß Memmo im März 992 und zwar
kurz vor dem Neujahr der Pisaner-Rechnung durch den
nächsten Dogen Peter II. Orseolo ersetzt worden sein
dürfte. Also ist es kein Widerspruch, wenn Dandolo den
Antritt des Letztern noch in's Jahr 991 verlegt. Nach
gemeiner Rechnung schrieb man nämlich damals bereits 992,

---

[1]) Muratori XII., 27. Note 1.

aber nicht nach pisanischer, kraft welcher das neue Jahr
erst mit dem 25. März beginnt. Wir haben also einen
neuen Beweis, daß die alten Veneter in Pisaner Weise
zählten.

Beide Quellen bringen die byzantinische Gesandtschaft
und den Sturz des Dogen in so enge Verbindung, daß
man auf die Annahme hingetrieben wird, das eine Ereigniß sei die Ursache des andern gewesen. Warum hat
Memmo den Sohn nach Constantinopel gesendet? Ohne
Zweifel in der Absicht, daß Mauritius dort vom Basileus
zum Nachfolger des Vaters, oder zum künftigen Dogen, bestellt werde. Das wollten aber die nicht, welche damals
überwiegenden Einfluß im Seelande besaßen; sie antworteten vielmehr auf die gesandtschaftliche Reise des Sohnes
mit Absetzung des Vaters. Zugleich gibt diese Thatsache
merkwürdigen Aufschluß über den Stand der Parteien in
Venetien.

Doge Memmo, der offenbar Anfangs zu den Fränkisch-
Gesinnten hinüberneigte, wechselte zuletzt gänzlich die Farbe
und warf sich dem Basileus in die Arme: Bürge dafür die
Gesandtschaft des Sohnes. Aber auch die, welche den
Vater hiefür mit Absetzung bestraften und an seiner Statt
nunmehr Peter II. Orseolo erhoben, hatten früher stets
das byzantinische Banner aufgesteckt. Das weist abermals
darauf hin, daß die Byzantinisch-Gesinnten seit einiger Zeit
nicht mehr blos — wie sie ehemals gethan — den Einfluß des Basileus aufrecht erhalten wissen wollten, sondern
noch andere Dinge im Schilde führten. In der That verhält sich die Sache so: die Häupter der ebengenannten
Partei waren seit 959 zugleich Vertheidiger ständischer
Rechte, oder politischer Freiheit geworden, sie bestanden

allerdings noch immer auf Erhaltung guten Einvernehmens mit den Beherrschern des Ostens, aber sie forderten außerdem, daß die Einsetzung neuer Dogen nicht von dem guten Willen der Basileis, sondern von der Entscheidung des großen Raths abhängen solle. Und sie hatten Recht, letzteres zu fordern, denn würden sie es nicht gethan haben, so wäre es in Kurzem um die 959 gelegten Keime einer freien Verfassung geschehen gewesen.

Wir werden finden, daß die nämliche Partei auch später nach denselben Grundsätzen verfuhr. Trotz der Volksgunst, welche Peter II. Orseolo, der nach Entfernung Memmo's den herzoglichen Stuhl bestieg, und dessen Sohn Otto Anfangs genossen, verlor jener darum die Liebe der Beneter, dieser seine Würde, weil sie es versucht haben, im geheimen Einverständniß mit dem griechischen Hofe und dem Willen des großen Rathes zu Trotz, das Dogat in ihrer Familie erblich zu machen. Häufig geschah es im mittelalterlichen Italien, daß solche, welche ihre Laufbahn als Guelfen begannen, hintendrein, nachdem sie durch Opposition zur Gewalt gelangt waren, die Herrschaft in ghibellinischer Weise ausbeuteten, was dann gewöhnlich ihren Sturz herbeiführte. Dasselbe haben die Orseoli unternommen, erlagen aber auch dem angedeuteten Geschick.

―――――――――

Neunundzwanzigstes Kapitel.

Doge Peter II. Orseolo. Die Goldbulle von 992. Verhältniß zum Ostreich.

Noch vor dem Schluß des Pisaner-Jahres 991, um die Mitte März 992 nach fränkischer Berechnung, wurde

Peter II. Orseolo, Sohn des gleichnamigen Vaters, der
978 nach Cuissan entfloh und dem Sohne künftige Größe
geweissagt haben soll, zum Dogen eingesetzt. Als dieß geschah, zählte Peter II. nur 30 Jahre. Er hat mehr für
Erweiterung der Macht seines Vaterlandes gethan, als
irgend einer der früheren Herzoge Venetiens. Außer großen persönlichen Eigenschaften, die ihm nicht abgesprochen
werden können, trug sehr viel zu diesen Erfolgen die Gunst
der Umstände bei. Die Macht der zwei ersten Ottonen,
deren Ehrsucht der Unabhängigkeit Venetiens schwere Gefahren bereitete, war so gut als gebrochen: auf dem deutschen Throne saß ein verzogener Knabe, während dessen
Minderjährigkeit verderbliche Zwietracht im Kaiserreiche
ausbrach, und welcher, als er endlich die Zügel der Gewalt mit eigener Hand ergriff, vor aller Welt das Geheimniß aufdeckte, daß er eher zu allem Möglichen, nur nicht
zum Herrschen geboren sei. Von dem brauchte daher Venetien nichts mehr zu fürchten. Auch von Osten drohte
keine Gefahr; denn obgleich Basilens Basilius ein ausgezeichneter Soldat war, fand er im Morgenland gegen Bulgaren und Saracenen so viel zu thun, daß er nicht daran
denken durfte, seine siegreichen Waffen gegen das adriatische
Meer zu kehren.

Was unter andern Verhältnissen sehr bedenklich gewesen wäre, nämlich den beiden Großmächten für Einräu-
mung von Handelsvortheilen Alles, was jede begehrte,
zu verheißen und in solcher Weise Verpflichtungen einzugehen, die einander widersprachen, das konnte Peter II.
Orseolo ungescheut wagen; er that es auch, betrog die einen
und die andern, lenkte das Schiff des Staates glücklich
durch die Klippen hindurch, machte, die Verlegenheiten der

Nachbarn klug benutzend, bedeutende Erwerbungen, vor allem aber war er darauf bedacht, den Handel der Veneter zu fördern, welcher in der That während seines Dogats zu einer früher nicht gekannten Blüthe gedieh. Chronist Johann sagt [1]): „mit den italischen Fürsten hielt Doge Peter II. Friede, sowie aber einer derselben von den Venetern Leistungen verlangte, die durch die bestehenden Handelsverträge nicht gerechtfertigt erschienen, trat er ihm kühn in den Weg; Auswärtigen dagegen, welche sich ihm zu widersetzen wagten, wies er das Schwert".

Ueber die Verwaltung des Dogen Peter II. Orseolo ist eine gute Quelle vorhanden: die vielfach erwähnte Chronik Johanns enthält nämlich eine ausführliche Darstellung seiner Thaten, welche allem Anscheine nach ein Zeitgenosse, vielleicht Augenzeuge, verfaßt hat. Aber mit dem Jahre 1008 schließt die Chronik, und man ist seitdem auf die Aussagen Dandolo's beschränkt, welcher in wenigen Blättern über die Geschichte des 11. Jahrhunderts wegeilt, und zwar meines Erachtens darum, weil er Vieles zu verschweigen für gut fand.

Dandolo sagt [2]): „gleich nach seinem Regierungsantritt schickte der neue Doge Gesandte an die Basileis von Constantinopel, Basil und Constantin, und wirkte eine goldene Bulle aus, kraft welcher den venetischen Rhedern und Kaufleuten ansehnliche Freiheiten im Umfange des morgenländischen Reiches bewilligt wurden". Die Urkunde [3]) ist selbst vorhanden, aber leider in einer barbarischen Ueber-

---

[1]) Pertz VII., 29.
[2]) Muratori XII., 223.
[3]) Fontes rerum Austriac. XII., 36. ff.

ſetzung, welche ein Menſch gemacht hat, der kaum italieniſch
aber kein Latein verſtand, und doch Latein zu ſchreiben ſich
vermaß.   An vielen Stellen kann der Sinn nur errathen
werden.   Die weſentlichen Punkte lauten nach der Deutung,
die ich für die wahrſcheinlichſte halte, ſo:

„Wir Baſil und Conſtantin, in Gott getreue Kaiſer,
allen denen, die Gegenwärtiges leſen, unſern Gruß.   Der
Herzog von Venetien und ſeine Unterthanen haben an Uns
das Geſuch gerichtet, daß ihnen geſtattet werden möge von
allen ihren Schiffen, die aus venetiſchen oder auch aus
andern Häfen mit eigenen Waaren hierher kämen, je nur
2 Goldſchillinge Zoll zu entrichten.   Nachforſchungen ſind
deßhalb von Uns angeordnet worden, welche ergeben haben,
daß bisher jedes Schiff mehr als 30 Schillinge bezahlte.
Gleichwohl bewilligen wir die Bitte in Anbetracht, daß die
Veneter ſeit uralter Zeit und ſeit ſie Chriſten geworden
ſind, die Verpflichtung übernahmen, unſerem Reich in allen
Kriegsfällen, namentlich wenn Wir einen Angriff auf Lombardien gut fänden, treue Hilfe mit ihren Schiffen unentgeltlich und ohne alle Gegenrechnung zu leiſten.“

„Wir verordnen daher wie folgt: Schiffe der Veneter, die aus venetiſchen oder anderen Häfen, jedoch mit
eigenen Waaren hierherkommen, zahlen beim Einlaufen
2 Schillinge (auf jedes Fahrzeug), beim Auslaufen dagegen
(wenn die eingeführten Waaren gelöſcht und neue zur Ausfuhr hier geladen ſind) weitere 15 Schillinge, alſo daß die
ganze Auflage nicht über 17 Schillinge ſteigen darf.   Den
Ausfuhrszoll werden Wir von ſolchen diesſeitigen Kaufherren,
mit denen die venetiſchen Schiffer in Geſchäftsverkehr ſtehen,
und welche letztere Unſern Behörden zu bezeichnen das
Recht haben, erheben laſſen.   Hat der venetiſche Schiffer

angezeigt, daß er zur Abfahrt bereit sei, so darf er nicht über 3 Tage aufgehalten werden; es sei denn, daß die Noth das Gegentheil erfordert. Kein venetischer Schiffer unterstehe sich, die von Uns gewährte Zollermäßigung in der Art zu mißbrauchen, daß er Waaren von Amalfitanern, Juden oder Südlangobarden aus Bari oder aus andern Orten, als wären sie seine eigenen, hier einführte, sondern obige Begünstigung gilt nur für Artikel, mit welchen Veneter auf eigene Rechnung handeln. Wer gleichwohl dieses Unser Gebot übertritt, der darf nicht nur die fremde Ladung nicht einführen, sondern er verwirkt für seine Person in Zukunft den Genuß der bewilligten Zollerniedrigung."

„Weiter wollen Wir in Gnaden gewähren, daß hinfort nur Unser Hofmarschall[1]), und zwar in Verbindung mit den eigenen Richtern der Veneter, Gerichtsbarkeit über venetische Schiffer üben, ihre Händel, sei es unter sich oder mit Andern (nicht Venetern), schlichten, auch das Recht haben soll, Schiffe anzuhalten und zu durchsuchen. Keiner Unserer niedern Handelsbeamten" — und nun wird ein ganzer Schwarm von Titeln solcher griechischen Bediensteten aufgeführt — „erkühne sich, venetische Seeleute oder Schiffe anzuhalten, zu berühren oder zu durchsuchen."

„Als Gegenleistung für diese Unsere Beweise der Huld sind Wir gewärtig, daß die Veneter ihrer Seits auf's pünktlichste die Verpflichtungen erfüllen, die sie Uns seit alter Zeit bezüglich unentgeltlicher Kriegshilfe in Lombardien und anderen Orten schuldig sind. Also gegeben unter Beifügung Unseres goldenen Siegels, Römerzinszahl 5."

---

[1]) Logotheta de domo, griechisch: λογοθέτης τῶν οἰκειακῶν.

Die fünfte Indiktion zu Ende des 10. Jahrhunderts
verlief vom September 991 bis zum September des folgenden Jahres 992; obige Goldbulle fällt daher in den
März 992 nach gemeiner Rechnung. Da nun, wie oben
gezeigt worden, Peter II. Orseolo den herzoglichen Thron
im gleichen Monate bestieg, da ferner wenigstens 3—4 Wochen nöthig waren, bis seine Gesandten nach Constantinopel
gelangten und die Ausfertigung — wenn er die Sache in
Anregung gebracht hätte — betreiben konnten, vermuthe
ich, daß die Bulle noch auf Ansuchen des vorigen Dogen
Memmo bewilligt, und nachher den Gesandten Peters fertig, doch in anderer Abschrift, eingehändigt worden ist.
Nicht wenig bestärkt mich in dieser Vermuthung der Umstand, daß der Text den Namen Orseolo's nicht erwähnt,
sondern im Allgemeinen von einem Herzoge der Veneter
redet. Weil während der Zeit, da die Unterhandlung betreffend den neuen Zollvertrag im Gange war, zu Venedig
ein Regierungswechsel eintrat, ließ man, denke ich, den Namen des Dogen weg, und bezeichnete nur das Amt dessen,
der an der Spitze des seeländischen Gemeinwesens stand.

Aus den an sich allerdings dunklen Worten des ver-
letzten Absatzes [1]) muß man, glaube ich, den Schluß ziehen,
daß es im Jahre 992 bereits eigene Richter der Veneter
zu Constantinopel gab, und ich finde diese Deutung um so
wahrscheinlicher, weil Dandolo sagt [2]), durch vorliegende

---

[1]) Fontes rerum Austriac. a. a. O. Seite 38: in super et
hoc jubemus, ut per solum logothetam, qui tempore illo erit de
domo, ista navigia de istis Veneticis et ipsi Venetici
scrutentur, et pensentur et judicentur, secundum quod ab antiquo
fuit consuetudo.

[2]) Muratori XII., 223: dux Petrus Urseolus a Basilio
et Constantino imperatoribus obtinuit libertates et immunitates.

Urkunde sei den Venetern immunitas, d. h. gefreiter Gerichtsstand, bewilligt worden. Der Sinn des Absatzes ist demnach folgender: kein niederer griechischer Zöllner, sondern nur der Oberhofmarschall, und auch dieser nur unter Beiziehung der in Constantinopel angestellten venetischen Richter, dürfe venetische Schiffer in Untersuchung ziehen, ausgebrochene Händel schlichten. Sicherlich legten die Veneter großen Werth auf letzteres Vorrecht. Warum dieß? Offenbar deßhalb, weil die niederen Beamten der göttlichen Majestät von Constantinopel fast ohne Ausnahme Betrüger waren, bei jedem Anlaß Erpressungen machten, raubten und stahlen, wo und so gut sie konnten. Durch das Zugeständniß, daß nur der Logothet, und auch er nur im Verein mit venetischen Richtern, Gerichtsbarkeit zu üben befugt sei, erlangten die Veneter zwei Vortheile: erstlich mußte sich der Logothet doch einigermaßen vor den venetischen Richtern schämen, wenn er etwa Lust gehabt hätte, gar zu ungescheut die Gerechtigkeit zu beugen: für's zweite, denke ich mir, ist der Logothet alljährlich von Seiten des venetischen Staats mit einer erklecklichen Summe geschmiert worden. Würde er nun sich grobe Bedrückungen gegen einzelne Veneter erlaubt haben, so mußte er fürchten, daß das nächstemal das Schmiergeld ausbleibe, da ihm ja geborene Veneter zur Seite standen, die jeden ungerechter Weise erpreßten Heller nachrechnen konnten.

Die andern Sätze geben Aufschluß über das byzantinische Zollwesen. Dasselbe war in wahrhaft barbarischer Weise eingerichtet. Der „gottgeliebte, gottgetreue und allerheiligste" Basileus erhob die Mauth nicht vom Werthe der eingeführten Waaren, sondern er hielt sich — etwa wie ein Hurone oder Negerfürst es thun würde — an das, was

man ohne Mühe mit Händen greifen konnte, nämlich an
den Schiffskörper, bestimmend, jedes Schiff, das einlauft —
bezahlt, gleichviel mit was es befrachtet ist, so und soviel
Schillinge Zoll. Natürlich hatte das zur Folge, daß die
Veneter nur große Schiffe für den Handel mit Constantinopel ausrüsteten, und meines Erachtens ward die venetische Rhederei durch obige Vorschrift mächtig befördert.
Unbeschränkte Willkür, nach Herzenslust alle Welt hudeln
und schänden und nach der Regel dreinfahren zu können:

„sic volo, sic jubeo, stat pro ratione voluntas,"

— dieses Recht, das die byzantinischen Basileis in vollen
Zügen genossen, macht die Menschen unfehlbar dumm; denn
alles Böse zerstört sich selbst.

Der Vertrag unterscheidet zwischen Ankunfts- und
Abfahrtszöllen und verlangt für letztere fast den achtfachen
Betrag der ersteren. Was brachten die Veneter nach Constantinopel? Holz, Eisen und eiserne Waaren, Getreide,
etwa Wollenstoffe, Sklaven, Rauchfleisch, u. s. w. kurz meist
Gegenstände, die sehr viel Raum einnahmen und wenig
werth waren. Was nahmen sie dagegen mit? die kostbarsten Waaren der Welt, Gewürze, Seide, nordische Pelze,
Leckereien, Zucker, feines Leder, feine Waffen u. s. w. Daher ist es in der Ordnung, daß der Ausfuhrzoll um das
achtfache den der Einfuhr überstieg. Ein venetisches Schiff
z. B., das Bauholz oder Ochsen nach Constantinopel gebracht hatte und nun jene theuren Waaren in Rückfracht
nahm, konnte sehr gut 15 Schillinge bezahlen, da die Rückladung das hundert- vielleicht tausendfache der Einfuhr betrug. Den Ausfuhrzoll aber erhob die Regierung des
gottgeliebten Herrschers nicht von dem venetischen Schiffer

selber, sondern von dem griechischen Kaufherrn, dem der
Veneter die Rückladung abgenommen hatte.

Ich denke, man ist berechtigt, aus letzterer Bestim=
mung den Schluß zu ziehen, daß griechische Häuser in der
Regel bei reichen Ladungen den Venetern geborgt haben.
Letztere vertrieben die kostbaren Waaren, deren Stapelplatz
Constantinopel war, zwar auf eigene Gefahr, aber nicht
immer mit eigenem Gelde nach den Ländern des Westens,
und sie zahlten ihre constantinopolitanischen Geschäftsfreunde
erst, nachdem sie die betreffenden Ladungen verkauft hatten,
folglich mit erlöstem Gelde. Ein solcher Handel aber setzt
meines Erachtens nothwendig voraus, daß die borgenden
Häuser irgendwelche Sicherheit erhielten. Nun hiezu, denke
ich, waren die venetischen Richter zu Constantinopel gut.
Dieselben sagten auf ihren Eid aus, der und der Schiffer
ist ein rechter Mann und verdient Vertrauen; zweitens
standen sie dafür ein, daß der Empfänger, wenn er etwa
wider Erwarten Sprünge machen würde, unfehlbar von der
venetischen Gerechtigkeit zu Hause getroffen werden solle.

Gewiß war die Anstellung eigener Richter in Con=
stantinopel ein unschätzbares Recht für die Veneter. Aber
nun sehe man, wie schlau sie das, was ihr Vortheil ver=
langte, in das griechische Geschäftsleben hineinzufilzen muß=
ten. Wenn etwa den Basileus Lust angewandelt hätte,
eines schönen Morgens, die lästigen Veneterrichter, die vor=
aussichtlich den griechischen Behörden häufig mit Beschwer=
den in den Ohren lagen, fortzujagen, ja dann lief er Ge=
fahr, daß alsbald der überaus wichtige Ausfuhrhandel nach
Venetien stockte, und hiedurch wäre der gotterleuchtete Ba=
sileus am empfindlichsten Punkte, nämlich am eigenen Geld=
beutel — dem unersättlichen — verwundet worden. Folg=

lich standen jene Richter trotz aller Herrscherlaunen fel-
senfest.

Weiter ertheilt der Vertrag die Zusicherung, daß
kein venetischer Schiffer, so bald er seinen Beschluß der
Abfahrt angezeigt habe, länger als höchstens 3 Tage —
Nothfälle ausgenommen — aufgehalten werden solle. Das
hängt nach meinem Dafürhalten so zusammen: der Basileus lebte im immerwährenden Kriege mit den Saracenen
und der Streit zwischen ihnen wurde großen Theils zur
See geführt. Wenn nun etwa die griechische Flotte da
oder dort eine Niederlage erlitt, so half sich der Basileus
damit, daß er alle im Hafen von Constantinopel befindlichen Schiffe und Matrosen — mochten sie einer Nation
angehören, welcher sie wollten — für den Kriegsdienst
preßte. Es hieß, hinaus in die See, helft uns die Saracenen — den Erbfeind des christlichen Namens, bekämpfen.
Solchem Mißbrauch suchten nun die Veneter durch jenen
Artikel vorzubeugen; zugleich aber sieht man, daß der Basileus gesonnen war, seine Zusage nicht zu erfüllen; denn
er bedingt ja Nothfälle aus, während er sich unzweifelhaft das Recht vorbehielt, zu bestimmen, wann diese
Fälle eintreten.

Laut dem zweiten Absatze nahmen am griechischen
Handelsverkehr außer den Venetern hauptsächlich drei andere Nationen Theil, erstlich Amalfitaner, zweitens Juden,
drittens Langobarden von Bari. Eine ältere Urkunde [1]
erwähnt aus ähnlichem Anlasse im Allgemeinen Lombarden;
hier sieht man, daß insbesondere die von Bari gemeint
sind, welche unter Verwaltung des byzantinischen Catapan's

---

[1] Oben S. 367.

von Italien standen. Weder die Amalfitaner noch auch
die von Bari, obgleich letztere genau genommen dem grie=
chischen Reiche selber angehörten, genossen gleiche Vorrechte
mit den Venetern. Das ist abermal eines der Kenn=
zeichen barbarischer und despotischer Regierungen, daß sie
stets Fremde höher achten als die eigenen Leute. Ohne
es zu ahnen, gestehen sie hierdurch selber ein, daß ihr Wal=
ten die Menschen, welche das Unglück haben, unter solchem
Scepter geboren zu werden, erniedrigt und nichts als Fluch
und Unsinn zu Tage fördert.

Endlich den — in historischer Beziehung wichtigsten
Punkt des ganzen Vertrags bilden die zweimal widerholten
Sätze, welche auf die alte Verpflichtung der Veneter, dem
Basileus Kriegsdienst mit ihren Schiffen zu leisten, Bezug
nehmen. Urkundlich tritt hier das Geheimniß hervor, das
die älteren venetianischen Chronisten sorgfältig zu verhüllen
suchen, und das die neueren Bearbeiter der Geschichte des
Seelandes nicht ahnten, obgleich es — wie ich früher
zeigte — durch eine Reihe von Thatsachen außer Zweifel
gestellt wird. Seit dem Beginn ihres Gemeinwesens —
oder, wie die Urkunde sagt, seit allgemeiner Einführung
des Christenthums auf den Laguneninseln — waren die Ve=
neter dem Basileus dienstpflichtig. Doch betrachtete man
sie, meines Erachtens, nicht eigentlich als Unterthanen des
orientalischen Reichs, sondern vielmehr als ein Anhängsel
des byzantinischen Kronguts. Denn nicht ohne tiefern
Grund ist es, denke ich, geschehen, daß die Veneter gerade
unter die Gerichtsbarkeit des Hofmarschalls gestellt wurden,
welcher bekanntlich τὸ ἴδιον, d. h. der das Privat= und
Hausvermögen des „allerheiligsten" Basileus verwaltete.

Dreißigstes Kapitel.

Doge Peter II. Orseolo und Kaiser Otto III.

Durfte nun Doge Peter II. Orseolo, nachdem er solcher Gestalt die alte Verpflichtung erneuert hatte, auf jeden Wink des Basileus Lombardien, ein Kronland des deutschen Kaisers, anzugreifen, ehrenhafter Weise mit eben diesem Kaiser ein Freundschaftsbündniß anknüpfen? Mit Ehren konnte er freilich Solches nicht thun; aber er that es doch, vermuthlich, weil er dachte, daß in alle Ewigkeit nichts aus jenem Artikel werden würde, und zwar schlug Doge Peter am deutschen Hofe noch größere Vortheile heraus, als am byzantinischen.

Dandolo fährt [1]) fort: „auch an König Otto III. schickte der Doge Gesandte — nämlich den Diacon Marinus und den Laien Johann Orseolo, welche ihr Geschäft auf's beste besorgten und ausgezeichneter Gnaden gewürdigt wurden; denn Otto bestätigte nicht nur die von ältern Kaisern gewahrten Rechte und Freiheiten der Veneter, sondern er fügte auch neue hinzu. Dandolo theilt sofort die Urkunde [2]) selbst mit, welche den 19. Juli 992, Römer-Zinszahl 5 — wie es scheint zu Mühlhausen im Elsaß — ausgefertigt worden ist.

Der wesentliche Inhalt ist dieser: erstlich bekräftigt Otto in vollem Umfange und mit feierlichen Worten den Vertrag, welchen sein gleichnamiger Vater Otto II. den Venetern 983 auf dem Veroneser Reichstag bewilligt hatte.

---

[1]) Muratori XII., 223.
[2]) Böhmer, Regest. Nro. 694.

Dann heißt es weiter: alle Güter, welche der Dogenpalast, das Patriarchat von Grado, die Bisthümer und Klöster des Seelands, überhaupt alle Bürger Venetiens diesseits im ganzen Umfange des Reichs, wo es auch sei, inne haben, sollen ungestört in ihrem Besitze verbleiben, solche aber, welche sie im Laufe der letzten 30 Jahre erworben hatten (aber die ihnen seitdem entrissen worden waren), müssen unverweigerlich an sie zurückgegeben werden. Keinem diesseitigen hohen oder niedrigen Beamten steht das Recht zu, Gerichtsbarkeit über venetische Unterthanen zu üben, dieselben vorzuladen, oder Abgaben von ihrem im Reiche gelegenen Eigenthum zu fordern, es geschehe denn solches in Anwesenheit der Richter des Dogen. Ferner bestätigen Wir den Venetern das Gebiet von Loreo, so weit es von Salzwasser (vom Meere) bespült wird. In allen Orten, Städten, Marken, wo die Veneter seit alter Zeit Waarenverkehr trieben, soll auch fürder ihr Handel frei und unbeschränkt sein. Und wenn sie mit diesseitigen Grafen in Rechtshändel gerathen, und sich bereit erklären, Recht zu nehmen, die Grafen aber dasselbe verweigern, so soll es ihnen unbenommen sein, nach dreimaliger gerichtlicher Aufforderung an besagte Grafen, sich selbst Recht zu verschaffen, also daß eine Klage hiegegen nicht statthaft ist. Angriffe auf diesseitiges Eigenthum der Veneter, oder auch auf venetische Orte, werden streng bestraft. Lehnt sich ein Veneter drüben wider die Herrschaft des Dogen auf und entflieht er nach dem Festlande, so darf ihm diesseits kein Unterschleif gewährt, sondern der Flüchtige soll gezwungen werden, die Gnade des Dogen anzurufen."

Dreißig Jahre früher hatte der damalige Doge Peter Candiano IV. Hand an die Ausführung des Planes ge-

legt, seine Heimat dem deutschen Kaiserthum zu unterwerfen, wogegen ihm Otto I. unbeschränkte Gewaltherrschaft über die Veneter und große Besitzungen auf dem
Festland in Aussicht stellte, später aber waren die letztern
nach dem Sturze des schuldigen Dogen auf Befehl Otto's II.
eingezogen worden. Jetzt aber ließ sich Peter Orseolo II.
von dem Sohne und Erben desselben Otto II., von König
Otto III., die Auslieferung aller dieser Güter zusichern:
das ist eine der ersten Spuren, daß der neue Doge auf
die Bahn seines Vorgängers Candiano IV. einzulenken gedachte. Als eine der Besitzungen, die in solcher Weise an
Venedig zurückgegeben werden sollten, wird insbesondere
Loreo aufgeführt, das, wie ich oben zeigte, Otto II., zum
Lohn für den Abfall vom Seeland, an die meuterischen
Bewohner von Capodargine verschenkt hatte. Klar ist, daß
die Veneter auf die Grundlage der Urkunde vom 19. Juli
992 hin auch die Abtretung von Capodargine verlangen
konnten, doch glaube ich aus Gründen, die ich unten zu
entwickeln mir vorbehalte, daß der Doge nicht vor 996,
und zwar in Folge des von Otto III. angetretenen ersten
Römerzuges zum wirklichen Besitze von Capodargine gelangt ist.

Sodann bemerke man, mit welcher Beharrlichkeit es
der Doge darauf anlegt, in allen Besitzungen, welche die
geistlichen und weltlichen Anstalten des Seelands, der
Dogenpalast oder der Staat, das Patriarchat, die Stühle.
die Klöster, überhaupt alle reichen venetischen Bürger
drüben auf dem Boden des italischen Reichs erwerben
oder erworben haben, vorerst die Mitgerichtsbarkeit zu erringen. Kein Graf, kein Beamter diesseits darf ohne Beiziehung der Richter des Herzogs Veneter vorladen, oder

Rechtshändel gegen das hüben gelegene Eigenthum derselben einleiten. Ja, der deutsche König geht so weit, den
Venetern Straflosigkeit für einseitige gewaltthätige Selbst-
hilfe zu gewähren, im Falle die diesseitigen Beamten nach
dreimaliger Aufforderung ihre Mitwirkung versagten, oder
deutsch gesprochen, sich beharrlich weigerten, das gut zu
heißen, was die Veneter unter dem Verwande der Gerechtigkeit begehrten. Fälle der Art müssen häufig vorgekommen sein, denn es konnte gar nicht fehlen, daß dies-
seitig Grafen gegen die Veneter, welche jährlich einen
guten Theil ihrer Reichthümer auf den Ankauf festländi-
scher Güter verwandten, tiefen Groll oder Neid — die
Wirkung ist gleich — faßten und mit ihnen in stetem
Hader lebten.

Durch beide Mittel hat Doge Peter II. Orseolo den
Erwerb des ausgedehnten Gebiets, das Venedig seitdem
auf dem Festlande erlangte, sorgsam vorbereitet. Denn der
Besitz der Gerichtsbarkeit zog, wenn auch langsam, doch
unfehlbar das, was wir Landeshoheit nennen, nach sich.
Ich werde auf diesen Punkt unten zurückkommen, wo von
den Verträgen mit den Bischöfen Treviso's und Ceneda's
die Rede sein wird.

Zugleich dienen die betreffenden Stellen der Ottonischen Urkunde zu nicht geringer Bestätigung des Sinnes,
der, wie ich oben gezeigt habe, dem vorletzten Absatze des
constantinopolitanischen Vertrags beigelegt werden muß.
Nur wenige Monate verliefen zwischen der Ausfertigung
beider Aktenstücke. Da Doge Peter II. Orseolo so große
Mühe aufwandte, um Gerichtsbarkeit drüben in Oberitalien zu erwerben, wird kein Unbefangener zweifeln, daß
er auch zu Constantinopel dieselben Grundsätze befolgte.

Ohnedieß hatten alle Zugeständnisse, die er in Griechenland errang, so lange keinen wahren Werth, als es ihm
nicht gelang, zum Schutze des venetischen Handels eigene
Richter in Constantinopel anzustellen, sintemalen sonst die
sprüchwörtliche Spitzbüberei der byzantinischen Beamten
alle Wohlthaten der Verträge zu vereiteln drohte.

Endlich bewilligte Otto III. noch durch die Urkunde
vom Juli 992 die Auslieferung aller politischen Flüchtlinge. Daß Doge Peter II. Orseolo solches begehrte, ist
sehr begreiflich, denn seine persönliche Sicherheit hing
davon ab; aber, daß der deutsche König dem Dogen will-
fahrte, darüber muß man sich billig wundern. Der geheime oder offene Vorschub, welchen bis dahin die Beherrscher Italiens den unzufriedenen Parteien des Seelandes gewährten, war seit Jahrhunderten eines der kräf-
tigsten Mittel gewesen, allzu großer Ehrsucht der Dogen
Schranken zu stecken, ihre Fittige je nach Umständen zu
stutzen. Der Schwächling, welcher damals auf dem Throne
Germaniens saß, gab es sorglos aus der Hand!

Man sieht, sehr bedeutend waren die Vortheile,
welche der Doge durch die Akte vom 19. Juli 992 davon
trug. Sollte nun Otto gar keine Gegenleistungen ausbedungen haben! In vielen späteren Chroniken der Veneter findet [1]) sich die Ueberlieferung, daß damals Peter II.
Orseolo die Bezahlung eines jährlichen Tributs an die
deutsche Krone, bestehend in einem golddurchwirkten Seidenmantel und in einer gewissen Summe Geldes übernahm.
In der That theilt auch Chronist Johann, Zeitgenosse

---

[1]) Den Nachweis der Quellen bei: Lebret, Geschichte Venedigs I., 234.

Peters Orseolo II., eine Nachricht mit, welche auf dasselbe hinausläuft. Er sagt[1]) nämlich, Otto III. habe später dem Dogen die jährliche Lieferung des seidenen Prachtmantels, den letzterer bis dahin, außer einer Summe von 50 Pfunden, entrichten mußte, in Gnaden erlassen. Wie ich unten zeigen werde, ist die Urkunde noch vorhanden, kraft welcher Otto — damals bereits Kaiser — die neue Gunst gewährte. Dieser Tribut aber kann kaum anders, als in Folge der Verhandlungen von Mühlhausen, der ersten, welche Doge Orseolo mit dem deutschen Hofe pflog, festgesetzt worden sein.

Immerhin, was ist ein Seidenmantel und jährliche fünfzig Pfunde Silbers oder auch Goldes im Vergleiche mit den Zugeständnissen, welche der Vertrag von Mühlhausen dem Seeland verschaffte. Sicherlich hat Doge Orseolo noch andere Schrauben anwenden müssen, um obige Dinge zu erlangen. Als Otto III. 996 den ersten Römerzug antrat, bewies er gegenüber dem Dogen und dessen Hause ein Maß von Huld, das Staunen erregt. Daraus folgt, meines Erachtens, daß er ganz von den Orseoli umgarnt war. Nun gab es, wie wir wissen, ein sicheres, fast unfehlbares Mittel, den jungen Fürsten zu gewinnen: dasselbe bestand darin, daß man auf seine närrischen Ideen von Wiederherstellung des alten Römerreichs einging. Letzteres that ohne Zweifel Doge Orseolo in reichlichstem Umfange, beweist doch Alles, was wir von ihm wissen, daß er ein ausgelernter Ränkeschmied war, der es an prächtigen Worten nie fehlen ließ.

---

[1]) Pertz VII., 34 Mitte.

Auf einen dritten Hebel deutet die bereits erwähnte Urkunde [1]) hin, durch welche Otto 998 die fernere Ablieferung des Palliums erließ. Es heißt darin: „kund und zu wissen jedermänniglich, was Gestalt Herzog Peter, unser Gevatter, durch seinen Gesandten, den Diacon Johann, die Bitte an Uns richtete, daß wir auf den Mantel und die Summen, welche aus diesem Anlaß alljährlich an unsere Kämmerer entrichtet zu werden pflegten [2]), in Gnaden verzichten mögen, was wir auch bewilligt haben." Also fielen jährlich bei Ablieferung des Mantels reiche Geschenke an die Kämmerer, die Augen und Ohren des jungen Fürsten, ab; hieraus aber darf man den Schluß ziehen, daß solches noch viel mehr bei Abschluß des Vertrages, der den Mantel und die goldene Zuthat erzeugt hatte, geschehen sei. Kurz, als die beiden venetianischen Botschafter, Herr Diacon Marinus und Herr Johann Orseolo, zu Mühlhausen im Juli 992 erschienen, sind allen Anzeigen nach ihre Reisesäcke mit Silber und Gold wohl gefüllt gewesen, und beide haben nicht ermangelt, dieses Mittel der Ueberredung am gehörigen Orte spielen zu lassen. Einfältige Fürsten, namentlich solche, welche sich in den Kopf setzen, unumschränkt zu herrschen, werden unfehlbar von ihren Vertrauten, den Kammerherren, Kammerdienern und Lakaien, mißbraucht.

Die Unterhandlungen mit dem deutschen und dem byzantinischen Hofe waren nicht die einzigen, welche Peter Orseolo im Anfange seines Dogats anknüpfte; „auch mit

---

[1]) C. A. Marin, Storia del commercio dei Veneziani II., 121.

[2]) Quae camerarii nostri sibi annualiter per censum exigebant.

den Fürsten der Saracenen — d. h. wohl mit den Fatimiden Aegyptens, den Abassiden Syriens, dem Hause von Cordova, sowie mit den Sultanen von Magreb und Afrika — schloß [1]) er Handelsverträge und gewann die Gunst aller." „Desgleichen hielt er" — so berichten beide Chronisten weiter — „gute Freundschaft mit den Machthabern Italiens," d. h. meines Erachtens mit den Bischöfen und Grafen Lombardiens, mit dem Papst, sowie mit den Herzogen von Tuscien, Spoleto-Camerino und Benevent. Einige Aktenstücke, betreffend die Verhandlungen, welche Peter II. Orseolo in letzterer Richtung pflog, sind auf uns gekommen und beweisen allzumal, wie unten gezeigt werden soll, daß der Vortheil auch nach dieser Seite hin den Venetern zufiel.

Die glücklichen Früchte der diplomatischen Thätigkeit des Dogen schildert Chronist Johann, indem er schreibt [2]): „Peter Orseolo hat nicht etwa blos den ehemaligen Wohlstand des Seelands wiederhergestellt, nein er vermehrte die Macht des Gemeinwesens in solchem Umfang, daß zu seiner Zeit Venetien alle benachbarten Provinzen weit an Herrlichkeit und Reichthum übertraf." Nicht ohne Hintergedanken that der Doge all' dieß: er rechnete, wenn er dem venetischen Handelsstand die Taschen fülle, würden die Kaufherren bereitwillig den ehrsüchtigen Plänen, die er für sich selber hegte, Vorschub leisten. Der Enderfolg hat jedoch den Beweis geliefert, daß er sich hierin täuschte.

Gegen andere Mächte, die sich weniger fügsam zeigten, bereitete Peter II. Orseolo Waffen vor. Beide Chro-

[1]) Muratori XII., 223 und Pertz VII., 29.
[2]) Pertz VII., 29.

nisten melden [1]): „der Doge gebot, daß venetische Schiffer
den Südslaven, welche den Handel auf dem Adria beschatz-
ten, den gewohnten Tribut (für Schutz gegen Seeraub)
nicht mehr entrichten sollten." Also in der letzten Zeit —
ich denke seit den Unruhen, welche dem Sturze Peters
Candiano IV. vorangingen und folgten — war der Mißbrauch eingerissen, daß die Slaven des adriatischen Meeres
von dem venetischen Handelsstand einen förmlichen Tribut,
als Preis für Sicherheit der Schifffahrt, erhoben. Begreiflicher Weise konnte und mußte der Doge wissen, daß die
Räuber nicht im Guten auf den Gewinn verzichten würden.
Orseolo hat solches nicht nur geahnt, man kann sagen:
er hat einen offenen Kampf herausgefordert. Die Chronisten
fahren fort: „da der Ban [2]) von Croatien aus Groll über
Entziehung des Zinses den Venetern allerlei Ungelegen-
heiten bereitete, schickte der Doge 6 wohlgerüstete Kriegsschiffe unter dem Befehl des Badoario Bragadino wider
Stadt und Insel Lissa aus. Der venetische Anführer eroberte den Ort und machte viele Gefangene weiblichen und
männlichen Geschlechts, die er nach Venetien abführte.
Allein aus dieser That entsprang nur vermehrter Haß zwischen Venetern und Croaten."

Unten werden wir sehen, daß Doge Orseolo den
Krieg liebte und daß es ihm Vergnügen bereitete, in eigener Person Venetiens Flotte gegen den Feind zu führen.
Warum hat er nun hier den Befehl einem Andern übergeben? Ich denke darum, weil der große Rath, dessen

---

[1]) Pertz VII., 29 und Muratori XII., 225 u. 226.
[2]) Croatarum judex.

Willen der Doge damals noch berücksichtigen mußte, es so
haben wollte: die Aristokratie fürchtete nämlich — und
nicht mit Unrecht, — daß der Doge, wenn man ihm freie
Hand lasse, etwaige Eroberungen nicht zum Wohle des
Staats, sondern für eigene Rechnung machen werde. Auch
so erreichte Orseolo seinen Zweck. Die Streitmacht, welche
Badoario führte, war viel zu schwach, um irgend etwas
Nachhaltiges auszurichten. Das kleine Unternehmen konnte
daher nur die Folge haben, daß sich die Nothwendigkeit
einer großen Ausrüstung herausstellte, deren Befehl dem
Dogen selbst zu Theil werden mußte. Mit gutem Fuge
bemerken daher die Chronisten, jener Seezug Badoario's
habe blos dazu gedient, Oel in's Feuer des Hasses zu
gießen.

Die Quellen berichten noch von zwei andern Maßregeln des Dogen, die beide in die ersten Zeiten seiner
Verwaltung fallen, dabei friedlicher Natur, aber wohl durch-
dacht sind: „die Stadt Grado, Metropole von ganz Venetien, war durch Alter zerfallen. Doge Peter II. Orseolo
stellte sie vom Erdboden an bis hinauf zu den Zinnen
auf's Beste wieder her, umgab sie mit Ringmauern, auch
erbaute er für sich daselbst einen Palast in der Nähe des
östlichen Hauptthurmes, deßgleichen setzte er die verschiedenen Kirchen wieder in guten baulichen Stand. Nicht
minder ließ er zur nämlichen Zeit einen Palast in Citta-
nuova oder Heracliana für sich errichten". Dem ersteren
Satze fügt Dandolo noch die weitere Nachricht bei: „als
der Doge die Kirchen von Grado wiederherstellte, traf er
Anstalt, daß in der Krypta zum Evangelisten Markus die
dort befindlichen Körper der vier Heiligen Dionysius,
Largus, Hermogenes, Fortunatus, eingeschlossen in vier

Schreine, an einem Orte, den außer einigen Wenigen Niemand kannte, vergraben wurden."

Die Verheimlichung der Stelle, wo die Reliquien lagen, war ernstlich gemeint, denn weiter unten erzählt[1] Dandolo: „nachdem Patriarch Poppo von Aquileja 1024 die Stadt Grado großen Theils zerstört und die Kirchen ausgeplündert hatte, eroberten die Veneter kurze Zeit darauf den Ort wieder; so große Freude sie aber über solchen Sieg empfanden, peinigte sie doch der Gedanke, daß der ruchlose Poppo auch die vier heiligen Körper mit fortgenommen haben dürfte. Da machte ein alter Mönch, der das Amt des Wächters am Dome versah, die Anzeige, daß vor mehr als einem Menschenalter Doge Peter II. Orseolo Befehl gegeben habe, besagte Leiber auf's sorgfältigste zu verbergen. Nur vier Menschen seien in das Geheimniß eingeweiht worden; er selbst sei der einzige noch überlebende aus der Zahl der vier Mitwisser. Seinen Weisungen gemäß grub man nach, und entdeckte wirklich die Reliquien."

Seit mehr als einem Jahrhundert befand sich damals zu Venedig in der Capelle des Dogenpalastes der Körper eines hochgefeierten Zeugen der alten Kirche, der bei Lebzeiten nicht etwa blos ein Heiliger, sondern ein Evangelist gewesen war. Niemand aber als der Doge und vielleicht zwei Personen kannten den Ort, wo die Gebeine des heiligen Markus ruhten; denn Gründe unbesiegbarer Art, von denen ich an einem andern Orte Rechenschaft gab, hatten erzwungen, daß der Schatz den Augen und der Verehrung des Volks entzogen werden mußte. Warum hat Peter Orseolo II. das gleiche Verfahren bezüglich der vier

---

[1] Muratori XII.. 238 unten ff.

Heiligen des Gradenser Stuhles anzubefehlen für gut befunden? Ich denke, er that solches, von der Absicht geleitet, daß das Patriarchat wenigstens keinen Vorzug vor
der Dogen=Capelle genießen solle. Seine Maßregel verrieth
— man muß es bekennen — wenig Freundschaft für den
damaligen Patriarchen, dagegen bewies sie, daß Doge
Peter II. Orseolo ein gelehriger Schüler byzantinischer
Staatsweisheit gewesen ist.

Auf dem Stuhle von Grado saß noch immer jener
Vitalis, der, wie ich früher gezeigt habe, 966 erhoben,
volle 50 Jahre — also bis gegen 1016 amtete. Vitalis
war der Sohn des ehemaligen Dogen Peter Candiano IV.,
folglich der Sprosse eines Hauses, das in den Orseoli Todfeinde haßte. Unter solchen Umständen ist begreiflich,
daß der neue Doge Peter II. Orseolo Mißtrauen gegen
den Patriarchen hegte. Gleichwohl hat er Grado, den
Sitz des Patriarchen, fast neu auferbaut, die Stadt mit
Ringmauern umgeben und auf's Beste befestigt, er hat
weiter die dortigen Kirchen herrlich geschmückt, und endlich
einen Palast aufgeführt, der voraussichtlich dem Orte zu
nicht geringer Zierde gereichte. Sieht das nicht aus, wie
eitel Huld? Ja dem Scheine nach! in Wahrheit aber zog
die Befestigung Grado's als unausbleibliche Folge nach
sich, daß lebendige Vertheidiger hier eingelagert werden
mußten, also eine Besatzung, welche, mochte sie klein oder
groß sein, nicht von dem Willen des Patriarchen, sondern
von dem des Dogen abhing.

Der gleiche Hintergedanke lag der Aufführung des herzoglichen Palastes am nämlichen Orte zu Grunde. Konnte
man es dem Dogen verargen, wenn er nunmehr länger
und häufiger als sonst zu Grado hauste; wer einen Palast

baut, der will sein Geld nicht für nichts ausgegeben haben. Kurz die reife und wohlberechnete Frucht des beschriebenen Bauwesens war, daß der Doge jetzt fast ohne Umschweife den Patriarchen überwachen konnte, daß er ihn in seiner Gewalt hatte. In der That mußte Patriarch Vitalis Candiano — wie wir unten sehen werden —, wohl oder übel wollend, an dem Triumphwagen des zweiten Orseolo ziehen.

Mit dem Palaste zu Heracliana verhielt es sich ähnlich. Die Stadt war, wie wir wissen, ehedem Feuerherd der byzantinischen Partei gewesen, und ich denke, es wird noch gegen Ende des 10. Jahrhunderts Bewohner genug daselbst gegeben haben, welche die nämlichen Gesinnungen hegten. Doge Peter Orseolo II. legte ungewöhnliche Theilnahme für den Ort an den Tag. Ich komme zunächst auf eine Stelle der Ottonischen Urkunde vom Juli 992 zurück, die ich oben absichtlich zur Seite ließ. Es heißt [1] darin: „auch wollen und befehlen Wir, daß der Stuhl von Heracliana den Zehnten aus dem ganzen Gebiete ziehe, das in den Zeiten des Langobardenkönigs Liutprand kraft des von dem Dogen Pauluzzo und dem Kriegsobersten Marcellus abgeschlossenen Vertrags [2] zum Weichbilde genannter Stadt geschlagen worden ist". Doge Peter II. Orseolo hatte also zu Wege gebracht, daß der deutsche Herrscher dem dortigen Bisthum reiche Einkünfte aus Ländereien zusprach, die um jene Zeit der Bischof von Belluno strittig machte. Etliche Jahre später erzeigte derselbe Doge der Gemeinde Heracliana eine neue Gnade, indem er einen Palast dort erbaute. Wohin Peter II. Orseolo steuerte,

---

[1] Muratori XII., 224.
[2] Siehe oben S. 40, 48.

kann ich erst unten zeigen, wenn der Zusammenhang meiner Erzählung mich auf die Urkunde vom 7. Januar 999 hinleitet.

Von allem was Peter II. zwischen 992 und 996 unternahm, wollte nur Eines längere Zeit nicht recht gelingen. Obgleich Otto III. in der Urkunde vom Juli 992 seinen entschiedenen Willen ausgesprochen hatte, daß die entrissenen Orte den Venetern zurückerstattet werden müßten, trotzte der Bischof Johann von Belluno, oder vielmehr dessen Beschützer, Heinrich der Zänker, Herzog von Baiern und Kärnthen, fortwährend wiederholten Befehlen des jungen Herrschers und gab die Orte nicht heraus. Wie frü her [1]) gezeigt worden, half sich der Doge zuletzt damit, daß er eine Handelssperre gegen Friaul und Istrien anordnete. Diese Maßregel erzielte den beabsichtigten Erfolg; weil ihnen die gewohnten Quellen des Verdienstes abgeschnitten waren, bestürmten die Bewohner beider Provinzen den Herzog mit Vorstellungen. Vermuthlich wirkte noch ein anderer Umstand auf das gleiche Ziel hin. Im Jahre 995 starb [2]) Heinrich der Zänker, worauf das Herzogthum Kärnthen wieder von Baiern getrennt und an den Franken Otto, Vater des nachmaligen Papstes Gregor V., verliehen ward. Wahrscheinlich dünkt es mir, daß der Nachfolger des Zänkers gelindere Saiten aufzog. Doch kam eine völlige Vereinigung des Streits erst zu Stande, nachdem Otto III. 996 die Alpen überstiegen hatte.

Früchte hievon treten in den Chroniken hervor. Dandolo erzählt [3]): „(um 1001) erschien der Gastalde Peter von

---

[1]) S. 341.

[2]) Perz V., 117 unten.

[3]) Muratori XII., 231 unten. ff., vergl. Lebret, G. v. V. I., 248.

Capo d'Argine sammt vielen Einwohnern dieses Ortes vor
dem Dogen und den Richtern, Gerechtigkeit bezüglich der
Lehen Loreo, Cervas und Savina [1]) begehrend, welche
ihnen, wie er aus vorgelegten Urkunden darthat, durch
Kaiser Otto II. (zur Zeit ihres Abfalls vom venetischen
Gemeinwesen) überlassen worden seien. Allein der Doge
und die Richter wiesen nicht nur den Gastalden ab, sondern gaben ihm auch ihre Ungnade zu erkennen." Capo
d'Argine (oder im Munde des Volks Cavarzere) war also
damals an Venetien zurückgegeben. Allein die Einwohner,
welche während der vorübergehenden Trennung vom Seelande die Erfahrung gemacht hatten, daß Unabhängigkeit
süß schmecke, begehrten Fortdauer ihrer Herrschaft über die
von Otto II. geschenkten Orte, welche Forderung jedoch der
Doge aus begreiflichen Gründen unstatthaft fand. Da ein
Gastalde, d. h. ein venetischer Amtmann, in Capo d'Argine
saß, muß man, glaube ich, den Schluß ziehen, daß der
Ort in einem Unterthanen-Verhältniß zu Venetien stand;
denn die Vollbürger des Freistaats gehorchten, wie früher
gezeigt worden, nicht Amtleuten, sondern dem Rath oder
selbst gewählten Tribunen. Im Uebrigen geschieht es meines Wissens das erstemal, daß Dandolo aus obigem Anlasse neben dem Dogen R i c h t e r erwähnt, welches Wort
nach meinem Dafürhalten eine bevorzugte Classe von Mitgliedern des großen Rathes bezeichnet. Ich werde hierauf
später zurückkommen.

Noch eine andere ähnliche Nachricht, welche Dandolo
gleichfalls aus Urkunden mittheilt, verbreitet Licht über die
Gebietsvergrößerungen, welche Venetien auf der Seite des

---

[1]) Orte, die in der Nähe von Loreo lagen.

Festlandes erwarb. „Mitglieder der Gemeinde Sacco",
schreibt er, „erschienen vor dem Dogen und bewiesen aus
Handvesten, daß sie nur 200 Pfund Lein (Flachs) jährlich
als Uferzoll zu entrichten schuldig seien. Auf diese Ein-
gabe hin wurde der Beschluß gefaßt, daß sie auch in Zukunft nicht mehr als die herkömmliche Abgabe zu entrichten
hätten." Hieraus erhellt meines Erachtens, daß die Gemeinde von Sacco, welche seit alter Zeit Erzeugnisse des
Bodens oder der Landwirthschaft nach dem Seeland zu
liefern pflegte, neuerdings unter venetische Herrschaft gerathen war und nun Vorkehr traf, um mit keinen neuen
Abgaben belastet zu werden. Die Art und Weise, in der
sie sich an den Rath von Venedig und den Dogen wandten, scheint nämlich zu beweisen, daß sie den Palast als
ihren Grundherrn betrachteten. In den mir zugänglichen
Karten finde ich kein anderes Sacco als Piave di Sacco
genannt, das südöstlich von Padua liegt, und dessen Oertlichkeit gut zu den Angaben Dandolo's paßt. Auf den
Niederungen gegen das adriatische Meer hin muß Flachs
gebaut worden sein, und allem Anscheine nach bestanden
Leinwandwebereien in Venetien.

Im Frühling 996 geschah es, daß Otto III. an der
Spitze des Reichsheeres und der großen geistlichen und
weltlichen Vasallen die Alpen überschritt. Der Doge schickte
ihm Bevollmächtigte nach den Klausen entgegen [1]), um den
nahenden Herrscher auf italischem Boden zu bewillkommnen.
Otto empfing die Gesandten mit großer Huld und ließ
zugleich dem Dogen melden, daß er ihm den jüngeren seiner
Söhne, der damals noch nicht gefirmt war, zusenden möchte.

---

[1]) Pertz VII., 30.

Peter Orseolo entsprach unverweilt dem Wunsche des deutschen Königs: der Knabe kam nach Verona herüber ins königliche Hoflager, dort ward er im Dome gefirmt, bei welcher heiligen Handlung Otto III. von Deutschland Pathenstelle vertrat; das war ihm noch nicht genug, er ordnete an, daß der Knabe statt des Namens Peter, den er in der Taufe empfangen, hinfort, dem hohen Pathen zu Ehren, Otto heißen solle. Dreizehn Jahre später hat der Firmling von damals, nach dem Tode seines älteren Bruders Johann, als Nachfolger seines Vaters unter dem Namen Otto den herzoglichen Thron Venetiens bestiegen.

Nach Auswechselung solcher und ähnlicher Höflichkeiten ging man zu Geschäften über: auch auf diesem Gebiete errang der Doge große Vortheile: der Streit mit dem Herzogthume Kärnthen und dem Stuhle von Belluno wurde zu Gunsten Venetiens entschieden: alle seit Jahren strittigen Ländereien mußte Bischof Johann, so sauer es ihm auch ward, herausgeben. Von Verona zog König Otto III. nach der politischen Hauptstadt Lombardiens, Pavia, und schiffte von da den Po hinunter nach Ravenna, wo ihn abermals zwei Bevollmächtigte des Dogen, der Diacon Johann und Peter Gradonico, erwarteten. Durch Urkunde [1]) vom 1. Mai 996 gewährte daselbst König Otto III. dem Dogen das Recht, an drei Orten des venetischen Gebietes, nämlich zu St. Michael, genannt Quarto, sowie an den Flüssen Piave und Sile, wo es ihm gut dünke, Märkte und Häfen zu errichten. S. Michieli liegt etliche Stunden südlich von Treviso am Sile.

---

[1]) Pertz, Archiv III., 601. Der Text abgedruckt bei Marin, Storia dei Veneziani II., 250.

Diesen Ort, sowie den zweiten gleichfalls am Sile, und den dritten am Piave gelegenen, erklärte die Urkunde deutlich für venetianisches Gebiet, welches demnach auf dieser Seite fast bis Treviso hinaufreichte. Das war ein überaus wichtiges Zugeständniß; überdies erhielt der Doge noch die Ermächtigung bezüglich der Märkte. Wäre Peter Orseolo der leibliche Sohn des deutschen Königs gewesen, er hätte kaum mehr herausschlagen können.

Ich weiß das Verfahren Otto's III. nicht anders zu erklären, als durch die Voraussetzung, daß der junge Fürst, noch ehe er den Fuß auf italienischen Boden gesetzt hatte, gänzlich von dem Veneter umgarnt war, und das kann hinwiederum nur auf zwei Wegen, einerseits durch Eingehen auf die Ideen des Unglücklichen und zweitens durch einen Goldregen, geschehen sein, der in die Taschen seiner Umgebung, der Kämmerer, strömte. Der Doge ermangelte nicht, das Eisen zu schmieden, so lange es heiß war. Gestützt auf die neulich zu Ravenna gemachten Bewilligungen, schloß Peter Orseolo mit zwei Stühlen in Friaul Verträge, bei welchen er abermals den Löwenantheil zog. Drei Urkunden kommen in Betracht. Mittelst der ersten [1]) empfing der Doge aus den Händen des Bischofs Sighard von Ceneta die Hälfte der an der Lovenza gelegenen Burg und des Marktes Settimo auf 29jährigen Pacht unter folgenden Bedingungen: jährlich entrichtet der Doge an besagten Stuhl 60 Pfund Oel, aber das Recht steht ihm zu, gegenwärtigen Vertrag nach Abfluß der 29 Jahre für alle Zukunft zu erneuern; hält der Bischof die Uebereinkunft nicht, so zahlt er eine Buße von 10 Pfund

---

[1]) Marin a. a. O. II., 220 ff.

Goldes (nach heutigem Werthe 20.000 Gulden) an den Dogen; brechen die Venetianer ihr Wort, so müssen sie das nächstemal statt 60 Pfund Oel das Doppelte, d. h. 120 Pfund abliefern. Bei gleicher Verschuldung trifft demnach den Bischof die tausendfache Strafe von dem, was der andere Theil hergeben muß.

Die zweite Urkunde [1]) ist ausgestellt von Bischof Grauso, dem Nachfolger Sighards, und besagt: „der mit Sighard abgeschlossene Vertrag wird erneuert, überdies erhält Doge Peter Orseolo auf 29jährigen Pacht den dritten Theil aller Zölle, welche in dem Markte Villano erhoben werden. Dafür entrichtet er jährlich 60 Pfund Oel, darf aber weiter eine gewisse Masse Salz abgabenfrei einführen. Außerdem verpflichtet sich der Bischof, die venetischen Kaufleute gegen jede Bedrückung zu schützen." Die auch in dieser zweiten Urkunde vorausbestimmten Bußen für Uebertretungsfälle sind ebenso ungleich bemessen, wie in der ersten. Der dritte Vertrag [2]) endlich ist abgeschlossen zwischen dem Bischofe Rozo von Treviso (den auch Chronist Johann in seinem Berichte über den ersten Römerzug Otto's III. erwähnt [3]) und zwischen Peter II. Orseolo, dem Herzoge von Venetien und Dalmatien. Kraft desselben empfängt der Doge auf 29jährige Pacht den dritten Theil aller Zölle, welche dem Dome zu Treviso gehören, sowie 3 große Kaufhöfe [4]). Dafür zahlt er jährlich 4 Goldbyzantiner oder, wenn er es vorzieht, 4 Pfund Silber in Venediger Denaren. Außerdem verspricht der

---

[1]) Marin a. a. O. II., 221 ff.
[2]) Ibid. 223. ff.
[3]) Pertz VII., 30.
[4]) Tres mansiones.

Bischof, vom venetianischen Salze oder allen andern Waaren
nicht mehr als 2½ auf's Hundert Werth, von Wein da=
gegen auf die Schiffslast nur 4 Denare zu erheben, auch
den Venetern ungehinderten Handel und Wandel durch den
ganzen Umfang des Bisthums zu gestatten. Jede Ueber=
tretung büßt der Bischof mit 3 Pfund Silber, der Doge
mit dem doppelten Pacht, d. h. letzterer zahlt, wenn er
einmal die 4 Byzantiner nicht entrichtet hat, noch 4 dazu,
also im Ganzen 8 Pfunde Silber.

Die Kennzeichen der Zeit stimmen in den drei · Ur=
kunden nicht recht zusammen, doch sieht man, daß sie nach
der Kaiserkrönung Otto's III. und vor seinem Tode, also
zwischen dem 21. Mai 996 und vor dem 24. Jänner 1002,
ausgestellt sind. Im Einklange hiemit steht der in dem zweiten
Aktenstücke aufgeführte Titel „Herzog von Dalmatien", den
Peter Orseolo erst seit dem Sommer 998 sich beizulegen
begann. Ich frage: ist es irgend denkbar, daß ein Mensch
von gesunden Sinnen freiwillig solche Verträge eingeht,
wie die waren, zu denen die Bischöfe von Ceneda und
Treviso ihre Hand boten. Ich halte dies für unmöglich
und bin überzeugt, daß die Prälaten das, was sie thaten,
gezwungen gethan haben. Kaiser Otto hatte sie der Be=
gehrlichkeit des Veneter Dogen aufgeopfert, um jedoch den
Schein zu retten, half man sich mit dem Puppenspiel von
Pachtverträgen. Gegen das Versprechen, dem wiederher=
gestellten Römerreiche — nämlich wenn es einmal fertig
dastehe — hold und treu zu sein, ließ sich der Unglückliche,
den man damals deutschen Kaiser nannte, alles Mögliche
abschwatzen.

Drei Monate nach der Kaiserkrönung, im August.
996, trat Otto III. den Rückzug nach der deutschen Heimat

25*

an; aber gegen Ausgang des Jahres 997 überschritt er
zum zweitenmale die Alpen und weilte [1] anfangs Jänner
998 etliche Tage zu Pavia. Von da beschloß er, den Po
hinunter zu Schiffe nach Ravenna zu reisen und ließ dem
Dogen nach Venedig hinüber melden, daß er den Wunsch
hege, seinen Pathen, den Sohn desselben, bei sich zu schauen.
Peter II. Orseolo rüstete alsbald 3 Prachtschiffe aus, von
denen eines sich durch seine Einrichtung besonders aus-
zeichnete. Dieses bestieg der Knabe, ward in den Po hinüber gerudert, traf mit dem Kaiser zusammen, nahm ihn
auf sein schönes Fahrzeug und geleitete ihn nach Ravenna,
wo er prächtig beschenkt und dann nach Hause entlassen
ward. [2]

Längst müssen diejenigen Veneter, welche an der
Verfassung von 959 hingen, Befürchtungen gehegt haben,
daß das Spiel, das der Doge mit dem deutschen Kaiser
trieb, Absichten berge, die am Ende wider die Macht des
Rathes und der Stände zielten. Nach der Rückkehr des
Knaben brach der kochende Zorn ans Tageslicht hervor,
woraus meines Erachtens erhellt, daß der kaufmännische
Adel Venetiens Wind von irgend einem Anschlage des
Herzogs erhalten hatte. Licht gibt eine merkwürdige Ur-
kunde [3], welche so lautet: „Im Jahre des Herrn 997 im
Februarmonat, Römer-Zinszahl 11, verhandelt auf Rialto.
Dieweil aus Aufläufen, die vor dem Palast unseres Herrn,
des Dogen, sich zusammenrotten, schon häufig Umwälzungen,
auch Mord und Todtschlag entsprungen sind, ist für nöthig

---

[1] Böhmer. Regest. Nro. 805.
[2] Pertz VII., 31.
[3] Marin a. a. O. II., 167.

erachtet worden, gegen solches Uebel Vorkehr zu treffen. Demgemäß haben nach gemeinsamer Berathung Wir Richter und Wir die Adeligen Venetiens und wir die Leute der mittleren Klassen herab bis zu den geringsten Bürgern beschlossen, dem Herrn Peter Orseolo, Dogen und Gebieter über uns alle, sowie auch dessen Nachfolgern, einen Sicherheitsbrief einzuhändigen, folgenden Inhalts: in unserem und unserer Erben Namen geloben Wir, besagtem Herzoge stets mit der gebührenden Ehrfurcht zu begegnen, ihm die schuldigen Ehren zu erweisen, auch niemals vor seinem Palaste zu lärmen oder aufrührerisches Geschrei auszustoßen. [1]) Wer gleichwohl dieses Gebot übertritt, der muß, wenn er des Verbrechens überwiesen ist, 20 Pfund lauteren Goldes an den Palast zahlen; hat er nicht soviel im Vermögen, so büßt er mit dem Kopfe." Folgen etliche und neunzig Unterschriften.

Das elfte Jahr der Indiction, in welche Otto's III. Kaiserthum fällt, verlief zwischen dem September 997 und dem gleichen Monat des nächsten Jahres. Der Februarmonat, welcher in der Urkunde aufgeführt wird, gehört also dem Jahre 998 nach gemeiner Rechnung an, während man zu Venedig, wo, wie wir wissen, das Neujahr mit dem 25. März begann, im Februar 998 noch 997 schrieb.

---

[1]) Wörtlich: promittentes promittimus cum nostris haeredibus, ut cum reverentia et honore, ut decet, ante nostrum seniorem et ejus palatio persistere debeamus, nullam ibi seditionem aut sturmum excitare aut commovere praesumentes. Ueber den Ausdruck sturmus vergl. man Muratori antiq. Ital. II. 1709, es stammt aus dem deutschen Worte Sturm, welches hinwiederum von der rabbia tedesca des Mittelalters Zeugniß ablegt. Noch Macchiavelli braucht ganz in deutschem Sinne die Wendung prendere una città in stormo.

Die Urkunde zählt drei Classen auf, welche an der Be=
rathung über das Aufruhrgesetz Theil nahmen: erstlich die
Richter, zweitens den Adel, d. h. die Großhändler, drittens
die mittleren Bürger, sammt den Kleinen. Aus weiteren
Aktenstücken, die ich später mitzutheilen mir vorbehalte,
wird sich ergeben, daß die sogenannten Richter ein Aus=
schuß des großen Rathes oder, genauer gesprochen, der
Keim des kleinen Rathes waren, der naturgemäß aus dem
großen herauswuchs; denn eine Körperschaft von hundert
oder mehr Köpfen taugt nicht zum Verwalten, sondern ist
nur gut zur Aufsicht über Beobachtung der Gesetze, daher
kam es, daß überall, wo demokratische oder aristokratische
Verfassungen blühten, Ausschüsse, kleine Räthe, oder wie
man es nennen mochte, entstanden.

Die zweite Classe oder der kaufmännische Adel bildete
den großen Rath, welcher seit 959 das Seeland vertrat.
Allein außer ihr hatte Doge Orseolo auch noch die
Kleinbürger und den Pöbel zu der Berathung beigezogen.
Das war ungewöhnlich. Nur bei dem Gesetze, das Peter IV.
Candiano 971 zu einer Zeit erließ, da er erweislich auf
den Umsturz der Verfassung von 959 hinarbeitete, stimmten
neben den Großen auch die Mittleren und die Kleinen.
Unabweislich erhellt aus dieser einen Thatsache, daß Peter
Orseolo auf die Wege seines dritten Vorgängers zurück=
lenkte, denn die Ziele beider waren dieselben. Zwischen
Tyrannen und Pöbel findet überdies eine geheime Wahl=
verwandtschaft statt und wer mit solchen Thieren auf die
Jagd geht, dem mißlingt es selten, Recht und Freiheit nieder=
zutreten. — Es geht nicht an, daß in Handelsstaaten, wo
nothwendig der Matrose dem Rheder und Schiffshauptmann,
der Lastträger dem Arbeitgeber gehorchen soll und muß, die

Nichtsbesitzenden gleiche Befugnisse mit den Reichen haben,
weil das am Ende zu Greueln führt. Reine Demokratie
kann nur unter Bauernschaften oder bei Handwerkerzünften
und auch da nur insofern bestehen, als durch gute Einrichtungen dafür gesorgt ist, daß Religion und Gottesfurcht
herrscht. Wenigstens finde ich, daß das christliche Mittelalter, das im Staatswesen einen nicht alltäglichen Verstand erprobte, in der beschriebenen Weise dachte. Freilich
die Theoretiker von heute, die wissen es besser, die fangen
den Bau der Freiheit damit an, daß sie die Kirchen einschlagen und diejenigen ächten, welche allein der Thrannei
einen nachhaltigen Riegel vorzuschieben vermögen.

Böse Auftritte müssen auf dem S. Marcusplatz ver-
gegangen sein, ehe der Doge und der Rath zu Erlassung
obigen Gesetzes schritten. Immerhin erreichte Peter II.
Orseolo seinen nächsten Zweck, der in einem Eroberungs-
zuge nach Dalmatien bestand. Ungemein feines Garn ist
damals gesponnen worden und zwei Großmächte haben
dabei, durch des Dogen Schlauheit gewonnen, die Rolle
von Handlangern übernommen.

Einunddreißigstes Kapitel.

Peter II. Orseolo. Herzog von Venetien und Dalmatien und erster Bräutigam der Adria.

Dandolo schreibt: [1] „Von den byzantinischen Basileis, Constantin und Basilius, aufgefordert, schickte der

---

[1] Muratori XII.. 226 unten.

Doge seinen ältesten Sohn Johann nach Constantinopel,
der bald mit Ehren und reichen Geschenken ausgerüstet,
wieder in die Heimat kehrte." Unmittelbar nachher beginnt
ebenderselbe die Schilderung des Feldzugs nach Dalmatien.
Das heißt nun: beide Ereignisse, die griechische Gesandt=
schaft und der dalmatinische Krieg, hingen zusammen, weil
der byzantinische Hof seine Einwilligung gegeben hatte, daß
Dalmatien dem Seeland unterworfen werde, rüstete der
Doge eine Flotte aus. Weiter unten geht Dandolo noch
offener mit der Sprache heraus, indem er sagt: [1] mit
Erlaubniß des Basileus habe Peter II. Orseolo Dalmatien
erobert und mit Zustimmung ebendesselben den Titel Herzog
von Dalmatien sich beigelegt. Doch nicht nur der Beherr=
scher des Ostens gab seine Einwilligung zu dem, was im
Sommer 998 geschah, sondern auch der des Abendlandes,
Kaiser Otto III., that es. Seit dem dalmatinischen Feld=
zuge erscheint der Doge in noch vertrauterem Verkehre mit
dem deutschen Hofe als früher; überdies meldet [2] Dandolo
ausdrücklich, daß König Heinrich II. von Deutschland un=
mittelbar nach Otto's III. Tode alle von diesem verliehenen
Freiheiten dem Dogen bestätigt, insbesondere aber den
Titel Herzog von Dalmatien anerkannt habe.

Die von beiden Großmächten ertheilte Billigung
hatte hohen Werth für den Dogen und zwar noch mehr
bezüglich der innern Angelegenheiten Venetiens, als in
Rücksicht auf die Stellung zum Ausland. Fast alle inner=
lichen Schwierigkeiten, die dem Dogen entgegentraten, und
bis dahin eine ungewöhnliche Ausdehnung seiner Macht

---

[1] Muratori XII., 227 u. 230.
[2] Ibid. S. 232 unten.

verzögerten, gingen von den beiden Hauptparteien des
Seelandes, von der fränkischen oder deutschen und von der
byzantinischen aus. Wenn sie Widerspruch gegen Vorschläge
des Dogen erhoben, geschah es regelmäßig auf den Grund
oder Vorwand hin, daß diese und jene Maßregel die Ungnade der deutschen oder der byzantinischen Herrscher
erregen und somit Beschränkungen des venetischen Handels
veranlassen könnte. Dieser Vorwurf fiel nunmehr, nachdem
beide Mächte ihre Zustimmung gegeben, bezüglich Dalmatiens weg; wer jetzt noch den Krieg widerrieth, lud den
Schein auf sich, als sei er der Größe des Vaterlands
abhold. Daß Peter II. Orseolo im Sommer 998 die
ganze Macht Venetiens aufzubieten vermochte, war hauptsächlich eine Frucht des Beifalls beider Höfe.

Ebenso klug hatte Peter II. Orseolo andere Vor-
kehrungen getroffen. Einen Vorwand des Angriffs, und
zwar einen trefflichen, boten die Croaten selber. Chronist
Johann sagt:[1] „Voll Zorn darüber, daß der Doge
seinen Unterthanen die Fortbezahlung des Zinses (für
Schutz gegen Seeraub) verbot, schickten die Südslaven
eine Gesandtschaft um die andere nach Venedig und forderten stürmisch Geld. Zuletzt gab der Doge folgende Erklärung ab: Ihr braucht euch nicht mehr hieher zu bemühen,
sondern ich werde demnächst selber in Eurem Lande erscheinen und mit Euch Abrechnung halten.“ Wenn auf
solche Weise die übelverstandene Begehrlichkeit der Croaten
das Schwert des Dogen herausforderte, so suchten andererseits diejenigen, welche zunächst durch den räuberischen
Nachbar litten, die Unterwerfung ihres Landes als eine

---

[1] Pertz VII., 30 unten.

Gunst nach. Chronist Johann fährt [1]) fort: „In ganz Dalmatien gehorchte (vor dem Kriegszuge von 998) nur die einzige Stadt Zara dem Scepter der Veneter. Allein in der letzten Zeit hatten die Fürsten der Narentaner und Croaten nicht blos die Zarenser, sondern auch die freien Dalmatiner hart bedrängt, auch erst neulich 40 angesehene Bürger gefangen genommen und gefesselt in ihre Berge geschleppt. Hiedurch in Verzweiflung getrieben, veranstalteten die Dalmatiner eine allgemeine Versammlung, auf welcher sie den Beschluß faßten, für ewige Zeiten ihre Unterwerfung dem Dogen anzubieten, wenn er kommen und sie gegen die Räuber schützen würde. Wirklich ging eine Gesandtschaft mit diesen Anträgen nach Venedig ab."

Die freien Dalmatiner (latinischen Bluts) waren in eine Anzahl kleiner Gemeinden aufgelöst, welche unter ihren Bischöfen oder unter Laien-Primaten standen und sich wegen ihrer winzigen Macht, einer Frucht der Zersplitterung, nicht selber zu schützen vermochten. Die Croaten und Narentaner ihrerseits wagten seit der Züchtigung, welche ihnen vor etlichen Jahren Badoario Bragadino beibrachte, zwar nicht mehr offen den venetischen Seehandel zu beschatzen; aber sie erholten sich für den Verlust des Zinses an den Zarensern, wie an den übrigen Dalmatinern; denn von der Abneigung unterrichtet, welche der venetische Adel gegen die ehrgeizigen Pläne des Dogen hegte, hofften die Häuptlinge des räuberischen Volkes, daß die Geschlechter Venetiens lieber zur Plünderung Dalmatiens schweigen, als sich zu einer großen Seeausrüstung, welche die Macht des Dogen in gefährlicher Weise vermehren müsse, ver-

---

[1]) Pertz VII., 31.

stehen werden. Man sieht, das kleine Unternehmen Ba-
roario's hatte zur Folge gehabt, erstlich, daß die Wuth
der Slaven sich gegen die Dalmatiner wandte, zweitens,
daß diese, zwischen zwei Feuer getrieben, etwas thaten,
was sie sonst nie gethan hätten, nämlich, daß sie freiwillig
und mit Zustimmung des byzantinischen Hofes, gegen die
Bedingung ausgiebigen Schutzes sich und ihr Land dem
Dogen zu Füßen legten. Alles diente den geheimen Zwecken
Peters Orseolo und am Tage liegt, daß die Frucht
des Feldzugs schon halb gepflückt war, ehe der Doge zu
Schiffe stieg.

Wie er vollends einen dritten sehr mächtigen Stand
des Seelandes, nämlich die Klerisei gewann, wird aus
dem Verlaufe der Erzählung erhellen.

Große Seerüstungen wurden im Frühling 998 zu Ve-
nedig gemacht. Darauf, als Alles in Ordnung war, er-
öffnete Peter Orseolo den bevorstehenden Seezug mit einer
kirchlichen Feierlichkeit. Donnerstag den 28. Mai 998 —
Christi Himmelfahrtstag — im siebenten Jahre seines
Dogats, versammelten sich die Gewalten des Seelandes,
der Doge, die Geistlichkeit, die Signorie, das Volk, das
Heer, die Mannschaft der Flotte in und um den damaligen
Dom von Olivolo oder Stadt-Venedig. Der dortige Bischof
Dominicus, aus dem Geschlechte der Gradenico [1]), sang das
Hochamt; dann nach der Messe schritt er auf den Dogen
zu und übereichte ihm — so schreibt [2]) Chronist Johann, der
Augenzeuge — die Fahne des Triumphes. Was soll das
Wort bedeuten? Offenbar den Löwen des Evangelisten

---

[1]) Muratori XII., 225 unten ff.
[2]) Pertz VII., 31 unten: triumphale vexillum.

der hier zum erstenmale genannt wird. Sei gegrüßt, o
Banner des heil. Marcus, Sinnbild der Meeresherrschaft,
der Thatkraft und durchdringenden politischen Verstandes!
Dasselbe ist geboren, etwas mehr als ein Menschenalter
bevor zu Mailand vom Erzbischofe Heribert das Carrocium
aufgepflanzt wurde. Eine der freien Städte Italiens hat
von der andern gelernt.

Nun hieß es: wohl auf ihr Matrosen, die Anker
gelichtet! Der Doge und das Heer stieg zu Schiffe; sie
fuhren noch am selbigen Tage in nördlicher Richtung nach
dem Hafen von Jesolo, wo sie übernachteten. Am andern
Morgen ging der Zug weiter nach der Insel Grado. Bei
Annäherung der Flotte eilte Patriarch Vitalis mit der
Bevölkerung dem Dogen entgegen und erwies seinem Fürsten
— dies ist der Ausdruck, den Chronist Johann braucht [1]) —
„würdige Huldigungen, auch schmückte er die Rechte des
Dogen mit dem siegreichen Feldzeichen des heiligen Her=
magoras.“ Ich denke etwas, wie ein mit Reliquien aus=
gestatteter Fingerring, oder gleichfalls eine Fahne wird
gemeint sein.

Darauf wandte sich die Flotte gegen Süden nach der
Küste Istriens. Auf der Höhe von Parenzo angekommen,
ließ der Doge vor einer kleinen Insel beilegen, welche den
Eingang des Hafens beherrschte, und wollte dort über=
nachten, allein der ehrwürdige Bischof der Stadt, Andreas,
kam heraus, bezeugte dem Dogen solche Ehren und bat
ihn so dringend, den Parentiner Dom zum heil. Maurus
zu besuchen, daß Peter Orseolo, umgeben von vielen

---

[1]) Pertz VII., 31: digna suo principi obsequia exhibuit
dexteramque ejus victrici sancti Hermagorae signo condecoravit.

Soldaten, nach der Stadt fuhr, dem Gottesdienste anwohnte, dann aber wieder aufbrach.   Am folgenden Tage
landete die Flotte bei der Insel zum Andreaskloster, welche
unfern der Stadt Pola aus dem Meere aufsteigt. Daselbst
bezog das Heer und der Doge Quartier.   Als dieß in
Pola bekannt wurde, ruderten der Bischof sammt seinem
Clerus und den meisten Einwohnern von Pola heran und
verherrlichte den Dogen mit zwiefacher Ehre [1]).
    Was ist der Sinn des letzteren Ausdrucks? ohne
Frage dieser: nicht nur Pola und Parenzo, sondern ganz
Istrien erkannte damals erstlich die weltliche und zweitens
die geistliche Hoheit Venetiens an.   In der That steht
fest, daß die Halbinsel noch im Jahre 998, jedenfalls im
folgenden, der Metropolitanhoheit des Patriarchats Grado
und zugleich dem Scepter des Dogen gehorchte, sodann,
daß solches mit Zustimmung des Kaisers Otto III. und
des Papstes Sylvester II. geschah.   Dandolo erzählt [2]):
„auf den Antrag des Patriarchen Vitalis hat Papst Sylvester II. durch eine Bulle die Oberherrlichkeit des Stuhles
Grado über die Bischöfe Venetiens und Istriens erneuert." Die Bulle selbst findet sich in der Sammlung
von Jaffé nicht verzeichnet und ist, so scheint es, nicht
mehr vorhanden, gleichwohl kann kein Zweifel sein, daß
Dandolo sie vor sich hatte und benützte. Desgleichen muß
Otto III. eingewilligt haben, daß die Halbinsel nach langer Unterbrechung wieder unter den Metropolitanverband
von Grado zurückkehrte; denn sicherlich würde von Syl-

---

[1]) Perz VII., 31: Bertaldus eximius antistes cum clericorum et civium multitudine festinus advenit, et utroque honore
eundem ducem glorificavit.
[2]) Muratori XII., 231 unten.

vester II. die betreffende Bulle nicht wider den Willen
des Kaisers erlassen worden sein.

Noch ein besonderer Grund kommt in Betracht.
Durch Urkunde [1] vom 30. Mai 998, zwei Tage, nachdem Doge Peter den dalmatinischen Seezug angetreten
hatte, schenkte Otto III. gewisse in Istrien gelegene Ländereien an Dominicus Candiano, den Sohn eines Vitalis
Candiano, und allem Anscheine nach desselben, der 979
kurz nach Niederlegung des Dogats starb. Der Beschenkte
war demnach ein Vetter, jedenfalls ein naher Verwandter
des damaligen Patriarchen von Grado, und seine Belehnung hing, so scheint es mir, mit der neuen Organisation
der istrischen Kirche zusammen. Je mehr vornehme Beneter Lehen oder Eigenthum in der Halbinsel erlangten,
desto leichter konnte das Seeland die kirchliche und politische Hoheit über Istrien behaupten.

Außerdem liegen Thatsachen vor, welche beweisen,
daß seit 999 das Patriarchat von Aquileja — offenbar
wegen Entziehung Istriens — mit einem Stuhle der Halbinsel in langwierige Streitigkeiten gerieth. Ums Jahr 965,
zu einer Zeit, da Istrien dem Metropolitanverband von
Aquileja einverleibt war, hatte der damalige Patriarch
Rhodoald von Aquileja das verarmte istrische Bisthum
Parenzo mit der Pfarrei Rovigno ausgestattet [2]), die bis
dahin seinem Erzstifte angehörte. Jedoch um 999 forderte
der Nachfolger Rhodoalds, Patriarch Johannes, das ge-
schenkte Gut zurück, und bemächtigte sich desselben zuletzt

---

[1] Muratori, Antiq. Ital. I., 577.
[2] Man vergl. die Urkunde bei Rubeis, Monum. eccles Aquilej.
S. 468 u. 469.

mit Gewalt. Allein jetzt führte Bischof Andreas von
Parenzo Beschwerde bei Papst Sylvester II., der wirklich
zu seinen Gunsten entschied. Mittelst einer Bulle [1]), die
ins Jahr 1000 zu fallen scheint, sprach Sylvester II. die
strittige, von dem Patriarchen Johann angeblich „unrecht-
mäßiger Weise" besetzte Pfarrei dem Bischofe zu, die Bemerkung beifügend, daß der letztere vorher vergeblich die
Verwendung des Herzogs Heinrich von Baiern (des nachmaligen Kaisers Heinrich II.) angerufen habe. Der Herzog war folglich in Bezug auf die Abtretung Istriens an
Grado anderer Meinung gewesen, als Kaiser Otto III.
und Papst Sylvester II. Die Händel wegen Rovigno
dauerten weitere 10 Jahre. Durch Bulle [2]) vom März
1010 verfügte Papst Sergius III., der dritte Nachfolger
Sylvesters II., daß Rovigno allerdings dem Bischof Andreas von Parenzo verbleiben solle.

Wer sieht nun nicht, daß der Streit, betreffend den
Besitz von Rovigno, eine natürliche Folge des Abfalls der
Istrier vom Aquilejer Verbande war, folglich, daß die zu-
letzt angeführten beiden Bullen für die oben angeführte
Aussage Dandolo's Zeugniß ablegen.

Und nun fällt helles Licht auf das Verfahren des
Patriarchen Vitalis und auf die Vorgänge in Istrien.
Obgleich Doge Peter Orseolo im Anfange seines Dogats
unzweifelhaftes Mißtrauen gegen Vitalis an den Tag gelegt hatte, unterstützte Vitalis dennoch das Unternehmen
gegen Dalmatien und Istrien, weil er hierdurch seine eigene
Sache förderte, denn kehrten nicht, vom Dogen gewonnen,

---

[1]) Jaffé, Regest. pontif. Nro. 3006.
[2]) Ibid. Nro. 3030.

die istrischen Stühle unter die Hoheit seiner Metropole
zurück, und ward dieselbe nicht in dem Umfange herge=
stellt, den sie einst in den Zeiten Carls des Großen und
des Patriarchen Fortunatus eingenommen hatte! Anderer=
seits bemerke man, mit welch' überlegter Mäßigung der
Doge in Istrien sich betrug. Sorgfältigst meidet er den
Schein, als solle auf den freien Willen der Bewohner
irgend ein Zwang geübt werden. Die Flotte erscheint nicht
vor den bischöflichen Städten der Küste, sondern sie legt
an nahen Inseln bei, und der Doge betritt die Städte
entweder gar nicht, oder nur auf ausdrückliches Begehren
der Bischöfe. Ich ziehe hieraus den Schluß, daß sowohl
der Kaiser als Sylvester II., der zwar damals noch unter
dem Namen Gerbert zu Ravenna saß, aber des Papst=
thums so gut als versichert war, zur Bedingung gemacht
hatten, Istriens Wiedervereinigung mit Grado nur dann
gut zu heißen, wenn der Uebertritt völlig ungezwungen
erfolge. Eine eigentlich freie Wahl stand doch darum den
Istriern nicht zu: denn jetzt, da Venetiens Macht einen
so großen Aufschwung nahm, konnten sie nur dann Sicher=
heit ihres Handels und Besitzes hoffen, wenn sie gemeine
Sache mit dem Dogen machten.

Der Meerbusen, der auf der Südostseite Istriens
weit in das Land hineintritt, umschließt die Inseln Lussina,
Cherso, mit deren Hauptorte Ossero, Beglia, Arbe. Nach
Ossero wandte sich, von Pola aus weiter segelnd, der
Doge. Chronist Johann sagt [1]): „die Bewohner der be=
nachbarten Orte, sowohl Römer als Slaven, strömten in
Ossero zusammen und schwuren dem Dogen den Eid der

---

[1]) Pertz VII., 31 unten ff.

Treue. Peter Orseolo beging daselbst das Pfingstfest (5. Juni 998) und bot Alle, die in waffenfähigem Alter waren, zum Heeresdienst auf. Dieselben erschienen sammt und sonders und empfingen Sold." Weiter fuhr der Doge nach Zara, welchen Ort, wie oben gesagt worden, die Veneter schon früher inne hatten. Auch hier strömten die geistlichen und weltlichen Häupter der Umgegend zusammen und leisteten den Huldigungseid. „Die Bischöfe von Arbe und Veglia, die sich gleichfalls eingefunden hatten, übernahmen die Verbindlichkeit, hinfort das Kanzelgebet, unmittelbar nach Nennung des byzantinischen Basileus, für den Dogen zu sprechen." Deutlich erhellt aus dieser vom Chronisten Johann mitgetheilten Nachricht, daß dem venetischen Seezuge Unterhandlungen mit dem griechischen Hofe vorangegangen waren, kraft deren sich der Basileus einen Schein von Oberlehensherrlichkeit über die Dalmatiner vorbehalten hatte.

Südlich von Zara begann das zusammenhängende Gebiet der Slaven. Chronist Johann fährt[1]) fort: „da der König des Croatenvolks merkte, daß der Zug des Dogen eigentlich ihm gelte, aber sich gleichwohl außer Standes fühlte, einer so großen Macht zu widerstehen, schickte er Gesandte nach Zara, um die Veneter zu besänftigen; allein der Doge ließ dieselben gar nicht vor, sondern wies sie ungehört zurück. Kunde war ihm zugekommen, daß eben 40 vornehme Narentaner, welche Handelsgeschäfte in Apulien gemacht hatten, auf der Rückfahrt in die Heimat begriffen seien. Der Doge beorderte zehn Schiffe, denselben bei der Insel Cazza (welche westlich von Curzola fast mitten im adriatischen Meere liegt) aufzulauern; die

---

[1]) Pertz VII., 32.

Veneter, welchen dieser Auftrag zu Theil geworden, führ=
ten ihn glücklich aus, bemächtigten sich der Narentaner
und brachten sie nach der auf der Küste Dalmatiens gele=
genen Stadt Trau, die ihnen als Punkt angewiesen war,
wo sie wieder mit der Hauptmacht zusammenstoßen sollten."

Während dessen war der Doge nach 6tägigem Auf=
enthalt in Zara, gegen Belgrad, heutzutage Zara=Vecchia
genannt, etliche Meilen südlich von ersterer Stadt, aufge=
brochen. In der Nähe lag eine Insel, deren Einwohner
der Doge auffordern ließ, sich gutwillig zu unterwerfen.
Die Aufgeforderten befanden sich zwischen zwei Feuern: ein
Haufe Croaten hielt ihren Ort besetzt; draußen aber drohte
der Doge. Die Insulaner beugten sich vor dem, welchem
sie die größere Macht zutrauten: im Angesichte der Be=
satzung schwuren sie den verlangten Eid der Treue. Nun
fuhr Peter Orseolo nach der Stadt Trau, wo er sich
wieder mit der vorangeschickten Schiffsabtheilung vereinigte.
Die Stadt selbst und die Umgegend huldigte. Außerdem
erschien zu Trau ein Croatenhäuptling, der die Hülfe des
Dogen wider seine eigenen Verwandten anrief. Zwei
Brüder aus königlichem Geschlechte der Südslaven haderten
mit einander; der ältere unter ihnen, von den venetischen
Quellen Surigna genannt, war von seinem jüngern Bru=
der der Herrschaft beraubt worden. Derselbe bot damals
dem Dogen seine Unterwerfung an, und stellte seinen un=
mündigen Sohn als Geißel. Der Doge ging auf die an=
gebotenen Bedingungen ein, nahm den jungen Croaten mit
sich, und vermählte ihn später mit einer seiner Töchter.
Anstiftung von Parteien unter den Croaten war eines der
wichtigsten Mittel, ohne dessen Anwendung Venedig die
Herrschaft über Dalmatien nicht behaupten konnte.

Von Trau segelte Peter Orseolo nach Spalatro, der Metropole des Landes; der Erzbischof und die ganze Bevölkerung erkannten die Hoheit Venetiens an und huldigten. Bereits trug auch der Abfall Surigna's schnelle Früchte. Der jüngere Bruder desselben, König der Croaten genannt, schickte Gesandte nach Spalatro, bat um Auslieferung der 40 auf Cazza gefangenen Narentaner, wogegen er versprach, daß sein Volk nie mehr den Raubzoll begehren, noch sonst venetische Schiffer belästigen werde. Auf diese Zusicherung hin, gab der Doge 34 der Gefangenen frei; die übrigen 6 aber mußten ihm als Geißel des Worthaltens ihrer Landsleute nach Venedig folgen.

Nur zwei von den weiter südlich gelegenen Inseln, Curzola und Lesina, beide, wie es scheint ausschließlich von Slaven, unverbesserlichen Seeräubern, bewohnt, wagten es, bewaffneten Widerstand zu leisten; sie wurden im Sturme erobert und die auf ihnen befindlichen Raubnester zerstört. Obgleich der Doge nicht über die Narenta hinüber vordrang, wirkte der Schrecken vor seinen Waffen bis tief in den Süden hinab. Der Erzbischof von Ragusa erschien mit vielen der Seinigen im Lager des Dogen und erkannte ihn als Schutzherrn an [1].

Im Triumphe kehrte Peter II. Orseolo nach der Heimat zurück; ohne Frage waren seine Erfolge glänzend, innerhalb weniger Wochen hatte er dem Gemeinwesen des Seelands eine wichtige Provinz erworben. Dandolo sagt [2]: „seitdem legte sich Doge Peter mit Einwilligung des griechischen Basileus und unter Zustimmung des ganzen Volks,

---

[1] Pertz VII., 33.

[2] Muratori Script. XII., 227 oben und 230 gegen unten.

den Titel „Herzog von Dalmatien" bei." Daß auch der
deutsche Kaiser denselben anerkannte, wurde oben gezeigt.
Die Veneter haben später die Ehrsucht des Vaters durch
Absetzung des Sohnes bestraft, aber das Verdienst, das
Peter Orseolo durch Dalmatiens Eroberung errungen, vergaßen sie nie. Wer kennt nicht die weltberühmte Feierlichkeit der Lagunenstadt, die Vermählung des Dogen mit
dem adriatischen Meere, die alljährlich bis zum Sturze der
Republik am Himmelfahrtsfeste, als dem Tage stattfand,
an welchem Peter Orseolo nach Dalmatien abfuhr. Dieselbe ist zum Andenken der That dieses Dogen eingeführt
worden [1]): er war der erste Bräutigam der Adria.

Alte Zusätze, welche der ambrosianischen Handschrift
der Chronik Dandolo's beigefügt sind, sagen [2]) aus, damals
seien zuerst vornehme Veneter als Statthalter [3]) in die eroberten Städte Dalmatiens geschickt worden, nämlich nach
Spalatro Otto Orseolo (des Dogen jüngerer Sohn), nach
Trau Domenico Pollano, nach Sico (Sebenico oder einem
zerstörten Orte in der Nähe [4]) Johann Cornaro, nach Belgrad oder Zara-Vecchia Vitalis Michieli, nach Zara Iu-
stinian Maffei, nach Curzola und den umliegenden kleinern
Inseln Marinus Memmo. Diese Einrichtung kann jedoch
nicht lange bestanden haben, denn 30—40 Jahre später
findet man, wie unten gezeigt werden soll, die dalmatischen Städte unter der Verwaltung eingeborener Primaten.

---

[1]) Lebret, Geschichte Venedigs I., 240.
[2]) Muratori XII., 229 unten ff. Note **.
[3]) Praefecti.
[4]) Forbiger, Geographie der Alten II., 841 und Ferrarius,
Lexicon geogr. ed. Baudrand II., 192.

Zweiunddreißigstes Kapitel.

Peter II. Orseolo und Kaiser Otto III.

Nach der Eroberung Dalmatiens, wie vorher, erwies Otto III. dem Dogen dieselbe Gewogenheit, die man fast unbegreiflich nennen müßte, wären nicht seine abenteuerlichen Ideen sattsam bekannt. Im Januar 999 befand sich am kaiserlichen Hoflager zu Rom der mehrfach erwähnte Diacon Johann als Gesandter Orseolo's. Auf Bitte desselben stellte der Kaiser unter dem 7. Januar 999 eine Urkunde [1]) aus, kraft welcher er das Gebiet der venetischen Stadt Heracliana auf der Landseite beträchtlich vergrößerte, und Alles, was er als neuen Besitz zugefügt hatte, dem Dogen zu Lehen gab, mit der weiteren Bestimmung, daß der Bischof von Heracliana den Zehnten aus sämmtlichen aufgeführten Orten beziehen solle. Zur genaueren Erörterung der Urkunde sind gründliche Kenntnisse der dortigen Gegend nöthig, die mir fehlen, dennoch sieht man deutlich, daß der Kaiser die Ueberzeugung hegte, dem Dogen mittelst des bewilligten Zugeständnisses viel gewährt zu haben.

Es war dieß die dritte Anstrengung, welche Peter II. Orseolo zu Gunsten der Stadt Heracliana, insbesondere des dortigen Bisthums, machte. Warum hat er nun soviel für den einen Ort gethan? Meines Erachtens deßhalb, weil er rechnete, daß die Heraclianer, alte Anhänger erblicher Fürstengewalt, aus Dankbarkeit und etwa, um noch mehr in Zukunft zu erlangen, die geheimen Plane, mit denen sich der Doge trug, getreulich unterstützen werden.

---

[1]) Böhmer, Regest. Nro. 830.

Ich vermuthe auch, daß ebendieselben etliche Jahre später
auf der Volksversammlung, welche bei Lebzeiten des Vaters
Johann den ältesten Sohn Peters II. Orseolo zum Mit=
regen wählte, ihr Bestes gethan haben.

Laut dem Zeugnisse [1]) Dandolo's geschah es bei Aus=
stellung der Urkunde vom 7. Januar 999, daß Otto III.
zum erstenmale den Wunsch aussprach, seinen theuren Ge=
vatter, den Dogen der Veneter, persönlich heimzusuchen.
Doch stand es noch mehr als 2 Jahre an, ehe der Einfall
des unglücklichen Fürsten verwirklicht ward. Otto feierte
Ostern 1001 (13. April) zu Ravenna. Dort erschien
Diacon Johann als Gesandter des Dogen und verabredete
das Weitere wegen der Reise; Peter Orseolo muß dem
Kaiser vorgestellt haben, daß es unumgänglich nöthig
sei, die Sache in tiefes Geheimniß zu hüllen. Otto ging
Alles ein. Der Kaiser kündigte öffentlich an, daß er nach
der Abtei Pomposa, auf der vor der Po=Mündung gelegenen
Insel gleichen Namens, sich begeben werde, um dort zu
Wiederherstellung seiner Gesundheit einen Maitrank zu
brauchen, und fuhr wirklich mit wenigen Begleitern hinüber.
Drüben angekommen forderte er von den Mönchen ein
Gemach, angeblich für dreitägigen Aufenthalt. Aber am
ersten Abend, nachdem es dunkel geworden, bestieg er mit
dem Grafen Heinrich aus dem Luxemburger Hause, einem
Schwager des nachmaligen Kaisers Heinrich II., mit Raim=
bold von Treviso, mit dem Leibwächter Teupern, den zwei
Kämmerern Reinhard und Tammo, dem Caplan Walter
und dem Cardinal Friederich (der noch im nämlichen Jahre
das Erzbisthum Ravenna erlangt hat) ein Schiff, das der

---

[1]) Muratori XII., 231 oben.

Veneter Diacon Johann in einer benachbarten Bucht bereit hielt [1]).

Die hohe Gesellschaft ward bei ziemlich unruhiger See die ganze Nacht und den folgenden Tag hindurch nach Stadt-Venedig hinüber gerudert: erst spät Abends erreichte Otto III. das unweit des Dogenpalasts gelegene Kloster St. Servolo, wo ihn der Doge erwartete: es war stockfinster und Fackeln wurden absichtlich nicht angezündet, um Aufsehen zu vermeiden; der Kaiser und der Doge umarmten einander in der Dunkelheit, ohne sich gegenseitig zu sehen; dann wies Peter Orseolo den Gast in's Zacharias-Kloster mit der Bitte, daß er ihn den nächsten Morgen frühe vor Tagesanbruch im Dogenpalast besuchen möge. Dem geschah so; nachdem Otto III. einige Stunden in dem Kloster ausgeruht hatte, begab er sich in den Palast, beschaute die Herrlichkeiten desselben und ward dann mit nur zwei Dienern in den östlichen Eckthurm eingeschlossen.

Peter Orseolo II. hatte nämlich Vorsorge getroffen die obengenannten Begleiter von dem Kaiser zu trennen, — sie waren in einer Wohnung nahe am Palast untergebracht worden. Dieselben erschienen öffentlich und warteten dem Dogen auf, als er des andern Tags aus der St. Marcus-Capelle vom Morgengebet zurückkam. Peter Orseolo stellte sich, als ob er jetzt erst das Erscheinen der fremden Gäste, die er als kaiserliche Gesandte behandelte, erfahre, fragte sie nach dem Befinden ihres Gebieters und machte ein vergnügtes Gesicht, als sie ihm sagten, daß sie den Kaiser zu Pompofa in erfreulichem Wohlsein verlassen hätten. Der Doge lud sie zu Gaste und tafelte

---

[1]) Pertz VII., 33 ff.

mit ihnen öffentlich; den im Thurm verwahrten Kaiser be=
suchte er erst spät Abends, und aß mit ihm unter 4 Augen
zu Nacht. Wie vor 5 Jahren ermangelte Otto III. nicht,
auch bei dieser Gelegenheit eines der Kinder des Dogen,
nämlich eine Tochter, aus der Taufe zu heben, also daß
ihn jetzt eine doppelte Gevatterschaft mit dem Hause der
Orseoli verband.

Abends, am dritten Tage nach der Ankunft in Ve=
nedig, verabschiedete sich Otto III. unter gegenseitigen Thrä=
nen und heißen Versicherungen beständiger Freundschaft von
dem Dogen, bestieg, so heimlich, wie er gekommen war,
nur von dem Diacon Johann und zwei (offenbar venetischen)
Dienern begleitet, ein Schiff, das ihn nach Pomposa und
von da weiter nach Ravenna zurückbrachte. Jene 7 oben=
genannten Herren hatten vom Kaiser kurz vor der Abfahrt
aus Venedig Befehl erhalten, ihm erst am nächsten Tage
zu folgen. Chronist Johann fügt [1]) noch eine andere Nach=
richt bei: „Erst nachdem der Kaiser wieder in Ravenna
eingetroffen war, erklärte er öffentlich, daß er in Venedig
gewesen sei, was allgemeines Staunen erregte. Als dieß
drüben im Seeland ruchbar wurde, versammelte der Doge
die Stadtgemeinde in seinem Palast und legte Rechenschaft
von dem ab, was zwischen ihm und Otto III. vorgegangen,
das Volk aber lobte ebensosehr das Vertrauen, das der
Kaiser dem Dogen bewiesen, als die Klugheit des letzteren.“

Hier sind Räthsel zu lösen: erstlich fragt es sich,
wie mag es dem Dogen gelungen sein, Otto III. zu be=
stimmen, daß er seine Einwilligung gab, gleich einem
Uebelthäter verkleidet und heimlich Venedig zu besuchen

---

[1]) Pertz VII., 34.

und sich dort wie einen Gefangenen behandeln zu lassen. Meine Ansicht ist diese: Zwanzig Jahre früher waren die Candiani und zwar deshalb gestürzt worden, weil sie eine allzu enge Verbindung mit dem kaiserlichen Hause eingegangen hatten; nicht ohne guten Fug konnte daher Peter II. Orseolo vorschützen, seine persönliche Sicherheit stehe auf dem Spiele, wenn er den noch größeren Sohn oder Enkel der großen Kaiser Otto I. und Otto II. offen im Dogenpalast empfange, denn unfehlbar würden dann die byzantinisch-gesinnten Veneter das Volk wider ihn verhetzen.

In der That ist es denkbar, ja vielleicht wahrscheinlich, daß unverhülltes Auftreten des Kaisers in Venedig dem Dogen Gefahr gebracht hätte; dennoch war meines Erachtens der angegebene Grund des Versteckspieles, das getrieben ward, nicht der wahre, sondern die eigentliche Absicht Peters Orseolo zielte dahin, den Besuch des fremden Herrschers so einzurichten, daß nur er, der Doge, Zutritt zu ihm erhielt, über Ohren und Augen Otto's verfügen konnte, während der Verkehr aller Andern mit ihm ausgeschlossen blieb. Man erwäge, wie listig der Doge den Kaiser von den sieben Begleitern trennte. Gleich nach der Ankunft des Schiffes werden die Sieben in eine Wohnung nahe beim Palaste befördert, Otto III. aber empfängt die Weisung, allein nach dem Kloster des heil. Zacharias zu gehen, allein am andern Morgen in dem Palaste sich einzufinden; dort angekommen, muß er mit zwei Dienern in den Eckthurm wandern und bleibt den ganzen Tag über von der übrigen Welt abgeschnitten. Während dessen erscheinen die Sieben unter der Maske von Gesandten öffentlich in Venedig, werden zur Tafel gezogen und mit eitlen Lustbarkeiten also hingehalten, daß sie ihren Herrn nicht sehen noch sprechen können, und auch noch beim Abschiede weiß der Doge die Sache so einzufädeln, daß Otto den Sieben Befehl geben muß, erst einen Tag nach ihm ab= zureisen. Peneter, Vertraute des Dogen, der Diacon Johann und zwei Andere sind es gewesen, die den Kaiser nach Ravenna zurückführten.

Ich bin überzeugt, daß die Sieben zur großen Zahl der Verräther gehörten, die den unglücklichen Fürsten, so lange er lebte, in's Verderben gängelten. Aber möchten sie auch noch so schlecht und käuflich sein, der Doge hegte Bedenken, ob sie zu dem Spiele, das er mit dem ganz in seine Hand gegebenen Träumer zu treiben verhatte, mit= helfen werden. Sodann handelte er unverkennbar in der Voraussetzung, daß er dem jungen Kaiser, sobald derselbe außer Standes sei, den Rath eines Dritten zu hören, alles Mögliche vorgankeln könne. Welches Lügenspiel wird er im Innern des Palastes aufgeführt, welche Versicherun= gen grenzenloser Ergebenheit für die Pläne des Kaisers und die bevorstehende Wiederherstellung des alten Römer= reiches wird er verschwendet haben. Nie ist ein Fürst so schmählich betrogen worden, wie es damals dem dritten Otto zu Venedig geschah.

Zweite Frage: Warum hat der Unglückliche so viel Werth darauf gelegt, den Dogen in eigener Person zu besuchen? Meines Erachtens bedarf es keines besondern Scharfsinnes, um den Grund zu errathen. Venedig und Seemacht waren damals fast gleichbedeutende Worte. Als Kaiser Otto III. Bedacht nahm, alle jene Hofämter, Ge= nerale, Staatsminister, Consuln und Proconsuln, Präfekten, Spatharier, Patricier, Grafen des hohen Palastes, Logo= theten, Kanzleidirektoren u. s. w. zu schaffen, welche das wiederhergestellte Römerreich — wenn es einmal dastünde — berathen, maßregeln, hofmeistern und verwalten sollte, hatte er auch die Errichtung einer Flotte nicht vergessen. Der Admiral war, wie wir wissen, [1] bereits ernannt. Fehlten nur noch die Taue, die Anker, die Ausrüstung, die Schiffe selber, das nöthige Geld und insbesondere die Matrosen. Wohlan, eben um diese mangelnden Kleinigkeiten herbei- zuschaffen, hat meines Erachtens Otto III. die Reise nach Venedig gemacht. Schon früher wird er, denke ich, den Dogen wiederholt gemahnt haben, daß Peter Orseolo doch einmal die versprochene Reichsflotte schicken möge, aber statt der Schiffe waren bisher immer Briefe oder Gesandtschaften mit schönen und glaubwürdigen Entschul- digungen eingelaufen.

Das sollte jetzt anders werden. Otto III. zweifelte keineswegs, daß der Doge, wenn er nur in eigener Person mit ihm rede, hingerissen vom Zauber der Majestät, diesem Zauber, dessen Wirkungen er, „der Sachse, Grieche von Geburt und Römer durch Macht," so oft an seiner näch- sten Umgebung erprobte, alle noch etwa vorhandenen Schwierigkeiten schnell beseitigen werde. Denn was Peter Orseolo's guten Willen betrifft, so schien derselbe gegen jeden Verdacht gesichert: hatte er nicht so oft seine Be- reitwilligkeit, Alles für das Römerreich zu thun, hoch und heilig betheuert, ja hatte er nicht als Unterpfänder treulichen Worthaltens mehrere Schenkungsurkunden, gleichsam als Abschlagszahlung auf die Kosten der Reichsflotte nicht nur gefordert, sondern auch richtig erhalten. Wie es aber kam, daß Otto gleichwohl aus Venedig wieder abreiste, ohne

---

[1] Gfrörer, Greger VII., B. V. S. 823.

die Reichsflotte mitzunehmen, das kann ich, da ich nicht
Zeuge der zwischen dem Kaiser und dem Dogen gepflogenen
Zwiegespräche war, nicht mit genügender Sicherheit erklären;
aber sehr wahrscheinlich dünkt es mir, daß Peter dem
Kaiser bewies, immerhin seien noch ein bis zwei Jahre
nöthig, um die Flotte gehörig auszurüsten, denn das ver=
stehe sich von selbst, daß dieselbe der Größe des Kaisers
und des wiederhergestellten Römerreiches entsprechen müsse.
Auch wird er sein tiefes Bedauern darüber ausgesprochen
haben, daß die Nothwendigkeit des Incognito ihm das
Vergnügen raube, dem Kaiser die Werften zu zeigen, damit
er mit eigenem Auge schaue, wie viele tausend Menschen
mit Herrichtung der Schiffe fortwährend beschäftigt seien.

Dritte Frage: Warum hat Otto III., bald nachdem
er wieder in Ravenna eingetroffen war, das Geheimniß
der venetischen Reise ausgeplaudert. Ich denke, das wird
darum geschehen sein, weil man ihm dort zu Ravenna
Flöhe in die Ohren gesetzt hatte, ob auch die letzten Ver=
sicherungen Peters Orseolo vollen Glauben verdienen.
Otto III. glaubte noch immer an die Aufrichtigkeit des
venetischen Gevatters, aber um ganz sicher zu gehen,
machte er den Zweck seiner Reise bekannt; das sollte näm=
lich den Dogen zum Worthalten antreiben. Nun mußte
freilich auch Peter Orseolo drüben auf Rialto reden, aber
was er den Venetern vorgesagt hat, das erfahren wir
nicht — denn Chronist Johann schweigt über diesen Punkt;
auch ist klar, daß es Peter nicht schwer fallen konnte, zu
lügen, denn kein Dritter hatte ja den Unterredungen ge=
lauscht, die er mit Otto pflog; folglich brauchte der Doge
nicht zu fürchten, daß er von irgend Jemand widerlegt
werde. Ein Punkt aber steht fest, das gute Einvernehmen

zwischen dem Kaiser und dem Dogen dauerte auch nach
der Reise bis zum Tode des ersteren fort. Chronist Johann
spricht [1]) von herrlichen Geschenken, die beide sich seitdem
gegenseitig zusendeten. Ich ziehe hieraus den Schluß, daß
die Kämmerer Otto's III. — und gewiß nicht zu ihrem
Schaden — das Mögliche gethan haben, um die günstige
Stimmung, welche der Kaiser stets für den Dogen hegte,
im Gange zu erhalten.

Neun Monate später befreite der Tod die Welt von
einem unfähigen Fürsten, den Dogen aber von einem lästigen Mahner. Gleich nach dem Abscheiden Otto's III. warf
sich, wie wir wissen, [2]) in Lombardien trüben Ardoin zum
Gegenkönige auf; bei der Verwirrung, die nunmehr entstand, ergriff Doge Peter Orseolo Partei für den neuen
König Germaniens, Heinrich II. Nicht ohne guten Lohn
that er Solches. Dandolo weist [3]) auf die noch vorhandene
Urkunde hin, [4]) kraft welcher Heinrich II. unter dem 16.
November 1002 zu Regensburg alle von früheren Herrschern bewilligten Rechte und Freiheiten dem Herzoge von
Venetien und Dalmatien — diesen Titel gab er ihm —
bestätigte. Mochte Peter Orseolo den verstorbenen Kaiser
noch so schmählich betrogen haben, unter damaligen Umständen wog der Beitritt des Venediger Dogen schwer.

Mit Zustimmung desselben Königs ist meines Erachtens auch geschehen, was beide Chronisten weiter erzählen,
nämlich, daß der älteste Sohn des Dogen, Johann genannt
und damals 18jährig, zum Mitdogen ernannt ward. Dau-

---

[1]) Pertz VII., 34 unten.
[2]) Gfrörer, Gregor VII., B. V. S. 934. VI., 53.
[3]) Muratori XII.. 232 unten.
[4]) Pertz, Archiv III., 601.

rolo sagt, solches sei durch das Volk und zwar in allge=
meiner Versammlung bewerkstelligt worden. Ich halte dies
für buchstäblich wahr — nie und nimmermehr würde der
große Rath, dem es von Rechtswegen zukam, über solche
Fragen zu entscheiden, die Hand dazu geboten haben, daß
das, was Peter Orseolo beabsichtigte, verwirklicht, nämlich,
daß das Herzogthum im Hause der Orseoli erblich gemacht
werde. Den großen Haufen, dem er viel Geld zu verdienen
gab und der vor des Dogen Ungnade zitterte, die Boots=
knechte, Fischer, Vogelsteller von Rialto, Heracliana, Tor=
cello konnte Orseolo zu solchen Dingen hinreißen, nicht
aber die besitzenden Klassen. Letztere haben vielmehr später
ihren Unwillen über die That des Vaters dem Sohne
eingetränkt.

Daß außer dem deutschen Hofe auch der griechische
die Einsetzung des Mitdogen gebilligt und überdies zu an=
dern Dingen, die mit letzterer Maßregel enge zusammen=
hingen, die Hand geboten hat, kann man bündig darthun.
Doch ist ein kleiner Umweg hiezu nöthig. Die Jahrbücher
von Bari berichten:[1] „Im Jahre 1003 ward Bari, die
Hauptstadt des griechischen Italiens, von einer saracenischen
Flotte unter dem Befehle des Alcalden Saphi (Juffuf),
eines Renegaten, angegriffen. Die Belagerung dauerte vom
Maimonate bis gegen Ende Oktober; da kam Peter, der
Doge von Venedig, und befreite unsere Stadt.“ Auch
Chronist Johann erwähnt dieses Ereigniß, jedoch zu einem
erweislich [2] falschen Jahre und fügt weiter bei, daß in

[1] Pertz Script. V., 53.
[2] Er sagt (Pertz VII., 35): im Jahre der Menschwerdung
des Erlösers 1004, dem zehnten des Dogen Peter, sei Johann
zum Mitdogen erhoben worden, und im nämlichen Jahre habe

der belagerten Stadt der kaiserlich griechische Catapan von
Italien, Gregorius, weilte, der folglich in Gefahr schwebte,
von den Saracenen gefangen zu werden. Bari selbst war
von allen Seiten, folglich auch zu Land umzingelt und
würde ohne die Hilfe der Veneter verloren gewesen sein.
Peter Orseolo fuhr am St. Lorenztag (den 10. August)
von Venedig ab, erzwang den 6. September den Eingang
in den Hafen von Bari, schaffte sogleich eine Masse Lebens=
mittel in die Magazine der Stadt, welche bereits Hunger
litt, dann theilte er die vorhandenen Streitkräfte. Ein
Haufe ward auf die Mauern gestellt, um die Angriffe von
der Landseite her abzutreiben, mit der übrigen Mannschaft
ruderte der Doge hinaus in die See, suchte die saracenische
Flotte auf, griff sie an, überwand den Feind in dreitägigen
Gefechten, bei welchen fleißig mit glühenden Pfeilen [1]),
d. h. meines Erachtens mit griechischem Feuer, geschossen
ward. Als die feindliche Seemacht das Weite gesucht hatte,
hielten auch die Belagerer auf der Landseite nicht mehr
Stand: alle flohen, auch die, welche schon seit langer Zeit
sich im Besitze der benachbarten Orte befanden.

Aus letzterem Satze scheint zu erhellen, daß eine
Partei unzufriedener Christen gemeine Sache mit den Sa=
racenen gemacht hatte. Die Longobarden von Benevent

Peter Orseolo die Flotte nach Bari geführt. Das ist ein Wider=
spruch: das zehnte Jahr des Dogen verlief von Mitte März 1002
bis zum gleichen Tag des folgenden Jahres 1003 und hat mit dem
Jahre Christi 1004 nichts zu schaffen. Meines Erachtens ist Johann
Anfangs März 1003, im zehnten Jahre seines Vaters, Mitdoge ge=
worden; im folgenden August entsetzte dann Peter Orseolo die
Stadt Bari.

[1]) Wörtlich: igneis jaculis.

fanden nachgerade den byzantinischen Steuerdruck unerträglich und versuchten es, mit saracenischer Hilfe die Griechen aus Süditalien zu vertreiben. Wir begegnen hier den ersten Keimen der Bewegung, welche etliche Jahre später jener Melos, halb Lombarde, halb Saracene, anschürte, der, wie an einem andern Orte [1]) gezeigt worden, zuletzt Normannen aus dem Gebiete der untern Seine herbeirief und unfreiwilliger Stifter des süditalischen Normannenreiches geworden ist.

Nicht umsonst hat Doge Peter II. Orseolo dem Basileus und seinem baufälligen Reiche in Süditalien den wichtigen Dienst vor Bari geleistet. Dandolo erzählt [2]): „Nach der Rückkehr von dem glorreichen Seezuge schickte der Doge seine beiden Söhne, Johann den Mitdogen und dessen jüngeren Bruder Otto, in die Hauptstadt des Ostens. Prächtig wurden sie von den beiden Basileis Basilius und Constantin empfangen. Ja, Mitdoge Johann erhielt eine Nichte der beiden Herrscher, Maria, die Tochter ihrer leiblichen Schwester und des erlauchten Herrn Argyropolus, zur Gemalin. Herrliche Feste fanden zur Feier der Vermählung statt: der Patriarch von Constantinopel traute die hohen Verlobten in der kaiserlichen Capelle, die beiden Basileis aber, Constantin und Basil, legten ihnen die Hände auf das Haupt, um sie einzusegnen, auch wurden die Neuvermählten mit Kronen geschmückt. Da Basileus Basil eben um jene Zeit im Begriffe stand, einen Feldzug nach dem Lande der Bulgaren anzutreten, ersuchte er den Mitdogen Johann, so lange in Constantinopel zu bleiben,

---

[1]) Gfrörer, Gregor VII., B. I., 606. VI., 124.
[2]) Muratori XII., 233 und Pertz VII., 36.

bis er (der Basileus) zurückkehren würde. So geschah es
auch. Nach siegreicher Beendigung des Kampfes ernannte
Basil, wieder in der Hauptstadt angelangt, den Mitdogen
zum kaiserlichen Patricius, seiner Nichte aber, der Gemahlin
Johanns, schenkte er die Reliquien der h. Barbara. Mit solcher
Ausstattung kehrte Johann nebst Gemahlin und Bruder in die
Heimat zurück, ward mit hoher Freude sowohl von dem
Vater, Peter Orseolo, als auch von den Venetern begrüßt
und legte die mitgebrachten Gebeine der heil. Barbara in
die Dogencapelle nieder. Kurz darauf gebar die junge
Herzogin Maria, die noch in Constantinopel schwanger
geworden, ein Söhnlein, das zur Ehre des kaiserlichen
Oheims von Griechenland den Namen Wasil empfing."

Einen noch ausführlicheren Bericht als Dandolo gibt
Chronist Johann von den Vorgängen zu Constantinopel
und den dortigen „Hochgeziten" [1]) zum Besten. Unnachahmlich
ist der Zug, den ich oben aus seiner Darstellung entnahm,
daß nämlich die beiden Kaiser in Anwesenheit des Patriarchen, dem hohen Brautpaare ihre Hände auf das Haupt
legten, um sie zu segnen. Man ersieht daraus etwas, was
die Griechen sonst selten nackt eingestehen, nämlich, daß im
östlichen Römerreiche der Basileus eigentlicher Papst und
daß der Patriarch nur sein Handlanger war.

Im Uebrigen macht Chronist Johann solche Luft-
sprünge, daß man meinen sollte, das, was er erzählt, sei
ein in schlechtes Latein übersetzter Artikel aus einer heutigen
Hofzeitung. Wie der Mitdoge sammt seiner hohen Gemahlin

---

[1]) Anfang des Nibelungenlieds:
Uns ist in alten Mähren Wunders vil geseit
Von Helden lobebären, von großer kuenheit
Von Fröuden, Hochgeziten, von Weinen und von klagen u. s. w.

aus Constantinopel abfährt, vergießen [1]) die versammelten
Verwandten bittere Zähren vor Schmerz über die grau=
same Trennung. Und während der Heimreise legen nicht
nur die Unterthanen des griechischen Reichs, die am Wege,
d. h. längst der Küste wohnten, sondern auch die benach=
barten barbarischen Nationen eine Ergebenheit an den Tag,
dergleichen ich in den Zeitungen häufig, aber nie im wirk=
lichen Leben beobachtet habe. Als aber gar das Paar in
Venetien anlangt, da leuchtet dorten eine Freude auf,
„wie sie seit Menschengedenken nie erhört worden ist.“ Man
sieht, der Hofton hatte während der 12 Jahre, seit Peter
Orseolo den herzoglichen Stuhl einnahm, merkliche Fort=
schritte in Venetien gemacht. Auch benahm sich der Doge
bei diesem Anlasse wie der Sproße eines uralten Herrscher=
hauses. In der Freude seines Herzens über die glückliche
Vermählung des Sohnes schenkte er — so berichtet Johann
— um dem Allmächtigen seine Dankbarkeit zu beweisen,
den Venetern eintausendundfünfzig Pfunde vollwichtiger
Denare. „Der Herr ist heute froh gestimmt, darum Würste
und Fidelbogen für das Volk.“

Die Gemahlin des jungen Dogen war eine leibliche
Enkelin des hochseligen Basileus Romanus II., der 963
an Entkräftung verschied; eine leibliche Nichte der beiden
regierenden Basileis Constantin und Wasil; eine leibliche
Nichte endlich der verstorbenen deutschen Kaiserin Theophano

---

[1]) Pertz VII., 36: nam parentum conventus. pernobilem
puellam regionem ad exteram quasi exulem euntem plorantes.
non deerant. — Cui Graecorum seu aliarum gentium incolae
ubique usque ad patriam non denegabant impertiri obsequia. —
Revera par gaudium nostris finibus emicuisse. nemo nostrorum
reminiscitur.

traurigen Gedächtnisses. Nicht ohne Grund mochte Peter Orseolo wähnen, daß mit einer solchen Schnur seine neue Dynastie festgenietet sei auf lange Zeiten hinaus. Hier ist der Ort, den Dogen, nachdem wir ihn bis auf den Gipfel seiner Lebenshöhe begleitet haben, fest ins Auge zu fassen.

Er begann damit, daß er den Kaufherren, dem ersten Stande Venetiens, durch die Handelsverträge, die er mit saracenischen Mächten schloß, außerordentliche Vortheile verschaffte. Das that er aber nicht aus Ruhmliebe, noch aus Pflichtgefühl, sondern verborgener Zwecke wegen, welche schon damals einzelne scharfsichtige Geister ahnten. Beweis dafür die Nothwendigkeit des Aufruhrgesetzes von 998. Darauf machte er durch die Gebietserweiterungen, die er auf dem Festlande Italiens erwarb und großentheils der Einfalt des deutschen Kaisers Otto abgelistet hat, eine Menge Leute, namentlich die Gemeinde Heracliana und den dortigen Bischof, von sich abhängig. Den Verlegenheiten, welche ihm das dem unglücklichen Sachsen vorgegaukelte Gewebe des Trugs bereiten mochte, entging er unverdient durch den Tod Otto's III. Nachdem ihn hierauf die Empörung Ardoins, und ihre natürliche Folge, die Nothwendigkeit, in der sich Heinrich II. befand, Verbündete in Oberitalien zu suchen, vor deutscher Rache gesichert hatte, warf er die Maske ab; durch allerlei Demagogenkünste, welche er auf den großen Haufen spielen ließ, setzte er durch, daß sein Sohn Johann zum Mitdogen bestellt wurde.

Das war der erste Schritt zur Erblichkeit herzoglicher Gewalt, einen zweiten, der das Werk krönte, zu thun, gestattete ihm der saracenische Angriff auf Bari. Basileus Wasil, der tapfere Soldat, welcher alle vorhandenen Kräfte des Reichs auf den Krieg wider die Bulgaren verwenden

mußte, vermochte die Hauptstadt des byzantinischen Italiens
nicht zu schützen; den alten Verträgen gemäß wandte er
sich an den Dogen der Veneter um Hilfe. Wer wird
glauben, daß Peter II. Orseolo den geforderten Dienst
umsonst geleistet habe! Je nun, mit Händen kann man
den Preis greifen, den er ausbedang: derselbe bestand
darin, daß die griechische Prinzessin dem Mitdogen ihre
Hand reichen sollte. Nicht ohne Grund melden die Chro=
nisten: unmittelbar nach dem Unternehmen auf Bari sei
des Dogen Sohn, Johann, nach Constantinopel zur Hoch=
zeit abgereist. Bari's Befreiung war die Morgengabe ge=
wesen, welche der Doge der künftigen Schnur übermachte.

Und wenn es nun gelang, das von dem alten Peter
so glücklich begonnene Spiel zwei Menschenalter ungehin=
dert fortzusetzen, was mußte die Folge davon sein? die, daß
ein Stück Byzanz nach Italiens Nordostküste verpflanzt
ward, die, daß die Verfassung von 959 und mit ihr poli=
tische Freiheit unwiederbringlich zu Grunde ging, die, daß
eine Zukunft voll Ruhms dahin welkte, wie Maienblüthen
durch Frühlingsfrost, die, daß jede edle Regung, deren
venetische Herzen fähig sein mochten, in unauflöslichen
Widerstreit mit einer von Außen aufgedrungenen tyranni=
schen Gewalt gerieth, die ihr eigenes Dasein nur durch
allgemeine Entsittlichung fristen konnte.

Die Veneter wußten, was sie zu thun hatten, obgleich
der Blitz, längere Zeit durch zufällige Hemmnisse aufge=
halten, erst 20 Jahre später einschlug. Immerhin ist man
im Stande, bündig nachzuweisen, daß die Erblichkeit des
Dogats, und noch mehr die byzantinische Heirat des
Mitdogen, schon 1004 bitteren Unmuth in Venetien erregte.
Chronist Johann, der Erfinder obiger Redensarten, treibt

die Unverschämtheit so weit, folgende Worte [1]) hinzuschrei=
ben: „daß Doge Peter Orseolo seinen theuren Sohn Jo=
hann nach Constantinopel schickte, um dort eine Gemahlin
zu holen, geschah nur deßhalb, weil er durch unabläßige
Zumuthungen der byzantinische Basileis Wasil und Con=
stantin dazu gezwungen worden war." Das ist eine
handgreifliche Lüge, ersonnen zu dem Zweck, den Tadel der
öffentlichen Meinung abzulenken. Lobredner des Dogen,
Leute, wie der Chronist und Genossen, müssen den Bene=
tern vorgesagt haben: schmerzlich berührt es unsern gnä=
digsten Gebieter, wahrzunehmen, daß die Vermählung
seines Sohnes mit der Prinzessin so wenig Beifall findet.
Aber wahrlich, er konnte nicht anders handeln; denn hätte
er die sehr bestimmten Anträge aus Constantinopel zurück=
gewiesen, so stand zu befürchten, daß der volle Zorn des
Basileus über Venetien und den Dogen selber losgebrochen
sein würde.

Sehr gut stimmt hierzu eine andere Thatsache. Peter
Damiani erzählt [2]): „ein gewisser Doge von Venedig hatte
eine Frau aus Constantinopel geehelicht, welche so üppig
und verwöhnt war, daß sie es verschmähte, sich mit ge=
meinem Wasser zu waschen. Ihre Bedienten mußten den
Thau des Himmels einsammeln, aus welchem sie sich Bäder
bereiten ließ. Auch Speisen genoß sie nicht, wie andere
Menschenkinder mit der Hand, sondern ihre Eunuchen

---

[1]) Pertz VII., 36 oben: Petrus. famosus dux. sedula petitione
a Vassylio et Constantino imperatoribus coactus, Johannem
ducem, suam dilectam prolem, ad regiam urbem, causa conjugii,
delegavit.

[2]) Opusculum 50 de institutione moniali Opp. (ed. Pari
1642) Vol. III., 340.

schnitten dieselben erst in kleine Stücke, dann führte sie
letztere mit einem gewissen goldenen Werkzeuge, das zwei
Zinken hatte, zum Munde. Die Gemächer ebenderselben
dufteten stets von den feinsten Wohlgerüchen." Lebret,
Verfasser der Geschichte von Venedig, ein Mensch von
überaus knappem Verstande, der sich aber selbst für weise
und aufgeklärt hielt, spottet [1]) über die angebliche Dumm=
heit Peters Damiani, der den Gebrauch einer goldenen
Gabel als verdammlich verschreie.

Ich bin anderer Meinung: offenbar hat der Abt
von Fontavella das, was er vorbringt, aus der venetischen
Ueberlieferung geschöpft, die der griechischen Gemahlin des
Dogen bitter abhold gewesen sein muß. Auch halte ich
diese Abneigung für begründet. Politische Freiheit, wie sie
in Venetien bestand, verlangt einfache Sitten, und bei
allem Reichthum eine gewisse Sparsamkeit. Hätten viele
Venetianerinnen — erst die Weiber und Töchter der großen
Kaufherren, dann, wie es zu geschehen pflegt, die mittleren
und kleineren — das von Maria gegebene Vorbild nach=
geahmt, so würde das Seeland nie zu der Höhe von
Macht aufgestiegen sein, die es wirklich erreichte. Sonder=
barer Weise erheben auch deutsche Quellen, wie ich an
einem andern Orte [2]) gezeigt habe, Beschwerde darüber,
daß durch die Griechin Theophano, Mariens Muhme,
fremder Putz bei uns eingeführt worden sei. Sollte etwa ein
System beiden Erscheinungen zu Grunde liegen! Immer=
hin steht fest, daß Luxus eines der Reizmittel ist, mit
welchen Despotie freie und unverdorbene Völker zu ködern
pflegt.

---

[1]) Lebret, B. I. S. 250.
[2]) Gfrörer, Greger VII. B. V. S. 554—555.

Während Mitdoge Johann in Constantinopel weilte, um sich dort zu vermählen, war der neue König von Deutschland, Heinrich II., zum erstenmale — 1004 — in Italien erschienen. Peter Orseolo schickte seinen jüngsten Sohn nach Verona hinüber, um den König zu bewillkommnen. Die Mummerei von 996 wurde bei diesem Anlasse wiederholt. Heinrich II. ließ den Knaben firmeln und genehmigte, daß er hinfort den Namen Heinrich führen möge [1]. Zwei Jahre später — 1006 — erglänzte [2] durch drei Monate ein hellleuchtender Komet — zum Schrecken für Viele — am Himmel, auf das Kometenjahr folgten [3] Hungersnoth und Seuchen, welche letztere auch in das herzogliche Haus von Venedig einschlugen: innerhalb 16 Tagen sanken die Herzogin Maria und deren junger Gemahl in's Grab. Wären beide länger am Leben geblieben, so würde vielleicht die Umwälzung von 1026 um mehrere Jahre früher ausgebrochen sein. Unverweilt erhielt Venetien einen andern Mitdogen, denn Peter Orseolo brachte zu Wege, daß das venetische Volk seinen jüngeren Sohn Otto, der — 1007 — vierzehn Jahre zählte, zum Mitregenten erkor.

Fast scheint es, als habe man im Seelande eine Zeitlang befürchtet, daß der alte Doge die Versorgung seiner zahlreichen Nachkommenschaft dem Staate aufzubürden gedenke. Denn Chronist Johann stellt es als eine rühmliche That hin [4], daß Peter Orseolo, sein Ende nahe fühlend, sich entschloß, einem jeden der Kinder einen

---

[1] Pertz VII., 35 unten und 37 gegen oben.
[2] Ibid. I., 61 unten, VII., 36 unten.
[3] Ibid. IV., 18.
[4] Ibid. VII, 37 oben.

besondern Theil seines Vermögens zu vermachen, was bekanntlich die Pflicht aller Väter ist. Der Doge hatte
nämlich außer dem 1007 verstorbenen Johann vier Söhne
und eben so viele Töchter; von ersteren mußten sich zwei,
von den letzteren drei dem geistlichen Stande widmen;
Otto, der drittgeborne, war, wie ich sagte, seit 1007
Mitdoge. Orso dagegen, der zweitgeborne, und Vitalis,
der vierte, bestiegen mit der Zeit venetische Stühle, von
den späteren Schicksalen des fünften und jüngsten Sohnes
Heinrich weiß man nichts; die drei jüngeren Töchter wurden Aebtissinnen, und nur die älteste, Hizela genannt, trat
in die Ehe, nämlich mit dem Croatenfürsten Stephan.

Im Jahre 1008 starb Bischof Valerius von Torcello; der alte Doge traf alsbald Vorkehr, seinen zweiten Sohn, Orso, auf den erledigten Stuhl zu erheben,
was auch gelang, hauptsächlich, weil — so versichert Chronist Johann — Clerus und Volk durch ihre Wahlstimmen
mitwirkten. Theils die Thatsache, daß Peter Orseolo die
Mehrzahl seiner Söhne und Töchter in Kirchendienst
zog, theils die schlimmen Folgen, welche hieraus, wie sich
unten ergeben wird, für das herrschende Haus entsprang-
en, weisen auf verborgene Gedanken hin: meine Ansicht ist,
daß Peter Orseolo, der Vater, wie Otto, der Sohn und
Nachfolger, von Seiten des höheren Clerus Widerstand
gegen ihre monarchischen Pläne befürchteten, und dieses
vorausgesetzte Hemmniß durch Einschiebung der nächsten
Anverwandten zu beseitigen versucht haben.

Chronist Johann erzählt den Tod Peters Orseolo
nicht mehr; seine Aufzeichnungen schließen mit dem Jahre
1008. Dandolo dagegen berichtet [1]), daß der alte Doge

_____

[1]) Muratori XII., 235.

1009, nach einem Dogat von 17 Jahren 6 Monaten, das Zeitliche gesegnete. Da er im März 992 Doge geworden war, fällt demnach sein Tod in den September 1009.

Dreiunddreißigstes Kapitel.

Doge Otto. Kaiser Heinrich II. Poppo von Aquileja. Kaiser Konrad II.

Doge Otto, der Erbe seines Vaters, zählte 16 Jahre, als er die Regierung allein übernahm; zwei Jahre später vermählte [1]) er sich mit einer Schwester des Königs Stephan des Heiligen von Ungarn. Diese Ehe verrieth, daß Otto ebenso gut, als Peter Orseolo, an die dauernde Herrschaft seines Hauses über Venetien glaubte. Wer Töchter von Königen freit, hofft Nachkommen zu zeugen, die das Scepter von Geschlecht zu Geschlecht erben. Eine Urkunde [2]) hat sich erhalten, welche den Anfängen Otto's angehört. Kraft derselben bewilligte der junge Doge im Verein mit den Richtern der Stadt und des Volks der Veneter den Einwohnern von Civita nuova oder Heracliana Befreiung von gewissen Lasten, mit denen sie beschwert zu sein vorgaben, sowie ungenannte andere Befugnisse und Rechte auf Güter, die in der Nähe der Inseln des See-landes liegen. Das betraf ohne Zweifel die festländischen Erwerbungen, welche Doge Peter Orseolo durch die früher erwähnten Verträge mit Kaiser Otto III. gemacht und

---

[1]) Muratori XII., 235. vergl. mit Pertz XI., 239 u. V., 123.
[2]) Ibid. 235. Note *.

angeblich der Gemeinde Heracliana zugewiesen hatte. Aus
der Urkunde aber erhellt, daß die Uebergabe in den Tagen
des älteren Dogen entweder gar nicht, oder doch nicht
vollständig erfolgt war: denn jetzt erst setzte sie ja Otto
in's Werk.

Meines Erachtens hängt die Sache so zusammen:
der Besitz jenes Gebiets war den Heraclianern von Peter
Orseolo nicht wirklich zugewiesen, sondern nur in Aussicht
gestellt worden, sofern sie nämlich thatsächliche Beweise
ihrer Anhänglichkeit an das herzogliche Haus, nämlich
durch Mitwirkung zur Wahl eines Mitdogen, geben wür=
den. Da Letzteres wirklich bei der Erhebung Otto's ge=
schehen war, blieb es dem jungen Dogen überlassen, die
Dienste der getreuen Bürger von Heracliana zu belohnen.
Nicht wenig wird diese Ansicht durch einen besondern Um=
stand bekräftigt. Die fragliche Urkunde ist ausgestellt
Römer=Zinszahl 7, im Märzmonat. Das siebente Jahr
der damaligen Indiction verlief vom September 1009 bis
zum gleichen Monate des folgenden Jahres. Folglich fällt
die Urkunde in den März 1010, wenige Monate nach dem
Tode Peters Orseolo, und war eine der ersten Regierungs=
handlungen des neuen Dogen. Jedenfalls sieht man: so
wohl Otto, als sein Vater, haben die Gewalt ihres Hau=
ses dadurch zu befestigen gesucht, daß sie die eine Stadt
des Seelandes vor den andern begünstigten, politische Vor=
theile für den Preis bewiesener Gefügigkeit verkauften, und
Zwietracht unter den Einwohnern des Seelands aussäeten.

Das Nächste, was Dandolo von Thaten des Dogen
Otto berichtet, ist ein glücklicher Feldzug gegen den Bischof
der zwischen dem Po und der Südgrenze des venetischen
Festlandes gelegenen Stadt Hadria. „Im siebenten Jahre

des Dogen Otto," erzählt [1] derselbe, „wurden die Hadrienser, welche das venetische Gebiet angefallen und wider-
rechtlicher Weise den Ort Loreo weggenommen hatten, von
den Venetern mit Waffengewalt bezwungen. Der Bischof
der Stadt, Petrus genannt, mußte mit mehreren vornehmen Laien vor dem Dogen erscheinen, Abbitte thun, und
das eidliche Versprechen ablegen, daß er und die Seinigen
nie mehr ähnliche Dinge wagen würden."

Der betreffende Friedensvertrag [2] ist noch vorhanden und ausgestellt unter dem 7. Juni 1017, Römer-
Zinszahl 15, im Dogenpalaste zu Venedig. Der Bischof
gelobte mit seinem Kirchenvogt, Johann, im eigenen
Namen und in dem aller seiner Getreuen, sowohl Geistlicher als Laien, daß er nie mehr auf Loreo Ansprüche
erheben, noch wegen der Züchtigungen, die er von Seiten
der Veneter erfahren, selber Rache nehmen, oder bei irgend
welchem Gerichte Klage einreichen werde. Ich habe oben
gezeigt, daß die Orseoli bei Ausbruch der Empörung Ardoins für Heinrich II. von Deutschland Partei ergriffen.
Aller Wahrscheinlichkeit nach hat Ardoin dieß nicht vergessen, sondern dadurch sich an dem herzoglichen Hause er-
holt, daß er den Bischof Peter von Hadria aufmunterte,
den Venetern Loreo zu entreißen. So lange nun Ardoin
die angemaßte Gewalt zu behaupten vermochte, mußten
die Dogen sich gedulden, allein nachdem der Lombarde für
immer gestürzt, seine Anhänger überall mit Gütereinziehung
und Verbannung gestraft worden waren, schlug — so scheint
es — der Doge gegen den Hadrienser Bischof los.

---

[1] Muratori XII., 236.
[2] Ibid. Antiq. Ital. I., 241 ff.

Ich sehe in dem Feldzuge gegen Bischof Peter eine
Rückwirkung der völligen Niederlage Ardoins und seiner
Genossen; denn dem deutschen Kaiser Heinrich II. zu Trotz,
der eben damals die höchste Höhe der Macht erstieg, kann
es kaum geschehen sein, daß Doge Otto das Schwert zog.
Doch traute er demselben nicht ganz; denn die in den
Vertrag aufgenommene Bestimmung, daß Bischof Peter
darauf verzichte, irgendwo Recht zu suchen, hat offenbar
den Zweck, möglichen Klagen beim kaiserlichen Hofgericht
vorzubeugen.   Andere Thatsachen, von denen später die
Rede sein wird, stimmen hiemit überein.

Auf den Hadrienser Feldzug folgte ein Krieg wider
die Croaten. Dandolo fährt [1]) fort: „der König der Croaten belästigte Zara und andere Seestädte Dalmatiens durch
tägliche Einfälle. Da die Bedrückten Hilfe in Venedig
suchten, rüstete Doge Otto im neunten Jahre seines Dogats — d. h., wie sich unten ergeben wird, 1018, denn
die zwei Jahre, während welcher er mit seinem Vater
Doge war, wurden nicht gezählt — eine Flotte aus, segelte
nach Dalmatien, schützte das Land, trieb die Feinde zu
Paaren und befestigte die Städte in der Treue und im
Gehorsam. Als er siegreich heimkehrte, warteten ihm die
Bischöfe der Inseln Veglia, Arbe und Ossero auf, und
überreichten ihm im eigenen Namen, wie in dem des
Clerus, der Vornehmen und des Volks, eine Handveste,
kraft welcher sie für ewige Zeiten an Doge Otto und
dessen Nachfolger Tribut zu entrichten gelobten.“

Dandolo sagt nicht, wie lange die Räubereien gedauert haben, welche die Croaten wider die Seestädte ver-

---

[1]) Muratori Script. XII., 236.

übten, noch wann dieselben begannen. Aber da er den
Ausdruck „tägliche Anfälle" braucht, scheint die Annahme
gerechtfertigt, daß der Unfug schon mehrere Jahre währte.
Dann aber folgt, daß der Schrecken, welchen Peter II.
Orseolo 998 bei Eroberung Dalmatiens den Croaten ein-
gejagt hatte, längst verraucht war, sowie weiter, daß auch
die Vermählung der Tochter des Dogen mit dem Häuptlinge Stephan keine nachhaltigen Früchte trug. Demnach
muß die Macht Venetiens zwischen 1000 und 1017, sei
es durch innere Zwietracht, sei es durch Uebermacht auswärtiger Gegner — wahrscheinlich durch beide Ursachen
zugleich — merklich gesunken sein. Auf dasselbe Ergebniß
weist das Verfahren der Bischöfe obgenannter Inseln
hin, welche man mit dem Namen der Quarnerischen, oder
der Eilande des Busens von Quarnero, bezeichnet. Schon
Peter II. Orseolo hatte sie 998 unterworfen; aber jetzt
erst ist Doge Otto im Stande, sie zu nöthigen, daß sie
sich zu thatsächlicher Huldigung verstehen. Abermal sieht
man: ein Stillstand venetischer Machtentwicklung war eingetreten, und erst dann ging es wieder besser, als Doge
Otto durch den Sturz Ardoins freiere Hände auf Seiten
des lombardischen Festlandes bekam.

Die Zinsverschreibung, welche die Häupter der Quarnerischen Inseln dem Dogen einhändigten, ist auf uns gekommen [1]) und im Jahre 1018 ausgestellt. Bischof Majus
von Arbe übernahm die jährliche Lieferung von 10 Pfunden Rohseide, Martin, Bischof von Ossero, verpflichtet sich,
jährlich 40 Marderfelle zu entrichten, Vitalis, Bischof
von Veglia, versprach 30 Bälge von Füchsen. Seit in

---

[1]) Marin, Storia dei Veneziani II., 273.

Basileus Justinians I. Tagen [1]) durch morgenländische
Mönche die Zucht der Seidenwürmer aus Indien nach
dem byzantinischen Reiche verpflanzt worden war, hatte
dieselbe um's Jahr 1000 bereits solche Verbreitung erlangt,
daß die Bewohner der dalmatinischen Inseln sich mit ihr
beschäftigten. Doch scheint mir das knappe Gewicht des
von Arbe gelieferten Seidenzinses den Schluß zu recht-
fertigen, daß nicht sowohl der Bauer im Allgemeinen, als
Einzelne — ich denke vorzugweise Mönche — die Zucht
der kostbaren Würmer betrieben. Auch müssen damals
gewerbliche Anlagen, um Seide zu zwirnen und zu weben,
im Seeland bestanden haben; denn die bloßen Puppen
wären sonst für den Dogen kaum von Werth gewesen.
Die 10 Pfund Seide aus Arbe stimmen gut zu dem
Flachszins, den die Gemeinde von Piove di Sacco ent-
richtete.

Unmittelbar nach dem dalmatischen Feldzuge erwähnt
Dandolo die Wiederbesetzung des Patriarchenstuhls von
Grado. Fünfzig Jahre und sechs Monate soll Vitalis,
der Sohn des Dogen Peter Candiano IV., denselben eingenommen haben [2]): er starb, wie es scheint, 1017. Und
wen erhielt er zum Nachfolger? den Sohn des vorigen
Dogen, den Bruder des jetzigen, jenen Orso, den sein
Vater, um 1009, auf das Bisthum Torcello befördert
hatte. Dandolo sagt [3]): „unter Mitwirkung des Volks
und Clerus ward Orso auf den Patriarchenstuhl erhoben."
Obgleich innerhalb weniger Sommer Bischof und dann

---

[1]) Procopii de bello gothico IV., 17. Opp. editio Bonnensis II., 546 unten ff.
[2]) Muratori XII., 210 und Pertz VII., 47.
[3]) Ibid. S. 236.

Metropolit des ganzen Seelands geworden, kann Orso noch nicht 30 Jahre gezählt haben. Denn sein ältester Bruder, Mitdoge Johann, der 1007 starb, war 1003 noch nicht volle 18 Jahre alt, folglich hatte Orso, der zweitgeborne, 1009 höchstens 21 Jahre hinter sich. Den erledigten Stuhl von Torcello aber vergab sofort der Doge an den vierten Bruder, an Vitalis, der damals etwa 20 Jahre alt sein mochte. Die höchste geistliche und weltliche Gewalt über das Seeland war unter lauter Orseoli vertheilt.

Sofort erstattet [1] Dandolo über eine Begebenheit Bericht, die seinen eigenen Stammbaum betrifft. „Venetische Seeleute," erzählt er, „raubten aus einer griechischen Klosterkirche, die unfern eines Vorgebirgs lag, die Reliquien des heiligen Tharasius und brachten sie nach ihrem Schiffe. Eigner und zugleich Hauptmann desselben war ein edler Veneter, Namens Domenico Dandolo." — „Von diesem Dandolo stammen in gerader Linie zwei Dogen des Seelands ab, nämlich Heinrich Dandolo, der Eroberer Constantinopels, und ich, Andreas Dandolo, Verfasser vorliegender Chronik." Weiter fügt er bei, glücklich habe sein Ahnherr die Leiche des Heiligen nach Venedig geschafft und dort in der Klosterkirche zum heil. Zacharias, das damals 200 Nonnen bewohnten, niedergelegt. Nie erwähnt der Geschichtschreiber Venetiens früher einen Dandolo, auch nicht in dem ausführlichen Verzeichniß der vielen Geschlechter, die gegen Ende des achten Jahrhunderts nach Olivolo oder andern Städten übersiedelten. Allem Anscheine nach gehörten die Dandolo dem jüngern

---

[1] Muratori XII., 236 ff.

Adel des Seelandes an; aber die That Domenico's muß dem Hause Ruhm verschafft haben, dreißig Jahre später erscheint, wie ich unten zeigen werde, ein Bonus Dandolo als Gesandter der Republik: die Laufbahn der größeren Aemter hatte für sie begonnen.

Entscheidenden Einfluß auf das Schicksal des Dogen Otto übte ein Amtswechsel, der die benachbarte Metropole Aquileja betraf. Patriarch Johann war daselbst gestorben, und um 1019 setzte[1]) Kaiser Heinrich II. einen deutschen Cleriker, Namens Wolfgang, verkürzt Poppo genannt, der bis dahin kaiserlicher Kanzler oder Capellan gewesen, zum Nachfolger des Verstorbenen ein. Poppo gehörte einem vornehmen deutschen Hause an, denn der Biograph des Bischofs Meinwerk von Paderborn bezeichnet[2]) den neuen Patriarchen Wolfgang von Aquileja als einen Stammsippen Meinwerks, der selber von mütterlicher Seite mit dem sächsischen Kaiserhause verwandt gewesen ist. Kurz nach seiner Erhebung erneuerte Poppo den alten Streit mit dem Patriarchate Grado, und zwar nicht ohne Vorwissen des Kaisers Heinrich II.

Dandolo erzählt[3]): entschlossen, die Kirche und die Insel Grado seiner Hoheit zu unterwerfen, schickte Patriarch Poppo mit Zustimmung des Kaisers eine Gesandtschaft an den damaligen Papst Benedikt VIII., begehrend, daß ihm bezüglich der alten Rechte seines Stuhls auf Grado Genugthuung geschehe, und daß Orso von Grado, den er einen Anmaßer nannte, vor Gericht gestellt werde. Wirk-

---

[1]) Die Belege bei Rubeis, Monum. eccles. Aquilej. S. 497 ff.
[2]) Pertz XI., 153 Mitte, vergl. ibid. 108.
[3]) Muratori XII., 237 unten.

lich erging eine Ladung an Orso, allein, da derselbe in
Erfahrung brachte, daß ihm Poppo unterwegs Nachstellun=
gen bereite, trat er die Reise nach Rom nicht an, sondern
entschuldigte sich beim Papste durch Boten, aus Furcht
vor dem Kaiser nicht erscheinen zu können. Benedikt VIII.
fand die Entschuldigung genügend, und nahm die Ladung
zurück."

Diese Aussage wird durch andere Zeugnisse bekräf=
tigt. Aus den Beschlüssen[1] des römischen Concils von
1027, auf die ich unten zurückkommen werde, erhellt, daß
Papst Benedikt VIII. den Gradenser Patriarchen vor Syno=
den zu Ravenna, Rom, Verona geladen hatte, ohne daß
Orso wirklich erschienen wäre. Auch die Behauptung, der
Papst habe zuletzt die Klage fallen lassen, verdient Glau=
ben. Denn laut dem Zeugnisse[2] Marins, eines der besten
unter den neueren Geschichtschreibern Venetiens, enthält
die Trevisaner Sammlung alter venetischer Urkunden eine
Bulle, kraft welcher Papst Benedikt den wider Orso ein=
geleiteten Rechtsstreit zuletzt niederschlug und die Vorrechte
des Patriarchats Grado bestätigte. Eben diese Bulle war
ohne Zweifel die Quelle, aus welcher Dandolo obige Nach=
richt schöpfte.

Wie wir wissen[3], mußte Papst Benedikt VIII., von
einheimischen Gegnern auf's Aeußerste gedrängt, nach
Deutschland fliehen und befand sich zwischen 1020 und
1022 in einer Lage, daß er ernstliche Forderungen des
Kaisers Heinrich II., seiner einzigen Stütze, nicht zurückzu=

---

[1] Rubeis, a. a. O. S. 513 unten.
[2] Storia dei Veneziani II., 279.
[3] Gfrörer, Greger VII. B. VI. S. 126, 164—170.

weisen vermochte. Doch besserte sich seit 1022 seine Stellung
und nichts hindert, anzunehmen, daß er nach 1022 das,
was er halb gezwungen gethan, widerrief, mit andern
Worten, daß er weiteren Verfolgungen wider Orso Einhalt
gebot. Andererseits kann kein Zweifel sein, daß Kaiser Hein=
rich eine Demüthigung des Hauses der Orseoli beabsichtigte;
in der That verdienten die wiederholten Frevel, welche
Doge Peter II., Otto's Vater, gegen den vorigen Kaiser
Otto III. verübte, eine empfindliche Strafe und die hohe
Stufe von Macht, zu welcher Kaiser Heinrich II. seit 1019,
dem Zeitpunkte der Erhebung Poppo's, emporgestiegen,
machte es ihm leicht, von dem Sohne Genugthuung für die
Fehltritte des Vaters zu fordern.

Abgesehen von Poppo's Verhandlungen mit Bene=
dikt VIII. beweisen auch noch andere Thatsachen, daß zwi=
schen 1019 und 1024 ein Schlag gegen Venetien im
Werke war. Der sicherste Weg, dem Seelande beizukommen,
bestand darin, wenn man den Handel der Veneter ein=
dämmte; denn um den Preis der Befreiung von solchen
Hemmnissen gaben sie voraussichtlich in andern Punkten
nach. Nun eben dieses Mittel hat Kaiser Heinrich II. ange=
wendet. Eine Urkunde [1]) liegt vor, welche so lautet: „Un=
tersuchung, betreffend die seidenen Gewänder, welche durch
die Orte Italiens verkauft werden. Ich, Doge Otto, habe
eine allgemeine Versammlung der großen Richter unseres
Landes, sowie der mittleren und der kleinen veranstaltet.
Vor derselben traten Badoario Bragadino, Mauricius
Mauroceno und Dominicus Florentius Flavanico auf und
legten Zeugniß ab, daß sie hinfort keine Seidenzeuge nach

---

[1]) Pertz VII., 38, Note *.

irgend einem Theile Italiens verführen und verkaufen dürften, ausgenommen Pavia, die Martinsmesse und Olivo."

Meines Erachtens hatte der Doge die Versammlung darum berufen, um amtliche Gewißheit zu erlangen, ob gewisse verbreitete Gerüchte von Beschränkung des venetischen Handels wirklich wahr seien. Die Aussagen der drei Zeugen ließen keinen Zweifel darüber zu; eine Verordnung war ergangen, welche bestimmte, daß venetische Kaufleute hinfort seidene Waaren nur noch nach drei Orten Italiens vertreiben dürfen. Von den dreien läßt sich jedoch nur der erste mit Sicherheit bestimmen: Pavia, die Hauptstadt Lombardiens, ist gemeint, welche schon in Karls des Großen Tagen von venetischen Seidenhändlern vorzugsweise besucht zu werden pflegte [1]. Wo die beiden andern, Markt des heil. Martinus und Olivo genannt, lagen, weiß ich nicht zu sagen; denn an das venetische Olivolo ist darum nicht zu denken, weil Niemand weder berechtigt, noch im Stande war, den Venetern freien Verkehr im eigenen Lande zu verbieten. Ich halte den Markt des heil. Martinus und Olivo für sonst unbekannte Orte Lombardiens oder Friauls.

Die nächste Frage ist: von wem jene Handelsbeschränkung ausging? Ich sage, nur der Herr Italiens, also der deutsche Kaiser Heinrich II., kann es gewesen sein, der sie anordnete, und zweitens scheint es mir kaum denkbar, daß er die Verordnung zu einer andern Zeit, als zwischen 1020 und 1024 erließ, da ganz Italien ihm gehorchte und da zugleich noch wegen anderer Dinge Zerwürfnisse zwischen ihm und den Venetern obschwebten. Geführt aber hat er den Streich meines Erachtens darum, weil er den Dogen

---

[1] Oben S. 82.

von Venetien zwingen wollte, Insel und Bisthum Grado
gutwillig an den Erzstuhl von Aquileja abzutreten. Dieser
Zweck ist, wie wir unten sehen werden, kurz nach Hein=
richs II. Tod wirklich erreicht worden. Für den Augenblick
aber gab der Kaiser nach, weil der Papst auf Seiten
Venetiens trat und weil Heinrich II. Scheue trug, der
römischen Kirche zu Trotz, Verwicklungen in Italien zu
entzünden, die möglicher Weise schlimme Folgen nach sich
ziehen mochten.

Beide, der Kaiser und der Papst, starben im Laufe
des Jahres 1024 kurz hintereinander: Benedikt VIII. den
7. April, Heinrich II. am 13. Juli. Den deutschen Thron
bestieg sofort der erste Salier, Conrad II. Ehrgeizig, wie
er war, ging er bereitwilliger als sein Vorgänger auf die
Pläne Poppo's von Aquileja ein. Die Wirkungen hievon
schildert Dandolo:

„In dem Jahre", sagt er, [1]) „da Papst Benedikt VIII.
starb, brach in Venetien verderbliche Zwietracht aus, welche
soweit gedieh, daß Doge Otto und sein Bruder, der Pa=
triarch Orso, genöthigt wurden, die Heimat zu verlassen
und als Verbannte nach Istrien hinüber zu fliehen. Kaum
war dies geschehen, als Patriarch Poppo von Aquileja nach
der Insel Grado übersetzte und wie ein Verbündeter des
Patriarchen Orso, seines Amtsbruders, so wie des Dogen,
der sein Freund sei, aufgenommen zu werden begehrte. Da
die Einwohner ihm keinen Glauben schenkten, ließ er durch
18 der Seinigen einen Eid beschwören, daß seine Absicht
nur dahin gehe, Grado zu retten. Auf diesen Schwur
hin zugelassen, zerstörte er etliche Kirchen und Klöster, that

---

[1]) Muratori XII., 238.

Rennen Gewalt an, leerte den Schatz und zog wieder ab, nachdem er eine Besatzung in die ihres Schmuckes beraubte Stadt geworfen hatte."

So Dandolo. Bei Beurtheilung seines Berichtes darf man nicht vergessen, daß es Veneter, folglich Feinde Poppo's waren, deren Aussagen er voraussichtlich benützte. Angenommen, der Aquilejer Patriarch habe nichts weiter gethan, als daß er etliche der vielen Klöster Grado's, deren mönchischen Bewohnern er nicht trauen zu dürfen glaubte, nach Aquileja versetzte und deshalb die drüben befindlichen Gebäude schließen oder gar zerstören ließ; daß er weiter den Domschatz, der ursprünglich aus Aquileja entführt worden war, hinüberschaffte, daß endlich bei Ausführung dieser Maßregeln einzelnen Nonnen von Seiten der Kriegsknechte, aber ohne Vorwissen des Patriarchen, Gewalt geschah — denn wer wird glauben, daß der Patriarch absichtlich gottgeweihte Jungfrauen der Schändung preisgab — erscheint obige Darstellung vollkommen begreiflich, obgleich sie in wesentlichen Punkten über die Wahrheit hinausgeht. Die Hauptfrage, von der das richtige Verständniß der Einzelnheiten abhängt, dreht sich um Ermittlung des Verhältnisses, das einerseits zwischen dem Patriarchen Poppo, andererseits zwischen dem Dogen und dessen Bruder Orso stattfand.

In Venetien herrschten zwischen dem Volke und dem Hause der Orseoli Zerwürfnisse, welche laut dem, was aus Dandolo's Chronik entweder bereits mitgetheilt worden ist, oder noch später mitgetheilt werden wird, den Besitz der Stadt und des Stuhles Grado betrafen. Und zwar muß die eine der streitenden Parteien gefordert haben, daß Grado, um des Friedens willen, an das Patriarchat

Aquileja oder, wenn man so will, an das Kaiserreich ab-
getreten werde, während die andere Partei sich aus allen
Kräften diesem Vorschlage widersetzte und die Auslieferung
der Insel für Landesverrath erklärte. Nun lassen die späteren Ereignisse nicht den geringsten Zweifel darüber zu,
daß das Volk Venetiens oder vielmehr die den Orseoli's
abgeneigte Partei es gewesen ist, welche die letztere Meinung verfocht, also Grado um jeden Preis festgehalten
wissen wollte; folglich muß man nothgedrungen den Schluß
ziehen, daß Doge Otto und sein Bruder, der Patriarch
Orso, Abtretung beantragt hatten. Wohlan, dieses Ergebniß
wird noch durch andere unzweideutige Thatsachen bestätigt.

Die Parteiung im Seelande gedieh so weit, daß
der Doge und der Patriarch genöthigt wurden, die Heimat
zu verlassen und in das Ausland an einen Ort, wohin die
Macht ihrer venetischen Gegner nicht reichte, zu entfliehen.
Und wohin flohen sie nun? Nach Istrien, d. h. in eine
Provinz, die damals, wie früher [1]) gezeigt worden, ein
Anhängsel der Mark Verona und des Herzogthums Kärnthen
war, demnach unter kaiserlich deutscher Hoheit stand. Sonnenklar erhellt hieraus, daß die Flüchtlinge den Salier
Conrad als einen Freund, als einen Beschützer betrachteten,
folglich, daß sie das von ihm gestellte Verlangen der Abtretung Grado's, welches die venetischen Gegner der
Orseoli aufs heftigste bekämpften, gut geheißen hatten; denn
sonst wären sie sicherlich nicht in den Machtbereich Conrads
geflohen, da kein Mensch von gesunden Sinnen sich freiwillig politischen Feinden in die Hände liefern wird.

Noch mehr: kurz nachdem die beiden Flüchtlinge im
deutschen Kaiserreiche Unterkunft gesucht und gefunden haben,

_____
[1]) Oben S. 315.

setzt Patriarch Poppo mit Heeresmacht aus Aquileja nach
Grado über, erklärend, daß er als Verbündeter des Dogen
Otto und des Patriarchen Orso komme und als solcher
behandelt sein wolle. Als die Einwohner Bedenken gegen
die Wahrheit seiner Aussage erheben, läßt Poppo 18 Edel=
leute schwören, daß allerdings dem so sei. Kann man
nun annehmen, daß es ein Meineid war, den die Achtzehn
leisteten? Nun und nimmermehr! sage ich, denn wenn
Poppo eine so niederträchtige Handlung beging, hätte er
sich und seinen Stand den schwersten Vorwürfen ausgesetzt
und wir würden unfehlbar von Anklagen hören, die gegen
Poppo erhoben worden wären, wovon sich auch nicht die
geringste Spur findet. Also werden wir abermal auf die
Voraussetzung hingetrieben, daß zwischen Poppo und den
beiden Orseoli eine Uebereinkunft bestand, vermöge deren
Grado an das Patriarchat Aquileja übergeben werden
sollte. Auch die Einwohner von Grado theilten diese Mei=
nung, denn nachdem die Achtzehn geschworen haben, ver=
zichten sie auf jeden weiteren Widerstand und übergeben
den Ort.

Hiemit fällt ein anderes, ein neues Licht auf die Maß=
regeln, welche Poppo in Grado traf, Maßregeln, welche
Andreas Dandolo, hingerissen von dem Geiste seines Volkes,
so gehässig darstellt. Die fragliche Uebereinkunft hatte be=
stimmt, daß Grado zum Patriarchat geschlagen werden und
demgemäß daß es aufhören solle, Metropole zu sein.
Folglich war Poppo in seinem Rechte, als er zu Grado
Alles wegnahm oder zerstörte, was mit der bisherigen,
aber nun schwindenden Eigenschaft der Stadt als Metropole
zusammenhing; er war in seinem Rechte, als er den Dom=
schatz und die Reliquien, die ursprünglich aus Aquileja

nach Grado übergesiedelt worden waren, dorthin zurück= schaffte; er war endlich in seinem Rechte, als er etliche mit dem Gradenser Patriarchat verbundene Klöster und Erziehungsanstalten nach Aquileja verpflanzte. Die von Dandolo berichteten Thatsachen sind, wie man sieht, im Wesentlichen richtig und doch etwas ganz anderes, als das, wofür er sie ausgibt, nämlich nicht verbrecherische, sondern vertragsmäßige Handlungen. Soviel kommt auf den Zusammenhang der Dinge an.

Nach den oben mitgetheilten Sätzen fährt [1]) Dandolo also fort: „Nach Einnahme der Stadt Grado schickte Pa= triarch Poppo, Unrecht über Unrecht häufend, Boten an den damaligen Papst Johann XIX. und wirkte von ihm eine Bulle aus, welche Kirche und Insel Grado, der Wahrheit zuwider, dem Patriarchate Aquileja zusprach und unter Anderem die Worte [2]) enthielt: Diese Verfügung solle bestehen, insoferne Poppo sein Recht auf Beides den heil. Canones gemäß nachgewiesen habe." Die Bulle, auf welche sich Dandolo beruft, ist nicht mehr vorhanden, aber wir kennen ihren Inhalt aus einer zweiten Entscheidung [3]) desselben Papstes, kraft welcher er erstere zurücknahm.

Johann XIX. erzählt in dieser zweiten Bulle Fol= gendes: „Das Volk von Venetien hatte sich gegen den Herzog des Landes und gegen dessen Bruder, den Patriar= chen Orso, verschworen und beide verjagt, also daß sie anderswohin fliehen mußten. Gleich darauf überfiel Patriarch

---

[1]) Muratori XII.. 238.
[2]) Hac adjecta conditione: sicut juste et canonice sibi pertinere dignoscitur.
[3]) Mansi XIX.. 493.

Peppo die Stadt Grado, behauptete, daß er als Helfer des vertriebenen Dogen und seines Bruders Orso komme, und ließ durch 18 Eidhelfer beschwören, daß seine Absicht nur dahin gehe, besagte Stadt Grado für den Patriarchen Orso in Verwahrung zu nehmen." Sodann spricht der Papst in Uebereinstimmung mit Dandolo, der offenbar aus der nämlichen Bulle geschöpft hat, von den Greueln, welche Peppo zu Grado verübte, hebt noch insbesondere hervor, daß Peppo die im Dome zu Grado befindlichen Heiligen=körper fortgenommen habe, wobei jedoch beigefügt wird, nicht alle, deren Peppo sich bemächtigen wollte, seien wirklich in seine Hände gelangt.

Nun fährt die Bulle weiter sofort: „Nachdem Pa=triarch Peppo solcher Gestalt in Grado verfahren war, schickte er Gesandte an Uns, begehrend, daß Wir ihm den Besitz besagter Insel bestätigen sollten. Ich ermangelte nicht, den Boten Peppo's vorzuhalten, daß meines Wissens Peppo kein Recht auf Grado habe. Allein sie erklärten, daß ihr Herr die Insel nur unter Vorbehalt seines guten Rechtes anspreche, so fern sie ihm nämlich gemäß den heil. Canones gebühre und sofern er jeden Augenblick beweisen könne, daß er sie mit gutem Fuge sein Eigenthum nenne. Auf diese Angabe hin haben Wir in der Voraussetzung, daß der Patriarch von Aquileja den heil. Stuhl nicht belügen könne, noch wolle, unserem Kanzler Peter Befehl ertheilt, eine Bulle mit Einfügung nachstehenden Satzes auszu=fertigen: Auch bestätigen wir Dir den Besitz der Hauptkirche von Grado sammt Zubehör, sowie sie Dir, vermöge alter=Privilegien Deines Stuhles den kirchlichen Satzungen ge=mäß gebührt und sowie Du selber Dein Recht auf sie jeden Augenblick beweisen zu können behauptest u. s. w."

Der Tusculaner Johann XIX. war, wie wir wissen, ein unwürdiger Papst und nicht durch die rechte Thüre in die Hürde eingegangen. Man konnte deshalb sich zu der Annahme versucht fühlen, Johann XIX. habe die ver=hängnißvolle Bulle entweder aus Furcht vor Conrad II. oder gar für Geld ausgestellt, blind gegen die Gefahr, daß ein Tag kommen dürfte, wo er sie widerrufen müsse, welcher Tag denn auch wirklich — und zwar schon im Jahre 1029 kam. Allein dem ist nicht so. Die fragliche Bulle fällt noch ins Jahr 1024 oder spätestens in den Anfang 1025, folglich in eine Zeit, da Conrad keine Ge=walt wider Petri Stuhl zu verüben vermochte, denn erst im Jahre 1026 hat er Italien besucht. Ebenso wenig glaube ich an eine Wirkung des Geldes; denn über dieses Mittel verfügten Venetiens Dogen in viel reichlicherem Maße, als der deutsche König Conrad II., der laut der ausdrück=lichen Aussage [1] glaubwürdiger Zeugen zu Anfang seiner Regierung arm war wie Lazarus. Noch ein anderer und zwar ein schlagender Grund kommt hinzu.

Papst Johann unterscheidet in obiger Bulle zweierlei Rechte, welche Poppo geltend machte: erstlich solche, welche auf alten päpstlichen Privilegien des Aquilejenser Patriarchats beruhten, und zweitens solche, welche Poppo selbst nach=weisen zu können behauptete. Erstere hatten so viel als kein Gewicht, alle Welt wußte, daß das Patriarchat Aquileja allerdings ehemals Eigenthümer der Insel Grado gewesen, ja daß dasselbe, nachdem bereits die Spaltung eingetreten, im Besitze der Insel durch mehrere Päpste bestätigt wor=den war; aber ebenso gut wußte alle Welt, daß letzteren

---

[1] Gfrörer, Gregor VII. B. I. S. 258. VI. 201.

zu Gunsten Aquileja's erlassenen Decretalen ebenso viele,
ja noch weit mehrere Bullen, welche das Recht Grado's
anerkannten, entgegenstanden. Die Geschichte hatte in diese
Frage eingegriffen und ihre Beschlüsse ließen sich nicht mehr
durch bloße Theorie umstoßen.

Dagegen hing Alles davon ab, ob Poppo einen neuen
von ihm erworbenen Titel vorzeigen könne oder nicht.
Rechtlich war der Papst nur dann befugt, die Wiedervereinigung Grado's mit der Metropole Aquileja gut zu
heißen, wenn Poppo den Beweis lieferte, daß Doge Otto,
die höchste Obrigkeit des Seelandes, und daß dessen Bruder
der Patriarch Orso förmlich und freiwillig auf die Insel
und ihren Stuhl verzichtet habe: denn volenti non fit in-
juria. Nun sind wir allerdings auf unzweifelhafte Belege
gestoßen, daß eine hierauf bezügliche Uebereinkunft zwischen
den beiden Orseoli und dem Patriarchen Poppo abgeschlossen
worden ist, eben dieselbe muß auch dem Papste vorgelegt
worden sein. Aber dieselbe hatte den Charakter eines geheimen Vertrags, weshalb Johann XIX. keinen öffentlichen
Gebrauch von ihr, weder in der Bulle vom Jahre 1024,
noch selbst in der von 1029 machen durfte. Denn wäre
sie veröffentlicht worden, so hätten ja die beiden Orseoli
vor der Welt eingestehen müssen, daß sie damit umgingen,
einen längst dem Seelande angehörigen Gebietstheil preis-
zugeben, also nach gemeinen Begriffen einen Verrath an
Venetien zu begehen. Noch ein anderer Umstand nöthigte
den Papst, jene an sich so sonderbaren Klauseln in die Bulle
von 1024 aufzunehmen: die fragliche Uebereinkunft nämlich
war nicht nur eine geheime, sondern auch eine bedingte,
und überdies eine solche, deren Bedingungen, wie der Erfolg zeigen wird, nicht in Erfüllung gingen.

Dandolo berichtet [1]) weiter: „Als die Veneter ge=
wahrten, daß die Maßregel der Austreibung des Dogen
Otto und seines Bruders die erwünschten Früchte nicht
trugen, sondern daß sie betrogen seien, riefen sie den Herzog
und den Patriarchen Orso zurück, stellten beide wieder her,
und beschlossen, Grado mit Gewalt zu erobern. Wirklich
zog der Doge und der Patriarch nach der Insel und griff
die Stadt an. Die Wächter aber, die drinnen lagen (die
von Poppo eingelagerte Besatzung), wagte keinen Widerstand,
sondern übergaben den Ort, worauf Doge Otto Grado
noch stärker als früher befestigte und die beschädigten Kirchen,
so gut es in der Schnelle ging, wieder in Stand setzte.
Die Veneter hatten gefürchtet, daß sie mehrere der in
Grado vor dem Einfalle Poppo's aufbewahrten Heiligen=
Leiber, namentlich die Reliquien des Hermagoras und
Fortunatus, nicht mehr vorfinden würden, weil Poppo die=
selben fortgenommen habe. Aber zur größten Freude Aller
zeigte der Mönch, welcher Domwächter war, einen geheimen
Ort, wo die Leichen nicht nur des Hermagoras und For=
tunat, sondern auch des F e l i x, des Dionysius und Largus
wohl verwahrt lagen."

Demnach hatte Poppo nicht vermocht, den verborgenen
Schatz mit fortzunehmen. Allein freilich eine deutsche Nach=
richt lautet anders. Der Verfasser der Lebensgeschichte des
Bischofs Meinwerk von Paderborn erzählt: [2]) „Den 3.
Oktober 1031 empfing Meinwerk mit großen Ehrenbezeu=
gungen die Reliquien des heil. F e l i x, welche ihm sein
Verwandter, der Patriarch Poppo von Aquileja, zum Ge=

---

[1]) Muratori XII., 238.
[2]) Pertz XI., 156 gegen oben.

schenk gemacht und setzte sie in einer neuerbauten Kloster=
kirche bei." Von zweien Dingen muß eines geschehen sein:
entweder war der Leib, den Poppo nach Paderborn schickte,
nicht der echte oder haben die Veneter statt des echten,
den Poppo wirklich fortschaffte, einen unechten untergeschoben.
Nach den Regeln der historischen Kritik muß man, glaube
ich, auf ersteren Fall rathen und zwar darum, weil Papst
Johann in der Bulle von 1029, welche volle zwei Jahre
v o r Abführung der angeblichen Reliquien des heil. Felix
nach Paderborn erlassen worden ist, zu verstehen gibt, Poppo
sei der Reliquien, welche er in den Gewölben des Gra=
denser Domes suchte, nicht habhaft geworden. Allem An=
scheine nach hatte der schlaue italienische Mönch, welcher
den Dom bewachte, den verhaßten deutschen Prälaten hinters
Licht geführt, ihm unechte Kostbarkeiten in die Hände
gespielt.

Vierunddreißigstes Kapitel.

Ungarn. Aquileja und Grado. Ende der Orseoli.

Die Herrlichkeit der wiederhergestellten Orseoli dauerte
sehr kurze Zeit. Dandolo fährt [1]) fort: „Zu Venedig starb
der dortige Bischof Dominicus aus dem Geschlechte der
Gradonico. An seiner Statt wurde sofort ein anderer
Gradonico, Neffe des vorigen und gleich dem Oheim Do=
menico genannt und nur 18 Jahre alt, zum Nachfolger
gewählt; aber der Doge verweigerte dem Gewählten die
Belehnung. Alsbald brach die frühere Zwietracht wieder

---

[1]) Muratori XII.. 239.

aus: Verschworene, an deren Spitze Domenico Flavanigo
stand, erhoben sich wider den Dogen, schoren ihm den
Bart und schickten ihn als Gefangenen nach Constantinopel;
zugleich ward Patriarch Orso, des Dogen Bruder, auf
Verdacht des Hochverrathes hin, aus Grado vertrieben."
Weiter unten fügt Dandolo bei, solches sei geschehen im
Jahre der Menschwerdung des Herrn 1026.

Also deshalb, weil der Doge sich weigerte, die Wahl
eines Bischofs zu bestätigen, ist eine Umwälzung ausgebrochen, welche, wie wir unten sehen werden, für immer
den ehrsüchtigen Plänen der Orseoli und ihrer Herrschaft
über Venetien ein Ende machte. Warum hat nun Doge
Otto die Bestätigung der Wahl verweigert? Man darf
sagen, von der richtigen Beantwortung dieser Frage hänge
das Verständniß der Geschichte Venetiens im 11. Jahrhundert ab. Meines Erachtens gibt es nur eine genügende
Lösung, nämlich folgende: Otto handelte so, weil er den
Patriarchenstuhl aus Grado nach der Hauptstadt Venedig
verlegen, aber auf demselben seinen Bruder Orso belassen
wollte. Unmöglich konnte er also die Wahl des Gradonico
gut heißen, denn sonst hätte er auf ein seit Jahren betrie-
benes Werk verzichten müssen.

Allerdings sagt kein vorhandener Zeuge aus, daß
die Sache sich so verhielt, aber aus innern zwingenden
Gründen ist obiger Satz dennoch gewiß. Man erwäge
folgende Punkte: erstlich liegen die deutlichsten Beweise vor,
daß Otto und Orso, wenigstens seit 1024, damit umgingen,
Grado an das Patriarchat Aquileja abzutreten. Nun ist
es aber undenkbar, daß Orso auf seinen Stuhl verzichtet
haben sollte, ohne eines vollgiltigen Ersatzes versichert zu
sein, der nur in einer andern Metropole bestehen konnte.

Da jedoch Venetien damals nur eine Metropole, nämlich Grado, besaß, so heißt dies so viel, als man muß annehmen, daß in die zwischen ihm, seinem Bruder, dem Dogen, und dem Patriarchen Poppo schwebenden Verhandlungen ein Artikel eingefügt war, welcher bestimmte, daß nach bevorstehender Aufhebung der Metropole Grado, eine andere anderswo errichtet und daß Orso derselben zum Ersatz für den Erzstuhl Grado vorgesetzt werden solle. Ebendasselbe folgt zweitens aus einer weiteren Thatsache. In allen Urkunden, die sich auf die damaligen Verwicklungen beziehen, ist nur von Vereinigung der Kirche und der Insel Grado mit Aquileja, nicht aber davon die Rede, daß auch die übrigen Bisthümer des Seelandes unter die kirchliche Hoheit des festländischen Patriarchats gestellt werden sollten. Nach katholischem Rechte aber konnten diese andern venetischen Bisthümer nicht ohne Metropolitanverband bleiben, also schloß der Plan, Grado aufzuheben, nothwendig die Absicht in sich, daß statt der eingehenden eine andere Metropole — und zwar ohne Zweifel in der Hauptstadt Venetiens oder auf Rialto — gegründet werde.

Drittens: so oft in früheren Zeiten Dogen auftauchen, die nach unbeschränkter Gewalt streben, findet man, daß dieselben, unzufrieden darüber, die Metropoliten des Landes nicht in ihrer nächsten Nähe, gleichsam unter ihrer Faust zu haben, auf Verlegung des Patriarchats von Grado nach Stadt-Venedig, als dem Dogensitze, und Verleihung desselben an Söhne oder nahe Verwandte hinarbeiten. Wenn aber je ein früherer Doge, so wollten die beiden Orseoli, Vater und Sohn, unumschränkte, erbliche Herren über Venetien werden, folglich kann man kaum zweifeln, daß sie auch das Mittel gewählt haben, das allein zum erwünschten Ziele führte; mit anderen Worten, daß es in ihrer Absicht lag, die höchste geistliche und weltliche Macht im Mittelpunkte des Seelandes, durch einen Bund der nächsten Verwandten oder durch Erhebung eines Orseolo zum Patriarchen von Venedig, zu vereinigen. Viertens, die Venetianer der Gegenpartei handeln unleugbar in der Voraussetzung, daß die Weigerung des Dozen, den gewählten Gradonico zu bestätigen, thatsächlich soviel als eine Wiederaufnahme der Pläne von 1024 sei. Wie sie damals den Dogen und den Patriarchen vertrieben, so verbannen sie jetzt wieder beide aus dem Lande.

Fünftens, genau dasselbe gilt vom Verfahren des Aquilejer Patriarchen Poppo. Während er nach erster Vertreibung der Brüder Orseoli Grado besetzte, ließ er durch 18 Eideshelfer beschwören, daß seine Absicht nicht sei, die Insel schon jetzt für sich zu behalten, sondern sie in Verwahrung zu nehmen, damit sie nicht den aufrührerischen Venetern zufalle, sondern dem verbannten Orso verbleibe. [1] Obgleich ein Vertrag bestand, welcher dem Patriarchate Aquileja den künftigen Besitz der Insel zusicherte, erkannte dennoch Poppo eidlich an, daß er jetzt noch kein Recht auf Grado habe, sondern erst später — nämlich wenn Orso, als Ersatz für den verlorenen Erzstuhl, das nach Venedig verlegte Patriarchat erlangt haben werde. Auch nachdem die beiden Brüder in die Heimat zurückgekehrt sind und sich Grado's wieder bemächtigt haben, hält Poppo den

---

[1] In der Bulle des Papstes Johann XIX. vom Jahre 1029 heißt es, die Eideshelfer hätten beschworen, quod (Poppo) ad salvam faciendam duci et fratri suo patriarchae civitatem (gradensem) intraret. Mansi XIX., 493.

zwischen ihm und den Brüdern abgeschlossenen Vertrag keineswegs für gebrochen, denn nicht nur zieht die Besatzung, welche er hineingelegt hatte, ohne Widerstand ab, sondern er selbst unternimmt seitdem nichts Feindliches, während er doch von dem Augenblicke an, da die Brüder zum zweitenmale vertrieben werden und folglich in die Unmöglichkeit versetzt sind, die letzte Hand an Ausführung des zwischen ihnen verabredeten Uebereinkommens zu legen, augenblicklich, wie ich unten zeigen werde, an Venedig den Krieg erklärte.

Das heißt nun: Poppo glaubte, daß die Brüder, obgleich sie zurückgekehrt und scheinbar mit der Gegenpartei ausgesöhnt waren, dennoch nicht ermangeln werden, durch Errichtung des Patriarchats Venedig den Vertrag vollends in's Werk zu setzen. Und hierin täuschte sich Poppo keineswegs: weder Doge Otto noch Orso hatten auf den alten Plan verzichtet; Bürge dafür die Weigerung des Dogen, die Wahl Gradonico's anzuerkennen. Nicht Poppo ist von den Orseoli getäuscht worden, wohl aber versuchten diese es, die Venediger zu betrügen; denn unmöglich kann man annehmen, daß letztere nicht, ehe sie die Rückkehr der Brüder gestatteten, von ihnen die Zusicherung begehrt haben, auf die alten Pläne in Betreff Grado's verzichten zu wollen. Dieses Wort brachen die Orseoli, und weil dem so war, antworteten die Venetianer mit einer zweiten und dauernden Verbannung der Schuldigen.

Ihrerseits hatten allerdings die Anhänger der venetianischen Verfassung guten Grund, so zu handeln. Wenn der Plan, über den Doge Otto brütete, gelang, wenn Grado preisgegeben und die Metropole nach Rialto verlegt ward, würde in Venetien ein Stück Byzantinismus — nämlich

unter salischem Schutze — unverschämter als irgendwo im
übrigen Abendlande, aufgeführt worden sein; schrankenlose
Dogen hätten dann dort die Gesetze niedergetreten, die
Bürger entwürdigt, die Stühle mit lauter Verwandten,
Söhnen, Vettern, Brüdern, blinden Werkzeugen der Willkür
des Familienhauptes, besetzt und statt einer glorreichen,
meerbeherrschenden Republik, wäre ein elendes, durch all=
seitigen Argwohn zerrüttetes Fürstenthum aufgekeimt. An
der Spitze derer, welche solches hinderten, stand Domenico
Flavanico, Sproße [1]) eines der edlen Geschlechter, welche
gegen Ende des achten Jahrhunderts sich auf Rialto an=
siedelten. Dandolo nennt am angeführten Orte unsern
Domenico zum erstenmale, aber wir kennen ihn schon aus
der die Einschränkung des Seidenhandels nach Italien be=
treffenden Urkunde. Denn allem Anscheine nach ist der
dort genannte [2]) Dominicus Florentius Flabianicus eine
Person mit dem Haupte der die Ehrsucht der Orseoli be=
kämpfenden Partei. Zum Voraus bemerke ich, daß Domenico
sich später ein unsterbliches Verdienst um seine Vaterstadt
erwarb, indem er die Verfassung von 959 ausbaute.

Domenico drängte sich nicht vor; zunächst wurde
nicht er, sondern ein Anderer, Petrus Barbolano, auch
Centranico genannt, zum Dogen erhoben. [3]) Was in ähn=
lichen Fällen häufig geschieht, geschah auch hier: die neue
Regierung war ein Versuch, zu vermitteln, die Parteien
zu versöhnen. Barbolano wollte es Allen Recht machen und
verdarb es dadurch mit dem Einen und den Andern. Dan=

---

[1]) Muratori XII., 156.   Sie heißen hier Flaviani.
[2]) Pertz VII., 38.
[3]) Muratori XII., 239.

dolo jagt: „Nach Vertreibung des Vorgängers (Otto)
ward Barbolano zum Herzoge eingesetzt. Da aber Viele
kein Gefallen an ihm trugen, entstanden häufige Unruhen.“
Die Partei der Orseoli war noch immer mächtig und auch
den Gegnern genügte der Doge nicht, weil er jene zu sehr
schonte. Zu den inneren Zerwürfnissen kam aber noch auswärtiger Krieg. Dandolo fährt [1] fort: „Pochend auf den
Schutz des Kaisers (Conrad II.) zersetzte Patriarch Poppo
von Aquileja die Gebiete der Veneter.“

Wir besitzen über die Fehde Venetiens mit dem
salischen Hofe genauere Nachrichten, als die sind, welche
der Geschichtschreiber des Seelandes mittheilt. Zur Zeit,
da Doge Otto zum zweitenmale aus Venetien vertrieben
und nach Constantinopel abgeführt ward, stand Conrad II.
mit dem Reichsheere in Lombardien drüben, mußte jedoch,
wie wir wissen, vielfache Kämpfe mit Unzufriedenen aus-
fechten. [2] Im Frühjahre 1027 rückte er auf Rom und
ward daselbst unter dem 26. März von Papst Johann XIX.
zum Kaiser gekrönt. Conrad vergaß bei dieser Gelegenheit
Venedig nicht; ohne Zweifel auf sein Betreiben lud der
Papst den Patriarchen Orso vor eine römische Synode,
die demnächst gehalten werden sollte. Der Geladene kam
nicht, schickte jedoch einen Diacon. Die Synode fand den
6. April im Lateran statt. Patriarch Poppe — so heißt [3]
es in den Akten — stürzte vor die Füße des Papstes und
des anwesenden Kaisers nieder, flehend, daß ihm und seinem
Erzstuhle volle Gerechtigkeit wider Grado und den Anmaßer

---

[1] Confinia Venetorum lacerabat.
[2] Gfrörer, Greger VII., B. VI. S. 227—240.
[3] Mansi XIX., 480.

Orso, der sich fälschlich einen Patriarchen nenne, geschafft
werde. Der Beschluß lautete: „Kraft apostolischer und
kaiserlicher Machtvollkommenheit, solle Grado in alle
Zukunft als bischöflicher Sprengel der Metropole Aquileja
einverleibt sein."

Allerdings hatte Papst Johann XIX. schon drei
Jahre früher mittelst der oben angeführten Bulle Aehnliches verfügt, aber als er die erste Entscheidung gab,
geschah solches bedingt und unter Klauseln, jetzt aber
wurde Grado unbedingt aufgeopfert und dies zu einer
Zeit, da die 1024 gestellte Bedingung gar nicht mehr erfüllt werden konnte. Nur durch die Voraussetzung eines
zwingenden kaiserlichen Einflusses läßt es sich erklären,
daß der Papst diesen Schritt that. Selbst die Worte [1]
der betreffenden Synodalakten weisen hierauf hin, sie machen
kein Hehl daraus, daß der Kaiser, ganz ebenso wie der
Papst, die Kirche Venetiens maßregelte. Wäre irgend noch
ein Zweifel möglich, so würde er vollends durch die Bulle
von 1029 niedergeschlagen, kraft welcher Johann XIX.,
den Beschluß bezüglich der Erniedrigung Grado's — offenbar als einen erzwungenen — zurücknahm und die venetische
Metropole in alle ihre alten Rechte wieder einsetzte.

In Folge der Vorgänge zu Rom, vielleicht aber auch
schon früher — da kaum gezweifelt werden konnte, daß
es Conrad gelingen müsse, seinen Willen in Rom durchzusetzen, — wird Poppo den Kampf wider Venetien eröffnet

---

[1] Die hergehörigen Sätze (Mansi XIX., 480 unten) lauten:
reverendissimus igitur papa et piissimus imperator, — Poppo-
nem patriarcham de Gradensi plebe pastorali virga investientes,
ex apostolico et imperiali decreto hoc privilegium Aquilejensi
ecclesiae — scribi jusserunt.

haben, von dem Dandolo spricht. Die Insel Grado selbst vermochte er nicht zu erobern — vermuthlich weil die Schiffe, die er etwa besitzen mochte, der venetischen See= macht nicht gewachsen waren — erst um 1042 gerieth Grado zum zweitenmale durch Ueberrumplung in seine Gewalt, — aber die festländischen Besitzungen der Veneter müssen von ihm hart beschädigt worden sein, denn dies ist — so scheint es mir — der Sinn des von Dandolo gebrauchten Ausdrucks, der Patriarch von Aquileja habe das Gebiet der Veneter zersetzt.

Außer dem Aquilejer Patriarchen fiel noch ein zweiter Feind, obwohl auf einer andern Seite, Venetien während der kurzen Verwaltung Barbolano's an. Dandolo schreibt: [1] „König Andreas von Ungarn beunruhigte unaufhörlich Dal= matien und zwang einige der dortigen Städte, sich ihm zu ergeben." Der venetische Geschichtschreiber irrt jedoch be= züglich des Namens, den er dem ungarischen Könige gibt. Von 997 bis 1038 saß auf Ungarns Thron Stephan und erst im Jahre 1047 wurde Andreas König. Aber sonst hat die Behauptung des Angriffs ihre Richtigkeit. Das 11. und 12. Jahrhundert hindurch lagen Ungarns Beherrscher mit dem venetianischen Gemeinwesen in fast unaufhörlichem Streite, dessen Anfänge in die Regierung Stephans I. hinaufreichen. Den Schlüssel gibt eine Stelle der Biographie Stephans, welche so lautet: [2] „Längst (d. h. geraume Zeit vor seinem Tode) hatte der König den in Venedig gebornen Sohn seiner Schwester (und des Dogen Otto), Petrus genannt, nach Ungarn berufen und ihm den Befehl über die ungarische

---

[1] Muratori XII., 239.
[2] Pertz XI., 239.

Kriegsmacht anvertraut. Auch empfahl Stephan sterbend ebendenselben zu seinem Nachfolger auf Ungarns Thron."

Vermuthlich hat König Stephan I. den Neffen um die Zeit zu sich eingeladen, da der Vater desselben, Doge Otto, zum zweitenmale aus Venetien verbannt und als Gefangener nach Constantinopel abgeführt worden ist. Peter bestieg wirklich nach Stephans Tode den Thron und seitdem erhoben Ungarns Könige Ansprüche auf das venetische Dal= matien. Offenbar wollte Petrus ganz im Geiste des Ge= schlechts der Orseoli, die von Dogen Peter II. (seinem Ahn) gemachte Eroberung Dalmatiens nicht als Eigenthum der Republik Venedig, sondern als ein Erbstück seines Hauses betrachtet wissen. Ist es nun nicht im höchsten Grade wahrscheinlich, daß unter solchen Umständen Peter, Otto's Sohn, noch in früher Jugend den mütterlichen Großvater, um Rache zu nehmen für Otto's Vertreibung — gemäß der von Dandolo, obgleich mit irrigen Zusätzen mitgetheilten Nachricht — zu einem Angriffe auf das venetische Dalmatien gereizt hat?

In die Enge getrieben durch den doppelten Krieg nach Außen und die innerlichen Unruhen, muß Doge Peter Barbolano mit den gestürzten Orseoli angeknüpft haben. Fest steht, daß der Patriarch Orso, der doch zugleich mit seinem Bruder Otto verbannt worden war, in die Heimat zurückkehrte und wenigstens seit 1029, vielleicht schon früher, den Erzstuhl Grado wieder einnahm, was nicht ohne Ein= willigung des regierenden Dogen Barbolano geschehen sein kann. Doch hat Orso, ehe dies geschah, förmlich mit dem Patriarchen Poppo, seinem ehemaligen Verbündeten, ge= brochen und durch einen unzweideutigen Akt Bürgschaft dafür geleistet, daß er Grado nicht mehr dem Nachbar oder

dem salischen Hofe preisgeben werde. Beide eben erwähnte
Punkte sind, denke ich, Vorbedingungen der gestatteten
Rückkehr gewesen.

Hauptquelle ist die oben mehrfach erwähnte Bulle
des Papstes Johann XIX. vom Jahre 1029. Nächst den
bereits angeführten Punkten ergeben [1]) sich aus ihr folgende
Thatsachen. Kurz nachdem Poppo die Bulle von 1024 er=
langt hatte, die ihm den bedingten Besitz von Grado
zusprach, trafen zu Rom Gesandte Orso's ein, welche Be=
richt über die von Poppo bei Einnahme der Insel verübten
Greuel erstatteten und Gerechtigkeit vom h. Vater begehrten.
Johann XIX. forderte hierauf den Aquilejenser nach Rom
vor, um sich zu verantworten; eine gleiche Ladung erging
an den Patriarchen Orso. Als der päpstliche Bote, der
abgeschickt war, dem Aquilejenser jenen Bescheid zu über=
bringen, in Friaul erschien, empfing ihn Poppo mit Hohn;
erklärte, daß es ihm unmöglich sei, jetziger Zeit nach Rom
zu reisen, und erhob dagegen Klagen über Gewalt, die ihm
selber geschehen, da man ihm Grado wieder weggenommen
habe. Letzterer Satz beweist, daß die Botschaft, welche
Poppo nach Rom lud, erst zu der Zeit in Aquileja ein=
traf, da die Veneter sich bereits wieder der Insel be=
mächtigt hatten.

Poppo trotzte auch ferner insofern der Vorladung
des Papstes, als er es verschmähte, in eigener Person nach
Rom zu gehen. Dagegen schickte er als Gesandten einen
Mönch, der jedoch — so versichert die Bulle — nichts
Gegründetes vorzubringen wußte. Andererseits erschien
Patriarch Orso — ohne Zweifel nach seiner Vertreibung

---

[1]) Mansi XIX. 493 ff.

aus Venetien — selber in Rom und betrieb persönlich seine Sache. Zuletzt — so meldet die Bulle weiter — ward im Lateranpalaste eine Synode versammelt, welche — wie ich unten zeigen werde — zu Gunsten Orso's entschied. Scheinbar berührt die Bulle mit keinem Worte Conrads II. Anwesenheit in Rom, oder die unter seiner Mitwirkung gefaßten Beschlüsse, welche doch unbedingt die Einverleibung Grado's in den Metropolitanverband von Aquileja angeordnet hatten. Dennoch kann kein Zweifel sein, daß sie erst geraume Zeit nach dem Frühling 1027 und zwar, wie alle Kritiker annehmen, im Dezember 1029 erlassen worden ist; denn das Endurtheil, das sie fällte, enthält, wie ich unten zeigen werde, eine, wiewohl versteckte, Anspielung auf das gewaltthätige Eingreifen Conrads II. Dieses beredte Stillschweigen aber läßt meines Erachtens nur die eine Deutung zu, daß Johann XIX. die in des Kaisers Anwesenheit gefaßten Beschlüsse als erzwungene, folglich als ungiltige, nicht zu Recht bestehende, behandelte. Man muß nämlich wissen, daß Conrad II. kurz nach der Kaiserkrönung den Rückmarsch in die Heimat antrat und dort gegen andere Widersacher vollauf zu thun fand. [1]) Erst im Spätjahr 1036 konnte er einen zweiten Römerzug antreten. [2]) Papst Johann XIX. war daher in der Lage, ohne den Vorwurf der Tollkühnheit, das zu thun, was ihm Ehre und Rücksicht auf die Würde des h. Stuhles vorschrieb, nämlich die Beschlüsse von 1029 umzustürzen.

Das Urtheil, welches die Synode von 1029 fällte, lautet im Wesentlichen so: „Das Patriarchat Grado ist

---

[1]) Gfrörer, Gregor VII., B. VI. S. 242—248.
[2]) Ibid. IV. 70. VI. 278 ff.

mit Allem, was dazu gehört, für alle Zukunft bestätigt. Niemand unterstehe sich, ohne Einwilligung Orso's oder seiner Nachfolger, die Wahl irgend eines dem Gradenser Verband einverleibten Suffraganen vorzunehmen. Desgleichen soll Alles, was besagter Patriarch Orso oder seine Nachfolger den heil. Canones gemäß anordnen, von den Bischöfen der mit Grado verbundenen Suffraganstühle, so wie von dem betreffenden Clerus und Volke pünktlich beobachtet werden." Diese Worte haben einen verborgenen Sinn. Zur Metropole von Grado gehörten nicht blos die Stühle der eigentlichen Inseln, wie Olivolo oder Stadt-Venedig, Torcello, Heracliana, Jesolo, Caorle, sondern auch die Bisthümer Istriens waren eben derselben durch wiederholte päpstliche Dekretalen, namentlich vor nicht gar langer Zeit durch eine Bulle [1]) Sylvesters II., untergeordnet worden. Man muß daher annehmen, daß Johann XIX., indem er den vollen Besitzstand der Metropole Grado bestätigte, darunter auch die istrischen Bisthümer begriff.

Noch deutlicher ergibt sich dies aus den nächsten Sätzen. Päpstliche Verordnungen werden nicht in's Blaue hinein erlassen, sondern stets ist jedes Wort überlegt, mit Bedacht abgefaßt. Wenn daher Johann XIX. gebietet, kein Mensch solle sich unterstehen, ohne Einwilligung Orso's oder seiner Nachfolger, Wahlen von Suffraganbischöfen vorzunehmen, die der Gradenser Metropole angehören, und weiter, wenn er beifügt: was Orso und seine Nachfolger in canonischer Weise vorschreiben, sei für alle Suffraganbischöfe des Verbandes giltig, so ist sonnenklar, daß der Papst nicht alle möglichen Leute der Welt, sondern bestimmte Personen im

---

[1]) Siehe oben S. 21. 32—33. 93—97.

Auge hat, welche im Falle waren, Dinge der beschriebenen
Art zu begehen. Nun sage ich, nur Poppo von Aquileja
lag damals mit Grado im Streite, nur von ihm konnte
vernünftiger Weise vorausgesetzt werden, daß er die vom
Papste verbotenen Gelüste hege. Auf ihn müssen sich daher
die Verwarnungen obiger Bulle beziehen. Weiter aber ist
nicht anzunehmen, daß Poppo auf den Gedanken gerieth,
Bischöfe der Inseln zu weihen oder für sie Gesetze zu
machen, denn so weit reichte nicht einmal im Traume sein
Arm, weil die hölzernen Mauern der Veneter das gute
Recht von Grado gegen Jedermann vertheidigten, wohl
aber konnte er Istriens Stühle unterwerfen, denn die lagen
auf dem Festlande und standen unter politischer Aufsicht
des vom kaiserlichen Hofe abhängigen Kärnthner Herzogs.

Genau so verhielt sich die Sache; urkundlich kann
man nachweisen, daß Patriarch Poppo Metropolitanhoheit
über sämmtliche Bisthümer Istriens übte. Folglich hatte er
oder etwa sein Vorgänger dieselben dem Verbande mit Grado
entzogen. Die bischöfliche Kirche von Aemonia oder Citta
nuova in Istrien war verarmt. Nun gab Patriarch Poppo
ein unweit der genannten Stadt gelegenes Landgut her,
um dem herabgekommenen Stuhle aufzuhelfen, und durch
Urkunde [1]), wahrscheinlich vom August 1038, bestätigte
Kaiser Conrad die Schenkung. Sicherlich hätte Poppo
keine solche Großmuth gegen das Bisthum Citta nuova
geübt, wäre dasselbe nicht seinem Patriarchat untergeordnet
gewesen. Doch es bedarf keiner Vermuthungen. Im Juli
1031 weihte Poppo eine neu erbaute Kirche. Außer zwei

---

[1]) Böhmer, Regest. Nro. 1440, vergl. Rubeis. Monum.
Aquilej. S. 509.

römischen Cardinälen wohnten fast alle Suffragane des Patriarchats der Feier bei, und zwar nicht blos die, deren Stühle
auf dem italischen Festland lagen, wie die Bischöfe von
Padua, Brixen, Treviso, Belluno, Feltre, Ceneda, sondern
auch mehrere istrische Kirchenhäupter, namentlich die Suffragane von Citta nuova, Pedena, Triest, Pola [1]). Noch
mehr, auf dem Rand eines alten zu Aquileja aufbewahrten
Evangelienbuchs steht der Eid canonischen Gehorsams verzeichnet, welchen der Bischof von Pola, Johann, seinem
Metropoliten, dem Patriarchen Poppo von Aquileja, leistete [2]).

Nicht der geringste Zweifel kann daher sein: Istrien
war zwischen 1030 und 1040, vielleicht schon früher, in
kirchlicher Hinsicht dem Patriarchat von Aquileja untergeordnet, und Grado hatte folglich die geistliche Hoheit
über die Halbinsel verloren. Wann ist nun letzteres geschehen? Poppo mag immerhin längere Zeit thatsächlich
im Besitze gewesen sein, gleichwohl begreift man, daß
Poppo selbst oder sein politischer Gebieter, der Salier
Conrad II., früher oder später daran denken mußte, den
thatsächen Besitz in rechtlichen, durch päpstliche Anerkennung des Geschehenen zu verwandeln. Daher scheint es
gerathen, obige Frage genauer dahin zu bestimmen: wann
hat Rom die Hoheit Aquileja's über Istrien entweder
geradezu gut geheißen oder doch stillschweigend anerkannt.
So gestellt, kann die Frage beantwortet werden.

Wir wissen, im Frühling 1027, da Conrado gekrönt
ward, waltete der neue Kaiser wie ein unumschränkter

---

[1]) Die urkundlichen Belege bei Rubeis, a. a. O. S. 518.
[2]) Ibid. S. 519.

Gebieter zu Rom, zwang den Papst zu Allem, was ihm
beliebte. Wenn je sonst, wird es damals geschehen sein,
daß Conrad auch die Anerkennung des in Istrien einge=
tretenen Besitzwechsels dem Tusculaner Johann XIX. ab=
preßte, und in der That war dieß der Fall. Wie ich
später an geeignetem Orte des Näheren zeigen werde, hat
Johanns XIX. Nachfolger und Neffe, Papst Benedikt IX.,
im April 1044 eine Bulle [1]) erlassen, worin er die ver=
schiedenen Ungerechtigkeiten aufzählt, welche der damals
bereits verstorbene Patriarch Poppo wider die Metropole
Grado verübte; unter Anderem spricht er darin von einer
erschlichenen Akte, durch welche Poppo Rechte über den
benachbarten Stuhl errang, die ihm nicht gebührten, er
erklärt deßhalb dieselben für null und nichtig, und gibt
weiter sehr deutlich zu verstehen, daß Poppo auf dem näm=
lichen unlauteren Weg auch die Hoheit über die Stühle
Istriens erlangt habe. Handgreiflich meinte hiemit Bene=
dikt IX. die Beschlüsse jener römischen Synode von 1027,
kraft welcher „der ehrwürdigste Papst und der allerfrömmste
Kaiser, mit dem Hirtenstab den Patriarchen Poppo über
Grado belehnend, aus apostolischer und kaiserlicher Voll=
macht" die venetische Metropole Grado aufgehoben, oder
deutsch gesprochen, kraft welcher der Salier Conrad den
Papst Johann XIX. gezwungen hatte, seiner Willkür zu
fröhnen.

Blicken wir zurück: allerdings hat schon Johann XIX.
zwei Jahre nach der That auf dieselben Beschlüsse von
1027 angespielt, indem er verdeckt die bei dieser Gelegen=
heit erzwungene Einverleibung der istrischen Stühle in den

---

[1]) Jaffé. Regest. pontif. Nro. 3129.

Verband von Aquileja bestritt. Aber weshalb that er
solches nicht offen? deßhalb, weil damals nicht mit genügender Wahrscheinlichkeit voraus gesehen werden konnte,
ob es gelingen werde, Istrien wirklich wieder der Metropole Grado unterzuordnen. Petri Statthalter schreiten nur
vorsichtig voran: ehe sie eine entscheidende Maßregel er-
greifen, wollen sie des Erfolgs versichert sein. Vorerst
gebot die Klugheit, nur von ferne und ohne Benachthei-
lung des päpstlichen Ansehens, für den möglichen Fall des
Eintretens widriger Umstände, anzudeuten, daß nach der
Ansicht des heiligen Vaters die Befugnisse, welche sich
Poppo in Istrien angemaßt, nicht zu Rechte bestünden.
Als die Sache reif war, legten die Päpste Benedikt IX.
und noch mehr, wie wir unten sehen werden, Leo IX.
rasch und entschlossen die letzte Hand an das von Johann XIX. leise vorbereitete Werk.

Es ist vielleicht ein Mißgriff gewesen, daß Johann XIX. 1024 auf die gemeinsamen Vorschläge der
beiden Patriarchen, Orso und Poppo, einging, indessen
wissen wir zu wenig über die Einzelnheiten der damaligen
Verwicklung, um selbst über diese Frage ein sicheres Urtheil fällen zu können. Fest dagegen steht, daß eben derselbe nachdem einmal jener erste Schritt geschehen war,
ohne Wanken das that, was ihm bei veränderter Sach-
lage die Pflicht vorschrieb. Selbst Privatleuten fällt es
schwer, vollendete Handlungen zu widerrufen, wie viel
mehr einem Papste! Johann XIX. aber nahm, sich selbst
überwindend, die Verfügung von 1024 zurück, zugleich an-
deutend, daß er die Beschlüsse, welche die Römische Synode im April 1027 unter dem Einfluß kaiserlicher Gewalt gefaßt hatte, als erzwungen, nicht mehr anerkenne.

Mag das Privatleben des Tusculaners gerechten Tadel
verdienen, als Papst und nach Außen hat er einem furcht-
baren Kaiser gegenüber muthig gehandelt!

Ohne Frage war es ein wichtiger Dienst, den
Patriarch Orso seinem Vaterlande leistete, indem er vom
Paste Johann XIX. die Bulle vom December 1029 auswirkte, welche die Wiederherstellung der Rechte des Erzstuhles Grado in vollem Umfange aussprach. Nebenbei
hatte dadurch Orso für immer mit Poppo von Aquileja,
seinem ehemaligen Verbündeten, gebrochen: als Todfeinde
standen sie seitdem einander gegenüber. Damit war ein
Hauptgrund der Verbannung des Patriarchen weggefallen.
Er muß 1029 oder vielleicht schon früher, da die Verhandlungen mit Johann XIX., betreffend die Metropole
Grado, begonnen, zurückgerufen worden sein. Denn die Bulle
vom December 1029 erkennt ihn — und nur ihn — als
Patriarchen des Seelands an, eine Entscheidung, der Peter
Barbolano, der Doge Venetiens, nicht entgegentreten konnte.
Auch nach Dandolo's Darstellung erscheint Orso zur Zeit,
da der ebengenannte Doge gestürzt ward, nicht nur als
anwesend in Venetien, sondern auch als der mächtigste
Mann im Staate.

Die Rückberufung Orso's besserte die schlimme Lage
des Dogen im Wesentlichen nicht. Vielleicht der Patriarch
selber, jedenfalls die Partei der Orseoli, vergaß es ihm
nicht, daß er zum Sturze Otto's mitgewirkt hatte. Mit
den Andersgesinnten verdarb er es mehr und mehr, vermuthlich, weil sie fanden, daß er viel zu viel für die Orseoli thue: das ist der Weltlauf, der sich in ähnlichen
Fällen stets wiederholt. Barbolano muß es zuletzt versucht haben, an dem salischen Hofe eine Stütze zu gewin-

nen. Wenigstens ist ein Kennzeichen vorhanden, welches zu dem Schlusse berechtigt, daß so etwas geschehen sei: es war sein Verderben. Die Gegner fielen über ihn her, schoren ihm Haupthaar und Bart, steckten ihn in eine Mönchskutte und schickten ihn so zugerichtet als Gefangenen nach Constantinopel. Dieß ereignete sich 1030, nachdem Barbolano den herzoglichen Stuhl volle vier Jahre eingenommen hatte.

Noch einmal erhoben jetzt die Orseoli ihr Haupt, aber nur vorübergehend, und das letzte Mal. „Das venetische Volk,“ sagt [1]) Dandolo, „faßte den Beschluß, den vor vier Jahren gestürzten Otto wieder einzusetzen.“ Da derselbe jedoch in Constantinopel als Gefangener weilte, wurde einstweilen sein Bruder, der Patriarch Orso, zum Stellvertreter ernannt. Zugleich schickte man Gesandte, worunter den zweiten Bruder des Dogen, Bischof Vitalis von Torcello, nach der Hauptstadt des Ostens ab, um Otto's Auslieferung und baldige Rückkehr zu betreiben. Die Umwälzung war keineswegs eine halbe, etwa auf Versöhnung der Parteien berechnete, sondern eine vollkommene. Denn Dandolo berichtet [2]) weiter, daß alsbald Domenico Flavanico und die Andern, die wie er dachten, und für Hauptschuldige der Vertreibung Otto's galten, aus Furcht vor Rache ihr Vaterland verließen. Aber vergeblich wartete die herrschende Partei auf die Ankunft des Verbannten. Monat um Monat verstrich, zuletzt, nachdem Patriarch Orso ein ganzes Jahr und zwei Monate Venetien löblich und gerecht verwaltet hatte, lief Nachricht aus

---

[1]) Muratori XII., 239.
[2]) Ibid. S. 240.

Constantinopel ein, daß Otto Orseolo daselbst des Todes verblichen sei.

Dandolo sagt: „obgleich Patriarch Otto nicht eigentlicher Doge, sondern blos Stellvertreter seines abwesenden Bruders war, haben die alten Veneter dennoch seinen Namen — und zwar darum, weil er gerecht regierte — in das Verzeichniß der Dogen eingetragen." Abermal deutet der Geschichtschreiber an, daß diese amtlich angelegten Verzeichnisse eine seiner Hauptquellen gewesen sind. Auf die Kunde vom Tode Otto's trat Patriarch Orso ab, und kehrte nach Grado auf seinen Stuhl zurück. Die Gründe, warum der verbannte Otto — obgleich er 14 Monate Zeit hatte — das angebotene Dogat nicht übernahm oder vielmehr nicht übernehmen durfte, sind ein Geheimniß, das Dandolo nicht zu lüften für gut fand. Ich denke: die ausgewanderten Häupter der Gegenpartei, Flavanico und Genossen, werden in Constantinopel ihr Bestes gethan haben, um die Rückkehr Otto's zu hintertreiben, indem sie dem Basileus vorstellten, daß jetzt Otto so wenig Vertrauen verdiene, als ehemals, und daß seine Wiedereinsetzung den Inselstaat schweren Gefahren preisgeben würde. Ich spreche diese Vermuthung um so zuversichtlicher aus, weil Dandolo meldet, daß Flavanico, unmittelbar nach seiner Erhebung zum Dogen, vom Basileus mit dem Titel eines Oberschwertträgers geschmückt worden ist. Das setzt gute und enge Verbindungen in Constantinopel voraus.

Zunächst aber bestieg nicht Flavanico, sondern ein Orseolo den erledigten Herzogstuhl. Dandolo fährt fort: „unterstützt von einer kleinen Partei, maßte sich Domenico Orseolo, aus dem Stamme Otto's, im Jahre Jesu Christi 1032 das Dogat an. Allein die große Mehrzahl billigte

solches nicht" — Dandolo entwickelt sofort einen merk=
würdigen Grund des allgemeinen Widerwillens, den ich
unten mittheilen werde — „sondern sie erhoben sich wider
den Eindringling. Schrecken ergriff denselben: nachdem
Domenico Orseolo nur einen einzigen Tag lang das Dogat
behauptet hatte, entfloh er in's italische Reich hinüber nach
Ravenna, wo er bis zu seinem Tode blieb und auch be=
graben ward."

Unlengbar ist es, Andreas Dandolo hat den über=
aus wichtigen Abschnitt der Geschichte seiner Vaterstadt,
welcher vom Tode Peters Orseolo II. bis zum Sturze
Domenico's Orseolo verlief, stiefmütterlich behandelt. In
der Ausgabe Muratori's nimmt der betreffende Theil seiner
Chronik nicht ganz zwei Blätter ein, und selbst diese Blätter
enthalten meist blos gleichzeitige Begebenheiten aus andern
Ländern, nur wenige Zeilen betreffen Venetien selber. Doch
hat es ihm, meines Erachtens, nicht an Quellen gefehlt,
die er nur reden zu lassen brauchte, um den wahren Zu=
sammenhang der Veränderungen, die damals im Seeland
vorgingen, in das gehörige Licht zu stellen. Nicht Mangel
an Nachrichten, sondern ein anderer Grund legte seiner
Feder Fesseln an. Wenn er offen gesagt hätte, was er
wußte, wäre er genöthigt gewesen, einzugestehen, daß die
Orseoli unaufhörlich wider die Freiheit des eigenen Lan=
des sich verschworen, ja, daß Venetien damals keine schlim=
meren Feinde hatte, als seine Dogen, Peter Orseolo II.,
den Ahn, Otto, den Sohn, und Domenico, den Stamm=
sippen, oder vielleicht Enkel.

Nach meinem Dafürhalten schien es ihm unstatthaft,
daß er, selbst ein Doge, solche Dinge wider ehemalige
Vorgänger im Amte niederschreibe, deßhalb begnügte er

sich einen farblosen Auszug der Urkunden zu geben, die uns heute noch zu Gebote stehen. Gleichwohl hat er die Wahrheit nicht eigentlich verborgen, sondern sie in einer Weise angedeutet, daß Wissende — aber freilich auch nur diese — seine wahre Meinung merken konnten, eine Meinung, durch welche unsere oben entwickelte Ansicht vom inneren Zusammenhang venetischer Geschichte bestätigt wird.

Ich habe bereits gesagt, daß Dandolo einen eigenthümlichen Grund angibt, warum die große Mehrzahl der Veneter den eingedrungenen Dogen Domenico Orseolo nach eintägiger Herrschaft vertrieb. Die betreffenden Worte[1]) lauten: „Venetiens Bürger erhoben sich wider Domenico, weil sie die freie Verfassung, unter der sie geboren waren, behaupten, nicht aber Sclaven eines Tyrannen werden wollten." Vorerst ist an sich klar, daß dieses Urtheil, nur dem Scheine nach, auf Domenico, in der That aber auf dessen Vorgänger aus dem gleichen Hause sich bezieht. Nur einen einzigen Tag war Domenico Doge, kein Mensch konnte also aus Erfahrung wissen, daß er die Freiheit unterdrücken werde. Vielmehr verjagten ihn die Veneter darum, weil sie voraussetzten, daß er, ein echter Orseolo, es gerade so machen werde, wie seine Stammsippen Peter II. und Otto.

Folglich bezeugt Andreas Dandolo, mittelbar oder verblümt, daß Dichten und Trachten der ebengenannten Orseoli darauf gerichtet war, die Freiheit zu unterdrücken, die Veneter in Sclaven, das Dogat in eine Despotie zu verwandeln. Nun gab es im Seeland eine Verfassung,

---

[1]) Muratori XII., 240: Ceteri (Veneti), innatam libertatem et non tyrannidem cupientes, in eum (Dominicum Ursiolum) insurgunt.

welche man eingeführt hatte, um herzogliche Willkür ein-
zudämmen, auch beweisen viele Urkunden, daß diese Verfassung unter den Orseoli, wenigstens zum Scheine, fort-
bestand. Demnach muß man weiter den Schluß ziehen,
daß die obengenannten Orseoli Venetiens Verfassung ge-
fälscht, mißbraucht, in's Schlimme verkehrt haben. Endlich
ist gewiß, daß ebendieselben bei dem Spiel, das sie gegen
ihr Land trieben, sich auf den Schutz einer auswärtigen
Großmacht, nämlich des salischen Hofes, stützten. Die
bündigsten Beweise liegen hiefür vor.

Als Doge Otto 1024 zum erstenmale verbannt ward,
suchte er in Istrien unter den Fittigen salischer Macht eine
Zufluchtstätte, offenbar weil er voraussetzte, daß er dort
bereitwillige Helfer und Förderer seiner Zwecke finden werde.
Desgleichen floh 1032 der vertriebene Domenico nach der
kaiserlichen Stadt Ravenna, wo damals, wie wir wissen,[1]
ein ehernes Netz gegen die Freiheit des Stuhles Petri,
aber auch gegen Venedig geschürzt ward. Betrachten wir
die Kehrseite: Nach dem zweiten Sturze des Dogen Otto
ließ man ihn nicht mehr entwischen, sondern die siegreiche
Partei schickte ihn, zum Mönche geschoren, als Gefangenen
nach Constantinopel. Warum? Offenbar deshalb, weil
Flavanico und seine Freunde die Ueberzeugung hegten, daß
der Basileus dem Gefangenen ebenso gut zürne, als die
Orseoli ihm grollten, folglich daß er ihn in guter Huth
bewahren, an bösen Streichen hindern werde. Was war
aber der Grund, weshalb die Veneter Solches voraussetzten? Ohne Frage die Thatsache, daß die Orseoli, indem
sie, mit den Saliern insgeheim verbunden, wider Venetiens
Freiheit Ränke spannen, zugleich das alte Schutzverhältniß

---

[1] Gfrörer, Gregor VII., B. VI., S. 287—308.

des Seelands zur byzantinischen Kaiserkrone umzustoßen
strebten, folglich als Feinde des Basileus handelten. Der
Haß gegen die Orseoli, welchen Flavanico's Partei dem
Basileus zutraute, ist ein handgreiflicher Beweis — hand-
greiflich nämlich für solche, welche etwas von Geschichte
verstehen — daß die genannten Dogen mit den deutschen
Kaisern, den natürlichen Gegnern der byzantinischen
Herrscher, zusammenhielten.

Doch nicht nur Otto Orseolo, sondern auch Peter
Barbolano, welcher ursprünglich der Gegendoge des ersteren
war, ist von den Venetern nach Constantinopel an den Basileus
ausgeliefert worden. Daraus folgt meines Erachtens das,
was ich schon oben andeutete, nämlich daß Barbolano zuletzt
in dem schweren Gedränge, das seine Stellung mehr und
mehr unhaltbar machte, eine Stütze am salischen Hofe
gesucht, folglich mit der byzantinisch-gesinnten Partei, welche
zugleich, wie wir wissen [1]), die der freien Verfassung war,
gebrochen haben muß, denn sonst hätte sich sicherlich der
Basileus schön dafür bedankt, wenn die Veneter zutraulich
genug gewesen wären, beliebige Staatsgefangene, nur weil
es ihnen so behagte und ohne Rücksicht auf den eigenen
Vortheil des griechischen Hofs, nach Constantinopel zur
Aufbewahrung zu senden.

Wir sind früher auf Belege gestoßen, daß die Salier,
namentlich Heinrich III., sich die Ottonen zum Vorbilde
erkoren haben. Doch treten die Thatsachen, welche solches
bekunden, bezüglich Deutschlands erst später hervor. Allein
aus der Geschichte des Verfahrens, das Conrad II. gegenüber Venetien beobachtete, erhellt, daß schon der erste
Salier in die Bahnen Otto's I. einlenkte. Peter I. Orseolo

---

[1]) Oben S. 356.

und Otto Orseolo erstrebten dasselbe Ziel, wie vor ihnen Peter IV. Candiano und endeten auf gleiche Weise, wie dieser. Die einen wie die andern wollten mit Hilfe des deutschen Kaiserhofes unumschränkte Herren über Venetien werden. Allein der Salier brauchte Anfangs andere Mittel, als die sächsischen Kaiser. Otto I. verlockte den Dogen Peter IV. Candiano durch den Köder der Heirat mit der reichen Lombardin Waldrade. Conrad II. dagegen begann damit, daß er dem Dogen Otto einen Schlag versetzte, doch nur, um ihn zu erinnern, daß es Zeit sei, sich mit dem neuen Beherrscher Deutschlands zu verständigen. Der Doge begriff den Wink und schloß mit dem deutschen Hofe den Vertrag über Abtretung Grado's ab. Wäre die Sache in's Reine gekommen, so würde Conrad nicht ermangelt haben, von Grado aus seinen Einfluß weiter über Venetien aus= zudehnen; andererseits bot er den Orseoli als Preis der bewiesenen Willfährigkeit allen möglichen Vorschub, das zu bewerkstelligen, was Dandolo mit den Worten Verknechtung der Veneter, Abschaffung der bestehenden Gesetze und Frei= heit bezeichnet. Von Selbstsucht geblendet, rannten die Orseoli ins vorgehaltene Netz und dadurch in das eigene Verderben. Denn auch wenn die Rache der Veneter sie nicht getroffen hätte, würde die von ihnen gegründete Dynastie unfehlbar erst ein Spielzeug, dann ein Opfer salischer Arglist geworden sein. Endlich eben deshalb, weil die Orseoli im Bunde mit den Saliern die Verfassung Venetiens antasteten, ist es auch geschehen, daß die Gegen= partei, welche die Freiheit vertheidigte, sich eng an den byzantinischen Hof anschloß.

Fünfunddreißigstes Kapitel.

Der Doge Flavanico arbeitet am Ausbau der Verfassung.
Neue Organisation des großen Rathes. Anfänge des kleinen Rathes. Die Gewerbe und ihre Gastalden. Synode
von 1040.

Dandolo schreibt [1]): „Nach der Flucht Domenico's
Orseolo riefen die, welche denselben vertrieben hatten, den
(vor einem Jahre) verbannten Flavanico in die Heimat
zurück und erhoben ihn auf den herzoglichen Stuhl. Die
Urheber dieser Wahl fürchteten nämlich, daß Domenico es
versuchen dürfte (mit Gewalt) die Wiederherstellung zu
erzwingen." In den nächsten Worten fügt Dandolo bei:
„Flavanico wurde vom byzantinischen Basileus zum kaiserlich
griechischen Oberschwertträger bestellt." Das alte freundliche
Verhältniß zu Byzanz, durch die ehrgeizigen Pläne der
Orseoli seit den letzten 20 Jahren unterbrochen, war wieder
angeknüpft. Die Partei der Orseoli, noch vor drei Jahren
sehr stark, muß in der letzten Zeit herabgeschmolzen sein;
denn Dandolo sagt ja ausdrücklich, daß verhältnißmäßig
wenige Veneter die Anmaßung Domenico's Orseolo unterstützt hätten, die meisten aber ihm entgegenwirkten. Auch
der Erfolg entspricht dieser Angabe. Friedlich verlief die
Regierung des neuen Dogen, sein Anhang, vorzugsweise
den Kaufmannsstand, also Leute von Einsicht und Vermögen umfassend, hat offenbar die goldene Regel befolgt,
Revolutionen erst dann zu machen, wenn sie reif sind.

Zehn Jahre, vier Monate, zwölf Tage stand [2]) Domenico Flavanico an der Spitze des venetischen Gemein-

---

[1]) Muratori XII., 240.
[2]) Ibid. S. 242.

wesens. Aus dieser ganzen Zeit wird nicht eine einzige
Kriegsthat, überhaupt keine auf das Ausland bezügliche Re-
gierungsmaßregel berichtet; desto segensreicher war Flavanico's
Thätigkeit im Innern. Ich berichte zunächst von demjenigen
Akt, der seine Regierung für immer verherrlicht hat. „In
Flavanico's Tagen," sagt Dandolo, „ist das Gesetz gegeben
worden, daß kein Doge hinfort mehr einen Mitdogen annehmen oder bei Lebzeiten die Wahl eines Nachfolgers
anordnen, noch dulden dürfe." Die Erfahrung, namentlich
die des letzten Menschenalters, hatte gelehrt, daß Venetien
keinen gefährlicheren Feind habe, als die Ehrsucht schlechter
Dogen, die stets mit Versuchen der Einführung erblichen
Dogats anfingen, um mit Unterdrückung der Freiheit zu
endigen. Gegen diese Gefahr wurde nunmehr ein eherner
Riegel vorgeschoben. Das betreffende Gesetz erklärte Venetien auch grundsätzlich oder rechtlich zu dem, was es thatsächlich, den ersten Anlagen nach, schon in Cassidors
Zeiten gewesen war: zu einer Republik mit monarchischer
Spitze, die aber nach dem Tode eines jeden Dogen durch
einen besondern und völlig freien Akt erneuert werden
mußte. Der Doge nahm lebenslänglich dieselbe Stellung
ein, welche im alten Rom für die Dauer eines Jahres
den beiden Consuln zukam.

Die mehrfach genannten Zusätze zur ambrosianischen
Handschrift der Chronik Dandolo's fügen bei,[1] Doge
Flavanico habe weiter einen Beschluß des Inhalts durch-
gesetzt, daß weder ein Mitglied des Hauses der Orseoli
noch überhaupt ein Sprosse aus dem ganzen Stamm zum
Dogat befähigt sein, sodann daß die Orseoli sammt und

---

[1] Muratori XII., 241. Note **.

sonders aus dem Seelande verbannt werden sollten. Allein diesem angeblichen Beschlusse fehlt es an Klarheit und gesunden Menschenverstand, unerläßlichen Eigenschaften eines jeden guten Gesetzes. Wenn alle Orseoli aus Venetien fortgejagt wurden, so hatte man wahrlich nicht nöthig, zu verfügen, daß keiner Doge werden dürfe, denn das ergab sich von selbst. Für's zweite widerstreitet die vorausgesetzte Verbannung sämmtlicher Orseoli beglaubigten Thatsachen. Patriarch Orso, obgleich ein Orseolo, ist erweislich bis zu seinem Tode, der um 1045, drei Jahre nach Flavanico's Verscheiden, eintrat, unter hohen Ehren in Venetien geblieben, [1] ebenso behauptete [2] Orso's Bruder, Vitalis, mindestens bis zum Jahre 1040 das Bisthum Torcello. Es ist also unwahr, daß alle Orseoli auf Betreiben Flavanico's des Landes verwiesen wurden.

Dennoch will es mir nicht in den Kopf, daß die Zusätze der Handschrift ganz grundlos seien. Ich vermuthe vielmehr, daß sie zwar keine Gesetze, wohl aber Vorschläge zu Gesetzen enthalten, die während Flavanico's Verwaltung im großen Rath eingebracht wurden, aber jedenfalls nicht ganz durchgingen. Die Forderung, alle Orseoli zu verbannen, erhielt keine Mehrheit, ebenso die andere, den ganzen Stamm für alle Zukunft vom Dogat auszuschließen; wohl aber denke ich, werden die Veneter nicht ermangelt haben, eine gewisse Anzahl der schuldigsten und unruhigsten Orseoli ihrem flüchtigen Haupte Domenico in die Verbannung nachzuschicken, denn solches geschieht überall unter gleichen

---

[1] Muratori XII., 242.
[2] Ibid. 241. Mehr hierüber unten.

Umständen. Der Text des Zusatzes unterscheidet [1]) zwischen dem Hause Orseoli und dem ganzen Stamme. Letzterer zerfiel nämlich, wie die altrömischen gentes, in viele Zweige, von denen das herrschende Dogenhaus einer war. Doch könnte das Wort consortium auch den politischen Anhang des Hauses bezeichnen.

Es gibt in der Welt zweierlei Arten von Gesetzen: erstlich solche, welche man — wie es heut zu Tage Brauch ist — gleichsam stromweise erläßt. Ihre Mutter ist das vorübergehende Bedürfniß, oder das laute Geschrei, oder endlich gar die wechselnde Theorie des Augenblicks, drei erbärmliche Mächte; ihre Dauer gleicht dem Leben der Eintagsfliege; heute gibt man sie, um sie morgen zu vergessen, oder durch Machwerke ähnlicher Art zu ersetzen. Dieses Gewächs gedeiht vorzugsweise da, wo eine allmächtige Schreiber= und Beamtenzunft ihr bleiernes Scepter schwingt. Zweitens gibt es Gesetze von Granit, die nicht an sich rütteln lassen, sondern mit unverwüstlicher Lebenskraft fortdauern. Ich führe beispielsweise an, das mosaische Recht und das Kirchenrecht.

Von letzterem Guße war auch das Gesetz bezüglich der Dogenwahl, welches Domenico Flavanico in seiner Vaterstadt eingeführt hat. Denn Andreas Dandolo fährt unmittelbar nach den oben mitgetheilten Worten also fort: „Dieses heilsame Dekret besteht heute noch in ungeschwächter Kraft." Ja nicht nur bis zur Mitte des 14. Jahrhunderts, da Dandolo schrieb, sondern bis zum letzten Hauch der Republik Venedig ist es aufrecht geblieben. Woher nun die lange

---

[1]) Decretum, ut quis ex domo Urseola amplius dux esse non posset, nec aliquis de consortio.

Dauer? Daher, weil der Gesetzgeber sich nicht darauf be=
schränkt hatte, seinen Willen auf ein Stück Pergament
hinzuschreiben, sondern weil er Vorsorge traf, daß Wächter
aufgestellt wurden, welche nicht ausstarben und die Beob=
achtung des Gebots unter allen Umständen erzwangen.
Das fragliche Wächteramt übernahm der große Rath oder
die Signoria, eine Körperschaft, welche mehrere Nachfolger
Flavanico's deshalb, weil sie seine Satzung übertreten
wollten, mit dem Tode bestraft hat.

Allein schon vor Flavanico bestand, wie früher gezeigt
worden, ein großer Rath in Venedig, jedoch ohne daß
derselbe im Stande gewesen wäre, Pläne, die auf Erblich=
keit des Dogats abzielten, zu hintertreiben; denn hätte er
die nöthige Macht gehabt, solches zu hindern, so würden die
Dogen Peter II. und Otto nicht vermocht haben, ihre begon=
nenen Entwürfe beinahe zu vollenden. Da nun die Signoria
seit Flavanico's Zeiten wirklich das in's Werk setzte, wozu
die Kräfte derselben Körperschaft in den Tagen der Dogen
Peter II. und Orseolo nicht ausreichten, folgt aus beiden
Thatsachen sonnenklar: erstlich, daß vor Flavanico der
große Rath Venetiens noch keine Organisation besaß, die
stark genug war, um verderblichen Absichten der Dogen
zu widerstehen; zweitens, daß unter Flavanico's Dogat
der genannte Körper die fragliche Organisation erlangt
haben muß.

Diese Schlüsse werden durch etliche auf uns gekom=
mene Urkunden bestätigt. Die erste ist ausgestellt im Jahre
1032 und lautet [1] so: „Ich Johann Sagornin, Grob=
schmied, und alle meine Verwandten hatten uns eines

---

[1] Pertz VII., 37, Note *.

Tages zu den Zeiten des Dogen Peter Barbolano versammelt; da erschien der Gastalde des Herzogs und forderte von uns in seinem Namen, daß wir im Hofe des Dogenpalastes (so wie er es vorschreibe) Eisen schmieden müßten. Wir widersprachen nach unserm besten Vermögen, erklärend, daß wir blos verbunden seien, in unsern eigenen Wohnungen so viel zu schmieden, als die Bedürfnisse des Staates nöthig machen, im Hofe des Palastes dagegen nur das Eisen, das uns der Kerkermeister zutragen würde. Auch erhärteten wir diese unsere Behauptung durch Zeugenaussagen und zuletzt wurde uns der Spruch gefällt, daß wir die Richtigkeit unserer Angaben auf die heiligen vier Evangelien Gottes mit einem Eide bekräftigen sollten. Gleichwohl hat man uns in den Tagen des vorgenannten Dogen, unseres Herrn, nicht genöthigt, den Eid wirklich zu schwören. Jetzt aber haben wir uns an den Herrn Domenico Flavanico, den glorreichen Dogen, unsern Gebieter gewendet, da er mit seinen Richtern und in Anwesenheit vieler andern Getreuen Sitzung hielt im Palaste, und huben an zu klagen über die Gewalt, welche uns von Seiten des Gastalden der Grobschmiede (unter dem vorigen Dogen) widerfahren sei. Der versammelte Rath urtheilte und entschied, daß wir den Eid schwören sollten, der uns unter dem Dogat Peters Barbolano auferlegt worden. Wir thaten solches. Darauf ließ uns der glorreiche Doge Flavanico, unser gnädiger und lieber Herr, eine Schrift zustellen, des Inhalts: daß wir gar nicht mehr verbunden seien, im Hofe des Palastes Eisen zu schmieden, daß zweitens das Joch, welches der Gestalde der Grobschmiede uns auferlegt hatte, abgethan sei, drittens, daß uns blos die Pflicht obliege, in unseren eigenen Wohnungen so viel zu schmieden, als uns der

Kerkermeister zutrage, jedoch ganz auf unsere Kosten und
ohne Entgelt, sowie alle übrigen Schmiede als Kopfzins-
Arbeit liefern müssen; viertens, daß wir sonst frei unser
Handwerk treiben mögen, wie es anderen Schmieden
zusteht."

Eine Urkunde, wie vorliegende, welche klaren Einblick
in die Verhältnisse eines der niederen Gewerbe Venetiens
vor der Mitte des 11. Jahrhunderts gestattet, ist vielleicht
einzig in ihrer Art. Johann Sagornin war ein Grobschmied, aber nicht nur er selbst, sondern auch seine Verwandten trieben dasselbe Handwerk. Sieht das nicht aus
wie eine Kasteneinrichtung? der Vater, der Sohn, der
Enkel, die Brüder, die Vettern, erscheinen als lauter
Schmiede. Eben dieselben mußten als Schmiede frohnden
und zwar in zweierlei Form, erstlich zu Haus, in ihrer
eigenen Wohnung; zweitens im Hofe des Dogenpalastes.
Letztere Frohnde galt als die schwerere, denn in der Urkunde
wird nicht geringer Werth darauf gelegt, daß Sagornin
und Genossen von der Nothwendigkeit, im Hofe zu schmieden, befreit sind. Weiter bringt die Urkunde das Schmieden
im Hofe mit einem Dienstmann in Verbindung, welcher
den Namen carcerarius, d. h. Kerkermeister, empfängt.

Was soll hierunter verstanden werden? Der Gedanke
liegt nahe, gewisse Verbrecher, die in irgend einem Kerker
des Palastes oder beim Palaste gefangen saßen, seien zu
öffentlichen Arbeiten verwendet worden und der Kerkermeister, der sie unter Schloß und Riegel bewahrte, habe
das Recht gehabt, für gewisse Dienste, wie z. B. Zurich-
tung von Eisen, mit welchen jene nicht fertig werden konnten,
gelernte Handwerker, namentlich Schmiede, aufzubieten.
Allein diese Erklärung genügt nicht, weil sie zwar bezüglich

des Wortlautes zu befriedigen scheint, aber nicht auf die
Sache eingeht. Viel zu ausgebildet und vorgeschritten war
das venetianische Seewesen — denn von diesem handelt
es sich offenbar — als daß man die nöthigen Arbeiten
durch die nächst besten Gefangenen besorgen lassen konnte.

Ich sage kurz meine Meinung. Auf mehrere deutliche
Spuren [1]) sind wir gestoßen, daß der venetische Staat eine
Masse öffentlicher Sclaven unterhielt, welche theils den
Dienst auf der Kriegsflotte als Ruderer oder auch als
Soldaten versahen, theils zu Ausrüstung und Erbauung
der Schiffe gebraucht wurden. Von selbst versteht es sich,
daß zu sicherer Verwahrung dieser Menschen ausgedehnte
und abgeschlossene Gebäulichkeiten nöthig waren, die meines
Erachtens durch Mauern mit dem Palaste zusammenhingen;
letzteres gilt auch von dem, was die Urkunde mit dem
Ausdrucke Hof des Palastes bezeichnet. Dieser Hof war
nach meinem Dafürhalten ein Theil dessen, was man später
das Arsenal nannte, und gleich dem Sclavenbehälter mit
der Dogenwohnung durch Mauern verbunden. Der Zwinger,
in welchem die Sclaven verwahrt wurden, hieß einfach
Kerker, der Aufseher desselben carcerarius oder Kerkermeister,
auch stand letzterem die Befugniß zu, für schwierige Arbeiten,
welche die eigentlichen Sclaven aus Mangel an gewerb=
mäßiger Uebung nicht vollbringen konnten, gelernte Hand=
werker, Schmiede, Schlosser, Seiler, Zimmerleute, Schreiner
aufzubieten.

Klar scheint mir, daß die Handwerker, welche kraft
Herkommens solche Dienste leisten mußten, nur um eine
Stufe über den öffentlichen Sclaven standen. Sie wohnten

---

[1]) Oben S. 205, dann Kapitel 23.

zwar in der Stadt und nährten sich, so gut als es ging, von
ihrem Gewerbe; aber sie mußten, sobald der Doge es
verlangte, gleich den Sclaven, dem Staate unentgeltlich
frohnden. Kurz, sie befanden sich ungefähr in der nämlichen
Lage, wie jene Vogelsteller und Fischer, welche laut Dandolo's
Zeugniß, [1]) Doge Orso Participazzo auf Rivoalto angesiedelt hatte und deren Nachkommen einen jährlichen Zins
(wahrscheinlich in Gestalt von Handarbeiten) an den Palast
entrichteten. Die Einen wie die Andern stammten allem
Anscheine nach entweder von freigelassenen Staatssclaven
oder sonst von armen Leuten ab, die aus dem benachbarten
Festlande nach Venetien eingewandert waren und dort
keine vollen Bürgerrechte, sondern nur Schutz als Hintersaßen und gegen Zins erlangt hatten. Meines Erachtens
sind in der eben beschriebenen Weise sämmtliche Handwerke
Venetiens entstanden; die venetischen Vollbürger befaßten
sich nämlich mit keinem Geschäfte der Art, sondern sie
trieben Handel oder große Gewerbe.

Sagornin und Genossen behaupten in der Urkunde,
die Frohnden, welche ihnen zu leisten obliege, seien ursprünglich gemessene, genau bestimmte gewesen. Doge Peter
Barbolano dagegen forderte ungemessene. Frage: wann
kamen letztere auf? Beim ersten Anblick sollte man meinen,
durch Niemand anders, als durch Barbolano selber, so
zwar, daß der eben Genannte Dienste begehrt hätte, die
von seinen Vorgängern auf dem herzoglichen Stuhle nicht
begehrt worden wären. Allein diese Voraussetzung ist aus
triftigen Gründen unstatthaft. Nur vier Jahre hat Barbolano, wie wir wissen, das Dogat verwaltet, Sagornin

---

[1]) Muratori XII., 108, vergl. oben S.

aber und Genossen führen gegen die Rechtlichkeit seiner
Forderung den Beweis mit Zeugen. Nun scheint es mir
in der Natur der Dinge zu liegen, daß man bei Sachen,
wie vorliegende, Zeugen nur dann aufführt, wenn der
Gegenstand des Streites ein älterer ist, 10, 20 bis 50 Jahre
zurückreicht. Wäre es Barbolano gewesen, der zuerst ungemessene Frohnden forderte, so würde Sagornin keine Zeugen
gestellt, sondern einfach den Gastalden erklärt haben: der
Vorgänger deines Herrn, Doge Otto, oder auch dein Herr
selbst, hat im ersten, zweiten Jahre seines Dogats uns
keine Zumuthungen der Art gemacht, folglich ist sein Begehren unbegründet.

Sodann erwäge man: Sagornin, obgleich nur ein
Grobschmied und Halbfreier, weist das, was der Gastalde
im Namen des Dogen verlangt, mit einem herzhaften
Nein! zurück. So handeln die Kleinen in aller Welt nur
dann, wenn ihnen durch Püffe, welche die Regierung erlitten hat, und durch das Beispiel von bedeutenden Zugeständnissen, welche die Größeren, die Höhergestellten, die
Vornehmen erlangten, der Muth gewachsen ist, auch ihrerseits auf Anerkennung gewisser Rechte zu bestehen. Noch
mehr! Doge Barbolano schlägt die Einwendungen der
Grobschmiede nicht durch einen Machtspruch nieder, wie
es alle Herren thun, die zu unbeschränkter Gewalt auf-
streben, nein, er unterhandelt, treibt die Widerspänstigen
auf einen Eid, ja läßt zuletzt die Sache fallen; lauter
Kennzeichen einer im Abnehmen begriffenen Herrschaft, die
einzig zu der Geschichte des Dogen Otto und seines nächsten Nachfolgers passen.

Die Orseoli hatten alle Stränge der Staatsgewalt
straff angezogen und den Handwerkerstand zu ungemesse-

nen Diensten genöthigt; aber 1026 riß der Faden der
Geduld, die Thrannen wurden gestürzt. Otto's Nachfolger,
Barbolano, der, wie ich oben aus Dandolo's Worten nach=
wies, einen Mittelweg zwischen Nachgeben und Festhalten
einschlug, wollte, wenn er auch den Größeren Manches
einräumen mußte, die Kleinen nicht erleichtern, doch zeigte
er nicht die Entschlossenheit der Tyrannei. Das merkten
sich die Kleinen, die Lehre, welche die Umwälzung von
1026 gab, war auch von ihnen beherzigt worden; sie er=
widerten auf die Anforderungen des Dogen: wir leisten
nur das, wozu wir durch das Herkommen verbunden sind;
ehemals waren unsere Frohnden gemessene, wir bestehen
darauf, daß sie es auch in Zukunft wieder seien. Das
Ehemals, welches sie meinten, reichte in die ersten Jahre
Peters II. Orseolo, vielleicht in die Zeiten Memmo's hin=
auf. Weil dem so war, führten sie den Beweis durch
Zeugen, d. h. durch alte Leute ihres Gewerbs, welche
eidlich aussagen konnten: vor 30, 40 bis 50 Jahren hat
man es so und so in Venetien gehalten.

Und nun komme ich an die Hauptsache: bei den un=
gemessenen Frohnden spielte eine den Handwerkern über=
aus verhaßte Rolle der Beamte, welcher Gastalde heißt.
Die Urkunde bezeichnet ihn einmal als Gastalden des
Dogen, offenbar weil er vom Dogen eingesetzt war und
in seinen Diensten stand, und zweimal als Gastalden Sa=
gornins und seiner Sippen, der Grobschmiede, und zwar
letzteres offenbar deßhalb, weil er als Vorgesetzter der
ganzen Innung zu befehlen hatte. Etwas wie ein Zunft=
meister, nämlich nicht ein von den Gewerbgenossen gewähl=
ter, sondern ein von Oben herab bestellter, ist gemeint.
Wer wird nun glauben, daß nur die Grob= und Anker=

schmiede in Venetien frohnden mußten und einem Gastal-
ten untergeordnet waren. Sicherlich sind die Bäcker, die
Fleischer, die Schuster, die Riemer, die Schwertfeger,
Segelweber, Seiler, ebenso gut als die Schmiede ange-
halten worden, für das Arsenal, die Flotte, überhaupt für
den Dienst des Dogen zu arbeiten, und standen wie diese
unter ihren besondern Gastalden, also daß es vielleicht
fünfzig und hundert Gastalden in Stadt-Venedig gab.

Zu dem Amte der Gastalden aber sahen Grobschmied
Sagernin und Genossen eine schwere Bürde für ihren
Stand. Denn erstlich nennt die Urkunde das Gastaldat
geradezu ein Joch. Zweitens erhellt aus ihren Worten,
daß Sagernins Sippschaft sich zwar bereit erklärte, das
Eisen zu schmieden, das ihnen der Kerkermeister zutrüge,
aber mit aller Entschlossenheit die ungemessenen Frohnden
verweigerte, welche der Gastalde des Grobschmiedhandwerks
zu fordern pflegte. Warum das Eine und das Andere?
Offenbar deßhalb, weil im ersteren Fall die Handwerker
nur die Dienste zu leisten brauchten, welche wirklich für
den Bedarf des Arsenals oder des Staats nöthig, und
überdieß herkömmlich waren, während in anderen Fällen die
Gastalden weit mehr verlangten, nämlich solche Gewerbs-
arbeiten, mit deren Ertrag sie theilweise den eigenen Säckel
spickten. Ohne Frage haben sich die Gastalden auf Kosten
der ihnen untergebenen Handwerker bereichert.

Sie bildeten, wie man sieht, die niederste Classe venetischer Beamten. Da man aber weiter im Mittelalter Beamte
überhaupt, namentlich aber, wie sogleich gezeigt werden soll,
die niederen, gewöhnlich in Venetien Richter, judices, nannte,
so ist man berechtigt, zu sagen, daß die Gewerbsgastalden oder
Zunftmeister die untersten Richter im Seeland waren.

Ortsgastalden kommen [1]) in Venetien schon lange
Zeit vor den Dogen aus dem Hause Orseoli vor: wahr-
scheinlich gilt dieß auch von den Gewerbsgastalden. Eine
Last für die Handwerker aber ist letzteres Gastaldat vermöge der oben entwickelten Sätze erst unter den Orseoli
geworden. Sodann lehrt die tägliche Erfahrung, daß große
Herren, wenn sie, wie hier geschah, gemeinen Leuten einen
Hasen in die Küche jagen, für sich zum Mindesten einen
Elephanten auszubedingen pflegen. Nun sage ich, der
Elephant, den die Zunftmeister Venetiens den durchlauchtigsten Dogen Peter Orseole II. und Otto liefern mußten,
bestand in gewissen Diensten, welche sie bemeldeten Herren
als Volksvertreter oder als Mitglieder des großen Rathes
leisteten.

Als Zeugen stelle ich eine zweite Urkunde: es ist
dieselbe, die ich schon oben angeführt habe, und welche die
Beschränkung des venetischen Seidenhandels nach Lombardien betrifft. Sie beginnt [2]) mit den Worten: „ich, Doge
Otto, habe zu öffentlicher Rathssitzung berufen die großen
Richter unseres Landes, die mittleren und die kleinen."
Unter den kleinen oder kleinsten Richtern Venetiens ist,
behaupte ich, Niemand anderer zu verstehen, als die Zunft
meister, die Gewerbsgastalden: mit ihrer Hilfe war es
geschehen, daß die beiden Orseoli, Vater und Sohn, Beschlüsse durchsetzten, wie folgende: Johann und später Otto
solle Mitdoge sein, Johann solle die griechische Prinzessin
Maria, Otto dagegen die Tochter des ungarischen Königs

---

1) Oben S. 382.
2) Pertz VII., 38: veni ego Otho dux in publico placito
cum majores judices terrae nostrae, mediocres et minores.

Geisa ehelichen, und andere Dinge mehr, welche schnurstracks dem Vortheil des Gemeinwesens zuwiderliefen.

Domenico Flavanico, vielleicht der verdienstvollste Doge, welchen Venetien je besaß, ein Mann, der sein Vaterland wahrhaft liebte, machte dem Unwesen der Vertreterolle, welche die Schulzen und Zunftmeister spielten, ein Ende. Denn heißt es nicht in obiger Urkunde [1]): „Ihr, Grobschmiede, Ihr, Schuster, Bäcker, Fleischer, werdet nicht mehr unter dem Joche der Gastalden stehen." Weil die Dienste, welche sie bis dahin den Orseoli als Zamänner im großen Rathe geleistet hatten, aufhörten, fiel auch der Vortheil weg, welcher ihnen von Seiten der Orseoli auf Kosten der Gewerbsgenossen zugeschanzt worden war; es erging ihnen wie dem Mohren, welchem der Miethsherr eines schönen Morgens erklärte: Mohr, du hast deinen Lohn empfangen, Mohr, dein Walten ist aus, Mohr, scheer dich zum Henker.

Auch andere beglaubigte Thatsachen stimmen zu. Eine Staatsurkunde [2]) vom September 1074 liegt vor, welche das Amtseinkommen des Patriarchats Grado bedeutend erhöht. Sie ist unterschrieben durch den damaligen Dogen Domenico Silvio, durch die Bischöfe von StadtVenedig, Torcello, Malamocco, Cittannova oder Heracliana, Jesolo, durch mehrere Aebte, durch eine Reihe angesehener Männer von berühmten venetischen Namen, wie Mauroceni, Micheli, Orseoli, Gradenico, Foscaro, Badoarii, Polano, Andreaci, endlich durch fünf, welche den Titel „Richter" empfangen. Offenbar waren erstere Mitglieder

---

[1]) Neque sub jugo gastaldioni fabri permanere debeamus.
[2]) Muratori, Antiq. Ital. I., 243 ff.

des großen, letztere Keime des kleinen Raths; von mittel-
mäßigen und kleinen Richtern dagegen ist nirgends mehr
die Rede. Mittelst einer zweiten Staatsurkunde [1]) vom
Juli 1090 schenkt Doge Vitalis Faledro an ein venetisches
Kloster gewisse zu Constantinopel gelegene Besitzungen.
Die Schenkung ist unterzeichnet durch den Dogen selbst,
dann durch fünf vornehme Männer, welche sich Richter
nennen (worunter ein Badoario, ein Orseolo, ein Mauroceno, ein Aurio, ein Gradenico), und weiter durch mehr
als hundert Andere, die keinen besondern Titel empfangen.
Abermal sind letztere sichtlich Mitglieder des großen, und
die fünf ersteren zugleich Mitglieder des kleinen Raths.
Damit eine Mehrzahl bei Abstimmungen herauskommen
mußte, war die Zahl der letztern ungerade. Auch hier
zeigt sich keine Spur mehr von dem Schulzenregiment der
Orseoli.

Die Verderbniß menschlicher Natur, die uns allen
angeborne Selbstsucht, bringt es mit sich, daß hochgestellte
Männer nur höchst selten die Hand bieten, das Uebermaß
der Gewalt von Aemtern, welche sie selbst bekleiden, zu
beschränken. Und doch kann eine Verfassung nicht recht
gedeihen, wenn diejenigen, welche die erste Stelle im Staate
einnehmen, nicht aufrichtig ihre Kräftigung, namentlich in
der Zeit des Anfangs, fördern. Venetien ward das Glück
zu Theil, daß ein Doge, Domenico Flavanico, selbst dazu
half, gewisse Auswüchse des Dogats für die Zukunft unmöglich zu machen.

Nächst Flavanico gebührt das Verdienst der neuen
Gesetze dem höhern venetischen Clerus. Zu gleicher Zeit

---

[1]) Fontes rerum Austriac. XII., 58 ff.

mit der Umgestaltung des großen Raths wurde nämlich eine höchst wichtige kirchliche Reform vorgenommen, welche enge mit den politischen Maßregeln des Dogen zusammenhing. Dandolo möge [1]) reden: „im Jahre 1040 trat unter Mitwirkung des Dogen eine Synode der Prälaten des Seelandes in der Capelle S. Marco zusammen. Dieselbe faßte unter anderen den Beschluß: in Zukunft dürfe Niemand vor zurückgelegtem dreißigstem Lebensjahre zum Presbyter, noch vor dem sechsundzwanzigsten Lebensjahre zum Diacon geweiht werden. Ausnahmen sind nur in sehr dringenden Fällen, und nur mit ausdrücklicher Einwilligung des Patriarchen gestattet." Die Orseoli hatten die Ausführung ihrer auf den Untergang venetischer Freiheit gerichteten Pläne damit eingeleitet, daß sie bartlose, dreizehn- und vierzehnjährige Knaben aus ihrer eigenen Sippschaft auf den Patriarchenstuhl und auf gewisse Bisthümer des Seelands erhoben. Natürlich amteten dann die Knaben, die noch gar kein eigenes Urtheil besaßen, so wie man es ihnen aus dem Dogenpalast einblies.

Diesem schmählichen Mißbrauch ward durch das neue Gesetz die Spitze abgebrochen: hinfort konnte Niemand mehr vor dem dreißigsten Lebensjahre ein Bisthum erlangen. So energisch wirkt nämlich im Clerus der Standesgeist, daß selbst solche, auf welchen sonst der Verdacht zweideutiger Gesinnung ruht, zu hohen Würden gelangt, nicht leicht eine verkehrte Bahn einschlagen, so fern sie nur bei reifem Verstande sind. Das beweist die eigene Geschichte des Patriarchen Orso, der das Gesetz einführen half. Früher hatte er, als sechzehn- bis zwanzigjähriger Patriarch,

---

[1]) Muratori XII., 241.

unter dem Einflusse seines Bruders, des Dogen Otto, Dinge
gethan, über welche er sicherlich später selbst erröthete;
jetzt aber in gestandenem Mannesalter handelt er nicht
mehr wie ein Oriceli, sondern wie ein treuer Knecht
Gottes und wie ein guter Bürger seines Landes. Man
kann der politischen Freiheit nicht besser dienen, als wenn
man dem Kirchenrechte zum Sieg verhilft.

Sechsunddreißigstes Kapitel.

Doge Domenico Contareno. Wieder der Streit zwischen Aquileja und Grado. Papst Leo IX. Kaiser Heinrich III. Cardinal Hildebrand.

Dandolo bestimmt den Tod Flavanico's scheinbar
genau, aber nicht nach dem Kalender. Er sagt[1]): „Doge
Flavanico starb nach einem Dogat von 10 Jahren 4 Monaten und 12 Tagen" und fährt dann fort: „darauf im
Jahre 1043 ward Domenico Contareno zum Nachfolger
eingesetzt." Das lautet so, als wäre Flavanico 1043 gestorben. Allein sein Tod fällt ein Jahr früher; auch sonst
begeht Dandolo am gleichen Orte einige erweisliche Ver-
stöße gegen die Zeitfolge. Er behauptet nämlich, im zweiten Jahre des neuen Dogen habe Patriarch Poppo von
Aquileja die Insel Grado unversehens überfallen, Stadt
und Kirchen angezündet, die Altäre zerschlagen, alles Kostbare fortgeschleppt, sei aber kurz darauf eines jähen Todes
gestorben. Weiter erzählt der venetische Geschichtschreiber:
„der neue Doge führte beim Papste Benedikt IX. Be-

---

[1]) Muratori XII., 242.

schwerte über die von dem verstorbenen Poppo verübten
Greuel und wirkte eine Bulle aus, kraft welcher die Rechte
und Freiheiten des Patriarchats Grado bestätigt wurden."

Die angeführten Thatsachen sind richtig, aber ihre
Zeit war eine andere. Hermann, der Lahme, ein vortrefflich
unterrichteter Zeitgenosse, meldet [1]), daß Patriarch Poppo
von Aquileja im Laufe des Jahres 1042, und zwar, wie
es scheint, gegen Ende desselben, mit Tod abging. Folglich
fällt die Ueberrumpelung Grado's, da sie kurz vor dem
Tode Poppo's geschah, gleichfalls in das Jahr 1042, und
nicht, wie Dandolo meint, zwei Jahre später. Nun haben
wir stets die Erfahrung gemacht, daß die alten venetischen
Verzeichnisse der Obrigkeiten, nach welchen Dandolo die
Anfänge der Dogate bestimmt, Glauben verdienen. Ich
wage daher seine Behauptung, Domenico Contareno sei
erst 1043 zur Gewalt gelangt, nicht zu verwerfen, sondern
nehme lieber an, daß zwischen dem Tode Flavanicos, der
1042 starb, und zwischen der Erhebung Contareno's ein
Mittelzustand eintrat, während dessen das Gemeinwesen
Venetiens, vielleicht drei bis vier Monate lang, ohne
Haupt war, da die bestehenden Parteien sich über die Wahl
eines Dogen nicht verständigen konnten. Was ist an sich
wahrscheinlicher, als daß Patriarch Poppo die augenblickliche Verwirrung des Seelands benützte, um Grado zu
überrumpeln. Wäre Flavanico noch am Leben, oder Contareno bereits Doge gewesen, so würde er solches schwerlich gewagt haben.

Gleich nach seiner Erwählung schickte Contareno Gesandte nach Rom ab, um über das Verfahren des ver-

---

[1]) Pertz V., 124.

sterbenen Feindes zu klagen, allein es stand bis zum Früh=
ling 1044 an, ehe Benedikt IX. den Venetern Recht schaffte.
Denn theils ging es damals in Rom selbst unruhig zu,
da Benedikt im Januar 1044 aus der Stadt vertrieben
worden war und erst im März wieder zurückzukehren ver=
mochte; theils wird der salische Hof das Seinige in Rom
gethan haben, um zu verhindern, daß die Veneter mit
ihrer Klage wider Poppo und den Erzstuhl von Aquileja
durchdrangen. Immerhin entschied Benedikt IX. gemäß
den von dem Gradenser Orso, von dem Dogen Domenico
Contareno, „Herzog von Venetien und Dalmatien,“ und
von dem Volke der Veneter gestellten Anträgen. Ich habe
schon oben Auszüge aus der betreffenden Bulle [1]) gegeben;
sie ist ausgefertigt im April 1044, erklärt die älteren von
Poppo erschlichenen Urkunden für null und nichtig, be=
stätigt dagegen alle Freiheiten, Rechte und Besitzungen,
welche das Gradenser Patriarchat theils auf den Inseln,
theils diesseits auf dem italischen Festlande, theils jenseits
in Istrien zu Triest, Capo d'Istria, Pirano, Citta nuova,
Parenzo, Pola, Castel S. Giorgio erworben.

Nirgends ist ausdrücklich gesagt, daß die istrischen
Bisthümer hinfort unter kirchlicher Hoheit des Gradenser
Patriarchats stehen sollen, aber solches ergibt sich noth=
wendig aus den aufgestellten Vordersätzen, wiewohl es
Benedikt seinen nächsten Nachfolgern überließ, vollends die
letzte Schlußfolge zu ziehen.

Bald nach dem Siege, den er zu Rom über den
langjährigen Nebenbuhler Poppo errungen, starb Patriarch
Orso, aus dem Hause Orseoli, wie mir scheint, um 1045.

---

[1]) Mansi XIX., 605 unten ff.

Dandolo berichtet [1]): „nach Orjo's Tode ward Domenico
Vulcano, bisher Capellan des heil. Marcus, zum Patriarchen erwählt; aber nur sieben Tage behauptete er Würde
und Leben, und nun bestieg Domenico Marengo den erledigten Erzstuhl." Dem Geist der Beschlüsse des venetischen Concils von 1040 zu Trotz, scheint Doge Contareno verzweifelte Anstrengungen gemacht zu haben, um das
Patriarchat in der Abhängigkeit vom Herzogsstuhle zu erhalten. Aber sein Schützling, der Hofcapellan Vulcano,
mußte, vielleicht durch ein Verbrechen beseitigt, weichen.
Und nun stieg ein Vertheidiger der Kirchenfreiheit, ein
Gregorianer, empor, welcher der römischen Kirche, wie ich
am gehörigen Orte zeigen werde, außerordentliche Dienste
im Morgenlande leistete. Die Ideen von Clugny hatten
auch in Venetien gesiegt.

Dandolo mischt in seine weitere Erzählung einen
Zug ein, der Manchem unbedeutend scheinen könnte, der
aber, meines Erachtens, beweist, daß in Venetien Vaterlandsliebe, wohl begründeter Stolz auf die heimischen Einrichtungen, mitten unter den Kämpfen der Parteien einen
merkwürdigen Aufschwung nahm: „Mauro von Torcelle,"
sagt [2]) er, „und dessen Sohn Bartolomeo kamen mit ihren
Schiffen nach Apulien und erhandelten dort von gewissen
Beneventaner Bürgern, welche Kolojeri hießen, für Geld
und gute Worte einen Arm des heil. Apostels Bartholo-
mäus, brachten den Schatz nach Venedig, und legten ihn
gar würdig in der Kirche zum Propheten Jeremias nieder,
deren hauptsächliche Gründer die Mauri sind." Wo Be-

---

[1]) Muratori XII. 242.
[2]) Ibid. S. 243.

neter in der weiten Welt berühmte Heiligthümer antrafen,
suchten sie dieselben an sich zu bringen und schleppten sie nach
den Kirchen ihrer Heimat zusammen; bezüglich der Mittel des
Erwerbes verriethen sie wenig Bedenklichkeiten: „gefunden,
gestohlen, geraubt, gekauft" gleichviel, wenn sie nur zum
Besitze gelangten. Warum verfuhren sie so, warum legte
die öffentliche Meinung so großen Werth auf die einzelne
That, warum verzeichneten die Chronisten Namen und
Geschlecht der Erwerber? — darum, weil sie glaubten, daß
eine wunderbare Kraft von den Reliquien ausströme, und
daß der Himmel ihre Heimat in allen Unternehmungen zu
Wasser und zu Land, im Kriege und Frieden segnen werde.

Dandolo kennt nur zwei Kriegsthaten, welche Doge
Contareno verrichtete. Erstlich brachte [1]) derselbe, nachdem
Papst Benedikt IX., sowie oben gezeigt worden, gegen
Aquileja entschieden hatte, die Insel Grado wieder in die
Gewalt der Veneter und begann die zerstörte Stadt sammt
den Kirchen herzustellen. Zweitens unterwarf er Zara und
etliche andere Seeplätze Dalmatiens, die zu den Ungarn
abgefallen waren, mit Waffengewalt. „Der König von
Ungarn," sagt [2]) Dandolo — nennt aber fälschlich Salomo,
der doch erst 1064 Ungarns Thron bestieg, während es
in Wahrheit Peter, Neffe Stephans I. und Sohn des
Dogen Otto war — „der König von Ungarn hatte in
der letzten Zeit vielfach Dalmatien beunruhigt, und die
Bürger von Zara, obgleich sie Anfangs dem Dogen treu
bleiben wollten, zum Abfalle verleitet. Später aber waren
im Reiche Ungarn Parteiungen ausgebrochen. Deßhalb
fuhr nun Doge Contareno, im zweiten Jahre seines

[1]) Muratori XII., 242.
[2]) Ibid. 244.

Dogats — also 1044 — mit einer Flotte nach Dalmatien, gewann mit Hilfe etlicher Einwohner Zara wieder; auch etliche andere Plätze schickten, als sie die Anwesenheit des Dogen erfuhren, Gesandte und huldigten."

Die deutsche Geschichte liefert den Schlüssel zu diesen Begebenheiten. Im Jahre 1044 hatte der Salier Heinrich III. den ungarischen König Aba auf's Aeußerste getrieben [1]); Venetiens Doge nahm den günstigen Augenblick wahr, erschien in Dalmatien, das voraussichtlich von ungarischen Besatzungen entblößt war, und eroberte Zara sammt den andern Orten, welche Peter als ihm gebührendes Erbe seines Großvaters Peter II. Orseolo mit der Krone Ungarn vereinigt hatte.

Siebenundzwanzig Jahre und neun Monate, bis tief in das Jahr 1071 hinein, behauptete Doge Domenico Contareno den herzoglichen Stuhl; seine Regierung fällt guten Theils mit der welterschütternden Thätigkeit zusammen, welche Cardinal Hildebrand zu entwickeln begann. Das Seeland verdankt eben diesem Cardinal viel, einige der bedeutendsten Strebepfeiler venetischer Verfassung sind nicht ohne sein Zuthun ausgebaut worden.

Nachdem Kaiser Heinrich III. den an einem andern Orte beschriebenen Treubruch an Leo IX. begangen hatte, ergriff der Papst entschieden für Venetien wider Aquileja Partei, das der Salier in der Weise eines byzantinischen Patriarchats dem Stuhle Petri entgegenthürmte. Die römische Ostersynode von 1053 verfügte, daß Grado in alle Zukunft als Haupt und Metropole von Venetien und Istrien geehrt werden, der Erzstuhl von Aquileja dagegen

---

[1]) Gfrörer, Greger VII., B. VI. S. 326—328. I. 504 ff.

sich mit den ihm untergebenen Sprengeln des lombardischen
Festlandes begnügen solle. In einem Rundschreiben [1] theilte
Leo IX. die neue Verordnung den Bischöfen Venetiens und
Istriens mit, und bemerkte zugleich, daß Patriarch Gote-
bald von Aquileja — ein Geschöpf [2] des Saliers Heinrich III. — diese Demüthigung doppelt verdiene, weil er,
obgleich viermal vor eine römische Synode geladen, weder
gekommen sei, noch sich entschuldigt habe, während der
Patriarch Domenico von Grado schon zum fünftenmale,
selbst ohne Ladung, sich einfinde.

Hat nun Kaiser Heinrich III. diese Satzung des
Papstes zuletzt anerkannt? Ja, denn Dandolo schreibt [3]:
„Durch seine Gesandten, Domenico Silvio und Bono
Dandolo (einen der Ahnen des Geschichtschreibers), wirkte
Doge Contareno von Kaiser Heinrich III. eine Erneuerung
der alten Verträge aus, welche Heinrichs III. Vater,
Conrad II., beharrlich verweigert hatte." Man sieht,
Dandolo weist auf eine Urkunde hin, welche in die letzten
Jahre des Saliers fällt, — denn gleich nachher erwähnt
er des Kaisers Tod — welche ich jedoch nur bei Lebret
verzeichnet finde, der sie ins Jahr 1055 versetzt. [4] Sie
gehört dem Ende seiner Laufbahn an, da von vielen Seiten
schwere Gewitter gegen ihn aufstiegen, welche ihn zur Nachgiebigkeit nöthigten.

Wahrscheinlich dünkt es mir, daß Cardinal Hildebrand
bei obiger Verfügung Leo's IX. nicht unbetheiligt gewesen
ist. Bestimmt kann man seine Einwirkung auf andere Dinge

[1] Mansi XIX., 657.
[2] Pertz V., 128.
[3] Muratori XII., 245.
[4] Geschichte von Venedig I.

nachweisen, die während Contareno's Dogat in Venetien
vergingen. Papst geworden, schrieb[1]) Gregor VII. den
31. Dezember 1074 an Doge Domenico Silvio, Contareno's
Nachfolger: „Nicht nur allhier zu Rom ist es bekannt,
sondern auch viele der Eurigen dorten müssen es wissen,
daß ich schon in früheren Jahren große Vorliebe für euer
Land und die edle Freiheit, deren Venetiens Volk genießt,
gehegt habe, sowie auch, daß ich mir dieser Gesinnung
wegen den Haß mächtiger und vornehmer Männer zuzog.“
Folgen nun Beschwerden über die ärmliche Ausstattung des
Patriarchenstuhles Grado, welche, wenn keine Vorsorge
getroffen werde, schlimme Folgen für Ehre und Gedeihen
des Seelandes haben müsse. Der Papst fügt bei, wie er
sich wohl erinnere, daß der vorige Patriarch (Domenico
Marengo) einmal entschlossen gewesen sei, seine Würde
niederzulegen, weil er geglaubt habe, bei dem ungenügenden
Einkommen nicht länger mit Ehren bestehen zu können.

Noch einmal berührt Gregor VII. in einem um
drei Jahre jüngeren Schreiben[2]), das unter dem 9. Juni
1077 ausgestellt ist, die nämliche Saite: „Die ungewöhn=
liche Liebe und Gewogenheit, welche Eurem Lande und
Volke der apostolische Stuhl von jeher erzeigte, kann Eurem
Gedächtnisse nicht entschwunden sein. Was mich selbst be=
trifft, so ist Gott mein Zeuge, daß ich nicht blos seit Wir
Nachfolger des heil. Petrus geworden sind, sondern auch
viele Jahre vorher, für Euer Land große Vorliebe hegte
und Eurem Gemeinwesen Dienste erwies, die mir seiner
Zeit mächtige Männer sehr übel nahmen. Denn nicht etwa

1) Jaffé. Regest. Nro. 3674.
2) Ibid. Nro. 3782.

bloß die Anhänglichkeit, die Ihr stets für die allgemeine
Mutterkirche bethätigt habt, zog mein Herz zu Euch hin,
sondern ebenso viel die Bewunderung für die Freiheit und
den echten Geist des alten Roms, die bei Euch ungeschwächt
fortdauern." Welch' ehrenvolles Zeugniß aus der Feder
eines solchen Mannes für das mittelalterliche Venedig!

Aus einer Urkunde [1]) vom September 1074 lernt
man die in dem Schreiben nur angedeuteten Dienste kennen,
welche Hildebrand als Cardinal und in den Zeiten des
Dogen Contareno dem venetischen Gemeinwesen geleistet
hat. Der wesentliche Inhalt lautet: „im Jahre der Menschwerdung unseres Heilandes Jesu Christi 1074, dem Sep-
tembermonat, Römer-Zinszahl 13, verhandelt auf Rialto.
Da wir eines Tages in unserem Palaste Sitzung hielten,
Wir, Domenico Silvio, durch Gottes Barmherzigkeit Herzog
von Venetien und Dalmatien, sowie die Bischöfe, die
Aebte, die Richter und viele andere Getreue, kam auch die
Maßregel zur Sprache, welche unser Vorgänger, Domenico
Contareno, bezüglich der Ausstattung des Patriarchats
Grado, des geistlichen Hauptes von ganz Venetien, treffen
wollte. Besagter, unser Vorgänger, hatte nämlich, im Einklange mit den übrigen Bischöfen, den Aebten, den Richtern
und vielen angesehenen Männern des Seelandes, den Beschluß gefaßt, das Patriarchat mit nachstehenden Einkünften
auszustatten: erstlich mit einem zum Dogat gehörigen
Landgut bei Citta nuova; zweitens mit hundert Eimern
Wein, welche die Gemeinde von Capo d'Istria bisher
jährlich an den Dogenpalast entrichten mußte; drittens
mit 100 Pfunden venetischer Denare aus den Gefällen des

---

[1]) Muratori. Antiq. Ital. I., 243. ff.

heil. Marcus; desgleichen viertens mit 200 Pfund Denaren aus den Gefällen des Dogats; — letztere 300 Pfund
sollen nur aus Jahreszinsen enthoben, nie aber vom Grund-
stock weggenommen werden; — ferner fünftens mit 160
Pfund Denaren aus den Gefällen des Raths [1]). Weiter
sollen an das Patriarchat abliefern: der Stuhl von Olivolo
20 Pfunde Denare jährlich, der Stuhl von Torcello ebenso
viel; der Stuhl von Malamocco eine halbe Fischerei-
gerechtigkeit bei dem Orte Faviraga und fünf Last Getreide;
der Stuhl von Jesolo sieben Last Getreide; der Stuhl
von Citta nuova sechs Zauchart Ackerland und die Wein-
gärten von Mugla; der Stuhl Caorle ein Salzwerk, sowie
dasselbe in einer älteren Schenkungsurkunde beschrieben ist;
die Abtei Santa Trinita zu Brondolo 12 Last Getreide;
das Kloster S. Hilarius 25 Pfund Denare, das Kloster
S. Georg 10 Pfund Denare, die Abtei S. Felice zu
Amiani sechs Last Getreide. Alle vorbeschriebenen Renten
müssen unverweigerlich je auf den 1. September entrichtet
werden."

Weiter heißt es in der Urkunde: „Da obiger Beschluß
unseres Vorgängers Domenico Contareno aus Nachlässigkeit
nicht zur Ausführung kam, sondern aufgegeben ward, haben
wir alle Obengenannten und am Schlusse vorliegenden Per-
gaments Unterzeichneten, Doge, Bischöfe, Aebte, Richter,
angesehene Männer, uns vereinigt, bei einer Geldstrafe von
fünf Pfund Goldes, die festgesetzten Renten abzutragen."
Folgen die Unterschriften.

Also schon in den Tagen des Dogen Contareno und
folglich zu der Zeit, da Hildebrand Petri Stuhl noch nicht

---

[1]) Wörtlich: ex roga magistratus.

bestiegen hatte, sondern als Cardinal wirkte, waren zu Venedig
Verhandlungen über eine neue Ausstattung des Patriarchats
Grado gepflogen worden, jedoch ohne daß die Sache zum
Ziele gedieh. Sodann erhellt aus den oben mitgetheilten
Schreiben Gregor's VII., daß er es gewesen ist, der auf
die Ausstattung drang, so wie daß er durch Anregung der
Sache der Freiheit Venetiens einen sehr wesentlichen Dienst
erwiesen zu haben glaubte.

Der erste Eindruck, den die Urkunde vom September
1074 macht, wird der sein, als ob es sich von Errichtung
einer ganz neuen kirchlichen Anstalt handle; und doch bestand das Patriarchat Grado damals schon mehr als 400
Jahre. Da man für nöthig fand, dasselbe mit so bedeutenden Renten auszurüsten, drängt sich die Annahme auf,
daß es bis dahin fast mittellos gewesen sei; eben dies sagen
mit dürren Worten die angeführten Sätze der Bullen
Gregor's VII. Ferner, obgleich es kaum fehlen konnte,
daß ein Zustand der Dinge, welcher den ersten Stuhl
des Seelandes zu Bettelhaftigkeit herabwürdigte und in die
Länge allgemeinen Unwillen erregte, kostete es dennoch unsäglicher Mühe, dem schreienden Uebel abzuhelfen. Sämmtliche gesetzliche Gewalten des Seelandes, der Doge, die
Bischöfe, die Aebte, die Richter, die Gemeinde der Vollbürger hatten sich in Contareno's Tagen über eine Ausstattung des Stuhles verständigt, dennoch blieb die Sache
liegen; sie blieb, sage ich, liegen, obwohl ein Mann zu
Rom, den die eine Hälfte der Welt fürchtete, die andere
wie ein höheres Wesen verehrte — Cardinal Hildebrand
nämlich — laut seine Stimme für die Nothwendigkeit der
Maßregel erhob und obwohl er, um dieselbe durchzusetzen,
keinen Haß mächtiger Männer, wie des Veneter Dogen

oder des teutschen Königs und seiner bevorzugten Rathgeber
scheute.

Aus all diesem folgt sonnenklar, daß es ein Grund
der gewichtigsten Art gewesen sein muß, der das, was
Vernunft und Nothwendigkeit forderte, stets wieder insge=
heim zu vereiteln wußte. Wahrlich, man braucht nur einen
Blick auf die Geschichte Venetiens vom 8. bis zum 11.
Jahrhundert zu werfen und das Räthsel löst sich: nicht
nur die Orseoli, sondern auch viele ehrsüchtige Dogen vor
ihnen haben unaufhörlich dahin gestrebt, den Patriarchen=
stuhl Grado und, seit Stadt=Venedig zu hoher Bedeutung
aufgestiegen, auch das Bisthum Olivolo mit Leuten ihrer
Sippe, mit Söhnen, Brüdern, Vettern zu besetzen. Sie
wußten recht gut, warum sie so verfuhren: wenn der
Patriarch und der Bischof von Olivolo von ihnen abhingen,
ihre willenlosen Werkzeuge waren, so hatten sie den veneti=
schen Clerus und mit ihm mehr als die Hälfte des See=
landes in der Tasche und ungehindert konnten sie dann den
Stein des Sisyphus am Berge des Fluchs hinaufwälzen,
d. h. auf die Erblichkeit des Dogats, auf Verwandlung
Venetiens in eine Hausdomäne hinarbeiten.

Als guten Rechnern und gewandten Geschäftsleuten
entging den Dogen, welche auf das fragliche Ziel los=
steuerten, nicht, daß, wer eigennützige Absichten hege, wohl=
thue, seine Hintergedanken unter der Hülle rosenfarbener
Vorwände zu verbergen. Das Hauptmittel, das sie in An=
wendung brachten, bestand darin, daß das Patriarchat
Grado, sei es zu Ehren evangelischer Armuth oder angeblich
um die Bürger zu schonen, auf ein sehr beschränktes Maß
von Einkünften erniedrigt blieb. Natürlich! so lange diese
Einrichtung bestand, konnten nur von Haus aus überreiche

Bewerber, Söhne, Brüder, Vettern von Dogen, daran
denken, Patriarchen in Grado zu werden; denn Andere,
nicht mit Vermögen gesegnete, wären ja, selbst beim größten
persönlichen Verdienst, Gefahr gelaufen, trotz ihres prächtigen Titels zu verhungern. Die Dogensöhne aber ver-
hungerten nicht, denn wenn sie gefügig thaten, was man
höheren Orts von ihnen begehrte, so half ihnen der dankbare
Doge mit seinem Ueberflusse aus und nie kamen sie in
Geldverlegenheit. Kurz die Armuth des Patriarchats Grado
war einer der wichtigsten Hebel, welcher es den Dogen
möglich machte, auf das, was alle rechtschaffenen Veneter
als der Uebel ärgstes fürchteten — auf Erblichkeit des
Dogats — loszusteuern.

Allein der Scharfsinn Hildebrands, den kein vom
Weibe Geborner zu täuschen vermochte, durchschaute das
Gewebe, und da er es unerträglich fand, daß Armuth für
der würdigen Männern ein Hinderniß der Verwaltung des
venetianischen Patriarchats sein solle, da er ferner den
festen Entschluß gefaßt hatte, soviel in seinen Kräften stand,
mitzuwirken, daß der Winkel Erde, wo, wie er selbst sagt,
und wie es in Wahrheit der Fall war, altrömischer Geist
und altrömische Freiheit fortblühte, zu vollster Entfaltung
eigenthümlicher Kräfte gedeihe, hat er die Dogen Domenico
Contareno und Silvio wider deren Willen — denn das
Verlangen des Papstes ging ihnen sauer ein — genöthigt,
das Patriarchat würdig auszustatten. Durch diese eine
Maßregel that er mehr für das Gemeinwohl Venetiens,
als Doge Flavanico mit seinen Gesetzen zu wirken vermochte. So lange ein freier, von despotischen Gelüsten der
Dogen unabhängiger Patriarch auf Grado saß, blieb die Erblichkeit des Dogats eine verbotene, eine unmögliche Frucht.

Noch andere Maßregeln ähnlicher Art sind während Contareno's Verwaltung in's Werk gesetzt worden. Er= innern [1]) wir uns, daß Doge Angelo Participazzo, als er 819 das Kloster S. Hilario auf Olivolo gründete, dem Patriarchen von Grado alle Gerichtsbarkeit über dasselbe, überhaupt jede Einwirkung entzog, mit andern Worten, daß er sich selbst zum Herrn der Abtei aufwarf. Dieser Zustand dauerte im Wesentlichen bis zum Jahre 1064 fort, aber nun wurde es anders. Eine Urkunde [2]) vom 28. August 1064 liegt vor, auf welche auch Dandolo, obgleich nur oberflächlich, hinweist [3]). Ihr wesentlicher In= halt besagt: „Verhandelt den 28. August 1064, Römer= Zinszahl 2. Da Ihr, Domenico Contareno, durch Gottes Gnade Herzog von Venetien und Dalmatien, auch kaiser= licher (griechischer) Feldoberst [4]) und Ihr Herr Johann, Abt des Klosters zu den h. Hilarius und Benediktus, mich Hubert, Aribrands Sohn, gebürtig aus dem Orte Fon= tanina zum Kastenvogt besagten Klosters, welches Eigen= thum des Dogats ist, bestellt habt: als verspreche ich, Hubert, das Eigenthum und das gute Recht besagten Stiftes, ohne Gefährde, noch Trug und nach bestem Wissen und Können zu vertreten, vor den Gerichten des Kaisers, des Dogen, dieses und jenes Markgrafen, Bischofs, Grafen. Als Belehnung für meine Dienste habt Ihr mir zu Lehen angewiesen, nachgenannte Orte (die sofort beschrieben wer= den und meines Erachtens mit Einöden oder Buschwald bedeckt waren). Wenn ich auf denselben Aecker, Wiesen,

---

[1]) Oben S. 164.
[2]) Muratori. Antiq. med. aevi V., 295 ff.
[3]) Ibid. Script. XII., 246 unten.
[4]) Magister militum.

Gehöfte anlege, so sollen zwei Drittheil der neuen An=
pflanzungen Eigenthum des Klosters sein, das dritte aber
je mir gehören." Folgen weitere Bestimmungen, laut wel=
chen Hubert mit dem Augenblicke aufhört, ferner Vogt zu
sein, da er die übernommenen Verbindlichkeiten nicht redlich
erfüllt.

Bis dahin hatte die Abtei S. Hilario keinen beson=
dern Kastenvogt gehabt, sondern sie war unter der unmit=
telbaren Aufsicht des Dogen gestanden. Jetzt aber tritt ein
Dritter zwischen den Abt und den Dogen hinein. So unbedeu=
tend die Veränderung scheint, hat sie gleichwohl den inhalts=
schweren Sinn, daß dem Dogen ein ungebührlicher Einfluß
auf das ansehnlichste Stift des Seelandes entzogen ward.
Der Doge Venetiens sollte hinfort seine weltlichen Befug=
nisse, die herzogliche Würde, das oberste Richteramt, den
Oberbefehl über die Streitkräfte zu Wasser und zu Land
behalten, aber nicht mehr sollte er verdeckter Weise Papst
und Oberabt über die Mönche des Seelandes sein. Beide
Urkunden, die erstgenannte von 1074, die ebenerwähnte
vom August 1064, stehen in engem Zusammenhange; die
eine schirmt das oberste Bisthum Venetiens, die andere
sicherte die wichtigste Abtei des Landes gegen willkürliche
Gelüste des durchlauchtigsten Herzogs.

Eine dritte Einrichtung, die, wie es scheint, erst gegen
Ende der Tage Contareno's, im Jahre 1071 zum Durch=
bruche kam, bildete den Schlußstein des neuen Gebäudes.
Bis zum Ausgang des 9. Jahrhundert tritt in venetiani=
schen Urkunden noch keine förmliche Unterscheidung zwischen
Staatsgut und Eigenthum des Dogen hervor. Dagegen
führt der Capodistrianische Vertrag [1]) vom März 933,

---

[1]) Oben S. 237 ff.

meines Wissens zum erstenmale, Besitzungen auf, die dem
Dogenpalaste und nicht mehr den einzelnen Dogen gehören.
Der Begriff von Staatseigenthum war also vorhanden.
Von einem weiteren bedeutenden Fortschritt auf der nämlichen Bahn zeigt [1] die Urkunde vom September 1074,
welche die Ausstattung des Gradenser Patriarchats betrifft.
Sie weist dem Erzstuhle 460 Pfund Denare jährlichen
Einkommens zu, von welchen bezeichnet werden 100 als
zahlbar aus der Kammer des heil. Marcus, 200 als gehörig zur Roga oder den Gefällen (des Dogen), endlich
160 als zu entnehmen aus den Gefällen des Raths. Diese
verschiedenen Absätze nöthigen nach meinem Dafürhalten
zu der Voraussetzung, daß im Jahre 1074 verschiedene
Verrechnungen sowohl über die Einkünfte des heil. Marcus,
als über die des Dogen, wie des Raths bestanden. Und
in der That war dies der Fall.

Die alten Zusätze zur ambrosianischen Handschrift
der Chronik Dandolo's sagen [2] aus: „Im Jahre 1071
fing man an, die Marcuskirche nach dem Plane zu erbauen,
der ihrer jetzigen Gestalt zu Grunde liegt, solches geschah
aber nicht unter dem Dogat des Domenico Silvio, sondern
noch in den Tagen seines Vorgängers Contareno; zu derselben Zeit — d. h. unter Contareno — ist auch zuerst
ein procurator (Verrechner der Einkünfte) des heil.

---

[1] Wörtlich (Muratori, Antiq. Ital. I. 243): centum libras
denariorum, quae fuerunt de camera S. Marci; alias ducentas
libras, quae fuerunt de roga (hier muß meines Erachtens das
Wort ducis beigefügt werden), alias libras denariorum centum
sexaginta de roga magistratus. Man vergl. übrigens Ducange
sub voce roga.

[2] Ibid. XII., 247 unten, Note *.

Marcus eingesetzt worden. Die Erbauung des im
Jahre 976 zerstörten Dogenpalastes und der neuen Marcus=
kirche verschlang sehr große Summen. Meines Erachtens
haben nun die Freunde der freien Verfassung eben diese
Ausgaben als Vorwand gebraucht, um die Nothwendigkeit
einer besondern Verrechnung darzuthun und dadurch unver=
merkt dem Dogen den Staatssäckel aus den Händen zu
winden; denn um Nichts Geringeres, als um letzteren
Zweck, handelte es sich bei Einsetzung des genannten Pro=
curators. Was ehemals ungetrenntes Gut des Dogen
und des Staates war, was seit dem 10. Jahrhundert
Eigenthum des Palastes hieß, das wurde jetzt Kammer
des heil. Marcus genannt und begriff die regelmäßigen
Einkünfte des Gemeinwesens. Der Procurator verrichtete
die Geschäfte, welche in heutigen Staaten dem Schatzkäm=
merer oder Finanzminister zustehen, dabei hing er nicht
vom Dogen, sondern vom Rathe und dem Dogen ab,
mußte beiden Rede stehen und konnte vom Rathe nach
Belieben zur Verantwortung gezogen werden. Die anschei=
nend so einfache Maßregel der Errichtung einer besondern
Procuratie des heil. Marcus verschloß daher dem Dogen
den einseitigen Eintritt in die Schatzkammer und machte
als nächste Folge die Erneuerung der Pläne, die Erblichkeit
des Dogats durchzusetzen, sehr schwer, ja fast unmöglich;
denn Solches konnte mit dem Augenblicke kaum mehr ge=
lingen, da ein anderer als der Doge und überdieß ein
solcher, der ihn beaufsichtigte und haßte, Säckelmeister des
Staats geworden war.

Ein und derselbe Gedanke liegt den drei großen
Gesetzen der Zeiten Contareno's, betreffend die Ausstattung
des Gradenser Patriarchats, die Aufstellung eines besondern

Vogts für die Abtei zum heil. Hilarius und endlich die
Einsetzung des Schatzamts von S. Marcus zu Grunde:
sie müssen in einem Haupte entsprungen sein. Da nun
Gregorius VII. selbst bekennt, für die Freiheit Venetiens
Vieles gethan und gewagt zu haben, da er zweitens unzweifelhaft auf die Ausstattung des Patriarchats eingewirkt
hat, hoffe ich keinen Widerspruch zu finden, wenn ich behaupte, daß auch die Ausführung der beiden andern
Maßregeln nicht ohne sein Zuthun erfolgt sein dürfte.

Merkwürdig! Die zwei großartigsten politischen Bau-
werke des Mittelalters, die englische Staatsform, welche
heute noch besteht, und die venetianische Verfassung, welche bis
zum Schluß des 18. Jahrhundert fortdauerte, hängen un-
zertrennlich mit dem Andenken Gregors VII. zusammen.
Er sprach den Bausegen über beide Gebilde, darum trugen
sie den Keim nachhaltiger Lebenskraft in sich. Denn was
Weisheit entwirft, Tugend und Gerechtigkeit ausführt, das
hat langen Athem.

Siebenunddreißigstes Kapitel.

Domenico Silvio als Doge. Angriff der Normannen auf Dalmatien. Kampf um Durazzo.

Doge Contareno starb, wie mir scheint, erst nach
der Mitte des Jahres 1071. Sofort wurde Domenico
Silvio zum Nachfolger gewählt. Demagogie muß hiebei
im Spiele gewesen sein. Dandolo sagt [*]: „Noch war
Contareno nicht begraben, als das gesammte Volk in der

---

[*] Muratori XII.. 247.

Kirche des heil. Nikolaus zusammentrat und einmüthig
Silvio zum Dogen erkor. Hierauf führten sie den Gewählten
in die Marcuskapelle, die damals nicht ganz ausgebaut
war, und setzten ihn durch Ueberreichung der Fahne in sein
Amt ein." Das Löwenbanner des heil. Marcus kommt
hier zum zweitenmale zum Vorschein. So ehrgeizig war
der neue Doge, daß ihn die blutigen Spuren der Participazzi, Candiani und Orseoli nicht schreckten. Nicht bloß
Dandolo, sondern auch byzantinische Quellen [1]) melden,
daß Doge Silvio sich mit einer griechischen Prinzessin,
Theodora, der Tochter des Basileus Constantin Ducas,
vermählte; der venetische Geschichtschreiber fügt bei, diese
Ehe sei auf Betrieb des jungen griechischen Kaisers Michael,
der 1067 seinem Vater Constantin Ducas gefolgt war, zu
Stande gekommen, auch habe Michael den herzoglichen
Schwager mit den prächtigen Titel eines Protoproedros
geschmückt. Das deutet abermal auf Hintergedanken der
Erblichkeit des Dogats hin, die jedoch trotz den glänzenden
Waffenthaten, welche Silvio verrichtete, noch kläglicher
mißlangen, als die ähnlichen Entwürfe seiner Vorgänger.

Nicht nur gegen Osten hin, sondern auch in der
Richtung nach Italien und dem Abendlande finden sich
Spuren hochfliegender Pläne des neuen Dogen. Als Zeugen
stelle ich etliche Briefe Greger's VII., der im zweiten
Jahre der Verwaltung Silvio's, Petri Stuhl bestiegen
hatte. In der Bulle [2]) vom 9. Juni 1077, deren Anfangs-
worte oben angeführt wurden, heißt es weiter: „Mit nicht

---

[1]) Lebeau, Histoire du bas empire, edit. Saint Martin IV., 452.

[2]) Jaffé, Regest. Nro. 3782.

geringem Schmerze hat uns die Nachricht erfüllt, daß
Ihr durch Umgang mit Solchen, auf welchen der Kirchen-
fluch lastet, Euch selbst aus der Gemeinschaft der Gläubigen
ausschloßet, und Wir haben deshalb einen Legaten an Euch
abgeschickt, damit er Euch, wenn Ihr anders würdige Buße
zu thun vorhabt, mit der Kirche versöhne." Dies läßt kaum
eine andere Deutung zu, als daß Doge Silvio nach den
Scenen zu Canossa Partei für den gebannten König
Heinrich IV. von Deutschland ergriffen hatte. Trotz der
päpstlichen Warnungen dauerte die gerügte Verbindung
noch mehrere Jahre fort und erst gegen 1081 besann sich
Doge Silvio eines bessern, obgleich ihm der Papst auch
jetzt nicht ganz traute. Unter dem 8. April 1081 schrieb [1]
Gregor VII. an den Dogen und das Volk der Veneter:
„Daß Ihr, seit Wir den apostolischen Stuhl bestiegen haben,
nicht die Liebe für uns erwieset, welche zu erwarten Wir
uns berechtigt glaubten, bereitete uns vielen Verdruß, um
so mehr freut es uns, zu vernehmen, wie Ihr endlich an-
fanget, andere Gesinnungen zu zeigen." Folgen sodann
Ermahnungen, keine Gemeinschaft mehr mit Gebannten
einzugeben, sammt dem Beifügen, daß der Papst verjetzt
bedauere, den ausgesprochenen Wunsch des Dogen noch
nicht erfüllen zu können, daß er aber später, was möglich
sei, thun werde.

Die Berechnung der Vortheile, die der Doge vom
salischen Hofe erschwingen zu können hoffte, war, so scheint
es, fehlgeschlagen, er zog sich deshalb von Heinrich IV.
zurück und knüpfte mit dem Papste an; aber auch nach

---

[1] Jaffé, Regest. Nro. 3930.

dieser Seite hin verlangte er zum Voraus Gegendienste, ehe er selbst etwas leistete.

Bald nahmen die politischen Stürme, deren Schau= platz damals das griechische Reich wurde, ausschließlich die Aufmerksamkeit des Dogen in Anspruch. Nachdem der kühne Normannenhäuptling Robert Wizkard das südliche Italien in seine Gewalt gebracht hatte, warf er seine Augen auf Dalmatien. Dandolo schreibt [1]): (um 1075) „verheerten Normannen die Grenzen Dalmatiens, weshalb Doge Silvio eine Flotte wider sie ausrüstete und sie zur Rückkehr zwang. Auch stellten die Dalmatiner eine Hand= veste aus, kraft welcher sie sich verpflichteten, keinen Nor= mannen in ihrem Lande aufzunehmen." Der venetische Geschichtschreiber setzt, nach meinem Gefühle, voraus, Robert habe Dalmatien erobern wollen. Allein ich glaube, daß er sich hierin täuscht. Wäre es ernstliche Absicht Roberts gewesen, Dalmatien zu unterwerfen, so würden die Quellen von länger dauernden Kämpfen um dieses Land zu berichten haben. Der wahre Zusammenhang der Sache kann erst an einem andern Orte entwickelt werden.

Fest steht, daß der Doge unverweilt dem ersten Versuche der apulischen Normannen, in Dalmatien Fuß zu fassen, entgegentrat und auch seinen Zweck erreicht hat. Die Handveste [2]), auf welche Dandolo hinweist, ist noch vorhanden und ausgestellt unter dem 8. Februar 1075. Sie lautet ihrem wesentlichen Inhalte nach so: „wir alle zusammen, ich, Stephan Waliza, Prior (Vorstand) der Stadt Spalatro, und ich, Gaudinus, Tribun ebendaselbst

---

[1]) Muratori XII., 248.
[2]) Fontes rerum Austriac. XII., 41 ff.

(folgen mehrere namentlich aufgeführte angesehene Bürger),
und ich, Vitalis, Prior der Stadt Trau (sammt mehreren
andern), desgleichen ich, Candidus, Prior, und Madius
Sega, Richter der Stadt Zara (abermal mit mehreren
andern), ebenso ich, Justus Benedicus, Prior von Belgrad
[Altzara] (mit mehreren andern), geloben eidlich gegen dich,
den Herrn Domenico Silvio, Dogen von Venetien und
Dalmatien, auch kaiserlichen Protohedros, unsern gnädigen
Gebieter, daß von heute an für alle Zukunft, weder wir
selbst, noch auch unsere Mitbürger, Normannen oder andere
Fremdlinge in unser Land aufnehmen wollen. Wer gleichwohl dieses Verbrechens überführt wird, der büßt mit dem
Leben und mit Einziehung seines ganzen Vermögens, das
zur Hälfte der herzoglichen Kammer, zur Hälfte der Gemeinde, welcher der Schuldige angehört, zufallen soll, gemäß dem Ausspruche des zuständigen Richters und nach
den Bestimmungen des römischen Rechts." Außer den
obgenannten Prioren und Richtern haben das Pergament
auch der Erzbischof Laurentius von Salona (Spalatro),
sowie die Bischöfe Forminus von Nona [1] und Prästantius
von Altzara unterzeichnet.

Offenbar zielt die Urkunde darauf ab, Einverständnisse, welche die apulischen Normannen mit angesehenen
Dalmatinern angezettelt hatten, für die Zukunft zu er-
schweren oder unmöglich zu machen. Nicht Kämpfe, sondern politische Verabredungen, waren demnach vorangegangen. Im Uebrigen sieht man, daß die im Texte erwähnten Städte Spalatro, Trau, Zara, Belgrad, viel-

---

[1] Man vergl. Farlato. Illyricum sacrum IV., 215. Fälschlich heißt der Ort in dem Abdruck von Tafel a. a. O. Nova.

leicht auch Nona, obwohl sie venetische Hoheit anerkannten,
doch unter einheimischen Obrigkeiten standen. Demnach
kann die von den ambrosianischen Zusätzen bezeugte Einrichtung [1]), kraft welcher Doge Peter II. Orseolo nach
Eroberung Dalmatiens vornehme Veneter dort als Amtleute einsetzte, nicht lange gedauert haben. Merkwürdig
ist die Vorschrift, daß die, welche sich des in der Urkunde
verpönten Verbrechens schuldig machen würden, nach der
Romana gerichtet werden sollen. Seit der zweiten Hälfte
des 11. Jahrhunderts kommen in venetischen Urkunden
Lehrer und Kundige des römischen Rechts (juris periti)
zum Vorschein [2]), auch nach den unterworfenen Provinzen
am Adria wurde die Romana verbreitet. Die Veneter
hielten hierin gleichen Schritt mit ihren Stammgenossen
auf dem Festland. In dem Maße wie die italianische
Nationalität sich deutscher und fränkischer Fremdherrschaft
gegenüber Anerkennung erzwingt, siegt das nationale Recht
der Vernunft wider das aufgedrungene der Barbarei.

Fünf bis sechs Jahre nach Abfassung obiger Handveste reifte in dem Haupte des Normannenherzogs Robert
Wizkard, der damals auf der Höhe seiner Macht stand,
der Gedanke, das byzantinische Reich zu vernichten. In
den Häfen von Otranto, Brindisi und Tarent sammelte
er eine mächtige Flotte sammt einem zahlreichen Heere
und setzte im Juli 1082 [3]) mit seinem Sohne Boemund
nach der gegenüberliegenden Küste von Epirus über. Unterwegs nahm er die Insel Corfu und landete dann jen-

---

1) Oben S. 376 ff.
2) Lebret, Geschichte von Venedig I., 337.
3) Das Jahr werde ich unten bestimmen.

seits bei dem alten unfern des acroceraunischen Vorgebirgs
gelegenen Hafenort Aulona (von den mittelalterlichen Italianern Avalone genannt), der, ohne Widerstand zu leisten,
in seine Gewalt gerieth [1]. Dort theilte er seine Macht;
das Heer übergab er seinem Sohne Boemund mit dem
Befehl, zu Lande nach Durazzo — dem alten Dyrrhachium
— zu rücken; er selbst fuhr mit der Flotte eben dahin.
Auf beiden Seiten zu Land und zu Wasser sollte die Stadt
belagert werden. Dieselbe war der Rettungsanker des
byzantinischen Reichs, der Knotenpunkt des bevorstehenden
Kampfes geworden. Wenn es dem Normannenherzoge gelang, Durazzo, gleichsam den Brückenkopf der Egnatia oder
der alten römischen Heerstraße nach dem Morgenlande, zu
nehmen, so besaß er eine Festung, von wo aus er ungehindert gegen Constantinopel vordringen konnte.

Nicht lange vor der Ankunft Roberts, im Frühling
1082, hatte, nach einer Reihe von Umwälzungen, die im
griechischen Morgenlande stattfanden, Alexius, aus dem
edlen Hause der Comnenen, durch Anmaßung den byzantinischen Thron bestiegen und sofort als einen der ersten
Akte seiner Regierung, den Oberbefehl zu Durazzo einem
Verwandten [2], Georg Paläologus, übertragen, damit er
diese Festung und die Küste Illyriens gegen die nahenden
Normannen vertheidige. Es fehlte weder dem neuen Basileus, noch dem von ihm zu Durazzo bestellten Obersten
an ausgezeichneten Eigenschaften, aber das griechische Reich
war aufs tiefste erschöpft, der Staatsschatz leer, Heer und

[1] Anna Comnena Alexias. edit. Bonnensis I. 180. Dann
Pertz V., 60 unten ff.

[2] Ibid. I. 172.

Flotte herabgeschmolzen [1]), und überdieß stürmten im Osten
Türkenschwärme gegen den Bosporus heran, während im
Westen der Normanne Robert einen vernichtenden Schlag
vorbereitete. Ich kann von den damaligen Verwicklungen
des Orients erst unten an passendem Orte im Zusammenhange reden.

Unter solchen Umständen begriff Basileus Alexius,
daß der griechische Staat, bisher eine Großmacht, nicht
mehr im Stande sei, sich selbst mit eigenen Kräften zu
schützen, sondern nur durch fremde Hilfe gerettet werden
könne. — Er warf seine Augen auf die Veneter, und in
der That sind diese und nur sie es gewesen, welche die
Fortdauer des oströmischen Reichs in damaliger Gefahr
fristeten. Aber die Veneter pflegten nicht ohne Entgeld
große Dienste zu leisten. Die Tochter des Basileus Alexius
hat nicht ohne Talent und Wahrheitsliebe die Geschichte
ihres Vaters beschrieben. Ihr Bericht gestattet uns genauere Einsicht in die Verhandlungen, welche dem dreijährigen Seekrieg zwischen Venetern und Normannen vorangingen, als es sonst bei ähnlichen Begebenheiten des Mittelalters der Fall ist. Sie sagt [2]): „Basileus Alexius rief
den Beistand der Veneter an, indem er ihnen theils sogleich
bedeutende Vortheile zusicherte, theils noch größere für die
Zukunft verhieß, wenn sie ihre ganze Seemacht aufböten,
um Dyrrhachium zu entsetzen, und überhaupt den Kampf
gegen die Normannen auf ihre Schultern nähmen.“ Anna
Comnena fährt fort: „Alexius fügte weiter bei: im Falle
die Veneter solches thäten, werde er ihnen, möge nun das

---

[1]) Anna Comnena Alexias, edit. Bonnens. I., 170 u. 173.
[2]) Ibid. 192.

Glück ihre Anstrengungen begünstigen, oder nicht begünstigen, durch Goldbulle alle genannten Rechte bewilligen, und überdieß jede andere Forderung zugestehen, die irgend mit dem Wohl und Bestand des oströmischen Reichs sich vertrüge." Die von Alexius wirklich ausgestellte Goldbulle, die, wie ich unten zeigen werde, noch vorhanden ist, beweist, daß Anna die Wahrheit sagt.

Noch ein anderer Zeuge stimmt bei, derselbe Apulier Wilhelm, dem wir die besten Nachrichten über den Untergang der siebenhundert Schwaben bei Civitella verdanken. Er entwirft [1]) folgende Schilderung: „zum Kampfe wider die Normannen rief der Herrscher des Ostens alte Verbündete auf, ein überaus tapferes und im Seekrieg wohl erfahrenes Volk, welches die dicht bewohnte Venetia, auf die Bitten des Kaisers berdend, schickte, ein Land, reich an Schätzen, reich an Männern, gelegen, wo der adriatische Busen am weitesten gegen Norden vorspringt. Rings vom Meere umgeben sind die Wohnorte dieses Stammes, selbst um von einem Hause zum andern zu gelangen, bedarf man der Gondel. Mitten in den Wassern hausen sie, und in der weiten Welt gibt es kein Geschlecht, welches zum Kampf auf den Wogen tauglicher wäre." u. s. w.

All' ihre Kraft strengten die Veneter an, eine mächtige Flotte wurde ausgerüstet, mit welcher der Doge Silvio, wie es scheint, Ende Juli oder im August 1082 vor Durazzo erschien, es kam sofort zu einem Seetreffen, in welchem die Veneter siegten. Vergeblich suchte Roberts Sohn, Boemund, der den Befehl über die normännische Flotte führte, die Gegner zurückzudrängen. Silvio schlug

---

[1]) Pertz IX., 255 oben.

ihn und glorreich drang das Banner S. Marcus in den
entsetzten Hafen von Durazzo ein. Drei Zeugen, Comnena,
Wilhelm, der Apulier, und Dandolo, bekunden den Sieg
der Veneter; ein vierter Galfred Malaterra, der sichtlich
zu Gunsten der Normannen färbt, muß gleichwohl einge=
stehen, daß der Doge seinen Hauptzweck, die Entsetzung
Durazzo's auf der Seeseite erreicht hat. Dandolo sagt[1])
einfach: „Doge Silvio lief mit einer starken Flotte aus,
stritt mit den Normannen auf der Höhe von Durazzo,
trieb sie in die Flucht, befreite die Stadt von der Be=
lagerung und versah sie mit Lebensmitteln." Letztere That=
sache deutet nach meinem Gefühl darauf hin, daß die Ab=
sicht des Dogen nicht darauf abzielte, mit der Flotte län=
gere Zeit vor Durazzo zu bleiben, sondern daß er nach
erstrittenem Sieg bald wieder umkehrte.

Anna Comnena[2]) und Mönch Wilhelm[3]) geben Be=
schreibungen der glänzenden Erfolge des Dogen zum Besten,
die ich übergehe. Laut der Aussage[4]) Galfreds dagegen
gewannen die Normannen in der Seeschlacht vor Durazzo
die Ueberhand, und nöthigten die Veneter zu dem Ver=
sprechen, sich am andern Tage zu ergeben, aber siehe da!
letztere hielten ihr Wort nicht, überfielen am folgenden
Morgen die Gegner, welche, weil sie nichts als Liebes er=
warteten, zur Fortsetzung des Kampfes nicht gerüstet waren,
brachten ihnen empfindliche Verluste bei und erzwangen
zuletzt die Einfahrt in den Hafen. Ein solches Geschwätz
verdient keine Widerlegung. Doch erzählt Malaterra etwas,

---

[1]) Muratori XII., 248 unten ff.
[2]) Editio Bonnensis I., 192 ff.
[3]) Pertz IX., 285.
[4]) Muratori. Script. Ital. V., 583 b. ff.

was der Mittheilung werth ist: „aus verborgenen Röhren," sagt er, „schossen die Veneter über den Meeresspiegel weg mit griechischem Feuer, das selbst durch Wasser nicht gelöscht werden kann, gegen eines unserer größeren Schiffe und steckten dasselbe in Brand." Nachdem wir schon früher [1] auf einen Beleg gestoßen sind, haben wir hier einen zweiten dafür, daß man byzantinischerseits die Veneter in das Geheimniß des griechischen Feuers eingeweiht hatte. Im Uebrigen machen die Worte Malaterra's auf mich den Eindruck, als sei dieses Feuer aus einer dem Satz der heutigen Congreve'schen Rakete ähnlichen Masse bestanden, die mit etwas wie Schießpulver aus eisernen Röhren, meist über den Wasserspiegel hin — so daß der Schuß zwischen Wind und Wasser traf — abgefeuert wurde.

Nachdem der Doge die See vor Durazzo gesäubert hatte, war es an Basileus Alexius, der Stadt auf der noch immer bedrohten Landseite beizuspringen. So geschah es auch. „Mein Vater, der griechische Kaiser," schreibt [2] Anna Comnena, „raffte in Constantinopel alle verfügbaren Streitkräfte, einheimische und fremde (namentlich auch türkische Söldner), zusammen und trat dann im Augustmonat Römer-Zinszahl 4, den Marsch aus der Hauptstadt nach Westen in der Richtung auf Durazzo an." Das vierte Jahr der Indiction, von der hier allein die Rede sein kann, verlief vom September 1081 bis zum gleichen Monat des folgenden Jahres. Folglich hat Basileus Alexius Constantinopel im August 1082, kurz vor dem Schlusse des Jahres 1081 nach griechischer Indictionen-Rechnung,

---

[1] Oben S. 415.
[2] A. a. O. I., 191 unten ff.

verlassen, folglich kann Robert den Zug nach Durazzo nicht
schon im Juli oder Juni 1081, nach unserer Art zu zählen,
sondern erst im entsprechenden Monat des folgenden Jahres
angetreten haben. Denn sonst müßte man sagen, daß
Alexius dem Normannenhäuptling, ohne das Geringste
selbst zu thun, mehr als ein Jahr vollkommen freie Zeit
zur Eroberung Durazzo's ließ, was widersinnig ist. Freilich
versetzen die süditalischen Chroniken[1]) den Angriff Roberts
auf Durazzo in den Sommer 1081, aber diese ihre Angabe hat kein Gewicht, weil sie nachweisbar den italienischen
oder fränkischen Kalender mit der griechischen Indictionen-
rechnung vermischen, nach welcher die Monate Juni, Juli
und August allerdings das letzte Viertheil des alten Jahres
— d. h. in unserer Weise zu rechnen des Jahres 1081 —
bildeten.

Weiter berichtet[2]) Anna: „Während des Marsches
wuchs das Heer meines Vaters, denn Zuzug kam von
verschiedenen Seiten. Den Befehl über die Besatzung der
Hauptstadt[3]) führte Constantin Opus, über die Macedonen
Antiochus, über die Thessalier Alexander Cabasilas; Primicerius der um Achrida angesiedelten Türken war Tatik,
ein tapferer und vornehmer Mann, obwohl aus unfreiem

---

[1]) Pertz V., 60 ff., und Muratori V., 153 unten ff.
[2]) Anna Comnena I., 198 ff.
[3]) ἄρχοντα μὲν τοῦ τῶν ἐξκουβίτων τάγματος. Die excu-
bitae oder excubitarii bildeten ursprünglich, wie der Name beweist,
die kaiserliche Leibwache; aber da immer neue Schaaren zum Schutze
des „heiligen Herrschers" und zwar aus Fremden errichtet wurden,
mußten sich jene mit einem niederen Rang begnügen. Sie waren
die Besatzung der Hauptstadt, die neuen Schaaren dagegen stiegen
zu eigentlicher Garde empor.

Geschlecht, denn Tatiks Vater, ein geborner Saracene, ist vor Zeiten zum Kriegsgefangenen gemacht und Sclave meines Großvaters, Johanns des Comnenen, geworden. Weiter standen 2800 Manichäer unter dem Befehl der Obersten Xantbas und Kuleon, welche selbst der gleichen Secte angehörten. Diese Manichäer sind ein streitbares Volk, blutdürstig, raubgierig, verwegen, unverschämt. Was die eigentlichen Leibwachen des inneren Palastes — man nennt sie bei uns Vestiarii —, sowie die fränkischen Schaaren betrifft, so befehligte jene Panucomites, diese Constantin, Humberts Sohn."

Wir erhalten hier ein Bild der Zusammensetzung des byzantinischen Heeres. Allein dasselbe ist nicht vollständig, kann jedoch aus späteren Bemerkungen der Kaisers tochter ergänzt werden. Weiter unten spricht Anna, die Schlacht zwischen Alexius und Robert beschreibend, von heidnischen Haufen[1] in des Basileus Diensten, welche Befehl erhalten hatten, das normännische Heer zu umgeben und im Rücken anzugreifen, abermal bezeichnet[2] sie die nämlichen als Barbaren; endlich führt sie noch Türken[3] und zwar in einer Weise auf, daß man kaum zweifeln kann, hiemit seien dieselben gemeint, welche Anna zuerst Heiden, dann Barbaren nannte. Ich halte sie für kleinasiatische Türken, welche in des Alexius Solde standen. Zweitens erscheint im Heere des Basileus ein Kroatenhäuptling Bodinus[4] mit einem Haufen seiner Landsleute,

[1] τὸ ἐθνικὸν ἅπαν στράτευμα. Anna Comnena, Alexias, edit. Bonnensis L. 207 unten.
[2] Ibid. 208.
[3] Ibid. 214 oben.
[4] Ibid. 204 und 214.

die dem Beherrscher des Ostens vertragsmäßig zum Kriegs-
dienste verpflichtet waren, folglich ihn als Gebieter anerkannten, aber ihn gleichwohl im Treffen verriethen.

Neben den Vestiariern und den fränkischen Schaaren
erwähnt Anna noch eine besondere, aus angelsächsischen
Warägern bestehende Leibwache, auf welche Basileus Alexius
vorzugsweise vertraute. Sie dienten zu Pferde [1]), ihre
Hauptwaffe war eine Streitaxt mit doppelter Schneide,
oder mit zwei rechts und links über den Stiel hervorragenden Beilen [2]); der Oberste derselben wird von Anna
Nampita genannt [3]), worin irgend ein in griechischem Munde
verkürzter angelsächsischer Name versteckt zu sein scheint.
Ich werde auf diese Angelsachsen unten zurückkommen. Der
Anführer der Vestiarier oder Vestiariten — buchstäblich
Kammerdiener oder Kleiderbewahrer — heißt bei Anna
Panncemites, was meines Erachtens ein aus zwei Worten,
einem slavischen und einem griechischen oder griechisch-
lateinischen, zusammengesetzter Amtstitel ist: dieser Oberste
war zugleich Pan oder Ban, was auf slavisch Anführer
bedeutet, und Palastgraf oder comes des griechischen Kaisers;
er und seine Untergebenen gehörten nämlich — so denke
ich mir die Sache — dem Kroaten- oder Südslaven-
stamme an, der Basileus aber hatte ihm den byzantinischen
Hofdienst eines comes verliehen. So gut slavonische Leibwachen den Kalifen von Cordova, wie den Dogen von
Venedig umgaben, wird auch der griechische Basileus eine
slavische Wache gehabt haben.

---

[1] Anna Comnena. Alexias. edit. Bonnensis I. 269.
[2] Ibid. 208 unten.
[3] Ibid. 204 und 208 unten.

Noch einige andere Stellen bedürfen der Erläuterung. Außer den Bestiariern, welche, wie ich eben darthat, aus slavischem Blute stammten, und außer den angelsächsischen Warägern, werden fränkische Leibwachen, unter dem Befehle Constantin's, Humbertsohn, aufgeführt. Das können teutsche oder slandinavische Normannen sein, denn Schaaren beider Nationen dienten, wie später gezeigt werden soll, dem Basileus. Ferner schildert Anna als besondern Heerestheil eine Schaar von 2800 Manichäern, deren Raubgier und Blutdurst sie hervorhebt. Nun weiß [1]) man, daß die Manichäer grundsätzlich kein Blut vergossen, aber das Gegentheil gilt von den Paulicianern, einer kleinasiatischen Sekte, welche Jahrhunderte lang hartnäckige Kriege wider die oströmischen Kaiser bestand, bis Basileus Johann Zimisces (969—976) ihnen Glaubensfreiheit gewährte und sie aus ihrer Heimat, Kleinasien, als Grenzwächter des Reiches gegen Slaven und Bulgaren nach Thracien verpflanzte. [2]) Eben solche Paulicianer sind unter den 2800 gemeint, denn an einem andern Orte braucht [3]) Anna die Worte Paulicianer und Manichäer als gleichbedeutend.

Fremdlinge, Türken, aus Asien stammende Paulicianer, dann Slaven und Germanen aller Stämme bildeten, wie man sieht, die größere Hälfte des Heeres, das Alexius zum Kampfe wider Robert Wizard führte. Die eigentlichen Nationaltruppen erscheinen unter drei verschiedenen Namen Excubitarii, Macedonen und Thessalier. Diese Thatsache empfängt ihr Licht aus der politischen Gliederung des ost-

---

[1]) Gfrörer, K. G. I., 476.
[2]) Ibid. III., 330 ff.
[3]) Edit. Bonnensis I., 272 ff.

römischen Reichs. Dasselbe war eingetheilt in Themata, ein Begriff, welcher dem Kriegswesen seinen Ursprung verdankt und nach der deutlichen Schilderung [1] Constantins des Purpurgebornen theils im Allgemeinen Militärbezirke, theils die Standlager derselben bezeichnete. Die westliche oder europäische Hälfte des Staates zählte [2] im 10. Jahrhundert folgende Themata: 1. Thracien, mit der Hauptstadt Constantinopel; 2. Macedonien, ein neuer geographischer Begriff, den ich erst später erklären kann; 3. Strymon, das Land um diesen Fluß; 4. Thessalonich, d. h. das alte Macedonien sammt Thessalien; 5. Hellas; 6. Peleponnes; 7. die Insel Cephalenien; 8. Nicopolis oder Epirus; 9. Durazzo. Folgen noch die Besitzungen in Italien, sammt Sicilien und die Krimm, welche nicht hieher gehören. In obiger Schilderung nun ist Thracien durch die Excubitores oder die Besatzung Constantinopels vertreten: Macedonien nimmt die ihm gebührende Stelle ein; weiter schließe ich, daß die alten Themata Hellas, Peleponnes, Cephalenia und vielleicht Epirus im 11. Jahrhundert zu einem einzigen, Thessalien genannten, zusammengezogen waren. Durazzo konnte nicht aufgeführt werden, weil die Besatzungen dieses Thema den von Robert belagerten Hauptort vertheidigten.

Anna fährt [3] fort: „Den 15. October erreichte Kaiser Alexius mit seinem Heere die Kirche zum heil. Nikolas, welche nur 4 Stadien von Durazzo entfernt ist. Die offene Verbindung mit der Stadt wurde sofort her-

---

[1] De thematibus imperii I. 1. Opp. edit. Bonnens. III., 11 ff.
[2] Ibid. S. 44 ff.
[3] Anna Comnena. Alexias. edit. Bonnensis I., 203 ff.

gestellt; Alexius beschied den tapfern Befehlshaber, Georg
Paläologus, heraus in sein Lager, wo er Kriegsrath hielt.
Die erfahrensten Häupter des Heeres, namentlich Paläologus und mehrere andere, worunter der Kroatenoberst
Bodin, sprachen wider den beabsichtigten Angriff auf das
Lager Roberts und erklärten, der Kaiser solle dem Feind
ohne eigentliche Schlacht unaufhörlich zusetzen, ihm die
Zufuhren zu Land abschneiden, während die Flotte dasselbe
zur See thun möge, dann müssen die Normannen in
Kurzem nothgedrungen von selbst umkehren. Allein die
goldene Jugend, welche Alexius mit sich aus Constantinopel
vor Durazzo gebracht hatte, Söhne älterer Basileis, Purpurgeborne und nicht im Purpur Geborne, außer diesen
Glückskindern aber noch Nampita, Bannerherr der angelsächsischen Waräger, verlangten eine Schlacht; sie vermeinten
nämlich mit ihren vielen Tausenden leicht wider den verhältnißmäßig kleinen Haufen der Normannen fertig zu
werden. Alexius aber horchte auf die Rathschläge der Un-
vernunft.

Das war es eben, was Robert Wizard wünschte.
Den 18. Oktober, Römer-Zinszahl 5 [1]), — auf denselben
Tag, da 731 Jahre später die verbündeten Völker des
Ostens vor Leipzig gegen den Kaiser des Westens, Napo-
leon I., schlugen — kam es unweit des Meeresstrandes zum
Treffen. Der Verfasser vorliegenden Werkes ist kein Kriegs-
verständiger, und will es darum nicht versuchen, aus den
romantischen Farben, welche Anna aufträgt, echten Karmin
auszuziehen; der Erfolg, welcher feststeht, möge genügen.
In der Mitte der byzantinischen Linie hielt Alexius, um-

---

[1]) Anna Comnena. Alexias. edit. Bonnensis I., 208.

geben von den angelsächsischen Warägern, auf deren starken
Arm er seine beste Hoffnung setzte. Gegen eben diese Angelsachsen brach — jedoch nachdem sie durch Kampf mit
leichter Reiterei ermüdet waren — ein Schlachthaufe, gebildet aus dem Kerne der Fußknechte Roberts, los; voll
Kampfeswuth stürmten die Normannen auf die Stamm-
feinde ein, brachen ihre Reihen, erschlugen, was ihr
Schwert erreichen konnte, drängten die Uebrigen nach der
Kirche St. Nikolas; der ganze Raum des Gebäudes, ja
auch das Dach ward mit Flüchtigen überfüllt und nun
schleuderten die Normannen Feuerbrände hinein, welche
also zündeten, daß alle drinnen elend verbrannten. Das
ganze griechische Heer löste sich auf; Alexius entfloh, selber
verwundet, bis nach Achrida, welcher Ort an der großen
Heerstraße von Durazzo nach Macedonien und Constantinopel liegt.

Ein lateinischer Zeuge, der Normannen-Abt Galfred
Malaterra, stimmt [1]) auf's Wort darin mit Anna Comnena
überein, daß er gleich der Byzantinerin erklärt, die Schlacht
von Durazzo sei durch das Zwischenspiel der Niederlage,
welche der Normannenhaufe den Warägern beibrachte, entschieden worden. Zugleich verdankt man ihm die Nachricht,
daß die Waräger Angelsachsen waren. Ich berufe mich
zuversichtlich auf das Urtheil von Sachverständigen, wenn
ich behaupte: die Rolle, welche die Angelsachsen in der
Schlacht bei Durazzo spielten, setzt voraus, daß die Errichtung dieser Schaar wenigstens etliche Jahre Vorbereitung
bedurfte, also kann sie nicht erst durch Basileus Alexius
auf die Beine gebracht worden sein. Daraus folgt aber
weiter, daß die Beherrscher des Ostens schon seit längerer

---

[1]) Muratori V., 584 a.

Zeit einen Angriff der apulischen Normannen erwarteten.
Denn das beste Mittel, letztere gebührend in Griechenland
zu empfangen, bestand allerdings in Anwerbung angel=
sächsischer Söldner. Grimmiger Haß gährte zwischen beiden
Nationen, namentlich seit Wilhelm der Glorreiche von
Rouen Britannien erobert und alle Edelleute des angel=
sächsischen Stammes, die in seine Hände fielen, unerbittlich
auszurotten begonnen hatte. Zu den Flüchtlingen, welche
ihm entrannen, gehörten die, welche Handgeld bei dem
Basileus nahmen, der sie mit Freuden in seine Kriegs=
dienste zog. Seitdem entlud sich die unversöhnliche Feind=
schaft beider Völker auch auf den Schlachtfeldern des
Morgenlandes. Offenbar ist es aus blinder Rachgier
geschehen, daß der angelsächsische Bannerführer im Kriegs=
rathe wider den gesunden Menschenverstand mit den Gold=
jungen von Constantinopel für Angriff gestimmt hat.

Ihrerseits stürzten auch Roberts Normannen mit
gleicher Leidenschaft auf die Gehaßten los. Der Erfolg
war derselbe, wie sonst überall. Die Söhne des Nordens
bewahrten ihre alte Unüberwindlichkeit. Sie, deren Ver=
wandte oder Vorfahren in den letzten Menschenaltern hundert
und aber hundertmal den Rücken fliehender Angelsachsen
gesehen, während fast nie das Gegentheil geschah, sie selber
damals ruhmvolle Soldaten der Kirche, streckten bei Durazzo
die Verlornen, mit der Kirche Fluch Belasteten, welche vom
alten Uebermuth jetzt so wenig als früher abließen, nieder
in den Sand.

Anna Comnena gibt der Kriegstüchtigkeit des Nor=
mannenstammes ein freiwilliges und darum um so gewichtigeres
Zeugniß. Im Anfang des Treffens hatten die angelsächsischen
Leibwachen mehrere Haufen leichter Reiter und Fußgänger

Roberts geworfen. Dies erzählend fügt [1]) Anna bei: „Nicht
alle waren treffliche Soldaten, sondern etliche flohen nach dem
Meeresstrande." Nicht alle, also doch bei Weitem die meisten;
Feigheit bildete bei den Normannen die Ausnahme, während es
sich mit dem griechischen Heere umgekehrt verhielt. Im Uebri=
gen wissen wir, daß Robert nicht blos Soldaten normannischen
Bluts, die freiwillig ihrem Häuptlinge folgten, sondern
auch gezwungene Apulier nach Epirus hinübergeführt hat.
Denn laut Anna Comnena's Zeugniß [2]) veranstaltete Robert
vor dem griechischen Feldzug durch sein ganzes Gebiet eine
Aushebung, indem er unter allgemeinem Wehklagen des
Landes junge und alte Eingeborne für den Heeres=, vielleicht
eher für den Flottendienst, preßte. Vorzugsweise solche mögen
es gewesen sein, auf welche sich die von Anna hervorgehobene
Ausnahme bezieht.

Während des Treffens hielt [3]) Borin seine Kroaten
außer Schußweite, zuwartend, für wen das Glück entscheide.
Wäre Alexius Meister geblieben, so hätten diese Slaven
beim letzten Akte geholfen. Nachdem die Normannen gesiegt
hatten, zog sich der Kroatenoberst unbelästigt in seine Heimat
zurück. So gut als alle andern Stämme, die im Bereiche
des byzantinischen Reiches wohnten, wollten auch die Süd=
slaven los sein vom Joche des Basileus. Etwas wie An=
hänglichkeit an den Thron oder gar Vaterlandsliebe gab
es dort zu Lande nicht.

Die Stärke des griechischen Heeres schätzt [4]) Chronist
Lupus vor dem Treffen von Durazzo auf 70.000 Mann,

---

[1]) Anna Comnena. Alexias. edit. Bonnensis I., 210.
[2]) Ibid. 68 ff.
[3]) Ibid. 214.
[4]) Pertz V., 61.

was mir glaublich scheint; ein anderer, aber späterer Ita-
liener, Peter von Montecassino spricht[1] gar von 170.000
Mann. Das ist eine handgreifliche Uebertreibung. Dagegen
möchte ich die Angabe eben desselben nicht verwerfen, daß
Robert Wizcard im Ganzen mit 15.000 Mann nach
Griechenland übergesetzt sei.

Auf Befehl des Alexius hatte der tapfere Vertheidiger Durazzo's, Georg Paläologus, mit dem Kern der
Besatzung Theil an dem letzten Treffen genommen; wegen
der Niederlage konnte er nicht mehr zurückkehren, sondern
mußte dem fliehenden Basileus folgen[2]. Von Achrida
aus übertrug Alexius die Bewachung der Burg von Durazzo den daselbst angesiedelten Venetern und Amalfitanern, zum Befehlhaber der untern oder Hafenstadt bestellte
er einen Albanesen. Laut dem Zeugnisse[3] Anna's waren
beide Flotten, die venetische und die griechische, während
der Schlacht noch zugegen gewesen, aber nachher kehrte[4]
die eine und die andere in die Heimat zurück, weil die
Zeit der Stürme nahte und die Schiffe damals im Winter die See nicht zu halten pflegten. Unter solchen Umständen konnte die Stadt nicht mehr in die Länge gegen
Robert behauptet werden, der die Belagerung fortsetzte.

In der That fiel Durazzo, jedoch nicht durch Gewalt, sondern durch Verrath. Mit auffallender Behutsam-
keit schlüpft Anna Comnena über die heitliche Sache weg.
„Da die in Durazzo angesiedelten Amalfitaner und Bene-

---

[1] Pertz VII., 738 unten.
[2] Anna a. a. O. 221.
[3] Ibid. 210.
[4] Ibid. 223.

ter," schreibt die Kaisertochter [1]), „gewahrten, daß sie nach
dem Verluste der großen Schlacht und nach dem Abzuge
der Flotten nicht mehr länger dem Normannenherzoge widerstehen könnten, hielten sie Zusammenkünfte, um sich zu berathen; zuletzt beschlossen sie, auf den Vorschlag eines Amal-
fitaners, die Thore zu öffnen, was denn auch geschah."
Anders lautet der Bericht [2]) des Apuliers Wilhelm: „den
Befehl im Schlosse führte der Veneter Domenico, wie die
Sage geht, Sohn eines (frühern) Dogen, der den jetzigen
haßte, weil er nicht gleich Andern zu den Berathungen gezogen wurde (d. h. wie es scheint, von dem großen Rathe seiner
Vaterstadt ausgeschlossen worden war). Dieser Domenico
knüpfte heimlich Unterhandlungen mit dem Feinde draußen
an, und da Herzog Robert die Zusicherung ertheilte, daß
er ihm eine seiner Nichten zur Gemahlin geben werde,
öffnete der Venetianer den Normannen bei Nacht das
Schloß. Als am andern Morgen der Verrath kund ward,
wollten die Veneter der unteren Stadt dieselbe vertheidigen, wurden aber übermannt, worauf die meisten Veneter auf ihren Schiffen entflohen, während etliche, worunter
auch der Sohn des (damaligen) Dogen, in Gefangenschaft
geriethen. Herzog Robert hat nachher sein Versprechen
gegen Domenico erfüllt."

Nach den Regeln der Kritik muß man dieses Zeugniß als vollwichtig gelten lassen, denn Galfred Malaterra,
der nichts von Wilhelm wußte, erzählt [3]) genau dasselbe,
doch ohne beizufügen, Domenico sei eines Dogen Sohn

---

[1] Anna Comnena, Alexias. edit. Bonnensis I., 223 ff.
[2] Pertz VII., 288 ff.
[3] Muratori, Script. V., 584 b. ff.

gewesen, wogegen er seinerseits bemerkt, daß der Verräther
außer der Haut der Nichte Roberts auch noch eine ent=
sprechende Zugabe an Geld und Gut ausbedang, sowie
daß die Veneter der untern Stadt dieselbe noch drei Tage,
wiewohl vergeblich, zu behaupten sich abmühten. Warum
mildert nun die byzantinische Schriftstellerin so sichtlich die
Schuld der Uebergabe Durazzo's und warum schiebt sie
das Wenige, was davon übrig bleibt, auf einen Amalfi=
taner und nicht auf den wahrhaften Urheber, den Veneter
Domenico? vielleicht darum, weil sie Bedenken trug, durch
ein offenes Geständniß das Ehrgefühl der Veneter zu
kränken, von deren Hilfe, zu der Zeit, da sie ihr Werk
verfaßte, der Bestand des byzantinischen Reichs fast eben
so gut abhing, als während der Jahre 1082—1085.

Zunächst liegt mir ob, die Zeit der Schlacht von
Durazzo, wie der Uebergabe der Stadt zu bestimmen. Wie
oben gezeigt worden, zog, laut der Aussage Anna's, Basi=
leus Alexius im August der vierten Indiction von Con=
stantinopel ab, und erschien den 15. October der folgenden
Indiction fünf in der Nähe Durazzo's; das Treffen selbst
wurde drei Tage später, nämlich den 18. October geliefert.
Da zwischen dem Abmarsch und der Ankunft nicht wohl
mehr als höchstens zwei Monate verlaufen sein können, so
ergibt sich schon aus diesem einen Umstande, daß vom
August bis zum October die Indiction gewechselt haben
muß. Das ist auch sonst bekannt[1]: die constantinopoli=
tanische Indiction begann mit dem ersten September, fer=
ner die fünfte Indiction verlief zwischen dem ersten Sep=

[1] Art. de vérifier les dates I., Vorstück a. S. XII. und
Ibid. Vorstück b. S. 22.

tember 1082 und dem gleichen Tage des nächsten Jahres 1083. Die Schlacht von Durazzo fällt also auf den 18. October 1082.

Wohlan, genau dasselbe bezeugt der namenlose Chronist von Bari, welcher sagt [1]), das Treffen habe 1082 am Tage Lucas, des Evangelisten, stattgefunden. Das Fest des Evangelisten aber ward in der lateinischen Kirche den 18. October begangen [2]). Weiter meldet [3]) der nämliche Chronist, daß die Uebergabe Durazzo's den 21. Februar, also vier Monate nach der Niederlage des Basileus Alexius vor sich ging; sodann versetzt ebenderselbe den Fall Durazzo's in ein und dasselbe Jahr mit der Schlacht, woraus sonnenklar erhellt, daß der 18. October 1082 und der 21. Februar des folgenden Jahres 1083 nach seiner Art zu zählen einem und demselben Jahre angehören, das heißt mit andern Worten: der namenlose Chronist von Bari braucht die griechische Indictionen-Rechnung, nach welcher Römer-Zinszahl 5 zwischen dem 1. September 1082 und dem gleichen Tage 1083 ablief. Dasselbe gilt endlich drittens auch von Lupus, welcher gleichfalls das Treffen bei Durazzo und die Uebergabe des Orts, welche im Februar 1083 geschah, in ein und dasselbe Jahr verlegt. Die scheinbaren Abweichungen der Zeugen geben demnach bei näherer Prüfung harmonisch zusammen und Anna Comnena's Zeitbestimmungen sind bestätigt.

Nachdem der Normanne Robert das Heer des Alexius, das einzige, welches damals der oströmische Staat besaß,

---

[1]) Muratori. Script. V., 154 a.

[2]) Art. de vérifier les dates I., Vorstück c. S. 73.

[3]) A. a. O. 154 a., vergl. mit Pertz IX., 289, Note 25.

auseinander geworfen und Durazzo, den Schlüssel der
Straße nach Constantinopel, in seine Gewalt gebracht hatte,
sollte man erwarten, daß er nunmehr ohne Zögern auf
die Hauptstadt des Ostreichs losgerückt sein werde. Aber
das Gegentheil geschah: statt vorwärts zu schreiten, kehrte
der normannische Herzog in seine apulische Heimat zurück,
während er nur seinen Sohn, jedoch mit mäßiger Macht,
in Griechenland stehen ließ. Anna Comnena löst dieses
Räthsel. Sie erzählt [1]), daß Basileus Alexius gleich nach
seiner Erhebung Unterhandlungen mit dem deutschen Könige
Heinrich IV. anknüpfte, und ihn aufforderte, den Herzog
von Apulien, der mit Papst Gregor VII., dem Feinde
des Saliers, verbündet war, anzugreifen; sie theilt ferner
ein höchst merkwürdiges Schreiben ihres Vaters an den
Salier mit, aus welchem erhellt, daß Alexius große
Summen an den deutschen König ausbezahlt hat, und
noch größere für die Zukunft versprach, wenn Heinrich un-
gesäumt in Südlangobardien, d. h. in Apulien einfallen
würde; sie meldet [2]) endlich, daß Basileus Alexius nach der
unglücklichen Schlacht von Durazzo eine neue Gesandtschaft
an den deutschen König abfertigte, um ihn dringend an
Erfüllung seines Versprechens zu mahnen.

Ich werde später an passendem Orte auf das
Schreiben des griechischen Herrschers zurückkommen, hier
nur soviel: die Verhandlungen des Alexius mit dem deutschen König blieben nicht ohne Frucht, zumal weil eigene
Leidenschaft den Salier zu dem antrieb, was der Byzantiner begehrte. Unmöglich aber konnte er nach Apulien

---

[1]) Edit. Bonnensis I. 173 ff.
[2]) Ibid. 231.

vordringen, ohne vorher seinen Rücken durch die Einnahme
Roms, das Heinrichs Hauptgegner, Papst Greger, muthig
vertheidigte, gedeckt zu haben. In der That war er schon
1082 zweimal vor Rom gerückt, das erstemal im Frühling, das zweitemal im December, also dieses letzteremal
nach der Schlacht vor Durazzo, doch ohne jetzt wie früher
etwas auszurichten. Allein seit Anfang des Jahres 1083
bedrängte er den Papst auf's äußerste und nahm endlich
zu Pfingsten 1083 die Leostadt ein. Man sieht daher,
daß Robert Wiscard guten Grund hatte, einen Schlag
von dieser Seite her zu befürchten.

Achtunddreißigstes Kapitel.

Fortsetzung des Krieges. Seeschlacht bei Corfu.

Nun sprangen aber um dieselbe Zeit noch andere
Minen wider Robert und zwar an noch gefährlicheren
Orten. Wie wir wissen, hatte seit Einwanderung der
Normannen in Apulien nicht etwa ein Häuptling derselben die dortige Herrschaft gegründet, sondern mehrere
wirkten zusammen, von denen jeder seine Selbstständigkeit
behaupten wollte. Allerdings war es seit Jahren dem
kühnen Robert gelungen, zu einer weit höhern Macht als
die Andern, emporzusteigen, aber bittere Eifersucht erfüllte
deßhalb die Ueberholten, und Roberts Feinde ermangelten
nicht, Oel in's Feuer zu gießen. Ich lasse abermal zuerst
Anna Comnena reden. An derselben Stelle, wo sie von
dem Schreiben handelt, das Alexius an den deutschen

König erließ, berichtet [1]) sie weiter: „um dem Herzog
Robert ein Feuer in seinem Rücken zu entzünden, ließ sich
der Kaiser, mein Vater, in Unterhandlungen mit Hermann,
einem vornehmen Herrn, sowie mit dem Erzbischof von
Capua und fast allen Großen Apuliens ein; durch große
Geschenke und noch größere Versprechungen reizte er dieselben zum Kriege gegen Robert; einige schrieben zurück,
daß sie bereits mit Robert gebrochen hätten, andere verhießen, das Nämliche zu thun, wenn sie noch mehr Geld
empfangen würden."

Wer der hier genannte Hermann gewesen, erfahren
wir durch Wilhelm, den Apulier, welcher schreibt [2]): „Herzog Robert vernahm (da er noch in Epirus stand), daß
sich in Apulien drüben die Festung Cannä gegen ihn empört
habe. Gebieter dieser Stadt war Hermann, Sohn einer
Mutter, welche in zweiter Ehe mit Humfred einen andern
Sohn (der folglich Hermanns Stiefbruder war) Namens
Abagelart, gebar." Cannä ist der durch die Niederlage
der alten Römer berühmte apulische Ort am Aufidus
(heut zu Tage Ofanto), der im früheren Mittelalter noch
stand [3]), aber später zerstört ward, also daß heut zu Tage
kaum mehr eine Spur sich verfindet. Auch Hermanns
Stiefbruder erhob sich gegen Robert. Denn Chronist Lupus
berichtet [4]), daß Bagelart (eine andere Form des Namens
Abalgart), den er zum Jahre 1079 als einen Sohn Hum-
freds bezeichnet, 1083 nach Constantinopel abgegangen sei,
um Hilfe von Basileus Alexius zu erbitten. Meines Er-

---

[1]) Anna Comnena. Alexias, edit. Bonnensis I., 173.
[2]) Perz IX., 289.
[3]) Muratori Script. X., Vorstück 297.
[4]) Pertz. Script. V., 60 u. 61.

achtens wird in dem Schreiben des Alexius an Heinrich IV.
der nämliche Stiefbruder erwähnt, wo es heißt [1]), sobald
der deutsche König nach Apulien vordringe, werde ihm
Bagelard im Auftrage des Basileus 216,000 Schillinge
ausbezahlen.

Einige der übrigen Großen, welche mit dem Beherr=
scher des Ostens zusammenspielten, führt Galfred Mala=
terra auf. Derselbe erzählt [2]): „während der Abwesenheit
des Herzogs verschworen sich mehrere vornehme Norman=
nen Apuliens wider ihn, und nahmen verschiedene Orte
weg, welche Robert gehörten.“ Als solche Verschworene
nennt er im Folgenden Galfred, Herrn von Conversano
[unweit Bari [3])], und den Fürsten Jordan von Capua,
welcher ein naher Verwandter Roberts war. Man sieht
daher, wenn der Herzog länger in Epirus drüben blieb,
drohte seine mit so vieler Mühe und Blutschuld gegrün=
dete Herrschaft über Apulien zusammenzustürzen.

Laut dem Zeugnisse [4]) Anna's versammelte Robert
im Lager der Durazzo die Häupter des Heeres und hielt
eine Anrede an sie, in welcher er ungefähr Folgendes
sprach: Ihr wisset, daß ich meinem älteren Sohn Roger,
als ich nach Griechenland zog, die Verwaltung Apuliens
übertragen habe. Derselbe ist jetzt von Außen schwer be=
droht, denn Heinrich, der König der Deutschen, rückt mit
überlegener Macht gegen ihn heran. Ich werde ihm zu
Hilfe ziehen und deßhalb Epirus verlassen; aber mein
jüngerer Sohn, Boemund, den ich zum Erben aller dies=

---

1) Anna Comnena, Alexias, edit. Bonnensis I., 175.
2) Muratori, Script. V., 586 b.
3) Muratori X., Vorstück, 297.
4) Anna Comnena a. a. O. I., 231 unten ff.

seit eroberten Orte bestimmt habe, bleibt mit einem Theile
des Heeres hier und soll das glorreich begonnene Werk
fortsetzen. Anna fährt fort, Robert habe sich hierauf an
seinen Sohn Boemund gewendet, ihn ermahnt, die Grafen,
welche ihm der Wille des Vaters zuweise, gut zu behandeln, und das Schwert mit gleichem Nachdruck, wie bisher geschehen, wider den Basileus zu führen.

Nicht lange nach der Uebergabe Durazzo's, etwa
im März, spätestens im April 1083, muß es geschehen
sein, daß Robert nach Apulien zurückkehrte: denn der unbekannte Chronist von Bari, dem auch, obwohl in gewissem
Sinne sich selbst widersprechend, Lupus beistimmt [1]), berichtet [2]), daß Robert noch im Mai 1082 Cannä belagerte,
und im Juni erstürmte. Auch die andern Gegner, Jordan
von Capua und Galfred von Conversano, wurden im Laufe
des nämlichen Jahres zu Paaren getrieben [3]). Dann sammelte der Herzog ein großes Heer aus einheimischen und
fremden Söldnern, um dem Papste Gregorius, der von
Heinrich IV. und neuerdings auch von einem Gegenpapste
hart bedrängt war, zu Hilfe zu ziehen. Im Frühling 1084
rückte er mit seinen Schaaren vor Rom, auf die Kunde
von seinem Anmarsche verließ Heinrich IV. die Stadt,
aber die Römer, von dem neuen Kaiser gewonnen, leisteten
den Normannen hartnäckigen Widerstand. Robert stieß
zwei der Thore ein, hielt den 29. Mai 1084 seinen Ein-
zug, und nahm an den abgeneigten Einwohnern blutige
Rache für das, was sie wider Gregor VII. verbrochen

---

[1]) Pertz V., 61.
[2]) Muratori, Script. V., 154.
[3]) Die Beweisstellen sind oben angegeben.

hatten. Bald aber verließ er Rom wieder, da er vernahm, daß Kaiser Heinrich IV., genöthigt durch die schlimme
Wendung, welche seine Angelegenheiten in Deutschland genommen, über die Alpen zurückgekehrt sei. Urkundlich erscheint[1] der Salier seit dem October 1084 zu Mainz und
in andern Städten des deutschen Reichs.

Von dieser Seite her brauchte der alte Löwe Robert
nichts mehr zu fürchten, aber auch nicht von neuen Em-
pörungen in Süditalien, denn die ihm aufsässigen apulischen
Normannen waren gründlich gedemüthigt. In der That
veranstaltete[2] sofort der Herzog zum Zwecke der Erneuerung des griechischen Kriegs, aber in größerem Maßstabe
als früher, Rüstungen, die schon im September beendigt
waren; denn noch im October[3] desselben Jahres fuhr er
mit einer sehr bedeutenden Flotte aus dem Hafen von
Brindisi nach Griechenland ab.

Ehe wir ihm folgen, müssen wir uns nach seinem in Illy-
rien zurückgelassenen Sohne Boemund umsehen. Anna Comnena
berichtet[4], daß Boemund oder dessen Hauptleute nach der
Abfahrt des Herzogs mehrere Städte Illyriens, namentlich Achrida (das alte Lychnis) und Castoria[5], welche
entweder wie die erstere an der Straße von Durazzo nach
Constantinopel, oder wie die zweite südlich derselben gelegen sind, einnahmen. Dann schwenkte Boemund gegen
Süden ab und eroberte den Ort Joannina, der heute noch

---

[1] Böhmer. Regest. Nro. 1911 ff.
[2] Pertz V., 61.
[3] Muratori V., 154.
[4] Anna Comnena, Alexias. edit. Bonnensis I., 242.
[5] Man vergl. Ferrarius. Lexicon geogr. ed. Baudrand.
Paris 1670. S. 171.

ten gleichen Namen trägt. Nachdem dieß geschehen, erschien Basileus Alexius, der beim Abzuge Roberts in die
Hauptstadt seines Reichs sich begeben hatte, mit allen verfügbaren Truppen, im Angesicht des normannischen Heeres,
und zwar geschah dieß [1]) im Laufe des Mai 1083. Es
kam nun zu mehreren Gefechten, in welchen die Griechen
regelmäßig unterlagen. Weiter drang Boemund in öst-
licher Richtung nach Thessalien vor, nahm die dort gelegenen Orte Trikala und Cibiscus, und rückte dann vor
Larissa, die Hauptstadt der Provinz. Boemund begann
eine regelmäßige Belagerung, die nicht weniger als sechs
Monate — meines Erachtens bis in das Jahr 1084 hinein
— währte [2]). Drinnen führte den Befehl Leo Kephalas,
ein tapferer Mann, der von einem Beamten des Hauses
der Comnenen abstammte. Die Noth stieg in der Stadt
höher und höher, Leo Kephalas fand Mittel, durch die
Belagerer hindurch, an den Kaiser einen Boten abzuschicken,
der die schleunigste Hilfe begehrte, weil sonst Alles verloren sei.

Endlich traf Alexius in der Nähe der belagerten
Stadt ein, aber die Griechen fühlten solchen Schrecken
vor den Normannen, daß der Basileus keinen offenen
Kampf wagte. List sollte helfen: Alexius theilte seine
Streitkräfte, beauftragte einen der besten Obersten des
Heeres, mit der Hauptmasse das feindliche Lager anzugreifen, und dann nach kurzem Kampfe in der Art zu fliehen,
daß der Feind verleitet werde, die Fliehenden hitzig zu
verfolgen. Damit Boemund glaube, daß es der Basileus

---

[1]) Anna Comnena a. a. O. I., 237.
[2]) Ibid. 244.

selber sei, welcher den Angriff mache, wurde der Anführer
des zum Vorrücken bestimmten Haufens mit allen Zeichen
der kaiserlichen Würde umgeben. Während dessen bezog
Alexius mit auserlesenen Soldaten eine sorgfältig verborgene Stellung seitwärts von Larissa, bereit auf das Lager
der Normannen loszustürzen, sobald Boemund auf die Verfolgung der Fliehenden erpicht, weit genug sich entfernt
haben würde. Der Plan wurde ausgeführt und gelang.
Im Rücken Boemunds besetzte Alexius das von dem größten
Theile der Normannen verlassene Lager und machte die
wenige Mannschaft nieder, die zur Bewachung zurückge-
blieben war. Boemund sammelte zwar seine Leute wieder,
aber die Entsetzung Larissa's konnte er nicht mehr rück-
gängig machen. Zuletzt schaffte sich Alexius die Normannen dadurch vom Halse, daß er geheime Verbindungen mit
einzelnen der apulischen Grafen anknüpfte, und sie durch
große Versprechungen verleitete, auf einmal Boemund um
Ausbezahlung des rückständigen Soldes, der seit mehreren
Jahren nicht gereicht worden, zu drängen.

Das Mittel wirkte; ungestüm forderten die Verschworenen, und durch ihr Beispiel angesteckt, auch Andere
den Sold. Boemund hatte kein Geld, eine allgemeine
Meuterei drohte; so mußte er thun, was die Unzufriedenen begehrten, nämlich nach der Küste des adriatischen
Meeres umkehren. Er selbst ging nach Aulona, im Innern
blieb nur Castoria besetzt, wo Boemund den normannischen
Ritter Briennius, der den nächsten Rang nach ihm hatte,
als Befehlshaber zurück ließ [1]. Anna Comnena sagt [2]:

---

[1] Anna Comnena a. a. O. I., 256.
[2] Ibid. 250.

Briennius war ein Lateiner vornehmen Geschlechts und mit dem Titel Connetable (comes stabuli, sie selbst schreibt κονοσταβλος) geschmückt. Ich denke derselbe gehörte dem Hause Brienne in der Normandie an, und hatte von Herzog Robert das Hofamt eines Connetables erlangt. Ehe Anna den verstellten Angriff auf das Lager der Larissa schildert, welcher die Entsetzung der Stadt herbeiführte, sagt sie: mein Vater beschloß, List anzuwenden, denn die Erfahrung hatte ihn gelehrt, daß mit Gewalt gegen die Lateiner nichts auszurichten sei. Regelmäßig brauchten die Byzantiner in solchen Fällen krumme Wege, namentlich aber den goldbeladenen Esel Philipps, des Macedonen, alltäglich. Die Byzantinerin erzählt [1]) weiter, schon vor dem Marsch auf Larissa hätten drei normannische Grafen eine Verschwörung wider Boemund angezettelt, die jedoch entdeckt worden sei. Das hat sicherlich abermals griechisches Geld gethan, denn obgleich sie sonst den Zusammenhang der Sache verhüllt, gesteht Anna doch unumwunden ein, daß einer der Schuldigen, dem es gelang, vor der bevorstehenden Verhaftung zu entwischen, an den Hof des Alexius floh.

Ein glänzender Beweis für die Glaubwürdigkeit Anna's ist die Uebereinstimmung des lateinischen Zeugen Wilhelm, des Apuliers, welcher über den Feldzug Boemunds im Wesentlichen dasselbe berichtet [2]), was auch jene erzählt. Abgesehen davon, daß die Griechin ausführlichere Nachrichten mittheilt, weichen beide nur in zwei an sich unbedeutenden Punkten von einander ab, erstlich verschweigt der Apulier die ungestüme Forderung des Seeres,

---

[1]) Anna Comnena a. a. O. I., 243.
[2]) Pertz IX., 290 ff.

welche Boemund zum Rückzuge zwang, und erklärt letztern
durch Mangel an Lebensmitteln. Er sagt nämlich: „da
Alexius das Lager der Normannen eingenommen hatte,
waren auch die dort aufgehäuften Vorräthe in seine Gewalt gerathen, aus der weithin verheerten Umgegend aber
vermochte Boemund sein Heer nicht mehr zu versorgen.“
Im Uebrigen ist es begreiflich, daß der Apulier, welcher
sein Werk Roberts Sohn und' Erben, Roger, gewidmet
hat, Bedenken trug, von einer Verrätherei normannischer
Grafen zu reden. Als Ersatz für sein Schweigen in diesem
einen Punkte bringt er Etwas vor, was geeignet ist, den
Marsch Boemunds auf Larissa zu erklären. „Der junge
Herzog,“ schreibt Wilhelm, „belagerte den Ort, weil er
wußte, daß Larissa eine reiche Stadt sei, und daß überdieß kaiserliche Schätze (d. h. eine große Kasse) dort auf-
gehäuft lagen.“

Ohne Mitwirkung seines Vaters durfte Boemund
nicht daran denken, Constantinopel zu erobern; also mußte
das eigentliche Endziel des griechischen Feldzugs für die
Zeit der Rückkehr Roberts aufgespart werden. Wohl aber
konnte Boemund mit den beschränkten Streitkräften, die
ihm der Vater zurückgelassen hatte, es versuchen, die der
besetzten Meeresküste am nächsten gelegenen Provinzen des
oströmischen Reichs in seine Gewalt zu bringen. Provinzen aber werden am besten dadurch unterjocht, wenn man
die Hauptorte derselben erobert. Nun bezeichnet der Apulier
Larissa als einen reichen Ort, und fügt überdieß bei, daß
kaiserliche Schätze dort verwahrt wurden. Aus dem ersteren
Punkt ergibt sich, daß Larissa zu den Städten gehörte,
welche Regierungen vorzugsweise zu Mittelpunkten der Verwaltung auszuwählen pflegen; aus dem zweiten erhellt mit

Sicherheit, daß in Larissa die Steuern großer Bezirke, vielleicht Provinzen, zusammenströmten, folglich, daß es wirklich in politischer und finanzieller Hinsicht eine Provinzialhauptstadt war. In solchen Plätzen aber lagen bei den Byzantinern gewöhnlich Truppenkörper, mit andern Worten, sie hatten ihre stehenden Besatzungen, welche über die Sicherheit der Provinz wachten. Daß dieß in der That von Larissa gilt, ersieht man aus dem sechsmonatlichen Widerstand, welchen die Stadt dem ganzen Heere Boemunds leistete; sie muß nicht nur wohl befestigt, sondern auch mit einer starken Besatzung verwahrt gewesen sei.

So werden wir denn von einer andern Seite her auf denselben Schluß getrieben, den die von Anna bezeugte [1]) Eintheilung der byzantinischen Streitmacht in ein thracisches oder constantinopolitanisches, ein macedonisches und ein thessalisches Heer uns aufnöthigte. Die Themata Hellas, Pelopones, Cephalenien, welche in den Tagen Constantins des Purpurgebornen noch besondere Körper bildeten, erscheinen gegen Ende des 11. Jahrhunderts mit Thessalien verbunden und Larissa war der militärische und politische Mittelpunkt einer großen Provinz geworden.

An zwei Orten meldet [2]) Anna, Boemund sei, nachdem er von dem verunglückten thessalischen Zuge zu Aulona angekommen — was allem Anscheine nach im Frühling 1084 geschah — hinüber nach Apulien geschifft, um seinen Vater zu schleuniger Erneuerung des Krieges gegen Alexius anzutreiben. Wie ich schon früher bemerkte, waren die

---

[1]) Oben S. 518.
[2]) Opp. I., 236 und 280 ff.

Rüstungen Roberts im Herbste 1084 beendigt; in den
Häfen der Südostküste Italiens standen, laut dem Zeugnisse [1] Wilhelms des Apuliers, hundert und zwanzig bewaffnete — also eigentliche Kriegsschiffe — und eine un-
bestimmte Anzahl von Frachtfahrern, beladen mit Rossen,
Kriegszeug, Mundvorräthen in Bereitschaft. Die Abfahrt
erfolgte, gemäß der ausdrücklichen Angabe [2] des namen-
losen Chronisten von Bari, im October 1084, womit auch
die Aussagen [3] des Apuliers übereinstimmen. Heer und
Flotte der Normannen landete an der epirotischen Küste
zwischen Aulona und Buthrotum (dem heutigen Butrinto
gegenüber der Insel Corfu), wo auch die Vereinigung mit
den Trümmern des im vorigen Jahre von Boemund be-
fehligten Heerhaufens stattfand. [4]

In größerer Gefahr als je schwebte das oströmische
Reich: denn hatte Alexius im vorigen Jahre nur mit
äußerster Anstrengung sich der schwachen, weil getrennten,
Streitkräfte Boemunds zu erwehren vermocht, so konnte er
jetzt nimmermehr der gesammten Macht der Normannen
des Südens widerstehen. Man erwäge wohl, kein deutscher
Kaiser Heinrich IV. stand damals mehr in Mittelitalien,
der neulich durch seinen Marsch gegen die Grenzen Benevents den Herzog Robert zur Rückkehr nach Apulien
genöthigt hatte, auch auf keine Empörung unzufriedener
normannischer Barone in letzterem Lande durfte Alexius
mehr rechnen; den gefährlichsten der innern Gegner,

[1] Pertz IX., 293.
[2] Muratori. Script. V., 154 a., der abermal bei dieser Gelegenheit sichtlich die griechische Indictionenrechnung zu Grunde legt.
[3] Pertz IX., 293 unten ff.
[4] Anna Comnena I., 282 unten und Pertz IX., 293.

seinen Neffen Jordan von Capua, hatte Robert vor der zweiten Abfahrt nach Epirus gründlich zur Ordnung gebracht. [1]

Kurz, nach menschlicher Berechnung war Alexius und das glänzende, aber innerlich durch und durch faule Reich von Constantinopolis verloren, wenn nicht ein fremder Beschützer dem Sinkenden die Hand reichte. Woher anders aber konnte diese Hilfe kommen, als von Venedig! Zum Glück für Alexius mußte das Gemeinwesen des Seelandes, fortgerissen von dem stärksten der Triebe, dem der Selbsterhaltung, alles daran setzen, um zu verhindern, daß der Normanne Robert sein Vorhaben vollbringe, denn wenn Apulien und Griechenland in eine und dieselbe Hand gerieth, so entschlüpfte den Venetern nicht etwa blos der Handel mit dem Ostreiche, seit Jahrhunderten die wichtigste Quelle ihrer Reichthümer, sondern sie liefen auch Gefahr, gänzlich vom Mittelmeere ausgeschlossen zu werden. Wer diesseits Brindisi, Otranto, jenseits Aulona, Corfu und Butrinto besitzt, der hat gleichsam die Schlüssel zur Einfahrt aus dem adriatischen Busen nach dem Mittelmeer in der Tasche und nur mit seiner Einwilligung können Schiffe aus jenem in dieses gelangen. Neben einem normannischen Küstenreiche, das Epirus, Hellas, Thessalien, Macedonien, Thracien mit Apulien vereinigte, würde eine Seemacht ersten Ranges, welche zu werden die Veneter damals im besten Zuge waren, nun und nimmermehr in den Lagunen aufgekommen sein, denn die Normannen, kühn als Soldaten zu Wasser und zu Land, zugleich fast von demselben Handelsgeiste wie die Veneter erfüllt, hätten unfehlbar die Pulsadern

---

[1] Pertz IX., 292 unten ff.

der Macht und der Reichthümer Venetiens abgeschnitten.
Also Kampf auf Leben und Tod.

Die früher erzählte Ausrüstung, welche Durazzo im
Sommer 1082 gegen den Angriff Roberts deckte, war der
erste Akt des venetischen Krieges gewesen. Auf ihn folgte
ein zweiter, von dem Anna Comnena nichts weiß, den
dagegen Wilhelm der Apulier schildert [1]): „nachdem die
Normannen Durazzo (im Febr. 1083) eingenommen hatten,
segelte die venetische Flotte zum zweitenmale nach der
untern Stadt. Niemand hinderte sie am Einlaufen in den
Hafen, aber sie fanden den Ort fast leer; denn Mangel und
Elend hatte die Einwohner genöthigt, anderswo Unterkom-
men zu suchen, in der Burg dagegen lag eine von Boemund hineingeworfene Besatzung. Da die Veneter sahen,
daß sie dieselbe nicht leicht nehmen konnten, blieben sie nur
fünfzehn Tage in Unterdurazzo und schifften dann weiter,
auf die Nachricht hin, daß der Sohn des Herzogs demnächst zurückkommen werde. Schon neigte sich der Winter
zu Ende und Frühlingslüfte wehten wieder, als die Veneter
nach Corfu fuhren, wo sie auch die griechische Flotte antrafen. Nach einiger Zeit beschlossen sie, in die Heimat
zurückzukehren, da die Ankunft des Herzogs Robert sich
stets verzögerte."

Das heißt nun: im Herbste 1083, da Boemund im
innern Thessalien stand und Larissa belagerte, erschien die
venetische Flotte zu Durazzo, fand jedoch den Ort entvöl-
kert und nur auf der Burg eine normannische Besatzung,
die aber zu stark war, als daß der venetische Anführer
hoffen konnte, das Schloß mit seinen Seeleuten zu nehmen.

---

[1]) Perß IX., 292.

Auf die Kunde, daß Boemund ſich nicht länger in Theſſa-
lien halten könne — denn Alexius hatte indeß das belagerte
Lariſſa entſetzt — und demnächſt den Rückzug nach der
Seeküſte antreten werde, ſchifften die Veneter weiter, blieben
den Winter über in See und eroberten um den Anfang
des Frühlings 1084, gemeinſchaftlich mit dem griechiſchen
Admiral, der von ſeinem Gebieter Alexius angewieſen war,
das Unternehmen der Veneter zu unterſtützen, die Inſel
Corfu. Von einer Eroberung müſſen nämlich die Worte
des Apuliers verſtanden werden. Alle Quellen ſtimmen,
wie ich früher zeigte, darin überein, daß Robert bei der
erſten Ueberfahrt, im Sommer 1082, Corfu in ſeine
Gewalt gebracht hatte, jetzt aber waren dort die Venetianer
im Bunde mit den Griechen Meiſter; folglich lag zwiſchen
dem jetzigen Zuſtand und dem früheren, ſeit dem Juli
1082 eingetretenen, nothwendig eine Waffenthat, welche
den Beſitz geändert hatte. Abgeſehen von dieſen logiſchen
Gründen ſagt Anna mit dürren Worten [1]): Corfu ſei von
Robert abgefallen und in die Hände ſeiner Gegner gerathen,
was denn laut obigem Zeugniß des Apuliers im Februar
oder März 1084 geſchehen iſt.

Die Abſicht, welche dem Schlage gegen Corfu zu
Grunde lag, zielte dahin, dem Herzog Robert, deſſen zweite
Fahrt nach Griechenland man erwartete, den freien Paß
zu verrammeln. Da jedoch die Ankunft des Herzogs ſich
von Monat zu Monat verzögerte — eine Verzögerung,
welche auch Boemund beſtimmte, nach Italien hinüber zu
ſeinem Vater zu eilen — kehrte die venetianiſche Flotte in
die Lagunen zurück. Allein ſobald Alexius erfuhr, daß die

[1]) Opp. I. 283 eben.

Rüstungen Roberts ihrer Vollendung nahen, erließ er, laut
dem Zeugnisse [1]) Anna's, dringende Mahnschreiben an die
Veneter, mit ihrer ganzen Macht zu Hilfe zu eilen; diese
säumten auch nicht, ehe Robert die Küste von Epirus erreichte, war die venetische Flotte auf ihrem Posten erschienen, d. h. hatte sie Corfu besetzt.

Die Regeln des Kriegs nöthigten den Normannen,
erst Corfu zu nehmen, ehe er den Kampf zu Lande gegen
Alexius eröffnete; denn wenn er die venetische Flotte un-
besiegt in seinem Rücken ließ, hätte er den unverzeihlichen
Fehler begangen, seine Verbindung mit der Heimat preis-
zugeben. Also fuhr Robert aus dem Lager an der Küste
zwischen Aulona und Butrinto, wo er gelandet, mit der
ganzen Seemacht, begleitet von seinen Söhnen Roger und
Boemund, hinüber nach Corfu. Dort kam es, laut der Aussage Anna's [2]), zu zwei Seetreffen, in welchen die Veneter,
denen sich abermal die byzantinische Flotte angeschlossen
hatte, obsiegten. Wilhelm der Apulier unterscheidet zwar
beide Treffen nicht, die nur durch einen Zwischenraum
von drei Tagen von einander getrennt waren, aber er gesteht [3]) ehrlich ein, daß die Normannen unterlagen.

Anna fährt [4]) fort: „voll Freude über die errungenen Vortheile sandten die Veneter Schnellsegler nach der
Stadt Venedig, um dort die Siege zu melden, versäumten
aber aus Uebermuth oder Fahrlässigkeit, die Gegner weiter zu
verfolgen. Allein Robert erhielt durch einen Veneter, Na-

---

[1]) Opp. I, 283.
[2]) Opp. I, 283. ff.
[3]) Pertz IX., 294.
[4]) Opp. I, 284.

mens Peter Contareno, der zu ihm überging, Nachricht
von der Saumseligkeit des Feindes und rüstete sich zu
einem dritten verzweifelten Kampfe." Wir stoßen hier auf
eine zweite Spur von Parteiungen, die unter den Venetern gegen den Dogen herrschten. Aus dem Namen des
Verräthers scheint zu erhellen, daß er entweder ein naher
Verwandter oder gar ein Sohn des Dogen Domenico
Contareno war, der unmittelbar vor Silvio den herzoglichen Stuhl Venetiens eingenommen hatte.

Die dritte Schlacht, auf welche Anna in obigen
Worten hinweist, endigte mit einer fürchterlichen Nieder
lage der Veneter. „Als der Herzog mit seiner Flotte
herannahte", berichtet Anna weiter, „schloß der venetische
Anführer seine Schiffe mit starken Tauen also aneinander,
daß die kleinen in der Mitte, die großen auf den Flügeln
standen, und fuhr so, das bildend, was man in der
Kunstsprache einen Meerhafen ¹) nennt, dem Feinde ent
gegen." Thucydides schildert bekanntlich in seiner Geschichte
des peloponnesischen Kriegs eine athenische Kampfesweise
zur See, welche διέκπλους hieß und darin bestand, daß
Schnellsegler die Linie der Feinde durchbrachen, einzelne
Schiffe von einander trennten und sie vereinzelt vernich-
teten. Dieser Gebrauch muß fortgedauert haben. In dem
Ausdrucke nun, welchen Anna gebraucht, glaube ich ein
Gegenmittel des Diekplus zu erkennen, welches darauf berechnet war, das Durchbrechen unmöglich zu machen. Zu
diesem Zwecke schloß man, meines Erachtens, die Schiffe
durch starke Taue, versteht sich so, daß gleichwohl für das
Spiel der Ruder freier Raum blieb, aneinander. Die

---

¹) Wörtlich τὸν λεγόμενον πελαγολιμένα.

ganze Linie der in solcher Weise verbundenen Schiffe glich
einem Halbzirkel, dessen Mitte die kleinen, dessen Enden
und Stützpunkte die größeren Schiffe bildeten. Dieser
Gestalt verdankt, so scheint es mir, auch der Kunstausdruck
seinen Ursprung. Vom Meer aus betrachtet, erscheint
jeder Hafen wie ein Halbkreis, ein solcher war auch die
beschriebene Linie, aber ein Hafen nicht des Landes, sondern mitten auf der See, darum πελαγολιμήν.

Die beiden Flotten geriethen sofort aneinander und
ein mörderisches Gefecht entspann sich. Die Griechen, sagt
der Apulier, entflohen, allein die Veneter hielten unerschütterlich Stand, jedoch nicht mit Glück. Von ihren
größten Schiffen wurden sieben in den Grund gebohrt
und sanken mit der Mannschaft unter, zwei enterte der
Feind [1]. Den Vertheidigern der kleineren Fahrzeuge in
der Mitte erging es, laut der Schilderung Anna's, nicht
besser und die Veneter hatten vor Beginn des Kampfes
allen Balast und die Vorräthe aus letzteren herausgenom-
men, um die Bewegung zu erleichtern; während des Ge-
fechts drängten sich die Soldaten auf die eine dem Feind
zugekehrte Vorderseite, um ihre Pflicht zu thun. Dadurch
geschah es, daß die Vorderseite von dem Gewichte der
Mannschaft niedergedrückt ins Wasser sich senkte, während
das hintere Ende hoch emporragte. Zuletzt schlugen alle
um und die Mannschaft stürzte ins Meer. Nicht weniger
als 13.000 Veneter seien auf solche Weise, behauptet [2]
Anna, umgekommen.

---

[1] Pertz VII. 294.
[2] Opp. I, 285.

Die Zahl derer, welche lebend in die Hände der Normannen fielen, bestimmt Wilhelm der Apulier auf 2700. Anna gibt keine Zahl an, bestätigt aber die Thatsache, daß Viele in Gefangenschaft geriethen, und fügt weiter bei, Herzog Robert habe gegen manche Gefangenen mit schmählicher Grausamkeit gewüthet, den einen die Augen ausreißen, andern die Nase abschneiden, wieder andern Arme oder Beine verstümmeln lassen. Meines Erachtens verletzte es den Stolz des Normannen, daß Veneter, daß folglich Italiener ebenso tapfer fochten, als man es nur an den kühnsten Söhnen des Nordens gewohnt war. Roberts Barbarei ist daher ein ehrenvolles Zeugniß für die Tüchtigkeit der Soldaten und Matrosen des Seelandes. Wie es in ähnlichen Fällen gewöhnlich zu geschehen pflegt, weichen auch hier die Quellen bezüglich der Zahlen auseinander; während Anna Comnena von 13.000 Todten spricht, welche die Veneter verloren, schweigt Wilhelm über die Zahl der Gefallenen, erwähnt aber 2700 Gefangene. Ein dritter Chronist, Lupus, schätzt die Veneter, die an jenem Tage erschlagen wurden, auf mehr als tausend. In einem Punkte dagegen, nämlich in der Zahl der großen Schiffe, welche die Veneter in den Kampf führten, sind drei Zeugen nahezu einig.

Wie schon bemerkt worden, sagt Wilhelm der Apulier, sieben der großen Schiffe seien in Grund gebohrt, zwei geentert worden; es waren ihrer also im Ganzen neun. Lupus spricht[1] von fünf, welche genommen, von zwei, welche versenkt worden seien, also von sieben. Eine dritte Quelle, und zwar eine venetische, und zugleich

---

[1] Pertz V. 61.

eine solche, welche unzweifelhaft aus Urkunden geschöpft hat, stimmt auf's Wort mit dem Apulier überein. Die Zusätze zur ambrosianischen Handschrift der Chronik Dandolo's enthalten [1]) die Bemerkung: in alten Pergamenten steht zu lesen, daß die Veneter zur Zeit des Dogen Silvio dem Basileus Alexius auf seine Bitte eine Flotte von 36 Lastschiffen, 14 Drei-Ruderern und 9 Galeoten zu Hilfe wider den Normannen Robert geschickt haben. Offenbar sind diese Galeoten die neun großen Schiffe des Apuliers. Die Form Galeota ist das Augmentativ von Galea, welches ein Kriegsschiff bezeichnet. Die Galeoten waren nach der Beschreibung [2]) eines Schriftstellers aus den späteren Zeiten des Mittelalters hochbordige Orlogschiffe mit Gerüsten um die Mastbäume, von welchen herab Bogenschützen, Schleuderer (oder auch mit griechischem Feuer bewaffnete Stückmeister) den Feind beschossen.

Noch muß ich die Zeit der für die Veneter so unglücklichen Seeschlacht bei Corfu bestimmen. Wilhelm der Apulier sagt: [3]) als Herzog Robert sich zur zweiten Abfahrt nach Epirus anschickte, war es Herbst. Galfred Malaterra versetzt [4]) eben dieselbe mit dem Apulier zusammenstimmend in den September 1084. Weiter berichtet Wilhelm, daß Robert nach der Ueberfahrt fast zwei Monate wegen widriger Winde auf der Küste zwischen Aulona und Butrinto still liegen mußte, ehe die Seekämpfe um Corfu begannen. Demnach fällt die Schlacht

[1]) Muratori, Script. Ital. XII., 249, Note *.

[2]) Du Cange sub voce Galea. Neue Ausgabe von Didot. [...]., 462, dritte Spalte.

[3]) Pertz IX., 283.

[4]) Muratori, Script. Ital. V., 589, a.

in den November 1084, und genau eben diesen Monat nennt [1]) ein späterer Zeuge, der jedoch in der Regel gute Quellen benützte, nämlich Erzbischof Romuald von Salerno. Hiezu kommt noch, daß laut Wilhelms Aussage [2]) erst nach der Schlacht die rauhe Winterszeit anhub, was abermal auf den November hinweist. Der ungenannte Chronist von Bari dagegen behauptet, nicht im November, sondern erst im Januar 1085 (nach unserer Weise zu zählen) habe Herzog Robert die Veneter vor Corfu besiegt. Allein seine vereinzelte Aussage kann meines Erachtens gegen die Einstimmigkeit so vieler andern achtungswerthen Zeugen nicht bestehen.

Neunundereißigstes Kapitel.

Doge Faledro. Venedig rettet das Ostreich. Dank des Kaisers. Die Goldbulle von 1082.

Der Eindruck, den die Kunde von den Vorgängen bei Corfu in Venetien hervorbrachte, muß ein erschütternder gewesen sein. Wie viele Väter und Mütter wird es gegeben haben, die den Verlust von Söhnen, wie viele Witwen, die den Tod von Männern beklagten! Die allgemeine Verzweiflung entlud sich vernichtend über dem Haupte des Dogen Silvio. Dandolo schreibt [3]): „wegen des Verlustes der gegen Robert ausgeschickten Flotte ent-

[1]) Muratori, Script. Ital. VII., 175.
[2]) Peig VII., 204, auten.
[3]) Muratori XII., 249.

35 *

brannte der Zorn der Veneter wider den Dogen, also daß
derselbe abgesetzt ward, nachdem er zwölf Jahre den herzoglichen Stuhl Venetiens eingenommen hatte." Ueber die früheren
Ereignisse des dreijährigen Seekrieges theilt Dandolo sonst
nur verworrene und ungenügende Nachrichten mit; aber
die Katastrophe steht vollkommen fest; jene Zusätze des ambrosianischen Codex melden [1]) unter Anderem, daß Doge
Silvio als Mönch, folglich nachdem er in ein Kloster verstoßen worden war, eine Kirche auf Rialto wiederherstellte.

Rechnen wir! Nach Dandolo's Angabe hat Silvio
im Jahre Christi 1071 das Dogat angetreten. Da das
Venetianer Jahr, wie wir wissen, mit dem 25. März begann,
kann die Erhebung Silvio's recht gut Anfangs März
1072 (nach unserer Rechnung) erfolgt sein. Zwölf Jahre
rund verwaltete er das Dogat; Dandolo fügt, nicht wie
er sonst häufig thut, überzählige Monate bei; aber nichts
hindert anzunehmen, daß Silvio bis zum November oder
December 1084 saß, und daß sein Sturz unmittelbar nach
Ankunft der Kunde von dem unglücklichen Ausgang der
Seeschlacht erfolgte. Dandolo's Worten wiederfährt durch
diese Voraussetzungen keine Gewalt.

Wie oben gezeigt worden, spricht Anna Comnena
von Fehlern, welche die Veneter, d. h. deren Anführer
nach den siegreichen Kämpfen, die der unglücklichen Seeschlacht vorangingen, aus Uebermuth oder Fahrlässigkeit
begangen hätten. Ich glaube, man ist berechtigt, hieraus
den Schluß zu ziehen, daß die öffentliche Meinung in Venetien das große Unglück, das den Staat traf, einem

---

[1]) Muratori. XII. 250, unten Note **.

hervorragenden Manne, nämlich dem Dogen Schuld gab,
und ihn dafür verantwortlich machte. Meines Erachtens
hat Silvio der Schlacht nicht angewohnt, ſondern iſt, als
ſie geliefert wurde, zu Venedig geweſen. Weiter wage ich
die Vermuthung auszuſprechen, daß Silvio einer von
denen war, die laut der Ausſage Anna's auf Schnellſeglern
nach Venedig eilten, um dort die erfochtenen Vortheile
zu verkünden. Denn man erwäge wohl: während die
Namen Roberts und ſeiner Söhne in den Gefechten um
Corfu ſtets erwähnt werden, führt auch nicht eine einzige
Quelle den Namen Silvio's auf, ſondern nur im Allgemeinen iſt von einer Niederlage der Veneter die Rede.
Hätte ſich damals Silvio auf der Flotte befunden, ſo
würde er ſicherlich in irgend einem der Berichte genannt ſein.

Daß längſt eine Partei ihm entgegenwirkte, davon
haben wir mehrere Spuren entdeckt. Jetzt, da während
der Abweſenheit und, nach der Meinung Vieler, wegen
derſelben und alſo durch ſein Verſchulden der Staat eine
Flotte und viele Mitbürger verloren, wurden alle älteren
Vorwürfe und gewiß auch die ehrgeizige Heirat mit der
griechiſchen Prinzeſſin aufgefriſcht. Silvio mußte fallen,
das Meiſte aber trug zu ſeinem Sturze derjenige bei,
welcher ſein Nachfolger wurde. Dandolo ſagt[1]: „Vitalis
Faledro, der im Jahre 1084 den herzoglichen Stuhl be-
ſtieg, hatte durch Verſprechungen und Geſchenke die Austreibung Silvio's durchgeſetzt.“

Der neue Doge begann damit, daß er gleich ſeinem
Vorgänger ein Bündniß mit Baſileus Alexius ſchloß, und

---

[1] Muratori, XII., 249 unten.

eine zweite Flotte gegen Robert Wizkard führte. Dan=
dolo fährt[1] fort: „auf Bitte des Basileus lief Faledro
wider Robert aus, ward aber mit den Griechen vereint
durch die Normannen bei Sasinum geschlagen." Das muß
nothwendig zwischen dem December 1084 und dem Juli
des folgenden Jahres geschehen sein; denn in eben ge=
nanntem Monate starb Robert auf der Insel Cephalenien
und über den December 1084 kann die Erhebung Fale=
dro's nicht wohl hinausgerückt werden. Was den Ort
der Niederlage Faledro's betrifft, so meint Dandolo ohne
Zweifel die kleine, unweit Aulona gelegene Felseninsel
Sasine, die schon im Alterthum als Seeräubernest berüch=
tigt war[2]. Und hier tritt gewissermassen der Apulier
Wilhelm als Zeuge neben ihm ein, denn laut des letzteren
Darstellung[3] bezog Robert Wizkard nach der siegreichen
Seeschlacht bei Corfu mit seinen Schiffen und dem Land
heere Quartiere zwischen Aulona und dem Orte Oric,
also unfern der Insel Sasine, welche Dandolo nennt.
Wenn je der Kampf zwischen den Venetianern erneuert
ward, muß es in dortiger Gegend zum Schlagen gekom=
men sein.

Sonderbarer Weise spricht[4] Wilhelm von Unfällen,
welche das normannische Heer, während es dort lagerte,
durch verheerende Seuchen erlitt; doch von Kämpfen mit
Venetern sagt er kein Wort. Sein Stillschweigen wird

---

[1] Muratori, XII., 251 oben.
[2] Forbiger alte Geographie, III. 852, Ferrarius, Lexic.
II. 164, a unten.
[3] Pertz IX., 294 unten, ff.
[4] Pertz IX., 295.

zwar durch den Chronisten Lupus ergänzt, welcher zu ver
stehen gibt [1]), daß Robert nach der Schlacht von Corfu,
und im Laufe des Jahres 1085 (nach unserer Rechnung),
abermal glücklich gegen die Veneter focht. Immerhin aber
zeugen sowohl er, als auch Dandolo von einer Niederlage
der Veneter und wissen nichts von Vortheilen, welche
eben dieselben über die Normannen errangen. Eine dritte
Quelle dagegen, die Byzantinerin Anna Comnena, sagt
aus, daß die Veneter nach dem Verluste der Seeschlacht
von Corfu nicht nur den Krieg wider Robert erneuerten,
sondern auch, daß sie den endlichen Sieg davon getragen
und das oströmische Reich vom Untergange gerettet
haben.

Die Kaiserstochter schreibt [2]): „nach der Schlacht bei
Corfu sandte Robert an die Veneter Botschaft des Inhalts:
Jeder, der einen in normannische Gefangenschaft gefallenen
Verwandten auslösen wolle, möge frei und ohne Gefahr
kommen und unterhandeln. Allein die Veneter antworteten: wisse Herzog Robert, wenn du auch vor unsern
Augen unsere Weiber und Kinder umzubringen gelüstest,
würden wir doch von dem Bunde mit dem Basileus nicht
ablassen, sondern mit äußerster Anstrengung fortfahren,
das oströmische Reich zu vertheidigen. In der That
rüsteten sie kurz darauf eine neue Flotte aus, fuhren nach
Butrinto, griffen die Seemacht Roberts an und brachten
ihr eine Niederlage bei." Weiter erzählt Anna, daß
Herzog Robert, durch den neuen Schlag nicht erschüttert,
seinen Sohn Roger nach der Insel Cephalenien hinüber-

---

[1]) Perß V., 61, unten, de victis Veneticis.
[2]) Opp. I., 285, unten ff.

schickte, um den gleichnamigen Hauptort derselben zu er=
obern, und daß zuletzt Robert selber übersetzte, aber von
einem Fieber ergriffen ward, an welchem er im Juli
1085, zwei Monate nach Papst Gregor VII., starb.

Immerhin will ich glauben, daß die Veneter, nach
oder vor dem Siege, den Anna erwähnt, eine oder
mehrere Schlappen erlitten, auf die Dandolo und Lupus hin=
weisen; dennoch steht fest, daß das ganze normannische
Unternehmen und zwar hauptsächlich in Folge der seltenen
Ausdauer, welche die Veneter entwickelten, zuletzt wie eine
Seifenblase, in Nichts zerrann. Auch Wilhelm der Apulier
erwähnt die Belagerung Cephaleniens. Aus den Zeug=
nissen beider Schriftsteller erhellt daher sonnenklar, daß
nach erfolgter Eroberung Corfu's durch die Normannen
Cephalenien zu einem Hauptwaffenplatze der Griechen einge=
richtet worden war. Wie kann man aber eine Insel vertheidigen
ohne Schiffe! Folglich stand fortwährend eine Flotte wider
die Normannen Robert's in See. Das kann aber wahrlich
nur der Löwe von S. Marco gewesen sein, denn ohne die
Veneter vermochten die Byzantiner wider die Normannen
zu Wasser so viel als Nichts.

Endlich kommt noch eine weitere Thatsache und zwar
eine entscheidende in Betracht. Auch nach der Darstellung
Wilhelm's des Apuliers, der als erster Zeuge geachtet zu
werden verdient, hat Robert Wizkard, laut dem Be=
richt der Byzantinerin Anna, während des zweiten
Zugs gegen Epirus so gut als fast gar keine Fort=
schritte gemacht. Vom October 1084, da er anlangte,
bis zum Juli 1085 blieb er auf der Küste zwischen
Aulona und Butrinto hängen, ohne daß er das
Schwert gegen Alexius gezogen oder sonst irgend etwas

auf der Landseite unternommen hätte. Das kam daher,
weil die Venetianer nach dem Verluft der Schlacht vor
Corfu, theils muthig die See gegen ihn hielten, theils auf
Cephalenien einen neuen Waffenplatz, an sich für die Nor=
mannen so gefährlich als Corfu, anlegten. Ohne sich die
Veneter vom Halse geschafft zu haben, durfte er seine
Waffen nicht wider Constantinopel, das eigentliche Ziel
des neuen Zuges, kehren, denn sonst wäre unfehlbar seine
Verbindung mit Süditalien, woher er Zuwachs an Truppen
und Vorräthe zog, durch die Veneter abgeschnitten werden,
was das ganze Unternehmen in die Luft gestellt hätte.
Gleichwohl fühlte sich Robert zu schwach, um die Veneter
aus dem adriatischen Meere zu vertreiben; deßhalb geschah
es nun, daß er zwischen dem October 1084 und dem
Juli 1085 keinen Schritt vorwärts kam.

Unverkennbar hat Robert damals die Erfahrung ge=
macht, daß er, um das griechische Reich zu stürzen, mit
einem Sturm auf Stadt=Venedig hätte beginnen müssen.
Aber das würde ihm voraussichtlich nicht wohl bekommen
sein, denn die Venetianer waren keine — Byzantiner,
sondern ein tapferes Volk. Außerdem fallen noch die Dinge
in's Gewicht, die unmittelbar nach Robert's Tode auf
Cephalenien vorgingen. Kaum hatte der Herzog ausge=
haucht, als, laut der Aussage [1]) des Apuliers Wilhelm,
panischer Schrecken das auf Cephalenien lagernde Heer
ergriff. Sie stürzten auf ihre Schiffe los und flohen nach
Italien hinüber. Das kann nur die Angst vor einer vene=
tischen Flotte, welche in See war, gewirkt haben. Ebenso

---

[1]) Pertz IX., 297 ff.

schnell gingen die Eroberungen auf dem epirotischen Fest=
lande verloren, namentlich die Burg von Durazzo.

Anna Comnena meldet [1]): „Als der griechische Ba=
silens, mein Vater, Kunde vom schnellen Tode Robert's
erhielt, athmete er auf, als wäre er von einer Centnerlast
befreit, und wandte sofort seine Aufmerksamkeit Durazzo
zu. Von ihm aufgefordert, erließen gewisse damals in
Constantinopel anwesende Veneter an ihre in Durazzo an=
gesiedelten Landsleute, sowie an die dortigen Amalfitaner
Schreiben, worin sie dieselben aufforderten, die Stadt an
den Basileus zu übergeben; auch Alexius ließ es seiner=
seits nicht an Versprechungen fehlen. In der Stadt ward
eine Verschwörung angezettelt, welche gelang. Die Ver=
schworenen machten den nieder, welcher (1082) den Rath
gegeben hatte, Durazzo den Normannen in die Hände zu
spielen, erstiegen die Burg und lieferten sie an Alexius
aus.“

Man sieht nun, unwiderlegliche Thatsachen zeugen
für die Wahrheit der Aussagen der byzantinischen Kaisers=
tochter und gegen den Bericht Dandolo's, laut dessen
Darstellung Doge Vitalis Faledro so gut als sein Vor=
gänger Silvio nur unglücklich gegen die Normannen ge=
fochten haben soll. Aber warum verbirgt er den wahren
Hergang, der doch ehrenvoll für sein Vaterland war?
Ich getraue mir das Räthsel zu lösen. Ueberall, wo in
früheren Zeiten davon die Rede ist, daß Venetien den
Griechen Kriegshilfe leistete, fügt Dandolo irgend ein
Wörtchen bei, welches zu erkennen gibt, daß er Dienste
der Art mißbilligte. Erfüllt von dem Geiste seines Ahn=

---

[1]) Opp. I., 289 ff.

Herrn Heinrich Dandolo, welcher Constantinopel eroberte, hielt er es für Unsinn, dem griechischen Reich, einer verlornen Macht, beizuspringen, die doch nie auf eigenen Füßen stehen könne und früher oder später untergehen müsse. Aus demselben Grund verwarf er, meines Erachtens, auch das Bündniß, das die Dogen Silvio und Faledro mit Alexius geschlossen hatten, und ließ sich hinreißen, gering von ihren Waffenthaten zu reden.

Begreiflich ist, daß erlauchte Beneter, denen ein Urtheil zustand, im 13. und 14. Jahrhundert also von Byzanz dachten. Dennoch glaube ich in vorliegender Schrift dargethan zu haben, daß das Urtheil Dandolo's nicht auf den Zeitraum vom 6. bis gegen Ende des 11. Jahrhunderts paßt, sondern daß im Gegentheil die byzantinische Amme, mochte sie an sich noch so erbärmlich sein, dem venetianischen Gemeinwesen während seiner Kindheit sehr ersprießliche Dienste leistete. Mit dem Zeitalter Gregors VII. in die Jahre männlicher Kraft getreten, schleuderte Benedig die Wiege weg, wurde statt eines Schützlings erst Beschützer, bald, durch Undank erbittert, Todfeind des griechischen Ostreichs. Das entspricht Alles dem gewöhnlichen Weltlauf.

Und nun nachdem durch sorgfältige Prüfung der Quellen feste Ergebnisse gewonnen worden, sind wir im Stande, eine wichtige Schlußfolge zu ziehen. Frage: wer hat in den Jahren 1082—1085, zur Zeit, da dem byzantinischen Reiche eine größere Gefahr drohte, als je seit den Tagen Constantin's I., den wankenden Thron des Basileus vor Umsturz bewahrt? Niemand anderer als Benedig! Mag man sich noch so sehr gegen die nackte Wahrheit sträuben, heraus muß das Bekenntniß, daß die byzantinische Monarchie, noch immer eine Weltmacht, welche

große Strecken in zwei Erdtheilen, in Asien und Europa,
besaß, durch eine einzige Stadt, deren Gebiet sich ursprüng=
lich über wenige und wüste Inseln erstreckte, vom Unter=
gange gerettet worden ist.

Diejenigen selber, deren Stolz durch Anerkennung
des unverhüllten Thatbestandes eine kaum zu verschmerzende
Wunde erhielt — Basileus Alexius und seine Rathgeber —
haben der Wahrheit die Ehre gegeben, versteht sich, weil
sie nicht anders konnten. Anna Comnena erwähnt [1] die
Goldbulle, welche damals ihr Vater zu Gunsten der Be=
neter ausstellte, und beschreibt in kurzen Umrissen ihren
wesentlichen Inhalt. Glücklicher Weise ist die Urkunde [2]
selbst auf uns gekommen, obwohl nur in einer ungenügen=
den lateinischen Uebersetzung.

Ausgestellt ist sie im Mai der Weltschöpfung 6590,
nach byzantinischer Rechnung, welche Frist mit dem Jahre
1082 abendländischer Aera zusammenfällt; da jedoch im
Texte kein venetischer Doge, weder Silvio noch dessen
Nachfolger Faledro, namentlich aufgeführt ist, scheint mir
die Vermuthung begründet, daß sie um etwas über zwei
Jahre in den Anfang des normannischen Kriegs zurück=
datirt und erst zur Zeit, da Venetien keinen Dogen hatte,
d. h. nach dem Sturze Silvio's und der Erhebung Fa=
ledro's ausgefertigt worden sein dürfte. Damals handelte
es sich darum, die Beneter zu einer zweiten Ausrüstung
zu bewegen, und wenn je sonst, durfte zur angezeigten
Frist Basileus Alexius keine Opfer scheuen, weil er sonst
unfehlbar verloren war. Hiezu kommt noch, daß Anna

---

[1] Opp. I., 286 ff.
[2] Fontes rer. austriac. XII., a. S. 50 ff.

Comnena erst nach Ausrüstung der zweiten Flotte, folglich erst gegen Ende des Jahres 1084 die Goldbulle erwähnt.

Sie beginnt mit dem Eingeständniß, daß die Veneter dem griechischen Kaiserreich unermeßliche Dienste geleistet hätten. Zum Lohne für dieselben bewilligt der Basileus folgende außerordentliche Gnaden: erstlich, jährlich werden 20 Pfund Gold auf sichere Gefälle in Constantinopel angewiesen, welche die Veneter nach eigenem Ermessen unter die Kirchen ihres Landes vertheilen mögen. Zweitens: der Doge erhält für sich und seine Nachfolger die Würde eines Protosebastos sammt einer entsprechenden Besoldung. Diese Würde wies ihm den nächsten Rang nach dem Basileus selbst an. Drittens: der Patriarch von Grado wird für sich und seine Nachfolger mit dem Titel eines Hypertimus (reverendissimus) geschmückt, sammt einer Rente von 20 Pfund Goldes. Viertens: die St. Marcuskirche auf Rialto erlangt das Recht, von allen Waarenmagazinen, welche solche Amalfitaner, die unter Gerichtsbarkeit des Patricius der Hauptstadt stehen, sei es in Constantinopel, sei es im übrigen Romanien, innehaben, jährlich einen Pachtschilling von je drei Byzantinern zu erheben. Deßgleichen erhält eben dieselbe zum Geschenk alle Buden, die an gewissen genau bestimmten Plätzen der griechischen Hauptstadt (auf deren Oertlichkeit ich nicht eingehen kann) aufgerichtet sind. Folgen noch einige andere Vergabungen an geistliche Anstalten Venetiens. Dieselben betreffen Orte, die theils in Constantinopel, theils zu Durazzo gelegen sind.

Das die Bewilligungen, welche Basileus Alexius einzelnen bevorzugten Ständen oder Personen des See-

lands, dem Dogen, dem Patriarchen, der Geistlichkeit be-
stimmter Kirchen gewährte. Nun bemerke man: wenn
sonst in früheren Zeiten griechische Basileis den Venetern
Gnaden erwiesen, geschah Solches stets zu Gunsten des
Dogen, der ganzen Gemeinde, oder insbesondere des venetischen Adels, d. h. der Handelsgilde. Hier aber, im
vorliegenden Falle, strömen neben dem Dogen Vortheile
über Vortheile auf den Patriarchen und den Clerus
herab. Das waren Früchte der veränderten Verfassung,
oder wenn man so will, des Einflusses, den Gregor's VII.
überlegener Geist auf die öffentlichen Verhältnisse Venetiens geübt hatte. Der Basileus fühlt, daß der griechische
Thron hinfort nur mit Hilfe der Veneter bestehen kann,
aber zugleich entgeht ihm auch nicht, daß es zu solchem
Zwecke nicht mehr genügt, wenn er den Dogen in seinen Kreis
zieht, sondern er begreift die Nothwendigkeit, auch den Patriarchen von Grado zu gewinnen. Denn dieser Patriarch ist
der zweitmächtigste Mann im Seelande, von dessen Beistand hinfort die Fortdauer des Ostreichs abhängt.

Noch ein anderer Punkt muß in's Auge gefaßt werden, der die Veneter in einem andern minder günstigen
Lichte erscheinen läßt. Die Renten, welche die Goldbulle
dem Patriarchen und den Kirchen des Lagunenstaates verleiht, fließen gutentheils aus den Taschen der Amalfitaner,
eines kleinen italienischen Volks, das so oft in morgenländischen Urkunden neben den Venetern genannt wird,
und nächst ihnen große Vorrechte daselbst genoß. Die betreffenden Textesworte beweisen, daß die Veneter Schritte
gethan haben, um lästige Nebenbuhler auszustechen. Das
war eine Wirkung kaufmännischer Eifersucht, einer Leiden-

ſchaft, welche nicht eher ruht, bis der letzte Mitbewerber
weichen muß.

Folgen nun die Vortheile, welche Alexius dem vene=
tiſchen Handelsſtand einräumte: dieſelben ſind unerhört,
ich wenigſtens kenne kein ähnliches Beiſpiel in der Ge=
ſchichte. Der Text der Goldbulle fährt fort: „frei mögen
die Veneter Handel treiben mit allen möglichen Waaren,
kaufend und verkaufend, in jedem Theile unſeres Reiches,
ohne den geringſten Zoll oder irgend welche Abgaben,
wie ihr Name lauten möge, zu entrichten." Nicht zufrieden
mit dieſer allgemeinen Beſtimmung führt die Urkunde eine
Reihe der wichtigſten Handelsſtädte des Oſtens auf, in welchen
den Venetern zollfreier Verkehr geſtattet ſein ſoll. Die
Namen ſind folgende: Großlaodicea, Antiochia, Mamiſtra,
Atana, Tarſus, Attalia. Sofort beginnt eine zweite Linie:
Strobilus, Chios, Theologon, Phota. Kommt die dritte
Linie: Durazzo, Aulona, Coriphe oder Corfu, Bondiza
(das heutige Woniza), Methone, Coron, Nauplia, Corinth,
Thebä, Athen, Euripus, Demetrias, Teſſalonich, Chryſopolis,
Peritheorion, Abydos, Rodoſto, Adrianopel, Apron, Heraclea,
Selembria, endlich Conſtantinopel, welches die Byzantiner mit
dem Namen der Weltſtadt (Megalopolis) ſchmückten.

Dieſe Zuſammenſtellung, die ich der leichteren Ueber=
ſicht wegen, doch ohne das Geringſte am Texte zu ändern,
in drei Gruppen oder Linien eingetheilt habe, iſt wohl
überlegt und entſpricht der Natur. Die erſte Linie be=
ginnt im Winkel Syriens gegen Kleinaſien hin mit Lao=
dicea. Bekanntlich gab es drei Städte dieſes Namens,
eine an der ſyriſchen Küſte, eine am Libanon, eine in
Kleinaſien am Lycusfluſſe. Nicht nur der Beiname „die
große", ſondern ebenſoſehr die Ordnung der nächſten ge=

nannten Plätze beweist, daß Laodicea am Meere gemeint
ist. Zieht man von hier eine Linie längs der Meeresküste, doch so, daß einige bedeutende Punkte bis 3—4
Meilen in's Innere berührt werden, nach der Südwestspitze
Kleinasiens hin, so folgen die Orte genau in der vom
Texte bestimmten Reihe: Antiochia am Orontes, nördlich
von da, etwas im Innern Ciliciens Mamistra¹), dann
gegen Westen Adana, weiter am Meere Tarsus, die
Heimat des Apostels Paulus, endlich Attalia am pamphy-
lischen Meerbusen, der heute noch nach der gleichen Stadt
Golf von Adalia heißt.

Nun beginnt die zweite Reihe, welche die Brücke
nach Europa hinüber bildet. Dieselbe umfaßt zwei Inseln, und eben so viele Städte der kleinasiatischen Westküste. Der Name Strobilus (στρόβιλος in byzantinischer
Weise Strobilns ausgesprochen) kommt bei den alten
Griechen und Römern meines Wissens nicht vor, wohl
aber bei den Byzantinern des Mittelalters. Die alte
Provinz Carien hieß damals Thema der Cibyrräoten. Nun
zu eben diesem Thema rechnet²) Constantin der Purpurgeborne die Oertlichkeit, „welche", wie er sagt, „heutzutage Strobilus genannt wird." Auch die Fortsetzer³) der
Chronik des Theophanes, sowie Cedrenus⁴) erwähnen sie
wiederholt. Sodann erhellt aus einer dritten Stelle⁵)
der Fortsetzer, daß Strobilus eine Insel war. Das Wort

---

¹) Siehe Ferrarius. Lexicon. geogr.
²) Opp. editio bonnens. III., 36 unter.
³) Theophanes. Continuat. edit. bonnens. S. 367, 705, 880.
⁴) Cedreni opp. edit. bonnens. II., 262.
⁵) A. o. O. S. 388.

bedeutet Pinienzapfen und ausdrücklich bemerken die Zeugen, das Eiland sei wegen seiner Gestalt so genannt worden. Welche von den auf der Küste Cariens gelegenen Inseln gemeint sei, ist schwer zu sagen: ich möchte auf Teles oder Carpathus rathen.

Schwieriger ist die Erklärung von Theologen. Doch getraue ich mir das Wort mit Hilfe byzantinischer Chroniken zu entziffern. Sankt Johannes, der Lieblingsschüler des Herrn und Verfasser der Apokalypse, erhielt bekanntlich vorzugsweise den Namen des Theologen. Nun zu seiner Ehre erhob sich bei Ephesus, wo er so lange geweilt hat, unweit dem Hafen, der zugleich ein vielbesuchter Meßplatz war, ein Tempel, der sammt dem Platze Theologen hieß. Dieß erhellt z. B. aus folgender Stelle[1]) der Chronik des Theophanes: „im Jahre Christi 787 reiste Basileus Constantin V. nach Ephesus, verrichtete seine Andacht im (Tempel des) Theologen und ließ von den Mautheinkünften des dortigen Marktes, welche jährlich 100 Pfund Goldes betrugen, zu Ehren des heiligen Apostels und Evangelisten Johannes eine gewisse Summe nach."

Die Insel Chios kennt Jedermann. Phocäa endlich ist der vielgenannte Ort auf der Küste Kleinasiens.

Die dritte Linie nimmt zum Ausgangspunkt die byzantinische Nordwestgrenze am adriatischen Meerbusen. In natur-

---

[1]) Theophanis Chronographia, ed. Classen. Bonnae. 1839. Vol. I, 728. Der Text lautet: ὁ βασιλεὺς καταλθὼν εἰς Ἔφεσον καὶ εὐξάμενος εἰς τὸν θεολόγον, τὸ κομμέρκιον (die Mauth) τῆς πανηγύρεως ἑκατὸν λιτρῶν χρυσίου ὄν, ἐκούφισεν πρὸς θεραπείαν τοῦ ἁγίου ἀποστόλου καὶ εὐαγγελιστοῦ Ἰωάννου.

gemäßer Ordnung reihen sich aneinander Durazzo, Aulona,
Corfu, Woniza (am jetzigen Meerbusen von Arta), Methone an
der messenischen Küste (das heutige Modon), dann Coron,
Nauplia, beide schon mit den neugriechischen Namen, weiter
Corinth, Thebä, Athen; dann Chalcis oder das heutige
Negrepont auf Euböa. Euripus hieß nämlich im Mittelalter nicht blos die Meerenge, welche Euböa vom Festlande trennt, sondern auch der Hauptort des Eilands [1].
Weiter wird genannt Demetrias auf Thessaliens Küste,
dann Chrysopolis unweit den Mündungen des Strymon
in Macedonien; der alte griechische Name lautete Amphi-
polis [2]; sodann in Thracien, abseits der Küste, die Stadt
Peritheorion, vermuthlich wegen der schönen Aussicht so genannt,
ein bischöflicher Sitz, der unter dem Patriarchenstuhle von Constantinopel stand [3]; Abydos auf der asiatischen Seite des
Hellespont, heute eines der Dardanellenschlösser, Rodosto,
Heraclea und Selembria an der Propontis, ferner im
Innern Apri oder Apron, dann noch weiter ab von der
Küste das heute noch blühende Adrianopel; zuletzt die
Großstadt des Ostreichs, das heutige Istambul.

Warum werden außer den Städten der Südküste
Kleinasiens und Phocäa sammt Ephesus keine andern im
Westen gelegenen Handelsplätze, namentlich nicht Smyrna,
Magnesia, Prußa aufgeführt? Ich denke darum nicht,
weil die Türken von Rum oder die Gründer des eben

---

[1] Siehe Ferrarius sub voce Euripus, man vergleiche auch
den byzantinischen Text bei Constantinus porphyrogen. ed Bonnens.
Vol. III., 281 b. Ἔυβοια ἡ νῦν Ἔγριπος.

[2] Opp. III., 281, c eben. Ἀμφίπολις ἡ νῦν χρυσόπολις.

[3] Ferrarius sub voce peritheorion.

im erſten Aufſchwung begriffenen Reiches Ikonium ſchon
den größten Theil des weſtlichen Kleinaſiens beſetzt hatten.
Die ſyriſchen Hauptſtädte Antiochien und Laodicea dagegen,
ſowie die oben erwähnten Handelsorte Ciliciens und Pam-
phyliens gingen erſt ſeit 1085 an die Türkenſtämme verloren [1]). Im Texte der Goldbulle des Baſileus Alexius
folgen nach den eben aufgeführten etliche weitere Sätze,
welche vorſchreiben, daß kein griechiſcher Beamter, möge
ſein Titel lauten wie er wolle, es wagen dürfe, irgend
eine Aufſicht oder ein Recht über Veneter zu üben —
welche im griechiſchen Reich angeſiedelt ſeien oder Handel
treiben. Den Sinn der betreffenden Beſtimmungen ihres
Vaters drückt Anna Comnena kurz und bündig mit den
Worten [2]) aus: „die Veneter ſollen gefreit ſein von jeder
griechiſchen Hoheit.“ Die Kaufleute des Seelandes kannten
das byzantiniſche Beamtenvolk. Hätten ſie nur Zollfreiheit
ausbedungen, ſo wären ſie von der Scylla in die Cha-
rybdis gerathen, d. h. ſie würden von den Staatsdienern
des Baſileus mit Schreibereien, Geſetzesſtellen, gerichtlichen
Forderungen, Proceſſen und Sporteln geplagt worden ſein.
Darum griffen ſie durch und verlangten völlige Entlaſtung
nicht nur von Zöllen und Abgaben, ſondern auch von jeder
griechiſchen Gerichtsbarkeit. Die Goldbulle vom Jahre 992
hatte dem kaiſerlich griechiſchen Oberhofmarſchall (λογοθέτης
τῶν οἰκειακῶν) noch den oberſten Gerichtsbann über die
Venetianer belaſſen [3]); jetzt hörte auch dieſe Gewalt auf

---

[1]) Man vergl. Lebeau. Hist. du bas empire, ed. Saint-
Martin XV., 184 ff.

[2]) Opp. I, 287 ἔξω πάσης εἶναι ῥωμαϊκῆς ἑξουσίας.

[3]) Siehe oben S. 361.

und von seinen bisherigen Befugnissen, betreffend die
Kaufherren des Seelands, blieb ihm nichts als die Auf=
gabe, diejenigen Griechen um schweres Geld zu strafen,
welche sich gegen die den Venetern neuerdings bewilligten
Rechte auflehnen würden [1]).

Seit 1084 erstand, wie man sieht, mitten auf grie=
chischem Boden ein von dem Basileus unabhängiges vene=
tisches Gerichtswesen, und schon im genannten Jahre muß der
erste venetische Oberbailo in Constantinopel eingesetzt wor=
den sein. Nun sage ich, das, was jetzt geschah, wäre ein
geradezu unmöglicher Sprung gewesen, hätten nicht
Mittelzustände, die in Folge der Goldbullen des Basileus
Basilius von 991 eintraten, den Uebergang vorbereitet.
Die Thatsache der völligen Befreiung von jedem griechischen
Gerichtsbann zwingt, so viel ich die Welt kenne, zu der
Annahme, daß bereits venetische Untergerichte im Orient
bestanden. Die klaren Bestimmungen der Goldbulle von
1084 liefern daher einen bündigen Beweis dafür, daß die
von mir an einem andern Orte [2]) entwickelte Deutung des
Vertrags von 991 ihre Richtigkeit hat.

Den Schluß des Textes bilden Strafandrohungen
gegen alle Griechen, welche sich je unterstehen würden,
die Bestimmungen der Goldbulle von 1084 anzutasten.
Basileus Alexius sah also entschlossenen Widerstand vor=
aus, und das ist wahrlich in der Ordnung: die neue
Bulle muß den einheimischen Handelsstand zu Grunde ge=

---

[1]) a. a. O. S. 54: Si vero quis contemserit forsitan quid eorum,
quae in hoc chrysobullio disposita sunt, irremissibiliter exigetur
a secreto τῶν οἰκειακῶν auri libras decem.

[2]) Siehe oben.

richtet haben, denn unmöglich konnten fürder die griechischen Kaufleute, welche mit Steuern überbürdet waren,
gleichen Schritt mit den Venetern halten, die lediglich
gar nichts zahlten. Wie man eine Citrone zum Zwecke
der Punschbereitung preßt, so beuteten seitdem Venetien's
Kaufherren die Geldkräfte des byzantinischen Reiches aus.
Alexius braucht von ihnen in dem Texte der Bulle den
Ausdruck[1]): „die Veneter, sehr getreue Knechte meines
Reiches", er hätte ohne Zweifel besser gethan, das Wort
δοῦλος auf einen Andern anzuwenden. Auch kamen die
Byzantiner seit dem Ende des 11. Jahrhunderts nie mehr
auf eigene Füße zu stehen, nur die gegenseitige Handels-
eiferjucht der Venetianer, Genuesen und Pisaner, hat dem
erbärmlichen Staate am Bosporus das Dasein gefristet,
zuletzt als das innere Siechthum bis zum Nachlasse der
Natur gediehen war, kamen die Türken aus Kleinasien
herbei und machten den Kehrab.

Ich greife nochmal auf einen oben ausgesprochenen Satz
zurück. Welche Erscheinung, ein Monarch, der den Titel
König der Könige führt, der in zwei Welttheilen gebietet,
der endlich noch immer über sehr beträchtliche Finanzkräfte
verfügt, gibt nothgedrungen, um eine Flotte zu erlangen,
die ihn wider eine Handvoll normannischer Abenteurer
schützt, sich und sein Land der Bürgerschaft einer Stadt
zu eigen, welche, obgleich ihre unmittelbaren Besitzungen
wenige Quadratmeilen umfassen, durch eigene Kraft die
erste Seemacht jener Zeit gegründet hat. So weit war
es gekommen, daß der byzantinische Koloß um die Hilfe

---

[1]) S. 54 recti duli imperii mei Venetici.

des winzigen Seelands betteln, sie um ungeheure Opfer
erkaufen mußte. Das sind die natürlichen unausbleiblichen
Früchte despotischer Regierungsform. Ueber die Art und
Weise, in welcher byzantinische Tyrannei diese Wirkungen
hervorbrachte, behalte ich mir vor, an geeignetem Orte das
Nöthige zu sagen.

Hier nur so viel: das altrömische Weltreich, eine
Macht, dergleichen die Erde keine zweite sah, war ursprüg-
lich durch die Tugend der Bauernsöhne gegründet worden,
deren Wiege ein kleiner Bezirk rund um die ewige Stadt
gewesen ist; nachdem eben dasselbe sich in eine unbeschränkte willkürliche Alleinherrschaft verwandelt hatte, ge-
nügten zuletzt die Menschen- und Geldkräfte dreier Welt-
theile nicht mehr, um den wankenden Thron der Cäsaren
festzuhalten. Aehnlich war der Ausgang von Byzanz, nur
noch schmählicher, weil es nicht durch abendländische Gegner,
denen zu unterliegen keine Schande bringt, sondern durch
Orientalen fiel.

Und nun die Kehrseite. Hätte es Venetien vermocht,
das byzantinische Reich in den Jahren 1082—1085 zu
retten, wenn es den Candiani, den Orseoli, den Participazzi gelang, den Lagunenstaat zu einem erblichen Fürstenthum zu erniedrigen. Nimmermehr, sondern die reiche
Saat innern selbstthätigen Lebens, welchem die freie Verfassung ungehinderte Entwicklung eröffnete, wäre im vor-
ausgesetzten Fall als das Opfer der Ehrsucht einer Familie erdrückt, oder mittelst greulicher einheimischer Kämpfe
aufgerieben worden. Gepriesen sei Papst Greger VII.,
daß er, unbekümmert um die Mißgunst gewisser Mächtigen,
so viel an ihm war, that, den Keim altrömischen Wesens, das

im Seeland zum Vorſchein kam, zur Reiſe zu fördern, und den edlen Bau venetiſcher Freiheit vollenden zu helfen!

Vierzigſtes Kapitel.

Wirkung des Vorbildes Venedigs auf andere Städte. Amalfi, Piſa, Genua.

Ich habe die Geſchichte Venetiens von ihren Anfängen bis zu der Zeit, da Gregorius VII. ſtarb, herabgeführt. Noch iſt übrig, daß ich als Anhang nachweiſe, wie und in welchem Grade das venetiſche Vorbild auf die nahen und entferneteren Umgebungen einwirkte. Nachdem das griechiſche Exarchat in die Gewalt erſt der Longobarden, dann der Franken gefallen und von den Karolingern an die Päpſte abgegeben worden war, erſcheint zunächſt Sicilien als Hauptſitz byzantiniſcher Statthalter, welche die Oberaufſicht über die dem Baſileus gebliebenen Provinzen Süditaliens führten. Dort hauſten hohe Beamte, welche mit den Titeln Patricier, Herzoge, Strategen, Exarchen u. ſ. w. geſchmückt waren[1]. Erſt gegen Ende des 9. Jahrhunderts, genau ſeit 869, da die afrikaniſchen Saracenen längſt feſten Boden in Sicilien gefaßt hatten, tauchen zu Bari, im ſüditaliſchen Longobardien, byzantiniſche Obervögte auf, welche Anfangs Patricier oder Strategen, zuletzt Catapane hießen.

---

[1] Man vergleiche die urkundliche und ſorgfältige Zuſammenſtelung der Belege bei Aleſſ. di Meo. Annali di Napoli XI., 427.

Gleich Venetien lag Bari am adriatischen Meerbusen; das Nämliche gilt von den Städten Brindisi und
Otranto, die schon im Alterthum durch Handel und Schifffahrt sich auszeichneten. Gleichwohl hat weder Bari noch
Brindisi oder Otranto irgend in etwas das von Venetien
gegebene Vorbild nachgeahmt, obwohl sie unter derselben
byzantinischen Hoheit standen, der auch das Seeland an-
fänglich gehorchte. Das kam, meines Erachtens, daher,
weil in der Nähe des Orts, wo ein Catapan, der kleine
Doppelgänger des großen griechischen Basileus, sein Wesen
trieb, kein frisches Gras, kein aus eigener Kraft treibendes
politisches Gewächs gedeihen konnte. Wäre Ravenna Sitz
des byzantinischen Exarchats geblieben, so würde, denke ich,
selbst aus Venetien nichts geworden sein.

Anders verhält es sich mit der entgegengesetzten Küste
Italiens, mit der westlichen oder am tyrrhenischen Meer
gelegenen, wohin die Faust der Catapane und Patricier
entweder gar nicht oder nicht mit gehörigem Nachdruck
reichte. Hier erstand auf der südlichen Abdachung des
Vorgebirges, das den Busen von Salerno gegen Norden
einschließt, am Ende des 6. Jahrhunderts eine Stadt, genannt Amalfi. Die alten Römer kannten sie noch nicht,
zum erstenmale wird sie in den Briefen des Papstes
Gregorius I. erwähnt [1]). Das Land ringsum, Salerno,
Neapel, erkannte seit dem Sturze ostgothischer Macht
byzantinische Hoheit an, aber dieselbe war in jener Gegend theils durch die Südlongobarden von Benevent und
Capua, theils später durch die Saracenen bestritten; die
griechischen Gewalthaber mußten daher leise auftreten, die

---

[1]) Aless. di Meo, Annali di Napoli, I., 196.

geneigte Gesinnung der Einwohner zu gewinnen suchen, sonst
entschlüpfte die unsichere Herrschaft ihren Händen. Kurz,
ähnliche Verhältnisse, wie in Venetien, bildeten sich an
jenem Winkel des Meerbusens von Salerno aus, und
siehe, der Erfolg war fast derselbe.

Muratori hat eine Chronik Amalfi's veröffentlicht,[1])
welche vom Jahre Christi bis 1294 reicht. Desgleichen
gibt[2]) der unbekannte Mönch von Salerno eine Urgeschichte
der Nachbarstadt zum Besten. Beide Arbeiten sind, na=
mentlich was die Zeit vor 850 betrifft, von sehr zweifel=
haftem Werth; doch ersieht man aus ihnen, daß die Bür=
ger von Amalfi um die Mitte des 9. Jahrhunderts eine
Stadtverfassung aufzurichten begannen, kraft welcher Ober=
beamte, bald je zwei zu gleicher Zeit, bald einer — die=
selben werden Grafen, Präfecten, magistri militum, Dogen
genannt — das Gemeinwesen, und zwar nicht ohne Zu=
thun der angesehensten Einwohner, leiteten. Ueber den
wahren Ursprung dieser Erscheinung geben, meines Er=
achtens, zwei übereinstimmende Zeugnisse fast gleichzeitiger
Schriftsteller Aufschluß. Diacon Johann, der in der zweiten
Hälfte des 9. Jahrhunderts eine Geschichte der Bischöfe
von Neapel verfaßt hat, erzählt[3]) unter Anderem: „zur
Zeit, da Michael (der Trunkenbold) den Thron von Con=
stantinopel einnahm (842—867), huben die sicilischen Sa=
racenen an, die Küsten Italiens zu verheeren, aber auf
Gott vertrauend, rückten Consul Sergius von Neapel, so=
wie die Bürger von Amalfi, von Gaeta, von Sorrent

---

[1]) Antiquit. Italiae I., 207 ff.

[2]) Pertz III., 511 ff.

[3]) Muratori. Script. I., b, S. 315, zweite Spalte.

mit ihren Schiffen den Heiden entgegen, und schlugen den
Feind wiederholt." Der Diacon fügt bei, daß kurz darauf,
als ein fränkisches, vom Kaiser Lothar I., Ludwig's Sohne,
aufgebotenes Heer die Saracenen aus Rom zurücktrieb, die
nämlichen obgenannten Bürgerschaften einen weiteren See=
sieg über die Flüchtigen errangen.

Die hier erwähnte Begebenheit gab bekanntlich An=
laß, daß Papst Leo IV., welcher von 847—855 Petri
Statthalter war, die Leostadt gründete, d. h. den alten
Petersdom sammt Umgegend mit starken Mauern ver=
wahrte [1]). Der Geschichtschreiber eben dieses Papstes be=
richtet [2]) nun: „als das verruchte Volk der Saracenen
in Leo's IV. Tagen Rom angriff, erweckte Gott die Her=
zen der Bürgerschaften von Neapolis, Amalfi und Gaeta,
daß sie mit einer mächtigen Flotte dem Statthalter Petri
zu Hilfe nach Ostia fuhren" u. s. w.

Das Anstürmen der Saracenen, das zunächst den
byzantinischen Basileus als Gebieter des südlichen Italiens
betraf, nöthigte ihn, geeignete Vorsorge zu treffen. Da er
nun selber keine ausreichende Seemacht besaß, um seine
Heerde zu vertheidigen, so mußte er das Wächteramt auf
dem tyrrhenischen Meere Andern übertragen. Aber Nie=
mand stürzt sich für gehaßte Herren gutwillig in Todes=
gefahr, hier half nur das eine Mittel, daß Michael der
Trunkenbold sich entschloß, kampfbereiten Bürgerschaften
süditalischer Städte politische Zugeständnisse zu machen.
In solcher Weise hat denn byzantinischer Schrecken vor
dem blanken Eisen der Moslemim von Magreb den ersten

---

[1]) Siehe Gfrörer, Greger VII., B. V., S. 133.
[2]) Muratori, Script. Ital. III., a. 287.

Grund zur Freiheit und selbstständigen Macht Amalfi's gelegt. Daß die Amalfitaner den Byzantinern große Dienste geleistet haben, und zwar Dienste, denen die Stadt auch ihre politische Verfassung verdankte, erhellt noch aus einem andern Umstande: beweisen nicht viele der Urkunden, die ich oben zur Geschichte Venetiens beibrachte, daß die Amalfitaner fast gleiche Vorrechte mit dem Volke des Seelandes im Umkreise des Oströmischen Reiches genossen. Allein nicht für nichts sind ihnen diese Vortheile bewilligt worden, sondern als Lohn der Waffenthaten, die sie im Auftrage des Basileus, freilich nebenbei zum eigenen Wohl, wider die Saracenen verrichtet haben.

Schnell und vielleicht eine Zeitlang in noch größeren Verhältnissen, als dies bezüglich Venetiens der Fall war, blühte Seemacht und Reichthum der Amalfitaner trotz steter innerer Reibungen und Parteikämpfe auf. Der unvergleichliche Apulier Wilhelm, der uns nie verläßt, wo es sich um Schilderung allgemeiner Zustände handelt, entwirft [1] folgendes Bild von Amalfi: „diese Stadt ist überreich an Schätzen und angefüllt mit Volk. Die Häuser strotzen von Silber, von Goldstoffen, von seidenen Gewändern, und Seeleute wohnen daselbst, welche durch Wind und Wetter sich Bahn auf der Salzfluth zu brechen verstehen. Die Waaren aus Alexandria in Aegypten wie aus des Antiochus-Stadt am Orontes strömen an Amalfi's Gestade zusammen. Keinen Hafen in Arabien, in Libyen, in Afrika, im Sicular-Lande gibt es, den der Amalfitaner nicht besuchte. Durch die weite Welt sind sie bekannt, als unermüdlich, jegliches Erzeugniß ein- oder

---

[1] Pertz IX., 275.

auszuführen." Wilhelm der Apulier blühte gegen Ende
des 11. Jahrhunderts, zwei bis dritthalb Menschenalter
nach ihm verfaßte ein anderer Wilhelm, Erzbischof von
Thrus, eine bewunderungswürdige Geschichte der Kreuzzüge.
Derselbe sagt[1]): (Lange vor den Zeiten Gottfrieds von
Bouillon, als noch kein Christ an Eroberung des heiligen
Landes dachte) „trieben die Amalfitaner gewinnreichen
Handel nach dem Morgenland, indem sie daselbst Waaren
aus dem Occident einführten, welche bis dahin der Orient
kaum gekannt hatte."

Gleich dem Apulier hebt auch der lateinische Erzbischof von Thrus hervor, daß die Amalfitaner nicht etwa
blos Erzeugnisse des Ostens und Südens aus der Levante
nach Europa brachten, sondern eben so gut europäische
Waaren dahin ausführten. Von welcher Art waren nun
letztere? Einen Hauptstapel-Artikel lernen wir durch den
Sicilier Hugo Falkhand, jüngeren Zeitgenossen des Thriers,
kennen. Die Stadt Palermo beschreibend, sagt[2]) dieser
Hugo: „unsern dem Hafen steht eine von lauter Amalfitanern bewohnte Straße, wo Stoffe aller Art von ver-
schiedener Farbe und verschiedenen Preisen, theils aus
Seide, theils aus gallischer Wolle gewoben, zum
Verkaufe angeboten werden." Wie aus deutschen und französischen Chroniken des 11. Jahrhunderts erhellt[3]), hieß
damals das linke Rheinufer (Lotharingien), insbesondere der
gewerbreiche Niederrhein vorzugsweise Gallien. Die Wollen-

---

[1]) Bongarsius, Gesta Dei per Francos I., 934 gegen oben.
[2]) Muratori, Script. Ital. VII., 257 Mitte: vestes diversi
coloris ac pretii, tam sericae quam de gallico contextae vellere.
[3]) Siehe Gfrörer, Greger VII., B. I, S. 23—80.

tücher, welche Amalfi's Kaufleute in Sicilien, Aegypten, Nordafrika und Syrien vertrieben, sind gleichen Ursprungs mit den Stoffen, welche der Mönch von St. Gallen durch den Ausdruck „friesische Gewänder" bezeichnet [1]); und die von letzterem bezeugte Vorliebe für diese Gewebe hatte vom 9. bis zum 12. Jahrhundert im Morgenlande nicht abgenommen.

Von den Normannen bedrängt, mußte sich Amalfi im letzten Drittheil des 11. Jahrhunderts wiederholt an Robert Wizkard ergeben [2]) und offenbar hat das neue Joch hart gedrückt, denn 1096 empörten sich die Amalfi= taner wider Roger, Robert's Sohn, behaupteten einige Jahre ihre Freiheit, wurden aber seit 1100 abermal un= terworfen und erfuhren eine schlimmere Behandlung. Doch noch empfindlichere Schläge als der Normannen Faust brachte dem kleinen Staate die Handelseifersucht der Pi= saner bei. Zweimal hintereinander 1135 und 1137 er= stürmten und plünderten diese Amalfi, das sich seitdem nicht mehr erholte, sondern allmählig zu dem herabstieg, was es noch heute ist, zu einer kleinen Landstadt.

Kein Zweifel kann sein, daß venetisches Beispiel auf die Amalfitaner eingewirkt hat, wie denn in der Goldbulle von 1084 handgreifliche Eifersucht der seeländischen Kauf= herren wider die Nebenbuhler aus Amalfi hervortritt. Ve= netia war die Erstgeborne unter den freien Seemächten Italiens, von ihr haben die andern gelernt. Hinwiederum entzündete allem Anscheine nach Amalfi's Vorbild die Nach=

---

[1]) Oben S. 83.

[2]) Die Belegstellen nachgewiesen bei Gi Meo. Annali di Napoli XII., 215 ff.

eiferung zweier andern Städte, die gleichfalls an der
Küste des tyrrhenischen Meeres, aber weiter oben, lagen.

Pisa's politische Rolle beginnt zum Mindesten 300
Jahre nach den Anfängen Venetiens, 150 Jahre nach den ersten
Seekämpfen der Amalfitaner. Wie früher gezeigt [1] worden,
fochten Pisaner 1004 zu Land gegen Lucca, kurz darauf
huben sie an, eine Seemacht zu entwickeln. Der Arnofluß
durchschnitt ehemals, wie heute noch, die Stadt. In der
Lebensgeschichte der heiligen Bona, welche 1208 starb,
heißt [2] es: „sie sei geboren zu Pisa, am Flusse Arno,
in der Pfarrei zum heiligen Martinus." Aber der Fluß
hatte damals einen andern Lauf als jetzt. Eine Urkunde [3] vom
Jahre 1017 gibt zu verstehen, daß der Pisaner Hafen bei
Liverno lag. Dieses Liverno war damals ein Schloß,
das die Großgräfin Mathildis durch Schenkung [4] von
1103 an die Domkirche von Pisa vergabte. Gewiß ist
es und wahrscheinlich, daß das heutige Liverno an
einem ganz andern Orte erbaut ward, als wo früher das
gleichnamige Schloß sich erhob. Folglich strömte der Arno
ehemals in südwestlicher Richtung von Pisa nach Liverno
zu, während er jetzt fast in geradem Lauf westlich von
Pisa mündet. Auch muß er damals ein tieferes Bett gehabt haben, denn heutzutage können keine größeren Schiffe
mehr vom Meere aus nach Pisa hinauffahren.

Glorreiche Waffenthaten gegen die Saracenen haben
die ersten größeren Handelsunternehmungen der Pisaner

---

[1] Gfrörer, Greger VII. B. V. S. 91.
[2] Muratori. antiq. Ital. II., 885.
[3] Ibid. III, 1074 portus pisanus prope Livornae.
[4] Fiorentini. Memorie di Matilda II., (Urkundenband) S. 193.

ausgezeichnet, neben der Schreibfeder führten sie mit gleichem Geschick das Schwert. Daß sie unter die Herrschaft des Markgrafen Herzogs Bonifacius und seiner unvergleichlichen Tochter Mathilda geriethen, schadete der Entwicklung des pisanischen Gemeinwesens wenig oder nichts, denn Mathildens Joch war sanft und gerecht. Indessen benützten sie, wie ich später zeigen werde, Heinrich's IV. Anwesenheit in Italien, und die Verlegenheiten, in welchen er sich befand, um Vorrechte von ihm zu erlangen, welche die Hoheit des Mathildischen Hauses über die Stadt zum bloßen Scheine herabdrückten. Um 1080 hatte Pisa eine hohe Stufe von Reichthum und von Macht erstiegen, Kaufleute aller Nationen und aller Farben drängten sich am Hafen und in den Straßen. Danze, Capellan und Geschichtschreiber der Großgräfin Mathildis, besuchte öfter mit seiner Gebieterin die lärmende Stadt, aber die majestätische Stille im Schlosse Canossa behagte ihm besser, als das Pisaner Gewimmel, und auch den Theergeruch konnte er nicht leiden. Am Schlusse seines Lobgedichts findet [1]) sich folgende merkwürdige Stelle: „die Gebeine meiner edlen Gebieterin haben zu Pisa ihre Ruhestätte gefunden, aber wahrlich Canossa, die Gruft ihrer Ahnen, wäre würdiger, die theuren Reste zu besitzen. Kommst du nach Pisa, so siehest du dort die Ungethüme [2]) des Meeres, die Stadt strotzt von schmutzigen Heiden, Türken, Afrikanern, Persern und selbst der nußfarbige Chaldäer treibt sich am Ufer umher. Canossa dagegen ist rein von solcher

---

[1]) Muratori, Script. Ital. V., 364.
[2]) Qui pergit Pisas, videt illic monstra marina.

Gemeinheit, noch befleckt durch Umgang mit Ungläubigen, welchen Gewinnsucht jene Stadt öffnete."

Die Anfänge der Freiheit Genua's, der Königin Liguriens und unter den italienischen Seemächten dem Alter nach der vierten, sind mit seltsamem Dunkel bedeckt. Genua besitzt keine Chronik, älter als die, welche Caffaro, mehrmals Consul seiner Vaterstadt, um die Mitte des 12. Jahrhunderts verfaßte. Caffaro beginnt [1]) mit dem ersten Kreuzzuge, gleich als wäre Genua vor 1096 nicht gewesen und erst damals zur Welt gekommen, und doch erhellt aus seinen eigenen Aufzeichnungen, daß die Stadt um 1100 als ein fertiges glorreiches Gemeinwesen dastand und sogleich aus Anlaß der Fahrten nach dem gelobten Lande den ihr gebührenden Rang unter den seefahrenden Nationen des Jahrhunderts einnahm. Bedeutende Entwicklungen müssen demnach vorangegangen sein. Allein die allgemeinen Chroniken Italiens, Germaniens, Galliens schweigen, sie erwähnen kaum da und dort Genua's Namen. Auch die einheimischen Archive gewähren keinen Aufschluß, sei es, weil sie elend verwahrlost sind, weil man es dort noch heute liebt, einfältige Geheimnißthuerei zu treiben.

Einiges Licht gibt jedoch, wie schon an andern Orten gezeigt worden [2]), die älteste Pisaner Chronik. Dieselbe berichtet [3]) zum Jahr 1016 „vereinigt mit den Pisanern nahmen die Genueser das Eiland Sardinien"; zum Jahre 1017: „die Genuesen geriethen mit den Pisanern über den Besitz Sardiniens in Streit, wollten diese verdrängen,

---

[1]) Muratori. Script. VI. 247 ff.
[2]) Gfrörer, Greger VII., B. VI. S. 109 ff.
[3]) Muratori, Script. VI., 167 ff. .

wurden aber von ihnen besiegt und aus der Insel vertrieben." Zum Jahre 1021: „nachdem der saracenische
Emir Mugehir auf Sardinien festen Fuß gefaßt hatte,
bekämpften ihn Pisaner und Gennesen gemeinschaftlich, gewannen einen Sieg und erbeuteten den Schatz des Saracenen,
die Insel behielten hierauf die Pisaner, überließen dagegen
den Schatz an die Gennesen"; zum Jahre 1070: „ein
heftiger Kampf entspann sich zwischen Pisanern und Genuesen;" zum Jahre 1078: „abermals geriethen Pisaner
und Gennesen in Fehde, und fügten sich gegenseitig großen
Schaden zu. Allein zehn Jahre später, 1088, versöhnten sie
sich, schlossen einen Bund, fuhren gemeinschaftlich nach
Afrika, eroberten dort zwei große Städte, Elmedia und
Zuila, und machten unermeßliche Beute."

Also im Laufe des 11. Jahrhunderts haben die Ge-
nuesen wiederholt nicht nur glücklich gegen die Saracenen
gekämpft, sondern auch Seekriege wider die Pisaner geführt.
Klingt das beim Stillschweigen aller andern abendländischen
Quellen nicht fast unglaublich? O nein! ein orientalischer
Zeuge ersten Ranges, der große saracenische Geschichtschreiber
Ibn Chaldun, stimmt auf's Wort bei, indem er meldet [1]):
„im Jahre der Hegira 480 rüsteten die Christen von
Genua eine Flotte von 300 Segeln, bemannt mit 30,000
Streitern, wider El-Mediah aus. Nachdem das Heer gelandet
hatte, besetzte es die Stadt El-Mediah, sammt dem nahge-
legenen Zuila; alles ward rein ausgeplündert, zuletzt aber
gaben die Christen Stadt und Land an den dortigen Emir
Temim, Moez Sohn, zurück." Die Orte sind die gleichen,

[1]) Histoire des Berbères, traduite par le baron de Slane
II., 24.

nur schreibt der Pisaner Chronist seiner Mundart gemäß
statt Elmediah Almaria, statt Zuila Sibilia. Auch die
Zeit trifft zu, das Jahr der Hegira 480 verlief vom
Sommer 1087 zum Sommer 1088. Beide Quellen
schildern also sonnenklar eine und dieselbe Begebenheit.
Welche Ehre für den unbekannten Chronisten von Pisa
und noch mehr Ehre für den saracenischen Historiker! Dieser schrieb fast 400 Jahre nach jenem und keiner kannte
den andern; dennoch bezeugen beide dasselbe, weil eine
Kraft, welche ewiglich bestehet, die Wahrheit, sie leitete.

Im Uebrigen sind die Nachrichten des Saracenen
reichhaltiger, als die des Italieners; wir erfahren aus
ihnen erstlich, daß die gemeinsame Flotte, welche Elmediah
angriff, 300 Segel zählte; zweitens, daß sie mit 30,000 Seeleuten und Soldaten — 100 Köpfe auf das Schiff —
bemannt war. Noch ein dritter Punkt wird klar: Ibn
Chaldun nennt als Ausrüster der Flotte blos die Genuesen,
nicht auch die Pisaner. warum gedenkt er nur jener?
offenbar weil die Ueberlieferung, aus der er schöpfte, die
Genuesen für noch mächtiger hielt, als die Pisaner, und
deßhalb nach dem Grundsatze verfuhr a parte potiori fit
denominatio totius. Nicht der leiseste Zweifel kann also
sein, im Jahre des Herrn 1088 haben die Städte Pisa
und Genua, jede für sich, doch gemeinschaftlich, Seeaus-
rüstungen gemacht, die an Bedeutung und Kraftaufwand
derjenigen nicht nachstanden, welche Venetien sechs Jahre
früher wider den Normannenherzog von Apulien aufge-
bracht hatte.

Wann begann nun Genua's politische Rolle, die im
Jahre Christi 1088 solchen kriegerischen Glanz entfaltete.
Man kennt, wie früher gezeigt worden, den Geburtstag

der Freiheit und Macht Genua's: es war der 18. Juli
des Jahres der Gnade 958, der gesegnete Tag, an wel
chem die Könige von Italien, Berengar II. und Adalbert,
ein Vorbild der Gesetzgebung aufstellend, das nachher der
Sachse Otto I. eifrig und zum Heile des Abendlandes be=
folgt hat, die Genua betreffende Urkunde [1]) unterzeichneten,
kraft welcher alles Eigenthum und herkömmliche Recht der
Bürger bestätigt und — was die Hauptsache — das Ver
bot ausgesprochen ward, daß kein Graf, Markgraf, Herzog
sich unterstehen solle, besagte Stadt zu betreten. Seitdem
gab es keine Obrigkeit mehr innerhalb der Mauern Ge=
nua's, als den Bischof; von dem aber galt der Spruch
des Evangeliums: mein Joch ist sanft, und meine Last ist
leicht. Weil dem so war, gedieh Genua's Bürgerschaft
zu schneller und reicher Blüthe.

Man kann einen schönen Beweis führen, daß Ge
nua's Freiheit allerdings mit der Urkunde vom 18. Juli
958 begann. Etliche Meilen westwärts von der Königin
Liguriens entfernt liegt gleichfalls an der Meeresküste der
Ort Savona, ein ansehnlicher Bischofssitz. Aus Genua's
Beispiel muß Savona's Bürgerschaft die Lehre abgezogen
haben, daß eine Stadt nicht in die Höhe kommen möge,
so lange ein gestrenger Markgraf, ein solcher, wie ihn bis
958 auch Genua auf dem Nacken sitzen hatte, in ihr nach
Gutdünken schalten und walten dürfe. Darum entflammte
sie der Gedanke, es ebenso zu machen, wie die Genuesen,
das heißt sich den Markgrafen Aldebert — wie mir scheint
ein Sprößling aus dem Hause Este — der herkömm=
liche Rechte über Savona übte, nach Möglichkeit, jedoch
in gesetzlicher Weise, vom Halse zu schaffen. Es gelang,

---

[1]) Gfrörer, Greger VII., B. V., S. 400.

wahrscheinlich durch einen Berg von Geld, den die von
Savona zum Opfer brachten, daß ihr Markgraf 1071
folgende Handveste [1]) ausstellte:

„Kund und zu wissen jedermänniglich, insbesondere
aber unsern Getreuen von Savona, so wohl denen, die
jetzt leben, als denen, welche in Zukunft das Licht der
Welt erblicken werden: ich, Aldebert, Markgraf, verspreche,
gelobe, verheiße, daß ich von heute an in Savona nicht
eindringen will mit Gewalt, mit List, oder in anderer
Weise — ein allgemeines Gericht werde ich daselbst nur
einmal im Jahre halten und nie länger als höchstens drei
Tage; vorkommende Rechtsstreitigkeiten werde ich entscheiden
durch den Mund zweier Bürger von Savona, welche dann
zu richten haben nach dem städtischen Gewohnheitsrecht.
Sollte ich je diese meine eingegangene Verpflichtung brechen,
so erkläre ich mich schuldig, eine Buße von 100 Pfund
lauteren Goldes (100,000 Gulden) zu entrichten, zahlbar
zur einen Hälfte an die königliche Kammer (Heinrichs IV.),
zur andern Hälfte an die Gemeinde Savona.“ Wahrlich,
Markgraf Aldebert muß in keiner geringen Geldklemme
gesteckt sein, als er dieses Pergament unterschrieb.

Ohne Frage haben die Bürger von Savona, welche
besagten Aldebert zu Ausstellung der Urkunde vermochten,
im Glauben gehandelt, daß es einer Stadt Segen bringe,
wenn man dem markgräflichen Walten so enge Grenzen
setze, als irgend möglich. Nimmermehr aber wären sie
auf diesen Gedanken verfallen, hätte nicht die Geschichte
des benachbarten Genua triftige Beweise geliefert, daß
allerdings obige Voraussetzung wohl begründet sei.

---

[1]) Guichenon, bibliotheca sebusiana. cent I., 76. Opp. IV. b.,
S. 46 ff.

Also zwischen 960 und 1100 gab es in Genua keinen Grafen, Markgrafen, Herzog oder Dogen, und nur
der Bischof besaß dort, kraft der Ottonischen Gesetzgebung,
obrigkeitliche Gewalt.   Wer hat nun im Laufe des eilften
Jahrhunderts jene Flotten gegen die Saracenen von Magreb
und Andalus ausgerüstet, jene Fehden mit den Pisanern
bestanden, etwa der Bischof von Genua, unterstützt durch
die Fäuste der Bürgerschaft? Mit nichten, sondern Handelsgesellschaften thaten all' dieß. Bündige Belege hiefür liefert
Caffaro's Chronik. Die Eingangsworte, voll Vaterlandsliebe
und hoher Gesinnung, lauten [1]: „Wer zum eigenen Frommen, oder zum Besten Anderer die Geschichte der Ver-
gangenheit seit der Zeit unserer Fahrt nach Cäsarea (in
Syrien) erforschen will, der lese vorliegendes Buch aus
Caffaro's Hand, und er wird die Wahrheit erfahren. Denn
Caffaro, der seit dem genannten Seezuge mehrmals Consul
war, auch andere Consulen kannte und die Namen der
Handelnden, den Wechsel der Personen, der Consulate, der
Handelsgesellschaften [2]), sowie die Siege (welche unser Volk
erstritt) und die Veränderungen im Münzwesen sich wohl
eingeprägt hat, zeichnete nachher Alles auf, und wies seine
Schrift den Consulen damaliger Zeit, Tancleri, Rubaldo
Bisaccia und Ansald Spinola, sowie dem versammelten
Rathe vor.   Die Consulen aber gaben, nachdem sie die
Meinung des Rathes vernommen, dem Staatsschreiber
Wilhelm Colomba (wohl einem Ahnherrn des Entdeckers
der neuen Welt) Befehl, das Werk Caffaro's abzuschrei-
ben, und die Abschrift niederzulegen in das gemeine

---

[1] Muratori. Script. ital. VI.. 247.
[2] Compagniarum.

Archiv der Stadt, damit inskünftig alle Bürger von
Genua Gelegenheit haben möchten, die Thaten ihres Volks
kennen zu lernen." Das ist gedacht, wie der Athener
Thucydides, des Olorus Sohn, dachte, als er sich anschickte
sein unsterbliches Buch über die Geschichte des peloponnesischen Krieges zu schreiben.

Nach den Eingangsworten folgt der Satz: „kurz
vor dem Zug nach Cäsarea ward gegründet eine Compagnie auf drei Jahre mit sechs Consulen. Die Namen
der letzteren sind Amico Brusco, Mauro v. Platealonga,
Wido von Ruffico, Pagan v. Volta, Ansald v. Braxile,
Bonusmat von Medolico, welche das Consulat sowohl für
das Gerichtswesen als für die Verwaltung besorgten."
Zum Verständniß letzterer Worte bemerke ich, daß das
Consulat dem Wirkungskreis nach ein doppeltes war, das
eine für das Gerichtswesen [1]), das andere für die Verwaltung oder die Gemeindeangelegenheiten [2]). Zuweilen
wählte man besondere Consulen für beide Zweige. Der
Chronist fährt fort: „nach 18monatlicher Dauer besagter
Compagnie lief die Flotte den 1. August 1100 gen Cäsarea aus." Hieraus ergibt sich, daß die Compagnie achtzehn Monate vor dem 1. August 1100, also dem 1. Februar 1099 — im Jahre da Gottfried v. Bouillon und
die übrigen Kreuzfahrer Jerusalem erstürmten — gegründet worden ist. Und wirklich verhält sich die Sache so:
denn weiter unten meldet [3]) Caffaro: „Anfangs Februar
1102 — also genau nach Ablauf der ersten — trat eine

[1]) Consules de placitis.
[2]) Consules de communi.
[3]) Muratori, Script. Ital. VI., S. 253.

neue Compagnie auf vier Jahre mit vier Consulen zusam=
men. Auf diese folgten abermal vierjährige Compagnien.
Seit dem Jahre 1122 dagegen wurden nur einjährige Con=
sulen erwählt [1], seit 1033 gesonderte für das Gerichtswesen
und gesonderte für die Gemeindeverwaltung.

Eine abermalige Aenderung trat [2] 1130 und noch
mehr 1134 ein: die einjährige Dauer des Consulats blieb,
auch die Absonderung bezüglich des Geschäftskreises, aber
neben drei Consulen der Gemeinde kommen 14, beziehungs=
weise acht des Gerichtswesens zum Vorschein, nämlich je
zwei für die sieben, und 1134 je einer für die acht Com=
pagnien, welche zu Genua bestanden; und zwar lassen die
Ausdrücke Caffaro's kaum einen Zweifel darüber zu, daß
die acht Compagnien von 1134 mit den damals vorhan=
denen acht Stadttheilen Palazzolo, Platealenga, Ma=
chagnana, San Lorenzo, Portannova, Borgo, Suxilia und
Porta zusammenfielen. Meines Erachtens ist man nicht
berechtigt, das Wort compagnia hier in einem andern
Sinne zu nehmen, als früher. Folglich gab es statt der
einen Compagnie, welche 1099 gegründet ward, seit 1134
acht Genossenschaften, welche den vorhandenen Stadtquar=
tieren entsprachen.

Wie soll man sich nun die Sache denken? ein genuesi=
sches Stadtgesetz vom Jahre 1143 [3], auf welches seit=
dem die Consulen der Verwaltung vereidet zu werden pfleg=
ten, gewährt das nöthige Licht. Aus demselben erhellt:
nicht alle Einwohner von Genua traten in eine Compagnie

[1] Muratori, Script. Ital. VI., 255 ff.
[2] Ibid. 259.
[3] Historiae patriae monum. leges. S. 241. seq.

ein, sondern nur solche, welche zu den Schiffsrüstungen
beitragen konnten, das heißt Geld im Säckel hatten, oder
reich waren. In der Kanzleisprache nannte man dieselben
cives utiles, d. h. Besitzende [1]). Aber auch der bloße Besitz befähigte noch nicht zur Aufnahme, sondern es mußte
hinzukommen, daß ein Neuling das Vertrauen der bereits
eingetretenen älteren Mitglieder der Gesellschaft genoß.
Dieses Vertrauen ward durch die Einladung zum Beitritt
kundgegeben. Wer keine Einladung erhielt, durfte sich
nicht melden. Ausgeschlossen waren weiter diejenigen,
welche wegen anderweitigen Verpflichtungen, zum Beispiel
wegen eines Lehensverhältnisses zu auswärtigen oder einheimischen Senioren, den Genossenen mit gutem Gewissen
weder zu schwören noch zu halten vermochten, zweitens,
alle Besitzlosen [2]), folglich der große Hause, drittens Cleriker. Doch lag den Häuptern der Compagnien die Verbindlichkeit ob, Armen und Clerikern, sowie auch allen
Nichtgeladenen, die im Bereiche der acht Quartiere wohnten, Rechtsschutz zu gewähren. Versagt dagegen wurde
letzterer denen, welche, obgleich geladen, den Eintritt verweigert hatten. Die Compagnien übten nämlich ein verdecktes Zwangsrecht gegen Widerstrebende aus.

Und nun vergegenwärtige man sich Verhältnisse und
Stimmung der Stadt Genua im Jahre 1099. Die Nachricht läuft ein: „das glorreiche Heer der Kreuzfahrer hat
die Saracenen geschlagen, ist eingerückt in das gelobte Land;
Jerusalem wird und muß fallen, und, o der Schmach,

---

[1]) In der Kunstsprache qui specialiter et nominatim vocatus fuerit intrare in nostram compagniam.

[2]) Wörtlich minores.

wir Genuesen haben keinen Theil an dem edlen Werk, bei dem nicht nur ewiger Ruhm vor Gott und den Menschen, sondern auch unermeßliches Geld verdient werden mag." Wenn heut zu Tage so etwas geschähe, würde das halbe Land zusammenschreien: Regierung, erhebe ein Anlehen auf das Staatshauptbuch bei Rothschild und Söhnen! Minister der Finanzen und Minister des Kriegs! rüstet ein Heer, eine Flotte aus! Aber damals gab es in Genua keine Rothschilde, keine Anlehen, keinen Staatssäckel, und sogar auch keine Minister.

Dennoch wußten die reichen Bürger der Stadt Rath zu schaffen: nämlich sie machten es, wie man es heut zu Tage mit Anlegung von Eisenbahnen macht, sie bildeten eine Handelsgesellschaft, schossen Geld zusammen, rüsteten Schiffe aus, nahmen Soldaten und Ruderer in Dienst, und zwar alles dieß mit dem Vorbehalt, daß jeder nach dem Verhältnisse seiner Einlage Theil an dem gehofften Gewinn, d. h. an der Kriegsbeute, erhalte. Auch die Soldaten, Ruderer, Schiffshauptleute wurden zum Theil auf letztere angewiesen. Caffaro erzählt [1]) zum Jahre 1101: „von der Beute schied man je den 15. Groschen aus für die Galeeren, dann empfingen der Consul und die Schiffshauptleute ihren Antheil, der fett genug war [2]). Zuletzt kam's an die Soldaten, sie erhielten auf den Kopf je 48 Schillinge und 2 Pfund Pfeffer." Abermal [3]) zum Jahre 1136, dem 15. unter den einjährigen Consulaten: „die Genuesen segelten mit einer Flotte von 12 Ga-

---

[1]) Muratori. VI. 253 oben.
[2]) Ibid.; et honor consulis et nauclerorum magnus fuit.
[3]) Ibid. 259.

leeren nach Bugia (in Nordafrika), enterten ein großes
und reichbeladenes Schiff, nahmen auch viele Saracenen
gefangen, brachten dann die Beute nach Genua, wo sie
vertheilt ward, also daß auf jede Galeere ein Gewinn von
10 Pfund (Goldes) kam."

Schon vor 1099 muß ein großer Rath in Genua
bestanden haben; denn kaum ist denkbar, daß eine Stadt,
welche im Laufe des 11. Jahrhunderts wiederholt Krieg
führte, keine geregelte Verwaltung besaß. Auch Consulen
waren meines Erachtens schon früher eingesetzt, denn in
Pisa, wo ähnliche Verhältnisse obwalteten, werden solche
bereits zum Jahre 1017 erwähnt [1]). Als nun im Jahre
1099 die Handelsgesellschaft zu Stande kam, welche Caffaro im Eingange seiner Chronik erwähnt, traten offenbar
die angesehensten und reichsten Einwohner Genua's derselben bei. Laut Caffaro's Zeugnisse [2]) rüstete sie zur Fahrt
nach Cäsarea eine Flotte von nicht weniger als 28 Galeeren und 6 Lastschiffen aus, was zu der Annahme berechtigt, daß große Summen zusammengeschossen worden sind.
Die Gründer derselben Compagnie aber, die als die reichsten Bürger der Stadt schon früher überwiegenden Einfluß
auf die Gemeindeangelegenheiten übten — kraft innerer
Nothwendigkeit gebietet in Handelsplätzen stets der Besitz,
das Geld — brachten zugleich — so denke ich mir die
Sache — zu Wege, daß für die Zeit der neuen Gesellschaft, oder für die Jahre 1099 bis 1102, solche zu Obrigkeiten des Gemeinwesens bestellt wurden, welche das Unternehmen nach Syrien begünstigten und wohl auch selbst
Mitglieder der Compagnie waren.

---

[1]) Muratori, Script. VI., 167 Mitte.
[2]) Hil. S. 251.

Keineswegs darf man nämlich die sechs Consulen der Jahre 1099—1102 als bloße Verwaltungsbehörden der Compagnie, sondern man muß sie als Obrigkeiten der Stadt betrachten. Auch machten nur einer oder der andere dieser Consulen, vielleicht gar keiner, den Zug nach Cäsarea mit. Denn Caffaro sagt, die genuesische Heeresabtheilung, welche 1101 Cäsarea erstürmte, sei von dem Consul Wilhelm Caputmalli befehligt worden. Dieser Wilhelm aber wird nicht unter den Namen der sechs Consulen aufgeführt, folglich ist klar, daß das von der Compagnie errichtete Heer einen Obersten hatte, der nicht dem Collegium der sechs Consulen angehörte, und weiter, daß letztere gewählt waren, nicht um das Kriegsunternehmen in Palästina zu leiten, sondern um — allerdings im Sinne der Compagnie — die Stadt Genua zu verwalten.

Von 1099 bis 1102 erwähnt Caffaro nur eine Compagnie, ebenso in den nächsten fünf vierjährigen Perioden bis 1122, oder nach genuesischer Berechnung bis 1021. Denn Genua zählte gleich Pisa — wie deutlich aus Caffaro's Chronik zu ersehen ist — nicht den 25. December, sondern erst den 25. März als Anfang des neuen Jahres. Deßgleichen geschah es bis 1122, daß die Stadtobrigkeiten oder die Consulen jedesmal durch den Einfluß der bestehenden Compagnie gewählt wurden. Aber mit dem Jahre 1122 tritt eine Aenderung ein, statt drei- oder vierjähriger Compagnien mit einer wechselnden Anzahl von Consulen, kommen jetzt einjährige Consulate auf, und zwar so, daß die Zahl der Consulen für jedes Jahr eine Neigung zum Steigen verräth. Sodann spricht Caffaro mit dem Jahre 1122, da das erste einjährige Consulat bestellt ward, nicht mehr von Errichtung einer neuen oder einer andern Compagnie, sondern begnügt sich einfach, die Consulen des Jahres zu nennen, so zwar, daß er von 1122 an die weiteren Jahre als erstes, zweites, drittes Consulat u. s. w. aufzählt. Gleichwohl haben die Compagnien nicht aufgehört, sondern im Gegentheil kommen, während es von 1099 bis 1102, dann bis 1106, dann bis 1110, bis 1114, bis 1118, bis 1122 je nur eine gab, erweislich im Jahre 1130 sieben [1], im Jahre 1134 aber, entsprechend den acht - Stadtvierteln, sogar acht Compagnien nebeneinander zum Vorschein.

Wie ist das zu erklären? ohne Zweifel so: zu Anfang des Kreuzzugs von 1099 hatten die reichsten und angesehensten Männer jene erste von Caffaro erwähnte Compagnie gegründet; der Gründer waren es, jedoch mit der Bevölkerung der ganzen Stadt verglichen, nur wenige gewesen. Allein da das Unternehmen von 1099 hohen Gewinn brachte, drängten sich alle, die irgend etwas besaßen, Einlagen zu machen, und Theil an dem fetten Geschäft zu nehmen. So wurde in Kurzem, um in heutiger Weise zu reden, die halbe Bürgerschaft Aktionär, und man mußte, um Ordnung in den wechselnden Betrieb zu bringen, die Compagnien theilen, was denn zur Folge hatte, daß zuletzt so viele dastanden, als es Stadttheile gab.

Auch die Verkürzung der Consulate hing mit dem glücklichen Geschäftsgang zusammen. Im Verlaufe der letzten vierjährigen Compagnie von 1118 bis 1122 wurden große Dinge ausgeführt [2]. Genua hatte den Krieg an Pisa erklärt, mit einer Flotte von 80 Galeeren,

1) Muratori. VI.. 258.
2) Ibid. 254.

35 Katzen [1]), 28 Golaben [2]), 4 großen Lastschiffen, welche Kriegszeug trugen, ferner mit einem Heere von 22,000 Bewaffneten, worunter 5000 Geharnischte, fuhren die Gennesen nach dem Hafen von Pisa, erzwangen einen ihnen überaus günstigen Vertrag, nahmen auch sonst viele Plätze weg und machten unermeßliche Beute. Wer hätte bei solcher Entwicklung der Dinge nicht gewünscht, ein gennesischer Consul zu werden. Nun bestand der einzige Weg, solches zu ermöglichen, darin, daß man die Dauer der Consulate verkürzte, die Zahl der Consulen vermehrte. Im Jahre 1130, dem neunten der einjährigen Consulate, gab es in Genua drei Consulen der Gemeinde und vierzehn für die Gerichte. Handgreiflich ist die Zahl der Consulen darum in so auffallender Weise vermehrt worden, um den Ehrgeiz möglichst Vieler befriedigen zu können.

Dafür nun, daß das Vereinswesen, oder der Trieb, Handels-Compagnien zu gründen, es gewesen ist, was der Stadt Genua eine neue Verfassung gab, nämlich diejenige, welche sich zwischen 1099 und 1050 ausgebildet hat, dafür, sage ich, liefert das oben erwähnte Stadtgesetz von 1143 bündige Beweise. Ein Artikel lautet [3]): „wer in solche Verbindlichkeiten (durch Lehendienst) verstrickt ist, daß er den Compagnieneid nicht mit gutem Gewissen zu leisten vermag, kann nicht Consul werden." Folglich waren nur

---

[1]) Muratori VI., 254. Gatti mit Schnäbeln ausgerüstete Schiffe, deren jedes 100 Ruderer zählte; man vergl. Ducange sub voce Gattus.

[2]) Ebenso sub voce Golabus.

[3]) Historiae patr. monumenta leges I., 241 ff. §. 56: et si tenetur aliquo sacramento, quo non possit omnibus Januensibus illis, qui fuerint de compagnia, complere — ac sacramentum compagniae non facere: — consul non erit.

Mitglieder der Compagnie befähigt, die höhern Aemter
der Stadt zu bekleiden. Sodann mußten[1]) sich die Consulen verpflichten, nicht nur den Mitgliedern der Compagnie,
oder der Compagnien, sondern auch denen, die außerhalb
derselben standen, d. h. solchen, die nicht zum Eintritt eingeladen waren, oder die nicht das nöthige Vermögen besaßen, oder die dem geistlichen Stande angehörten, endlich
dem gemeinen Volke gleichen Rechtsschutz zu gewähren.
Daraus ergibt sich, daß die aus den Compagnien hervor-
gegangenen Consulen an die Stelle von älteren Obrigkeiten
getreten waren, welchen es nicht vermöge ihres Amtes zukam, alle Einwohner, ohne Unterschied des Standes, gleich-
mäßig zu schützen. Nur eine, und zwar sehr belehrende,
Ausnahme wurde gemacht. Der 13. Abschnitt[2]) desselben
Gesetzes lautet: „gegen solche Genuesen dagegen, welche
zum Beitritt eingeladen wurden und innerhalb 40 Tage
nach erfolgter Ladung doch nicht beitraten, erachten wir
uns zu nichts verpflichtet, wir werden weder ihre Person
schützen, noch ihre Klagen annehmen." Sonst hatte die
Obrigkeit genuesische Bürger, ebe ihnen Schutz der Gesetze
bewilligt ward, nicht erst befragt, ob dieselben Mitglied
einer Compagnie seien oder nicht, sondern ein jeder besaß
ein Geburtsrecht auf diesen Schutz; jetzt aber ist es anders,

---

[1]) Historiae patr. Monumenta leges I., 241 ff. §. 10: si
aliquis — in homine nostrae compagniae homicidium fecerit vel
in illis, qui non fuerint vocati, vel quos cognoverimus non
esse utiles — vel in clerico, sive in minori, qui habitant in
nostra compagnia, homicidam illum exiliabimus bona fide.

[2]) Ibid. §. 13: si quis Januensis ab aliquo et nobis —
vocatus — fuerit intrare in nostram compagniam, et infra 40
dies, postquam fuerit vocatus, non introierit: non illi debiti
erimus et personam ejus et lamentationes ejus — non recipiemus.

und zwar darum anders, weil eine neue aus den Com
pagnien hervorgegangene Verfassung besteht, welche alle
diejenigen, so den Beitritt verweigern, als Gesetzlose be=
handelt.

Man sieht nun, derselbe kaufmännische Vereinstrieb,
der seit dem niederländischen Befreiungskrieg in Holland
und England erstaunliche Dinge hervorbrachte, Flotten aus=
rüstete, Kriege führte, weitentfernte Colonien schuf, das
ostindische Reich gründete, derselbe Trieb ferner, der seit
1848 auch in Deutschland sich Bahn bricht, hat schon zu
Ende des 11. Jahrhunderts in Italien Wunder gewirkt,
eine große Seemacht geschaffen und mehr als man glaubt
zur Eroberung des heil. Landes beigetragen. Allein seine
Kraftäußerungen reichen noch weiter zurück. Auch die
Unternehmungen, welche die Genuesen im Laufe des eilften
Jahrhunderts auf Sardinien, auf der Küste Nordafrika's
und gegen die Pisaner machten, waren nach meinem Da=
fürhalten das Werk ähnlicher Gesellschaften, die durch ge=
meinsame Beiträge und auf verhältnißmäßigen Antheil am
Gewinn hin — Mittel zu den nöthigen Ausrüstungen
lieferten. Wie würde auch sonst das erforderliche Geld
zusammen gekommen sein? Ueberdieß verdient hervor=
gehoben zu werden, daß Caffaro, der doch, wie ich schon
eben sagte, die einjährigen Consulate von 1122 an als
erstes zweites drittes u. s. w. berzählt, bezüglich der vor=
angegangenen sechs drei= oder vierjährigen Compagnien
auch nicht von einer einzigen eine Ordnungszahl braucht,
genau gesprochen, nie sagt, eine derselben sei die erste,
zweite, dritte u. s. w. gewesen. Damit gibt er leise zu
verstehen, daß schon vor 1099 Compagnien in Genua be=
standen haben.

Das Nämliche gilt, meines Erachtens, von der Ent=
wicklung amalfitanischer und pisanischer Seemacht: durch
Compagnien, Töchter des Vereingeistes, ist, meines Erach=
tens, die eine wie die andere gegründet und großgezogen
worden. Indessen bewirkte ein besonderer Umstand, daß
die Pisaner, die gleich den Genuesen am ersten Kreuzzuge
Theil nahmen, dort eine andere Rolle spielten, als ihre
nördlichen Nachbarn. Sie hatten eine Flotte von 120 Se=
geln nach dem gelobten Lande ausgerüstet [1]; auf derselben
befand sich als oberster Befehlshaber der städtischen Streit=
kräfte zu Wasser und zu Land Bischof Dagobert von Pisa,
der nachher zum ersten lateinischen Patriarchen von Jeru=
salem erwählt wurde; die Anwesenheit dieses Prälaten,
der in Wahrheit Pisa's höchste obrigkeitliche Person war,
brachte zu Wege, daß die Theilnahme der Pisaner nicht
wie das Werk berechnender Klugheit einer kaufmännischen
Gesellschaft, sondern als eine Sache der gesammten Gemeinde
erschien.

Ich bin ferner überzeugt, daß das Vereinswesen
auch auf die innern Zustände Venetiens, und zwar schon
in Zeiten, da man weder zu Pisa noch zu Genua an Er=
richtung größerer Compagnien dachte, bedeutenden Einfluß
geübt hat. Nur konnte es dort nicht so ungescheut und
frei sich entwickeln, wie später in Genua, und zwar aus
dem Grunde nicht, weil an der Spitze des venetischen
Handelsstaats etwas wie ein Fürst, der Doge, stand, während
es einen solchen weder in Pisa noch in Genua gab. Auch
sonst begründet die Stellung des Dogen einen wesentlichen
Unterschied zwischen der Entfaltung des adriatischen Seelandes

---

[1] Muratori, Script. VI, 169.

und den politischen Zuständen der beiden größern Handels-
mächte an der tyrrhenischen Küste. Vergleicht man den
venetischen Staat mit einer Uhr, so ist klar, daß der
Doge die Rolle der Unruhe vertritt, hauptsächlich an seinem
Ehrgeize schiebt sich die Bewegung des Seelandes fort,
er will glänzen, eine Stelle unter den Fürsten des Jahrhunderts einnehmen, er wünscht, daß die Welt von ihm
rede. Kaufleute dagegen, wie die Pisaner und die Genuesen,
suchen in der Regel keinen Glanz, sondern baaren Gewinn.
Auch treiben sie ihr Wesen am liebsten im Verborgenen.

Daher kam es denn, daß allgemeine Chroniken des
Festlandes da und dort von venetischen Dingen sprechen, nie
oder fast nie von Genua und Pisa, obgleich beide Städte,
schon im 11. Jahrhundert großartige Unternehmungen
ausführten; daher kam es ferner, daß Venetien schon gegen
Schluß des 10. Jahrhunderts, einen eigenen Chronisten
in der Person des Diacons Johann groß zog, sowie daß
in dortigen Archiven sich eine Masse öffentlicher Urkunden
ansammelte, welche es dem Dogen Andreas Dandolo möglich machte, eine wohl zusammenhängende und beglaubigte
Geschichte seiner Heimat zu schreiben, die bis in's 7. Jahrhundert zurückreicht. Pisa und Genua dagegen erhielten erst
im 12. Jahrhundert ihre eigenen Chronisten, nachdem der
Feuerstrom des ersten Kreuzzuges beide Städte in die allgemeine Schwingung der Zeit hineingerissen hatte.

So wie letzteres geschah, offenbarte sich eine wilde
Eifersucht zwischen den drei italienischen Seemächten. Dandolo erzählt[1]), daß schon im ersten Kreuzzuge die Pisaner,
wie sie die venetische Flotte erblickten, alsbald das kaiserliche

---

[1]) Muratori. XII., 256.

Banner, d. h. den salischen Reichsadler aufpflanzten und
einen Kampf herausforderten, der ihnen jedoch, laut Dan=
dolo's Versicherung, übel bekam. Ebenso suchten später
Genuesen Händel mit den Kaufleuten des Seelands. Kurz
Pisaner und Genuesen haben Venetiens Volk wie einen
erstgebornen, bevorzugten und darum bitter beneideten
Bruder behandelt, den sie bei jeder Gelegenheit auszu=
stechen die feste Absicht hegten, und am Tage ist: lange
vor dem ersten Kreuzzuge, vielleicht schon im 10. Jahr=
hundert, jedenfalls im Laufe des 11., sind die Augen von
Pisanern und Genuesen auf Venetien gerichtet gewesen;
noch früher gilt dieß, wie oben gezeigt worden, von den
Amalfitanern. Allen zusammen hat die wachsende Macht
des Seelands unmittelbar oder mittelbar zum Sporn
gedient.

Schließlich will ich noch zeigen, daß Venedig sehr frühe
auch auf die Entwicklung des deutschen Handels einwirkte. Von
den Herzogthümern des alten Reiche lagen dem Seeland
am nächsten Schwaben, Alamannien und Baiern, letzteres
namentlich zu der Zeit, da Kärnten noch mit ihm ver=
einigt war. Was ersteres betrifft, so hat man die ältesten
Plätze, wo eigentlicher Handel getrieben ward, am Boden=
see zu suchen. Orte, wie Constanz, Zürich, Rorschach,
kommen in Betracht; Eßlingen, Ulm, Augsburg erlangten
erst nach der zweiten Hälfte des 11. Jahrhunderts ge=
werbliche Bedeutung. Ferner in der Nähe des Bodensees
erhob sich das berühmte Stift St. Gallen, dessen Mönche
fleißig Bücher auch über historische Stoffe schrieben. Doch
wählten sie nur die Schicksale ihres eigenen Klosters und
etwa des benachbarten Adels, der sie bald bedrängte, bald
ihnen Wohlthaten erwies, und außerdem die Thaten der

Könige zum Gegenstand ihrer Aufzeichnungen. Von Handel und bürgerlichen Gewerben dagegen zu reden, lag ihnen fern, und wenn sie gleichwohl solche Stoffe berührten, so geschah es nur, weil das, was sie in dieser Richtung vorbrachten, weltkundig war.

Wohlan! der St. Galler Mönch Ekkehard erwähnt [1] in der Geschichte seines Klosters, zum Jahre 917, als eine alltägliche Erscheinung deutsche, d. h. schwäbische Kaufleute, die aus Italien — wo sie offenbar Waaren zu holen pflegten — in die Heimat zurückkehrten. Eine Urkunde [2] vom Jahre 947, gleichfalls aus St. Gallen stammend, beschreibt Rorschach als einen Markt, wohlgelegen für die, welche nach Italien reisen (in Geschäftsangelegenheiten) oder nach Rom (um kirchlicher Zwecke willen) pilgern. Eine andere St. Galler Urkunde [3] vom Jahre 1022 führt eine Reihe Kaufleute, die in Constanz angesessen waren, namentlich auf: sie hießen Ecco (Ekkhard), Chomuli, Woveli, Abeli, Engeso, Zegenhard. Schon kommen hier die in Schwaben beliebten Verkleinerungsformen bei Namen vor. Wölfle, Abele, Kummerle u. s. w. Unter deutschen Urkunden aus den Zeiten vor dem 12. und 13. Jahrhundert finden sich weniger die auf Fragen des Handels eingehen, noch weniger, welche einzelne Kaufleute namhaft machen; und wenn hier auf einmal sechs Constanzer genannt werden, so berechtigt solches zu dem Schluß, daß der Handel daselbst geblüht haben müsse.

---

[1] Pertz II., 88 gegen unten: mercatores ab Italia redeuntes.

[2] Neugart cod. diplom. Alamaniae I., 393 mercatus ad Italiam proficiscentibus vel pergentibus commodus.

[3] Ibid. II., 25 eben Nr. 820.

38*

Freilich sagt nun das Pergament von 1022 nicht,
daß die Conſtanzer gerade nach Italien oder gar nach
Venedig Verkehr trieben. Aber dieß liegt in der Natur der
Sache. Leinwand iſt die große Stapelwaare geweſen,
welche Deutſchland zuerſt im Mittelalter reich machte. Die
Fugger haben zu Wege gebracht, daß Augsburg ſeit dem
14. Jahrhundert Mittelpunkt des Linnenhandels wurde,
vorher aber war der Hauptſitz desſelben Conſtanz, und
über Venedig gelangten die Gewebe unter dem Namen
Line di Coſtanza in den Welthandel. Nun kann man
kaum zweifeln, daß hiezu ſchon im 10. und 11. Jahrhundert der Anfang gemacht worden iſt. Deßgleichen ſprechen
die beiden andern mitgetheilten Belegſtellen nur im Allgemeinen von Verkehr zwiſchen Schwaben und Italien, Venedig erwähnen ſie nicht; dennoch darf man vorzugsweiſe
an dieſe Stadt denken, da ſie, laut anderweitigen Nachrichten, vom 8. bis zum 11. Jahrhundert bei weitem als
der wichtigſte, ja faſt als der einzige Stapelplatz für Aus-
und Einfuhr orientaliſcher und abendländiſcher Waaren in
Italien erſcheint.

Wenden wir uns nach Baiern. Regensburg war wie
die politiſche Hauptſtadt ſo auch der anſehnlichſte Handelsplatz dieſes Herzogthums. Man kennt die dortigen Ver-
hältniſſe um die Mitte des 11. Jahrhunderts ziemlich
genau, denn ein von einem unbekannten Mönch an den
Abt Reginwart, der ſeit 1042 dem berühmten Kloſter
St. Emmeran vorſtand [1]), gerichtetes Schreiben [2]) entwirft ein

---

[1]) Pertz I., 94 b
[2]) Abgedruckt bei Gemeiner über den Urſprung der Stadt
Regensburg. 1817. S. 78 ff.

Bild des damaligen Regensburg. Das Ganze bestand aus drei vereinigten Quartieren: der ursprünglichen Königsstadt (deren Mittelpunkt das alte Palatium war), der Pfaffenstadt (pagus clericorum) mit dem Bischofshof und dem Stifte St. Emmeran, endlich drittens der Neustadt, urbs nova, auch pagus mercatorum, Kaufmannsstadt, genannt. Nur wenige Gewerbsleute wohnten in der Altstadt zerstreut, die Masse derselben war in der Neustadt zusammengedrängt. Hier gab es Straßen, welche bedeutsame Namen trugen: eine hieß Judengasse ad Judaeos, eine andere Krämergasse (ad institas), eine dritte Lateinergasse inter latinos.

Was soll letzterer Ausdruck bedeuten? Der Herausgeber des Schreibens, aus dem ich schöpfe, ist auf den Gedanken gerathen, in Regensburg habe sich aus den Zeiten der alten Römer her eine romanische Gemeinde unter dem Namen Latiner erhalten, und von diesen Regensburger Latinern stamme Verfassung und bürgerliche Freiheit sowohl Regensburgs als anderer deutschen Reichsstädte ab. So verkehrt der Einfall ist, ermangelten andere deutsche Schriftsteller, unter welchen sogar berühmte Namen, wie Eichhorn, nicht, dem Vorgänger nachzuschreiben, denn wahrlich gesunder Menschenverstand gehört in der papiernen Welt Germaniens zu den seltenen Gaben. Ich meines Theils glaube, die Bewohner der Lateinergasse sind Lombarden und insbesondere Venetianer gewesen, die sich erweislich seit dem 9. Jahrhundert in Regensburg angesiedelt und dort Factoreien gegründet hatten.

Eine Regensburger Urkunde [1] liegt vor, deren Alter nicht genau bestimmt werden kann, die aber spätestens ins

---

[1] B. Pez thesaurus anecdotorum novissimus. I. c. S. 229, cap 44.

10. Jahrhundert fällt. Kraft derselben schenkt Otbert, Gastalde aus Langobardien, an das Emmeranskloster, zwei Häuser sammt Garten, mehrere Oelbäume, dann Reben, Matten und Ackerland. Die geschenkten Güter lagen offenbar jenseits der Alpen, denn in der Gegend von Regensburg wuchsen damals so wenig Oliven als heut= zutage. Die Schenkung selber erfolgte in Anwesenheit vieler Zeugen, worunter fünf, welche deutschen Blutes gewesen zu sein scheinen, die andern aber, namentlich Florinus, Manulfus und Valerius, werden als „gebürtig aus Ro= manien" bezeichnet. Ich denke, dieses Pergament beweist zur Genüge, daß Langobarden, Romanier und sicherlich auch Venetianer zu Regensburg wohl bekannt waren und dort Geschäfte trieben.

Aber nicht nur nach Baiern und Schwaben, sondern auch nach dem sächsischen Slavenlande, dem Elbegebiet, brach sich der Ruf venetianischen Welthandels und wohl auch die Werthschätzung ihrer Waaren Bahn. Thietmar, der Merseburger Bischof, schreibt [1]): „im Jahre 1017 litten vier große venetische, mit verschiedenen Specereien befrach= tete Kauffahrer Schiffbruch, bei uns aber in Deutschland, wo selten Friede herrscht, blieb Alles ruhig." Thietmar berichtet sonst nur über Kriegssachen, Thaten der Kaiser und Fürsten, oder kirchliche Angelegenheiten; Handel und Wandel bekümmerte ihn nicht; auch gab es zu seiner Zeit weder Posten und Eisenbahnen, noch Zeitungen, welche, um ihre Leser zu unterhalten, Mord= und Unglücksgeschichten aus den fünf Weltheilen zusammentragen. Da der Merse= burger Bischof gleichwohl es für geeignet erachtete, den

---

[1]) Pertz III., 860 Mitte.

Untergang von vier Schiffen in seine Chronik aufzuneh=
men, folgt hieraus, nach meinem Dafürhalten, daß die all=
gemeine Aufmerksamkeit auf Venedig, als die wichtigste
Handelsstadt des Abendlandes, gerichtet war, und daß es
wohl selbst in Merseburg nicht an Waaren fehlte, die den
Weg aus den Lagunen in das Stromgebiet der Elbe ge=
funden hatten.

Nun zu den südlichen Nachbarn der Veneter, den
Kroaten.

Register.